Anonymous

Die romanische und gothische Baukunst

Anonymous

Die romanische und gothische Baukunst

ISBN/EAN: 9783743634497

Hergestellt in Europa, USA, Kanada, Australien, Japan

Cover: Foto ©ninafisch / pixelio.de

Weitere Bücher finden Sie auf **www.hansebooks.com**

Gesamtanordnung und Gliederung des „Handbuches der Architektur" (zugleich Verzeichnis der bereits erschienenen Bände, bezw. Hefte) find am Schluffe des vorliegenden Heftes zu finden.

HANDBUCH
DER
ARCHITEKTUR

Zweiter Teil:

DIE BAUSTILE.
HISTORISCHE UND TECHNISCHE ENTWICKELUNG.

4. Band:

Die romanische und die gotische Baukunst.

Zweites Heft:

Der Wohnbau des Mittelalters.

ZWEITE AUFLAGE.

— ※ —

ALFRED KRÖNER VERLAG IN LEIPZIG.
1908.

DIE BAUSTILE

HISTORISCHE UND TECHNISCHE ENTWICKELUNG.

DES

HANDBUCHES DER ARCHITEKTUR

ZWEITER TEIL.

4. Band:

Die romanische und die gotische Baukunst.

Zweites Heft:

Der Wohnbau des Mittelalters.

In 1. Auflage bearbeitet von

Geheimen Rat Direktor † Dr. **August von Essenwein**.

Zweite Auflage.

Von

Professor **Otto Stiehl,**

Magistratsbaurat und Privatdozent an der Technischen Hochschule in Berlin.

Mit 459 in den Text eingedruckten Abbildungen, sowie 17 in den Text eingehefteten Tafeln.

LEIPZIG
ALFRED KRÖNER VERLAG.
1908.

Redaktion:
Geheimer Baurat Professor Dr. phil. und Dr.-Ing. EDUARD SCHMITT
in Darmstadt.

Das Recht der Übersetzung bleibt vorbehalten.

Druck von BÄR & HERMANN in Leipzig.

Handbuch der Architektur.

II. Teil:
BAUSTILE.

4. Band, Heft 2.

(Zweite Auflage.)

INHALTSVERZEICHNIS.

Die mittelalterliche Baukunst.

3. Abschnitt.
Die romanische und die gotische Baukunst.
Der Wohnbau.

	Seite
Einleitung	1
a) Allgemeines	1
b) Vorbedingungen	2
I. Anlage der Gebäude	18
1. Kap. Wohnbau der Klöster	18
2. Kap. Fürstliche und adelige Höfe. — Palas und Herrenhaus	60
3. Kap. Städtische Wohnbauten	112
a) Vornehme städtische Wohnsitze	115
b) Bürgerliche Reihenhäuser	134
c) Öffentliche Bauten	182
1) Rathäuser	182
2) Sonstige öffentliche Bauten	197
II. Durchbildung des Äußeren	213
4. Kap. Behandlung der Wand	215
a) Holzbau	215
b) Steinbau	220
c) Bemalung des Äußeren	229
d) Gliederung durch Gesimse usw.	232
5. Kap. Wandöffnungen	236
a) Türen	236
b) Fenster	246
c) Lauben und offene Hallen	278
6. Kap. Äußere Treppen	285
7. Kap. Dach und Giebel	289
a) Dächer	289
b) Giebel	304

		Seite
III. Durchbildung des Inneren		312
8. Kap.	Hölzerne Decken und ihre Stützen	312
9. Kap.	Gewölbte Räume	324
10. Kap.	Hauskapellen	335
11. Kap.	Innere Treppen	341
12. Kap.	Innerer Ausbau der Wohnräume	346
IV. Kleinere Architekturwerke		370
13. Kap.	Brunnen	370
14. Kap.	Denkfäulen und Kreuze	377
Schlußbetrachtung		379
Berichtigungen und Zufätze		381
Namen- und Sachverzeichnis		382
Verzeichnis der Textabbildungen		391

Verzeichnis
der in den Text eingehefteten Tafeln.

- Zu S. 25: Alter Plan der Abtei zu Canterbury.
- „ „ 39: Karthaufe zu Nürnberg. Grundriß.
- „ „ 41: Schloß der Schwertbrüder zu Riga. — Grundriß und Längenschnitt.
- „ „ 67: Burg Dankwarderode. — Wiederherftellungsverfuch.
- „ „ 70: Kaiferhaus zu Goslar. — Grundriß und Anficht.
- „ „ 74 u. 75: Älterer Palas zu Münzenberg. — Anfichten.
- „ „ 80: Palas des Schloffes zu Marburg. Anficht.
- „ „ 110: Albrechtsburg zu Meißen. — Durchfchnitt durch den Südnord-Flügel mit dem Kapellenturm.
- „ „ 162: Kaufmannshaus zu Nürnberg, Bergftraße 7. Längenfchnitt und Grundriffe.
- „ „ 206: Collegium Jagellonicum zu Krakau. Anficht, Querfchnitte und Grundriffe.
- „ „ 273: Hauskapelle am Rathaus zu Prag. — Anficht und Querfchnitte.
- „ „ 280: Von einem Wohnhaus (Kornmefferhaus) zu Bruck an der Mur. — Anficht.
- „ „ 315: Durchzug an der Decke eines Haufes zu Eppan.
- „ „ 332: Wladislawfcher Saal zu Prag. — Grundriß und Inneres.
- „ „ 363: Kaminwand im unteren Saale des Palas zu Gelnhaufen. — Anfichten und Schnitte.
- „ „ 377: Denkfäule zu Wiener-Neuftadt. — Anficht und wagrechte Schnitte.

VORWORT ZUR ZWEITEN AUFLAGE.

Die in der erſten Auflage dieſes Heftes von *A. von Eſſenwein* gegebene Bearbeitung des mittelalterlichen Wohnbaues bildete für ihre Zeit einen außerordentlichen Fortſchritt und eine ſehr bedeutſame kunſtgeſchichtliche Leiſtung. Bot ſie doch zum erſtenmale eine zuſammenhängende Schilderung und zuſammenfaſſende Geſichtspunkte für ein umfangreiches Gebiet, deſſen Behandlung ſich bis dahin auf weithin verſtreute Einzelaufſätze, beſtenfalls auf die der Vertiefung des Studiums ungünſtige Zuſammenſtellung ſolcher zu wörterbuchartigen Schlagwortſammlungen beſchränkt hatte. Ihre anregende Kraft iſt infolgedeſſen überaus groß geweſen. Seither hat aber das Studium der profanen Bauwerke mit verſtärkter Kraft eingeſetzt, genährt von dem wachſenden Verſtändnis für den hohen Wert deſſen, was gerade dieſe volkstümlicheren Kunſtzweige uns in ihren Werken hinterlaſſen haben. In umfangreicher Einzelbetätigung iſt die Menge des Beobachtungsſtoffes außerordentlich angewachſen; neue Gedankenverbindungen haben ſich geöffnet, und neue Grundanſchauungen teils geſchichtlicher, teils künſtleriſcher Art machen ſich tiefeingreifend geltend.

So war es bei Vorbereitung der vorliegenden Neuauflage nicht mehr möglich, das Werk *Eſſenwein*'s etwa durch ergänzende Überarbeitung dem heutigen Stande der Forſchung anzupaſſen; es mußte vielmehr eine vollſtändige Neubearbeitung an ſeine Stelle treten. Die dem erſten Bearbeiter gebührende Hochſchätzung iſt dabei Veranlaſſung geweſen, daß wenigſtens einzelne geeignete Stücke, vor allem die friſche Schilderung des Nürnberger Kaufmannshauſes (S. 161—163) und das in ſich abgeſchloſſene Kapitel über die Hauskapellen möglichſt unverändert wieder in die Darſtellung eingereiht wurden.

Bei einer Arbeit, die ſich wie die vorliegende das Zuſammendrängen eines weitverzweigten Wiſſensgebietes auf engen Raum zum Ziele ſetzt, iſt es unvermeidlich, daß das Typiſche, durchſchnittlich Wiederkehrende vor allem betont werden muß, um die großen Züge der Entwickelung klar herauszuſtellen. Dieſer Notwendigkeit zuliebe muß es denn ſchon in den Kauf genommen werden, wenn das, was ſo als Regel aufgeſtellt wird, nicht mit jedem Einzelfall einer ſo wechſelreichen Erſcheinung ſich deckt, wie ſie das behandelte Gebiet an ſich, vor allem aber die Entwickelung des mittelalterlichen Städteweſens darſtellt. Aus wohlerwogenen Gründen habe ich an der ſchon in meinem Buche „Das deutſche

Rathaus des Mittelalters" (Berlin 1905) vertretenen Anschauung festgehalten, daß die zugleich Ackerbau und Handel treibende Stadt für die Gestaltung des bürgerlichen Wohnbaues die bestimmende Siedelungsform gewesen ist. Gegenüber den hierzu erhobenen Einwänden sei den an den betreffenden Abschnitten gemachten Bemerkungen an dieser Stelle kurz hinzugefügt, daß auch die Geschichte der als reine „Marktansiedelung" gegründeten Städte mir den Satz zu bekräftigen scheint, daß im Mittelalter dauernder Wohlstand eines Gemeinwesens nur durch den nutzbaren Besitz von Grund und Boden gesichert werden konnte. Denn diese Siedelungen haben sich den ursprünglich vielleicht fehlenden Ackerbesitz doch durchgängig später erworben; so manche von ihnen haben sich auf diesem Wege allmählich in reine Ackerbürgerstädte verwandelt. Da zudem das Wohnwesen dieser stark in der Minderzahl befindlichen Städte irgend welche Besonderheiten nicht erkennen läßt, so können wir der frühesten Form ihrer Verfassung keine große Wichtigkeit für unsere Darstellung zusprechen.

Bemerkt sei schließlich noch, daß die vorliegende Arbeit in ihrem allgemeinen Teil im Dezember 1906 abgeschlossen wurde. Einige wertvolle Neuerscheinungen des vorigen Jahres sind soweit angängig noch während der Drucklegung berücksichtigt worden.

Berlin-Steglitz, im Februar 1908.

O. Stiehl.

DIE ROMANISCHE UND DIE GOTISCHE BAUKUNST.

B. Der Wohnbau.

Von Otto Stiehl.

Einleitung.

a) Allgemeines.

Der Wohnbau des westeuropäischen Mittelalters beruht wie die ganze Kultur dieser Zeit auf einem Zusammenwirken recht verschiedener Einflüsse. Vor allem wird er bestimmt dadurch, daß die naturgemäß sehr schlichten Grundlagen, welche die naturfrischen Völker Germaniens aus ihrer Waldheimat mitbrachten, sich verschmolzen mit den Ergebnissen der höchstverfeinerten, ja überreifen antiken Kultur, die an sich ebenfalls schon aus vielgestaltigen Bestandteilen zusammengesetzt war. Die reiche und in ihrer Art vollendete Wohnungsausbildung der Antike erscheint auf den ersten Blick dem Bestande germanischen Wohnwesens unendlich überlegen. Aber sie hat dennoch den ganz anders gearteten Anschauungen gegenüber, welche die neuen Herren der Welt mitbrachten, nur eine mehr nebensächliche Rolle gespielt. Naturgemäß ist die Mischung der obenberührten verschiedenen Einflüsse nicht überall in gleichartiger Weise erfolgt. Ob sich in der großen Umwälzung der Völkerwanderung Reste der alten Bevölkerung in bedeutender Stellung erhalten hatten, oder ob unter der neuen Herrschaft sich ihre Art mehr verlor, danach ist das Endergebnis der baulichen Verschmelzung sehr verschieden. Aber man kann durchgehends feststellen, daß in den Ländern, die in der Politik wie in der Baukunst führend auftraten — dies sind vor allem die Gebiete nördlich der Alpen, sowie Oberitalien — der Einfluß germanischen Wesens für die Gestaltung des Wohnbaues weitaus überwiegt.

1. Vorherrschaft germanischer Einflüsse.

Unendlich vieles, was städtische Kultur anscheinend für immer errungen hatte, ging in den dauernden Kriegszeiten durch Feuer und Schwert zugrunde; die Lockerung aller staatlichen Zusammenhänge erzeugte eine solche Unsicherheit für Leben und Besitz, daß auch für Erneuerung des Vernichteten auf lange hinaus die Bedingungen nicht vorhanden waren. Zieht man in Betracht, daß schon in der Zeit des ausgehenden Römertumes unerträglicher Steuerdruck, Elend und Verwirrung die Länder alter Kultur bedrückt hatten, so kann es nicht wundernehmen, daß auch der Untergrund dauernder Überlieferung, die Übung volkstümlicher Wohnungskunst, in den Wirren der Völkerwanderung gründlich verdorrte und daß nur kümmerliche Reste in die neue Zeit hinübergerettet wurden. Es sind im wesentlichen, handwerkliche Fähigkeiten, insbesondere die Kunst, steinerne Häuser zu bauen und Gewölbe zu errichten, in welchen die südliche Kultur den Nordländern überlegen bleibt; und selbst für diese hatte man im Wohnwesen nicht allzu oft Verwendung, da man im allgemeinen am Holzbau, dem von alters her gewohnten, festhielt. Auf die Ausgestaltung des Wohnwesens hat damals die antike Überlieferung den Einfluß für Jahrhunderte verloren, in viel höherem Grade wie auf die kirchliche Baukunst. Erst in späterer Zeit begannen die im Süden bestehen gebliebenen Reste antiker Bauweise wenigstens in Bezug auf technische Fertigkeiten wieder kräftig die Wohnweise der nordischen Völker zu beeinflussen, nachdem die Gesamtanordnung der Wohnungen sich bei diesen schon zu festen Gesetzen frei entwickelt hatte.

Wie stark diese Vorherrschaft germanischen Geistes war, können wir vielleicht am klarsten daran ermessen, daß selbst eine Einrichtung, die so völlig auf orientalischen Grundlagen beruhte wie das Mönchswesen, bald nach ihrem Eindringen nach Süd- und Westeuropa vom germanischen Gedanken des Gemeinschaftslebens durchdrungen und ihrem ganzen Wesen nach umgestaltet wurde. Und dies führt andererseits wieder dazu, daß sich durch klösterlichen Einfluß bis in die dem germanischen Wesen anscheinend ferngelegenen Gegenden hin die aus uralter deutscher Volkssitte stammenden Baugewohnheiten mit den von der Antike her überlieferten Gedankengängen verflechten. Es ist daher für das Verständnis der späteren Entwickelung notwendig, ehe wir in die Schilderung des im engeren Sinne mittelalterlichen Wohnbaues eintreten, uns über die Urformen und Grundlagen Klarheit zu verschaffen, welche die Germanen bei ihrem Eintritt in die Weltgeschichte mitbrachten. Sie sind durchweg sehr schlichter Art und führen uns auf die Grundbedingungen zurück, unter denen die Menschen überhaupt zum Wohnbau schritten. Wohl gerade durch diese entwicklungsfähige Einfachheit ist ihre Einwirkung bis in die späteste Zeit des Mittelalters in Kraft geblieben, und haben sie so die größte Bedeutung für das mittelalterliche Bauwesen erhalten.

b) Vorbedingungen.

a. Ursprung des Wohnungsbedürfnisses.

Es kann kaum zweifelhaft sein, daß das älteste Wohnbedürfnis der Menschen allenthalben dem Streben entsprang, sich gegen feindliche Gewalten zu schützen. Solange die Erde noch unendlich scheinenden Raum darbot, auf welchem die spärliche Menschheit sich weithin verteilen, Leben und Unterhalt gewinnen konnte, ohne sich gegenseitig zu stören, werden wir unter diesen feindlichen Gewalten allerdings mehr die Unbilden der Witterung, Hitze, Kälte und Nässe, sowie die Gefahren, die von wilden Tieren drohten, zu verstehen haben, als feindlich gesinnte Menschen. Denn unter diesen Umständen, wie wir sie am ersten Anfang jeder Kultur vorfinden werden, fehlt noch ebenso der Widerstreit der Bestrebungen, wie auch die zusammenfassende Gliederung gegensätzlich gerichteter Stammverbände, welche die Vorbedingung menschlicher Feindschaften bilden. Erst nachdem ein Ringen um den spärlich gewordenen Erdenraum begonnen, dazu eine gewisse Kultur Werte geschaffen hatte, welche die Begier der nähergerückten Nachbarn reizten und für die Gefahren von Überfall und Raubkrieg einen entsprechenden Entgelt verhießen, konnte die Nötigung aufkommen, auf Abwehr menschlicher Angriffe dauernd Bedacht zu nehmen. Aber selbst dann ist die erforderliche Wehrhaftigkeit nicht immer in der Anlage der Wohnungen gesucht worden, sondern kraftvolle Völkerschaften vertrauten auch dann noch lange auf die lebendigen Mauern, die von den Leibern tapferer Kämpfer um Haus und Herd gebildet wurden. Es ist wohl nicht so sehr Furcht vor menschlichen Feinden gewesen, was die ältesten Menschen der Urzeiten in die natürlichen Höhlen entlegener Berggegenden trieb; sondern der Umstand, daß dort Schutz gegen die Kälte und die Tierwelt am bequemsten zu finden war. Die Gewöhnung an solches Leben in lichtarmen Höhlen hat zwar in Bezug auf die Beleuchtung lange noch, wie wir fehen werden, die Art der Wohnungsanlage beeinflußt; eine Fortbildung zu reicheren Wohnformen konnte doch erft eintreten, nachdem diefe urtümliche Wohnungsweife anderem, künftlichem Gebrauche gewichen war.

So fteht am Anfange jeglicher Wohnungsentwickelung nicht die befeftigte Burg oder die fichere Höhle, fondern das bewegliche Zelt des Nomaden und die Hütte des friedlichen Anfiedlers. Vom Nomadenzelt find uns für die Gebiete der nordifch-mittelalterlichen Kunft allerdings kaum fichere Anhaltspunkte erhalten geblieben. Der oft wiederholte Verfuch, folche in den Formen mancher vorhiftorifchen Graburnen zu finden, liegt nahe, weil diefe zweifellos Nachbildungen von Wohnbauten darftellen. Er führt aber im einzelnen nicht zu einem ficheren Ergebnis, weil die Formgebung diefer uralten Kunfterzeugniffe durch die Bedingungen urtümlicher Töpfertechnik und die Unbeholfenheit der Ausführenden fo unbeftimmt ausgefallen ift, daß man fehr verfchiedene Folgerungen aus ihnen ziehen kann. Ob wir in einigen diefer uralten Zeugen der Vorzeit wirklich noch Nachbildungen von Nomadenzelten zu erblicken haben, erfcheint daher recht unficher; es ift für unfere Zwecke auch ohne großes Gewicht, da das Nomadenzelt eine erkennbare Einwirkung auf die fpätere Art zu wohnen, nicht hinterlaffen hat. Dies mag damit zufammenhängen, daß, wie fchon v. *Effenwein* anführte, das Wort »wohnen« urfprünglich nicht nur bedeutete »in einem beftimmten Raume fchlafen, effen, trinken und etwa arbeiten; fondern verwandt mit den Worten Gewohnheit und gewöhnlich, bedeutete es urfprünglich das dauernde, fowohl im Aufenthalt, als im Leben, das gewöhnliche Leben, die Lebensgewohnheiten und deren Vollziehung.«

2. Nomadenzelt.

Den Ausgangspunkt für die „Wohnung" in diefem Sinne bildet die fefte Anfiedelung in der einfachften Behaufungsform: in Hütten. Für diefe können wir einiges aus den Afchenurnen mit ziemlicher Sicherheit fchließen. Gegenüber der vielverbreiteten Anficht, daß die kreisrunde Geftalt die Urform der Hütten bilde, ift durch manche von ihnen die viereckige Grundform aus ältefter Zeit ficher belegt. Wir erfehen weiter, daß ein Loch zum Abzug des Rauches, mindeftens manchmal in der Spitze des vierfeitig abgewalmten Daches, angebracht wurde, daß ferner ein Türverfchluß fchon bekannt war, der aus quervorgefteckten Balken beftand.

3. Vorgefchichtliche Hütte.

Von der Anlage folcher Hütten und ihrer Ausftattung find durch neuere Ausgrabungen nicht nur Abbilder, fondern mehrfach wirkliche Refte aufgedeckt worden, die uns einen überrafchenden Eindruck davon geben, bis zu welcher verhältnismäßig großen Behaglichkeit fchon am Schluffe der Steinzeit die Wohnung des wohlhabenden Befitzers ausgeftattet worden ift. Die bedeutendften Funde diefer Art find diejenigen zu Großgartach bei Heilbronn[1]). Dort hat fich eine größere Anfiedelung von etwa 90 fteinzeitlichen Wohnftellen gefunden, alle von grundfätzlich gleicher, nur in den Abmeffungen und in Einzelheiten verfchiedener Anlage. Sie find durchweg um einen halben bis einundeinviertel Meter in das Erdreich eingefenkt und find nach Jahrtaufenden für uns kenntlich geblieben dadurch, daß die fpätere Ausfüllung diefer Gruben fich fcharf von dem unberührten, gewachfenen Boden abgrenzt. Das anfehnlichfte diefer Gehöfte zeigt der Grundriß nebft den Querfchnitten in Fig. 1.

Es befteht aus zwei Teilen, einem größeren, ganz fchlichten Stallgebäude und einem Wohnhaufe. Beide Gebäude find durch abfteigende Rampen bequem zugänglich; beim Wohnhaus von etwa quadratifchem Grundriß ift diefer Zugang durch eine Scheidewand in Form eines Eingang-

[1]) Vergl.: Schliz, A. Das fteinzeitliche Dorf Großgartach. Stuttgart 1901.

flures oder Windfanges vom Hauptraum abgetrennt. Von diesem Eingang betrat man zuerst den eigentlichen Wohnraum, in dessen Mitte sich die Herdgrube befindet. Der abgesonderte Schlafraum schloß sich im geschütztesten Teile der Hütte seitlich an, um 40 cm erhöht, so daß sein Fußboden gleich als Sitz für den Herdraum dienen konnte. Weitere Sitzbänke, aus dem gewachsenen Lehm geschnitten, liegen an beiden Schmalseiten des Schlafraumes. Sie werden ebenso wie der als Lagerstätte dienende Fußboden dieses Raumes ursprünglich mit Holz verkleidet gewesen sein; sonst hätten sie ihre Form nicht bewahren können; doch ist diese Verkleidung vollständig in Staub zerfallen und spurlos vergangen. Die Schnitte *A B* und *C D* unserer Abbildung zeigen die Höhenlage dieser Teile und die Anlage der Herdgrube. In den vorgefundenen Stücken harten Lehmmörtels haben sich Eindrücke von Hölzern gefunden, aus denen man schließen kann, daß die Wände aus doppeltem Geflecht von lotrechten, 5 bis 6 cm starken Stangenhölzern mit etwa 3 cm starken Querstäben bestanden, dessen Zwischenräume durch Lehm, mit Häcksel gemischt, ausgefüllt waren. Auf beiden Seiten überzog eine Schicht reinen Lehmmörtels die Wände; aufgefundene Reste bezeugen, daß sie im Inneren sauber geglättet und auf dem gelben Grunde mit aufgemaltem Zickzackmuster aus weißen und roten, etwa 1 cm breiten Farbstreifen verziert waren.

So bildet das Ganze eine auf ein behagliches Leben wohlberechnete Wohnanlage, die von verhältnismäßig hoher Kultur Zeugnis ablegt. Dieser Eindruck wird verstärkt durch die Funde sorgsam gearbeiteter und reich verzierter Töpferwaren, die zahlreich vorhandenen, sehr verschiedenartigen Werkzeuge und Waffen aus Stein und Knochen, sowie den Nachweis zahlreichen Viehstandes, bestehend aus Rindern, Schweinen, Schafen und Ziegen. So wird man dem Entdecker dieser uralten Wohnbauten beistimmen, wenn er sagt: »Vergleichen wir den Stand der Kultur in der Steinzeit, die wohlausgestatteten, nach durchdachtem Plan eingerichteten Wohnungen, den ausgebildeten Geschmack und das Kunstverständnis, das aus den Resten des Hausrates hervorgeht, mit den Resten späterer Zeiten, so können wir nicht sagen, daß der Stand der gesamten Kultur der Bauern von Großgartach, wenn wir von den im Material liegenden Beschränkungen absehen, zur Steinzeit ein niedrigerer war als in den späteren Epochen und vielleicht auch noch heute.«

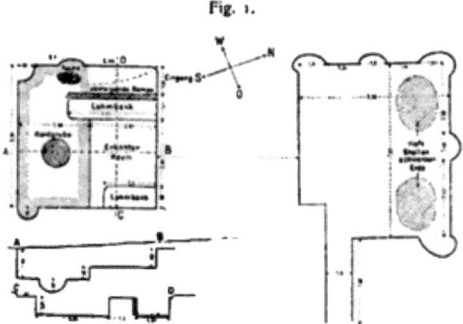

Fig. 1.

Wohnstätte der neueren Steinzeit aus Großgartach¹).
¹⁄₁₀₀ v. Gr.

Wohngruben späterer Zeit. Die Großgartacher Wohnungen der Steinzeit sind nicht gewaltsam zerstört, sondern freiwillig, wohl durch Fortzug der Bewohner, verlassen worden. Ein langer Zeitraum und eine völlige Unterbrechung des Kulturzusammenhanges klafft zwischen ihnen und der späteren Besiedelung der gleichen Gegend. Um so wichtiger ist die Tatsache, daß auch die späteren Niederlassungen, von der Bronzezeit bis in die Zeit der römischen Herrschaft hinab, die gleiche Grundform des Wohnhauses, d. h. die überbaute Wohngrube zeigen. Das ist nicht so sehr zu verwundern; denn die Form dieser halb in die Erde versenkten Hütten ist so vorteilhaft zum Schutze gegen die Witterung, daß sie überall leicht wiedererfunden werden konnte. Für die vergänglichen Unterkunftshütten einfacher Waldarbeiter ist dergleichen, nur unentwickelter, noch heutzutage in Deutschland im Gebrauch. *Moltke* berichtet in seinen Briefen aus der Türkei, daß die gleiche Wohnweise in der Walachei in der ersten Hälfte des XIX. Jahrhunderts allgemein üblich war, und an der Wolga soll das niedere Volk noch heutzutage vielfach dauernd in ganz ähnlichen, etwa 1 m tief in die Erde gegrabenen, höhlenartigen Behausungen leben.

6. Angaben des Tacitus.

Wichtig sind diese sehr urtümlichen Wohnungen dadurch, daß sie uns das Verständnis der ältesten Aufzeichnungen nahe bringen, die wir über das Wohnwesen der alten Germanen besitzen, nämlich der Angaben in des *Tacitus* „Germania". Er berichtet allerdings wohl nicht nach eigener Anschauung, sondern nach dem Hörensagen, und so erhalten wir von ihm über die Form und die innere Einrichtung der deutschen Häuser nur ein unbestimmtes Bild. Indessen berichtet er von der Sitte, in „unterirdischen Höhlen" zu wohnen, worunter wir recht wohl Anlagen ähnlich den Großgartacher Häusern verstehen können. Ferner erwähnt er, daß die Häuser der Germanen ohne Kenntnis von Ziegel und Mörtel und aus *Materia informi*, also wohl aus Lehm erbaut und vielfach mit bunten Erdfarben angestrichen wurden. Auch das sind Dinge, die wir bei den 2000 Jahre älteren Häusern zu Großgartach schon vorfanden.

7. Folgerungen aus den germanischen Volksgesetzen; einräumiges Haus.

Etwas bestimmtere Anschauungen können wir uns über den Zustand bilden, in dem das deutsche Wohnwesen sich bald nach der Völkerwanderung befand. Wir sind darüber durch verschiedene Quellen unterrichtet, insbesondere durch die etwa auf das VI. Jahrhundert zurückgehenden Niederschriften volkstümlicher Rechtssätze, wie sie uns in der *Lex salica* der Franken, den *Leges Alemannorum*, *Bajuvarorum* u. a. vorliegen. Geben sie uns natürlich auch keine Beschreibung von Haus und Hof, so lassen sie doch aus der Art der Rechtsbestimmungen ziemlich sichere Rückschlüsse auf deren Anlage zu. So ergibt sich als durchgehende Eigenheit des damaligen germanischen Hauses, daß sein Inneres einen einheitlichen, ungeteilten Raum bildete, der ohne wagrechten Abschluß bis zum Dachfirst durchging. (Es wird beispielsweise die Erbfähigkeit eines Neugeborenen daran geknüpft, daß das Kind die Augen aufgeschlagen und die vier Eckpfosten des Hauses und das geschwärzte Dach erblickt habe!). Der Fußboden ist ohne Belag; das Haus steht ohne Fundament unmittelbar auf der Erde. Bei den Franken ist es so leicht gebaut, daß es umgeworfen werden kann, was wir dadurch erfahren, daß eine Strafbestimmung eigens für diesen Fall besteht. Bei den Baiern werden eingegrabene Eckstiele (Winkelful) und Zwischenpfosten erwähnt. Man kann zweifeln, ob dies auf eine Wandbildung in Flechtwerk mit Lehmbewurf hinweist, ähnlich wie wir sie bei angeführten vorgeschichtlichen Bauten kennen lernten, oder auf eine Art des später üblichen, regelrechten Fachwerkes mit Lehmausstakung, oder ob die Zwischenräume der Pfosten mit wagrechten Bohlen als sog. Schurzholzwände gefüllt wurden. Als Besonderheit erscheint ferner bei den Gesetzen der Baiern eine *Exterior ordo*, eine Vorhalle. Sie wird aber nicht auf diesen einen Stamm beschränkt gewesen sein; denn ihr Name kommt nahezu gleichlautend in allen Mundarten vor. Andererseits wird sie eine Auszeichnung reicherer Hausanlagen gebildet haben. Türen sind überall vorhanden, bald mit, bald ohne Verschluß. Im Inneren brennt das offene Herdfeuer inmitten des Raumes, zunächst wohl ohne daß die Herdstelle über dem Boden erhöht war; darüber befindet sich im Dach eine Öffnung zum Abzug des Rauches.

Aus allen diesen Zügen geht hervor, daß die Wohnweise der Germanen bei ihrem Eintritt in die Weltgeschichte noch von urtümlicher Schlichtheit war. An diesem Bilde wird auch nicht viel geändert durch einige nebenherlaufende Erscheinungen reicherer Art. So werden für vornehme Verhältnisse größere Saalbauten, „Hallen", bezeugt, deren Dach durch eine oder mehrere „Firstsäulen" getragen wurden und in denen wir sorgfältige Ausführung des Holzbaues, reichen Schmuck von Schnitzerei und farbiger Bemalung voraussetzen können. Solche Hallen mit erhöhtem Häuptlingssitz, längslaufenden Bänken für das Gefolge und dem lodernden Herdfeuer in der Mitte werden in den Heldenliedern, besonders nordisch-skandinavischer Überlieferung, oft erwähnt; sie scheinen manchmal auch mit seitlichen Öffnungen, den „Augentoren" oder „Windaugen" (*Window* noch heute im Englischen die Bezeichnung für Fenster!), versehen gewesen zu sein. Doch sind solche Öffnungen nicht als eigentliche Fenster zu verstehen, sondern als kleine Luken, welche ihren Platz dicht unter der Dachtraufe fanden und mehr dem Abzug des Herdrauches als der Beleuchtung dienten.

6. Größere Gehöfte.

Genügte ein einziger Raum, wie dies bei Vornehmeren natürlich ist, den Bedürfnissen der Familie nicht, so half man sich in einfachster Weise dadurch, daß man mehrere gleichartige Häuser errichtete. So stehen in der Umzäunung des Gehöftes dann das Wohnhaus, die Halle, Schlafhäuser, Vorratshäuser usw. Als weitere Bestandteile größerer Gehöfte treten uns die Badehäuser („Stuba", vielleicht vom Zerstieben des Wassers so genannt) und ferner unter verschiedenen Namen die schon von *Tacitus* angeführten unterirdischen Wohnstätten entgegen, letztere als Aufenthalt der Frauen, als Webestuben und als Vorratshäuser bezeichnet. Reste von ihrem unteren Teile, aus einer kreisrunden oder elliptischen, trichterförmig zulaufenden Grube bestehend, sind vielfach aufgefunden worden. Sie waren noch unter der Erdoberfläche durch eine Balkenlage abgedeckt, über der sich dann ein halb im Boden liegendes Gemach erhob, ähnlich wie die S. 3 u. 4 besprochenen vorgeschichtlichen Behausungen von Großgartach. So diente der untere Raum als Vorratskammer und Versteck; der obere bildete eine geschützte Wohnstätte. Ob die vorwiegende Verwendung für Handarbeiten der Frauen, vor allem für die Weberei, es unter damaligen Verhältnissen bedingte, daß durch Fensteranlagen ein reichlicheres Licht zugeführt wurde, möchten wir bezweifeln. Gegen solche Fensteranlage spricht, daß man mangels eines Fensterverschlusses die erstrebte Behaglichkeit des Raumes mindestens für die kältere Jahreszeit wieder verloren hätte; es wird auch für den einfachen Betrieb urtümlicher Weberei nicht so starkes Bedürfnis nach heller Beleuchtung angenommen zu werden brauchen, wie wir es jetzt für selbstverständlich halten. Und gerade auf behagliche Wärme hat man bei diesem Raum besonders Gewicht gelegt. Ihr diente sowohl dies Versenken in die Erde hinein, wie das schon von *Tacitus* überlieferte Einhüllen in Dünger; von diesem ist dann dem Ganzen der Name „Dune" gekommen und für Webereiwerkstätten in manchen oberdeutschen Gegenden noch bis in die Neuzeit hinein festgehalten worden. Eine andere Bezeichnung der Anlage ist „Pensile", vielleicht abgeleitet vom Schweben (lat.: *pendere*) des Fußbodens über der unteren Vorratsgrube.

Aus dieser letzten Bezeichnung können wir darauf schließen, daß der zunächst urtümliche und nur für häusliche Verrichtungen dienende Raum eben wegen seiner Behaglichkeit eine weitere Ausbildung und Bevorzugung erfuhr; denn sein Begriff übertrug sich als „Phisel" oder „Pesel" auf den vornehmsten und reichsten Raum des Hauses, den Empfangssaal späterer Zeiten.

Die Vielheit dieser durchweg einräumigen Baulichkeiten wird nun noch erhöht dadurch, daß es vielfach dem freien Manne als unziemlich galt, mit Dienern unter einem Dach zu hausen, und durch die Sorge für Vieh und sonstige Erfordernisse des ländlichen Wirtschaftsbetriebes. Selbst wenn wir annehmen, daß der größere Teil der Herden ohne besonderen Schutz im Freien lebte, so werden doch für die dem häuslichen Gebrauch dienenden Tiere einige Ställe auf dem Hofe selbst immer nötig gewesen sein. So werden sich regelmäßig auch bei schlichteren Verhältnissen Stallungen, Hütten für die Knechte und Mägde, Backhaus, Vorratsscheuern und dergl., bei Vornehmen dazu noch die „Halle", Häuser für Gefolge und Gäste außer dem Wohnhause des Herrn vorgefunden haben, und wir werden sehen, daß solches Haufwerk meist kleiner Gebäude noch auf lange hinaus die Grundform deutscher Hofanlagen bildete.

Die heutigen Typen des deutschen ländlichen Wohnhauses, bekannt unter dem Namen des „sächsischen" und des „fränkischen" Hauses, haben sich in dieser frühen Zeit noch nicht entwickelt; ihre Ausbildung gehört späterer Zeit an. Man hat lange geglaubt, für das sächsische Bauernhaus das Gegenteil und die Ableitung von altkeltischen Gebäuden annehmen zu können, die als Behausung ganzer Sippschaften dreischiffig mit zwei Reihen von Mittelstützen erbaut waren. Dem widerspricht aber entschieden die Auslage der angeführten Quellen, die auch für die Sachsen kein wesentlich anderes Bild als für die anderen deutschen Stämme ergeben; dem widerspricht ferner der Umstand, daß die Angelsachsen diese Hausform nicht nach England übertragen haben, was sie doch wahrscheinlich getan hätten, wenn sie ihren heimischen Gewohnheiten entsprochen hätte. Außerdem ist die Benutzung der verschiedenen Hausteile im keltischen Stammeshause und im sächsischen Bauernhause recht verschieden, so daß zum Vergleich nur die übereinstimmende Grundlage des dreischiffigen Hauptraumes verbleibt. Diese aber ergibt sich bei der Absicht, breitere Räume herzustellen, ganz von selbst; sie ist auch, ohne daß irgend ein Zusammenhang anzunehmen wäre, sowohl bei altrömischen Bauernhäusern nach *Vitruv's* Beschreibung, als bei den Hallen skandinavischer Königshöfe angewendet worden.

9. Heutige Bauernhaustypen späteren Ursprunges.

Erhalten wir so für die Grundrißbildung der urgermanischen Behausungen ein sehr einfaches Bild, so braucht man sich deshalb die ganze Haltung und die Ausstattung der Bauten nicht als durchweg roh und barbarisch vorzustellen. Wir können vielmehr eine ziemlich weitgehende künstlerische Durchbildung des naturgemäß herrschenden Holzbaues voraussetzen. Der Ärmere mußte allerdings sein Haus ohne die Hilfe geschulter Handwerker selbst sich bauen; er war, wie ausdrücklich bezeugt wird, Bauherr und Werkmann in einer Person, und wir werden an sein Werk keinen hohen Maßstab anlegen dürfen. Dem Vornehmen aber, der vielerlei Kräfte für seinen Bau vereinigen konnte, boten sich in reichem Schnitzwerk der bevorzugten Gebäudeteile, als Türpfosten, Firstsäulen usw., in lebhafter Malerei und vielleicht auch Vergoldung dieser Zierate, ferner in der Verwendung von Pelzwerk und farbig gestickten Teppichen zu Wandbehang und Bodenbelag reiche Mittel, seine Bauten ansehnlich zu gestalten. Die Formenwelt dieser Schmuckteile wird sich in den Bahnen der phantastischen Linienornamente und Riemenverschlingungen bewegt haben, die besonders die nordische Kunst bis zum XIII. Jahrhundert und noch später beherrschen. Dazu läßt sich die Verzierung der Giebelspitze mit Hirschgeweih oder mit Schnitzwerk an den sich überkreuzenden Sparrenenden schon in frühester Zeit erkennen. Von der Wirkung solchen Schmuckes geben die begeisterten Schilderungen der Dichter Kunde; und noch

10. Ausstattung des germanischen Hauses.

gewichtiger ift vielleicht das Zeugnis jenes *Priscus*, der als griechifcher Gefandter an *Attila*'s Königshof reifte und von der forgfältigen, ihm fichtlich Eindruck machenden Durchführung diefer Anlage, die ficherlich von germanifchen Werkleuten errichtet war, eine anfchauliche Schilderung hinterlaffen hat. Wir erfahren durch ihn, daß die Häufer der Vornehmen nicht in rohem Blockbau, fondern aus forgfam bearbeiteten Balken erbaut, mit fchön geglätteten und gefchnitzten Brettern belegt waren. Zierliche Zäune in Kreisform, mehr zum Schmuck als zur Sicherheit errichtet, umgaben die einzelnen Gehöfte. Im Inneren von *Attila*'s Empfangshalle ftanden ganz nach germanifcher Sitte die Sitze der Gäfte an den Langfeiten gereiht, während in der Mitte der Schmalfeite der Königsfitz fich befand. Hinter diefem war das Nachtlager des Königs nur durch Schleier und bunte Vorhänge abgetrennt! Selbft hier am Königshofe waren alfo Prunkfaal und Schlafgemach in einem Raum vereinigt; wieviel mehr müffen wir folche einfache Wohnweife bei Geringeren vorausfetzen.

Fig. 2.

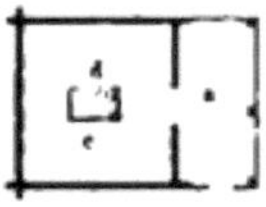

Norwegifches Haus[1]).
a. Vorhalle.
c. Stube.
d. Herd.

11. Beifpiele aus Norwegen.

Refte fo urfprünglicher Wohnweife find aus der befprochenen Zeit nicht mehr erhalten; wir können fie uns aber vergegenwärtigen durch alte Häufer, die in Norwegens entlegenen Tälern die Sitten längft vergangener Zeit bis auf verhältnismäßig junge Tage bewahrt haben. Dort hat man im füdlichen Teile des Landes noch einfach quadratifche Holzhäufer, „Bur" genannt, mit mittlerer Feuerftätte und offener Vorhalle gefunden (Fig. 2[2]), ganz entfprechend der Befchreibung jener alten Gefetzbücher. Dort hatte fich in Thelemarken auch die Sitte erhalten, die Zahl der Gebäude zu vermehren, wenn ein einzelnes der üblichen Abmeffungen nicht mehr ausreichte. Fig. 3[2]) zeigt die Ausbildung einer folchen Häufergruppe, die durchaus auf den Mitteln einfacher Holztechnik beruht und daher wohl als Fortbildung uralter Vorbilder angefehen werden kann. Sie zeigt ferner, wie man folche Häufer auf lotrechten Pfoften (Stab) über die Erdoberfläche erhöhte, um fie felbft und ihren Inhalt beffer gegen Näffe, vielleicht auch gegen Tiere, zu fchützen; endlich, wie die Anlage eines Obergefchoffes, Söllers,

Fig. 3.

Häufergruppe aus Thelemarken[2]).

fich mit allereinfachften Verhältniffen verbindet. Aber auch für die erfte Weiterbildung diefer Grundformen finden fich in Norwegen Beifpiele. So wurde man anfcheinend dort allgemein Sitte, die Vorhalle zu fchließen und zum Schutz gegen den harten Winter mit feitlichem Eingang als Windfang auszubilden, wobei fich dann leicht eine Abtrennung des überfchießenden hinteren Raumteiles in Form einer Kammer ergab. Fig. 4 bis 6[2]) führen ein folches Haus aus Kvefte bei

---

[1]) Vergl.: HENNING, R. Das deutfche Haus. Straßburg 1882. S. 64 Fig. 36 u. S. 68, Fig. 40.
[2]) Vergl.: DIETRICHSON, L. & H. MUNTHE. Die Holzbaukunft Norwegens in Vergangenheit und Gegenwart. Berlin 1893. Taf. 1.

Saetersdal, aus dem Jahre 1668 stammend, vor, wobei Fig. 5 den Grundriß in dem für alle Darstellungen dieses Heftes gewählten Maßstabe, Fig. 6 den gleichen Grundriß der besseren Übersicht halber in doppelter Größe wiedergibt.

Wir sehen in der Mitte des Raumes den freistehenden Herd, über dem an drehbarem Ausleger der Kessel schwebt. Eine Öffnung im Dach gestattet den Abzug des Rauches und gewährt gleichzeitig als einzige Lichtquelle dem Hause ein gewisses, für die einfachen Bedürfnisse ausreichendes Maß von Helligkeit. Es war üblich, sie nach Bedarf durch einen beweglichen, mit durchsichtigem Stoff bespannten Rahmen zum besseren Schutz gegen die Witterung zu verschließen. An den drei nicht durch Türen eingenommenen Wänden des Raumes entlang laufen Bänke; dem Eingang entgegengesetzt steht in ganzer Breite des Raumes ein Tisch mit weiterer beweglicher Sitzbank, so daß zahlreiche Bewohner gleichzeitig Platz nehmen konnten. An den oberen Wandteilen sind Wandbretter zur Aufnahme kleinerer Geräte angebracht; beinahe die Hälfte der Grundfläche nimmt sodann eine in Höhe des Dachanfanges eingelegte Bühne ein, die sozusagen den Keim eines Obergeschosses bildet und sowohl als Vorratsraum wie als Schlafstätte benutzt werden konnte. Ein ähnlicher Hängeboden ist auch über dem Eingangsflur angebracht.

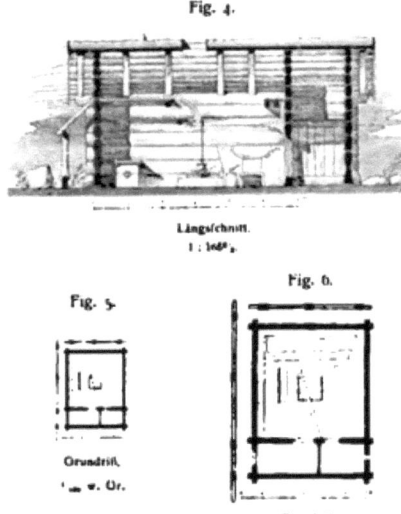

Fig. 4.
Längsschnitt.
1 : 168⅔.

Fig. 5.
Grundriß.
¹⁄₁₆₈ w. Gr.

Fig. 6.
Grundriß.
¹⁄₈₄ w. Gr.

Haus aus Kvefte*).

Abgesehen von den beiden hochgebauten Bettstätten, welche im Schnitt und mit punktierten Linien in den Grundriß eingetragen sind, führt uns dieses Haus in die ursprünglichste Ordnung festgefügter Wohnstätten zurück und enthält in Anordnung und Bauweise nichts, was wir nicht auch in der urgermanischen Behausung eines Wohlhabenden als vorhanden annehmen können. Eine durch das norwegische Klima bedingte Besonderheit bildet allerdings der schmale, mit Pultdach bedeckte, kunstlose Laubengang, der die beiden Wetterseiten des Hauses im Äußeren begleitet. Er diente wohl zur handlichen Aufspeicherung des Brennholzes, das in solcher Weise schon vor seinem Verbrauch zum Warmhalten des Hauses beitragen konnte.

Es liegt nun nahe, zu glauben, daß dieses schlichte Bild germanischer Baukunst sich durch die enge Berührung mit der entwickelteren antiken Sitte, wie sie die Eroberung der weströmischen Länder mit sich brachte, von Grund aus und durchgreifend habe umgestalten müssen. Und doch ist dies durchaus nicht der Fall, und dies erklärt sich auch unschwer dadurch, daß die Städte, in denen antike Bildung die Verwüstungen der Völkerwanderung überdauert hatte, für die germanischen Eroberer wenig Anziehungskraft besaßen. Daß die antike Weise, in kleinen, lichtlosen und höhlenartigen Gemächern zu hausen, die um einen Säulenhof eng zusammengeschlossen waren, den an freie Weiten gewohnten Germanen

12. Einfluß der antiken Bausitten.

nicht locken konnte, ift ohne weiteres anzunehmen. Sie zogen die heimatliche Art, in freiftehenden Hütten zu wohnen, auch weiterhin vor. So kommt die Gefamtanordnung der Höfe, wie man fie aus einer Anzahl von einräumigen Häufern zufammenzufetzen gewohnt war, nicht nur in rein germanifchen Ländern, fondern auch im eroberten Römergebiete, felbft in dem von antiker Bildung durchtränkten Süden von Frankreich zur Herrfchaft. Vor allem wird der große Saal als Hauptbeftandteil vornehmer Wohnungen auch in die füdliche Baukunft eingeführt[1]). Er tritt uns auch in dem berühmten Edikt, durch das der Longobardenkönig *Rothari* um die Mitte des VII. Jahrhunderts die Arbeitsverhältniffe der oberitalifchen Bauhandwerker, der *Magiftri comacini*, ordnete, unter dem Namen »Sala« als feftftehender, allgemein verftändlicher Begriff entgegen.

Aber im einzelnen drang doch fo manches in die Baugewohnheiten der neuen Herren ein. Naturgemäß zogen fie zur Ausführung ihrer Bauten überwiegend die Handwerker der unterworfenen Gegenden heran, und durch diefe fetzte fich der Steinbau an Stelle des gewohnten Holzbaues, zuerft im Süden, dann allmählich auch im Norden, vielfach durch. Mit ihm übernimmt der Deutfche die Namen der meiften in ihm vorkommenden Handwerksausdrücke. Es bilden fich nach römifchem Mufter, aber oft in einem bezeichnenden Wechfel des Gefchlechtes, Worte, wie die Mauer (*Murus*, männlich; bei der Übertragung weiblich nach die Wand), der Pfeiler (aus *Pilarium*, fächlich, und der Stuodil, Holzftütze); ferner der Ziegel (*Tegula*, weiblich; der Stein), der Mörtel (*Mortarium*, fächlich; der Leim), der Eftrich (*Aftricum*, fächlich; der Fleet). Ferner noch einfache Entlehnungen wie: der Kalk (*Calx*), das Pflafter (*Emplaftrum*) und die Kammer (*Kamera*[2]). Letztere zunächft nach der urfprünglichen Bedeutung des Wortes als Bezeichnung eines gewölbten Raumes, dann allgemeiner eines vornehmen Gemaches. Durch füdlichen Einfluß gewöhnte man fich ferner daran, das vornehme Hauptgebäude zweigefchoffig auszuführen. Über der unteren herkömmlichen Halle wird der »Söller« *(Solarium)* als Speife- oder Schlafraum errichtet.

Wie fchwierig das Einbürgern diefer neuen Einrichtung fich geftaltete, ift leicht erfichtlich. Schon die einfache, dauerhafte Herftellung folcher Bauten bot da, wo man nicht altgefchulte Handwerker zur Verfügung hatte, große Schwierigkeiten, und wo man fie glücklich hergeftellt hatte, fehlten Sorgfalt und Sicherheit in ihrer Unterhaltung. Wir befitzen reichlich Nachrichten von Einftürzen und fonftigen Befchädigungen derartiger Gebäude. So bricht im Jahre 586 Herzog *Beppolenus* von Angers mit Gefolge durch den Fußboden feines Söllers durch; im Jahre 876 ftürzt ein Söller unter *Karl dem Deutfchen* zufammen; noch im Jahre 1045 ereignete fich das gleiche Unglück unter Kaifer *Heinrich III.* Ein folcher Gefchoßbau verlangt auch die Herftellung von Treppen und Decken, welche man bisher nicht gekannt hatte. Es ift für die Übertragung aus der Antike bezeichnend, daß die Decke den Namen »Himilezza« oder »Gehemelze« (Himmel) von der antik überlieferten Sternverzierung erhielt. Einfach, aber für das ganze Mittelalter vorbildlich, pflegte man die Treppenanlage außerhalb des Gebäudes anzulegen, meift wohl in einem geraden Laufe anfteigend und im gewohnten Vorbau vor der Eingangstür endigend. Durch die Anlage des oberen Gefchoffes wird es ferner nötig, für das untere Gefchoß feitliche Lichtöffnungen anzulegen; der Name dafür, das Fenfter, wird gebildet nach lateinifch *Feneftra* (weiblich) und das »Augentor«. Die Verglafung diefer Fenfter bleibt aber noch auf lange Zeit eine

---

[1]) Vergl.: ENLART, C. *Manuel d'archéologie française*. Paris o. J. Bd. II, S. 59.
[2]) Vergl.: HEYNE, M. *Das deutfche Wohnungswefen*. Leipzig 1899.

Seltenheit. Sie ist selbst in Gegenden alter Kultur reichen Kirchen und Klöstern vorbehalten. Das Glasmachen ist als „Kunst" hochgeschätzt. Es dringt erst im VII. Jahrhundert nach England vor, und zwar ausdrücklich als „übergroße Kunst, wohlgeeignet für die Lampen der Kirchen und Klöster oder den verschiedenen Gebrauch von Gefäßen". In die nordfranzösischen und deutschen Gegenden wird diese Fertigkeit noch viel später eingeführt worden sein. Die neue Hausform brachte dann weiter, wenn die althergebrachte Lage des Feuerplatzes inmitten des Hauses beibehalten wurde, den Nachteil, daß der Rauch nicht mehr durch eine Dachöffnung abziehen konnte und viel stärker als vordem die Bewohner belästigte.

Man hat sich damit in vielen Fällen geduldig abgefunden; in vornehmen Häusern aber findet sich statt des offenen Herdes als weitere Steigerung baulichen Aufwandes der Kamin, d. h. ein Mantel zum Auffangen und der Schornstein zum Abführen des Rauches, ein. Die enge Zusammengehörigkeit beider kommt in der eigentümlichen Vertauschung beider Begriffe zum Ausdruck; denn das spätlateinische Wort *Caminus*, das uns die Feuerstätte bezeichnet, ist zunächst der Name des Rauchrohres; unsere deutsche Bezeichnung für dieses, der „Schornstein" ist abgeleitet von einem Bestandteil der Feuerstätte, nämlich den Kragsteinen, welche den Rauchmantel trugen. Mit der Anlage solcher Kamine ist eine bedeutsame Änderung in der Gesamtordnung notwendig verbunden. Das Feuer rückt aus der Mitte des Raumes an eine seiner Wände. Nun können wir, wieder aus späteren Verhältnissen heraus, erkennen, wie zähe man vielfach an der alten Einrichtung des Halleninneren festgehalten hat, die ja tatsächlich mit ihrer Anordnung des Ehrensitzes und der Gefolgsbänke einen trefflich klaren Ausdruck für das Gefolgschafts- und Lehnswesen des Mittelalters bot. Die Notwendigkeit, diese ganze gewohnte Gruppierung der Hofgenossen um das Herdfeuer aufzugeben, wenn man über vornehmem Hallenbau ein Obergeschoß anordnen wollte, mußte die Weiterverbreitung der neuen Bauform stark hemmen. Die Anwendung des Kamines ist daher zunächst mehr für kleinere Wohngemächer in Aufnahme gekommen; in solchen aber scheint sie sich für fürstliche und klösterliche Gewohnheiten bald ziemlich verbreitet zu haben. Der Begriff der „*Caminata*", später „Kemenate" als derjenige eines solchen heizbaren Wohn- und Schlafgemaches gehört zu dem festen Bestande schon des Merovingischen Zeitalters. Neben solcher Beeinflussung in baulichen Einzelheiten zeigt sich sodann die Einwirkung des reicheren römischen Lebens durch die Entlehnung ganz neuer Begriffe. Es entsteht z. B. die Notwendigkeit, Speicher (lateinisch *Spicarium*) anzulegen, aus dem nach römischer Sitte allgemeiner werdenden Kornbau; man lernt nach Vorbild des „*Cellarium*" Keller zu erbauen, zunächst durchaus als oberirdisches Vorratshaus, nicht als unterirdischen Raum in unserm heutigen Sinne.

Alle diese Einflüsse fremdländisch vornehmen Wesens betätigen sich natürlich vor allem in den umfangreichen Hofanlagen, die sich Fürsten und Könige als Residenzen erbauten. An ihnen werden wir uns den Grad der Einwirkung am ehesten vergegenwärtigen können. Leider sind nur sehr spärliche Zeugnisse aus den ältesten Zeiten der Anpassung uns überliefert worden. Von höchster Bedeutung wäre uns jede Kunde der Zeit, in der zuerst unter dem großen Ostgoten *Theodorich* sich deutsche Herrschaft mit Italiens Kultur innig zu verschmelzen suchte, in der unter sorgsamer Schonung des Überkommenen nicht nur die römischen Verwaltungsformen und Rechtsnormen, sondern sogar die Hofetikette aufrecht erhalten wurde. Über alle diese Dinge sind wir verhältnismäßig gut unterrichtet; von den Bauten aber des großen Ostgoten wissen wir wenig Greifbares.

12. Bauten Theoderich's.

Wohl glaubt man in umfangreichen Terraffenbauten bei Terracina die Refte eines großartigen *Theodorich*-Palaftes zu erkennen; aber felbft wenn diefe Vermutung zutrifft, fo fagen fie uns fo gut wie nichts; denn alle eigentlichen Gebäude, die auf ihnen ftanden, find längft fpurlos verfchwunden. Noch mehr in das Gebiet der Einbildungskraft gehört die Deutung mittelalterlicher Münzen und Siegel, in welchen man den Veronefer Palaft des *Theodorich* fehen möchte. Diefe Abbildungen entftammen ficher erft viel fpäterer Zeit; die Art der dargeftellten Gebäude entfpricht völlig dem, was wir etwa aus dem XII. Jahrhundert erwarten können, und fo bleibt als ihr einziger Zufammenhang mit dem Gotenkönig die Wahrfcheinlichkeit, daß die Gebäude, welche in diefen ftark ftilifierten Darftellungen abgebildet find, auf gleicher Stelle ftehen, auf der vor ihnen die Burg des *Dietrich von Bern* fich erhob. Ebenfo wenig können wir aus einem angeblichen Refte des Ravennatifchen *Theodorich*-Palaftes irgend eine lebendige Anfchauung gewinnen. Schon nach der älteren Anficht konnte er höchftens als ein Torhaus der ganzen Palaftanlage gelten und bot daher für die Art der letzteren kaum Anhaltspunkte. Nun ift neuerdings durch *Ricci* fehr wahrfcheinlich gemacht, daß der ganze Bau erft fpäterer Zeit, etwa dem XII. Jahrhundert, entftammt. Dazu ftimmt die fpätbyzantifierende Formgebung des Baues durchaus, und wir werden ihn aus dem Verzeichnis der oftgotifchen Bauten wohl ftreichen müffen. Nicht beffer fteht es mit dem fog. *Palazzo delle torre* zu Turin als Bau der Longobarden. Die in der 1. Auflage des vorliegenden Heftes enthaltene Abbildung ift nach älteren Aufnahmen wiedergegeben; es fehlen ihr daher die mit großen, mächtigen Wölbziegeln im Rundbogen gefchloffenen Durchfahrten, welche beweifen, daß der Bau überhaupt kein Palaft, fondern ein monumentales Stadttor, ähnlich der *Porta nigra* in Trier, gewefen ift. Seinen Urfprung können wir mit ziemlicher Sicherheit der fpät-römifchen Kaiferzeit zufchreiben.

So bleiben nur zwei Zeugen von der großen profanen Bautätigkeit *Theodorich*'s. Das eine ift fein Grabmal, jener immer noch in Vielem rätfelhafte Bau, aus dem wir, abgefehen von allen fonft an ihn geknüpften Vermutungen das eine erkennen können, daß die italifche Baukunft dem Einftrömen ungewohnter Baugedanken jedenfalls damals keinen Widerftand leiftete. Daraus aber können wir folgern, daß auch der Wohnbau fich bald und ohne großes Widerftreben den neuen Gewohnheiten der Sieger anbequemt haben wird. Dafür fpricht auch die Abbildung, die uns in den Mofaiken von *Sant Apollinare* zu Ravenna den Ravennatifchen Palaft *Theodorich*'s darftellt, und das zweite Denkmal feiner Zeit uns überliefert (Fig. 7*). Das Ganze gibt uns ein ftilifiertes Bild der Stadt Ravenna, auf dem Tore durch die Auffchrift „Civitas Ravenna" bezeichnet. Im Vordergrunde ift der Palaft des Herrfchers oder vielmehr in ftilifierender Vereinfachung deffen Hauptgebäude, die Halle oder der „Palas" dargeftellt. Sie bildet eine nach der Tiefe gerichtete Mittelhalle und zwei niedrige, feitlich anfchließende Querhallen. Alle Räume find durch Bogen auf korinthifchen Säulen nach vorn hin geöffnet. Über den niedrigen Seitenhallen fcheint fich ein Obergefchoß, ein Söller, befunden zu haben. Der Umftand, daß fich ähnliche Anordnungen in fpäterer Zeit wiederfinden, läßt es wohl als möglich erfcheinen, daß hier trotz der weitgehenden Stilifierung der Einzelformen und der Umgebung die Hauptzüge eines wirklich beftehenden Baues nach der Natur wiedergegeben find. Es ift jedenfalls eine Bauform, die dem wenig älteren Palaft des *Diokletian* in Spalato noch fremd

*) Nach: Mothes, O. Die Baukunft des Mittelalters in Italien, Jena 1883. S. 191, 192.

war. Wir können vielleicht in ihr die antikifierende Faffung der alten dreifchiffigen Häuptlingshallen fehen.

Bald aber brauften über Italien die wildeften Stürme hinweg. Die vernichtenden Kämpfe, in denen die Byzantiner den Oftgoten das Land ftreitig machten, darauf der verwüftende Einfall der Longobarden, fie treffen das Leben der antiken Kultur und Kunft fo tief, daß nur fpärliche Refte alter Handwerksfähigkeit fich hielten, gerade imftande, die ornamentalen Antriebe, die aus Byzanz und vom ferneren Often her tätig waren, mühfam nachzuftammeln, aber ficher nicht mehr kräftig genug, neue Typen zu bilden und auszugeftalten. Italien kommt für lange als führendes Land unferes Zweiges der Baukunft nicht mehr in Betracht; das Frankenreich, das fich unter den Merowingern zwar nicht im Inneren, aber doch nach außen hin leidlicher Ruhe erfreute, tritt bald an die erfte Stelle.

Von den Hofhaltungen der Merowinger ift die eine noch fo weit durch Anhaltspunkte allerlei Art belegt, daß *Viollet-le-Duc* ihre Wiederherftellung im

Fig. 7.

Palaft der Burg *Theodorich des Großen* zu Ravenna[*).
Mofaikbild.

Bilde verfuchen konnte[*). Das Palais de la Verberie bei Compiègne hatte fich lange erhalten, und *Cartier*[*) gibt auf Grund der Refte, welche er noch gefehen, fowie eines Erlaffes *Franz I.*, welches das Abtragen eines Teiles der Gebäude geftattete, eine Befchreibung, die zwar an Klarheit zu wünfchen übrig läßt, aber doch manche fchätzenswerte Auffchlüffe liefert. Insbefondere wird auch hier der große Saalbau erwähnt, welcher als das Hauptgebäude anzufehen war und, an einem großen Hofe gelegen, den Abfchluß des Ganzen gegen Weften bildete. Diefer Saalbau hieß in latinifiertem Deutfch »Mallobergium«, feine Beftimmungen als Gerichtsftätte anzeigend. Die ganze Anlage hatte von Weften nach Often eine Länge von 250 Toyfen, das find etwa 120 m; an der Oftfeite bildete die Kapelle den Abfchluß, deren Bau *Karl dem Großen* zugefchrieben wurde, und die noch im XIV. Jahrhundert feinen Namen getragen haben foll. Zwifchen beiden befand fich wohlgeordnet eine lange Reihe von Gebäuden verfchiedener Art und Größe: für Krieger und vornehme Gefolgsleute, für Handwerker und fonftige Hörige, für landwirtfchaftliche Zwecke. Den »Mittelpunkt« foll ein pracht-

---

[*) Siehe: VIOLLET-LE-DUC, E. *Dictionnaire raisonné de l'architecture française du X. au XVI. siècle*. Bd. VII. Paris 1875. S. 1 ff. — Zum Teile nach: THIERRY, A. *Récits de temps Merovingiens. Récit* 1ier.
[*) In: *Histoire du Duché de Valois*. Paris 1764. Tome I, Livre II, S. 169. Paris 1890.

volles, zweiſtöckiges Gebäude von großer Höhe eingenommen haben. Es iſt wohl anzunehmen, daß es das Mallobergium war. So finden wir hier wieder das Haufenwerk kleinerer und größerer Bauten, wie es für die älteſten Zeiten bezeichnend iſt; dazu ebenfalls im Sinne germaniſcher Auffaſſung keinerlei Befeſtigung. Aber das Ganze iſt doch dadurch, daß die beiden Hauptgebäude, Palas und Kapelle, als Endabſchlüſſe angelegt ſind, in eine ſtrengere Ordnung gebracht. Wir können darin wohl die Einwirkung antik geſchulten Geiſtes erkennen und in ſolchem Königshofe die Übertragung der antiken Villa Suburbana auf die neuen Verhältniſſe erblicken. Über die Art der Ausführung erfahren wir zwar nichts; doch läßt ſchon der Umſtand, daß ſich die Bauten ſo lange erhalten haben, auf Steinbau ſchließen.

15. Wirken Karl des Großen. Mehr in das Einzelne gehend verſucht dann *Karl der Große* die Errungenſchaften antiker Bildung deutſchem Weſen zu gewinnen. In überwiegend literariſcher, daneben aber auch praktiſcher Arbeit iſt man unter ihm geſchäftig, der neuerſtandenen Würde des römiſchen Kaiſertumes den entſprechenden Glanz auch durch bauliche Tätigkeit zu verleihen. Ein gutes Glück hat Reſte der zahlreichen Bauten erhalten, mit denen er ſeine bedeutenderen Königshöfe, die Pfalzen zu Aachen, Ingelheim uſw., ausſtattete, dazu Anweiſungen und Verzeichniſſe, die er für die Verwaltung ſeiner kleineren Landgüter aufſtellen ließ. Letztere namentlich geben uns ein leidlich anſchauliches Bild deſſen, was ſolch königlicher Gutshof, den wir uns doch als einen der beſtausgeſtatteten ſeiner Gegend denken müſſen, an Gebäuden und ſonſtiger Ausrüſtung in ſich ſchloß.

16. Karolingiſche Königshöfe. Wohl eines der größten Gehöfte ſeiner Zeit iſt der Königshof Asnapio, der uns im „Breviarium rerum fiscalium" beſchrieben wird.

Er iſt mit einem wohlbefeſtigten Zaun umgeben, hat einen ſteinernen Torbau mit Söller darüber und enthält nicht weniger als 25 Einzelgebäude. Die königliche Pfalz *(Sala regalis)*, als vornehmſtes davon, iſt *optime* aus Stein gebaut; ſie enthält 3 *Camerae*, d. h. Staatsgemächer; ſie iſt ringsum mit Lauben umgeben und mit 11 Stuben *(Piſiles)*, wohl im Obergeſchoß, verſehen; dazu mit Vorratsraum *(Cellarium)* und 2 Vorhallen. Neben ihr ſtehen im Hofraum 17 einräumige Häuſer, ein Stall, eine Küche, ein Backhaus, 2 Kornſpeicher, 3 Pferdeſtälle. Ein kleiner Teil des Hofes iſt durch beſonderen Zaun als Wirtſchaftshof abgeteilt.

Daraus ergibt das Bild einer recht umfangreichen Anlage, die in dem mehrräumigen Hauptbau und ſeinem zimmerreichen Obergeſchoß weit über die alte Sitte hinausging. Allerdings iſt es der größte der beſchriebenen Höfe. Mehrere andere beſitzen Hauptgebäude mit nur je 2 Räumen im Unter- und Obergeſchoß; ja bei einem finden wir wieder das königliche Wohnhaus aus Holz „ordnungsmäßig" *(ordinabiliter)* gebaut, mit nur einem Hauptraum verſehen, alſo ganz in der Weiſe errichtet, wie ſie aus urälteſten Zeiten her üblich war. Auch die Anweiſungen zur Bewirtſchaftung muten urtümlich genug an, wenn vorgeſchrieben wird, daß die Häuſer Herdfeuer haben ſollen, daß man ferner die nötigen Geräte und Werkzeuge, als Betten, Tiſchtücher, Pokale, Gefäße aller Art, Ketten und Beile, Bohrer und Schneidemeſſer, ſelbſt haben ſolle, damit es nicht nötig ſei, ſie anderwärts zu leihen. So miſcht ſich hier ſelbſt an den königlichen Reſidenzen, in der authentiſchen Schilderung klar ſichtbar der als ſüdlichem Einfluß zu erklärende Fortſchritt, der ſich in der Einteilung königlicher Wohnungen in Einzelzimmer ausſpricht, mit der offenbar im gewöhnlichen Leben ungebrochen herrſchenden altertümlichen Schlichtheit und Ungebundenheit der ganzen Lebensverhältniſſe. Dieſe aber mußten naturgemäß in der Einzeldurchführung der geſchilderten Geſamtanlagen ihren Einfluß üben. Dies gibt uns den beſten Anhalt, nach dem wir die vielfach unklaren und rätſelhaften Reſte beurteilen können, die uns von den Pfalzen des großen Königs überkommen sind. Als solche werden Nimwegen, Ingelheim und Aachen genannt. Ersteres kann indes für unsere Betrachtung ausscheiden, da die Anlage, durch *Barbarossa* gründlich erneuert, sodann im Jahre 1794 zerstört wurde, eine Nachprüfung der erhaltenen Zeichnungen daher nicht möglich ist.

Die Kaiserpfalz zu Aachen, in der sicher das Höchste des damaligen baulichen Könnens verkörpert wurde, ist in den Hauptzügen ihrer Gesamtanlage dadurch bezeugt, daß die beiden Hauptgebäude, Saalbau und Palastkapelle, die ähnlich wie in la Verberie (siehe Art. 14, S. 13) die Schmalseiten des Ganzen, und zwar der Saalbau im Norden, die Kapelle im Süden, begrenzten, in ihrer Grundform noch heute erhalten sind. Die Palastkapelle bildet das Aachener Münster, jetzt die Hauptkirche der Stadt, und ist als bedeutendes kirchliches Bauwerk ihrer Zeit in Teil IV Bd. 3, erste Hälfte dieses „Handbuches" behandelt. Der Saalbau ist in den Grundmauern des jetzigen Rathauses wenigstens nach Lage und Umriß gegeben. Der zwischen beiden Bauten liegende Raum der später den Markt aufnahm, zog sich vom Münster nach dem Saalbau am Hügel hinauf. Er hatte etwa 100 m Länge und 50 m Breite und ist als Palasthof mit Umgängen umgeben gewesen, welche einen gegen Witterung geschützten Verkehr zwischen den einzelnen Bestandteilen der Pfalz ermöglichten. Die Fundamente dieser Laufgänge sind gefunden worden, und damit ist die ganze Anlage im Grundriß sicher festgelegt. Ihre Ausführung im einzelnen dagegen ist völlig zweifelhaft, und es erscheint wohl etwas sanguinisch, sie sich ohne weiteres als „Säulenhallen", womöglich zweigeschossiger Art, vorzustellen. Die wiederholten Einstürze dieser Hallen, die uns berichtet werden, lassen vielmehr auf das urtümliche Holz als Baumaterial schließen.

Um diesen so eingefaßten, mächtigen Hallenhof außen herum müssen die in den alten Beschreibungen aufgeführten mannigfachen Gebäude für den Hofstaat, die kaiserliche Familie, die Leibwache, das Domstift, dazu Bäder usw. gelegen haben; doch lassen sich über die genauere Anordnung nur sehr unsichere und deshalb für uns belanglose Vermutungen aufstellen[*)]. Wertvoll dagegen ist der Saalbau. Er steht auf dem Unterbau eines Merowingischen Gebäudes, welches hier eine schlichte, wahrscheinlich zweischiffige Halle von etwa 17 × 44 m lichter Weite gebildet hatte. *Karl der Große* errichtete auf diesem Unterbau, um etwa 3,50 m über den Pfalzhof erhöht, ein neues Hauptgeschoß und erweiterte diesen Saal durch den Anbau eines großen Halbrunds an der westlichen Schmalseite, dessen Mauerwerk im späteren Granusturm des Rathauses uns erhalten ist; er fügte ferner zwei kleinere Apsiden an den Langseiten hinzu. Er gewann so eine wesentliche Steigerung der Raumwirkung und zugleich in der Apsis einen festlichen Hochsitz von ungewohnter Feierlichkeit für seine eigene Person. Stützen aus Holz oder Stein trugen auch hier die hölzerne Decke des Saales. Ob dieser Saalbau, das „Palatium", ein weiteres Obergeschoß gehabt hat, muß sehr zweifelhaft erscheinen. Sicher aber war dies beim Wohnhaus des Kaisers, der „Aula"[10]), der Fall; denn von ihr erfahren wir, daß der Kaiser durch die Fenstergitter seines

17. Pfalz zu Aachen.

---

*) Dem mit großer Liebe nach den Schriftquellen, im einzelnen mit Anlehnung an den St. Gallener Klosterplan (vergl. Art. 26) bearbeiteten Rekonstruktionsversuch *Stephani*'s fügt dieser selbst die Bemerkung bei, daß manches Zehntel, oder auch mehr des Ergebnisses, auf Phantasie beruhen.

**) Dafür, daß diese „Aula" nicht identisch mit dem „Palatium" ist, spricht wohl überzeugend die von *Rhoen* (Die karolingische Pfalz zu Aachen, Aachen 1889, S. 73) angeführte Nachricht aus Ratsprotokollen des XVII. Jahrhunderts, daß die Grundfläche der Aula nach dem Brande von 1656 in Parzellen geteilt und darauf Wohn- und Zunfthäuser errichtet wurden.

Söllers „alles überfehen konnte, was von Ein- und Ausgehenden gefchah"[11]). Von diefem Wohnhaufe wiffen wir ferner, daß es eine für jene Zeit ungewöhnlich entwickelte Grundrißanlage befeffen haben muß; denn es wird berichtet, daß der griechifche Gefandte 5 Zimmer durchfchreiten mußte, bis er das Gemach des Herrfchers erreichte. Die weitere Nachricht, alle Wohnungen des Gefolges hätten über der Erde fchwebend gelegen, fo daß fich unter ihnen die Befucher des Palaftes hätten vor fchlechter Witterung fchützen und doch fich vor den Augen *Karl's* nicht verbergen können, fcheint mir nicht nur auf die fchon angeführten Hofhallen zu deuten. Man kann darin wohl mit mindeftens gleichem Rechte den Hinweis auf Bauten fehen, deren Untergefchoß auf je vier Holzftützen, wie bei den älteften Holzhäufern Norwegens, vielleicht in etwas ausgebildeterer Form, fich völlig frei über den Boden erhob. Damit muß allerdings eine wefentlich urfprünglichere Vorftellung von all dem fich verbinden, was fich auf der Pfalz neben den monumentalen Bauten des Münfters und des Reichsfaales befand[12]).

Hiermit find allerdings die greifbaren Nachrichten erfchöpft; denn was die gleichzeitigen Hoffchriftfteller über die ungemeine Pracht der Ausftattung preifend anführen, entzieht fich näherer Feftftellung. Goldene Kuppeln, köftlicher Marmorfchmuck an Säulen und Verkleidungen, hölzernes Täfelwerk und reiche Malerei werden rühmend erwähnt. Aber fo manches erfcheint hierbei als dichterifche Übertreibung eines durch die vergangenen Zeiten fich nicht verwöhnten Sinnes. Bei anderem ift fchwer zu entfcheiden, ob wir es mit der Verwendung antiker Refte, die der Kaifer ja weither zum Schmuck feiner Pfalz zufammentragen ließ, oder mit neuen Erzeugniffen der ebenfalls zum Teile aus Italien herbeigerufenen Arbeiter zu tun haben. Daß die einheimifchen Werkleute den Anfprüchen *Karl's* nicht genügten, zeigt aber, daß alle berichtete Pracht keinen inneren Zufammenhang mit der allgemein üblichen Bauweife des nördlichen Frankenreiches hatte.

<small>18.
Spätere
Karolingifche
Bauten.</small>

Daß die hier gegebenen Anregungen immerhin zunächft nicht fpurlos vorübergingen, beweifen die Bauten *Ludwig des Frommen*. Die berühmte fog. Vorhalle des Klofters in Lorfch (vergl. Fußnote 46) gibt uns zu den obenerwähnten begeifterten Schilderungen einen guten Beleg mit ihren zierlichen, wenn auch etwas ftarren Pilafterftellungen und dem reichen Schmuck ihrer mehrfarbigen Marmorverkleidung. Ähnliche Einflüffe mehr technifcher Art erfehen wir in der forgfältigen Ausführung der Kirchen, welche, vom Kreife *Karl des Großen* beeinflußt, fich an mehreren Orten erhalten haben. Und in anderer Beziehung zeigt der Hauptbau der Pfalz zu Ingelheim, ein Bau, der wahrfcheinlich mehr der Zeit *Ludwig des Frommen* als derjenigen *Karl's* angehört, die Nachwirkungen der Aachener Pfalz, indem er trotz der Geringfügigkeit der erhaltenen Refte neben einem wahrfcheinlich dreifchiffigen Reichsfaal das Vorhandenfein eines vielräumigen Wohngebäudes mutmaßen läßt. Auch die vielfältige Verwendung fteinerner Säulen, fei es als Fenfterteilung, fei es als Träger der Decken, ift hier ficher bezeugt, und das Gewicht folcher Kenntnis wird vermehrt durch die ausdrückliche Bekundung, daß der Bau von einheimifchen Werkleuten ausgeführt wurde.

So geben uns diefe großen Karolingifchen Pfalzen immerhin den Eindruck, daß kraft kaiferlicher Machtfülle an ihnen ein bedeutender Schritt über das bis dahin Übliche hinaus getan wurde. Wefentlich ift allerdings, daß diefer Schritt

---

<small>[11]) Vergl. die betreffende Stelle aus der Befchreibung des Mönches von St. Gallen in: RETTEL, a. a. O., S. 54.
[12]) Daß diefe auf natürlichfte Verhältniffe zurückgreifende Bauform noch in fehr viel fpäterer Zeit nicht etwa als unausführlich gegolten hat, können wir aus der Abbildung des noch am Ende des XVI. Jahrhunderts beftehenden Rathaufes zu Nieuwftadt im Limburgifchen erfehen, die M. Schweisthal in feiner Schrift *La halle germanique et fes transformations* (Ruxelles 1907, S. 21) wiedergibt.</small>

nur möglich war durch Anschluß an antike Vorbilder, daß er, sozusagen, den Niederschlag einer gelehrt-literarischen Strömung bildete. Dies mußte seine Einwirkung auf weitere Volkskreise sehr vermindern, ja selbst der Anwendung der Errungenschaften auf die bescheideneren kaiserlichen Höfe im Wege stehen. Wir werden darauf an anderer Stelle zurückzukommen haben. So wird man die Fortschritte der Karolingischen Pfalzen wohl in den kaiserlichen und fürstlichen Bauten späterer Zeit wiedererkennen, deren Vorbilder sie waren; aber es ist nicht daran zu denken, daß sie so bald zu allgemeiner Aufnahme in den Gebrauch der größeren Volksmassen gekommen seien. Dies ist zum mindesten für die entwickelungsfähigeren nördlichen Länder sicherlich nicht der Fall gewesen. Hier hat sich der natürliche Holzbau in einfachsten Formen weit über die vorbesprochene Zeit hinaus lebendig erhalten, dazu auch die schlichte einräumige Grundrißanlage der Häuser. Wenn trotzdem die bauliche Entwickelung dauernd fortschritt, wenn von den ebenangeführten Neuerungen so manches allmählich sich allgemeiner verbreitete; so geschah dies auf einem anderen Wege, wesentlich unter dem Schutze und auf Veranlassung der klösterlichen Genossenschaften, welche hierin eine kulturgeschichtlich höchst bedeutende Rolle spielten. Das Bauwesen der Klöster übernahm nach dem Zusammenbruch der Karolingischen Herrlichkeit auf Jahrhunderte hinaus die Führung; es bildete das Bindeglied, das den rauheren Völkern diesseits der Alpen aus dem Erbe der Antike so manche Anregung für die Anlage entwickelterer Wohnungseinrichtungen vermittelte.

L.
Anlage der Gebäude.

1. Kapitel.
Wohnbau der Klöfter.

19. Anfänge des Klofterwefens.

Die Neigung fich von den Enttäufchungen des Lebens in die Stille zurückzuziehen und durch fromme Befchaulichkeit oder ftrenge Bußübung eine nähere Vereinigung mit der Gottheit zu fuchen, ift eine uralt-orientalifche Erfcheinung. Aus dem Orient durch Vermittelung des alten Wunderlandes Ägypten ift fie auch den abendländifchen Völkern und dem Chriftentum überkommen. Dort bildeten fich fchon im II. Jahrhundert die erften freien Genoffenfchaften von frommen Einfiedlern unter der Führung des heiligen *Antonius* und verpflichteten fich zu Armut, Selbftverleugnung und ungeteilter Hingabe an Gott. Schon um das Jahr 340 gründete dann der heilige *Pachomius* in der Thebais das erfte ftrenger zufammengefaßte Mönchsklofter, das bald zu gewaltiger Größe anwuchs und von dem fich fernerhin eine große Anzahl von Tochterklöftern abzweigte. Manche von den dort aufgeftellten Grundfätzen blieben dauernd beftehen; anderes findet fich in viel fpäterer Zeit als erneuerte Sitte wieder vor. Zu erfterer Gattung gehörte die Verpflichtung, den Lebensunterhalt durch Handarbeit felbft zu gewinnen und die Vorbereitung auf das bindende Gelübde durch eine Probezeit (Noviziat). Zur zweiten Gruppe gehört die Unterwerfung der Tochterklöfter unter das Vifitationsrecht des Mutterklofters und die Sitte, daß die Vorftände der Einzelklöfter fich in regelmäßigen Friften beim Hauptklofter zur gemeinfamen Beratung verfammelten. Durch den Stifter des noch jetzt in der griechifchen Kirche blühenden Bafilianerordens, den heiligen *Bafilius* (geft. 379), wurden diefe Grundfätze ftraffer zufammengefaßt; doch blieb daneben das Treiben freiumherfchweifender Mönchshaufen beftehen. Bezeichnend für diefe freiere Art des urfprünglichen Klofterwefens ift auch der Umftand, daß noch das Konzil zu Chalcedon im Jahre 451 die Mönche zum Laienftande, nicht zu den Prieftern rechnete.

Die Klofteranlage diefer orientalifchen Mönchsorden, „Laura" genannt, fteht in fichtlicher Abhängigkeit davon, daß der Urfprung diefes Klofterwefens im Einfiedlertum beruhte. Sie beftand aus einer Zufammenfetzung von Einzelzellen, die fich meift um einen geräumigen Hof herumlegten. In der Mitte des Hofes erhob fich fowohl die Kirche, wie der gemeinfame Speifefaal mit Küche und Nebenräumen. Zwifchen diefen beiden Bauten befand fich in der Regel der Brunnen.

Offenbar in wefentlich gleicher Form drang das Mönchswefen feit der Mitte des IV. Jahrhunderts in Wefteuropa ein, befördert in Italien und Afrika durch die Kirchenväter *Athanafius, Ambrofius, Auguftinus*, in Gallien durch den Bifchof *Martin* von Tours und gelangte bald zu großer Ausbreitung. Aber es fcheint, daß fchon früh neben der freien Nachahmung orientalifcher Auffaffung, der ursprüngliche Gedanke des Einsiedlertumes gemildert worden ist durch die germanische Gewohnheit des Gefolgewesens und die damit zusammenhängende Sitte, in der großen Häuptlingshalle gemeinsam zu hausen.

Nach verschiedenen Anläufen erhielt diese Verschmelzung zweier Grundgedanken durch die Ordensregel des heiligen *Benedikt* von Nursia (480—543) die feste Form, in der sie dauernd das Klosterwesen des Abendlandes auf das tiefste beeinflußt hat. Sie übernahm zunächst von den ältesten Mönchsgemeinschaften neben dem Gelübde der Armut, der Keuschheit und des Gehorsams die Vorschrift des selbständigen Lebenserwerbes. Indem das strenge Gebot hinzukam, das Kloster nicht in einer Stadt, sondern abseits vom Menschengetriebe anzulegen, ferner das Klostergebiet niemals, außer bei dringender Notwendigkeit, zu verlassen, führte diese Vorschrift weiter zu der Forderung, daß alles, was zum Leben nötig ist, im Kloster selbst hergestellt werden soll. Damit ist der Grund gelegt zu der umfangreichen Ausgestaltung der Klöster nicht nur mit allen Gebäuden für landwirtschaftlichen Betrieb, Müllerei, Brauerei, und Weinwirtschaft, sondern auch mit gewerblichen Werkstätten aller Art, von der Schmiede und Wagenbauerei bis zur Ausübung der Goldschmiedekunst, der Buchschrift, der Miniaturmalerei usw. Durch diese eindringliche Beschäftigung mit allen handwerklichen, künstlerischen und wissenschaftlichen Arbeiten wurden die Niederlassungen des Benediktinerordens und seiner Ableitungen wahre Pflanzstätten und Mittelpunkte der Kultur und in den wilden Jahrhunderten des frühesten Mittelalters fast die einzigen Vermittler für die Reste antiker künstlerischer und baulicher Kenntnisse. Baulich von gleicher Wichtigkeit sind die Vorschriften, die das Leben der Brüder im einzelnen regeln. Grundlegend ist hier die Bestimmung, daß die Brüder, zwar jeder in eigenem Bett, aber doch möglichst alle zusammen, sonst je 10 bis 20, unter einem Dekan, in gemeinsamem Schlafsaale ruhen, wobei der besseren Aufsicht halber ein Licht brennen soll. Die Brüder sollen in voller Kleidung und gegürtet schlafen, um zum nächtlichen Gottesdienst jederzeit bereit zu sein. Ebenso wird gemeinsames Mittagsmahl vorgeschrieben, bei dem in wechselnder Reihe die befähigtesten aus der heiligen Schrift vorlesen sollen. Auch die sonstige Tageseinteilung ist genau vorgeschrieben. Die Arbeitszeit umfaßt in wechselnder Anordnung 8 Stunden, nur in der Fastenzeit 7 Stunden. Sie wird wesentlich bestimmt durch die Anordnung der Gottesdienste, die siebenmal am Tage und dazu einmal um Mitternacht die ganze Bruderschaft vereinigen. Auch die Erholungszeit zwischen der Arbeit wird zum guten Teil mit dem Studium der heiligen Schrift im Schlafsaal gemeinsam zugebracht. Der in seiner Zelle einsam und beschaulich lebende Mönch der volkstümlichen Vorstellung ist demnach in den mittelalterlichen Orden keineswegs verkörpert gewesen.

Von geringerer Bedeutung in baulicher Beziehung sind für uns die strengen Vorschriften, die sich auf Lebenshaltung, Essen und Trinken, auf die Kleidung beziehen, die das Benehmen der Brüder untereinander und ihre verschiedenen Ämter, die Unterstellung der Klöster unter die Bischöfe ihres Bezirkes, die Stellung des Abtes, seine Strafgewalt usw. regeln. Wichtiger schon sind die Aufnahmebedingungen; sie waren sehr streng gefaßt. Durch eine einjährige Probezeit hatte der Eintretende die Festigkeit seines Vorsatzes zu prüfen, wodurch die Anlage von besonderen Räumen für diese „Novizen" nötig wurde. Auch leuchtet durch die sehr diplomatische Fassung des betreffenden Absatzes deutlich hindurch, daß schon damals bei der Aufnahme das Einbringen eines entsprechenden Vermögens oder die Stiftung eines Betrages durch die Eltern die Regel bildete. Zu dem hierdurch

20. Benediktinerorden.

gegebenen vornehmeren Charakter der Gemeinschaft stimmt es sehr gut, daß auch das Vorhandensein von dienenden Gehülfen nebenbei wie selbstverständlich erwähnt wird, ferner daß ausdrücklich vor Mißmut gewarnt wird, falls nach den örtlichen Verhältnissen die Brüder etwa eigenhändig die Feldfrüchte einsammeln müßten. Wir dürfen daraus schließen, daß die grobe körperliche Arbeit im allgemeinen nicht Sache der Brüder war, daß diese sich vielmehr auf die Aufsicht und Verwaltungstätigkeit beschränkten. Übrigens weist die Regel des *Isidorus Hispalensis* den Betrieb des Ackerbaues und der Bauten ausdrücklich den Hörigen des Klosters zu. Trotz des recht angespannten und harten Lebens, das die obengegebene Tagesordnung bei genauer Innehaltung mit sich brachte, sind auch die Vorschriften über die Lebenshaltung in Bezug auf Tischordnung und Getränk durchaus im Sinne wohlhabender, reichlich lebender Kreise gefaßt. So ergibt sich von vornherein aus der Regel ein weiter Spielraum zur Ausbildung des Klosterwesens in aristokratischem Sinne. Und daß die Entwickelung allgemein diese Richtung eingeschlagen hat, wird des weiteren dadurch bestätigt, daß alle Reformatoren des Klosterwesens, alle Stifter neuer Orden, den oberen und zum Teil vornehmsten Kreisen des Volkes entstammten. Auch bei der unzweifelhaft gegebenen Möglichkeit, daß auch begabte Sprößlinge der niederen Stände in das Kloster eintreten und darin eine bedeutende Rolle spielen konnten, übte die Klostergenossenschaft wohl keineswegs eine wahllose Zulassung, sondern eine Auslese der Besten. Entspricht diese Auffassung der älteren Klöster als wesentlich aristokratischer Genossenschaften auch nicht ganz einer anderen volkstümlichen Anschauung, so ist sie doch nicht unwesentlich, wenn man die große Rolle, welche das Klosterwesen in der Kultur des Mittelalters gespielt hat, und die vornehme Fassung seines baulichen Ausdruckes begreifen will. Aus dem gleichen Grunde haben die Vorschriften des Benediktinerordens das Vorbild für die Satzungen der vornehmen »Kanonikerkollegien« dargeboten, die an Dom- und Stiftskirchen sich zusammenschlossen und deren erste Regel durch Bischof *Chrodegang* von Metz im Jahre 760 erlassen wurde.

Die Regel des heiligen *Benedikt* hat ihre jahrhundertelange Vorherrschaft neben ihrem hohen sittlichen Wert sicher auch dem Umstand zu verdanken, daß sie ihrer ganzen Fassung nach sich den verschiedensten Verhältnissen anzupassen fähig war, indem dem Belieben des Abtes ziemlichen Spielraum ließ. Das ist allerdings auch die Veranlassung gewesen, daß sich unter untüchtigen Äbten sehr leicht Verwahrlosung und Zuchtlosigkeit in die Gemeinschaft einschlichen. Durch das ganze Mittelalter gehen daher immer erneute Bestrebungen, die gelockerte Zucht durch Verschärfung der Ordensregel wieder fester zu knüpfen. Am wichtigsten für unsere Betrachtung sind die aneinander anschließenden Gründungen des Kluniazenser- und Zisterzienserordens.

21. Kluniazenserorden.

Gründer des Ordens von Cluny war ein *Graf Berno von Burgund*, welcher im Jahre 910 die Leitung des schon bestehenden Klosters übernahm. Maßgebend für die Haltung der neuen Gemeinschaft bleibt die Regel des heiligen *Benedikt*; doch wurde sie verschärft durch die Vorschrift der Handarbeit neben dem Schriftstudium; dazu wurde den Mitgliedern dauerndes Stillschweigen auferlegt. Seine Bedeutung verdankt der Orden nicht diesen Verschärfungen der alten Satzung, wie auch die gleichgerichtete deutsche Bewegung, die vom Kloster Hirsau ausging, keine umfassende Wirksamkeit errang. Er kam zur Macht durch die große weltlich-politische Rolle, die ihm — sicherlich nicht nach der Absicht seines Stifters — zu spielen beschieden war, und durch politische Verwickelungen ist er auch wieder von feiner ftolzen Höhe gefunken. Von dem Einfluß, den der Kluniazenferorden und die Hirfauer Kongregation auf die kirchliche Baukunft ausübte, ift an anderer Stelle diefes „Handbuches" zu berichten; für das Klofterwefen ift fein Auftreten nach zwei Richtungen hin bedeutfam. Zunächft entzog er die einzelnen Klöfter dem Einfluß der Bifchöfe, unterftellte die ganze Gemeinfchaft unmittelbar dem Papfte und begann, durch die Abhängigkeit vieler Klöfter vom Mutterklofter Cluny auf eine ftraffere Gleichmäßigkeit des Ordens hinzuwirken. Zum anderen hat er zuerft auch eine Zahl dienender Gehülfen, Handwerker und fonftiger in der inneren Wirtfchaft unentbehrlicher Hülfskräfte als „Laienbrüder" in die engere Gemeinfchaft des Klofters mit aufgenommen und dadurch erft die ftrenge Abfperrung des gefchloffenen Klofterbezirkes, der „Klaufur", von der Außenwelt ermöglicht.

In nicht allzulanger Zeit war auch er durch feine tätige Teilnahme an den Welthändeln verweltlicht und üppig geworden, fodaß ziemlich gleichzeitig an zwei verfchiedenen Orten neue Reformbeftrebungen fich geltend machten. In Prémontré gründete im Jahre 1119 der heilige *Norbert*, der frühere Kaplan *Heinrich V.*, den Orden der Prämonftratenfer im Anfchluß an die Regel der Auguftiner, welche aus den Schriften des heiligen *Auguftinus* mit vielfach ähnlichen Beftimmungen wie diejenigen der Benediktinerregel zufammengeftellt war. Sein Ziel war, ftrenge Klofterzucht in einer Vereinigung von tätigem und befchaulichem Leben mit Predigtamt, Seelforge und wiffenfchaftlicher Arbeit zu pflegen. Diefer Orden war hier anzuführen, weil er befonders für die Befiedelung des Oftens, im Elbgebiet und in den öfterreichifchen Landen eine ziemliche Wichtigkeit erlangt hat; ausgeprägte Spuren im Klofterbauwefen aber hat er nicht hinterlaffen.

Wichtiger ift der Zifterzienferorden geworden, der durch den Abt *Robert von Molêsmes*, einen burgundifchen Adeligen, im Jahre 1098 in wilder Waldgegend bei Ciftercium (Citeaux) begründet wurde. Er fetzte fich urfprünglich zum Ziel, die Verfchärfung der Benediktinifchen Klofterzucht durch harte Handarbeit, insbefondere durch Urbarmachung wüfter Ländereien, daneben durch Verzicht auf äußeren Schmuck des Lebens zu fördern. Durch diefe Neigung zur Erfchließung unfruchtbarer Landftrecken, die fich fpäter offenbar zu befonderer Gewandtheit in der Entwäfferung von Sumpfländereien ausgebildet hat, ift dem Zifterzienferorden eine wichtige kulturfördernde Rolle zugefallen; er hat fich fchnell und in unerhörtem Maße ausgebreitet, fo daß im XIII. Jahrhundert 1800 Klöfter in Europa ihm angehört haben follen. Allerdings vereitelte auch bei ihm, und vielleicht bei ihm am fchnellften, der reiche Ertrag des neuerfchloffenen Pfluglandes die Abficht feiner urfprünglichen Gründer. Reichtum, und mit ihm Üppigkeit, zogen bald in feine Klöfter ein; die vornehmften und reichften Klofteranlagen, die das Mittelalter uns hinterlaffen hat, gehörten dem Zifterzienferorden an.

Die Zifterzienfer nahmen zur Wahrung der Klofterzucht den uralt-orientalifchen Brauch wieder auf, dem zufolge jedes Tochterklofter von feinem Mutterklofter abhängig war und von ihm aus beauffichtigt wurde. Dem zufolge befaß die älteste Gründung, Citeaux, in Gemeinfchaft mit den vier älteften Tochterklöftern, La Ferté, Clairvaux, Pontigny und Morimond, eine Obergewalt über fämtliche Klöfter des Ordens, und beim Generalabt zu Citeaux verfammelten fich alljährlich die Äbte fämtlicher Klöfter zur Beratung gemeinfamer Angelegenheiten. Solch ftraffe Bindung mußte naturgemäß auf gleiche Grundfätze auch in baulichen Dingen hinwirken. So bilden die Zifterzienferklöfter nicht nur im Reichtum, sondern auch in der Geschlossenheit des Typus einen Abschluß für diesen Zweig mittelalterlicher Baukunst. Für ihre Anlage bestimmend ist dabei neben den Vorschriften der Benediktinerregel der Umstand, daß der Orden von den Cluniacensern die Einrichtung der „Laienbrüder" übernahm und nochmals den Abschluß gegen die Außenwelt durch Verbot jeder Tätigkeit außerhalb des Klosters einschließlich der Seelsorge verstärkte.

Mit dieser Reform ist die Umwandlung Benediktinischen Klosterwesens im wesentlichen beendet; spätere Ordensbildungen, die auf anderen Grundlagen beruhten, werden uns an anderer Stelle noch beschäftigen.

<small>24. Grundform des Kreuzganges.</small>

Die baulichen Formen, in denen sich das Getriebe eines Klosters — einer kleinen Welt für sich — abspielte, sind naturgemäß nicht fertig aus dem Haupte eines Künstlers hervorgegangen, sondern haben sich allmählich aus einfachen Anfängen zusammengeschlossen. Gemeinsam ist hierbei allen entwickelten abendländischen Klöstern, daß sich die dem „Convent", d. h. den eigentlichen Mönchen oder Nonnen, zum gemeinsamen Gebrauch zugewiesenen Räume, die man im Gegensatz zu dem mehr öffentlichem Verkehr gewidmetem Wirtschaftshof usw. als „Klausur" bezeichnet, grundsätzlich um einen viereckigen, mit Hallen umgebenen Hof, den „Kreuzgang", herumlegen. Man sieht den Ursprung dieser monumentalen Bauform darin, daß in den ältesten Zeiten des abendländischen Mönchstumes die Kleriker der Kirchen ihre Zellen an die säulenumgebenen Vorhöfe der altchristlichen Basiliken (*in atriis ecclesiae*) anbauten.

Im engen Anschluß an diese Vorbilder hat man auch später noch gelegentlich den Kreuzgang an der Westseite der Kirche angelegt (die uralten Stifter St. Gereon und Sta. Maria im Kapitol zu Cöln sind Beispiele dafür); aber im allgemeinen zieht man der größeren Abgeschlossenheit wegen die Lage seitlich der Kirche vor. Wann sich diese Änderung vollzog, ist nicht bekannt; sicher ist nur, daß sie uns in den großen Klöstern der Karolingerzeit schon als feststehend begegnet.

<small>25. Kloster Fontanella.</small>

Nach genauer gleichzeitiger Beschreibung ist der Grundriß des Klosters Fontanella bei Rouen (Fig. 8) wiederhergestellt[18]), so wie es Abt *Ansegis* (822—33) im Abschluß längerer Bautätigkeit fertigstellte. Unsere Abbildung gibt die in der Chronik angeführten Maße der Bauten wieder. Wir sehen den Kreuzgang an der Nordseite der Klosterkirche in Rechtecksform erbaut. An ihm liegt im Westen der gemeinsame Schlafsaal (Dormitorium), dem in seinem mittleren Teil ein reichgeschmückter Söller aufgesetzt war. Gegenüber, „fast" bis an die Apsis der Kirche heranreichend, also hier entweder Raum für einen Durchgang oder für ein „Vestiarium", eine Sakristei, freilassend zog sich ein Flügel hin, der das Refektorium (Speisesaal) und das Cellarium (Vorratshaus) enthielt. Beide Flügel wurden verbunden durch ein großes Gebäude, in dem die Kamera (Geräte- und Kleidervorrat), ferner die Kemenate des Abtes nebst anderen Räumen untergebracht waren. Als feierlicher Versammlungsort der Mönche, an dem auch die täglichen Vorlesungen von Kapiteln der heiligen Schrift abgehalten wurden, diente der südliche, an die Kirche angebaute Flügel des Kreuzganges, der danach ebenso, wie die Versammlung der Brüder selbst, dauernd den Beinamen Kapitel angenommen hat. Besondere Gebäude für das Archiv und die Bibliothek sind ferner vorhanden; ein Turm mit 35 Fuß hoher Holzspitze (!) steht frei neben der Kirche. Die in der Beschreibung weiter erwähnte Basilika des heiligen *Servatius* können wir vielleicht als Friedhofskapelle auffassen. Von den außerhalb der

---

[18]) Nach: Schlosser, J. Die abendländische Klosteranlage des frühen Mittelalters. Wien 1889. S. 29.

„Klaufur" gelegenen Wirtfchafts- und Verwaltungsgebäuden erfahren wir nichts; doch ift auch ohne diefe der Plan als Beifpiel einer noch nicht voll entwickelten Anlage fehr bemerkenswert.

Zu gleicher Zeit wie die Vollendung des Klofters Fontanella wird die Anfertigung des berühmten Planes von St. Gallen angefetzt, der in Teil II, Band 3, 2. Hälfte diefes „Handbuches" befprochen worden ift. Er entfpricht wefentlich höheren und fefter geordneten Verhältniffen und beweift, daß im Karolingerreiche die Entwickelung klöfterlicher Anlagen fich reißend fchnell vollzog. Dies ftimmt durchaus zu den gefchichtlichen Nachrichten, die befonders für das weftfränkifche Gebiet von großartigfter Betätigung in Gründung und Bau neuer Klöfter berichten, und bildet ein Gegenftück dazu, daß auch die Grundform des Kirchengebäudes in jener Zeit die erfte kraftvolle Weiterentwickelung durch Anfügen des Chorquadrats an das Querfchiff erfuhr. Der St. Gallener Plan ift unfchätzbar, um die vielfeitigen Anforderungen zu erkennen, die man an ein großes Klofter jener Zeit ftellte. Er zeigt neben den eigentlichen Wohn- und Aufenthaltsräumen der Mönche, der Klaufur, das Bild eines mit allen Einrichtungen zum felbftändigen Dafein ausgerüfteten Gemeinwefens, mit Gebäuden für allerlei landwirfchaftlichen Betrieb, für handwerkliche Arbeiten jeder Art, für Erteilung von Unterricht an die Novizen des Klofters, wie an die dem Klofter zeitweilig übergebenen Zöglinge. Dazu kommt ferner ein befonderes Gebäude für die Wohnung des Abtes, notwendig, weil in jenen Zeiten häufig die Abtwürde wie ein weltliches Lehen von den Königen auch an Laien verliehen wurde. An-

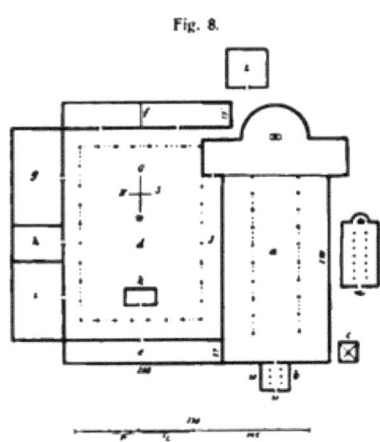

Fig. 8.

Grundriß des Klofters zu Fontanella ¹¹).

a. Kirche.
b. Vorhalle.
c. Glockenturm.
d. Kreuzgang.
e. Dormitorium.
f. Refektorium mit Cellarium.
g, h, i. Domus major mit Kammern und Abtswohnung.
j. Kapitel.
k. Bibliothek.
l. Archiv.
m. Friedhofskapelle.

gegeben find ferner ein Krankenhaus mit Arztwohnung und Badehaus nebft anderen hygienifchen Einrichtungen für die Mönche; dazu Baulichkeiten zum Empfang und zu gefonderter Beherbergung fowohl vornehmer Gäfte wie einfacherer Reifenden und Pilger, fowie für fremde Mönche. Ferner find in der Klaufur die Anfprüche, die das entwickelte Klofterleben ftellte, in einer Form erfüllt, die mit geringen Änderungen allen fpäteren Wandelungen der Ordensregel anzupaffen war und dadurch maßgebend geblieben ift für die fpäteren Zeiten. So ift hier fchon das Dormitorium in denjenigen Flügel des Kreuzganges verlegt, der an den Chor der Kirche anftößt und daher den bequemften Zugang zu den nächtlichen Gottesdienften gewährte. Weiter ift dem Refektorium fchon der fpäter immer wiederkehrende Platz gegenüber der Kirche angewiefen, den Vorratsräumen dagegen der weftliche Flügel vorbehalten als derjenige, welcher dem Betriebe der Land- und Viehwirtfchaft am nächften, dem inneren Leben der Klaufur am abgekehrteften gelegen war. Auch hier wird der an die Kirche angebaute Kreuzgangflügel, wie in Fontanella, zur Zufammenkunft *(Conventus)* der Brüder als Verfammlungsraum benutzt.

Die ganze Anlage ift, wenigftens in den Hauptgebäuden, Kirche mit Klaufur, fowie Krankenhaus und Schule mit den dazugehörigen Kreuzgängen, dem Abtshaus und wohl auch der daneben liegenden Küche, durchaus auf Ausführung in Stein berechnet, wie aus den eingetragenen Bogengängen gefchloffen werden kann. Für die übrigen Gebäude könnte man Ähnliches fchließen aus der Tatfache, daß Heizeinrichtungen vielfach eingetragen find; doch ift folcher Schluß für einfache, unentwickelte Verhältniffe unficher. Jedenfalls bedeutet fchon die Ausführung jener Hauptgebäude in Stein einen gewaltigen Fortfchritt gegen den Zuftand der volkstümlichen Baukunft.

27. Steinbau der Klöfter.

Die Bevorzugung des vornehmen Steinbaues durch die Klöfter, die für ihre Stellung im Gefamtleben des Volkes ja bezeichnend ift, geht zweifellos auf die füdländifchen Vorbilder zurück, bei denen fie felbftverftändlich war. Wir können fie fchon für die älteften Anlagen der Merowingerzeit annehmen, foweit fie auf gefichertem Boden und mit ausreichenden Einkünften errichtet wurden. An anderen Stellen kann man dagegen felbft in fpäterer Zeit noch ftarke Zweifel hegen, ob nicht die erfte Anlage im landesüblichen Holzbau hergeftellt wurde. Die vielfach angeführte Chroniftenftelle, aus der gefolgert wird, daß *Bonifazius* feine Lieblingsgründung Fulda im Jahre 744 fofort in Steinbau durch mitgeführte Handwerker errichtet habe, befagt dies tatfächlich nicht.[14]). Sie fchreibt ihm nur die Rodung des Waldes an der gewählten Stelle und die Herftellung von Einrichtungen zur Kalkbereitung zu. Da fie ausdrücklich bemerkt, daß er nach 8 Tagen fchon mit feinen Werkleuten weiterzog, fo ift es viel wahrfcheinlicher, daß die eingeleitete Kalkbereitung nicht den Steinbau, zu deffen Ausführung hier in der Waldwildnis doch die gefchulten Kräfte fehlten, fondern die Herftellung von Eftrichen zum Ziel hatte. Abgefehen von folchen Einzelfällen aber find die geiftlichen Stifter jedenfalls bahnbrechend geworden für die Verbreitung des Steinbaues und haben dadurch dem Fortfchritt baukünftlerifchen Könnens große Dienfte geleiftet. Allerdings darf man die gleichzeitigen begeifterten Berichte über die Herrlichkeiten, die damals entftanden, doch nur mit gewiffer Vorficht aufnehmen. Teils fpricht bei ihrer Faffung eine gewiffe Genügfamkeit, eine durch die Anfchauung bedeutender Bauwerke nicht verwöhnte, frifche Aufnahmefähigkeit mit, teils die ungelenke Schreibweife jener Zeit, die bei jeder lebhaften Schilderung zu den ftärkften Ausdrücken zu greifen gewohnt war. Bezeichnend für den Kunftbetrieb der früheren Zeiten ift dabei die Schilderung der großen Bautätigkeit, die der Abt *Defiderius* des mächtigen Klofters Montecaffino bald nach 1050 entwickelte, um diefes Mutterklofter des Benediktinerordens in neuem Glanze herzuftellen. Es erfchien ihm nämlich als die felbftverftändlich befte Vorarbeit, nach Rom zu reifen und dafelbft Säulen, Bafen, Kapitele und bunte Marmortafeln aus antiken Reften zu kaufen, die dann nach Montecaffino gefchafft und zur Zierde der Bauten verwendet wurden.

In Fig. 9[15]) fei ferner eine Darftellung der alten Kreuzganghalle von *San Gerufalemme* in Bologna gegeben, welche zeigt, bis zu welcher Formenroheit

---

[14]) Vergl.: Richter, O. Die erften Anfänge der Bau- und Kunfttätigkeit des Klofters Fulda. Fulda 1900.
[15]) Nach eigener Aufnahme.

Zu S. 25.

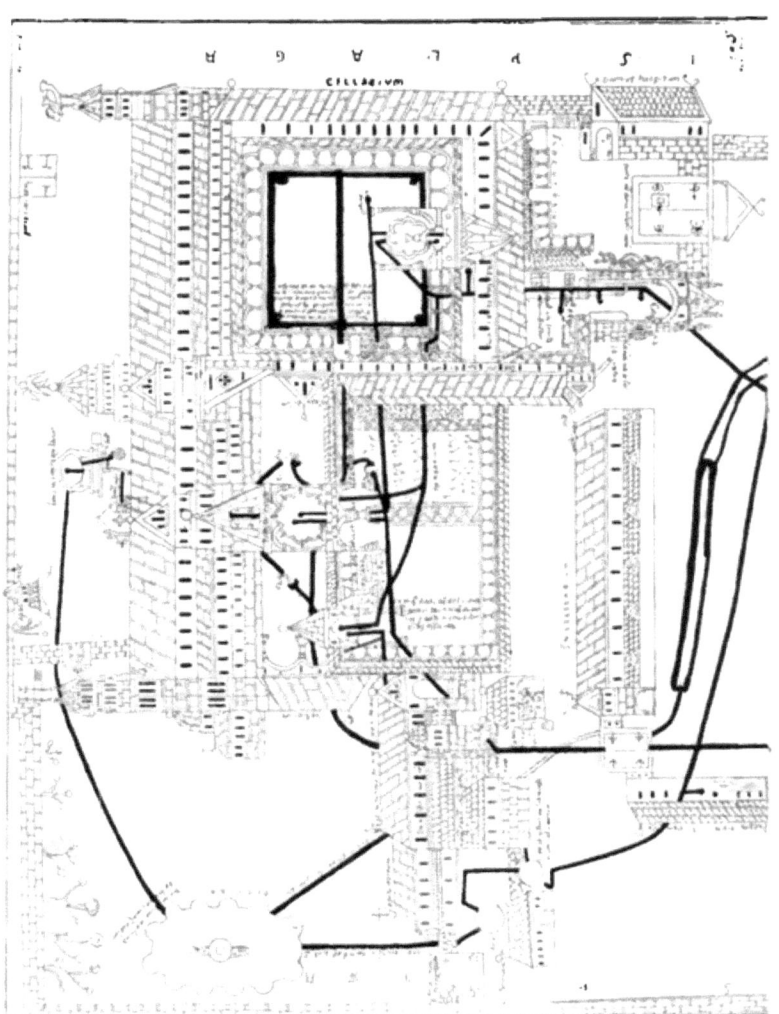

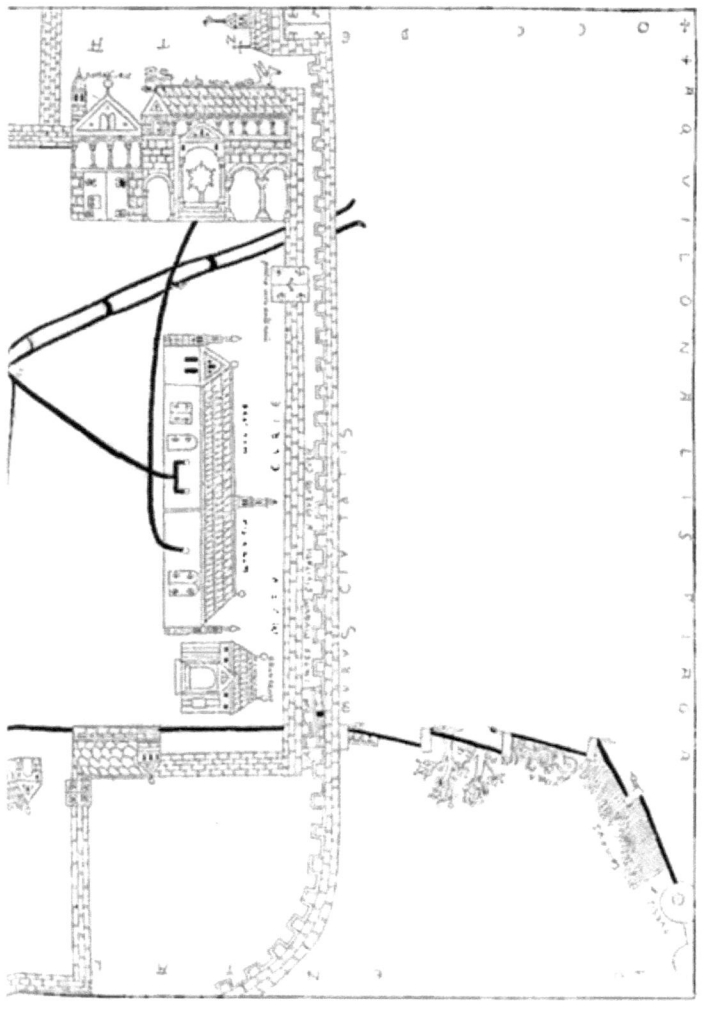

Alter Plan der Abtei zu Canterbury.

der reiche Baugedanke schwerer Mauerbogen, die auf vier Zwergfäulen ruhen, herabkommen konnte. Der Bau stammt wahrscheinlich von einer Wiederherstellung des Klosters, die auf eine Verwüstung durch den Ungarneinfall des Jahres 903 folgte.

Die vielfachen Anhaltspunkte, die uns der Plan von St. Gallen zur Beurteilung des damaligen Wohnbaues gibt, machen ihn zu einer höchst wichtigen Quelle der kulturgeschichtlichen Belehrung. Um ein lebendiges Bild vom Aussehen solchen Klosters zu formen, ist er weniger geeignet, weil er ohne Berücksichtigung örtlicher Eigentümlichkeiten mehr programmatisch das regelrecht Erforderliche zusammenstellen, als gerade eine Bauvorlage abgeben will. Es ist uns aber eine andere mittelalterliche Zeichnung aus wenig späterer Zeit erhalten geblieben, in der die Anlage der großen englischen Abtei Canterbury in zwar naiver, aber durchaus anschaulicher Weise so dargestellt ist, wie sie nach dem Brande von 1070 hergestellt worden war. Sie hat zu dieser Zeit als Überlichtszeichnung gedient, um die Einrichtung einer ganz durchdachten Be- und Entwässerungsanlage einzutragen. Sämtliche Gebäude sind in der Weise angegeben, daß ihre Ansichten in geometrischer Darstellung in die Ebene der Zeichnung niedergeklappt sind (siehe die nebenstehende Tafel [14]).

Abtei Canterbury.

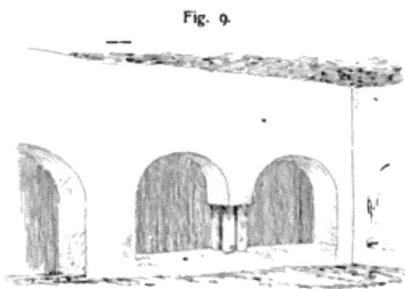

Fig. 9.

Vom Kreuzgang des Klosters von *San Gerusalemme* zu Bologna [14]).

Wir sehen zunächst das ganze Kloster mit einfachen Umwehrungsmauern umgeben und außerdem in die Stadtmauer *(Murus civitatis)* eingeschlossen. Diese Abweichung von der Regel des heiligen *Benedikt* (vergl. Art. 20, S. 19) erklärt sich hier leicht dadurch, daß die Stadt sich unter dem Schutze des Klosters erst nachträglich entwickelt und das ursprünglich im freien Felde liegende Kloster dann, wie so oft, in die erweiterten Mauern mit einbezogen hat.

Auf dem von der Klostermauer umzogenen Gebiete liegt am oberen Rande unserer Tafel, d. i. an der Südseite der Anlage, die Kirche, schon mit dem für spätere Zeiten in England so bezeichnenden langgestreckten Chor versehen. Ein Vierungsturm, sowie je zwei Türme im Osten und Westen schmücken sie; ersterer trägt auf seiner Spitze die Figur des vierflügeligen Erzengels Michael (die auch als Krönung eines der St. Gallener Türme erwähnt wird); die anderen sind mit dem Bild des wachsamen Hahnes und mit geschmiedeten Kreuzen abgeschlossen. Außerdem ist aber noch auf dem südlich angrenzenden Kirchhof ein niedriger Glockenturm *(Campanile)* errichtet. An den Chor der Kirche ist nördlich das kleine *Vestiarium* angebaut, der Raum zur Aufbewahrung der kostbaren Gewänder, Vorhänge und Altardecken, in denen im früheren Mittelalter der Reichtum der kirchlichen Schatzkammern vor allem bestand. Sonst liegt dieser Bauteil frei und ist durch einen schmalen Hof von den angrenzenden Klosterteilen getrennt. Dagegen schließt sich dem Westteil der Kirche der Kreuzgang in ganzer Länge an. Er ist mit rundbogigen, niedrigen Hallen umzogen; einige Öffnungen davon, an der Ostseite gelegen, sind mit Gitterwerk gefüllt und als die Stelle des Sprechraumes für Fremde *(Hostium locutorium)* bezeichnet. Die über dem Südflügel im Obergeschosse gelegenen, durch kleine Fenster erhellten Räume sind nicht näher benannt; sie dürften, wie auch später meistens, als niedrige Dachräume untergeordneten Zwecken gedient haben. Der ganze Westflügel wird vom Cellarium, den Vorratsräumen, eingenommen. Im Ostflügel befindet sich zunächst

---

[14]) Nach: WILLIS, R. *History of the monastery Canterbury*. Abgedruckt in: *The architectural review* (London 1897-98), Bd. III, S. 154. 155.

ein mit Pultdach an das Querschiff der Kirche angelehnter Raum, der wohl als Sakristei und zur Aufbewahrung der Meßbücher usw. diente; dann folgt, als erstes Beispiel für uns, ein eigener Kapitelsaal *(Capitulum)*, der hier als Versammlungsraum an Stelle des früher dazu dienenden Kreuzgangflügels trat. Im übrigen ist dieser Flügel vom Schlafsaal *(Dormitorium)* eingenommen. Der Nordflügel endlich nimmt den Speisesaal *(Refectorium)* auf; vor ihm erhebt sich im Inneren des Kreuzganges ein gewölbtes Brunnenhaus, in dem der für die Waschungen vor und nach der Mahlzeit gebrauchte Laufbrunnen mit zwei übereinander angeordneten, vielpaßförmigen Wasserbecken sich befindet. An die Außenseite dieses Flügels legt sich im westlichen Teil eine weitere kreuzgangartige Bogenhalle, die wieder als Sprechraum *(Locutorium)* bezeichnet ist. Sie bildet sinngemäß schon den Übergang zu der Welt außerhalb des Klosters, indem sie sich nach einem Hofe öffnet, an dem das Haus für Gäste *(Domus hospitum)* sich anschließt. Nördlich von diesem Hofe liegt ein anderer, kleinerer, in dem sich der Küchenverkehr abspielt. Die Küche selbst erhebt sich in monumentaler Form an seiner Nordseite als gewölbter Zentralraum, an den Ecken mit gemauerten Rauchabzugsschloten gekrönt und an der Westseite mit Weinspalier besetzt. Ein kleiner apsisartiger Anbau ist eigens zum Waschen der Fische bestimmt *(Camera ubi piscis lavatur)*; zwischen die Küche und das Refektorium schiebt sich ein niedriger Zwischenbau, worin laut beigefügter Beischriften die Kutteln (Gedärme) gereinigt und Würste angefertigt wurden. Auf der gegenüberliegenden Seite bildet ein hölzerner Laubengang die Verbindung zwischen Küche und Speisesaal.

An diese der Klausur im engeren Sinne zugehörigen Baulichkeiten schließt sich östlich ein zweiter kreuzgangartiger Hof an, der durch einen Laubengang in zwei Teile geteilt wird. Der westliche Teil dient als Küchengarten *(Herbarium)* der Anzucht der nötigen Würz- und Arzneikräuter. Für den östlichen ist ein besonderer Zweck nicht angegeben; er mag den Insassen des Krankenhauses zur Erholung zugewiesen gewesen sein. Dieses grenzt östlich daran und ist mit eigener Kapelle, eigener gewölbter Küche und eigenem Abortbau versehen. In seiner Nähe liegen das alte und das neue Haus des Priors, dem danach die Sonderaufsicht über das Krankenhaus zugefallen sein wird. Im Norden des Ganzen erstreckt sich ferner der Wirtschaftshof, auf dem zunächst dem Dormitorium der sehr ansehnliche Abortbau *(Necessarium)* sich befindet. Er zeigt eine Anlage, wie sie auch bei der etwas älteren Beschreibung des Klosters Farfa im Sabinergebirge eine Rolle spielt. Es ist ein basilikaler Bau, an dessen gutgelüftetes Mittelschiff sich die niedrigen Zellen seitlich anreihen. In Farfa wird besonders hervorgehoben, daß jede der 45 Zellen ihr eigenes Fenster habe; hier sind solche allerdings nicht gezeichnet. Nicht weit davon finden wir das Badehaus *(Balneatorium)* mit Vorratshaus *(Camera)*, am nördlichen Rande endlich Brauhaus *(Bracinum)*, Backhaus *(Pistrinum)* und Kornspeicher *(Granarium)*. Ferner liegt hier an einem besonderen monumentalen Eingange *(Porta curiae)* das Abtshaus *(Aula nova)*, zweigeschossig, im unteren Geschoß mit vorgebautem Brunnenhaus versehen. — So gibt das Ganze ein äußerst anschauliches Bild von der Verschiedenartigkeit der Bedürfnisse und der freien Sicherheit, mit denen man ihnen, bald in monumentalerer, bald in schlichterer Form, nachkam.

Auch die eingezeichneten Wasserleitungen tragen zu dem Eindruck recht entwickelter Lebenskunst bei, den die ganze Anlage macht, und seien deshalb kurz erläutert. Es sind zunächst zwei Quellen benutzt. Die eine entspringt auf dem Laienfriedhof, speist weiterhin den östlich der Kirche gelegenen Fischteich, fließt zum neuen Wohnhaus des Priors und entsendet von dort einen Strang zum Abort des Krankenhauses *(sub necessarium infirmorum)*, der dann an der großen Latrine vorbei und schräg über den Wirtschaftshof zur Stadtmauer hinausführt. Ein anderer Abzweig speist das Badehaus, das Brauhaus und das Backhaus, liefert von hier einen Anschluß für das Abthaus, versorgt weiter mit einer Anzahl von Ausläufen die Küche und endet im Brunnen des Kreuzganges. Eine zweite Quelle kommt aus dem freien Lande nördlich des Klosters. Sie ist mehrmals in Becken angestaut, die zur Bewässerung des Kornfeldes, Weinbergs und Obstgartens das nötige Wasser sichern. Sie ist innerhalb des Klosterbezirkes geradewegs zur Krankenküche geführt, wendet sich von dort westlich zum Krautgarten, in dem sie einen hochstehenden Behälter (wieder in Achtpaßform gezeichnet) speist, und weiterhin zum Kreuzgang, wo sie ebenfalls mit dem Brunnen in Verbindung steht.

Aber hiermit nicht genug. Für den Fall, daß im Sommer die Quellen nicht ausreichen, sind weitere Vorkehrungen getroffen. Zunächst werden die Regenwasser vom Kirchendach *(Stillicidia)* aufgefangen und teils unmittelbar zu der Leitung geführt, die den Kreuzgangbrunnen versorgt, teils in einem zweiten, hochstehenden Becken in der Südostecke des Krautgartens gesammelt, von dem sie teils an der gleichen Stelle, teils nach dem Krankenhause hingeführt werden. Für den äußersten Notfall aber hat man zwei Brunnen zur Verfügung. Der eine, deutlich als Ziehbrunnen mit steinbeschwertem Schwengel gezeichnet, steht im Friedhof und gestattet, die dort entspringende Quellenleitung zu verstärken. Der andere befindet sich im Krautgarten und hat

neben lich eine „Säule", in welche man bei Wassermangel schöpfen und damit alle Verbrauchs-
stätten mit Wasser versehen kann (*columpna in quam ductu acquae deficiente potest hauriri aquam de puteo et administrabitur omnibus officinis*), d. i. also ein Standrohr, das die obenerwähnten Hochbehälter zu füllen ermöglichte.

Wir haben es hier mit einer höchst zusammengesetzten technischen Anlage zu tun, in der alle Möglichkeiten wohldurchdacht erscheinen. Die Sorgfalt, die auf solche Dinge verwendet wurde, läßt aber den weiteren Schluß zu, daß man zu jener Zeit, die so oft für roh und unzivilisiert gehalten wird, in gebildeten Kreisen höheren Wert auf Reinlichkeit und gesundheitliche Annehmlichkeiten gelegt hat, wie in so manchem späteren und aufgeklärteren Jahrhundert.

So waren schon im XII. Jahrhundert, in dem die sonstige Profanbaukunst erst zu spärlichen Anfangsstufen vorgedrungen war, im Bauwesen des Benediktinerordens alle Ansprüche reichen gebildeten Lebens befriedigt; es blieb nur weniges hinzuzufügen, um Bauformen zu schaffen, die auch der Regel der abgeleiteten Orden gemäß waren und infolgedessen bis zum Schlusse des Mittelalters mustergültig blieben.

Als Beispiel eines solchen vollentwickelten Zisterzienserklosters sei das in Anlage und Architekturdurchbildung ebenso vollendete wie wohlerhaltene Maulbronn gewählt. Der Lageplan (Fig. 10[17]) zeigt uns sofort, wie das Ganze sich in zwei Teile sondert.

30. Kloster Maulbronn.

Dem Haupteingang 1 zunächst, hier vor der westlichen Kirchenfront, liegt wieder der Wirtschaftshof des Klosters. Die an ihm ziemlich regellos stehenden Gebäude entstammen den verschiedensten Zeiten und dienen den verschiedensten Zwecken, als Ställe, Kornspeicher (12, 13), Mühle (10), Bäckerei (11), Gesindehaus (15), Küferei (17), Keller (18) usw. Gleich neben dem Tore liegen einerseits das Gasthaus (3) und die Frühmesserhaus (4), andererseits die Dreifaltigkeitskapelle (2). Eine solche Kapelle neben dem Tore gehört zur vollständigen Anlage eines jeden Zisterzienserklosters; sie ist bestimmt, Frauen, welche nach der Ordensregel die Klosterkirche nicht betreten sollen, zur Verrichtung ihrer Andacht zu dienen. – Im Osten wird dieser Wirtschaftshof durch die quer fast über die ganze Breite des Bauplatzes gelagerte Gebäudemasse der Klausur, also des eigentlichen Klosters, begrenzt, die wir in Fig. 12[19] gesondert in gleichem Maßstabe mit den übrigen, hier vorzuführenden Klosteranlagen darstellen. Den wichtigsten Platz behauptet naturgemäß die Kirche, die bald nach der Klostergründung begonnen, als romanische Pfeilerbasilika errichtet und gegen 1200 beendet wurde. Westlich legt ihr eine etwa 20 Jahre später hinzugefügte zierliche Vorhalle vor; nördlich schließt sich ein langer schmaler Gebäudeflügel an, der, wohl um die Klausur möglichst schnell vom Wirtschaftshof abzuschließen, als ältester Klosterteil gleichzeitig mit der Kirche erbaut ist. Er enthält im Raume 22 den der Vorratskammer (*Cellarium*), die schon in Canterbury den gleichen Platz einnahm und die aus einfach praktischen Gründen dort regelmäßig untergebracht wird. Daneben aber sehen wir in diesem Flügel jenseits des tonnengewölbten Zuganges zum Inneren des Kreuzganges diejenigen Räume, die durch die Zisterzienserregel besonders nötig wurden: im Raume 23 den großen Speisesaal der Laienbrüder oder Konversen[19], darüber deren Schlafraum. Die höchst feierliche und wuchtige Ausbildung, mit der dieser Flügel sich dem Wirtschaftshofe zu früher zeigte, stellt Fig. 11[19] dar. Ist die allerdings durch eine im XV. Jahrhundert angelegte Vorhalle und die anschließende, noch spätere Treppe der größte Teil dieser vornehmen Ansichtsseite verdeckt. Hinter dem ebenbehandelten Flügel birgt sich der innere Kreuzgang, begonnen gleichzeitig und in gleichen Formen wie die Vorhalle und am Kirche angelegten Südflügel, weiter fortgeführt mit dem Westflügel gegen 1300 und während des XIV. Jahrhunderts in stückweisem Weiterbau von dort über das Brunnenhaus bis zur Vollendung des Ostflügels fortgesetzt. Um ihn ziehen sich die Haupträume des Klosters. Am Nordflügel lag in der Mitte der stolze Säulensaal des „Herrenrefektoriums" (25), senkrecht zur Richtung des entsprechenden Kreuz-

---

[17] Nach: Paulus, E. Die Cisterzienserabtei Maulbronn. 2. Aufl. Stuttgart 1884. Taf. IV.
[18] Er ist später, als die strenge Trennung von Konversen und Mönchen verlassen wurde, als Winterrefektorium der Brüder benutzt worden.
[19] Nach: Paulus, a. a. O., Taf. II. — Die auffällige Anordnung der Tür im Obergeschoß, zu welcher kein Zugang hinaufführt, erklärt sich am einfachsten so, daß diese Öffnung als Ladeluke diente, um Getreide und dergl. in den über dem Cellarium liegenden Teil des Obergeschosses hinaufzuschaffen.

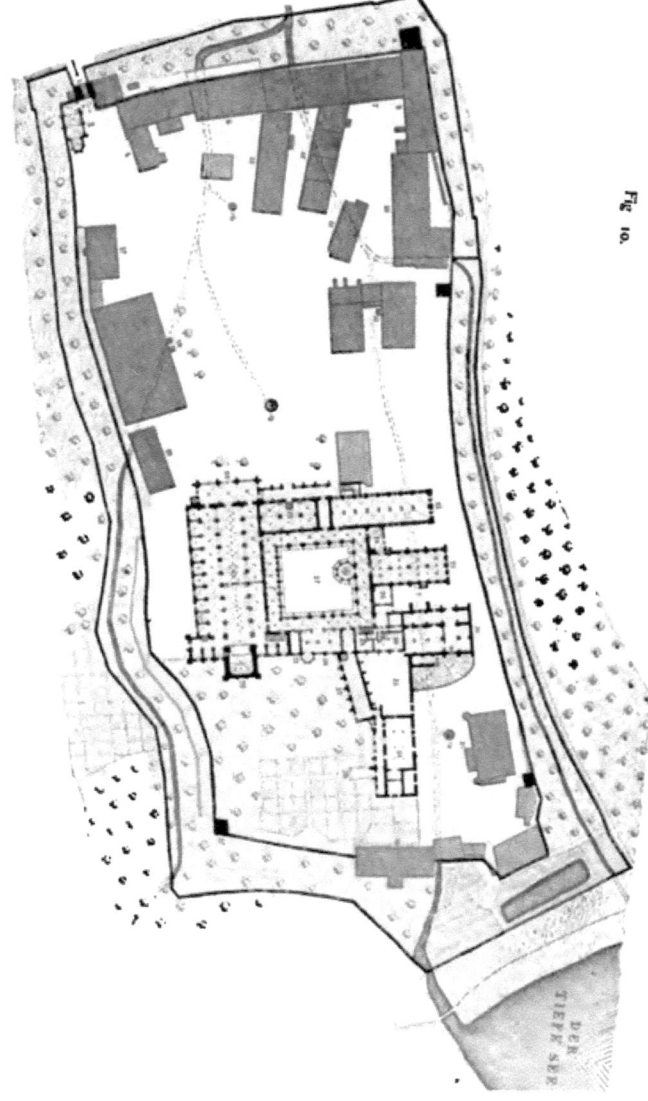

Fig. 10. Grundriß des Klosters zu Maulbronn.

Fig. 11.

Ursprüngliche Ansicht der westlichen Klostergebäude zu Maulbronn [10]).
¹⁄₁₀₀ w. Gr.

gangteiles gestellt, um Raum zu gewinnen, und daher weit aus der Gebäudemasse vortretend. Er wurde später, seit der gemeinsamen Benutzung des Winterrefektoriums als „Sommerrefektorium" bezeichnet. Er entstammt ebenfalls der Bauzeit von etwa 1220, lag also vor der Fortführung des Kreuzganges ein gutes Jahrhundert lang getrennt von dem übrigen in Stein ausgeführten Teil der Klosterbauten. Zwischen diesen beiden Speiseräumen befand sich die jetzt verschwundene Klosterküche 24; östlich schloß sich dem Herrenrefektorium die Wärmestube 26 an, ein für das Behagen im Winter sehr wichtiger Raum, der einzig heizbare eines solchen reichen Klosters. Nahebei und durch verschiedene malerische Treppenanlagen mit Kreuzgang und Wärmestube verbunden, liegt die Brüderstube oder Fraternei (29—30, d. i. der Raum, worin die Brüder in ihrer freien Zeit sich aufhalten konnten), früher ein einheitlich zusammenhängender Raum; dahinter sind noch

Fig. 12.

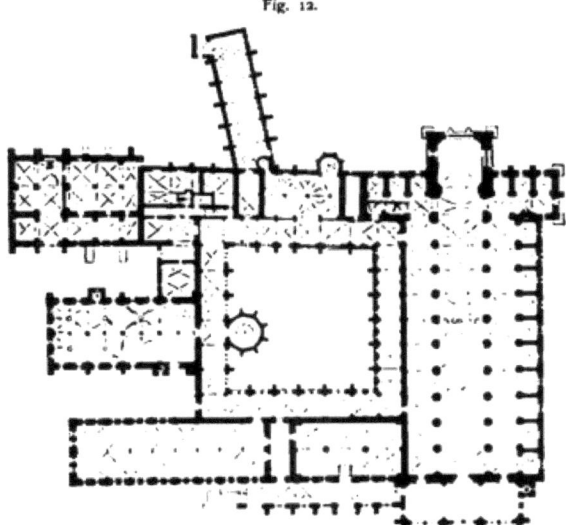

Grundriß der Klausur im Kloster zu Maulbronn [11]).
¹⁄₁₀₀ w. Gr.

weiter gewölbte Räume für Kelterung und Pflege vielleicht der befferen Weine untergebracht (31).
Südlich der Brüderftube führt ein Gang aus dem Kreuzgang hinaus; jenfeits des letzteren liegt
noch weiter im Oftflügel der Kapitelfaal 28 mit fchönem Kapellenerker, etwa dem Ende des
XIV. Jahrhunderts entftammend. Ein fchmaler, tonnengewölbter Raum 21, der als Sakriftei an-
zufprechen ift, macht den Befchluß der im Erdgefchoß am Kreuzgang angeordneten Gemächer.
Ein Obergefchoß ift nur über dem weftlichen und öftlichen Flügel vorhanden. In jenem enthält
es, wie fchon angeführt, den Schlaffaal der Konverfen und Vorratsräume; in diefem erftreckte fich
in der ganzen Länge von faft 70 m der große Schlaffaal der Mönche, aus dem man durch eine
Treppe in der Regel unmittelbar in das Querfchiff der Kirche gelangen konnte. Diefen Bauten
der eigentlichen Klaufur fchließen fich nun einige weitere Gebäude an, die im Kloftergarten
weiter öftlich liegen. Zunächft das Haus des Abtes (34), in welchem diefer der Vertretung des
Klofters und dem dazu nötigen mannigfachen Verkehr mit der Außenwelt obliegen konnte, ohne
die ftille Ruhe der Klaufur zu ftören. Es entftammt der älteften Bauzeit des Klofters, ift dann aber
nach dem Jahre 1384 den Bedürfniffen neuerer Zeit durch einen Umbau angepaßt und fchließlich
gegen das Jahr 1493 durch den Bau des neuen Parlatoriums (Befuchs- und Sprechraum 32)
mit der Klaufur in gefchloffene Verbindung gebracht worden. Endlich liegt ganz abfeits das
Krankenhaus 36, fpäter als Pfründnerhaus bezeichnet, und als wichtige Stätte mönchifchen Lebens
der „Scheerbrunnen" 38, an dem fich die Mönche allwochentlich zur Erneuerung der Tonfur und
zum Lefen in der heiligen Schrift verfammelten. Eine nicht zum klöfterlichen Leben gehörige
Zutat bildet endlich das Herzogliche Schlößchen 35, das erft nach Aufhebung des Klofters errichtet wurde.

    So tritt uns hier ein ungemein reiches, ein höchft entwickeltes Ganze ent-
gegen. Bezeichnend für feine Art ift es, daß nicht einer Zeit, nicht einem Meifter
die Errichtung der ganzen Gebäudegruppe zufiel. Wir haben uns bemüht, bei
Befchreibung des Grundriffes die allmähliche Entftehung des Ganzen klarzulegen.
Ebenfo wie hier werden wir es als einen faft immer wiederkehrenden Vorgang
anfehen müffen, daß man fich für ein neugegründetes Klofter, insbefondere wenn
es in unwirtlicher, erft urbar zu machender Wald- oder Sumpfgegend entftand,
zunächft mit notdürftiger Unterkunft begnügte, um fpäter mit wachfender Fefti-
gung der Verhältniffe zuerft die Kirche, dann die übrigen Klofterbaulichkeiten
in monumentale Form überzuführen. So ift fchon *Bonifazius* bei Gründung
der erften deutfchen Klöfter vorgegangen; von demfelben Vorgang erzählen die
Bauformen auch unferes Klofters. Und es ift unleugbar, daß gerade in der
Fülle der Gedanken, die viele Gefchlechter in folchen Bau hineingelegt haben,
in dem Wechfel verfchiedener Auffaffungen, die wie Variationen über das gleiche
Thema nebeneinander ftehen, ein tiefer künftlerifcher und gefchichtlicher Reiz
liegt, der einheitlich geformten Bauten abgeht. Es ift hier nicht möglich, den
Reichtum an Pracht der Einzelformen und an packenden Raumwirkungen auch
nur annähernd wiederzugeben, die ein Klofter nach Art von Maulbronn in fich
birgt; wir befchränken uns darauf, aus dem Inneren (in Fig. 13 bis 15 [20]) einige
Proben der Haupträume vorzuführen und im Vogelfchaubild des Klofters (Fig. 16 [21])
eine Darftellung von feiner Gefamtgruppierung zu geben. Wir fehen, wie fich
hier klar der Vor- und Wirtfchaftshof vom Bezirk der Klaufur fcheidet; wie der
Kreuzgang den feften Mittelpunkt, den Kern des Ganzen bildet, auf deffen Innenraum fich die umgebenden Gebäude vor allem beziehen; wie insbefondere die
Nordfeite der Klaufur mit den weiteraustretenden Refektorienbauten im Gegenfatz zur monumentalen Weftfeite völlig auf architektonifche Wirkung nach außen
verzichtet. Das ganze Klofter wird nun umgeben von Mauern und Gräben; auch
einige ftarke Türme erheben fich an der Umfaffung; aber diefe Befeftigung ift
als eine zur klöfterlichen Anlage nicht gehörige Zutat anzufehen. Sie ift auch

[20] Nach eigenen Aufnahmen.
[21] Nach: PAULUS, a. a. O.

Fig. 13.

Kapitelsaal.

Fig. 14.

Herrenrefektorium.
Vom Kloster zu Maulbronn [20].

erst in den politischen Wirren des ausgehenden XIV. und XV. Jahrhunderts begonnen und sodann in den Streitigkeiten, welche die Schutzherren des Klosters, Württemberg und Pfalz, untereinander führten, verstärkt worden.

<small>30. Befeſtigung der Klöſter.</small> Der Regel nach gehörte eine Kloſterbefeſtigung nicht zum Begriff eines Kloſters; es hätte den Mönchen, deren oberſte Pflicht die Demut war, im allgemeinen ſchlecht angeſtanden, ſich dauernd auf Waffenlärm und politiſchen Kampf einzulaſſen. So umſchloß man das Kloſtergebiet in der Regel mit einer

Fig. 15.

Brüderſtube im Kloſter zu Maulbronn [30]).

einfachen Abſchlußmauer, wie ſie weitaus die meiſten Klöſter noch heute zeigen, und vertraute für den gewöhnlichen Lauf der Dinge auf die verehrungsvolle Scheu vor dem Heiligtume und auf den beſonderen Gottesfrieden, den aller kirchlicher Beſitz genoß. Gegen dauernde Beeinträchtigung durch weltliche Machthaber aber pflegte man ſich dadurch zu ſichern, daß man ſich ſelbſt einen Mächtigen als Vogt (*Advocatus*) oder Schutzherrn ſuchte. Wie man ſich aber unvermutetem Überfall größerer feindlicher Macht durch Flucht auf geſicherte und leicht zu verteidigende Örtlichkeit entzog, davon gibt uns der bekannte Bericht des *Ekkehard* über das Verhalten des Klofters St. Gallen beim Ungarneinfall des Jahres 926 anfchauliche Kenntnis.

Da das unbefeftigte Klofter keine Möglichkeit der Verteidigung gewährte, hatte der Abt fchon vorher auf die Kunde, daß die Ungarn nahten, die wichtigften Koftbarkeiten nach Reichenau bringen laffen, das durch feine Lage im See vor dem Angriff ungarifcher Reiterfchwärme gefchützt

Fig. 16.

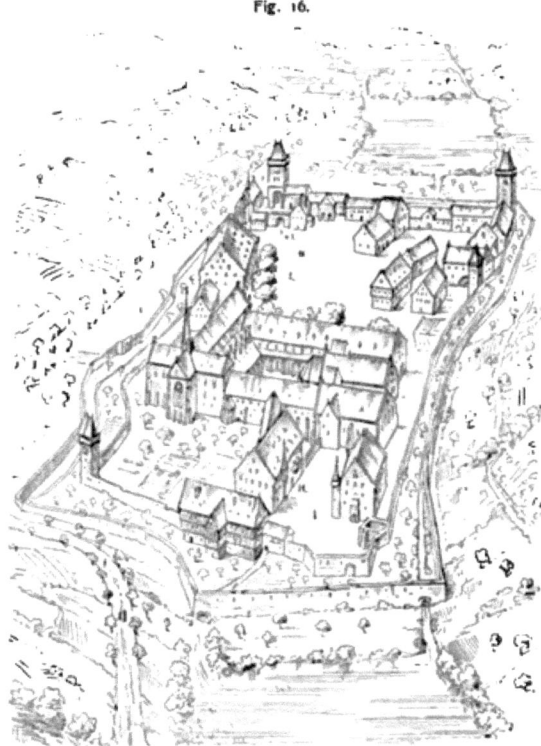

Klofter zu Maulbronn [1]).
Vogelfchaubild.

war. Als nun der Feind wirklich nahte, zog fich der Abt mit den Kloſterinſaſſen und allem wertvollen Gut auf einen nahegelegenen Waldberg zurück, fammelte die Hinterfaffen des Klofters und die fonftige Bevölkerung der Gegend um fich und errichtete mit deren Hilfe fchnell durch Verpfählungen und Verhaue eine Volksburg, zu deren Bezwingung die Kraft der Feinde nicht ausreichte.

Dies fchließt nun nicht aus, daß man in Ländern, die dem Chriftentum erft neu gewonnen wurden, folche Klöfter, die, fozufagen als vorgefchobene Poften, befonders von heidnifchen Einfällen bedroht waren, durch Befeftigung fchützte;

doch sind unter solchen Verhältnissen wohl regelrechte, architektonisch durchgebildete Klosterbauten überhaupt kaum zustande gekommen. Für Gegenden geordneter Kultur bildet eine widerstandsfähige Befestigung eine seltene Ausnahme. Sie ist vor allem dann eingetreten, wenn ein Kloster, etwa auf der Stelle einer alten Burg gestiftet, durch seine Lage einen wichtigen strategischen Punkt bildete, und in solchen Fällen ergaben sich überhaupt Anlagen, die sich wesentlich von dem sonst üblichen unterschieden.

31. Mont St.-Michel.

Ein gutes Beispiel einer solchen abweichenden Anlage bildet das Kloster Mont Saint-Michel in der Normandie**), welches, an einem kriegerisch wichtigen Punkte gelegen, für die Landesverteidigung im XIII. Jahrhundert besondere Bedeutung erhielt, bei welchem also die Mönche auf Kosten der französischen Könige das Verteidigungssystem stärker ausbildeten, als dies sonst wohl der Fall gewesen sein würde, während die Kirche sich zu einem der berühmtesten Wallfahrtsorte der Christenheit entwickelt hatte.

Sie nimmt die Spitze eines am Meeresufer gelegenen Felskegels ein, an dessen Abhängen sich ringsum die Wohnbauten des Klosters, dann Kriegsbauten, ein kleines Städtchen einschließend, bis zum Fuße herabziehen, welcher regel-

Fig. 17.

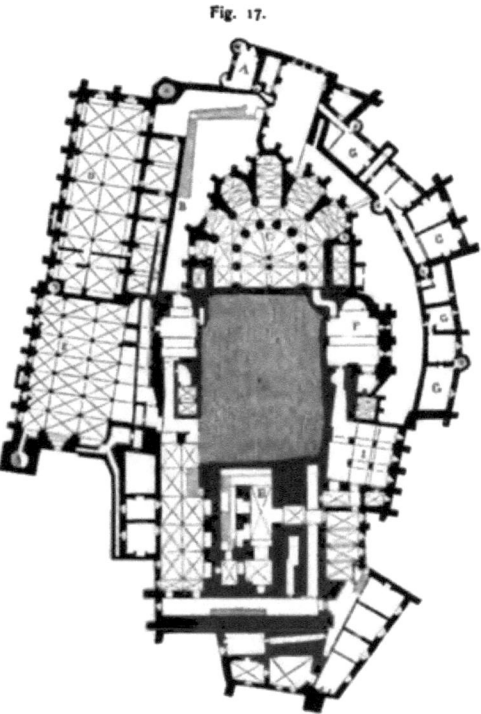

Kloster Mont Saint-Michel in der Normandie**).

mäßig von der Flut übergossen, bei der Ebbe aber frei wird. Wir geben in Fig. 17**) den Grundriß der Anlage unmittelbar unter der Kirche, deren Krypta allerdings in die Tiefe herabreicht.

**) Vergl.: VIOLLET-LE-DUC, a. a. O., Bd. 1. Paris 1854. S. 286 ff. — Ein ähnliches Beispiel in Deutschland bietet das Kloster Comburg bei Schwäbisch-Hall aus dem XII. Jahrhundert, welches jedoch durch die Umbauten des XVIII. Jahrhunderts den alten Charakter mehr verloren hat als Mont-Saint Michel. Auch dort war aber die Kuppe des Berges zu enge, um neben der Kirche die Klostergebäude der Regel entsprechend zu entwickeln; auch dort beherrschen die den Berg sich herabziehenden Verteidigungswerke das Bild des Klosters.

**) Nach: Mitteilungen der K. K. Central-Kommission zur Erforschung und Erhaltung der Kunst- und historischen Denkmale. Wien.

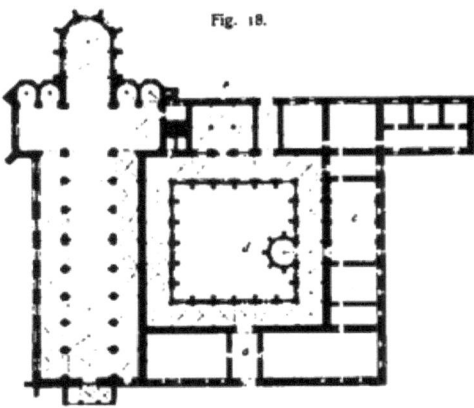

Fig. 18.

Zifterzienferklofter in Goldenkron.
¹/₁₀₀₀ w. Or.

Vom tieferliegenden Gefchoß gelangt man mittels Treppen zur Pforte A, dann durch eine Treppe auf die Höhe B; D war der Schlaffaal der Mönche, E der Schlaffaal der Befatzung; G find Gaftwohnungen, fowie jene des Abtes. Unter D befand fich ein ähnlicher Saal, das Refektorium, unter E abermals ein dreifchiffiger Saal, welcher ebenfalls der Befatzung, vielleicht auch als Speifefaal diente. Im übrigen laffen fich wohl kaum mehr die Beftimmungen der verfchiedenen einzelnen Räume nachweifen. F ift der Unterbau des Querfchiffes einer älteren Kirche, H jener ihres weftlichen Teiles, welcher heute noch als Schiff der gotifchen Kirche erhalten ift. Der Raum oberhalb I wird als Bibliothekfaal angefehen. Oberhalb E befindet fich eine Plattform, die einen von einem Kreuzgange rings umgebenen Hof trägt, an welchen fich gegen Often und Weften weitere Gelaffe anfchloffen.

In Mont Saint-Michel find fonach zu allen vielfachen Anfprüchen einer reichen Klofteranlage noch weitere Räume, die der Verteidigung und den ftändigen Verteidigern dienten, hinzugekommen, fo daß eine Anlage von ungewöhnlich verwickelter Art fich ergeben hat. Aber nicht überall konnte man fo aus dem Vollen heraus fchöpfen. An anderen Orten trat wieder eine gewiffe Befchränkung ein, wenn es galt, für weniger reiche Brüderfchaften das Heim zu bereiten. Vor allem wird bei befcheideneren Anfprüchen die Ausdehnung der Refektorien ermäßigt,

32. Befcheidenere Klofteranlagen.

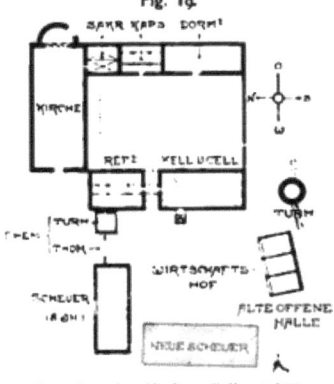

Fig. 19.

Lageplan des Klofters Seligental.
etwa ¹/₁₀₀₀ w. Or.

fo daß fie fich in der Längsrichtung dem Kreuzgang anlehnen. Das früh-gotifche Zifterzienferklofter Goldenkron in Böhmen befitzt eine folche Grundrißanordnung bei im ganzen ähnlicher Raumfolge wie in Maulbronn (Fig. 18¹³).

In diefer Abbildung ift a der Haupteingang, der wieder zwifchen Laienrefektorium und Cellarium hindurchführt; b ift der Kapitelfaal, c das Refektorium und d das Brunnenhaus; zwifchen Kapitelfaal und Kirche legt fich die Treppe, die zur unmittelbaren Verbindung zwifchen Schlaffaal und Chorraum dient.

Noch fehr viel einfachere Verhältniffe fpiegelt der Grundriß des Klofters Seligental in Baden (Fig. 19¹⁴) wieder. Die Anlage des im Jahre 1236 geftifteten und über 300 Jahre lang blühenden Benediktiner-

¹⁴) Nach: Bau- und Kunftdenkmäler in Baden. IV. 3: Kreis Mosbach. S. 199.

Nonnenklosters zeigt, mit wie geringen und bescheidenen Bauten man schließlich auskommen konnte. Sie mag nach der unteren Grenze hin die Anschauung klösterlichen Bauwesens vervollständigen und gleichzeitig ein Bild davon geben, wie man sich etwa bei Neugründungen zunächst mit vorläufigen Bauten behelfen konnte.

33. Städtische Klöster.

Weiteren Wandelungen mußten sich naturgemäß Klosterbauten unterwerfen, welche nicht, wie es bei den Benediktinern die Regel ist, im freien Lande, sondern im Inneren einer Stadt auf begrenztem Bauland angelegt wurden. Fig. 20) bringt uns den Grundriß des abgetragenen Augustinerklosters in Nürnberg.

Bei x, y, z waren drei Nachbarhäuser eingebaut; bei w stand ein zum Kloster gehöriges, im Äußeren die Gestalt eines Privathauses tragendes Gebäude, wohl die Kurie des Abtes. Hierdurch führte von einer Seite der Weg zur Pforte a des Klosters, während bei a' ein zweiter Zugang zur Vorhalle des Klosters befand; bei b war der Kapitelsaal, bei c das Refektorium. Über dem Gebäudeflügel, welcher den Kapitelsaal enthielt, befand sich im I. Obergeschoß ein großer Saal, das Dormitorium des Klosters, im II. Obergeschoß ein ebenso großer, wahrscheinlich der Schlafsaal der Novizen; die übrigen Räume in den verschiedenen Geschossen dienten den sonstigen Bedürfnissen.

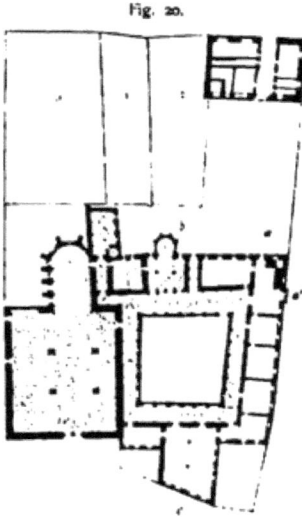

Fig. 20.

Augustinerkloster zu Nürnberg).

34. Bettelorden: Franziskaner und Dominikaner.

Schließt sich das letzte Beispiel in der Raumverteilung noch einigermaßen den Anforderungen der Benediktiner- und Zisterzienserklöster an, so treten in der späteren Zeit des Mittelalters neue Orden auf, die mit grundsätzlich anderer Auffassung mönchischen Lebens auch wesentlich andere bauliche Anlagen für ihre Zwecke erfordern. Vor allem sind hier die im XIII. Jahrhundert entstandenen Bettelorden der Franziskaner und Dominikaner anzuführen. Ihr Grundzug ist neben den uralten Gelübden der Keuschheit, Armut und des Gehorsams nicht die Flucht aus der Welt zur Versenkung in gottgeweihte Betrachtung, sondern die Ausübung gottgefälliger Tätigkeit in der Welt. Dadurch vermindern sie die Klippen, an denen die Aufrechterhaltung strenger Zucht in den Klöstern der älteren Orden so oft gescheitert war. Sie widmeten sich vor allem der Seelsorge und der öffentlichen Predigt, der Verteidigung der kirchlichen Lehre gegen neuauftretende Gedanken und erlangten dadurch vielfach eine führende Rolle in den geistigen Kämpfen der Zeit. Insbesondere die Dominikaner übten zu diesem Zwecke eine lebhafte wissenschaftliche Tätigkeit. In den von ihnen errichteten Lehranstalten haben mehrfach die ersten Ansätze zur Bildung der Universitäten gelegen, wie sie anderseits als *Domini canes*, wie sie sich selbst gern nannten, die Hauptförderer der Inquisition gewesen sind. Beide Orden, vor allem aber die mehr volkstümlicher Tätigkeit zugewendeten Franziskaner, traten ferner in die

) Nach Aufnahmen, welche v. Essenwein aus Anlaß der Übertragung einzelner Teile mit Zugrundelegung von Plänen, die sich im städtischen Bauamte befanden, anfertigte.

Lücke, wo den allmählich fchwieriger werdenden fozialen Verhältniffen gegenüber die Fürforge der noch fchwach entwickelten bürgerlichen Mächte nicht ausreichte, indem fie fich der Armen und Kranken annahmen, fie auffuchten, tröfteten und verpflegten. Durch die Strenge ihres Lebenswandels, wie durch ihren feelforgerifchen Einfluß auf die Vornehmen bildeten fie ferner ein Gegengewicht gegen den in allen Kreifen überhandnehmenden Sinn für Verfchwendung und Üppigkeit. Es ift ficher gerade diefe hohe foziale Bedeutung, die den Bettelorden fehr fchnell große Beliebtheit in allen Kreifen verfchafft hat. Überall fuchte man fich der befcheidenen Helfer zu verfichern; Fürften, Städte und reiche Bürger wetteiferten in der Gründung folcher Klöfter, und kaum 50 Jahre nach der Gründung der Orden waren fie durch ganz Wefteuropa in vielen Hunderten von Niederlaffungen verbreitet.

Fig. 21.

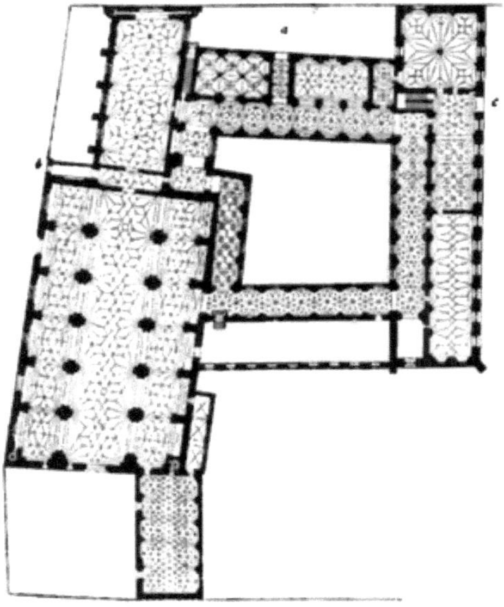

Franziskanerklofter und Trinitatiskirche zu Danzig *).

Solche unvergleichlich mehr nach außen gewandte Tätigkeit erfordert natürlich eine ganz andere Raumanlage. Man braucht Räume für Befprechungen und Verhandlungen aller Art, für Unterricht und für Verwaltung der vielfältigen wohltätigen Unternehmungen. So traten im Erdgefchoß diefer Klöfter neben den für die Mönche felbft beftimmten Räumen in Kapitelfaal, Refektorium, Bibliothek ufw. regelmäßig eine Reihe von größeren Sälen auf, die nach mittelalterlicher Sitte zur gleichzeitigen Erledigung der verfchiedenften Gefchäfte benutzt werden konnten. Dagegen fehlen für diefe durchweg in Städten angelegten, grundfätzlich befitzlofen Klöfter alle Veranftaltungen und Räume, die für den Betrieb der Landwirtfchaft und für die Auffpeicherung von deren Erträgniffen bei den älteren Orden beftimmt gewefen waren.

Fig. 21 gibt den Grundriß des mit der Trinitatiskirche verbundenen Franziskanerklofters zu Danzig **).

35. Franziskanerklofter zu Danzig.

a ift die eigentliche Klofterpforte; bei *b* und bei *c* befindet fich jedoch auch je ein Zugang, von welchem man in einen Vorraum gelangt, der eine Treppe zum oberen Gefchoß enthält.

*) Nach Plänen, welche der Verwaltung des jetzt darin befindlichen Mufeums verdankt werden, während die Trinitatiskirche nach einer Aufnahme des Landesbauinfpektors Herrn *Heife* in Danzig hinzugefügt ift.

Großartig und in reichster Entfaltung sind die Gewölbe aller Räume des Erdgeschosses angelegt. Sie beginnen unmittelbar am Fußboden, erheben sich aber im Scheitel zu beträchtlicher Höhe. Wie aus dem Querdurchschnitt eines Flügels (Fig. 22) zu ersehen ist, hat dagegen das I. Obergeschoß mit den Dormitorien und anderen Räumen nur sehr geringe Höhe. Die weitausgedehnten Räume sind dort durch Holzwände unterteilt, so daß in den gemeinsamen Schlafsälen für jeden einzelnen Insassen eine Zelle abgeschieden werden konnte.

36. Karthäuserorden.

Dies ist eine Einrichtung, die seit dem Beginn des XVI. Jahrhunderts auch in den Klöstern der älteren Orden sich einführte, indem man mit päpstlicher Erlaubnis die großen Schlafsäle in einzelne Zellen teilte, deren je eine jedem der weniger zahlreich gewordenen Klosterbrüder als Wohn- und Schlafraum zugewiesen war. Indem man sich hierin von der ursprünglichen Regel des heiligen *Benedikt* lossagte, paßte man sich den allgemeinen veränderten Zeit- und Lebensverhältnissen an, denen die frühere strenge Bindung des Einzelnen unter die genossenschaftliche Betätigung nicht mehr entsprach. Dadurch schuf man erst in verhältnismäßig später Zeit die Möglichkeit, daß der Einzelne sich nach persönlicher Eigenart in stiller Betrachtung erbauen und geistig selbständig betätigen konnte; erst seither konnte sich wieder der Begriff des in stiller Zelle gottgefälligen Gedanken fromm lebenden Mönches allgemeiner ausbilden. Doch hat auch dieser Gedanke, der ja im wesentlichen auf das alt-orientalische Einsiedlerwesen zurückgreift, schon in verhältnismäßig früher Zeit wenigstens in dem am Ende des XI. Jahrhunderts gestifteten Karthäuserorden seine Verkörperung erfahren. Strengste Weltflucht wurde neben anderen Verschärfungen der Benediktinerregel bei

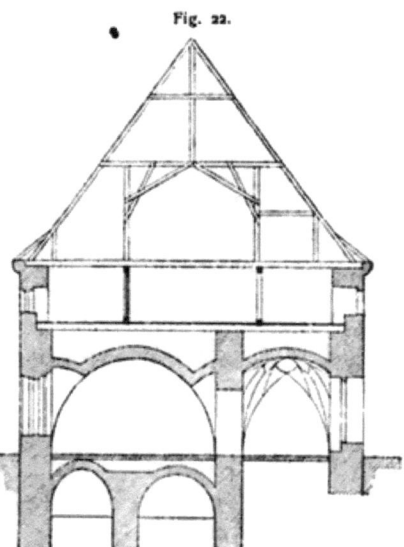

Fig. 22.

Schnitt durch einen Flügel des Franziskanerklosters zu Danzig **).

¹ = v. Gr.

ihnen so weit getrieben, daß die Brüder auch untereinander auf die Gemeinsamkeit des Lebens verzichteten. Nur Sonnabends versammelten sie sich zur Beichte und Erledigung gemeinsamer Angelegenheiten; sonst lebte ein jeder abgeschieden in eigener Zelle der frommen Betrachtung und geistiger Arbeit, die der Orden neben der Feldarbeit besonders pflegte. Bei zufälligem Zusammentreffen aber oder bei gelegentlicher gemeinsamer Tätigkeit war unverbrüchliches Schweigen zum strengen Gebot gemacht. Solche Lebensweise, die eng an orientalische Vorbilder sich anschloß, führte zu Klosteranlagen, die man als monumentale Fassungen des alt-orientalischen Klostergedankens, des von Zellen umgebenen großen Hofes, bezeichnen kann.

Zu

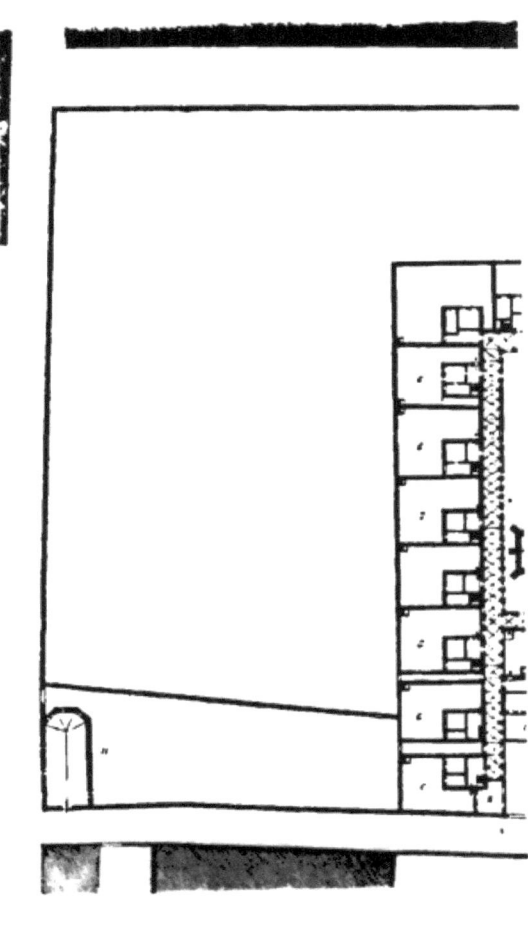

Karthause

S. 39.

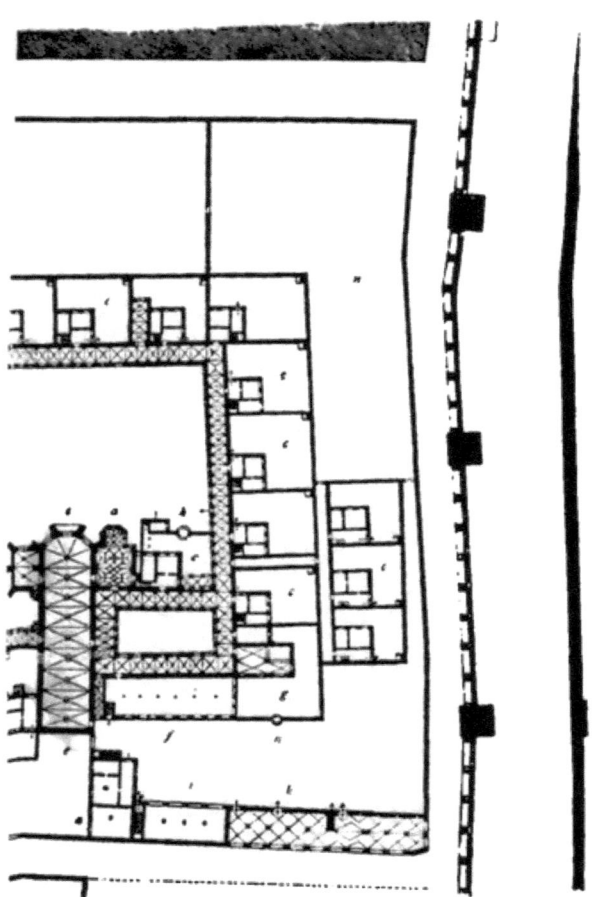

1:500

zu Nürnberg.

Fig. 23 gibt den Grundriß, der allerdings 1676 etwas umgebauten Karthause zu Clermont[17]), den *Viollet-le-Duc* nach einem alten Plane veröffentlicht.

<small>Sie liegt ziemlich weit von der Stadt entfernt und ist deshalb an ihrer Umfassungsmauer mit Verteidigungstürmen *R* versehen. Der westliche Teil vor der in zwei Räume geteilten Kirche *A B* enthält einen Wirtschaftshof, in welchem bei *N* die Stallungen untergebracht sind, bei *Q* Getreidespeicher, bei *H* ein Taubenhaus und bei *T* ein Backofen. Bei *O* ist der Eingang; bei *P* sind Gastwohnungen und bei *C* das Priorat. Bei *a* ist die Zelle des Subpriors, bei *E* der Kapitelsaal, bei *F* der Eingang zum Kreuzgange, bei *S* ein kleiner und bei *D* der große, vom Kreuzgange umschlossene Hof. An den Kreuzgang schließen sich die Zellen *J* der Mönche an, jede mit einem Gärtchen; bei *X* liegt das Refektorium, worin sich allerdings die Mönche nur in bestimmten Zeitabständen zusammenfanden, bei *V* die Küche. Noch sei der Karzer bei *Z* erwähnt.</small>

Sehr verwandt damit ist die auf der nebenstehenden Tafel im Grundriß dargestellte Karthause zu Nürnberg. Sie lag, als sie 1386 gegründet wurde, außerhalb der Stadt auf einem großen, von einer Mauer eingefaßten Grundstücke. Der Bau selbst, für 20 Brüder neben dem Prior und Subprior eingerichtet, ist kleiner als die Karthause zu Clermont, obwohl die letztere nur für 18 Brüder bestimmt ist.

<small>Auch hier in Nürnberg war der westliche Teil ein Wirtschaftshof, in welchem man bei *x* eintrat. Bei *a* war die Wohnung des Priors, bei *b* jene des Subpriors mit einem kleinen Gärtchen. Der Eingang zur Klausur befand sich bei *z*; rings um den Kreuzgang waren 17 Zellen *c*; deren drei stehen auf der Südseite in zweiter Reihe. Bei *d* war der Kapitelsaal, bei *e* die Klosterkirche, bei *g* die Küche; *h* sind zwei Brunnen, *i* Ställe, *K* und *l* Getreidespeicher. Im Obergeschoß über *i*, *k*, *l* lagen wohl die Gastwohnungen, Spital, Bibliothek u. a.; *m* war eine Totenkapelle, *r* der große Garten, in welchem aus dem Kreuzgange die Zugänge führten. Bei den einzelnen Zellen war der innere Gang weggeblieben, welcher in Clermont noch in jeder Zelle an dem Kreuzgange entlang läuft; ebenso fehlt in Nürnberg der bedeckte, zum Aborte führende Gang. Auch in Nürnberg aber hat, wie in Clermont, jeder Mönch drei kleine Räume in seiner Zelle, sowie einen Dachbodenraum, zu welchem eine Treppe emporführte. Die Karthause in Nürnberg ist, wie bekannt, heute noch erhalten, wenn auch wesentlich umgestaltet. Als das Germanische Nationalmuseum sie übernahm, lag der größere Teil in Ruinen; doch ließ sich aus diesem mit Hilfe einiger Pläne aus dem vorigen Jahrhundert der ganze Grundriß zusammenstellen.</small>

Ähnlich den vorstehend geschilderten Klöstern sind auch die Baulichkeiten der Dom- oder Chorherrenstifte, die sog. Kanonikate, angelegt. Natürlich fallen bei ihnen, ebenso wie bei den Bettelorden, die den Landwirtschafts- und Werkstättenbetrieb bestimmten Bauten fort. Und da die Stiftsherren so wenig wie die späteren Bettelorden von der Welt abgeschieden lebten, da sie ferner, wie diese, allerlei Räume für Zwecke der Verwaltung, für Schulen usw. bedurften; so zeigen auch ihre Stiftsgebäude ähnliche, freiere Grundrißentwickelung wie die Klöster jener. Jedenfalls bleibt auch bei ihnen die Anordnung geschlossener Gebäudeflügel, welche sich um einen Kreuzgang herumziehen, die Regel.

Eine ganz besondere Stellung nehmen dagegen in der Ordensbaukunst die Niederlassungen der Ritterorden ein, soweit sie, im Lande der Ungläubigen angelegt, gleichzeitig als Wohnsitz der ritterlich-klösterlichen Genossenschaft, wie als Waffenplatz zu dienen hatten. Solche eigenartige Ausprägung, die mit den Lebensbedingungen der eigentlichen Klöster den Zusammenhang wahrt, ist merkwürdiger Weise weniger zu beobachten bei den großartigen Burgenbauten, welche die Ritterorden im heiligen Lande selbst errichteten. Die Verhältnisse des dort geführten großen Krieges mögen es mit sich gebracht haben, daß die Ritter mehr als Führer größerer Heerhaufen auftraten und ihre Burgen auf größere, mönchisch lebende Besatzungen einrichteten. Jedenfalls spielen die für Ordenszwecke bestimmten Räume in diesen Bauten, welche im vorhergehenden Hefte dieses „Handbuches" schon behandelt worden sind, keine wesentliche Rolle gegen-

---

[17]) Nach: VIOLLET-LE-DUC, a. a. O., Bd I, S. 377 ff.

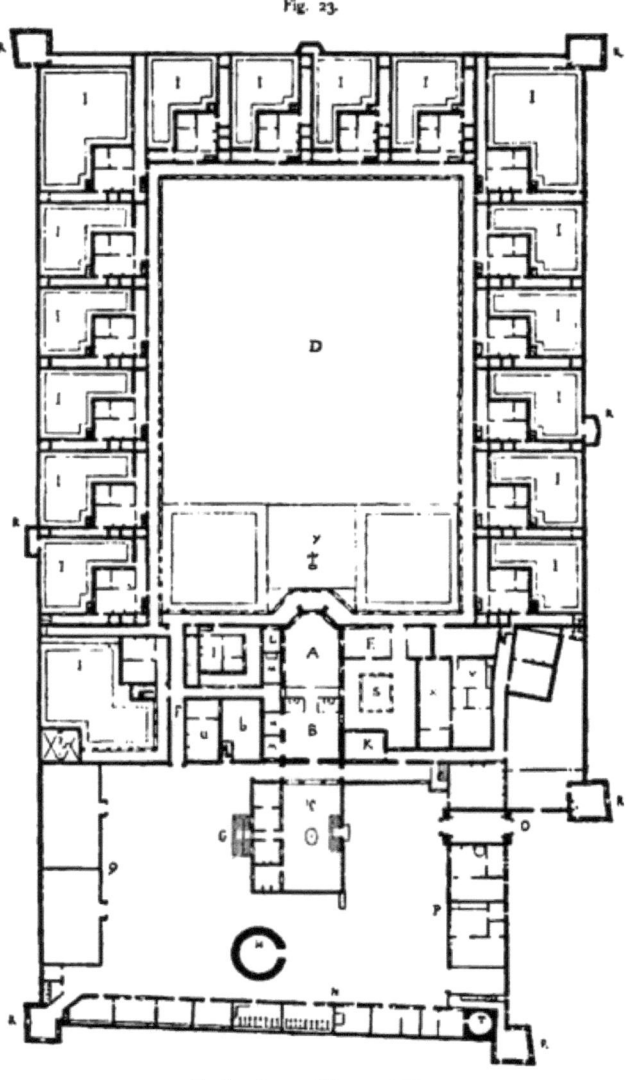

Karthause zu Clermont.

Zu S. 41.

LÄNGENSCHNITT DURCH DEN SÜDFLÜGEL
(VON NORDEN GESEHEN.)

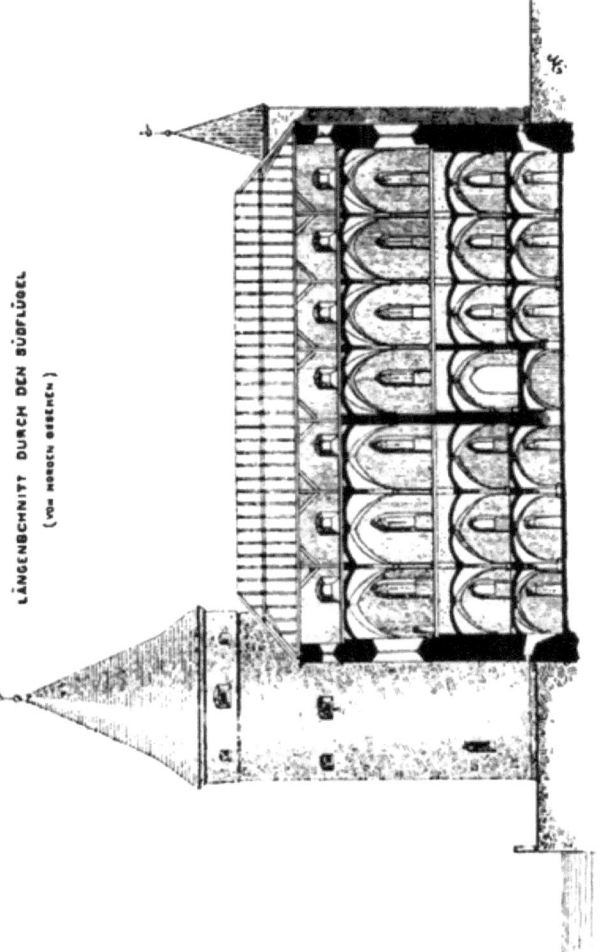

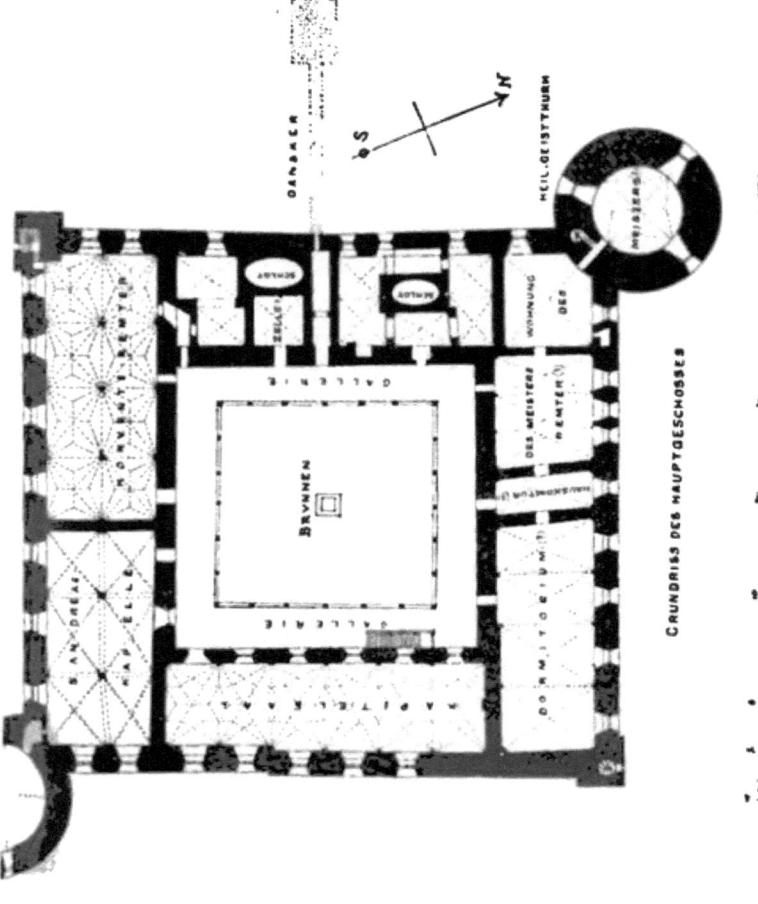

Schloß der Schwertbrüder zu Riga.

über den für Verteidigung und für Aufnahme zahlreicher reifiger Mannfchaften beftimmten Gebäude. In den kleineren Verhältniffen, unter denen der deutfche Ritterorden und die ihm nahestehenden ähnlichen Genoffenfchaften im flavifchen Often für die Ausbreitung des Chriftentumes und mit ihm für die Segnungen höherer Gefittung ftritten, hat fich dagegen für die eigenartige Verfchmelzung klöfterlichen und kriegerifchen Wefens auch ein zutreffender baulicher Ausdruck gefunden.

Wir geben auf der nebenftehenden Tafel das Schloß wieder, welches der Orden der Schwertbrüder feit dem Jahre 1330 fich zu Riga als Sitz des Meifters erbaute[19]).

41. Schloß der Schwertbrüder zu Riga.

Innerhalb einer Vorburg erhebt fich die mächtige Vierkantmaffe der eigentlichen Wohnburg in drei gewölbten Gefchoffen aufgetürmt und um einen von Hallen begleiteten, kreuzgangartigen Hof von etwa 22 m im Quadrat herumgeführt. Den kriegerifchen Zwecken zuliebe ift die Kapelle ganz in den Bau hineingezogen; fie liegt im Obergefchoß, nimmt in fchlichter Rechteckform die füdliche Ecke des Baues ein und ift vom Umgange des Hofes aus zugänglich, wie alle übrigen Räume auch. Ein ftarker, flankierender Eckturm, der gleichzeitig Raum für die Sakriftei gewährt, fchützt fie nach außen hin. Nach Südoften fchließt fich ihr der Kapitelfaal an, erheblich größer wie in anderen Klöftern, weil er nicht nur, wie dort, zu feierlicher Beratung, fondern – wenigftens in Friedenszeiten – zum dauernden Aufenthalt der Ritter diente. Weiter folgt der Schlaffaal, der etwas geringere Fläche hat, fodann ein kleines Gemach, das vielleicht dem Komtur zugewiefen war. Drei Gemächer für den Hochmeifter fchließen im Nordflügel und feinem Eckturm die Reihe der eigentlichen Wohnräume. Es folgen im gleichen Flügel noch einige kleine Räume, die vielleicht als Gaftzimmer dienen mochten. Sie find beengt und durchfchnitten von den zwei Schloten der im Erdgefchoß liegenden Küchen. Zwifchen ihnen hindurch führt ein Gang zu dem weithinaus bis an den Waffergraben des Schloffes vorgefchobenen „Danzker". Dies ift ein bei den Ordensburgen regelmäßig wiederkehrender, alleinftehender Turm, hier aus Holz, meiftens aber mit gewiffem architektonifchen Schmuck aus Stein erbaut, und beftimmt, die Bedürfnisanftalt der Burg in möglichfter Entfernung von den Infaffen aufzunehmen. Hinter der einen der Küchenfchlote fchiebt fich eine kleine Strafzelle für büßende Konventsglieder. In der Weftecke des Baues legt fich fchließlich der Konventsremter, der Speifefaal der Ritter, an die Kapelle an. Sämtliche Räume diefes Obergefchoffes find mit Gewölben, zum Teile reicher Zeichnung, bedeckt, in der anfehnlichen lichten Höhe von 8,50 m hochgeführt und zum großen Teile durch fchöne Maßwerkfenfter erleuchtet. Im Erdgefchoß befindet fich das Burgtor unter der Komturftube; daneben liegen kleine Räume für die Torwache und den Pförtner. Im übrigen enthält diefes ebenfalls gewölbte Gefchoß die zwei Küchen für den Hochmeifter und für den Konvent der Ritter, dazu Unterkunft für die niedere Befatzung und den „Karwan", d. i. Troß und Kriegsfuhrwerk. Ein ebenfalls anfehnliches Kellergefchoß unter dem Oft- und Südflügel nahm Mundvorräte aller Art, dazu in Zeiten der Gefahr auch Vieh und Pferde auf. Das Dachgefchoß des mächtigen Baues diente wohl im wefentlichen der Verteidigung. Für den Verkehr zwifchen den verfchiedenen Gefchoffen find mehrere enge Wendeltreppen in der Mauerdicke angelegt; wir werden uns dazu noch Außentreppen im Hofumgange nach dem Mufter anderer erhaltener Beifpiele ergänzen können.

Haben wir in Vorftehendem die Entwickelung überfchaut, in der fich die Gefamtanlage mittelalterlicher Ordensbauten geformt hat, fo find im Anfchluß daran gewiffe Bedingungen zu erörtern, denen Anlage und Durchbildung der einzelnen Räume in den Klöftern unterworfen waren, Bedingungen die für die übrigen Gebiete des Profanbaues nicht gültig find.

42. Klofterräume.

Am ftrengften gebunden erfcheint zunächft die Anlage des Kreuzganges, wie er fich in rechteckiger Form als Umgang um einen offenen Hof ergibt. Und doch zeigen fich auch bei ihm allerlei Abwandelungen, die davon Zeugnis ablegen, mit welch unbefangenem Schönheitsfinn die alten Meifter fich den jeweiligen Verhältniffen anzupaffen wußten. Neben der im allgemeinen vorherrfchenden,

43. Kreuzgang.

---

[19]) Nach: NEUMANN, E. Das mittelalterliche Riga. Berlin 1892.

ungefähr quadratischen Form von 20 bis 25 m innerer Weite finden sich ganz langgestreckte Höfe, wie z. B. der Kreuzgang des XII. Jahrhunderts am Dom in Hildesheim, in deffen Innerem fich inmitten der Gräber der Domherren die gotische Annenkapelle erhebt. Auch vor unregelmäßigen Formen hat man fich gelegentlich nicht gescheut. So ist der Kreuzgang am Regensburger Dom trapezförmig gestaltet und durch einen breiten Quergang der Länge nach geteilt; an diesen Quergang schließt jetzt die früh-romanische Allerheiligenkapelle an, die früher wohl ähnlich wie die Annenkapelle zu Hildesheim frei in dem Binnenraume stand. Zusammengesetztere Form hatten auch die jetzt abgetragenen Kreuzgänge von St. Aposteln und St. Gereon in Cöln. In erfterem fpringt der halbkreisförmige

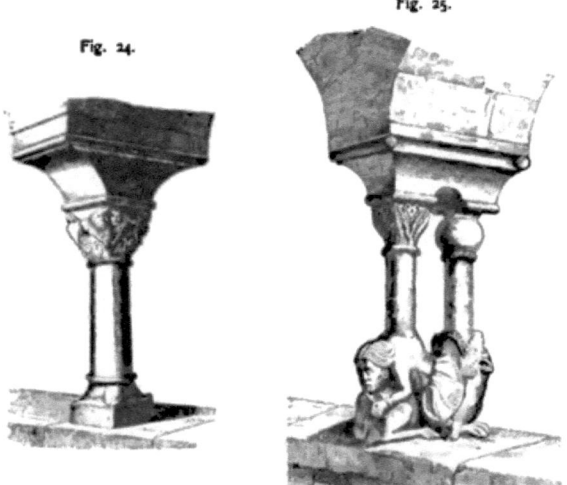

Fig. 24. Fig. 25.

Vom Kloster St. Paul in Kärnthen.

Querschiffsabschluß in die Ecke des Kreuzganges hinein, und man hat daher hier dem Hof durch zwei schräggelegte Bogensysteme eine abgestumpfte Form gegeben. Bei St. Gereon wünschte man die Vorhalle der Kirche sichtbar zu lassen und hat deshalb die Bogenhalle des Kreuzganges in rechtwinkeligem Rücksprung zu beiden Seiten dieser Vorhalle abgeschlossen[*]).
Sogar ganz unregelmäßige Grundformen mit schräg gegeneinander stoßenden oder geknickten Flügeln hat man gelegentlich, z. B. am Dom zu Freiberg in Sachsen, zu höchst reizvoller, malerischer Gestalt ausgebildet. Und selbst wenn bei regelmäßigem Grundriß die Wirkung im wesentlichen auf die ruhige Wiederkehr der gleichen Bogenstellung gegründet war, liebte man es, die Starrheit solcher Anlage zu mildern, dadurch, daß man einzelne Joche als Eingangstüren anders aus-

---

[*]) Vergl.: Boifferée, S. Denkmale der Baukunft vom XII. bis zum XIII. Jahrhundert am Niederrhein. München 1843.

bildete oder, noch wirkſamer, daß man die Obergeſchoſſe der vier Seiten verſchieden geſtaltete, wohl auch nur einzelne Teile des Kreuzganges überbaute. Im Verein mit den hereinragenden Maſſen des Kirchenſchiffes und des Kreuzſchiffgiebels ergaben ſich ſo auch aus der ſtreng gebundenen Grundrißform vielfach höchſt maleriſche Wirkungen.

Die Grundlage für die Geſtaltung des Kreuzganges an ſich bildet aber doch immer die gleichmäßige Wiederkehr eines in ſich ſtreng geſchloſſenen Architekturſyſtems. Von den Erdgeſchoßlauben des Bürgerhauſes unterſcheiden ſich die Kreuzgänge dadurch, daß ſie nicht wie jene dem Verkehr ſich frei öffnen. Sie ſind vielmehr ſtets durch eine feſte Brüſtung gegen den Kreuzganggarten abgetrennt. Auch von den oberen Umgängen, wie ſie ſich in Bürgerhäuſern und Fürſtenhöfen wohl finden, trennt ſie der Umſtand, daß ihre Bogenöffnungen zwiſchen den Hauptpfeilern faſt immer durch kleinere Teilungen gefüllt ſind, eine Anordnung, die ihnen den bezeichnenden Eindruck der Geſchloſſenheit und beſchaulichen Sammlung gibt. Wir finden ſolche reichabgeſtufte Bauweiſe ſchon oft in Übung, wenn man aus Mangel an Mitteln die Wölbung unterließ und ſich

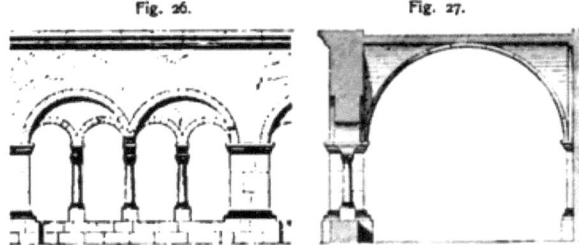

Fig. 26. Fig. 27.

Kreuzgang in St. Maria auf dem Kapitol zu Cöln.
⅟₁₀₀ v. Gr.

mit der Anordnung eines offenen Dachſtuhles über der Kreuzganghalle begnügte, was in der älteſten Zeit die Regel gebildet haben dürfte. So bei dem durch *Schäfer* überzeugend wiederhergeſtellten Kreuzgang von Jung St. Peter in Straßburg, der, etwa aus der Mitte des XI. Jahrhunderts ſtammend, wohl der älteſte in Deutſchland erhaltene, überhaupt einer der älteſten Kreuzgänge von künſtleriſcher Durchbildung iſt. Er zeigt die Abwechſelung von je drei Säulchen, unter denen ſich die in jedem Kreuzgang unerläßliche geſchloſſene Brüſtung entlang zieht, mit je einem ſtärkeren Mittelpfeiler; in der Mitte jeder Grundrißſeite durchbricht eine breite Rundbogentür die Reihe dieſer rhythmiſch geordneten Öffnungen. Die Säulen tragen weitausladende Kämpfer, um das ſtarke Bogenmauerwerk zu ſtützen, eine Form, die für den gleichen Fall vielfach verwendet wurde und für die wir einige reichere Löſungen aus dem Kloſter St. Paul in Kärnthen in Fig. 24 u. 25 darſtellen.

Weſentlich entwickelter als die noch an altchriſtliche Vorbilder gemahnende Faſſung des Straßburger Kreuzganges iſt die Ausbildung des wenig jüngeren Kreuzganges von St. Maria auf dem Kapitol zu Cöln, von dem wir Geſamtanordnung und Querſchnitt in Fig. 26 u. 27, die Bogenſtellungen in größerem Maßſtabe in Fig. 28 u. 29 wiedergeben.

Fig. 28.

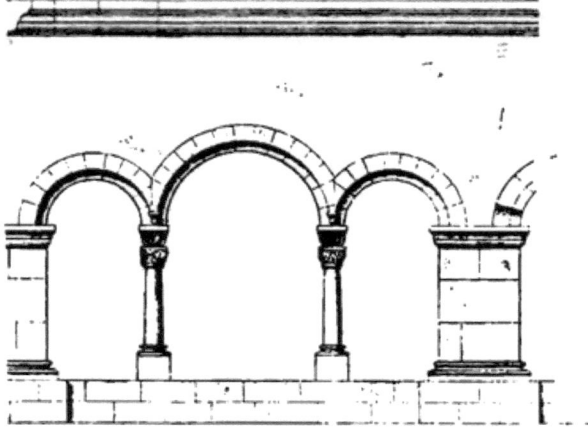

Von St. Maria auf dem Kapitol zu Cöln [*]).
¹/₁₀ w. Gr.

Fig. 29.

Von St. Maria auf dem Kapitol zu Cöln [*]).
¹/₁₀ w. Gr.

Er ist, wie dies für die späteren Ausführungen die Regel bildet, mit Gewölben bedeckt, und zwar sind hier römische Kreuzgewölbe auf leichten Quergurten ruhend verwendet. Den einzelnen Gewölbeabteilungen entsprechend sind quadratische Pfeiler angeordnet, welchen schwache Wandpfeiler gegenüberstehen. Von diesen freistehenden Pfeilern gehen Gurtbogen in solcher Entfernung aus, daß zwischen ihnen quadratische Felder entstehen, die mit einfachen, rippenlosen Kreuzgewölben bedeckt sind. Zwischen den Pfeilern der Außenwand stehen Säulen, welche beiderseits ausladende Kämpfersteine tragen; über dem mittleren Kämpfer gibt noch einmal eine Konsole eine weitere Ausladung, so daß zwei größere Bogen und unter diesen vier kleinere angeordnet werden konnten. Indeß sind nicht alle Flügel dieses Ganges in der Architektur gleich. An anderer Stelle stehen nur zwei Säulen mit drei Bogen, deren mittlerer größer ist als die beiden seitlichen zwischen je zwei Pfeilern. Die gesamte Fensterarchitektur ist neuerdings überarbeitet, so daß aus dem Charakter eine genaue Feststellung der Zeit, in welcher das Werk entstanden, kaum möglich ist. Wir möchten

Fig. 30.

Vom Kreuzgang zu Puy-en-Vélay**).

glauben, daß es nicht zu lange nach der in der Mitte des XI. Jahrhunderts erfolgten Fertigstellung der Kirche errichtet worden ist, und würden es daher an die Wende des XI. und XII. Jahrhunderts setzen.

Die hier gefundene Form der Kreuzgänge blieb für die romanischen Kreuzgänge Deutschlands im wesentlichen bestimmend; in ihrer Umgrenzung entfaltete sich aber durch wechselnde Anordnung der Säulen, durch verschiedene Höhenabstufung der Öffnungen und veränderte Abmessung und Gliederung der Pfeiler eine große Fülle reizvoller Lösungen.

Wesentlich andere Architekturauffassung zeigt der in Fig. 30**) dargestellte

**) Nach: VIOLLET-LE-DUC, a. a. O., Bd. III, S. 415.

Kreuzgang in Puy-en-Vélay, den man früher dem X. Jahrhundert zuschrieb, den wir aber, der inzwischen besser geklärten Zeitfolge der gleichartigen italienischen Bauten entsprechend, eher in den Schluß des XII. Jahrhunderts verlegen werden.

Auch bei ihm steht die Bogenstellung auf einer in unserer Abbildung nicht wiedergegebenen starken Mauerbrüstung von 45 cm Höhe. Sie bildet ausnahmsweise ungeteilte Öffnungen auf reichgegliederten Pfeilern, deren Säulen als Vertreter der sog. Protorenaissance dieser südlichen Gegenden die antike korinthische Ordnung nachzuahmen suchen. Die reiche Verzierung mit eingelegten Musterungen aus verschiedenfarbigen Steinen entspringt einer in der genannten Zeit und in jener Gegend mehrfach auftretenden Kunstrichtung.

46. Gotische Kreuzgänge: Heiligenkreuz, Aachen.

Mit der fortschreitenden Entwickelung der gesamten Architektur zu flüssigeren Formenbildungen, insbesondere durch die Einwirkung der gotischen Formauffassung, gewannen auch die Kreuzgangsysteme eine lebendigere Gestalt. Größere Zierlichkeit kam in die tragenden Teile, größere Feinheit in die Gliederung,

Fig. 31.

Kreuzgang am Münster zu Aachen [32].

eigenartige Frische in das Zierwerk; aber die Gesamtanordnung blieb sich im wesentlichen gleich. So unterscheidet sich der Kreuzgang zu Heiligkreuz bei Wien [31]) nur durch die Zierlichkeit der Gliederung und die Schlankheit, ja Dünnheit der Säulen von den Werken des XII. Jahrhunderts. So hat der Kreuzgang am Münster zu Aachen (Fig. 31 [32]) zwar noch wesentlich romanische Gesamtverhältnisse; aber die Teilungsbogen seiner Außenwand ruhen auf schlanken, unverjüngten Säulenschaften mit gotischem Knospenkapitell; ihre Form ist spitzbogig. Zwei größere Teilungsbogen ruhen auf einer Doppelstellung solcher Säulchen; für die kleinen Zwischenbogen sind einfache Stützen eingestellt, und in die Zwickel der Hauptbogen sowohl, als der kleineren Zwischenbogen sind vierpaßförmige Öffnungen zierlich eingeschnitten.

[31]) Siehe: Heider, G. R. v. Eitelberger & J. Hieser. Mittelalterliche Kunstdenkmale des österreichischen Kaiserstaates Stuttgart 1858. S. 48 u. Taf. IV.
[32]) Nach: Bock, F. Rheinlands Baudenkmale des Mittelalters. Cöln u. Neuß.

Fig. 32.

Fig. 33.

Vom Kreuzgang des Stiftes zu Zwettl [22]).
$^1/_{40}$ v. Or.

Folgerichtiger und formstrenger ist die gotische Art im Kreuzgang zu Zwettl angewendet, wenn sich hier auch wieder einige Rundbogen noch in der Formenwelt erhalten haben (Fig. 32 u. 33 [22]). Wie in Aachen ruhen die Teilungsbogen

[22]) Nach den Veröffentlichungen der Wiener Bauhütte.

je nach ihrem Range auf einfachen oder Doppelfäulen; dagegen find hier nur die Zwickel der Hauptumfaffungsbogen betont und mit je einem Sechspaß in Kreisumrahmung durchbrochen. Sehr kräftige abgeftufte Vorlagen im Inneren tragen die mit fchweren Rippen verfehenen Gewölbe; verhältnismäßig ftarke

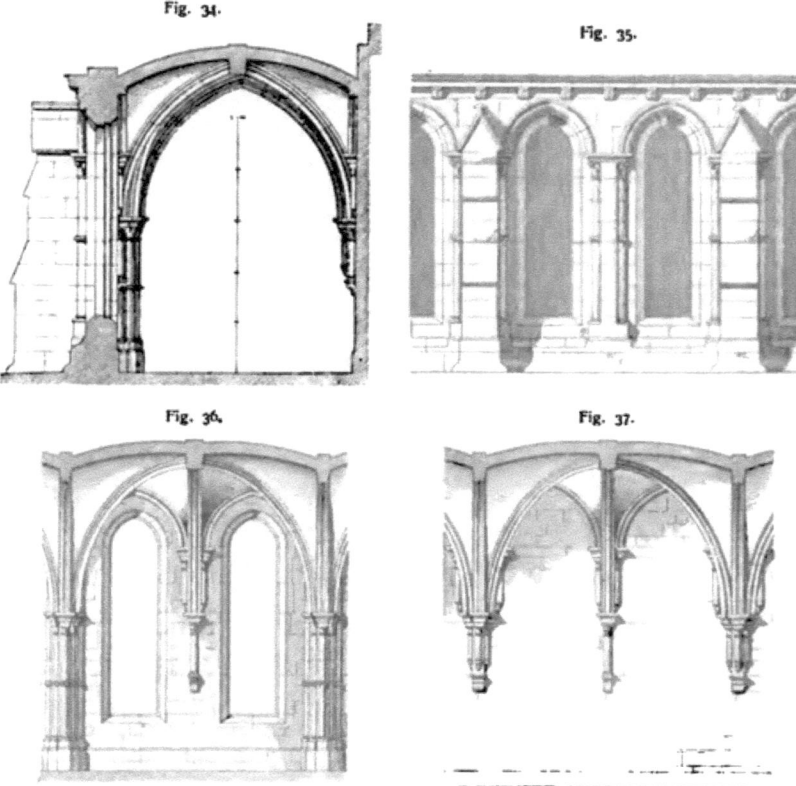

Südlicher Flügel vom Kreuzgang des Klofters zu Maulbronn [34]).
1/100 v. Gr.

Strebepfeiler ftützen diefe von außen ab. Im Gegenfatz zu der heiteren Zierluft des vorigen Beifpieles ift hier wohl abfichtlich der Ausdruck des Ernften und Kraftvollen betont, gegen den dann die zierlichen, in den Mittelftützen recht kühn belafteten Teilungsfäulchen einen kecken Gegenfatz zu bilden hatten.

[34]) Nach: Dohme, R. Gefchichte der deutfchen Baukunft. Berlin 1885–88. – Paulus, E. Die Zifterzienfer-Abtei Maulbronn. Stuttgart 1873–79.

Die bisher gegebenen Beispiele bilden durchaus freie Hallen, welche in keiner Weise auf den Verschluß durch Verglasung berechnet waren. Dies entspricht ganz dem ursprünglichen Gedanken des Kreuzganges, der sich in südlichen Gegenden niemals von dieser Anordnung entfernt hat. Im Norden bringt es allerdings die fortschreitende Verfeinerung und Verweichlichung mit sich, daß man zum mindesten in den reicheren Klöstern darauf Bedacht nahm, durch Verglasung der Öffnungen einen Schutz gegen die Witterung zu gewinnen. Eine der ältesten Anlagen dieser Art ist der etwa 1225 entstandene südliche Flügel des Kreuzganges in Maulbronn. Er zeichnet sich wieder durch die eigentümliche Verbindung einer sehr herben massigen Gesamtanlage mit zierlichster Ausbildung einzelner Teile, hier der Gewölbestützen, aus (Fig. 34 bis 38[a]).

Fig. 38.

Kreuzgang im Kloster zu Maulbronn[a]).
Südflügel.

Er hat eine Breite von 4,30 m bei 6 m Scheitelhöhe; die Länge der einzelnen Gewölbeteilungen beträgt ebenfalls 5 m. Die Gewölbe sind sechskappig; die Rückwand des Ganges ist unten vollständig glatt; die Gewölbeanfänge treten auf einer zierlichen Konsolen- und Säulenanordnung aus der Wand heraus; auf der Fensterseite dagegen sind für die Hauptbogen stark vortretende Wandpfeiler mit fünf angelehnten Säulchen angeordnet; nur für die Zwischenrippe ist die gleiche Anordnung wie an der Rückwand getroffen. In den durch die Zwischenrippe gebildeten Gewölbehälften stehen schlanke, einfache Spitzbogenfenster, die für die Verglasung mit dem üblichen flachen Falz versehen sind. Sie schließen einen starken Wandpfeiler zwischen sich ein. Im Äußeren sind sie noch von zwei Säulchen umsäumt, welche einen gegliederten Spitzbogen tragen. Wie in Zwettl sind auch hier starke Strebepfeiler den inneren Hauptbogen entsprechend angelegt, so daß mit der Wand und dem Pfeilervorsprunge sich unten ein 2,30 m starkes Widerlager dem Spitzbogen von nur 3,30 m lichter Spannweite entgegenstemmt. Nichts destoweniger ist auch hier der Eindruck nicht schwerfällig, und die duftige Poesie, welche den Werken aus der ersten Hälfte des XIII. Jahrhunderts solch eigenartigen Reiz verleiht, spricht sich auch hier voll und reich aus.

Wie sehr in diesem Jahrhundert noch die Sitte in bezug auf Verglasung der Kreuzgänge schwankte, sehen wir daraus, daß der an das ebenbeschriebene Beispiel anschließende westliche Kreuzgangsflügel zu Maulbronn ein gutes Menschenalter später wieder als freie Halle angelegt wurde (Fig. 39 bis 41[a]). Er ist in

---

[a]) Nach: EISENLOHR, F. Mittelalterliche Bauwerke im südwestlichen Deutschland und am Rhein. Heft 1—3: Cistercienser-Kloster Maulbronn. Karlsruhe 1853—57.

Fig. 39 u. 40.

Kloſter zu Maulbronn.
Weſtlicher Flügel des Kreuzganges[33].

allen feinen Einzelformen auf mildere und zartere Wirkung angelegt; von befonderem Reiz ift gerade im Vergleich zu feinem Vorgänger die Verbindung zierlicher und recht entwickelter Maßwerkformen mit der maffigen Fläche der noch undurchbrochenen Bogenzwickel. Da der Meifter des Baues fich in allem übrigen mit den reichen Formen der Gotik voll vertraut zeigt, fo können wir in diefer zurückhaltenden Durchbrechung der Fenfterflächen wohl die Rückficht auf das Zufammenwirken mit dem älteren Werke erblicken.

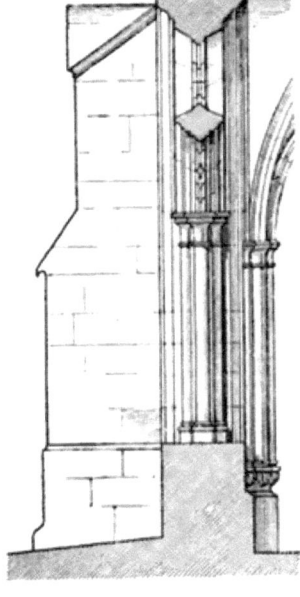

Fig. 41.

Klofter zu Maulbronn.
Weftlicher Flügel des Kreuzganges*)
1:20 w. Gr.

49. St.-Jean des Vignes zu Soiffons.

In Frankreich, dem Heimatlande der gotifchen Formen, war man naturgemäß in deren Verwendung zu gleicher Zeit weiter vorgefchritten, fchwankte aber ebenfalls zwifchen freien und verglaften Öffnungen. Man hat dort mehrfach einen Zwifchenweg eingefchlagen, indem man die oberen Maßwerköffnungen verglafte, für den unteren Teil aber die fchöne Wirkung der freien, zierlichen Säulchen beibehielt. Wir geben in Fig. 42**) einen der reichften Kreuzgänge diefer Art aus dem Klofter Saint-Jean des Vignes zu Soiffons. Der Gebrauch, die Kreuzgänge völlig durch Verglafung zu fchließen, fcheint in Frankreich nicht aufgekommen zu fein; dagegen wird er unter den Witterungsverhältniffen Deutfchlands im XIV. Jahrhundert ganz allgemein üblich.

50. Franziskanerklofter zu Bozen.

So fehr der Innenraum eines folchen Ganges dadurch an Behaglichkeit gewinnt, fo viel verlieren auch die Fenfteranordnungen an Eigenart. Die Architekturfyfteme folcher fpäteren Kreuzgänge unterfcheiden fich in den Formen der Strebepfeiler, Fenfter und Gefimfe kaum von den Formen, die an Kapellen und fonftigen kirchlichen Bauwerken kleineren Maßftabes verwendet werden. Indeffen befinden fich unter diefen fpäten Beifpielen fehr glanzvolle Leiftungen; insbefondere werden an ihnen alle Künfte der fpätgotifchen Gewölbebildungen im reichften Maße entfaltet. Der Kreuzgang des Franziskanerklofters zu Bozen, den wir in Fig. 43 bis 45**) in Grundriß, Schnitt und Innenanficht wiedergeben, zeigt, wie fich diefe hochgefteigerten Errungenfchaften der nordifchen Steinmetzkunft mit den im Süden dauernd beliebten, langgereihten offenen Säulenhallen zu ganz eigenartigem Gefamtbilde vereinigen.

Es find nur wenige Andeutungen, mit denen wir die außerordentliche Fülle der köftlichften Baufchöpfungen, die das Mittelalter gerade in ftimmungsvollen

*) Nach: VIOLLET-LE-DUC, a. a. O., Bd. 3, S. 445.
**) Nach Aufnahmen der Wiener Bauhütte.

Fig. 42.

Vom Kreuzgang des Klosters zu St.-Jean des Vignes zu Soissons*).
¹/₂₀ w. Gr.

Kreuzgängen geschaffen hat, den Hauptentwickelungsstufen nach vorführen konnten. Und wir können nur eben noch hinweisen auf die Schätze von formvollendeten Einzelheiten, die gerade in diesen der sinnigen Betrachtung gewidmeten Bauten

Fig. 43.

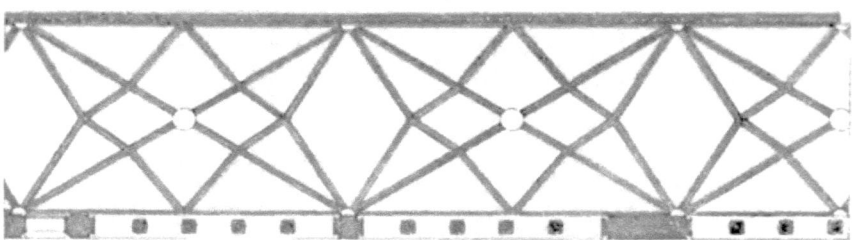

Vom Kreuzgang des Franziskanerklosters zu Bozen*).
¹/₁₀₀ w. Gr.

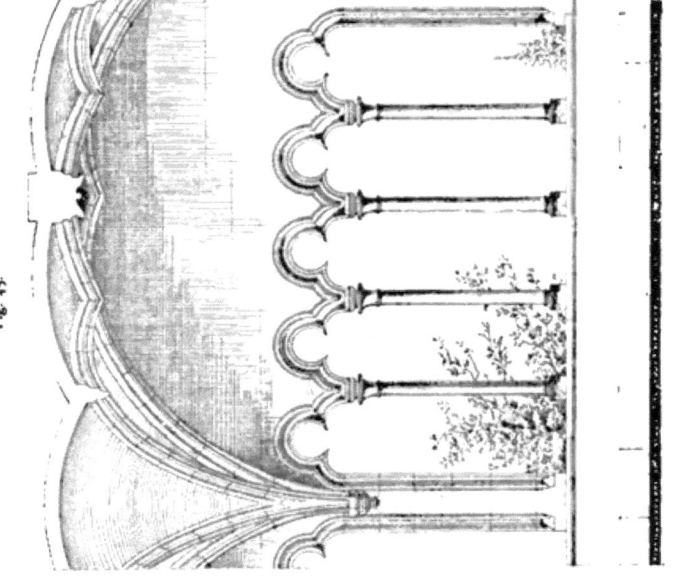
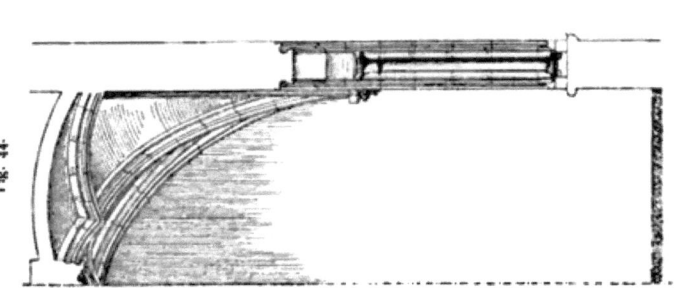

Fig. 44. Fig. 45.

Kreuzgang des Franziskanerklosters zu Bozen¹⁷).
¹⁄₁₀ w. Gr.

an Schlußsteinen, Gewölbekragsteinen, Kapitellen, Türsturzen usw. dem reichen Gedankengehalt mittelalterlichen Gemütes Ausdruck geben.

<small>51. Brunnenhäuser: Unser lieben Frauen zu Magdeburg.</small>

Schon oben haben wir angeführt, wie man die strengabgemessene Bewegung der gleichmäßig wiederkehrenden Kreuzgangjoche durch wechselnde Behandlung der sich über sie erhebenden Teile zu beleben wußte, und wieviele derartige Bauten in ihrem Reize dadurch gesteigert werden, daß sie nicht in einem Zuge, sondern stückweise fertiggestellt, Sinnesart und Können verschiedener Geschlechter wiederspiegeln und zu einheitlichem Wohlklang verschmelzen. In anderer Weise dient dann der Freude an der Belebung streng geordneter Architektur die Anordnung reizvoller Brunnenhäuschen, die, aus den Gewohnheiten der Benediktiner und Zisterzienser hervorgegangen, sich auch in den vornehmeren Stiftern vielfach finden. Wir sahen solch monumentales Brunnengehäuse schon

Fig. 46:

Brunnenhaus im Kloster Unser lieben Frauen zu Magdeburg*).

auf dem Klosterplan von Canterbury, während es in Fontanella noch nicht vorhanden war. In der ältesten Zeit und in schlichteren Verhältnissen begnügte man sich eben mit einem in der Mitte oder in einer Ecke des Kreuzganges frei angelegten Brunnen, wie wir solchen z. B. im Hofe des Ordenshauses in Riga (siehe die Tafel bei S. 41) angeordnet finden. Eines der ältesten Brunnenhäuser ist im Prämonstratenserkloster Unser lieben Frauen zu Magdeburg erhalten und bildet einen schlichten Rundbau mit gemauerter Kegelhaube, der an den drei freistehenden Seiten durch große Nischen gegliedert und im Untergeschoß durch eigenartige Bogenstellungen geöffnet ist. Fig. 46*) mag eine Anschauung geben, mit welcher Kühnheit hier derbe Massen und zierliche Einzelformen in Gegensatz gestellt und wie köstliche Durchblicke in den grünenden Kreuzganggarten hier geschaffen wurden. Das obere Geschoß nimmt das Archiv oder die Bücherei des Klosters auf, eine Verbindung, die auch anderwärts mehrfach beliebt ist.

<small>*) Nach eigener Aufnahme.</small>

Fig. 47.

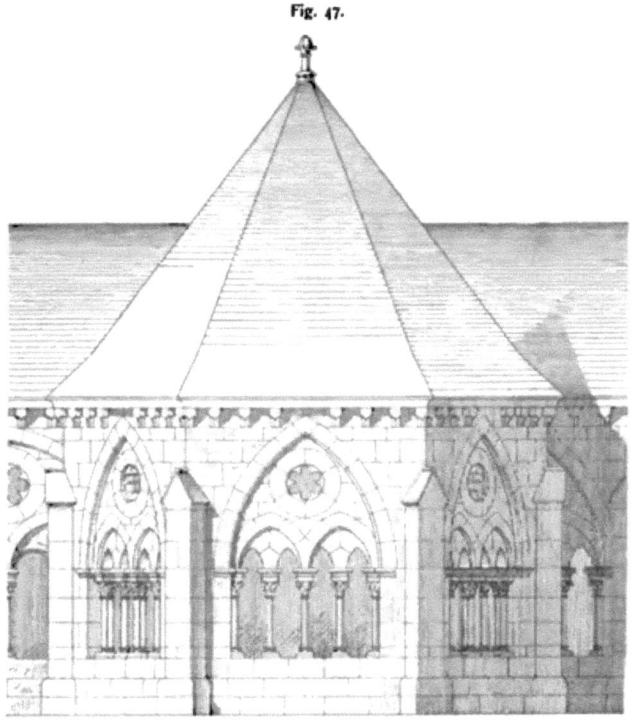

Ansicht.

Fig. 48.

Schnitt.

Brunnenhaus zu Zwettl [39].

¹ ₁₀₀ w. Gr.

An der fortschreitenden Entwickelung der Architektur nimmt gerade die Form der Brunnenhäuschen bezeichnenden Anteil. An Stelle der wuchtig-malerischen Art tritt schon in dem frühgotischen Brunnenhaus zu Zwettl (Fig. 47 u. 48 *") die zierliche Belebung aller Flächen und die reiche Aneinanderreihung kräftig gegliederter Systeme von Säulenfenstern. An ihre Stelle treten sodann unter immer weitergehendem Verzicht auf geschlossene Flächen fein durchbrochene Maßwerke. Indem sie mit zierlichem Filigran die ganzen zwischen den nötigen Streben verbleibenden Flächen auflösen, schaffen sie eine immer engere Verbindung zwischen dem kühlen, vom Geplätscher des Brunnens belebten Inneren des Brunnenhauses und dem Garten mit seinen rauschenden Büschen und duftenden Blüten (Fig. 49*").

Das sind vielleicht die feinsten Eindrücke von phantasievoll behaglicher Stimmung, die der mittelalterlichen Kunst zu erreichen vergönnt gewesen ist. Solchen traumhaft schönen Wirkungen zuliebe hat man in der Regel diese Fenster unverglast gelassen und die daraus für den Winter entspringenden Unannehmlichkeiten in den Kauf genommen. Seltener verzichtet man auf den Durchblick in den Kreuzganggarten und verglast die Fenster des Brunnenhauses. Für die ganz anders geartete Raumwirkung, die dabei zustande kommt, möge das großartige, neunseitige Brunnenhaus des Klosters Heiligkreuz (Fig. 50 u. 51 *") als Beispiel dienen. In ihm ist die Fenstersohlbank schon über Augenhöhe gelegt und der Blick durch zierliche Giebelstellungen der Brüstung noch stark auf die Geschlossenheit der unteren Wandteile hingewiesen, so daß der innige Zusammenklang des Inneren und Äußeren ganz ausgeschlossen ist. Die Wirkung ist dafür in zierlichste Durchführung der Innenarchitektur und in das reiche Farbenspiel kunstvoller Verglasung gelegt.

Von den Räumen, die um den Kreuzgang aneinandergereiht liegen, nimmt

Fig. 49.

Brunnenhaus im Kreuzgang zu Maulbronn*").

*") Nach Aufnahmen der Wiener Bauhütte.
*") Nach: PAULUS, a. a. O.
*") Nach Aufnahmen der Wiener Bauhütte.

in der Rangordnung der Kapitelſaal die erſte Stelle ein. Hier verſammelt ſich die Kloſterbrüderſchaft zu allen feierlichen Handlungen, zum Vorleſen der heiligen Schrift, zu gemeinſamer Beratung über wichtige äußere und innere Angelegenheiten des Kloſters, wie auch zur Gerichtsſitzung über Verfehlungen einzelner Mitglieder. Hier werden vor verſammeltem Konvent Strafen zuerteilt und für alle, auch für leichtere Vergehen, förmliche und demütige Abbitte geleiſtet. In vielen Fällen iſt der Raum dadurch für ſolche Verſammlung vorbereitet, daß ſich feſte ſteinerne Sitze an den Wänden entlangziehen; dem Eingange gegenüber iſt wohl ein erhöhter und ſorgfältiger behandelter Sitz für den Abt angeordnet. Auch

Fig. 50.

Schnitt.

Brunnenhaus zu Heiligenkreuz bei Wien⁴¹).
¹⁄₁₀ v. Gr.

das Pult zum Vorleſen der täglichen Kapitel aus der heiligen Schrift wird gelegentlich feſt in Stein errichtet, wofür ſich zu Offegg in Böhmen ein ſchönes Beiſpiel erhalten hat. Wie ſchon früher bemerkt, iſt der Kapitelſaal erſt allmählich in den Plan der Klöſter eingeſchoben worden. Urſprünglich diente zu gleichen Zwecken der an die Kirche angelehnte Kreuzgangflügel. Wohl im Nachklang dieſer Entſtehung iſt der räumliche Zuſammenhang mit dem Kreuzgang und dadurch mit dem freien Raum des Hofes in den weitaus meiſten Fällen bewahrt geblieben. Faſt immer öffneten ſich nach ihm breite, für Verglaſung nicht eingerichtete Fenſter; auch die Eingangstür war ohne Verſchluß, ſo daß die ideelle Einheit des Raumes nicht unterbrochen wurde. Fig. 13 (S. 31), einen Blick aus dem Kapitelſaal zu Maulbronn in den Kreuzgang darſtellend, möge dies erläutern.

Der Kapitelſaal war, ſeiner hohen Würde entſprechend, wenn die Mittel es irgend erlaubten, ſtets gewölbt, und zwar meiſtens auf einer Doppelreihe von eingeſtellten Stützen, alſo dreiſchiffig, ſeltener zweiſchiffig und erſt in ſpäterer Zeit auf einem einzigen ſtärkeren Mittelpfeiler. Als Beſonderheit der Ziſterzienſer iſt noch anzuzuführen, daß ſie mit ihren Kapitelſälen ſtets eine kleine Kapelle mit dem Altar St. Johannis in Verbindung brachten.

Fig. 51.

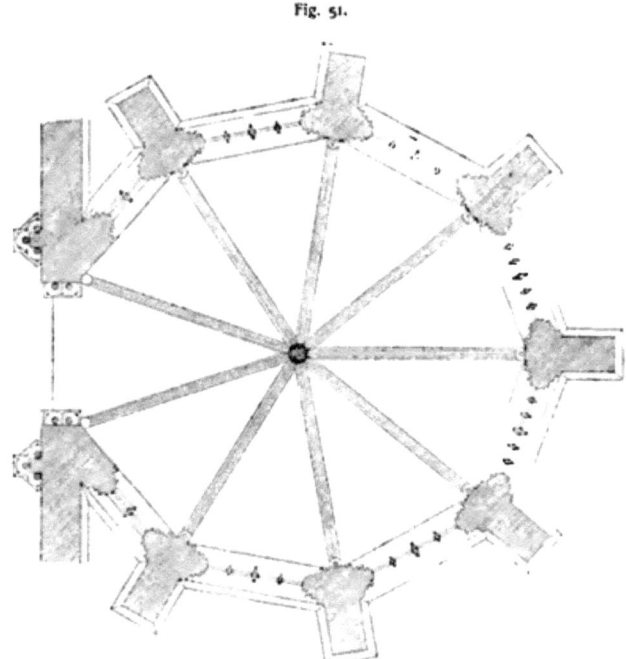

Brunnenhaus zu Heiligenkreuz bei Wien.
(Grundriß).

St.-Refektorium.

Im Aufwand der Behandlung ſteht dem Kapitelſaal meiſtens das Refektorium (der Remter) der Mönche am nächſten. In der älteren Zeit wurde auch dieſer Raum gern mit hohen, ſtolzen Gewölben überdeckt; ſpäter, mit der zunehmenden Verweichlichung, liebte man Anlagen niedrigerer behaglicher Art, die man zur Erhöhung des wohligen Eindruckes mit hölzerner Täfelung und hölzerner, oft zierlich geſchnitzter Decke verſah. Vergl. die Darſtellung des Refektoriums im Karthäuſerkloſter zu Nürnberg in Kap. 8. Konnte man ſich beides gleichzeitig gönnen, so wurde der hochgewölbte Saal als kühles Sommerrefektorium, der andere als behaglicheres Winterrefektorium verwendet.

Bei größeren Klöstern sind die Refektorien, sowohl die gewölbten, wie diejenigen mit Holzdecken, meist zweischiffig mit einer mittleren Stützenreihe angelegt; doch finden sich, besonders in kleineren Klöstern, auch ungeteilte einschiffige Speisesäle. Genannt seien als Beispiele solcher einschiffiger Anlagen der mit mächtig gespanntem Gewölbe bedeckte Saal zu Heilsbronn bei Nürnberg, der seiner Form wegen vielfach für einen kirchlichen Raum gehalten worden ist, und für Anlagen mit Holzdecke der schöne Saal des Benediktinerklosters zu Stein am Rhein. Für festlich heitere Beleuchtung durch hohe und breite Fenster ist meistens gesorgt; als besondere Eigentümlichkeit zeigt sich manchmal ein architektonisch ausgezeichneter Stand für den Bruder, der während der Tafel aus der heiligen Schrift vorzulesen hatte. Berühmt ist die reizvolle Kanzel, die zu diesem Zwecke im Speisesaal von St.-Martin des Champs zu Paris durch *Pierre de Montereau* ausgeführt wurde; auch das Herrenrefektorium zu Maulbronn enthält eine schöne, durch eine kleine Wendeltreppe zugängliche Laube für den Vorleser.

Bescheidener, meist als gewölbter Raum von niedrigen Verhältnissen, ist das Refektorium der Laien in Zisterzienserklöstern ausgebildet. Seine Lage in demjenigen Klosterflügel, der dem Wirtschaftshofe, also der Außenwelt, zugewandt war, brachte es mit sich, daß es neben seiner nächstliegenden Bestimmung auch noch weiter zu allerhand anderen Zwecken, zum ersten Empfang fremder Reisender, zu geschäftlichen Verhandlungen aller Art und dergl. benutzt wurde. Davon führt er gelegentlich auch den Namen des Saales, der in größeren weltlichen Höfen gleichen Zwecken diente: »die Dürnitz« oder »Dornze«.

Der Schlafsaal (Dormitorium, Dorment) pflegt weitaus der größte Raum des Klosters zu sein. Er erreichte schon im Klosterbau des *Desiderius* zu Montecassino (vergl. Art. 27, S. 24) die Länge von 200 Fuß bei 24 Fuß Breite. Er nahm regelmäßig die ganze Länge des an den Chor der Kirche anstoßenden Ostflügels im Obergeschoß ein und stand mit der Kirche durch eine Treppenanlage in unmittelbarer Verbindung; außerdem pflegte von ihm aus eine zweite Treppe in das Erdgeschoß des Kreuzganges hinabzuführen. Solange er im Sinne der alten Benediktinerregel als ungeteilter Raum benutzt wurde, wurde er bei ausreichenden Mitteln, bald zweischiffig, bald dreischiffig gewölbt. Diese mächtigen Säle erreichen in Eberbach, Altenberg, Arnsburg usw. Abmessungen von 12×50 m bis 13×70 m und mehr. Sie bringen in großartigster und feierlichster Weise durch die lange gleichmäßige Reihe schöngeschwungener Gewölbe und kraftvoll ausgebildeter Stützen den Gedanken der gemeinsamen Gefolgschaft Christi und der aus der Gleichheit aller Brüder fließenden Macht des Ordensgedankens zum Ausdruck. Späterer, »praktischer« denkender und zumal auch weichlicherer Zeit sind allerdings diese gewaltigen Hallen weniger angenehm gewesen. Wohl nach dem Vorgange der Bettelorden, die meistens in verschiedenen Flügeln des Obergeschosses zahlreiche Einzelzellen als Schlafräume verwendeten, haben auch die älteren Orden seit Beginn des XVI. Jahrhunderts sich allmählich von dem alten Gedanken des gemeinsamen Schlafraumes abgewendet. So mancher alter Saal ist dabei einfach durch Einbau leichter Wände geteilt und dadurch in seiner Raumwirkung vernichtet worden. Daneben hat sich aber auch sogleich eine eigentümliche, nach außen hin klargekennzeichnete Form für die neuartige Anlage gebildet. In Bebenhausen z. B. und auch im Dominikanerkloster zu Braunschweig hat man unter vollständigem Neubau der betreffenden Teile die niedrigen Zellen zweiseitig an einen hohen, weit in den Dachraum

55. Dormitorium.

hineingreifenden Mittelgang aufgereiht und diesen Mittelgang durch mächtige, in den Giebel eingeschnittene Maßwerkfenster erleuchtet.

56. Wärmestube.
Bei allem Aufwand in Raumgestaltung und gediegener Einzeldurchbildung sind die bisher behandelten Räume doch ohne eine Einrichtung, die wir selbst unter den bescheidensten Verhältnissen nicht entbehren können: es fehlt ihnen sämtlich jede Heizvorrichtung. Das wirft sicherlich ein klares Licht auf die von den unseren gänzlich abweichenden Lebensgewohnheiten dieser doch meistens vornehmen Kreisen entstammenden und durch hohe Lebenshaltung hervorragenden Mönchsgenossenschaften des späteren Mittelalters. Allen Bedürfnissen nach Erwärmung in kalter Winterzeit wurde bestenfalls, aber nicht überall, genügt durch Anlage einer Wärmestube oder Wärmekammer (Wärmdekammer) — eine Bezeichnung, die von späteren Zeiten, die dem Verständnis des Klosterlebens fern standen, wohl in „Wermutkammer" umgewandelt und mit phantastischen Vorstellungen über die Gebräuche der alten Klosterbrüder in Verbindung gebracht wurde. Sie ist oft mit einer Art Luftheizung versehen, die an anderer Stelle zu besprechen sein wird, und ist dann, z. B. in Maulbronn, um eine halbe Geschoßhöhe über das Erdgeschoß erhöht. Anderenfalls wird sie durch eingesetzte Kohlenbecken erwärmt worden sein; wenigstens sind mir Anzeichen, daß Öfen oder Kamine in einem solchem Raum vorhanden waren, nicht bekannt. Daß sie überhaupt nur zeitweise und aushilfsweise von den Wärmebedürftigen aufgesucht wurde, dafür spricht die geringe Größe des Raumes, die in Maulbronn zum Beispiel nur etwa 40 qm gegen etwa 100 qm der Brüderstube beträgt.

2. Kapitel.
Fürstliche und adelige Höfe.
Palas und Herrenhaus.

57. Grundlegende Verhältnisse des frühen Mittelalters.
Wir haben oben gesehen, wie durch *Karl des Großen* machtvolles Walten so manche Bereicherung des Wohnwesens für den Norden gewonnen worden war, wie aber diese Errungenschaften sich doch auf die größeren Pfalzen und Königshöfe beschränkten, die volkstümliche Bauweise aber so weit unberührt ließen, daß wir selbst an königlichen Meierhöfen kleinerer Art ihre Einwirkungen nicht erkennen können. Die nachfolgenden Zeiten waren nicht geeignet, diese Anregungen in baulichen Dingen tiefer gehen zu lassen. Von den Wirrnissen und Schrecken dieses dunklen Jahrhunderts können wir uns schwer eine Vorstellung machen. Dauernder Hader zwischen den Großen zehrte die Kräfte der Länder auf; dazu brachen von allen Seiten auswärtige Feinde beutesuchend über die unglücklichen Bewohner herein. Bis nach Paris, ja bis nach Trier fuhren die Normannen sengend und brennend die Ströme hinauf. Über Bodensee und Rhein bis nach Gallien, im Süden bis nach Mittelitalien hinein streiften ungarische und slavische Raubscharen, alles verwüstend. Und an den Küsten der Mittelmeerländer verödeten selbst altberühmte feste Hafenstädte; die Bewohner suchten vor der Brandschatzung sarazenischer Seeräuber Zuflucht tiefer im Lande oder auf den Kuppen steiler Berge. Dies waren keine Zeiten, in denen die Treibhauspflanze Karolingischer Hofkunst festwurzeln und im Volke sich weiter entwickeln konnte.

Nur in dem Wechsel der gesellschaftlichen Schichtung, der damals eintrat, wurde der Grund zu neuen Bildungen fortschreitender Art gelegt. Der Besitz eines selbständigen Hofes hatte von jeher das Kennzeichen und den Stolz des

Freien gebildet und hatte unter dem Schutze des Volksrechtes auch ausgereicht, seinem Inhaber ein selbständiges Leben für sich und seine Angehörigen zu sichern. Jetzt wurde die Lage dieser freien Leute unter der Übermacht der Großen und der allgemeinen Unsicherheit immer schwieriger. In immer größerer Zahl begaben sie sich ihrer Freiheit um den Preis kräftigeren Schutzes, indem sie ihren Hof einem Mächtigeren, am liebsten der Kirche, als Eigentum übergaben, um ihn gegen Zinszahlung wieder übertragen zu erhalten. Damit verzichteten sie auf den ihnen zustehenden Vorzug, selbständig vor dem Gericht der Volksgenossen ihr Recht zu vertreten, unterwarfen sich vielmehr dem vom Herrn seinen Hinterlassen gegenüber eigenmächtig und patriarchalisch gehandhabten Hofgericht. So schmolz der Stand der Freien zusammen, und es bildete sich als sein letzter Rest allmählich ein ganz neuer, aber engbegrenzter Stand von mächtigen Grundherren, aus denen später die Familien der Fürsten, Grafen und des sonstigen Hochadels hervorgingen.

Ebensowenig wie der freie Ackerbauer konnten Handel und Verkehr sich irgend weiter entwickeln; auch in ihrer Lage mußte eher eine Verschlechterung als ein Fortschreiten einsetzen. Damit trat aber auch für die Reste städtischer Bevölkerungen ein weiterer Rückgang an Stelle reicherer Entwickelung. So blieb zunächst der ländliche Hof in seiner schlichtesten, dem reinen Bedürfnis entsprechenden Form die Behausung und der Kulturmittelpunkt der überwiegenden Volksmehrheit. Als dann unter dem kraftvollen Szepter der sächsischen Kaiser wenigstens in Deutschland wieder sichere Verhältnisse geschaffen wurden, galt es zunächst, und noch lange auf lange hinaus, die Wunden, welche die wilde, gesetzlose Zeit den breiten Volkskreisen geschlagen, auszuheilen. Es hat noch weitere Jahrhunderte gedauert, bis die Kunst auch das Wohnwesen des Volkes zu veredeln begann. Zunächst wurde die neueinsetzende Entwickelung getragen von den ebenerwähnten Grundherrschaften, die nun geistlicher oder weltlicher Natur sein konnten.

Das Bauwesen der geistlichen Herrschaften ist im vorhergehenden Kapitel an den Klöstern und Stiftern geschildert worden. Wir wenden uns jetzt dem Wohnbau der vornehmen Kreise zu, welche im Kaisertum ihre Spitze hatten, wie sie auch aus den mächtigsten ihrer Standesgenossen selbst den der Kaiserkrone Würdigsten wählten. In diesen Kreisen scheinen die von *Karl dem Großen* einmal ausgeprägten Anschauungen über das, was zu würdevoller baulicher Darstellung kaiserlicher Macht und Hoheit sich gehörte, auch in der Folgezeit Geltung behalten und die Grundlage vornehmen Bauwesens gebildet zu haben. In den trübsten Zeiten jenes dunklen Jahrhunderts allerdings dürfte man zufrieden gewesen sein, hinter Erdwällen und in Holzbauten Sicherheit vor Feinden und Unterkunft zu finden. Kaum aber waren die Grenzen gegen feindliche Verheerung einigermaßen gesichert, so reizte das große Vorbild zur Nacheiferung. Schon *Heinrich I.* erbaute sich altem Bericht zufolge in Merseburg einen steinernen Palast mit oberem Festsaal (*Coenaculum superius*), in dem die Begebenheiten der ruhmvollen Ungarnschlacht in Wandmalereien dargestellt waren. Ebenso wird für uns das Jahr 1002 das Vorhandensein eines Palas mit Obergeschoß auf der Pfalz zu Pöhlde (Palithi) überliefert, neben dem sich noch hölzerne Wohngebäude erhoben. Erhalten sind uns von den Bauten der sächsischen Kaiser weder ansehnliche Reste, noch anschauliche Beschreibungen; doch gestatten die Ergebnisse neuerer Ausgrabungen immerhin, uns einen gewissen Begriff von der Anlage solcher Königshöfe zu bilden. Manche Anlagen, z. B. Bodfeld im Harz, scheinen sehr unbedeutend und klein

_{58.
Bauten
der sächs.
Kaiser:
Merseburg,
Siptenfelde.}

gewesen zu sein, ohne daß wir deshalb ein Recht hätten, daran zu zweifeln, daß sie als Jagdhaus einen Lieblingsaufenthalt mächtiger Herrscher gebildet haben. Denn nichts wäre unrichtiger, als die Anschauung heutiger Behaglichkeit und heutigen Hoflebens auf jene viel naturwüchsigeren Zeiten zu übertragen. Und ziehen sich doch auch heute noch die Mächtigsten der Erde gern in verhältnismäßig schlichte Waldeinsamkeit zurück und vollziehen dort gelegentlich wichtige Regierungshandlungen. Die in Bodfeld aufgefundenen Reste lassen in ihrer ganzen Fassung allerdings die Möglichkeit in hohem Grade zu, daß sie als enges Burghaus erst später auf der Stelle des kaiserlichen Hofes erbaut wurden. Ebenso ist der sog. „Hohe Schwarm" bei Saalfeld in seinem Alter durchaus unbeglaubigt und wahrscheinlich ebenfalls später erneuert. Ein ganz anderes Bild vom Wohnwesen des frühen Mittelalters als diese Reste gibt die folgende, in ihrer Zeitstellung besser beglaubigte Anlage. Es sind durch Ausgrabungen im Jahre 1888 im Harz die Grundmauern einer alten Niederlassung zutage gefördert, die sich als die Reste eines kaiserlichen Hofes Sipponvelt (jetzt Siptenfelde) darstellen, der zuerst im Jahre 940 in einer Urkunde *Otto I.* erwähnt wird. Es ist eine Anlage unregelmäßiger Form, ursprünglich nur von einer Mauer, später auch von Wall und Graben umgeben.

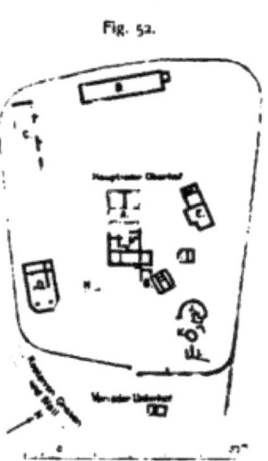

Fig. 52.

Die ungefähre Mitte des Hofraumes nimmt das Hauptgebäude *A* (Fig. 52[⁴⁷]) ein. Man kann seine Fundamentgestaltung wohl so auslegen, daß der in der Abbildung unten befindliche Teil zwei bis drei kleinere Gemächer, der obere Teil einen größeren Saal enthielt, der durch Stützen, welche auf den quergelegten Fundamenten aufruhten, geteilt wurde. Im Obergeschoß dürfen wir dann wieder einen großen Festsaal, über die ganze Ausdehnung des Hauses sich erstreckend, annehmen. Die Gebäude *B* und *C* werden als Stallung und Scheune gedient haben; *D* bildete seiner Form und genauen Ostwestrichtung nach sicherlich die Hofkapelle. In *E, F, G* werden wir Gebäude für Wirtschaftsbetrieb (Küche, Backhaus, Badestube) und Gefolge sehen können; *J, K,* werden als Hundezwinger, *L* als Mühle erklärt. Denken wir uns neben diesen zum mindesten auf steinerne Fundamente gestellten Gebäuden noch eine Anzahl leichter Holzbauten für Gesinde und sonstige Nebenzwecke, so ergibt sich eine Anlage, die mit dem oben erwähnten Karolingischen Haupthof Asnapio (siehe Art. 16, S. 14) die größte Ähnlichkeit zu haben scheint.

Königshof zu Siptenfelde im Harz[⁴⁸]).

Graues Haus zu Winkel.

Ein Rest etwa gleicher Entstehungszeit ist uns vielleicht erhalten in dem sog. Grauen Haus zu Winkel im Rheingau (Fig. 53[⁴⁹]). Es ist ein vornehmes Wohngebäude, durch alte Überlieferung als das Haus des gelehrten Erzbischofs und Höflings *Hrabanus Maurus* bezeichnet, welcher im Jahre 849 zu Winkel verstarb, wahrscheinlicher allerdings 200 Jahre später unter Benutzung einiger alter Zierstücke errichtet oder wenigstens umgebaut. Wir können es uns in ähnliche Umgebung hineindenken, wie sie uns der Königshof in Siptenfelde zeigt. Von der ganzen Anlage auf uns gekommen ist allerdings nur das Wohnhaus, und dieses ist, der bescheideneren Stellung des Besitzers entsprechend, einfacher als

---

[⁴⁷]) Nach: Centralbl. d. Bauverw. 1892, S. 15.
[⁴⁸]) Nach: Luthmer, F. Die Bau- und Kunstdenkmäler des Rheingaues, Frankfurt a. M. 1902. S. 222.

dort der kaiserliche Palast angelegt. Es kann aber kraft seiner guten Erhaltung wohl als wertvolle Ergänzung das vorige Beispiel veranschaulichen.

Der Grundriß bildet ein einfaches Rechteck von etwa 11 × 13 m Größe, das an der einen Schmalseite durch einen kleinen, ersichtlich späteren Anbau um etwa 4 m verlängert ist. Dieser An-

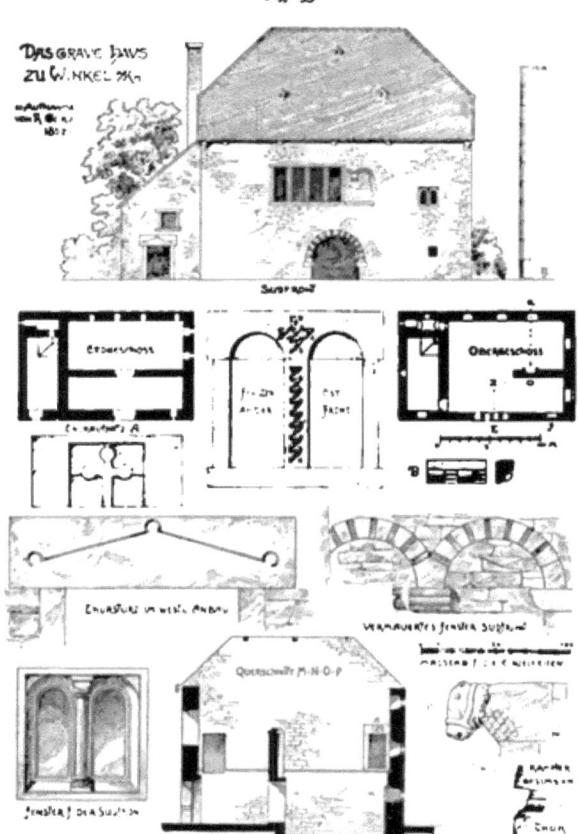

Fig. 53.

bau ist eingeschossig, mit Pultdach an das Haupthaus angelehnt und enthält die Küche mit einem kleinen Nebenraum, die ursprünglich wohl, ältester Sitte entsprechend, in einem besonderen Hause untergebracht gewesen sein dürfte. Außerdem muß hier die Treppe zu der im Giebel befindlichen Tür des Obergeschosses hinaufgeführt haben. Sie lag also ursprünglich im Freien und stellte keine Verbindung zwischen den beiden Geschossen des Hauses her. Die Eingangstür dieses Anbaues zeigt eine fehr altertümliche, einfache Giebelverzierung. Das Hauptgebäude ift im Untergefchoß durch eine Längsmauer in zwei Gemächer geteilt, durch kleine Lichtöffnungen fpärlich erhellt und durch eine rundbogige, große Tür, in deren Bogen verfchiedenfarbige Steine in regelmäßiger Anordnung abwechfeln, zugänglich. Im Obergefchoß liegt über der Küche zunächft ein halbhoher Vorflur, aus dem jetzt die ebenerwähnte Tür in das Hauptgebäude führt. Diefes dürfte, nach der nunmehr vermauerten Fenftergruppe der Südwand zu fchließen, urfprünglich einen einheitlichen großen Saal gebildet haben; denn diefe Gruppe nimmt, zu vier Öffnungen ergänzt, genau die Mitte der Längswand ein. Jetzt ift darin, wohl als Ergebnis eines Umbaues, eine zungenförmig von der öftlichen Giebelwand ausgehende Zwifchenwand erhalten. Man kann annehmen, daß fich an fie eine mit der Giebelmauer gleichlaufende Querwand anfchloß; dann erhalten wir als eigentliche Wohnung des Befitzers einen etwa 6,00 × 9,50 m großen Saal mit zwei dahinterliegenden kleinen Gemächern und einer durch die Tür A zugänglichen kleinen Hauskapelle. Das größere von diefen Gemächern ift durch die Refte einer Kaminnifche als heizbare „Kemenate" gekennzeichnet. Wahrfcheinlich ein Reft diefes Kamines ift das in dem Haufe gefundene Gefimsftück B, fpätromanifcher Form. Beide Zimmer zeigen die zierliche Anordnung kleiner Fnftergruppen in wechfelnden, forgfältig ausgebildeten Formen. Das zierliche Säulchen am Fenfter F befitzt ein völlig ausgebildetes Würfelkapitell, das im Gegenfatz zu byzantinifch-karolingifchen Vorftufen mit einer Deckplatte verfehen ift, und bildet dadurch einen Anhalt für die obengegebene Zeitftellung. Da der Schnitt M-N-O-P für diefen Gebäudeteil noch eine weitere obere Fenfterreihe aufweift, fo könnte fich über diefen kleineren Räumen ein Gefchoß von Schlafkammern befunden haben. Im Gegenfatz zu den kleinen, wohl durch Läden verfchließbaren Fenftern diefer Wohnräume zeigt die Südfeite des großen Saales noch den Reft einer weitgeöffneten Reihe von größeren Bogenfenftern, die diefem Raume Licht und Luft in reichlicherem Maße zuführten und ihm die Eigenart eines Solarium oder Söllers verliehen. Wir können wohl annehmen, daß ihre Stützen aus zierlichen Säulchen gebildet wurden. Ihre Bogen beftehen aus abwechfelnden Lagen von kleinen Quadern und römifchen Backfteinen, wie fich dies im XI. Jahrhundert am Mittelrhein häufiger findet; das noch erhaltene Kämpfergefims hat ausgeprägt romanifche Form. Als weiterer Zierat dienten an den Enden der Dachtraufe vortretende Steinkonfolen in Form von Bärenköpfen, die unfere Abbildung C zeigt. Man kann fie als feitliche Abfchlüffe eines als Hauptgefims dienenden Dachüberftandes anfehen*).

In diefer Verbindung eines felbftändigen Untergefchoffes mit der Anordnung eines großen Saales, fowie kleinerer Wohngemächer im Obergefchoß, ferner in der Anlage der äußeren Treppe zeigt das Ganze in einfacher, aber fehr bezeichnender Art, was damals für das Wohnhaus eines vornehmen Hofes gefordert wurde. Hier war die Halle oder der Saal für feftliches Empfang und Bewirtung der Gäfte und Anhänger durch das Untergefchoß aus den übrigen Gebäuden herausgehoben und damit der Eindruck der Vornehmheit gewonnen. In den Nebenräumen war für Behaglichkeit des Wohnens geforgt, foweit dies überhaupt im Sinne jener Zeit lag.

Daß für die Anfchauung diefer Zeiten der Palas mit der „Halle", als der vornehmfte Teil eines folchen Königshofes, als das Wefentlichfte daran erfchien, liegt nahe. Mußten doch dem einfachen Manne, der nach wie vor feine fchlichte Hütte zimmerte, zunächft fchon die Mehrftöckigkeit eines folchen Palas, dazu der Steinbau an fich und feine Säulenzier, die Wölbung freifchwebender Bogen und dergl. als wahre Wunderwerke erfcheinen. So wird der Palas und befonders die in feinem Obergefchoß erhaltene feftliche Halle in bildlicher Darftellung zur Veranfchaulichung der fürftlichen Hofhaltung gewählt. Der berühmte Teppich von Bayeux, eine umfangreiche Stickerei aus dem Ende des XI. Jahrhunderts, auf dem die Taten *Wilhelm des Eroberers* dargeftellt find, gibt uns ein folches Bild (Fig. 54 **)). Zwar find die Formen des Baues in höchfter Naivität fo flüchtig

60. Halle *Wilhelm des Eroberers* auf dem Teppich von Bayeux.

*) Angeführt fei hier noch die während der Drucklegung unferer Arbeit erfchienene Schrift: Eichhorn, P. Das ältefte deutfche Wohnhaus (Straßburg 1905). Der Verfaffer fieht den rückwärtigen, etwa 7 m breiten Teil des Gebäudes als den urfprünglichen Bau des *Hrabanus Maurus*, den vorderen Teil als eine Erweiterung an, die ebenfalls noch in Karolingifcher Zeit ausgeführt wurde. — Der Zuftand des Baues geftattet eine zwingende Entfcheidung nicht; aus vielerlei Gründen, von denen ein Teil aus unferer obigen Befprechung des Baues hervorgeht, behalten wir die gegebene Zeitftellung bei.

**) Nach: Kulturhiftorifcher Bilderatlas. II: Mittelalter. Herausg. von A. Effenwein. Leipzig 1883. Taf XXVI.

behandelt, daß felbft die Entfcheidung fchwer fein dürfte, ob ein Stein- oder Holzbau gemeint fei (nur die innere Wahrfcheinlichkeit fpricht für letzteres); die Brüftung des Obergefchoffes fehlt gänzlich, fodaß die unteren Hälften der zechenden Gefolgsleute fchon in die Zeichnung des Untergefchoffes hineinfchneiden würden, wenn man fie darftellen wollte; ebenfo ift auf die Angabe von Mauern und Stützen des Söllers im wefentlichen verzichtet, um das dem Künftler Wefentlichfte, die fröhliche Zechergefellfchaft, beffer darftellen zu können. Trotzdem können wir auch hier die Anlage des felbftändigen Untergefchoffes und die an eine Giebelwand angelegte unbedeckte Treppe als bezeichnende Züge feftftellen[16]).

In diefer Bevorzugung des großen Feftfaales fpiegelt fich auf das deutlichfte die Nachwirkung altgermanifcher Sitte wieder. Wie jedes mächtigere Haupt einer Stammes- oder Siedelungsgenoffenfchaft damals feine ragende Halle erbaut hatte, um in ihr fein kriegerifches Gefolge zu feftlicher Gemeinfchaft und zur Beratung um fich zu fammeln, fo bedurfte jetzt jeder der größeren Grundherren und erft recht jeder der Fürften eines folchen Raumes an feinem Wohnort. Denn durch

61. Romanifche Palasbauten in Deutfchland.

Fig. 54.

Halle im Palaft *Wilhelm des Eroberers*.

die veränderte Schichtung der Volksmaffen, vor allem durch die Zunahme der Unfreien, hatte nicht nur der Landesfürft, der öffentliche Beamte, der Graf oder der Königsbote, fondern jeder größere Befitzer, jeder kirchliche Würdenträger Handlungen der Gerichtsbarkeit, Herrfchaft über den Heerbann, Verwaltungstätigkeit aller Art auszuüben. Daneben galt es, die Verhältniffe der „Familie", d. i. in altrömifchem Sinne die Gemeinfchaft aller von dem Herrn wirtfchaftlich und rechtlich Abhängigen, durch Verordnungen und gemeinfame Beratungen zu regeln, auch für die Zinszahlungen und fymbolifchen Huldigungen der Hinterlaffenfchaft den feierlichen Hintergrund zu fchaffen. Auch Fefte galt es zu feiern, die durch das Zufammenftrömen glänzender Ritterfchaften den Ruf des Reichtumes und der Macht weithin zu tragen geeignet waren[17]). So erhoben fich allenthalben

---

[16]) Eine unverkennbare Ähnlichkeit mit der gegebenen Darftellung zeigt das Haus des Abtes, *Aula nova*, auf dem alten Plan des Klofters von Canterbury (fiehe die Tafel bei S. 25). Nach einer fehr anfprechenden Vermutung würde auch der berühmte Karolingifche Bau im Klofter Lorfch nicht eine Torhalle, fondern ein vornehmes Wohnhaus darftellen (vergl. SCHWEITZBAL, M. *La halle germanique et fes transformations*. Bruxelles 1917. S. 9; fie gleicht tatfächlich in hohem Maße mit ihren unteren Bogenhallen und dem oberen gefchloffenen Saalgefchoß den ebenberührten Beifpielen.

[17]) Der Ausdruck „Curia", welcher für weltliche wie geiftliche, für große wie kleine Höfe gebräuchlich wurde, deutet nach feinem Urfprunge darauf hin, daß die Curia, alfo der offene Hof und die ihn abfchließende Halle, der Palas, auch an die antiken Curien anknüpfte, an die Verfammlungsräume, worin die Curialen des alten Rom zufammenkamen,

Handbuch der Architektur. II. 4, b. (2. Aufl.) 5

in deutschen Gauen mit der Wiederkehr besserer Zeiten Palasbauten der Kaiser, Fürsten und Herren; verhältnismäßig zahlreich sind sie uns erhalten vor allem aus der Zeit am Ende des XII. und am Anfang des XIII. Jahrhunderts, als die Kräfte des deutschen Volkes, durch die Eindrücke der Kreuzzüge aufgerüttelt, sich zuerst künstlerisch glanzvoller zu betätigen strebten. Dabei ist es für die im eigenen Lande festwurzelnde und im Volkssinne auf dem sittlichen Gebote der Treue beruhende Gewalt der deutschen Herren bezeichnend, daß durchweg solch ein Palasbau den Ausdruck heiterer Offenheit bewahrt, nicht beschwert durch irgend welche von mißtrauischer Furcht zeugende Verteidigungsvorkehrungen.

Die deutschen Herren hausten eben nicht als Gewalthaber im fremden Lande; sie hatten es nicht nötig, wie die normannischen Eroberer sich in die düsteren Wohntürme (die Donjons) zurückzuziehen. Für sie bildete in gewöhnlichen Zeiten die Anhänglichkeit ihrer Dienstmannen einen besseren Schutz als die Häufung schwerer Befestigungen. Eine poetische Form haben diese Verhältnisse gefunden in der schönen Sage vom Thüringer Landgrafen, der sich dem Kaiser verpflichtete, binnen drei Tagen eine feste Mauer um die Wartburg zu ziehen. Und als die Zeit verflossen war, zeigte er seine Wohnstätte umringt von geschlossener Kette seiner bewaffneten Vasallen, die er schleunigst aufgeboten hatte. Wohl meldet uns die Geschichte von heißen Kämpfen kriegerischer Parteien, die nach den überaus lebhaften Schilderungen gleichzeitiger Schriftsteller zeitweise das ganze Land zu ergreifen und rettungslos zu verheeren scheinen. Aber darin liegt wohl viel Schein, der teils von der rhetorisch übertreibenden Schreibweise der Mönchschronisten, teils von unbewußtem Übertragen heutiger Kriegsverhältnisse herstammt, wie sie die ganze wohlgegliederte Volksmasse bis in die tiefsten Tiefen berühren. Unter den viel lockereren und durch die mangelhaften Verkehrsmittel behinderten Verhältnissen jener Zeiten hat das Ringen der einzelnen Großen um die Macht, das die Geschichte des XII. Jahrhunderts wesentlich füllt, wohl niemals so durchgreifenden Einfluß auf das Volksleben ausüben können. Wir können uns die wirklichen Verhältnisse sehr wohl so vorstellen, daß der Sturm solcher inneren Kämpfe, getragen von nicht sehr zahlreichen ritterlichen Gefolgschaften, bald hier, bald dort gewitterartig durch die Lande brauste, auf seiner Bahn wohl so manches zerstörte, aber so schnell als er gekommen auch wieder verging. Und überall zeigt die in den vielfach dazwischenliegenden Friedenszeiten sich schnell einstellende Blüte, daß die Verheerungen nicht allzutief gegangen sein können. Daher genügten dem deutschen Herrscher in der Regel verhältnismäßig geringe Befestigungen, die sich um die weitgelagerte Hofanlage herumziehen. Innerhalb dieses Mauerringes herrscht im Schutze des durch hohe Strafen gehegten „Burgfriedens" freier Verkehr und offenes Vertrauen der Insassen gegeneinander. So verzichtet der Saalbau des vornehmen Hofes, den sich die Bezeichnung „Palas" allgemein einbürgert, in Deutschland regelmäßig auf Befestigung, öffnet sich vielmehr möglichst frei nach dem Hofe hin. Bezeichnete man ihn doch nicht selten auch mit dem Worte „Aula", der „Hof", und deutete damit an, daß man ihn im

um heilige Gebräuche zu beobachten, sich über gemeinschaftliche Angelegenheiten zu besprechen und feierliche Mahlzeiten zu halten. Der in der Merovingischen und Karolingischen Zeit übliche Ausdruck Malbergium (der Raum, welcher das Mal, d. h. das öffentliche Gericht birgt), der in Frankreich noch im XII. Jahrhundert üblich war und als *Manberge* sich französierte, zeigt, daß diese Hallen-, bezw. Saalbauten nicht in erster Linie als Fest- und Bankettsäle erbaut wurden, sondern als solche ernster und feierlicher Arbeit, wie zu großen Regierungshandlungen des Kaisers, zu Gerichtshandlungen, Belehnungen, zum Empfang der Gesandten u. a. dienten, und daß wohl anfangs wie im alten Rom in den Curien, außer den Gerichten nur feierliche Abstimmungen darin abgehalten wurden, wo der Herrscher, von seinem Hofe umgeben, unter Umständen auch von seiner Gemahlin und den Frauen begleitet, nicht als Privatmann sich mit seinen Gästen belustigte sondern seiner Würde gemäß seiner Pflicht öffentlich genügte tr. *Essenwein*.

Zu S 67.

Burg Dankwarderode.

Wiederherstellungsversuch.

Nach: Winter, L. Die Burg Dankwarderode zu Braunschweig etc. Braunschweig 1883.

Handbuch der Architektur, II 4, b. (2 Aufl.)

Grunde noch als einen Teil des freien Hofes ansah, auf dem alte Germanensitte die Gefolgschaft unter freiem Himmel versammelt hatte. Gemeinsam ist dabei gerade den älteren Anlagen die sehr schlichte Form eines zweigeschossigen Rechteckbaues, der im ziemlich geschlossenen Untergeschoß Räume nebensächlicher Art, etwa Vorratsräume oder Unterkunft für Gefolge, enthielt, im Obergeschoß aber ganz vom großen Saale eingenommen wurde, dessen Wände breite Fenstergruppen nach dem Hofe hin durchbrachen⁶⁰).

Eine sehr gute Anschauung von einer solchen Anlage, wie sie einer der bedeutenderen Fürsten sich errichtete, gibt uns die Braunschweigische Burg Dankwarderode. Sie ist zugleich eine der ältesten und uns durch die eingehende Bearbeitung *Winter's*⁵⁹) aus vielfacher späterer Veränderung wieder herausgeschält, dazu auf Grund der ausgegrabenen Fundamentreste im Bilde vervollständigt und uns so im Zusammenhang verständlicher gemacht als manche andere. Im vorhergehenden Hefte dieses „Handbuches" ist durch den Lageplan⁶⁰) gezeigt, wie sie ursprünglich von mehreren Armen des Ockerflüßchens umzogen, auf einem leichten Hügel gemeinsam mit der Domkirche stand. Auf der nebenstehenden Tafel ist eine Wiederherstellung in der Ansicht aus der Vogelschau⁶¹) gegeben, welche die Lage der einzelnen Gebäude nebeneinander, die Befestigung durch eine turmbesetzte Mauer klarlegt, auch einen lehrreichen Einblick in die erst im Entstehen begriffene städtische Ansiedelung gewährt. Neben dem Dom und seinem für die Wohnung der Stiftsherren bestimmten Kreuzgang tritt vor allem der Palasbau beherrschend aus der Gruppe hervor. Geschützt durch den an ihm vorbeifließenden breiten Ockerarm bildet er, ohne mit besonderen Verteidigungseinrichtungen versehen zu sein, ebenso wie die Burgkapelle, einen Teil der Burgumfassung. Die eigentlichen Wohnräume, zum Teil in Befestigungstürmen untergebracht, schließen sich ihm seitlich an; kleinere und unansehnlichere Gebäude für Gesinde und Wirtschaftsbetrieb sind in der Burg nach alter Weise verstreut zu denken. Fig. 55⁶¹) gibt den Grundriß der herzoglichen Wohnbaugruppe.

Der Saalbau oder Palas *P* erhebt sich zweigeschossig in den bedeutenden Abmessungen von etwa 15 × 42 ᵐ. Er enthält in beiden Geschossen je einen großen, mit Balken bedeckten Saal, dessen Decke durch eine mittlere Stützenreihe getragen wird.

Im Untergeschoß sind es vierkantige Pfeiler, mit eingeblendeten Ecksäulchen verziert und durch kräftige Werksteinbogen verbunden, welche die Decke aufnahmen; im Obergeschoß werden wir eine lichtere Säulenstellung und hölzernen Unterzug annehmen können. Im Äußeren ist der obere Saal auf beiden Langpfeilern durch reiche Fensteranordnung im Wechsel von dreiteiligen Säulenarkaden mit großen Rundbogenöffnungen ausgezeichnet, die übrigens keinerlei Verschlußvorrichtung besitzen, während die Untergeschoß mit schlichten kleinen Fenstern untergeordneter behandelt ist. Beiden Sälen legte sich an der Hofseite eine zweiteilige Vorhalle vor; zu derjenigen des Obergeschosses führte eine Freitreppe empor, über deren Form im einzelnen wohl Zweifel bestehen können. Durch gedeckte Gänge ist hiermit die Wohnräume der Burg verbunden, die aber gleichzeitig auch durch eine besondere Freitreppe vom Hofe aus zu erreichen sind. Sie gliedern sich deutlich in zwei lose zusammenhängende Teile: nämlich die Wohnung des Herrschers selbst und seines Gefolges und das Frauenhaus. Ersteres umfaßt im Hauptgeschoß nur wenige Räume von ansehnlichen Abmessungen: das Turmgemach *D* und den Hauptwohnraum *G*, von dem man den ganzen Hof übersehen konnte, wie vom Söller *Karl des Großen* in Aachen.

60
Burg Dankwarderode
zu
Braunschweig.

---

⁵⁸) Zur Zeit die beste Zusammenstellung von Aufnahmen dieser Bauten gibt die Jubiläumslieferung 26 von: Denkmäler der Baukunst. Herausgegeben von Studierenden der Kgl. Techn. Hochschule zu Berlin, Abt. I. — Eine zusammenfassende Besprechung gibt auch: SIMON, K. Studien zum romanischen Wohnbau in Deutschland. Straßburg 1902.
⁵⁹) Vergl.: WINTER, L. Die Burg Dankwarderode zu Braunschweig. Ergebnisse der im Auftrage des Stadtmagistrates angestellten baugeschichtlichen Untersuchungen. Braunschweig 1893.
⁶⁰) 1. Aufl.: Art 30, S. 30.
⁶¹) Nach WINTER, a. a. O.

5*

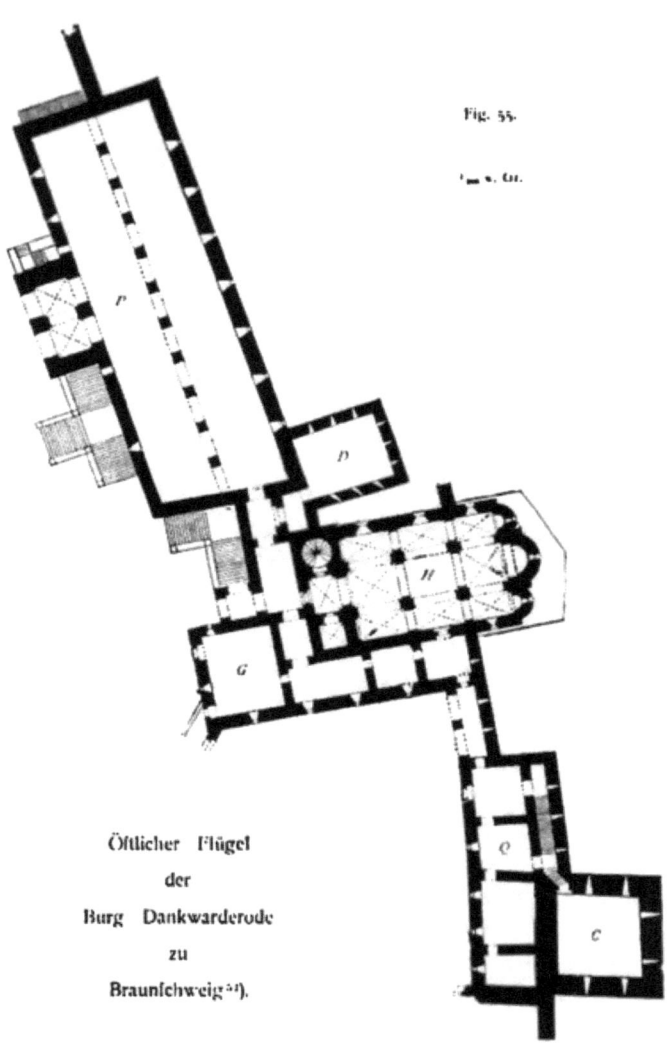

Einige kleinere Kammern und Vorräume schließen sich an und umschließen teilweise die sehr bedeutende dreischiffige Schloßkapelle *H*. Noch weiter nach Süden liegt, wieder nur durch einen bedeckten Gang verbunden, die Frauenwohnung. Im vortretenden Turme *C* befindet sich das Hauptgemach für das engere Familienleben, "der Frauen heimliche Kemenate"; die kleineren Räume bei *Q* werden als Schlafräume, sowie als Wohn- und Arbeitsräume der weiblichen Dienerschaft benutzt worden sein. Auch das Untergeschoß dieses Bauteiles enthielt allerlei Kammern mit Vorräten und Arbeitsgerät für die Frauen. Es war durch eine in der Mauer liegende Treppe mit dem Obergeschoß verbunden, sodaß auch dieses ohne Berührung der übrigen Palastteile vom Hofe aus erreicht werden konnte.

Der ganze Bau ist in der klaren Trennung der einzelnen Teile: Festhaus, Herrenhaus, Frauenhaus, sehr lehrreich, indem er deutlich zeigt, daß die alte Gewohnheit, jedem Gebrauch sein eigenes Haus zu errichten, noch keineswegs abgestorben war. Wenn die Zahl der Wohnräume, nach unseren heutigen Anschauungen gemessen, gering erscheint, so ist dabei zunächst zu bedenken, daß in jener Zeit die gesellschaftliche Scheidung zwischen Herrscher und Gefolge ungleich geringer war als heute. Die Schilderungen der Dichter im "Tristan", im "Parsival" und anderen Ritterliedern lassen das Verhältnis zwischen beiden — natürlich ganz abgesehen vom verschiedenen Kulturzustande — in der Gemeinsamkeit der Lebenshaltung und Lebensführung ähnlich erscheinen, wie es etwa heutzutage zwischen einem Großbauer und seinen Knechten besteht. Dadurch schon wurde eine Menge abgesonderter Räume unnötig, die heutzutage selbst unter einfacheren Verhältnissen unentbehrlich erscheinen, und es kommt hinzu, daß einerseits festliches Treiben sich völlig getrennt vom Wohnen im großen Saale abspielen konnte, daß ferner für das niedere Gefolge im Untergeschoß des Saales und in den untergeordneten Gebäuden des Hofes Unterkunft gegeben war.

Die räumlich bedeutendste und nach Lage wie künstlerischer Behandlung ausdrucksvollste Ausbildung hat die Anlage solchen Saalbaues im Kaiserhaus zu Goslar erhalten. Man hat in dem uns erhaltenen Bau lange Zeit den Palas zu sehen geglaubt, den sich Kaiser *Heinrich III.* (1039—56) in Goslar errichtete, und man durfte damit dem großartigen Bau als dem ältesten seiner Art noch einen besonderen geschichtlichen Wert beilegen. Neuerer Prüfung hat diese Annahme nun allerdings nicht standhalten können. Daß schon *Heinrich III.* einen Saalbau an der jetzigen Stelle errichtete, ist urkundlich bestens beglaubigt, ebenso daß die Pfalz Goslar fast ein Jahrhundert hindurch eine Lieblingswohnstätte der Salischen Kaiser gewesen ist und auch unter *Barbarossa* noch glanzvolle Tage gesehen hat. Aber die Architekturformen des Baues, insbesondere das Vorkommen von Kleeblattbogen am Unterbau des Saales, müssen als zwingende Beweise dafür gelten, daß von jenem Bau *Heinrich III.* nichts auf uns gekommen, daß der jetzige Palas vielmehr später, und zwar wahrscheinlich nach einem im Jahre 1132 erfolgten Einsturze, neu errichtet, sodann unter *Barbarossa* durch einige Zutaten erweitert worden ist. Die ganze Pfalz bildete damals eine umfangreiche Baugruppe, die, auf einem Hügel liegend, sich ansehnlich über den großen Vorhof, den jetzigen Kaiserbleek, erhob und mit dem jenseits dieses Platzes gelegenen Dom *Heinrich III.* durch Bogengänge, ähnlich wie in den Aachener Bauten *Karl des Großen*, in Verbindung gesetzt war. Aber auch der Bestand dieser Zeit ist durch spätere Umbauten, insbesondere aus den Jahren um 1385, und endlich durch die modernen, tiefgreifenden Ergänzungen vielfach getrübt und unsicher gemacht worden. Dazu ist von der alten Gesamtanlage ein großer Teil, nämlich sämtliche Wohngebäude und Nebenbauten, dazu die Hallengänge, welche den großen Hof zwischen Kaiserhaus und Dom umzogen, und auch der Dom selbst mit Ausnahme seiner Vor-

63. Kaiserhaus zu Goslar.

halle völlig und spurlos verschwunden. Vorhanden ist jetzt noch der Festsaalbau nebst Vorhalle und seitlich davon, freiliegend und nur durch einen Bogengang verbunden, die zweigeschossige Palaskapelle St. Ulrich in Gestalt einer kreuzförmigen Zentralanlage. In ihrer Nähe sind die Grundmauern eines in kleine Gemächer geteilten Hauses aufgefunden worden, so daß wir uns dort, ähnlich wie in Dankwarderode, die Lage des Herrenhauses denken können. Ein an der anderen Seite anschließender Bau, der mit Benutzung der alten Umfassungsmauern neuerdings zu Wohnzwecken eingerichtet worden ist, entstammt erst dem spätesten Mittelalter und ist für die Kenntnis der alten Kaiserpfalz belanglos. Uns geht vor allem der Saalbau (siehe die nebenstehende Tafel**) an, ein Rechteck von etwa 47,00 × 15,00 m innerer Weite.

Er enthält zwei große Säle übereinander, von denen allerdings der untere durch quergelegte spitzbogige Tonnengewölbe, die in gotischer Zeit eingefügt wurden, in sieben schmale Räume zerlegt worden ist. Kleine Fenster, in die vorerwähnten kleeblattbogigen Blenden eingeschlossen, führen ihm ein spärliches Licht zu. Besser läßt das Obergeschoß den ursprünglichen Zustand erkennen. Es erscheint als ein mächtiger zweischiffiger Saal, dessen Decke in der Mitte seiner Längsrichtung von einem höher hinausgehobenen Raumteil querschiffartig unterbrochen wird. Diesem Querschiff, an dessen Hinterwand zweifellos der kaiserliche Ehrensitz sich befand, entspricht im Aufriß der Vorderseite eine mächtige Rundbogenöffnung von über 6,00 m Breite mit Dachaufbau. Jetzt ist sie in freier moderner Ergänzung mit einer dem Innensystem des Aachener Münsters nachgeahmten, zweigeschossigen Säulenstellung gefüllt und hat keinerlei praktische Bedeutung. Die ganze Anlage des Saales mit ihrer ausgesprochenen Querteilung legt aber die Vermutung sehr nahe, daß hier der alte Aufgang zu des Kaisers Thron durch eine Freitreppe gegeben gewesen sei, und man mag sich dann wohl die ganze Öffnung ungeteilt als großartiges schlichtes Eingangstor des Kaiserhauses denken. Rechts und links von diesem Mittelteil geben die drei dreiteiligen Säulenöffnungen dem Saale Licht und Luft und erhalten dabei, da sie nach ihrer ganzen Form keinerlei Verschluß zuließen, den Eindruck einer freien Halle aufrecht, in der der kaiserliche Richterstuhl möglichst offen, möglichst wie unter freiem Himmel stand. Die Balkendecken des Inneren werden von Holzpfosten gotischer Zeit getragen; dem älteren Kernbau gehören aber noch die Wandpfeiler der Mittelhalle an, die mit spätromanischem Blattwerk und Knollenkapitellen verziert sind (siehe die betreffende Abbildung in Kap. 8). An der einen, nördlichen, Schmalseite legt sich diesem Saalbau ein schmaler An- und Vorbau in zwei Geschossen an; im Untergeschoß bildet er einen Durchgang nach der Rückseite des Palas, im Obergeschoß einen Vorraum zum großen Saal. Er ist mit zierlichem, säulengeschmücktem Vorbau spätromanischer Formgebung versehen, und zu diesem führt eine Freitreppe von beiden Seiten ansteigend empor.

Fig. Palas der Wartburg.

In einer solchen weitgedehnten Anlage, wie sie die Burg Dankwarderode für die eigentlichen Wohnräume zeigt, wie wir sie uns ähnlich auch für die Kaiserpfalz in Goslar vorstellen müssen, mag sich die Gewohnheit des Hausens auf dem alten Hofe mit seinen verstreuten Einzelbauten noch spiegeln. Für unsere Anschauungen ist die Behaglichkeit des Wohnens durch solche Verzettelung der Räume stark beeinträchtigt, und es scheint, daß doch auch schon im XII. und XIII. Jahrhundert das Gefühl für eine wohnlichere Verbindung der einzelnen Wohngemächer untereinander sich geltend gemacht hat. Es mußte dazu führen, die Wohnräume unter sich enger zusammenzuschließen, und dies ist in einer Reihe von aufwändigen Bauten dadurch erzielt worden, daß sie mit dem Saalbau unter ein Dach zusammengefaßt wurden.

Den Übergang von der ursprünglich schlichten zweistöckigen Saalanlage zum zusammengesetzteren Wohnbau bezeichnet uns in der klarsten Weise der Palasbau der Wartburg, die schöngelegene Veste der Thüringer Landgrafen, die durch geschichtliche Erinnerungen wie durch Sage und Dichtung gleicherweise mit ver-

---

*) Nach: Die Kunstdenkmäler der Provinz Hannover. II: Reg.-Bez. Hildesheim. 1, 2. Stadt Goslar. Hannover 1901. S. 1 ff.
**) Nach Denkmäler der Baukunst, herausgegeben von Studierenden der Technischen Hochschule zu Berlin.

Zu

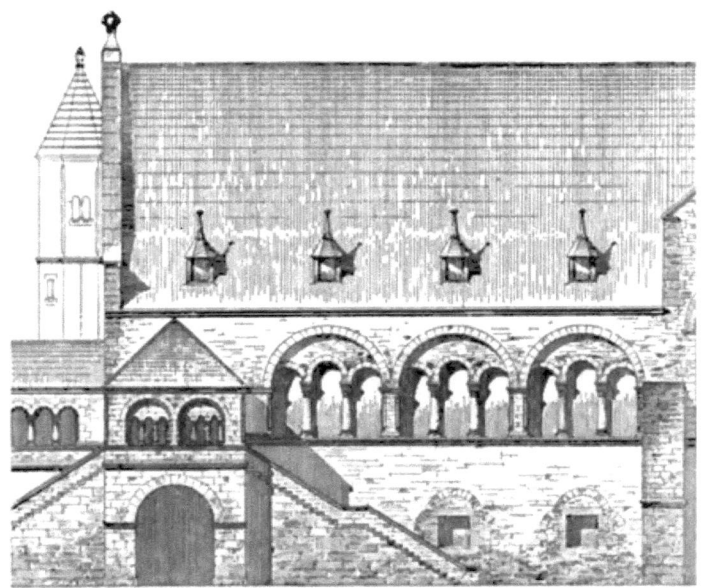

Ans

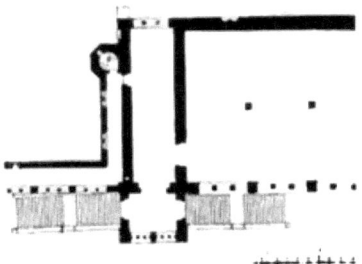

Grundriß des

Kaiserhaus

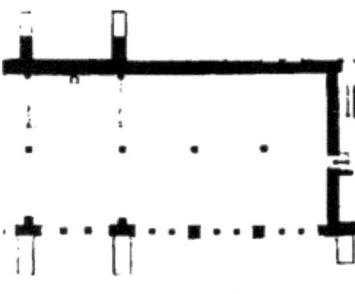

Obergeschosses.

zu Goslar.

Nach: Die Kunstdenkmaler der Provinz Hannover. II und: Denkmäler der Baukunst etc.

klärendem Schimmer umwoben und wie wohl keine andere im deutschen Volke gekannt und bewundert wird (Fig. 56 bis 58[81 u. 83]). Hier hatte sich um die Mitte des XII. Jahrhunderts Landgraf *Ludwig III.* einen Palas erbaut, und man sieht allgemein die beiden unteren Geschosse als diesen Bau an. Landgraf *Herrmann I.* (1190—1217), der Gönner der Dichter, soll für das gesteigerte Bedürfnis der Zeit den Saalbau um ein Stockwerk erhöht haben. In der Mitte des XIX. Jahrhunderts ist dann die Burg wiederhergestellt, und dabei ist auch der Palasbau den Ansprüchen heutiger Hofhaltung entsprechend teilweise umgebaut worden. So ist es schwer zu entscheiden, ob die obenangeführte Entstehungsweise zutreffend ist oder nicht mehr als bloß der Aufbau des II. Obergeschosses erst der Tätigkeit *Herrmann I.* entstammt. Wir würden jedenfalls annehmen dürfen, daß im zweigeschossigen Bau *Ludwig des Springers* das Obergeschoß ursprünglich einen großen, einheitlichen Saal gebildet habe, da der jetzt in Mitte dieses Stockwerkes befindliche Saal sowohl nach seinen geringen Abmessungen wie nach seiner Lage inmitten von kleineren Wohnräumen kaum zum Gebrauch als halböffentliche Halle geeignet erscheint. So sind wir geneigt, mindestens die jetzige Innenteilung (Fig. 57) des I. Obergeschosses einer späteren Bautätigkeit zuzuschreiben. Sicher gilt dies vom Einbau der Kapelle, da diese mit der Fensterteilung der Hofansicht nicht übereinstimmt.

In seinem jetzigen Bestande stellt der Palas der Wartburg ein im wesentlichen dreigeschossiges Gebäude von 39,60 m × 15,50 m Größe dar, dessen drei Geschosse architektonisch etwa gleichwertig behandelt sind.

Das untere Geschoß ist vom Schloßhof aus durch die äußerste linke Bogenstellung ebenerdig zugänglich und enthält drei an einem Längsgang angelegte, gewölbte Räume. Der mittlere davon scheint als Küche gedient zu haben und stand durch eine in der Mauer liegende kleine Treppe mit dem mittleren Saal des Obergeschosses in Verbindung; die anderen beiden mögen zu Wohnräumen des Gefolges bestimmt gewesen sein. Zum I. Obergeschoß führt vom Hofe eine offene Freitreppe hinauf. Über sie gelangt man in einen an der ganzen Gebäudelänge hinlaufenden und mit prachtvollen Säulenöffnungen nach außen geöffneten Gang, der durch eine feste Wand von den inneren Wohngemächern getrennt ist und außer mit diesen wohl auch mit dem links anschließenden Bau der Kemenate in Verbindung stand. An ihm liegen zwei quadratische, mit einer Mittelstütze versehene Zimmer, von denen das eine später gewölbt und wohl im Jahre 1319 zur Kapelle eingerichtet wurde. Zwischen beiden befindet sich ein auf zwei Säulen ruhender Saal, an den sich links eine erhöhte Nische, die „Brücke", als Sitz des Landgrafen anschließt. Neben dieser bleiben zwei kleinere Räume übrig, von denen der eine einen Durchgang zum linksgelegenen Gemach gewährt, während in den außengelegenen die oben erwähnte Treppe von der Küche her mündet.

Im II. Obergeschoß zieht sich wiederum ein schmaler, mit Säulchenfenstern geöffneter Laufgang entlang. Nach dem, ebenfalls in der ganzen Länge des Hauses sich erstreckenden, Festsaal hin ist er mit reichlichen Fenstergruppen versehen, so daß er bei Festen und feierlichen Handlungen eine für Zuschauer wohlgeeignete Erweiterung des Saales darstellte. Jetzt öffnet sich dieser Saal mit einer ähnlichen Fensterreihe auch nach der Außenseite der Burg hin, und es mag zweifelhaft sein, ob dies von jeher der Fall war, ob nicht vielmehr nur einzelne kleine Fenster diese Außenwand durchbrachen. Ein solcher nach zwei Seiten hin frei für die Luft geöffneter Saal mag heutigen Ansprüchen von Behaglichkeit widersprechen, besonders wenn man in Betracht zieht, daß diese Öffnungen wahrscheinlich keinerlei Verschluß besaßen. Für die alte Zeit, die gewohnt war, öffentliche Gerichtssitzungen und Versammlungen unter freiem Himmel abzuhalten, auf der Jagd und auf

---

[81] Nach: RITGEN, H. v., Führer auf der Wartburg. Es sind dies allerdings die modernen Grundrisse. Es ist zweifelhaft, ob alles ursprünglich ebenso war, abgesehen von jenen Teilen, welche im Interesse zweckmäßiger Benutzung nicht in alter Weise haben hergestellt werden können. Wir können heute nicht mehr untersuchen, ob irgend welche Spuren, wenn auch aus späterer Zeit, vorhanden waren, die auf Fensterverschluß deuteten. Wir glauben an solche nicht, selbst nicht beim Saale *Herrmann I.* Ebenso zweifelhaft sind die jetzt vorhandenen Kamine.

[83] Nach einer lithographischen Zeichnung jener Aufnahmen, die zum Zwecke der Wiederherstellung gemacht worden sind. Im Jahre 1892 teilte ein in Weimar beheimateter Bauschüler des Karlsruher Polytechnikums seinem Mitschüler solche Lithographien mit.

Fig. 56.

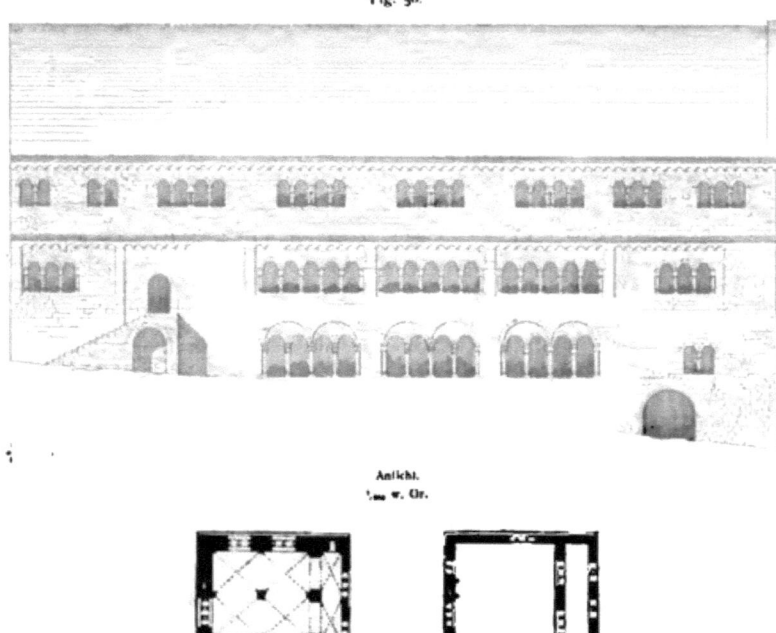

Ansicht.

Fig. 57. I. Obergeschoß. Fig. 58. II. Obergeschoß.

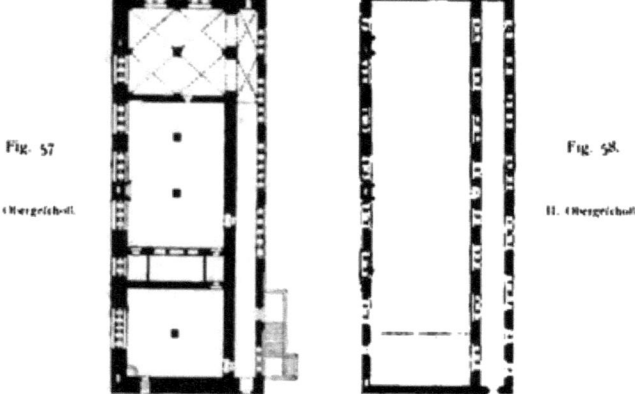

Palas der Wartburg (54 u. 55).

Kriegszügen sich am einfachen Lagerfeuer zu wärmen, ist eine solche Anlage nicht weiter auffallend, sie findet auch anderwärts, wie z. B. in Dankwarderode, ihresgleichen. Wie der Saal in alter Zeit zugänglich war, ist heute nicht mehr ersichtlich; jetzt erreicht man ihn nur von der angrenzenden, gänzlich umgebauten Kemenate.

Eine ähnliche mehrstöckige Anlage ist im Reste der Kaiferburg von Gelnhaufen³⁶) zu fehen. Auch dies war eine Wafferburg wie Dankwarderode, gegen das Jahr 1180 erbaut, aber insofern anderer Anlage, als sich am Eingang des unregelmäßig eiförmigen Burghofes die Kemenaten über die Torfahrt hinwegzogen, während gleich links vom Eintretenden der Palasbau im stumpfen Winkel anstieß. Für die Schloßkapelle, als welche man den gewölbten Raum über der Einfahrt hat ansprechen wollen, ist durch Auffinden der Fundamente eines Zentralbaues eine andere Stelle, in der Tiefe des Hofes an der dem Eingang abgewendeten Seite, wahrscheinlich gemacht. Die Ansicht des Palas geben wir in Fig. 59 im Anschluß an die Aufnahmen und den Wiederherstellungsentwurf *Gladbach*'s.

65. Kaiferpfalz zu Gelnhaufen.

Hier ist das Untergeschoß völlig kellerartig geworden, mit geschlossenen Wänden und kleinen Lichtöffnungen. Im Inneren ist es durch Quer- und Längswände geteilt, so daß sich ein Gang von etwa 3,50 m Breite am Mittelteil der Vorderseite entlang zieht, und dahinter drei Räume, ein größerer

Palas der Kaiferburg zu Gelnhaufen*).
¹/₂₀₀ v. Gr.

gegen Osten und zwei kleinere, sich abtrennen. Sicher ist ferner, daß sich hierüber zwei Stockwerke erhoben; aus dem Umstand, daß die Lisenen des unteren, allein in seiner ganzen Längsfront erhaltenen Geschoffes unverändert nach oben sich fortsetzen, kann auch für das oberste Geschoß eine gleiche Fensteranordnung, wie sie unten erhalten ist, angenommen werden. Wir möchten auch an Stelle des von *Gladbach* freiergänzten Balkons über der Eingangstür, als einer in der Überlieferung des deutschen Mittelalters nicht gesicherten Anlage, lieber eine gleiche dreiteilige Fenstergruppe annehmen, die im vorhandenen Mauerfeld sehr wohl Platz fände.

Zu dem noch erhaltenen I. Obergeschoß führte eine jetzt verschwundene Freitreppe empor. Durch die schöne, im Kleeblattbogen geschloffene Tür (siehe die betreffende Abbildung in Kap. 5, unter a) gelangte man in einen von vier Säulen getragenen Saal von etwa 12,60 × 14,00 m Größe, in dem ein schöner Kamin an der Rückwand erhalten geblieben ist (vergl. die betreffende Abbildung in Kap. 13). Links schloß sich nach dem Hofe zu ein Laufgang von ansehnlicher Breite an, den die in Fig. 59 sichtbaren zwei Fenstergruppen beleuchten, während an diesem lagen in der Außenseite des Haufes hin zwei kleinere Gemächer. Ein weiteres unregelmäßig gestaltetes Gemach legte sich dann in den Winkel zwischen Palas und Torbau. Das Ganze ist ferner durch eine Treppe mit dem schon erwähnten gewölbten Gemach über der Einfahrt verbunden, so daß wir hier

---

³⁶) Vergl.: Moller, G. Denkmäler der deutschen Baukunst. Fortgesetzt von F. Gladbach. Bd. III. Darmstadt 1851. — Kritifcher und in vielen Einzelheiten eindringender behandelt *L. Bickell* (in: Die Bau- und Kunstdenkmäler des Reg.-Bez. Kaffel, Bd. 1: Kreis Gelnhausen. Marburg 1901) den Bau und die Gesamtanlage der Burg.

schon fünf anfehnliche Wohngemächer eng aneinandergereiht finden. Die gleiche, übrigens ziemlich schmale Treppe stellte wohl auch die Verbindung mit dem oberen Hauptsaal des Palas her; es sind wenigstens Spuren eines äußeren Aufganges nach diesem hin nicht zu bemerken.

Die Abmessungen des oberen Saales betragen etwa 27,00 × 12,40 m, sind also geringer als diejenigen von Dankwarderode und der Wartburg. Dies mag gegenüber der großartigen Anlage zu Goslar auffallen, findet aber seine Erklärung einerseits darin, daß das kaiserliche Hoflager an sich gegenüber der entwickelten Gliederung der örtlichen Gewalten nicht mehr so umfangreicher Säle bedurfte, weil eben weite Bevölkerungskreise durch einzelne mächtige Herren vertreten wurden; sodann auch darin, daß eine solche spätere „Kaiserpfalz" vielleicht nicht so sehr auf die Bedürfnisse der kaiserlichen Hofhaltung selbst als auf diejenigen eines hohen Beamten zugeschnitten wurde, der nach Art eines Statthalters den Kaiser in seinem Amtsbezirk vertrat. War es diesem doch kaum gegeben, sich außerhalb seiner Stammlande dauernd irgendwo aufzuhalten. Die ungeheuren Schwierigkeiten, welche die erstarkte Fürstenmacht dem Kaisertum bereitete, brachten es mit sich, daß bald hier bald dort, in dem weitgedehnten Reiche Wirren, Streitigkeiten und Empörung sich erhoben. Und da es bei den damaligen Verhältnissen des Verkehres und des Nachrichtendienstes unmöglich war, wichtigere Staatsangelegenheiten aus der Entfernung zu leiten, so blieb nun einmal nichts anderes übrig, als jeweils sich an den Ort des wichtigsten Vorkommnisse zu begeben, um mit starker Hand die Widerstrebenden zu bändigen. Lange aber war des Bleibens daselbst nicht; denn bald rief wieder die gleiche Not nach anderem Orte. So trägt so manche der „Kaiserpfalzen" diesen Namen nur insofern mit Recht, als sie kaiserlicher Besitz war und wohl gelegentlich einmal als Absteigequartier benutzt wurde, und zu diesen gehört auch Gelnhausen. Die Nachrichten, daß Kaiser sich daselbst aufgehalten hätten, sind nicht gerade zahlreich. *Barbarossa*, dessen Namen die Burg volkstümlicherweise trägt, hat ihre Vollendung wahrscheinlich nicht erlebt.

66. Kaiserpfalz zu Eger.

Auf ähnliche räumliche Bedürfnisse ist auch die Burg in Eger*) berechnet. Auch dort liegt eine prachtvoll ausgestattete Burgkapelle selbständig im Hofe, und der romanische Saalbau ist mit Wohnräumen in engere Verbindung gebracht, sogar in noch engere als in Gelnhausen. Nach der Anordnung der Fenster zu schließen, enthielt der Palas einen Saal von etwa 25,00 × 10,50 m Größe, der sich mit 3 Fenstergruppen nach außen öffnete und ähnlich wie beim letzten Beispiel durch eine Freitreppe zugänglich war. Links schlossen sich ihm sodann drei Gemächer, ein kleineres und zwei größere an, von denen eines als Küche angesehen wird.

67. Palas zu Münzenberg.

Daß zu jener Zeit auch kleinere Gewalthaber als der Kaiser sich für glänzende ritterliche Hofhaltung Bauten errichteten, die an Aufwand hinter dem Gelnhausener Saalbau kaum zurückstehen, zeigt uns der höchst lehrreiche Palas auf der Burg Münzenberg**) in der Wetterau. Ihn errichteten sich die Grafen von Arnsburg gegen das Jahr 1200, nachdem sie ihre Stammburg zur Gründung eines Zisterzienserklosters fortgegeben und ihren Sitz auf den Münzenberg verlegt hatten. Wir stellen ihn, seiner wertvollen Einzelheiten wegen, auf den beiden nebenstehenden Tafeln in größerem Maßstabe dar.

Es ist ein Saalbau von etwa 13 m Länge zu 8 m Breite, in zwei Geschossen über einem

---

*) Vergl.: Simon, K. Studien zum romanischen Wohnbau in Deutschland. Straßburg 1902 — und: Denkmäler der Baukunst. Abt. I, Lief. 26, Bl. 10.
**) In: Moller, G. Denkmäler der deutschen Baukunst. Fortgesetzt von F. Gladbach. Bd VII. Darmstadt 1851. S. 5 u. Taf. XXV–XXXIII. — Auch in: Denkmäler der Baukunst, Abt. I, Lief. 26.

Zu S. 74.

Außenseite der südlichen Mauer.

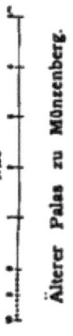

Südliche Mauer. — Grundriß des Obergeschosses.

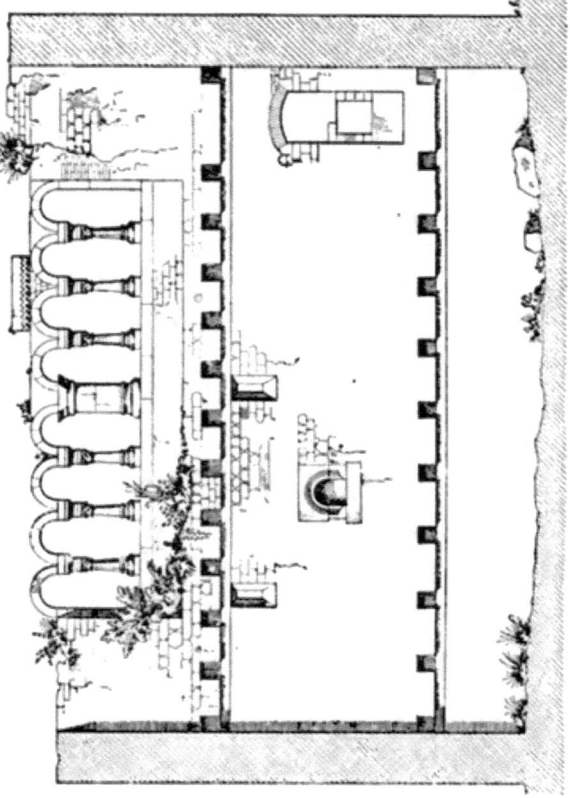

Innenseite der südlichen Mauer.

Älterer Palas zu Münzenberg.

Nach: Moller, G. Denkmäler der deutschen Baukunst. Fortgesetzt von F. Gladbach. Band III, Darmstadt 1851. Taf. XXVII u. XXVIII.

Handbuch der Architektur. II, 4, b. (2. Aufl.)

Zu S. 75.

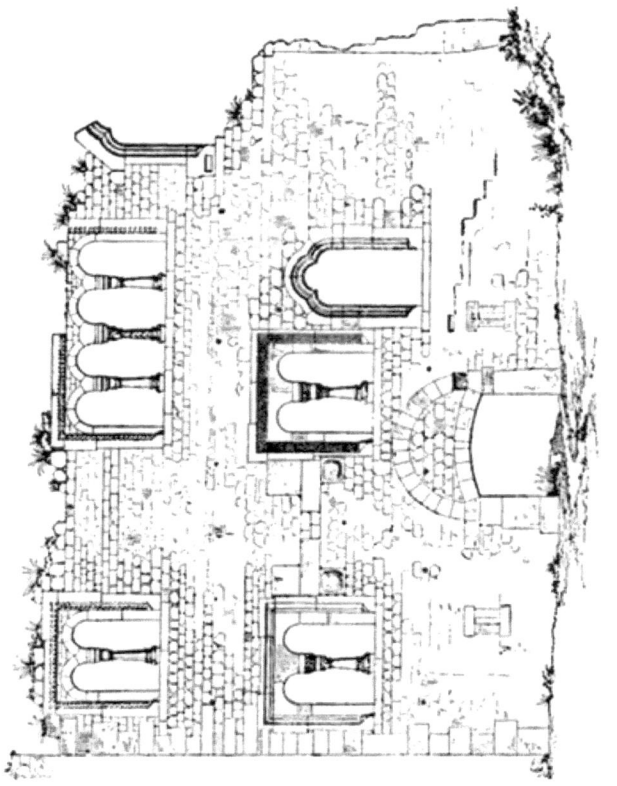

Außenseite der nördlichen Mauer.

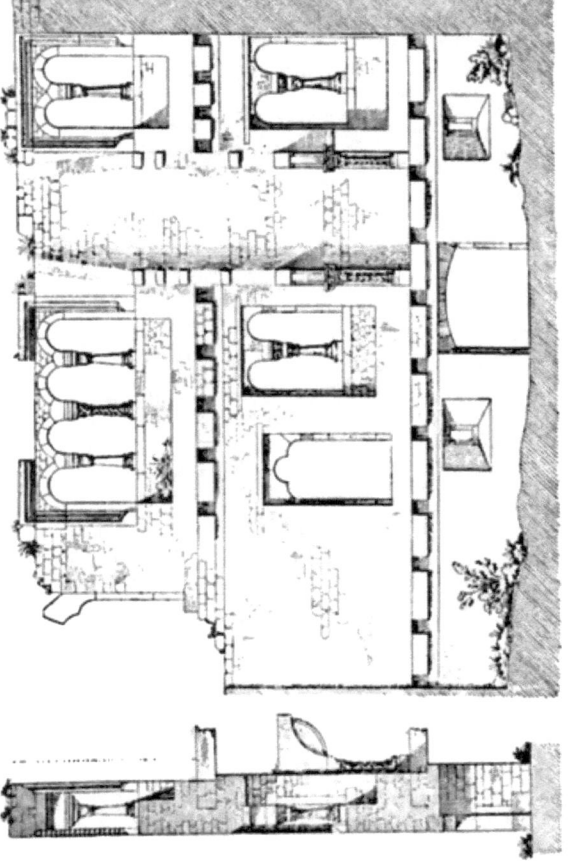

Innenseite der nördlichen Mauer.

Älterer Palas zu Münzenberg.

Nach: MOLLER, G. Denkmäler der deutschen Baukunst. Fortgesetzt von E. GLADBACH. Band III. Darmstadt 1851. Taf. XXV u. XXVI.

Handbuch der Architektur. II, 4, b. (2. Aufl.)

kellerartigen Untergeschoß errichtet und in die Umfassungsmauer der Burg eingefügt. Der an die Außenwand angelehnte Wehrgang bildet eine Zutat des späteren Mittelalters. Der Innenraum wird von einer Freistützenreihe, die mit schwerem Unterzug die Decken trug, geteilt gewesen sein; doch sind keine Reste davon erhalten. Zum unteren Saal stieg man an der nördlichen Mauer auf einer äußeren Freitreppe herauf, deren Spuren auf der ersten der nebenstehenden Tafeln sichtbar sind. Im Inneren ist auf zierlichen Säulchen ein mächtiger Kamin angebracht; die Nischen der nach dem Hofe zu gelegenen Fenster sind so angelegt, daß sie gleichzeitig Sitzbänke darboten; sie sind mit einem Unterlagsholze nach oben scheitrecht abgedeckt und so eingerichtet, daß sich ein Verschluß mit Holzläden dicht hinter den Säulchen anbringen ließ. So konnte der Saal, vollständig gegen den äußeren Luftzutritt abgeschlossen, wenn im großen Kamin ein mächtiges Feuer loderte, selbst im Winter einen behaglichen Raum bieten. Die darüberstehenden Fenster des oberen Saales sind dagegen vollständig offen. Ihre Gliederung nach innen und außen zeigt nirgends eine Stelle, an welcher solch ein Laden angebracht werden konnte. Auch die gegenüberliegende Fensterreihe bietet keinen Anhalt für einen handlichen Verschluß. Sie liegt zwar in einer metertiefen Nische, welche wiederum bankartig erhöht ist, sodaß sie mit Polsterbelägen einen bequemen Sitz darbot; aber ihre Breite ist mit über 8 m zu groß, als daß man noch an das Anbringen von Klappläden denken könnte. So nehmen wir an, daß auch dieser Palas für gewöhnliche Zeiten nach beiden Seiten völlig offen gestanden hat, der Sonne wie dem Wind Einlaß gewährend, im Anklang an die alte feierliche Tagung unter freiem Himmel. Dies schließt nicht aus, daß man vielleicht für den Fall einer Belagerung diese großen Öffnungen durch Bohlentafeln schloß, die sich gegen die Balkenüberdeckung der Nische stützen konnten. Denn bot auch die hohe Lage des Palas an sich schon gegen die Erstürmung guten Schutz, so mochte doch von der Tiefe hereindringende Geschosse die Benutzung des Saales leicht gestört werden. Dieser obere Saal hatte nun seinen Hauptzugang wieder von außen; die Tür ist an der nordwestlichen Ecke des Saales noch teilweise erhalten; sie muß durch eine hohe Freitreppe zugänglich gewesen sein, die wir uns nur aus Holz ausgeführt denken können, wenngleich unserem heutigen Empfinden eine solche Holztreppe in Verbindung mit derart monumentalem Steinbau wenig gemäß erscheinen mag. Wie auch die nicht einmal sehr starken hölzernen Überdeckungen an Fenster- und Türnischen unseres Baues zeigen, hat man eben damals über die Gleichberechtigung von Holz- und Steinbau anders gedacht als heutzutage. Und man konnte anders denken, weil man in der Auswahl des reichlichich vorhandenen Holzes ungleich sorgfältiger vorging, als wir es jetzt zu tun vermögen. Nicht unmöglich ist es, daß in der entgegengesetzten südöstlichen Ecke im Inneren eine Treppenverbindung vom Keller bis zum Obergeschoß führte. Der Umstand, daß die Balkenlage dort einen weiteren Zwischenraum zeigt, und die auffällige Anordnung des zweiteiligen Fensters in der Hofwand können darauf hindeuten.

Die Zeiten der alten deutschen Kaiserherrlichkeit sind durchaus nicht immer glanzvoll gewesen; heißer Kampf nach innen wie nach außen hin hat vielfach den Fortschritt baulicher Kultur gehemmt; aber es sind doch Zeiten lebhafter geistiger Bewegung gewesen, Zeiten, in denen Deutschland mit verhältnismäßig gesammelter Kraft als Vormacht des Abendlandes gelten durfte. Zeuge dessen ist die von uns durch eine Auswahl von Beispielen belegte reiche Folge von fesselnden romanischen Palasbauten, wie sie in ähnlicher Art kein anderes Land hervorgebracht hat. Als aber mit dem Beginn des XIII. Jahrhunderts der mittelalterliche Gedanke des deutsch-römischen Kaisertumes endgültig innerlich zusammenbrach (seine Aufrechterhaltung durch weitere Jahrhunderte beruht ja mehr auf höfisch-diplomatischer Annahme als auf tatsächlichen Verhältnissen), da ging die Führung im Palasbau auf das inzwischen künstlerisch wie politisch erstarkte Frankreich über. Aus der Blütezeit des französischen früh-gotischen Stils besitzen wir eine ganze Anzahl aufwändiger Saalbauten, die uns vom stolzen Reichtum und vom Geschmack der französischen Großen einen bedeutenden Eindruck geben. Berühmt ist der noch mit trotzigem Zinnenkranz und verteidigungsfähigen Ecktürmchen versehene Prachtsaal, den sich der Bischof von Sens gegen 1240 erbaute und wir als einen der einfacheren nach *Viollet-le-Duc* in Fig. 60*) wiedergeben.

68. Palasbauten in Frankreich Sens.

Er ist von mäßiger Größe (rund 11 × 38 m im Inneren groß) und im Obergeschoß mit einer Reihe prachtvoll geschwungener Kreuzgewölbe überdeckt. Die untere Halle und auch das Keller-

---

*) Siehe: VIOLLET-LE-DUC, E. *Dictionnaire raisonné de l'architecture française etc.* Bd. VIII. Paris 1875. S. 75 ff.

gefchoß find zweifchiffig und beide monumental auf fchönen Säulen gewölbt. Beide, zum mindeften das Erdgefchoß, werden in der Hofhaltung des Bifchofes eine gewiffe Rolle als Empfangs- oder Wohnräume gefpielt haben. Eine innere Treppe, frei im Raum auffteigend, ftellte die Verbindung zwifchen den beiden Obergefchoffen her, und ein mächtiger Kamin forgte für die nach unferen Begriffen vielleicht nicht ausreichende Behaglichkeit des großen Raumes. Immerhin find im bedeutenden Fortfchritt gegen die bisher betrachteten deutfchen Beifpiele fämtliche Fenfter für Verglafung eingerichtet. Das Ganze bietet alfo unvergleichlich befferen Schutz gegen die Witterung, und der Saal wird damit erft aus einem wefentlich für öffentliche Verfammlung beftimmten Raum zu einem wirklichen Wohngemach.

Fig. 60.

Bifchöflicher Saalbau zu Sens.
Giebelanficht und Querfchnitt*).
1:200 w. Gr.

Es ift eine Eigentümlichkeit des franzöfifchen Burgenbaues, daß er feine Mittel im Vergleich zu deutfchen Verhältniffen auf eine geringere Anzahl größerer Anlagen vereinigt, indem der niedere Adel dort fchon früh lieber am Hofe eines Großen diente, als fich auf einfamem Ritterfitz in Wald und Berg unter den Bauern aufzuhalten. Dies hat zur Folge, daß auch die Saalbauten der franzöfifchen Burgen fehr erhebliche Abmeffungen gewinnen, und fo find die auf uns gekommenen Beifpiele davon in Coucy, Pierrefonds, Montargis ufw. von befonderer Großartigkeit. Sie liegen regelmäßig, wie auch die romanifchen Saalbauten Deutfchlands, an der Außenmauer des Schloffes, tragen dort unter ihrem Dachrand den umlaufenden Verteidigungsgang, der aber mit dem Saalinneren nicht in Verbindung zu ftehen braucht (fiehe auch die Ordensburg zu Riga in Art. 41, S. 41) und kehren ihre reichen Fenftergruppen dem Schloßhofe zu. Dabei bevorzugt man durchweg einfchiffige Anlagen, die man in den Breiten von 10,00 bis 16,00 m mit einem hoch in den Dachftuhl hinaufgreifenden hölzernen Tonnengewölbe zu überdecken liebte*). Eine Ausnahme bildet der von *Philipp dem Schönen* errichtete Saal des königlichen Schloffes zu Paris, der mit feinen Abmeffungen von ungefähr 28 × 70,00 m

---

*) Eine Anzahl von Beifpielen, auf deren Ausführung im einzelnen wir hier aus Mangel an Raum verzichten müffen, gibt Viollet-le-Duc, a. a. O., Bd. VIII, S. 76 ff.

wohl die größte derartige Leistung des Mittelalters darstellt und die über die großen Vasallen obsiegende Königsgewalt trefflich zum Ausdruck bringt. Dieser Saal war zweischiffig angelegt, zu mächtiger Höhe emporgeführt und mit zwei Holztonnengewölben der ebenerwähnten Art überdeckt. Er stand als richtige Verdoppelung eines der üblichen Schloßsäle über einem vierschiffigen gewölbten Untergeschoß von ebenfalls sehr achtbarer Höhe. Seine Grundform hat sich infolge Wiederbenutzung der alten Fundamente in der jetzigen Wandelhalle des Pariser „Justizpalastes" erhalten.

Der Einfluß dieser großartigen Bauten Frankreichs auf die benachbarten Länder konnte nicht ausbleiben. Ihre mächtig hohe Hallenwirkung wurde vor allem auf die Bauten des normannisch-englischen Adels übertragen, welche wir weiter unten zu besprechen haben werden. Dabei tritt allerdings eine gewisse Umformung ein, indem die Saaldecke auf englischem Boden bald die Form der hölzernen Tonnenwölbung aufgibt und im Zusammenhang mit dem englisch-norwegischen Kulturkreise zur Ausbildung frei sichtbarer Dachstuhlformen übergeht. Der letzte deutsche Saalbau, der noch vom Gedanken des mittelalterlichen Kaisertumes auf holländischem Boden hervorgerufen wurde, zeigt die Einwirkung beider, durch ihre Nähe und lebhaften Handelsbeziehungen einflußreichen Länder und kann geradezu als eine allerdings sehr selbständige Übertragung der dort ausgebildeten höfischfeinen Formen auf die noch immer etwas urtümlicheren Verhältnisse der Nordseeküste angesehen werden. Der Rittersaal im Binnenhof zu Haag, dem alten „Kasteel de Haghe" des Grafen von Holland wurde von *Wilhelm II.*, dem Gegenkönige *Konrad*'s von Hohenstaufen gegen das Jahr 1250 als echter Kaisersaal begonnen, allerdings, da dieser bald darauf starb, erst etwa 20 Jahre später von seinem Sohne *Floris V.* vollendet (Fig. 60 bis 65*). Es ist ein mächtiger Saalbau, der von drei Seiten freistehend die Mitte des inneren Burghofes einnimmt, im Inneren fast 18,00 m breit bei 38,00 m Länge.

Er erhebt sich über einem niedrigen gewölbten Untergeschoß und ist im Äußeren mit stolzem Giebel, Strebepfeilern und Ecktürmchen sehr ansehnlich gegliedert, auch in späteren Zeiten mit lebhaft zierlichem, spät-gotischem Fenstermaßwerk geschmückt worden. Die Freitreppe, die den Zugang vermittelt, liegt abweichend von den bisher betrachteten deutschen Bauten an der freien Giebelseite des Baues. Von ungewöhnlicher Großartigkeit ist das Innere. Ein offen sichtbares Strebewerk aus mächtigen, kantig bearbeiteten Eichenbalken überspannt ohne Zwischenstützen frei den Saal, so daß das Auge sich bis zu dem fast 26,00 m hoch gelegenen First des offenen Daches erhebt. Die sehr weit gestellten Binder ruhen auf steinernen Halbsäulen auf; sie werden durch sprengwerkartig ausgebildete Pfetten verbunden und tragen durch diese das völlig frei sichtbare Dachgesparre. Weitgestellte Dachfenster führen diesem oberen Teile des mächtigen Raumes etwas Licht zu. Ein großer Doppelkamin an der Ostseite des Saales diente zur Erwärmung; dazu werden wir uns zum mindesten bei festlichen Gelegenheiten die Wände durch reichen Behang von Teppichen und kostbaren Stoffen geschmückt denken müssen. Den wirkungsvollsten Schmuck eines solchen Raumes wird allerdings immer das Treiben einer farbenfroh gekleideten, von Waffen und metallenem Schmuck glänzenden Ritterschaft gebildet haben, die sich, sei es zu frohen Festen oder zum Gericht oder zur Staatsverhandlung, hier um ihren Lehnsherrn versammelte.

Nicht eigentlich zu diesem „Reichssaale" gehörte die ältere Gruppe von Räumen, die sich östlich befindet, durch einen schmalen Hof abgetrennt. Sie besteht im Erdgeschoß aus einem kleinen älteren Burgsaal, sowie einem etwa quadratischen Saal und bildet den einzig erhaltenen Rest der gräflichen Wohnräume.

In anderer ebenfalls sehr merklicher Weise äußert sich die Einwirkung französischer Saalbauten in dem schönen Rittersaal des Schlosses zur Marburg

69. Rittersaal im Haag.

70. Rittersaal zu Marburg.

*) Nach: MÜHLER, K. Streifzüge in Altholland. Denkmalpflege 1904, S. 109 ff. – Abgedruckt auch in: MÜHLER, K. Von nordischer Volkskunst. Berlin 1906.

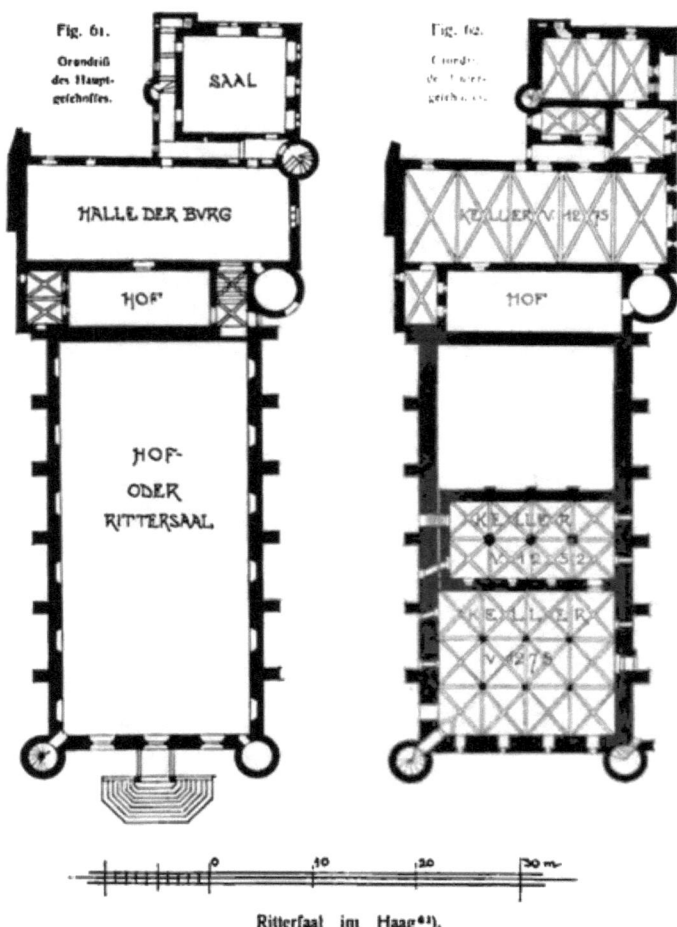

Ritterfaal im Haag[a]).

(fiehe Fig. 66[b]) u. die Tafel bei S. 80[c]), welchen Landgraf *Heinrich I.* bei

---

[a]) Nach: Mittelalterliche Baudenkmale in Kurheffen. Herausgegeben von dem Verein für heffifche Gefchichte und Landeskunde. Lief. 1: Die Schloßkapelle und der Ritterfaal zu Marburg. Bearbeitet von H. v. DEHN-ROTFELSER. Kaffel 1862. S. 2.

[b]) Zum Aufzeichnen unferer Abbildung wurde noch benutzt: KALLENBACH, G. G. Atlas zur Gefchichte der deutfch-mittelalterlichen Baukunft. München 1847. Taf. XXXIII.

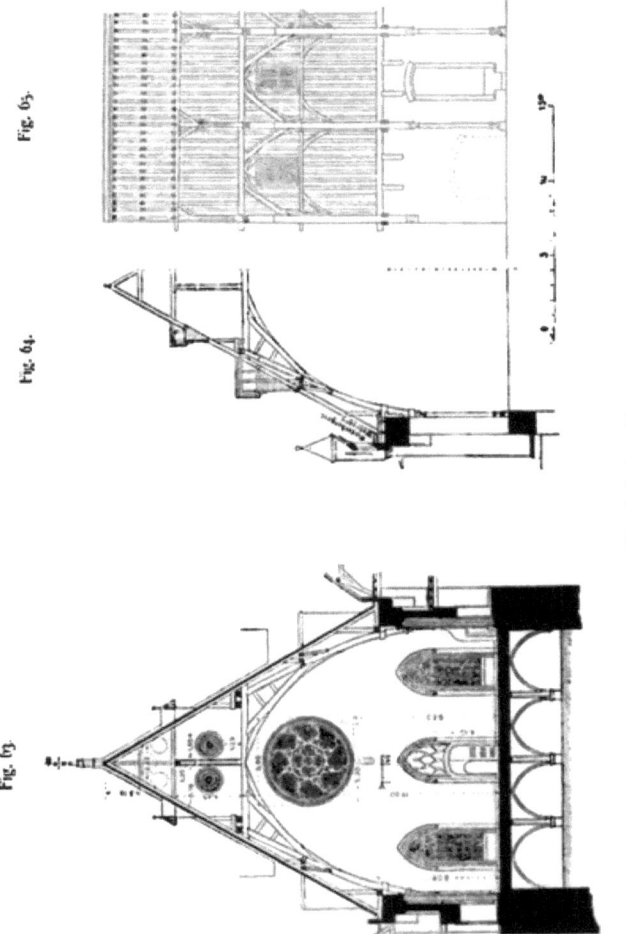

Ritterfaal im Haag.

Querschnitte und Teil des Längsschnitts.

der Erweiterung der bis dahin nur unbedeutenden Burg gegen das Jahr 1288 neu errichtete. Es ist wohl der erste größere Saalbau in Deutschland, der den Verschluß des Inneren durch Verglasung von den französischen Vorbildern übernahm. Trotzdem formt er die Anlage in sehr selbständiger Weise nach deutschen Anschauungen um, indem er auch dem oberen Saal die Zweiteilung beläßt und ihn unter Verzicht auf die mächtige Höhenentwickelung französischer Säle mit zehn auf stämmigen Achteckspfeilern aufruhenden Kreuzgewölben überdeckt. Die Einzelformen des Baues sind streng und herbe, aber mit großer Sorgfalt durchgebildet. Insbesondere die großen Saalfenster sind in ihrem abgefasten Plattenmaßwerk äußerst folgerecht entwickelt, auch in ihrem unteren, durch einen steinernen Querstrang abgetrennten Teil schon auf das Anbringen hölzerner beweglicher Fensterflügel (siehe die betreffende Abbildung in Kap. 5, unter b) eingerichtet. Nach dem engen Hofe zu ist dieser Saalbau in starkem Gegensatz zur französischen und älteren deutschen Gewohnheit schmucklos; dagegen ist die Außenseite, die weithin in die umliegenden Täler hinausschaut, durch kräftige Strebepfeiler, Ecktürmchen und einen mittleren Erkerbau streng, aber sehr kräftig und wirkungsvoll gegliedert. Der Zugang zum Saale führt jetzt über eine Wendeltreppe durch das anstoßende Gebäude. Man nimmt jedoch an, daß man früher über eine Brücke bei der Tür *B* in das Innere gelangte. Es ist aber vielleicht wahrscheinlicher, daß zu dieser Tür nicht eine Brücke, sondern eine Freitreppe, ähnlich wie in Münzenberg, emporführte.

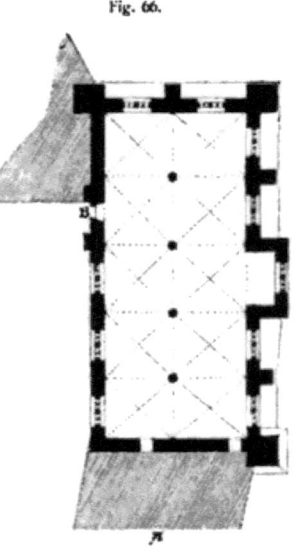

Fig. 66.

Palastbau *Heinrich I.* zu Marburg*).

71. „Gras" zu Aachen.

Bis zu welchen geringen Maßen man bei derartigen Saalbauten gelegentlich hinabging, dafür bietet der sog. „Gras" in Aachen ein Beispiel, das wir seiner Zeitstellung wegen hier einordnen. Es ist ein von Bürgerhäusern eingeschlossener Rechteckbau, der über einem geschlossenen Untergeschoß (Fig. 67*) — die Durchfahrt ist nach der angezogenen Quelle ursprünglich nicht vorhanden gewesen — ein Saalgeschoß von bedeutender Höhe enthielt.

An den großen Gruppenfenstern der Front, deren Form im einzelnen allerdings auf moderner Vermutung beruht, lief ein schmaler Gang, die Laube (*Lobium*) genannt, entlang; dahinter befand sich später die Gerichtshalle. Im Äußeren ist die große Höhe des Saales dazu benutzt, über den vornehmen Fenstern der Laube als prachtvollste Verzierung e . : Nischenreihe mit den Standbildern der sieben Kurfürsten anzuordnen.

Die ursprüngliche Bestimmung des Baues ist schwer mit Sicherheit festzustellen; aus einer bruchstückweise erhaltenen Inschrift geht nur soviel hervor,

*) Nach: Buch, F. Rheinlands Baudenkmale des Mittelalters. Köln u. Neuß 1870—74. Bd. 2.

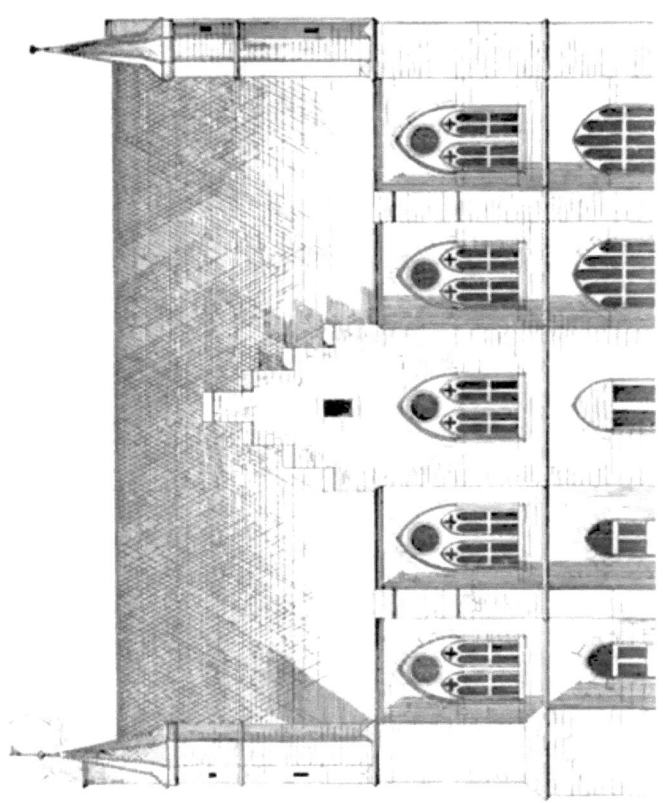

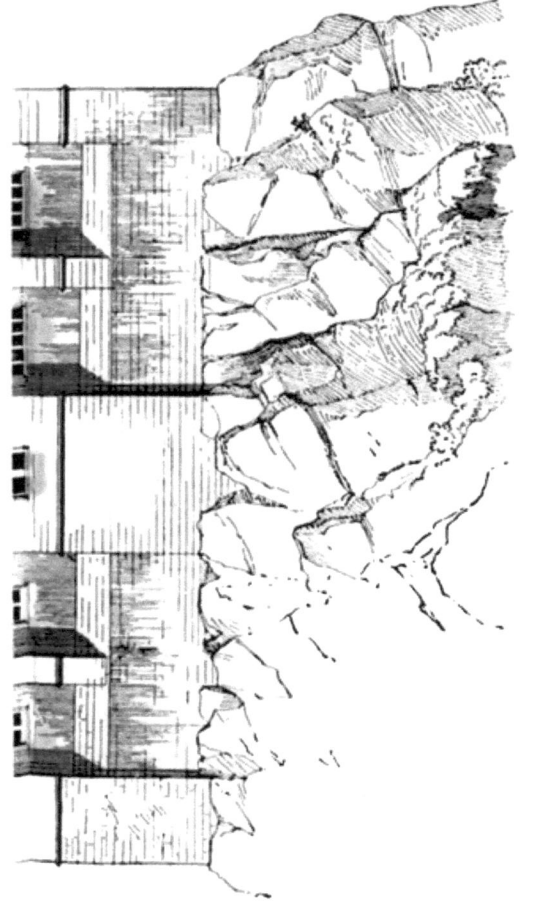

Palas des Schlosses zu Marburg.

daß er unter der Regierung des Königs *Richard* von Cornwallis (1257—72) von einem Meister *Heinrich* erbaut wurde. Die Ausschmückung mit den Standbildern, den sieben Kurfürsten, deutet sicherlich auf einen kaiserlichen Bau; auch erinnert die Form des oberen Grundrisses mit dem vorgelegten schmalen Laubengang so sehr an die Vorbilder der Palastbauten in Gelnhausen und auf der Wartburg, daß wir die verbreitete Bezeichnung des Baues als Palast oder Curie des *Richard* von Cornwallis als zutreffend annehmen dürfen. Und zwar umsomehr, als der Bau von der Anlage der ältesten Rathäuser, in deren Zahl man ihn auch hat einreihen wollen, wesentlich abweicht. Daß der Saal gegen die älteren Palastbauten der deutschen Kaiser so unbedeutend ausgefallen ist, kann ja aus der viel geringeren Macht leicht erklärt werden, die das Schattenkönigtum *Richard*'s im Vergleich zu jenen nur errang, oder aus dem in Art. 74 (S. 65) angeführten Grunde.

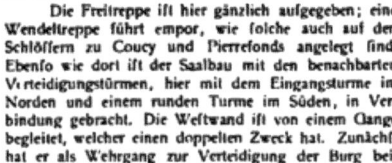

Fig. 67.

Kurie *Richard von Cornwallis*', der sog. Gras zu Aachen**).

Wie wesentlich anders sich ein solcher Saalbau 100 Jahre später zu Ende des XIV. Jahrhunderts auf einer kleineren Burg darstellte, zeigt das Schloß Vayda-Hunyad, welches im vorhergehenden Heft dieses „Handbuches" dargestellt ist. Der dort**) gegebene Grundriß läßt auf der Westseite, in die Verteidigungslinie eingerückt, südlich vom Eingangsturme, den Saalbau als Hauptbestandteil der ganzen Burg erkennen. Auch die Ansicht läßt ihn als besonders bedeutend erscheinen. Wie überall, so sind es auch hier zwei übereinanderliegende Säle, und wir geben in Fig. 69**) den oberen wieder, nachdem auf dem Gesamtgrundriß der Burg der untere angedeutet ist.

72. Saalbau zu Vayda-Hunyad.

Die Freitreppe ist hier gänzlich aufgegeben; eine Wendeltreppe führt empor, wie solche auch auf den Schlössern zu Coucy und Pierrefonds angelegt sind. Ebenso wie dort ist der Saalbau mit den benachbarten Verteidigungstürmen, hier mit dem Eingangsturme im Norden und einem runden Turme im Süden, in Verbindung gebracht. Die Westwand ist von einem Gange begleitet, welcher einen doppelten Zweck hat. Zunächst hat er als Wehrgang zur Verteidigung der Burg beizutragen, insbesondere mitzuhelfen bei der Verteidigung der Brücke, welche zum Eingangsturme führte. Eine große Anzahl Schützen konnten von den Erkern aus die Brücke beschießen, und von den Fenstern des Ganges konnte das gegenüberliegende Ufer des Flüßchens und die Ebene, wo sich der Feind ausdehnen konnte, beherrscht werden. Dieser Gang mit seiner reizenden Architektur hat allerdings nicht den Charakter des Kriegsbaues. Auf der Gesamtansicht des Schlosses, die wir in Fig. 68**) geben, bildet er mit seiner heiteren Zierlichkeit einen starken Gegensatz zu dem kriegerischen Ernst der übrigen Burgteile. Über den Strebepfeilern, die am unteren Teile der Mauer angebracht sind, um sie zu stützen, erheben sich die Erker, zwischen diesen auf Konsolen der Gang mit reicher Fensterarchitektur, wohlgeeignet als luftig schöner Aufenthalt. Und wenn große Tafel im Saale gehalten wurde, wenn man beim Trinkgelage saß, so konnte die Dienerschaft draußen auf dem Gange verkehren.

Der Saal selbst ist, wie der Marburger, zweischiffig gewölbt auf einer Reihe von Säulen. Die

---

*) Nach den Aufnahmen der Wiener Bauhütte.
**) Siehe 1. Aufl.: Fig. 70, S. 140.

Fig. 68.

Ansicht des Schlosses Vayda-Hunyad.
Wiederherstellungsversuch der Wiener Bauhütte.

Architekturentwickelung ist einfach, aber elegant. In dieser Weise wurden im XIV. und XV. Jahrhundert eine Reihe von Saalbauten errichtet. Die Wölbung wurde jedoch keineswegs unbedingt festgehalten; im Gegenteil trugen manche jener Saalbauten Holzdecken.

In vorstehendem sehen wir die Saalbauten regelmäßig als verhältnismäßig selbständigen Teil der Fürstenhöfe oder Burgen auftreten, so daß sie entweder für sich allein freistehend errichtet oder auf engerem Raum, zum wenigsten an beiden Längsseiten, von anderen Räumen freigehalten wurden. Wir sehen darin den Nachklang der alten freistehenden germanischen Häuptlingshalle, und es ist bezeichnend, daß sich deren Nachwirkung auf so lange Zeit hinaus kräftig erweist. Wie zähe man an dieser verhältnismäßig einfachen Grundlage festhielt, zeigen Beispiele, in denen diese Form nur mit einer gewissen Gewaltsamkeit dem beschränkten Bauplatze abgerungen werden konnte. Das Schloß zu Büdingen (Fig. 70*) liegt als echte Tal- und Wasserburg zwischen zwei Armen des Seemenbaches nordwestlich von Gelnhausen. Die sehr alte, aber in späteren Zeiten vielfach erneuerte und umgebaute Anlage drängt sich um einen unregelmäßig rundlichen Hof zusammen; ihre Umfassungsmauern gehören bis zur Höhe von 4 bis 6 ᵐ noch der romanischen Zeit an und bestehen, wie bei den nahen Burgen zu Gelnhausen und Münzenberg, aus kräftigen Buckelquadern.

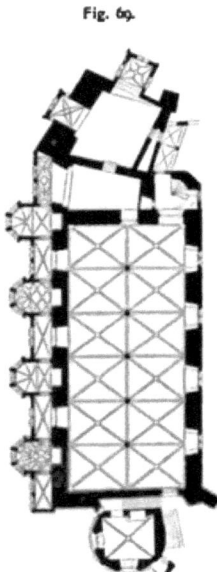

Fig. 69.

Schloß Vayda-Hunyad.
Grundriß des oberen Saales*).
¹/₃₀₀ w. Gr.

Der zweischiffig gewölbte Hauptsaal der Burg, in unserer Abbildung mit 16 bezeichnet, wurde wahrscheinlich zusammen mit den Wohnräumen 17 bis 20 im Jahre 1470 errichtet zum Ersatz für einen älteren, noch romanischen Saalbau, der sich auf der Fläche der Räume 10 bis 12 erhob und von dem die Giebelmauern mit beachtenswerten spät-romanischen Architekturformen noch erhalten sind. Beide Palasbauten haben das gemeinsam, daß ein Saal von genügender Größe in geradliniger Form in ihnen nicht untergebracht werden konnte. Sehr naiver Weise hat man trotzdem die Gewohnheit, solche Räume in einfachem Zuge der Burgumfassung anzuschließen, nicht aufgeben mögen, und ist so zu einer geknickten Saalform gelangt, die unseren heutigen Anschauungen über monumentale Bauweise sehr widerspricht. Trotzdem aber hat man diese Grundfläche, als ob ihre Unregelmäßigkeit gar nicht vorhanden wären, auf einer Reihe von Steinpfeilern mit strengen Kreuzgewölben überdeckt, dazu noch den malerischen Reiz des Ganzen durch zierlichen, gewölbten Erkerausbau einer Fensternische gesteigert.

Grundsätzlich verschieden von den vornehmen Wohnbauten des Festlandes sind die Schlösser angelegt, die sich etwa gleichzeitig das Erobervolk der Normannen auf englischem Boden errichtete**). Ihren Hauptbestandteil bildete nach der schon in der Normandie ausgeprägten Sitte der feste Wohnturm (franz. *Donjon*, engl. *Keep* genannt), der ursprünglich in Zeiten von Aufständen oder Fehden die letzte Zuflucht der Belagerten gewesen war, dann sich aber allmählich zur dauernden

---

*) Siehe: Kunstdenkmäler im Großherzogtum Hessen. Prov. Oberhessen, Kreis Büdingen. Darmstadt 1890. S. 49 ff.
**) Siehe: MUTHESIUS, H. Das englische Haus. Berlin 1904. Bd. I, S. 15 ff.

Wohnung des Schloßherrn auswuchs. Die einfachsten derartigen Behausungen haben etwa 6,00 m im Geviert als Innenraum; aber unter den großen Ansprüchen steigern sich die Abmessungen manchmal zu gewaltiger Größe. Insbesondere, wenn für vornehme oder gar königliche Hofhaltung die nötigen Räume zu beschaffen waren, erheben sich so mächtige Steinkolosse, daß der Ausdruck „Turm" auf die trotzigen Steinwürfel kaum noch angewandt werden kann. Als Beispiel solcher Bauten sei zunächst der von Poesie und Sage umwobene Bau des Towers zu London, den sich Herzog *Wilhelm* gleich nach der Eroberung des Landes errichtete, im Grundrisse (Fig. 71**)) hier vorgeführt.

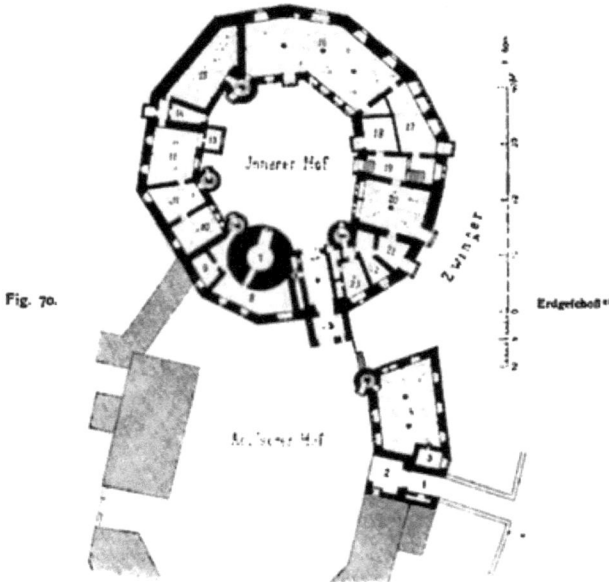

Fig. 70.

Schloß zu Büdingen.

Die Grundfläche umfaßt ein Rechteck von etwa 35 × 30,00 m und ist in den vorhandenen vier Geschossen gleichmäßig in drei Räume geteilt. Für die Wehrhaftigkeit des Baues ist bezeichnend, daß die Wohnräume rings von einem der Verteidigung gewidmeten schmalen Laufgange umschlossen und dadurch gegen feindliche Geschosse geschützt werden. Es sind durchweg Räume von bedeutenden Abmessungen, darunter die durch zwei Stockwerke durchgreifende ansehnliche Kapelle. Der Hauptsaal von 12 × 29 m Größe hat im III. Geschoß jedenfalls als Festsaal gedient; darüber befanden sich Wohn- und Schlafräume des Königs; im I. Geschoß darunter lag die große Eingangshalle des Schlosses. Wendeltreppen von mäßigen Abmessungen, welche in den drei Ecktürmen untergebracht sind, verbinden die verschiedenen Stockwerke miteinander.

**)* Nach ebendas., S. 19.

So bietet fich hier ein Bau, der ebenfowohl als Zwingburg in neuunterworfenem und fchwerbedrücktem Lande dienen mochte, wie er geeignet war, in feinen weiten Hallen ein glanzvoll ritterliches Hofleben zu entfalten. Am wenigften war darin vielleicht für behagliches Wohnen im engeren Familienkreife vorgeforgt. Indeffen ift dies mehr eine Eigentümlichkeit diefes einen Beifpieles; andere derartige Bauten find auch auf folche mehr häusliche Seiten des Wohnens geftimmt. So enthält das Schloß Rifing in Norfolk[70] zunächft die gleichen drei Räume: Kapelle, großen und kleinen Saal, allerdings in wefentlich geringeren Abmeffungen als das Königsfchloß des Towers, daneben aber noch eine ganze Anzahl von Gemächern und Kammern, in die fich ein traulicheres Leben zurückziehen konnte.

Diefe mächtigen Wohnkaftelle mit ihren recht entwickelten Wohnungsformen find ebenfowohl der Ausdruck für das gewaltige Kraftbewußtfein des normannifchen Adels und für feinen ftolzen Gegenfatz zu dem überwundenen Volke, wie für feine überlegene Kultur. Mit der zunehmenden Vermifchung beider Stämme, wie fie unter der Regierung des Königs *Johann ohne Land* und mit dem Erlaß der Magna Charta 1215 einfetzte, fiel aber die Notwendigkeit, fich in folche zwingburgartige Steinklötze einzufchließen, für die Vornehmen fort. Man begann, fich freier auszubreiten und die einzelnen Räume ähnlich den feftländifchen Anlagen unter dem Schutze von Türmen und anderen Befeftigungen um einen inneren Hof zu gruppieren. Es entfpricht ganz dem überaus konfervativen Sinne englifchen Wefens, daß man dabei mehr noch und bis in fpätere Zeiten

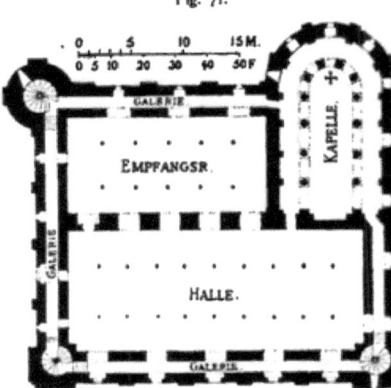

Fig. 71.

Tower zu London.
Grundriß des III. Gefchoffes[71].

hinein, als auf dem Feftlande, am urfprünglichen Gebrauch und an der Anordnung der alten Halle feftgehalten hat, unbefchadet der Zufätze, die durch das Steigen der Lebensbedürfniffe fich ergaben.

Als ein der Zeit um das Jahr 1350 angehörendes Beifpiel fei die Halle des Schloffes Penshurft Place in Kent (Fig. 72 u. 73[72]) hier angeführt. Sie hat als Bau eines nichtfürftlichen Großgrundbefitzers die geringeren Abmeffungen von etwa 24 × 12 m und ift wertvoll durch die vollftändige Erhaltung ihrer alten Einrichtung.

75. Penshurft Place.

Wir fehen, wie an der einen Schmalfeite fich der erhöhte Sitz des Herrn erhebt; in der Mittellinie des Raumes, nicht weit von diefem Ehrenplatz, ift ein achteckiger Platz im Boden abgegrenzt, der in urtümlichfter Weife als Herd dient, um durch das Feuer aufgefchichteter Holzftöße gleichzeitig Licht und Wärme im Raume zu verbreiten[73]; an den Längfeiten ziehen fich

---

[70] Siehe ebendaf., S. 17.
[71] Siehe ebendaf., S. 23.
[72] Nach *Mathefius* hat fich diefe Heizungsart für die Halle Jahrhunderte lang gehalten, als fchon alle anderen Räume mit feftlichen Kamin ausgeftattet waren. In den *Colleges* der Univerfitäten Oxford und Cambridge war fie bis in das XIX. Jahrhundert hinein anzutreffen.

Fig. 72.

Inneres der Halle.
Blick nach der Galerie der Spielleute.

Fig. 73.

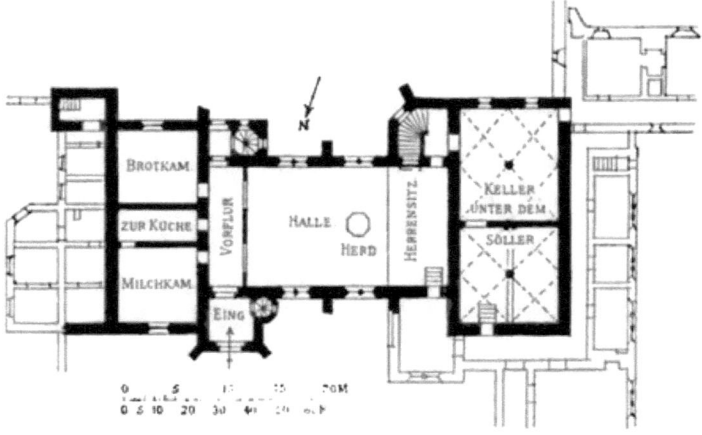

Grundriß des älteften Teiles.
Schloß Penshurft Place (Kent[1]).

Tifche und Bänke zur Aufnahme des Gefolges entlang; kurz, fachlich ift nichts gegen die Hallenanlage verändert, wie fie die alten Heldenbücher fchildern. Nur eine Neuerung ift hinzugekommen. Gegenüber dem Herrenfitz ift eine Galerie für Spielleute errichtet, fo daß unter ihr eine aus reichem Täfelwerk gebildete Wand einen kleinen Vorflur abtrennt. Auch fonft zeugt die Formbehandlung der Einzelheiten von Reichtum und verfeinerter Kultur. Die Fenfter hat man fich längft gewohnt zu verglafen, wenn man auch anfangs diefen Luxus vielleicht nur auf die oberen Teile befchränkt oder die Verglafung in befondere Rahmen fo gefaßt hatte, daß fie ihrer Koftfpieligkeit wegen in Abwefenheit der Herrfchaft ausgehoben werden konnten. Hier in unferem Beifpiel find die Fenfter groß, mit reichem Werkfteinmaßwerk geziert und feft verglaft. Der obere Abfchluß der Halle ift durch einen kunftvollen hölzernen Dachftuhl gebildet, der ohne Binderbalken die ganze Weite frei überfpannt. In feiner Mitte pflegt fich eine Öffnung zum Abzug des Rauches zu befinden, auf die man einen Dachreiter zur Abwehr des Regens fowohl, wie zur befferen architektonifchen Löfung aufzufetzen liebte.

Diefe Faffung der Holzdecken hat die englifche Baukunft als einer ihrer Lieblingsgedanken dauernd befchäftigt und zu den größten Leiftungen geführt. Als auf einen Glanzpunkt fei hier auf die prachtvolle Decke der mächtigen Weftminfterhalle verwiefen. Sie ftellt in ihrer Art einen Höhepunkt mittelalterlicher Baukunft dar, wie überhaupt jene ganze Halle, feitdem fie 1377—90 von *Richard III.* zu ihrer jetzigen Form umgebaut wurde, als das großartigfte und gefchichtlich denkwürdigfte Beifpiel betrachtet werden kann, das aus der mittelalterlichen Entwickelung der alten germanifchen Häuptlingshalle hervorgegangen ift.

Solche große Halle diente nun in den fpäteren Zeiten und auf den Befitzungen der weniger Hochgeftellten als Mittelpunkt des ganzen Lebens und Treibens. Hier wurden nur Fefte gefeiert, fondern auch wichtigere Verhandlungen gepflogen. Insbefondere, wenn die Halle ebenerdig angelegt war, bildete fie fich zum allgemeinen Empfangsraum aus, in dem der tägliche Verkehr auch geringerer Art, der landwirtfchaftliche Hofbetrieb und die damit verbundene gefchäftliche Verwaltungstätigkeit ihren Platz fanden. Es mifcht fich dann in folcher Halle die Beftimmung des vornehmen Feftfaales, der Häuptlingshalle im alten Sinne, mit derjenigen des alten Hütten-Einraumes, in welchem fich auch alle Betätigungen des öffentlichen Lebens miteinander und nacheinander abfpielten. In diefer weniger feierlichen Faffung bilden dann hallenartige Räume den Beftandteil fo mancher vornehmen Wohnungsanlage fpäterer Zeit, ohne in ihr die ganz ausnahmsweife Bedeutung zu befitzen, die befonders die älteren der bisher gefchilderten Anlagen auszeichnete. Vor allem auf diefe mehr dem Alltagsleben gewidmeten Säle hat man in Deutfchland dann die in ihrer urfprünglichen Bedeutung nicht ficher zu erklärende Bezeichnung „Türnitz", „Dornitz", „Dornze" anzuwenden fich gewöhnt, eine Bezeichnung, die fchließlich überhaupt mit dem Begriffe des zu gefchäftlichen Zwecken aller Art dienenden Saales in Schlöffern, Klöftern, Rathäufern ufw. zufammenfließt und in diefem Sinne in fpäteren Urkunden häufig vorkommt.

Bei diefem Vorgange der Verfchmelzung des Hallenraumes mit den übrigen Hausgelaffen trifft der alte Gedanke der Halle zufammen mit anderen Wohnungsformen, die fich auf Grund fchlichterer Verhältniffe inzwifchen gebildet hatten. Denn neben den vornehmen Höfen der Fürften und großen Grundherren erhoben fich, zum mindeften feit dem XI. Jahrhundert, die Wohnfitze des inzwifchen aus unfreien Minifterialen zu vornehmen Herren emporgeftiegenen Ritterftandes. Die Stellung der Ritter war infofern von derjenigen der altfreien Befitzer unterfchieden, als fie jederzeit auch zu langdauerndem Kriegsdienfte bereit fein mußten und daher neben ihrer Lehensausftattung mit Land auch genügende hörige Arbeitskräfte überwiefen erhielten, um felbft der Arbeit überhoben zu fein. Diefes „Müffiggehen- ift befonders in fpäterer Zeit, als es galt die Vorrechte des Adels gegen die reich gewordenen Städter zu behaupten und den Stand gegen deren Eindringen abzufchließen, nicht nur als Recht, fondern als vornehme Ehrenpflicht des adeligen Mannes ftark betont worden. Trotzdem aber wäre es unberechtigt, jeden Inhaber eines Ritterlehens als einen reichen Mann anzufehen, der nun fchon kraft feines Lehens auf ftattlicher malerifcher Burg gefeffen habe. Vielmehr finden fich neben umfangreichen, großen Bauten des Ritterftandes auch fehr befcheidene ritterliche Wohnftätten, und naturgemäß wird die Entwickelung viel mehr von diefen ihren Ausgangspunkt genommen haben.

Der grundfätzliche Unterfchied gegen den altgermanifchen Hof liegt in der Befeftigung der Wohnftätte, und diefe ift in den gänzlich veränderten Verhältniffen begründet. An Stelle der feftzufammenhaltenden Volksgenoffenfchaft Gleichgeftellter war eine ftarke Zerklüftung des Volkes in eine Anzahl fich bekämpfender Stände und Parteien getreten. In der Zeit niedergehender Kaifermacht, der das Aufkommen des Ritterftandes wefentlich angehört, nahm der aus politifchen Zielen entfpringende Bürgerkrieg verfchärfte und in der Zerriffenheit der Parteibildungen das Volk bis in die entlegenften Tiefen aufwühlende Formen an. Und das Hauptmittel der Kriegführung war die Schädigung der feindlichen Anhänger an Hab und Gut durch Verwüften der Äcker, durch Niederbrennen der Häufer und Mühlen und durch Töten der hörigen Arbeiter und des Viehes. Naturgemäß fuchte man wenigftens den koftbarften Befitz, die Hofftätte mit ihrem lebenden und toten Zubehör durch Befeftigung zu fchützen, und die Rückficht auf möglichfte Sicherheit der Lage begann, für die Wahl der Wohnftätte von wefentlicher Bedeutung zu werden. Man bevorzugte entweder fchroffabfallende Bergvorfprünge oder aber fuchte Schutz, in der Ebene fowohl wie in Gebirgstälern, hinter breiten Waffergräben oder Sumpfftrecken. So bedeckten fich überall die Länder mit befeftigten Häufern in folcher Zahl, daß fie wohl ftrategifchen Kombinationen als Grundlage dienen könnten, ohne daß wir aber in jenen Zeiten, wenigftens unter den lockergefügten Verhältniffen Deutfchlands, folche Erwägungen als Abficht der Begründung diefer feften Punkte unterlegen dürfen. Denn weitaus die meiften der Burgen find doch Wohnfitze einer Familie und dadurch unterfchieden von den befeftigten Zollftätten, Warttürmen oder Talfperren, von der Art wie fie der „Gefcheibte Turm" bei Bozen darftellt und wie wir fie als vorwiegend kriegerifche Bauten hier beifeite laffen müffen.

Waffenfähige Mannfchaft war nun bei folchem Ritterfitz einfacher Art knapp vorhanden, wohl kaum ausreichend, den ganzen ausgedehnten Ackerhof gegen längeren Angriff größerer Kräfte zu verteidigen. Da lag es nahe, die Befeftigung mehr auf das Herrenhaus und feine Umgebung zu vereinigen und die übrigen Teile der Anfiedelung nur durch leichte Ummauerung oder Pallifadenzaun gegen überrafchende ungebetene Gäfte zu fichern. So entftand die überaus häufig vorkommende Form eines dem ländlichen Betriebe gewidmeten Hofes, der Vorburg, hinter der fich erft die ftarkbefeftigte innere Burg anfchließt. Waren aber in der Nähe der guten Äcker keine für ein gefchütztes Wohnen geeignete Stellen vorhanden, fo trennte man wohl auch Hof und Wohnhaus vollftändig voneinander und baute letzteres ganz felbftändig, nur mit Rückficht auf die Sicherheit der Lage. Und diefe Sitte wird fich noch verbreitet haben, feitdem neben dem Ertrage des Landlehens das Leben „aus dem Stegreif", die Plünderung Schwächerer nach dem Rechte des Stärkeren als ftandesgemäße Unterhaltungsquelle zu dienen begonnen hatte.

Solch ein einfacher Ritterfitz ift nichts weiter als ein feftes Haus. Bis in die fpätefte Zeit ift es dabei oft geblieben, wie denn noch *Götz von Berlichingen* in feinen Denkwürdigkeiten neben anderen Bezeichnungen größerer Feften das Wort „Haus" wiederholt für kleinere Burgen braucht[72]). Einen guten Eindruck folchen Edelfitzes kleinfter Art gibt die Burg Nolling, an der Einmündung des Wifpertales in das Rheintal gelegen (Fig. 74[71]). Sie beftand aus nichts weiter als einem „Burghaufe" von 7 × 7 m lichter Größe, deffen Mauer nach der Angriffsfeite zu von einer 2 m ftarken und von zwei Rundtürmchen flankierten Schildmauer verftärkt war.

An dem einen mit A bezeichneten Eckturm find Spuren eines Maueranfchluffes erhalten; doch können diefe bei der Beengtheit des Felsklotzes, auf dem die Burg fteht, nicht von angelehnten Wohnbauten, fondern wohl nur von einer den Berg abfteigenden Ringmauer herrühren, die zum Abfperren des Wifpertales dienen mochte. Das Burghaus befaß zwei Stockwerke übereinander. Von feiner inneren Teilung, wenn folche überhaupt vorhanden war, ift nichts erhalten; dagegen zeigen fich im Mauerwerk die Refte eines ftarken hölzernen Fachwerkbaues, fowie einer Blocktreppe in Form von Ausfparungen, aus denen das verwitterte Holz fpurlos verfchwunden ift.

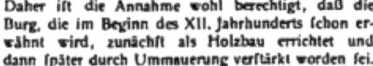

Fig. 74[74]).

Burgruine Nolling bei Lorch.

Daher ift die Annahme wohl berechtigt, daß die Burg, die im Beginn des XII. Jahrhunderts fchon erwähnt wird, zunächft als Holzbau errichtet und dann fpäter durch Ummauerung verftärkt fei.

Danach hätte fich hier die fteinerne Beurkundung eines Vorganges erhalten, wie er uns auch z. B. bei den Niederlaffungen des Deutfchordens häufig durch zeitige Berichte bezeugt ift. Man ficherte und befetzte einen günftig gelegenen Platz zunächft durch ein Blockhaus, um der Befitzergreifung durch Andere zuvorzukommen, und ließ dann erft nach geraumer Zeit den Bau einer fteinernen Fefte nachfolgen.

Bei Burg Nolling ift noch der Befeftigung eine fo bedeutende Rolle zugeteilt, daß der Wohnzweck ftark vernachläffigt wurde; daher fei als weiteres Beifpiel eines „feften Haufes" die Anficht der Burg Katzenzungen bei Nals in Tirol hier gleich angefchloffen, wenngleich fie erft fpäterer, fpät-gotifcher Zeit entftammt (Fig. 75[75]). Sie befitzt einen breiten Querflur, dem fich auf beiden Seiten Zimmerreihen anlegen, alfo eine ungleich anfpruchsvollere Wohnanlage. Aber fie zeigt klar, wie ein folches Haus, auf fteiler Kuppe gelegen, felbft gegen die entwickelteren Angriffsmittel des XV. Jahrhunderts nichts weiter als einen mit Schießfcharten und Gußerkern ringsum verfehenen Wehrgang brauchte, um zunächft ausreichenden Schutz gegen bewaffneten Angriff zu bieten. Nur werden wir uns an Stelle des gemauerten Brückenzuganges und des freigeöffneten Renaiffancetorweges urfprünglich eine aufzuziehende Zugbrücke und eine durch fie gedeckte kleinere Eingangstür zu denken haben.

[72]) Vergl. Götz von Berlichingen, Lebensbefchreibung ins Neuhochdeutfche übertragen von KARL MÜLLER, Leipzig. (o. J.). S. 9: „Alt . . . . . . waren, zogen wir nach Hochburgund; wir nahmen dort einige Häufer ein." – S. 64: „. . . . . . . Der Bund hatte damals das ganze württemberger Land, alle Feftungen, Schlöffer, Städte und Häufer eingenommen." – S. 76 ff. wird Burg Battenberg im Wefterwald wiederholt als Haus bezeichnet, ufw.

[74]) Nach: LUTHMER, F. Die Bau- und Kunftdenkmäler des Regierungsbezirks Wiesbadens. Bd. I: Rheingau. Frankfurt a. M. 1902. S. 123.

[75]) Nach eigener Aufnahme.

Hatte auf Burg Nolling das feste Haus eine äußerst schlichte Form angenommen, die an die Bedürfnislosigkeit der mehr reinen Wehrzwecken dienenden „Wohntürme" gemahnt, so gibt ein anderes, nahegelegenes Beispiel Zeugnis dafür, daß nur wenig später unter gleichen Kulturverhältnissen auch zusammengesetztere Wohnungsformen für reichere Verhältnisse gefordert wurden.

Die Niederburg in Rüdesheim, zunächst Sitz der Erzbischöfe von Mainz, sodann die Stammburg des vielverzweigten mächtigen Geschlechtes derer *von Rüdesheim*, ist vielleicht entstanden aus einem fränkischen Königshof, jedenfalls eine der ältesten, wenn nicht die älteste der erhaltenen deutschen Wohnburgen. größeren Umfanges. Nach der zuerst von *Cohausen* aufgestellten Ansicht, der wegen der Form der wenigen Einzelbildungen beizupflichten sein wird, ist sie im X. oder XI. Jahrhundert als schlichte Wehranlage von den Mainzer Erzbischöfen errichtet und sodann etwa gegen die Mitte des XII. oder im Beginne des XIII. Jahr-

Fig. 75.

Burg Katzenzungen[78].

hunderts zu einer vornehmen Wohnanlage ausgebaut worden. Man behielt dabei die vorhandenen starken Wehrtürme bei und errichtete unter Benutzung der vorhandenen, etwa 7,50 m hohen Zinnenmauern rund um den Hof herum eine Folge von dreigeschossigen Gebäudeflügeln, die man an der Nordostseite noch unterkellerte. Sämtliche Räume erhielten Gewölbe, und zwar die unteren Geschosse Tonnen-, das obere Geschoß dagegen Kreuzgewölbe.

Wir geben in Fig. 76 u. 77 die Grundrisse nach der neuesten Bearbeitung[76]) des Baues und bemerken zu ihrem Verständnis, daß die Niederburg in alter Zeit rings vom Wasser umgeben war. Unter dem Schutze dieser rings um den Bau geführten Wassergräben bildet das Ganze wieder ein festes Haus, das ohne Vorwerke oder besondere kriegerische Anlagen vor allem durch die Stärke seiner Mauern und die leichte Verteidigung des Zuganges Sicherheit bot[77]). Darüber, wie

---

*) Vergl.: LUTHMER, F. Die Bau- und Kunstdenkmäler des Regierungsbezirkes Wiesbaden. Bd. I: Rheingau. Frankfurt a. M. 1902. S. 24 ff., wo auch weitere Literaturangaben zu finden sind.
77) Die im Erdgeschoß nach außen führenden Fensteröffnungen sind durchweg aus späteren Durchbrüchen entstanden.

man in der fehr unüberfichtlichen Anlage der fchmalen Treppen eine überlegte Verftärkung diefer Sicherheit fehen kann, ift im vorhergehenden Heft diefes Handbuches [76]) gefprochen worden; wir haben uns hier mit den übrigen Anordnungen des Grundriffes zu befchäftigen.

Im Erdgefchoß fehen wir neben dem älteren Eckturm D den Eingang, der fo angelegt ift,

Fig. 76.

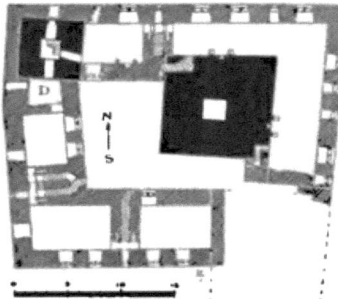

Grundriß des I. Obergefchoffes.

Fig. 77.

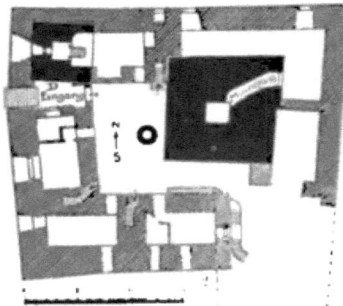

Grundriß des Erdgefchoffes.

Niederburg zu Rüdesheim [76]).

daß der Raum, in den man zunächft gelangte, ohne Zwifchenboden bis zum Wehrgang der oberen Mauerkrone hochgeführt war, alfo nach Art eines *Propugnaculum* einen leicht zu verteidigenden Vorhof bildete. Gleich links vom Eintretenden öffnet fich hier eine Tür zu einem Raume, den wir als Aufenthalt bewaffneter Wachmannfchaften anfehen können. Die übrigen Räume des Erdgefchoffes find fämtlich vom engen Hof aus zugänglich; fie mögen ebenfalls zu Wohnungen untergeordneter Art oder zu Vorratsräumen, wie der Keller gedient haben. Die füdöftliche Ecke des Baues, deren wahrfcheinlicher Umriß nach älterer Darftellung in unfere Grundriffe eingetragen wurde, ift leider zerftört. Ob nach *v. Effenwein's* Vermutung dort die gewölbte Burgküche oder aber andere Räume gelegen haben, ift nicht mehr zu erweifen. Daß hier von jeher ein zweiter Eingang zur Burg beftanden habe, wie man nach jener älteren Zeichnung annehmen möchte, ift wohl nicht gerade wahrfcheinlich aus Gründen der Befeftigungskunft. Drei gefonderte Treppen führen vom Hofe in die Obergefchoffe hinauf, merkwürdigerweife ohne durch irgend welche Verfchlußvorrichtung am unteren Ende gefichert zu fein. Sie endigen aber oben in je einen fchmalen engen Raum, der gegen die beiderfeits anftoßenden Wohnzimmer durch fefte, mit ftarken Riegelbalken verfchließbare Türen abgetrennt werden konnte. Untereinander ftehen die Räume durch die befchriebenen Treppenflure in Verbindung; doch ift auch die Möglichkeit felbftändiger Benutzung jedes einzelnen Raumes gewahrt, indem die Lage der Treppen fo gewählt ift, daß jedes Gemach (Raum D ift, wie oben bemerkt, ein offener Hof) erreicht werden kann, ohne einen anderen Raum zu durchfchreiten.

Wozu die einzelnen Räume des I. Obergefchoffes gedient haben, wird fchwer zu beftimmen fein. Man kann in den vier ziemlich gleich großen Zimmern vielleicht die Wohnräume des Erzbifchofes und feiner Würdenträger, in dem rechtwinkelig gebrochenen Saal an der Nordoftecke einen gemeinfamen Wohn- und Schlaffaal des Gefolges vermuten. Daß folch gemeinfames Leben auch in vornehmen Kreifen durchaus üblich war, wiffen wir aus den Schilderungen der höfifchen Dichter. Auch die aus dem XI. Jahrhundert ftammende Baubefchreibung des Klofters Farfa (die *Ordo farfenfis*) gibt uns dafür einen Anhalt, indem fie in dem zur Aufnahme vornehmer Befuche beftimmten Gafthaufe je einen gemeinfamen Wohn- und Schlaffaal für weibliches und männliches Gefolge aufzählt [79]). Die Ver-

[76]) 1. Aufl.: Art. 130 (S. 168).
[79]) Vergl.: SCHLOSSER, a. a. O., S. 45 (Fußnote). — Die ganze Stelle fei hier angeführt, weil fie einen überrafchenden

Fig. 78.

Niederburg zu Rüdesheim.
Schnitt durch den Eingang.

mutung wird bekräftigt dadurch, daß diese Räume mit gemauerten, an den Wänden entlang laufenden Sitzbänken versehen find.

Das II. Obergeschoß hat einfachere Raumeinteilung. Die Treppe des Südflügels bleibt im daruntergelegenen Stockwerk liegen auch diejenige die im Nordflügel von dem hakenförmigen Saale ausgeht, endigt im II. Geschoß ohne Abgrenzung durch Scheidewände frei im Raum; nur diejenige des Weftflügels behält hier die gleiche Anlage wie im I. Obergeschoß. So setzt sich dieses II. Obergeschoß nur aus zwei großen Sälen und einem kleinen Raum neben dem Höfchen D zusammen. Es ist dies eine Form, die zum mindesten sehr geeignet ist, einer größeren Besatzung von Reisigen nebst ihrem Befehlshaber als Aufenthalt zu dienen, wenn wir auch nicht mehr nachweisen können, daß sie tatsächlich so benutzt worden ist. In Fig. 78 geben wir noch den Schnitt nach v. Effenwein's Wiederherstellungsvorschlag, worin nur die Dächer und der über sie aufragende Teil des Turmes frei ergänzt sind. Man ersieht daraus, wie günstig zur Verteidigung der Eingang angelegt war, und wie entschieden hier die Wohnräume von dem nur der Verteidigung dienenden und bloß von der oberen Wehrplatte zugänglichen Mittelturm getrennt sind. Nach der oben gegebenen Beschreibung ermöglicht die Anlage des Gebäudes es auch, in gleicher Weise den Verkehr zu den Räumen des Obergeschosses und die allein von ihm zugängliche Wehrplatte von den übrigen Gebäudeteilen zu trennen.

Wie so in recht früher Zeit schon für verschiedene Bedürfnisse verschiedene Formen der Wohnung nebeneinander sich vorfinden, indem jeder sich eben nach seinem Vermögen einrichten mußte, so pflanzte sich diese Verschiedenheit weiter bis nach dem Ausgang des Mittelalters hin fort. Mit der Steigerung aller Lebensverhältnisse, welche die fortschreitende Kulturentwickelung mit sich brachte, mehrten sich wohl die Beispiele

Fig. 79.

Ansicht.

Fig. 80.

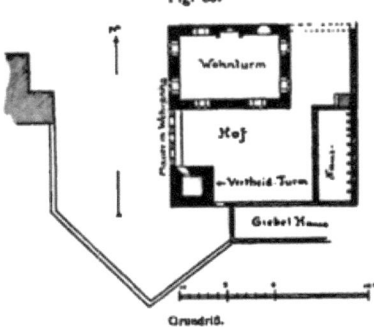

Grundriß.

Burg Langwerth von Simmern zu Hattenheim*).

Blick in die Gemeinsamkeit damaliger Lebensführung gewährt. Auffallend erscheint die starke Betonung und große Anzahl der Bedürfnisanstalten. Wir möchten darin einen besonderen, klösterlichen Luxus erblicken. »Ex una parte ipsius domus sunt preparata 40 lecta et totidem pulvilia ex pallio

*) ubi requiescunt viri tantum cum latrinis 40. Ex alia namque parte ordinati sunt lectuli 30, ubi comitissae vel aliae honestae mulieres pausent, cum latrinis 30, ubi solas ipsas suas indigenas procurent. In media autem ipsius palatii affixe sunt mensae, sicut refectorii tabulae, ubi edant tam viri, quam mulieres.«

reicherer Wohnungsanlagen, ohne daß aber die schlichteren Anlagen verschwanden. Im Gegenteil, sie erhielten neben der Entwickelung palastartiger Wohngebäude ihre besondere Weiterbildung.

81. Burghaus zu Hattenheim.

Was Wohnlichkeit anbelangt, steht das Haus, das sich die Edlen *von Hattenheim* etwa im XIV. Jahrhundert erbauten, noch fast ganz auf dem Standpunkte

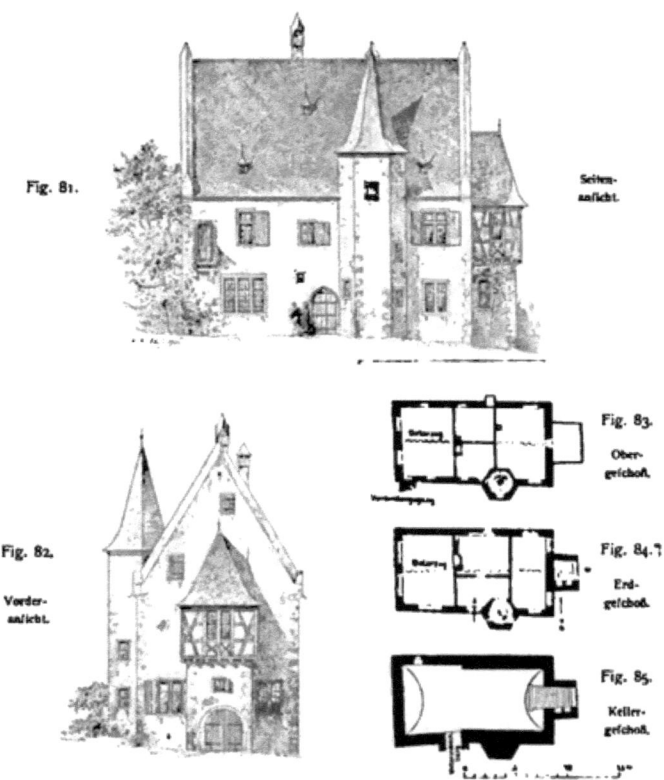

Fig. 81. Seitenansicht.

Fig. 83. Obergeschoß.

Fig. 82. Vorderansicht.

Fig. 84. Erdgeschoß.

Fig. 85. Kellergeschoß.

Sanecker Hof zu Eltville [**]).

der Burg Nolling (Fig. 79 u. 80 [***]). Es besitzt als Hauptbau einen Wohnturm von 10,80 × 7,60 m lichter Weite, der in vier Stockwerken je einen Wohnraum enthält. Im Erdgeschoß finden sich noch die Reste eines großen Kamins; die Fenster sämtlicher Stockwerke sind mit abgefasten Steingewänden und entsprechenden Mittelpfosten versehen. Eine

---

[**]) Nach: LUTHMER, a. a. O., S. 189
[***]) Vergl.: EICHHOLZ, E. Zwei Edelhöfe in Eltville a. Rh. Denkmalpflege 1902, S. 117 ff.

mit Wehrgang verfehene Mauer, an die fich an einer Ecke ein niedriger Verteidigungsturm anfchließt, grenzt im quadratifchen Umriß einen kleinen Hof ab, und an fie lehnt fich noch ein niedriges, fpäter errichtetes Wohnhaus an. Abgefehen von diefer Mauer entbehrt das Gehöft jeder Verteidigungseinrichtung und kann höchftens gegen einen plötzlichen Überfall regellofer Banden Sicherheit gegeben haben. Es bildet infofern den Übergang zu den einfachen ländlichen Edelfitzen, bei denen man, dem Wechfel der Zeitverhältniffe entfprechend, oft wohl ganz auf Befeftigung verzichten konnte.

Der Sanecker Hof[81]) in Eltville, auch Stockheimerhof genannt, ift eine folche Behaufung noch völlig ländlichen Gepräges und daher hier wohl als Beifpiel anzuführen, wenngleich er durch feine Lage in der Vorburg des Landftädtchens nach äußerlicher Einteilung fchon einen Übergang zu den ftädtifchen Wohngebäuden bilden könnte. Der Bau (Fig. 81 bis 85) kann feinen Formen nach wohl der zweiten Hälfte des XV. Jahrhunderts angehören, birgt aber in feinem weftlichen Teil noch die Mauern eines älteren, romanifchen Gebäudes.

Fig. 86.

Schönborner Hof zu Geifenheim[82]).

Er enthält unter der Erde (Fig. 81) einen einzigen tonnengewölbten Weinkeller, der durch einen unterirdifchen Gang mit dem nahegelegenen Küchengebäude in Verbindung ftand, dazu durch eine breite Schrottreppe, die zugleich zum Hinauf- und Hinabfchroten der Weinfäffer diente, auch von außen unmittelbar zugänglich war. Das Erdgefchoß (Fig. 82) zeigt einen erft fpäter geteilten Mittelflur, an den fich rechts und links je ein anfehnliches Gemach anfchließt. An der dem jetzigen Eingang gegenüberliegenden Wand ift die Spur einer fpäter vermauerten Einfahrt erhalten. Wir möchten aber daraus nicht folgern, daß der Bau früher öffentlichen Zwecken gedient habe, fondern fehen in diefem unteren Raume die Kelterhalle mit zwei fowohl dem Betriebe, wie der Verwaltung des Hofes dienenden Nebenräumen. Vom Erdgefchoß führt eine Wendeltreppe nach oben (Fig. 83). Dort finden wir einen kleinen Vorraum, an den fich nach drei Seiten hin die Wohnzimmer anfchließen. Ein kleines Gemach ift über den Überbau der Schrottreppe hinzugefügt, und ein Verbindungsgang führt wieder von diefem Gefchoß nach dem Obergefchoß des Küchenbaues hinüber. So bildet das Ganze für mäßige Raumanfprüche eine recht behagliche Wohnung, die auch heutigen Anfprüchen wohl genügen würde. Sehr merkwürdig ift dabei, daß, als Nachklang der alten zerftreuten Hofanlage, für die Küche ein befonderer Bau errichtet wurde. Das Äußere zeigt verputzte Bruchfteinflächen mit fparfamen, aber zierlich durchgebildeten Einzelheiten aus rotem Sandftein; es erreicht durch die Abftimmung aller Verhältniffe, durch die Zutaten des achteckigen Treppenturmes und des Fachwerküberbaues über dem Kellereingang eine höchft liebenswürdige, malerifche Wirkung.

Gerade die Schlichtheit und Leichtigkeit der Mittel ift es, durch die man in jenen Zeiten den behaglich fröhlichen Geift rheinifchen Lebens mit dem Ausdruck einer gewiffen vornehmen Zurückhaltung verband. Und man verftand mit diefen fchlichten Mitteln nicht nur folch kleines Häuschen anmutig zu geftalten. Fig. 86, den *Schönborn*'fchen Hof in Geifenheim darftellend[83]), möge zeigen, wie

[82]) Nach: LUTHMER, a. a. O., S. 79.

lebendig und wirkſam auch die größeren Baumaſſen eines umfangreichen Edel-
ſitzes mit wenig mehr Aufwand durchgeführt wurden. Der Bau zeigt über-
raſchende Ähnlichkeit in der Geſamtanlage mit dem vorhergehenden Beiſpiel.
Dies iſt vielleicht darauf zurückzuführen, daß er von der gleichen Familie derer
von Stockheim wie jener, alſo vielleicht auch von demſelben Baumeiſter errichtet wurde.

<small>84.
Thumberg
bei Sterzing.</small> Ähnlichen Bedürfniſſen wie dieſe rheingauiſchen Edelſitze dienten viele der
beſcheideneren adeligen Niederlaſſungen Tirols. Wir geben als bezeichnendes

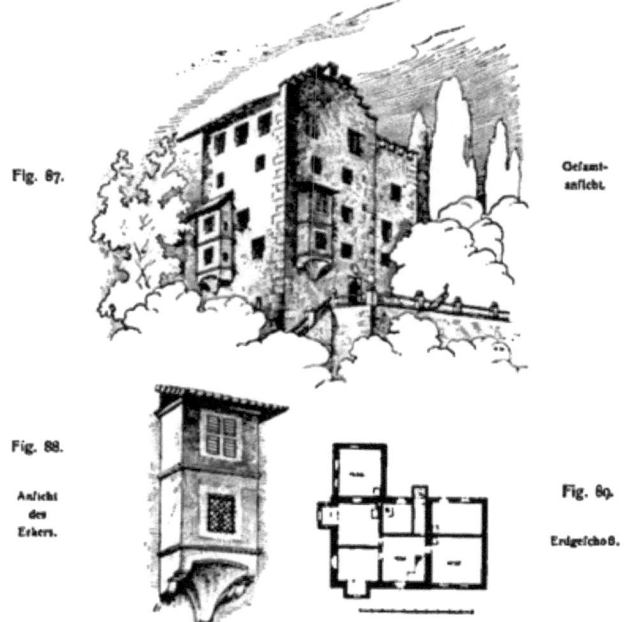

Fig. 87.   Geſamt-
anſicht.

Fig. 88.
Anſicht
des
Erkers.

Fig. 89.
Erdgeſchoß.

Schlößchen Thumberg bei Klauſen.[a])

Beiſpiel, ſowohl der Grundrißanlage wie der Architekturbehandlung, den Anſitz
Thumberg bei Sterzing in Fig. 87 bis 89[b]). Der Bau iſt in ſeiner jetzigen
Form erſt allmählich entſtanden. Als älteſten Beſtand wird man den im Äußeren
turmartig heraustretenden Mittelteil anſehen müſſen, wobei allerdings zweifelhaft
ſein mag, ob er ſchon der Zeit um 1230 entſtammt, in der das Schlößchen zuerſt
urkundlich erwähnt wird.

Es enthält in jedem ſeiner vier Stockwerke einen quadratiſchen Vorraum mit Treppenaufgang und drei von dieſem aus zugängliche Räume. Von einem dieſer Räume, der als Küche

<small>*) Vergl.: Steffen, H. Denkmäler deutſcher Vergangenheit. Berlin o. J. Bd. I, Taf. 8.</small>

dient, ift der nach außen vorgekragte Abort abgetrennt. Zwei Anbauten aus den Jahren 1575 und 1600, welche aber mit drei und zwei Gefchoffen hinter der Höhe des Kernbaues zurückbleiben, haben noch weitere heizbare Gemächer hinzugefügt.

Ähnliche Grundriffe finden wir bei fo manchem tirolifchen Edelfitz, z. B. bei dem bekannten Jöchelsturm in Sterzing (fiehe die betreffende Abbildung in Kap. 8). Daneben tritt fehr häufig, allerdings zeitlich wohl etwas fpäter, eine Grundrißform, ähnlich der Anordnung des fränkifchen Bauernhaufes, auf, bei der fich an eine große, in der Tiefe des Haufes durchgehende Mitteldiele zu beiden Seiten die Einzelzimmer anreihen. Indem man eine folche Mitteldiele dann ganz oder teilweife durch zwei Gefchoffe hindurchgreifen ließ und im oberen Gefchoß mit Verbindungsgängen umgab, find vielfach Innenräume von höchft malerifcher und reicher Raumform entftanden, die für die Ausbildung neuzeitlicher Landhausdielen von höchftem Einfluß geworden find.

Im Äußeren find die tirolifchen Edelfitze durchweg von großer Schlichtheit. Die Begleitung der Dachränder mit kleinen Zinnen, fowie mit Staffel- und Zinnengiebeln zierlichen Maßftabes, find, wie auch unfer Beifpiel zeigt, find die üblichen, einfachen Mittel, mit denen man diefe Häufer in den Maßftab der umgebenden Natur hineingeftimmt hat. Daneben erfreuen fich vorgekragte Erker überall großer Beliebtheit zur Gliederung der Maffen.

Wir fchließen hier an ein Haus mehr öftlicher Gegend an, das trotz mancher fpäterer Veränderungen die Form eines fpät-mittelalterlichen vornehmen Hofgebäudes noch wohl bewahrt hat, das fog. Buddenhaus zu Kammin in Pommern. Es wird dabei nicht wefentlich in Betracht kommen, daß es als ehemalige Domkurie zur Aufnahme eines vornehmen Geiftlichen beftimmt war; denn diefe entftammten ja in den Kreifen des Adels, und wir können annehmen, daß fie in ihren Anfprüchen an Wohnungseinrichtung fich von ihren weltlichen Verwandten nicht unterfchieden haben. Das in ganzer Ausdehnung unterkellerte Haus (Fig. 90 bis 92*) enthält wieder in beiden Wohngefchoffen je eine mittlere Diele, die aber hier in ihrem hinteren Teile die Treppe felbft aufnimmt; an drei Seiten ift fie von zahlreicheren Wohnräumen umgeben. Alles ift weniger auf Prachtentfaltung als auf wohnliche Behaglichkeit zugefchnitten; auch die geringen Stockwerkshöhen von 3,00 bis 3,80 m im Lichten find mit Rückficht auf das nördliche Klima dem gleichen Streben zuliebe fo bemeffen. In der Formgebung des Äußeren ift der reiche Giebel mit feinen aus Backftein gemauerten, vielverfchlungenen Linienführungen ein bezeichnendes Beifpiel für die Übergangsformen zur Renaiffance, in denen fich das Mittelalter fchließlich auslebte.

Für die Formen folcher Edelfitze haben uns der Überfichtlichkeit halber einige einfache Anlagen als Beifpiele gedient. Nicht immer laffen fich die Grundgedanken fo klar verfolgen; fie werden vielmehr vielfach verdunkelt und getrübt. Dazu trägt einerfeits die enge Befchränkung bei, der fich der Wohnbau auf feftem Burgplatz und in Verbindung mit verteidigungsfähigen Wehranlagen unterwerfen mußte, wodurch unregelmäßige Formen und oft gewaltfame Verfchiebungen einzelner Teile entftanden. Dazu kam die mittelalterliche Sitte, einen bedeutenderen Burgfitz als fog. »Ganerbenburg« in gemeinfamer Nutzung verfchiedener Familienzweige zu halten. Indem jede Familie dann auf dem engen gemeinfamen Befitz ihre eigene Wohnftätte herrichtete, entftand ein Haufenwerk einzelner Gebäude, das zunächft einen äußerft verwickelten Eindruck macht, fich aber bei näherer Betrachtung in eine Anzahl verhältnismäßig einfacher Beftandteile auf-

*) Nach: Denkmalpflege 1915, S. 73.

Fig. 90.

Giebelansicht.

Fig. 91.

Fig. 92.

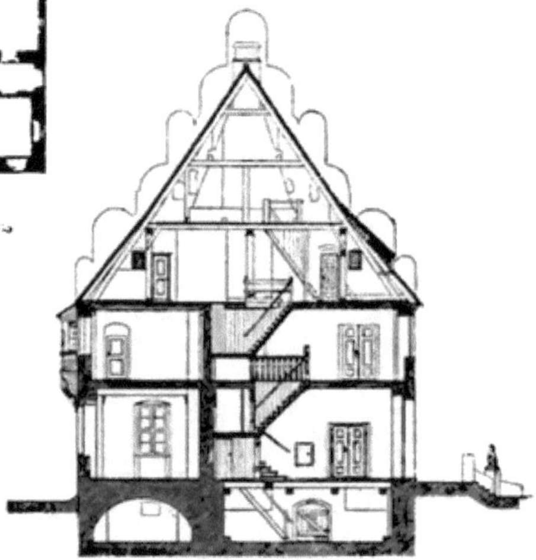

Querschnitt.

Buddenhaus zu Kammin¹).

löst. Als Beispiel einer solchen Ganerbenburg sei die wegen ihrer malerischen Anlage berühmte Burg Eltz bei Brodenbach an der Mosel angeführt (Fig. 93[**]) u. 94[**]). Sie zerfiel in nicht weniger als fünf Teile, die wir auf unserer Abbildung mit Ziffern bezeichnet haben. Der älteste Teil *1* ist Platteltz, ein 5 Geschosse hoher Wohnturm, der im Besitze einer gräflichen Linie stand. Er ist nur durch ein niedriges Gebäude verbunden mit 2: Eltz-Rübenach, einem rechteckigen, in jedem Geschoß zwei Räume aufweisenden Wohnhause. Jenseits des gewundenen Burgeinganges mit seinen Nebenbauten erhebt sich in ganz ähnlichen Bauformen die Baugruppe *3—4*, die den beiden Linien Groß- und Klein-Rodendorf diente. Endlich schließt der erst in nachmittelalterlicher Zeit erneute Bau der Linie Eltz-

Fig. 93.

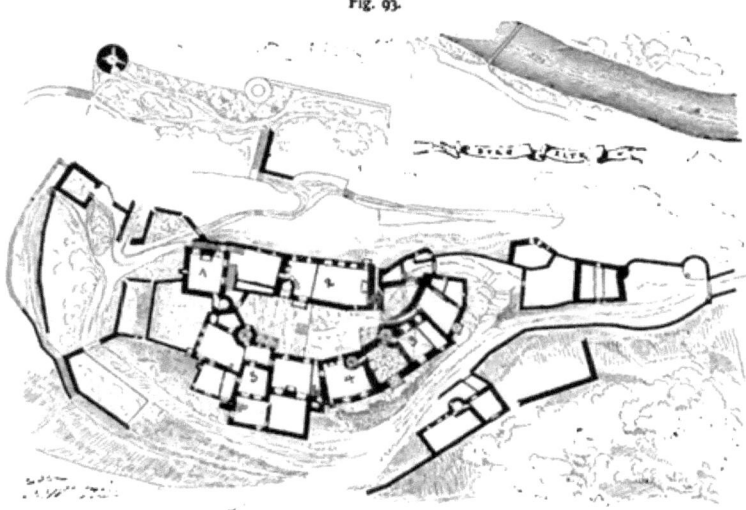

Burg Eltz.
Lageplan[**]).

Kempenich 5 wieder an Platteltz an. Das Ganze gipfelt sich im Äußeren in ganz verwirrendem Reichtum der Gruppierung auf zu einem Prachtstück romantisch malerischer Wirkung; auch im Hofe bilden sich durch Vor- und Rücksprünge, Treppen und Vorhallen malerische Eindrücke in großer Zahl. Aber die einzelnen Bestandteile sind, jeder durch eine besondere Treppenanlage selbständig gemacht, in sich von sehr einfacher, leicht zu übersehender Art und gleichen durchaus den zunächst zur Erläuterung angeführten schlichten Adelssitzen. Wir finden auch auf dieser so überaus reich erscheinenden Burg die Anschauung bestätigt, daß die Ansprüche, die man gegen Schluß des Mittelalters an Zahl und bequeme Ver-

[**] Nach: Deutsche Bauz. 1880, Taf. 7.
[**] Nach Zeichnung von R. Pranet in: Deutsche Bauhütte 1907, Nr. 5.

7*

Fig. 94.

Burg Eltz.
Ansicht.

bindung der Wohnräume machte, felbſt in vornehmen Kreiſen recht befcheidener Art waren.

87.
Umfangreichere
Wohnburgen.

Über dieſe Grenzen, die dem Landadel ſowohl durch ſeine Lebensgewohnheiten wie durch ſeine Hilfsquellen gezogen waren, erheben ſich nun aber in allen

Ländern die Wohnftätten der geiftlichen und weltlichen Machthaber. Hier galt es, nicht nur für die kleine Zahl Familienangehöriger mehr oder weniger behagliche Unterkunft zu fchaffen; in den entwickelteren Verhältniffen des fpäteren Mittelalters genügte es auch nicht mehr, wie etwa im XII. Jahrhundert, neben den Kemenaten der fürftlichen Familie einen Feftfaal und etwa noch einen weiteren Saal zur Unterkunft des Gefolges zu fchaffen. Außer der Wohnung des Herrn und außer den Räumen, die für fürftliche Prachtentfaltung nötig waren, brauchte man jetzt eine größere Anzahl einzelner Gemächer für die im Range viel reicher abgeftufte Zahl der Hofbeamten und fonftigen Vafallen. Die Notwendigkeit, auf dem durch ältere Umwehrung häufig in beftimmter Größe gegebenen Raume die vermehrten Räumlichkeiten unterzubringen, wird an fich fchon das Zufammenlegen der früher getrennten Einzelbauten zu größeren Baugruppen herbeigeführt und gefördert haben. Zugleich brachte die zunehmende Gewöhnung an größere Behaglichkeit des Dafeins es mit fich, daß man an Stelle der einzeln über einen größeren Platz verftreuten einfachen Gebäude lieber einen zufammengefetzteren, größeren Bau errichtete, in dem man die verfchiedenen Abteilungen erreichen konnte, ohne das fchützende Dach zu verlaffen. Allerdings begnügte man fich für folche innere Verbindung noch auf lange hinaus mit der einfachen Möglichkeit, von Raum zu Raum fchreitend an die gewünfchte Stelle zu gelangen. Die uns unerläßlich fcheinende Trennung von Wohnräumen und Verbindungsfluren, welche den Verkehr ohne Berührung der Wohnräume geftatten, war felbft für vornehmfte Verhältniffe im allgemeinen noch nicht üblich.

Fig. 95.

Palaft des Erzbifchofs zu Narbonne.
Anficht*).

Der Palaft des Erzbifchofes zu Narbonne (Fig. 95 u. 96*), im wefentlichen aus dem XIII. und XIV. Jahrhundert ftammend, kann als ein gutes Beifpiel folcher größerer Anlage gelten. Er liegt, wie unfere Anficht aus der Vogelfchau zeigt, neben der Domkirche und ift mit ihr durch einen Hallenhof lofe verbunden, befindet fich im übrigen aber als felbftändiger Bau außerhalb des alten Stadtmauerzuges. Man kann leicht an ihm unterfcheiden zwifchen den der Verteidigung dienenden Wehreinrichtungen, unter denen der mächtige, vierfeitige Eckturm eine

95. Erzbifchöflicher Palaft zu Narbonne.

*) Nach: VIOLLET-LE-DUC. Dictionnaire raisonné etc., Bd. VII, S. 21 ff.

beherrschende Stellung einnimmt, und den Nutzräumen. Und unter diesen hebt sich wieder der frühgotische schlichte Saalbau V[89]) von den später errichteten Wohnflügeln ab.

Diese liegen zu beiden Seiten des starkbefestigten Hauptzugangsweges K. Sie enthalten bei p und o, sowie in dem mit M bezeichneten Flügel eine ziemliche Anzahl verschieden großer Gelasse. Über der bei v v' liegenden Wachtstube ist die Schloßkapelle; an sie schließt sich ein weiteres zweistöckiges Wohngebäude an. Der Ausdruck des Ganzen ist ungemein trotzig und kriegerisch. In den mächtigen Turmbauten und in der Bewehrung der Außenfronten mit Zinnen und Gußlöchern spricht sich sehr deutlich die Absicht aus, der kriegerischen Kraft der Bürgerschaft und den Machtansprüchen der weltlichen Stadtherren ein Gegengewicht zu bieten.

Nach den heutigen Anschauungen über Kriegführung wird man geneigt sein, anzunehmen, daß die Nähe des Domes und die schwachen Punkte, die am Hallenhofe C und an dem zum Domchor sich hinziehenden Garten für die Verteidigung gegeben waren, es vielleicht unmöglich machten, eine längere förmliche Belagerung in diesem Schlosse auszuhalten. Ob diese Annahme für mittelalterliche Verhältnisse aber zutrifft, kann sehr zweifelhaft erscheinen, wenn man berücksichtigt, daß das gleich zu besprechende Beispiel, das kaum wesentlich stärker befestigt ist, jahrelangen Belagerungen getrotzt hat.

Fig. 96.

Erzbischöflicher Palast zu Narbonne.
Lageplan[*]).

89.
Palast
der Päpste
zu Avignon.

In ähnlichem Sinne, nur wesentlich weiträumiger und großartiger, ist der gewaltige Palast der Päpste zu Avignon angelegt. Auch bei ihm reihen sich neben dem großen Saal, der einen ganzen Flügel für sich einnimmt, vielerlei Einzelräume zu langen Flügelbauten aneinander, die sich um zwei mächtige Höfe herumziehen. Der Einfluß sowohl südlicher Wohnweise, wie auch klösterlichen Lebens zeigt sich hier darin, daß der eine dieser Höfe kreuzgangartig so geformt ist, daß sich an die Raumfluchten hofwärts eine gedeckte Halle als Verbindung zwischen den Einzelräumen anfügte. Die Abmessungen des Ganzen sind zu bedeutend, als daß wir es in dem einmal gewählten Maßstab hier zur Darstellung bringen könnten; es sei daher auf die Schilderung bei *Viollet-le-Duc*[90]) verwiesen.

90.
Bischöfliches
Schloß
zu Trient.

Wie sich die Wohngemächer um einen solchen Hallenhof nach italienischer Sitte herumlagern, wenn man auf dem engen Raume einer Burg eine solche Wohnanlage herrichten wollte, möge das alte bischöfliche Schloß zu Trient (Fig. 97) zeigen. Es ist eine Anlage vollständig italienischer Art, die auch in rein italienischen Formen durchgeführt ist. Sie hat von der alten wehrhaften Burg

*) Vergl. ebendas., Bd. VIII, S. 92.
**) A. a. O., Bd. VII, S. 24 ff.

nur noch wenige Refte bewahrt, zeigt aber in der äußeren Erfcheinung immer noch deutlich ihre Entftehung an.

Man hat zwar den alten runden Turm *A* beibehalten, wahrfcheinlich aber bloß, weil man fich vor dem Niederreißen der Mauermaffe fürchtete, vielleicht aus Pietät, gewiß aber nicht, um fich noch darin einfchließen und belagern zu laffen.

Als Mittelpunkt der Anlage erfcheint der Hof *B*, welcher in allen Gefchoffen von Säulenhallen umgeben ift, in denen geradarmige Treppen in die Höhe führen. Diefe Hallen find von merkwürdig unregelmäßigen Zimmern und kleinen Sälen in verfchiedenen Höhen umgeben. Eine reiche, malerifche Ausftattung war dem ganzen Bau zuteil geworden; der Glanzpunkt aber ift eine den Paläften von Venedig nachgebildete Galeriearchitektur, welche die den weftlichen Flügel des Ganges abfchließende Mauer durchbricht. Als Nachklang früherer Zeit treten noch Zinnen auf, welche aber nur zur malerifchen Geftaltung beitragen, indem fie dem hoch über die Stadt auffteigenden Bau einen entfprechenden Abfchluß geben.

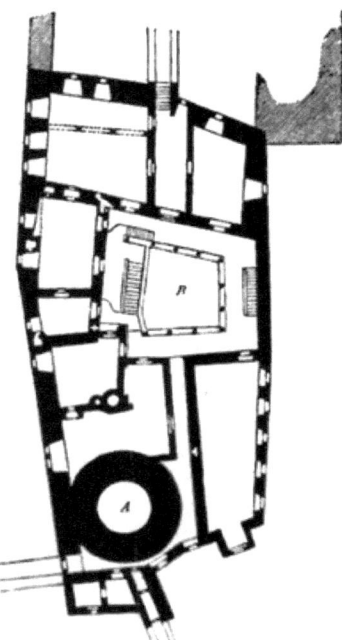

Fig. 97.

Bifchöfliches Schloß zu Trient.

Ebenfalls einem halbgeiftlichen Kreife gehören die großartigen Wohnbauten an, die der Deutfchritterorden am Mittelpunkt feiner ftaatlichen Verwaltung auf der Marienburg in Preußen errichtete, als er auf der Höhe feiner Macht ftand. Wie er die beherrfchten Gebiete von geringen Anfängen aus zum wohlgeordnetften und in ftraffer Zufammenfaffung unübertroffenen Staate des Mittelalters gemacht hatte, fo fteht auch der Bau feines Hochmeifterfitzes außer jedem Vergleich. Der Gefamtlageplan des großen Waffenplatzes ift im vorhergehenden Hefte diefes Handbuches*) fchon gegeben worden, ebenfo die Grundrißform des Hochfchloffes, das dem Konvent der Ritter zum Aufenthalt diente und in vergrößerten Verhältniffen die regelmäßige Anlage der um einen quadratifchen Hof kreuzgangartig herumgebauten Ordensfchlöffer wiederholt, wie wir fie an dem Beifpiel von Riga (fiehe Art. 41, S. 42) erläutert haben. Wir haben uns hier noch zu befchäftigen mit dem in der Niederburg ftehenden Wohnbau des Hochmeifters. Es ift ein prunkvoller Bau, den Hochmeifter *Winrich von Kniprode* fich in den Jahren feiner Regierung (1351—82) im Anfchluß an die fchon durch *Dietrich von Altenburg* (1335—41) errichteten Gebäude der Mittelburg erbaute. Er

91. Hochmeifterhaus der Marienburg.

*) 1. Aufl.: Art. 168, S. 134.

bietet alles, was für den Wohnsitz eines regierenden Herrn — und solche Stellung nahm ja der Hochmeister in der Tat ein — nach mittelalterlicher Sitte erforderlich war. Es macht dabei wenig Unterschied, daß der Hochmeister ehelos lebte; denn besaß er auch keine Familie im verwandtschaftlichen Sinne, so mußte doch in seiner Nähe Unterkunft geschaffen werden für das, was das Mittelalter im alten römischen Sinne *Familia* nannte: für die Schar der vertrauten Ratgeber und Beamten, die des Herrschers nähere Umgebung bildeten.

So finden wir (Fig. 98 bis 101) zunächst, vom Hofe bei A (Fig. 99) unmittelbar zugänglich, den großen Ritterfaal, einen mächtigen Raum von 30×50 m Grundfläche, der mit feinen Gewölben von 9 m Höhe durch zwei Geschoße hindurchging. Mit ihm ist durch eine Treppe B die eigent-

Fig. 98.

Hochmeisterwohnung der Marienburg.

Grundriß des II. Obergeschoßes.

liche Wohnung des Hochmeisters, die im übrigen völlig selbständig im oberften Geschoße des vortretenden Anbaues liegt, in Verbindung gefetzt. Man erreicht sie von den Höfen her durch Zugänge bei C und D mittels zweier Wendeltreppen E und F. Die Untergeschoße des Anbaues enthalten eine ganze Anzahl schöner Gemächer, wahrscheinlich Wohn- und Schlafzimmer für das nähere Gefolge des Hochmeisters. Seine eigene Wohnung im II. Obergeschoß gruppiert sich um einen großen, höchst ansehnlich gewölbten Flur (vergl. die betreffende Abbildung in Kap. 9), der die Räume in zwei Abteilungen teilt, sich auch am unteren Rande unserer Abbildung selbst zu einer breiten Warte- oder Empfangshalle, einer Art „Diele" oder „Dürnitze", erweitert. Er enthält in einer der Fensternischen, bei G, einen Brunnen und gewahrt bei J durch eine reichverzierte Pforte Eintritt in den Hauptprunkraum, den kühn auf schlanken Granitpfeilern 10 m hoch gewölbten und nach drei Seiten mit Maßwerkfenstern luftig geöffneten Sommerremter (vergl. die betreffende Abbildung in Kap. 9)[*]. Auf ihn folgt ohne unmittelbare Verbindung, aber durch

---

[*] Die Bezeichnung „Remter" wird in Marienburg fast allen größeren Sälen zuerteilt. Wir schließen uns hier dem örtlichen Gebrauche an, ohne damit ausdrücken zu wollen, daß alle diese Räume als „Redemptorium", d. h. als Speisesaal, gebraucht worden seien.

einen kleinen Gang *H* ohne Berührung des großen Flures zu erreichen, der bescheidenere, aber immer noch sehr vornehme Raum des sog. Winterremters, etwa 12,50 m im Geviert groß und 8,50 m hoch gewölbt. An ihn schließen sich die eigentlichen Wohnräume an, die, wie auch der Ritterfaal, noch im älteren Bau des Hochmeisters *Dietrich von Altenburg* liegen. Links vom großen Flur find zwei Wohngemächer nebst eigenem Verbindungsgang, rechts die mit Sterngewölbe versehene Hauskapelle und an sie anstoßend die kreuzgewölbte Schlafstube mit zwei Nebenkammern. Noch hinter ihr liegt endlich die „Hauskammer", in welche die obenerwähnte Treppe *B* vom Ritterfaal her mündet. Ein kleines, dort in die Wandstärke eingelassenes Kämmerlein *K* scheint dazu bestimmt zu sein, durch sein kleines Schlitzfenster die Vorgänge im Ritterfaal unbemerkt zu beobachten.

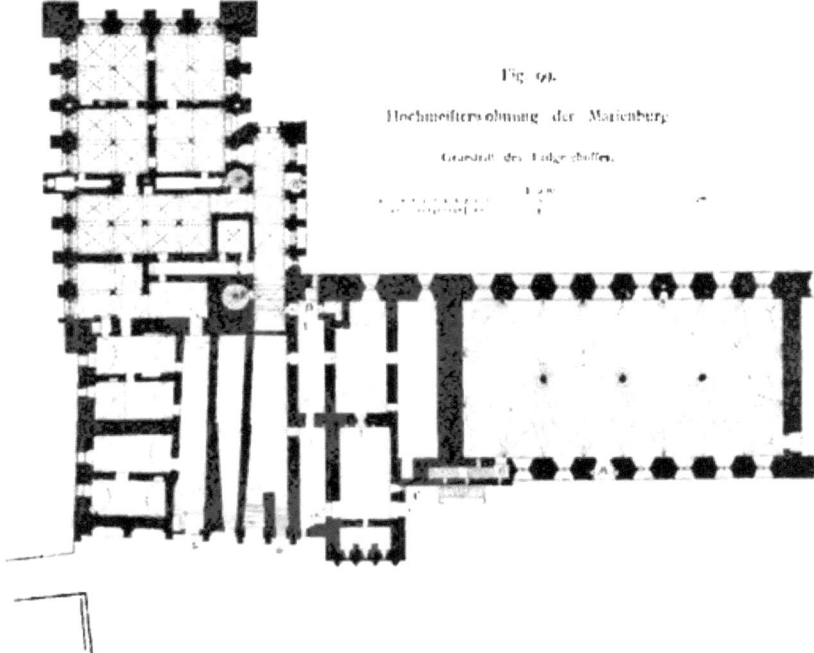

Fig. 69.

Hochmeisterwohnung der Marienburg

Grundriß des Obergeschosses.

Alles in allem vereinigen sich hier mit den nicht sehr reichlich bemessenen Räumen für den täglichen Aufenthalt (zwei Wohn- und ein Schlafzimmer) die beiden Prunkfäle (Remter), die Kapelle und der einen vortrefflichen Vorraum bildende Palaftflur zu einer sehr eindrucksvollen Raumgruppe. Die Treppenanlagen find allerdings nach der Sitte jener Zeiten eng, zum Teil dunkel und nach unseren Begriffen unbequem. Aber ungewöhnlich bevorzugt ist die Anlage dadurch, daß an mehreren Stellen besondere Flure einen bequemen Verkehr zwischen den Einzelgemächern ermöglichen. Selbst in der Raumgruppe vor der Kapelle

Fig. 100.

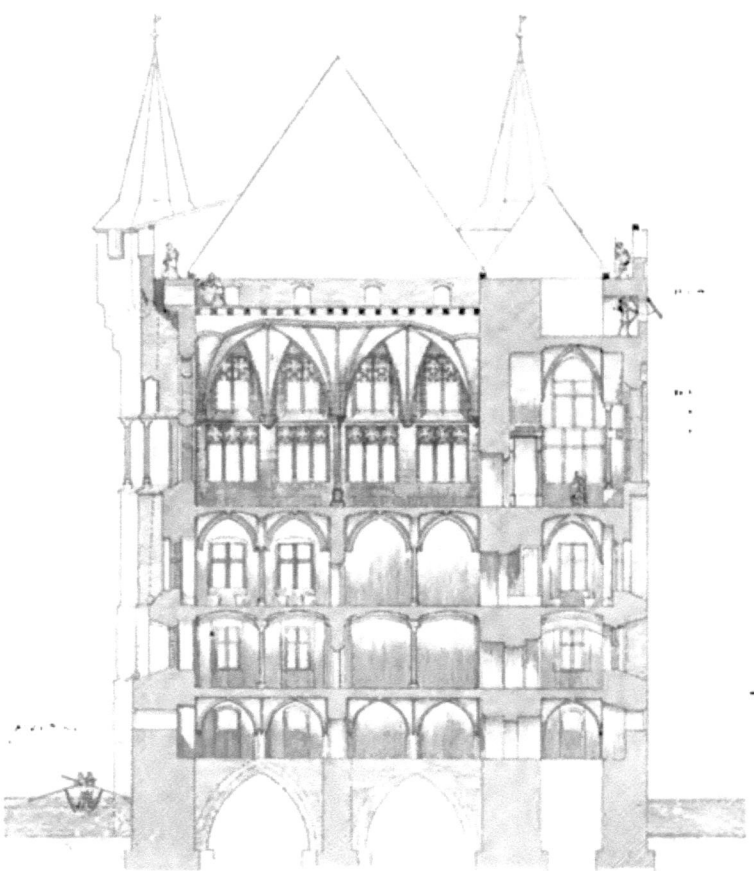

Hochmeisterwohnung der Marienburg.
Schnitt.

und der Schlafstube, wo dies nicht der Fall ist, hat man wenigstens Vorsorge getroffen, daß die Treppe *B* auf zwei verschiedenen Wegen erreicht werden konnte. Hierin zeigt sich ein Fortschritt, der im allgemeinen anderwärts noch auf Jahrhunderte hinaus nicht zu verzeichnen ist.

Fig. 101.

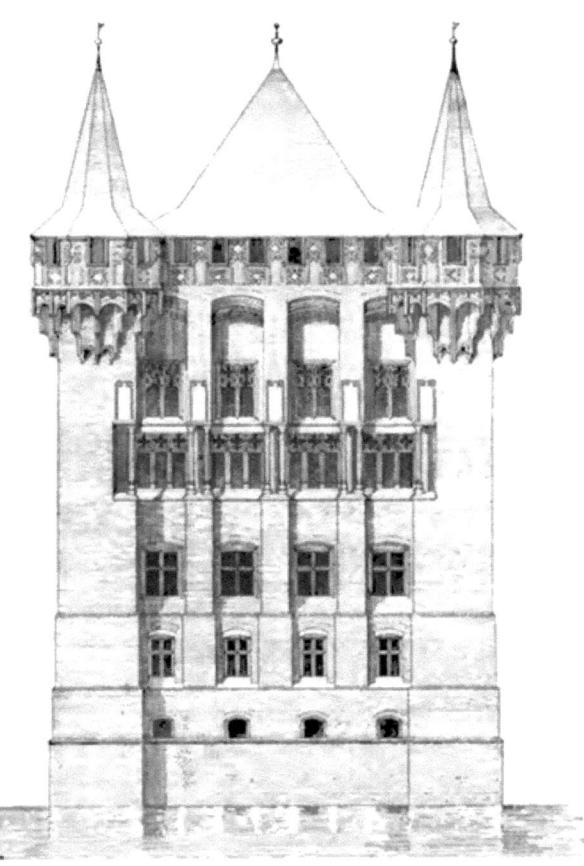

Hochmeisterwohnung der Marienburg.
Ansicht.
¹⁄₂₀₀ w. Gr.

Ganz außer der Linie des sonst gebräuchlichen steht auch die künstlerische Behandlung des Baues. Unser Schnitt in Fig. 101 und die später a. a. O. folgenden Innenansichten zeigt die überaus prächtige Wirkung, die das stolze Gewölbe und die reichen Maßwerkfenster im Sommerremter machen, daneben die hochgemute, dabei auch konstruktiv sehr kühne Ausbildung des Palastflures und die Art, wie neben dieser glänzenden Entwickelung des Inneren ganz selbständige Verteidigungseinrichtungen auf der Höhe des Gebäudes getroffen werden konnten. In der Außenansicht (Fig. 100) gibt die straffe Durchführung der Pfeilergliederungen dem Ganzen den Eindruck einer stolzen Härte, der nur durch die Fenstermaßwerke und die Zierlichkeit der Eckauskragungen gemildert wird. Es hat fast den Anschein, als ob man mit dieser Zierlichkeit, der die waghalsige Abstützung der oberen Strebepfeilerteile durch dünne Granitsäulen ebenbürtig zur Seite steht, den Belagerer habe verhöhnen wollen. Man konnte das hier wohl, da die vorbeifließende Nogat es an dieser Seite der Burg unmöglich machte, schwerere Wurfmaschinen in die nötige Nähe zu bringen. Mit der Wirkung größerer Pulvergeschütze aber, die solchen zarten Gliedern gefährlich werden mußte, brauchte man zur Erbauungszeit dieses Hauses nicht zu rechnen. Verläuft doch von da ab noch über ein halbes Jahrhundert, bis schweres Belagerungsgeschütz, wie die berühmte "faule Grete" Kurfürst *Friedrich I.* von Brandenburg die bisherigen Anschauungen im Befestigungskrieg über den Haufen warf.

95. Burg Vayda-Hunyad.
Etwa gleicher Zeit auch entstammt der Bau der Burg Vayda-Hunyad, die wir in Art. 72 (S. 80) besprochen haben. Wir verweisen hier auf die dort (in Fig. 69) gegebene Gesamtansicht der Burg, weil sie zeigt, daß die gleichen Strömungen, wie bei dem vorhergehenden Beispiele, anderwärts gleichfalls auftraten. Auch hier bildet der Saal, der wie üblich durch eine Pfeilerreihe geteilt wird, einen ziemlich selbständigen Bau. Unmittelbar an ihn lehnt sich nur ein verteidigungsfähiger Rundturm und an der anderen Schmalseite ein über dem Toreingang befindliches, mit zwei Erkern versehenes Gemach. Neben diesem bildet eine Wendeltreppe den Zugang vom Schloßhof zum oberen Saal. Wie in der Marienburg ist durch einen besonderen Gang, der hier an der äußeren Burgseite entlang geführt ist, eine Verbindung zwischen dem Treppenaufgang und dem hinteren Saalteil hergestellt. Und dieser Gang ist in der zierlichsten Weise mit vorgekragten Erkern und reichen Maßwerkgliederungen geschmückt und bildet so ein Gegenstück zu den Zieraten des Hochmeisterhauses auf der Marienburg. Daß durch ihn die Wehrfähigkeit der Burg wesentlich beeinträchtigt worden sei, möchten wir mit Rücksicht auf seine unersteiglich hohe Lage kaum annehmen. An verhältnismäßig leicht verletzlichen Teilen, wie Ecktürmchen, Gullerkern und dergl., hat man selbst nach Einführung der Pulvergeschütze noch lange festgehalten. Würden sie zerstört, so schadete dies ja nicht allzuviel, wenn nur die schwereren Baumassen weiter Stand hielten. Dieser zierliche Gang erscheint uns als ein sehr gelungener Versuch, die starren Massen solcher großer Burg durch den prickelnden Reiz seiner Formgebung fröhlicher zu gestalten und gleichzeitig dem Festsaal eine gangartige Folge kleiner höchst reizvoller Einzelräume anzugliedern.

96. Albrechtsburg zu Meißen.
Die auf die Errichtung der letztbesprochenen Bauten folgenden Zeiten mußten durch die Umwälzungen im Kriegswesen, durch das Aufkommen schwerer Geschütze die Anlage befestigter Herrensitze wesentlich erschweren, um so mehr als diese ja nicht wie die Burg des einfachen Landadeligen durch unzugängliche Lage einen gewissen Schutz gegen die neuen Kriegsmaschinen genießen konnten. Andererseits aber waren sie auch geeignet, starke Befestigungen bei Schlössern überhaupt mehr entbehrlich zu machen. Denn in einem Teile Europas, besonders in England und Frankreich, war durch die königliche Obergewalt die Ruhe im Lande soweit hergestellt, daß man des dauernden Schutzes durch Mauern und Gräben nicht mehr so wie früher bedurfte. In anderen Gegenden aber, wie in Deutschland, bildeten sich die wichtigeren Landesherrschaften zu so umfangreichen Gebilden aus, daß nicht mehr in der Berennung einer fürstlichen Burg, sondern vor allem in Feldschlacht die kriegerische Entscheidung gesucht werden mußte.

So erklärt es sich, daß man gelegentlich schon im XV. Jahrhundert bei der Erneuerung älterer Burgen die kriegerische Widerstandsfähigkeit gegen die Rücksichten der Pracht und Bequemlichkeit stark zurücktreten lassen konnte.

Das großartigste von allen ähnlichen am Schluße des Mittelalters errichteten Gebäuden in Deutschland ist die Albrechtsburg zu Meißen**). Sie führt zwar den Namen Burg, hat auch in ihrer malerischen Erscheinung einiges, was an

Fig. 102.

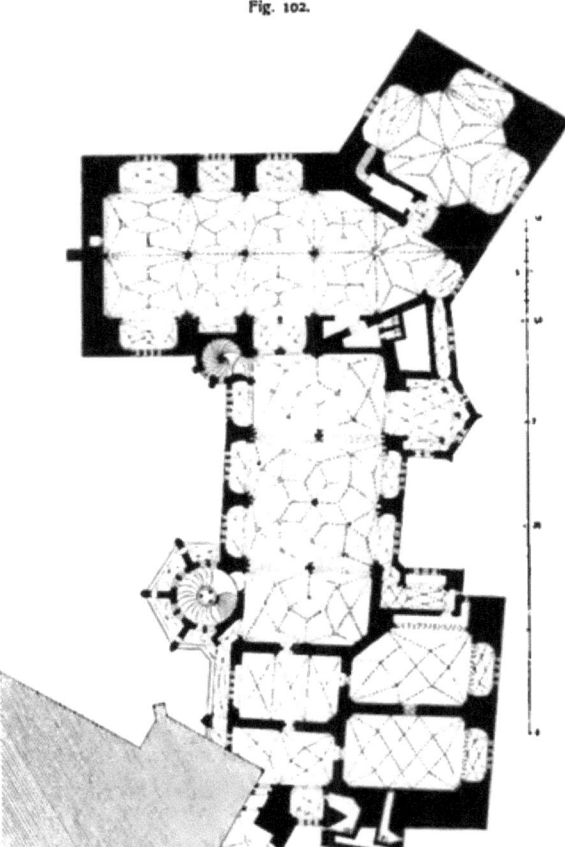

Albrechtsburg zu Meißen.
Grundriß des I. Obergeschosses**).

**) Vergl.: Puttrich, L. Denkmale der Baukunst des Mittelalters in Sachsen. Abt. I, Bd. 2. Leipzig 1843-50. 1 Meißen. S. I ff. — wo auch die einschlägige Literatur angegeben ist. Ferner: Gurlitt, C. Das Schloß zu Meißen. Dresden 1881.

solche erinnert, ist aber in der Tat nichts anderes als ein Wohnhaus, für fürstliche Verhältnisse eingerichtet, ohne jeden Vergleich mit den Burgen oder Palästen, von welchen in vorstehendem die Rede war. Nicht einmal Zinnen schmücken mehr die Burg. (Siehe die nebenstehende Tafel und Fig. 102.) Sie wurde 1471—83 von den Brüdern Kurfürst *Ernst* und Herzog *Albrecht von Sachsen* nach Abbruch des alten Markgrafenschlosses durch Meister *Arnold Bestpheling* [*]) als gemeinsame Wohnung (gleichzeitig mit dem Oberteil des der Westfront angrenzenden Domes) erbaut. Als 1485 die Teilung der sächsischen Lande eintrat, erhielt der jüngere, *Albrecht*, das Land Meißen und damit die Burg, die von ihm später den Namen erhielt; einige kleine Baulichkeiten wurden noch 1520—24 errichtet.

Über einem niedrigen Untergeschoß mit Wirtschaftsräumen, das dem Hofe zu eben steht, gegen außen aber mehrere Kellergeschosse unter sich birgt, erheben sich zwei mächtige, reichgewölbte Stockwerke, von denen das I. Obergeschoß zwei große Säle nebst einigen Gemächern enthält. Diese Säle sind der Nachklang der älteren Palasbauten. Über ihnen enthält das II. Obergeschoß nur kleinere Gemächer, 14 an der Zahl. Die Kemenate der älteren Zeit ist in ihnen über den Palasbau gelegt, wobei allerdings die Bezeichnung als Kemenate nur dem nördlichen Teile, welcher den Frauen diente, erhalten geblieben ist. Über diesen beiden gewölbten Stockwerken liegt im Dachraume noch ein drittes, welches durch mächtige steinerne Dachfenster erhellt wird. Bemerkenswert ist die Ausführung dieses Baues insofern, als durch Überbauen der hintermauerten Gewölbezwickel die Stockwerke nach oben immer enger werden, so daß auch das im Dache befindliche Wohngeschoß, auf dem unteren Gewölbe stehende lotrechte Wände zwischen den Dachfenstern hat. Seine Decken sind zwar durch das erste Kehlgebälk des Daches gebildet; aber es würde ohne neue Sitte schließt sich dem Vorsaale im I. Obergeschoß eine zierliche Kapelle an, welche in einem ausgebauten Turme liegt. Bezeichnend sind für den Bau die in allen Geschossen befindlichen, die mächtigen Mauern zu bloßen Pfeilern auflösenden Fensternischen, welche noch im Dachgeschoß förmlich gewölbte Kämmerchen bilden; dann die teilweise außen angeschlossenen Verbindungsgänge. Die einzelnen Stockwerke werden durch zwei Wendeltreppen verbunden, in den alten Akten „Wendelsteine" genannt, beide auf der Westseite des von Süden nach Norden laufenden Flügels. Die eine in der Ecke am Nordflügel gelegene bildet die unmittelbare Verbindung der Frauengemächer im II. Obergeschoß mit dem Hauptsaal und dem Hofe. Die andere, in jedem Stockwerke noch durch einen äußeren Umgang ausgezeichnet, ist die Haupttreppe, die vom Hofe zum Vorsaale emporführt, in welchem nach alter Weise das Gefolge und die sonst zum Hofe in Beziehung Stehenden verkehrten. Indes wurde darin kaum mehr öffentliches Gericht gehalten, da auch Kanzleiräume dazu gehörten, welche, durch dieselbe Treppe zugänglich, sich im II. Obergeschoß befanden. Berücksichtigen wir letzteres, so ist die Anlage für eine gemeinschaftlich geführte Haushaltung zweier Fürstenfamilien, die doch mit dem Gefolge aus etwa 60 Personen bestand, nicht groß und nur denkbar, wenn wir erfahren, daß z. B. sieben der den ersten Adelsfamilien angehörigen Kammerfrauen gemeinsam ein Zimmer bewohnten. Vielleicht würde auch noch durch weitere Bauten eine Vergrößerung eingetreten sein, wenn nicht wenige Jahre nach der Fertigstellung des vorhandenen Baues einer der Brüder infolge der Teilung des Landes Meißen verlassen, der andere, welcher Meißen behielt, seine Residenz nach Dresden verlegt hätte. So war der Bau schon unmittelbar nach seiner Fertigstellung überflüssig geworden und diente, wenn er auch noch eine Zeitlang erhalten wurde, meist untergeordneten Zwecken.

Eine künstlerische Ausschmückung hat er deshalb auch in älterer Zeit nie erhalten. Unsere Abbildungen geben den Grundriß des I. Obergeschosses, sowie den Durchschnitt durch den Süd-Nordflügel mit dem Kapellenturm wieder.

94. Oxburgh-Hall zu Norfolk.

Noch weiter wie in Deutschland ging man in England in dieser Abkehr von der alten befestigten Burganlage. Das Meißener Schloß folgt im Umriß genau nach alter Sitte der unregelmäßigen Form des Felshügels und gewinnt dadurch auch nach alter Weise eine gesteigerte malerische Wirkung im Inneren wie im Äußeren. Wie man in England schon zur gleichen spät-gotischen Zeit im Gegen-

---

[*] Der sehr verbreitete Erklärung dieses Namens als *Arnold* aus Westfalen ist recht fragwürdig. Auf alle Fälle gehörte dieser hochbedeutende Meister seiner Schulung nach nicht nach Westfalen, sondern nach Obersachsen.

Zu S. 110.

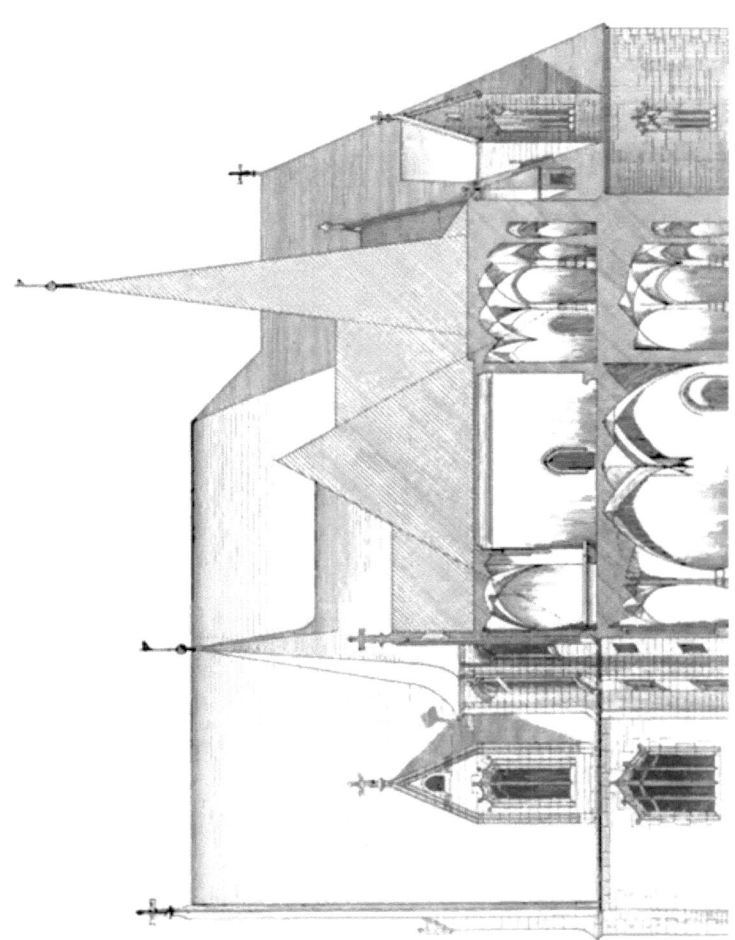

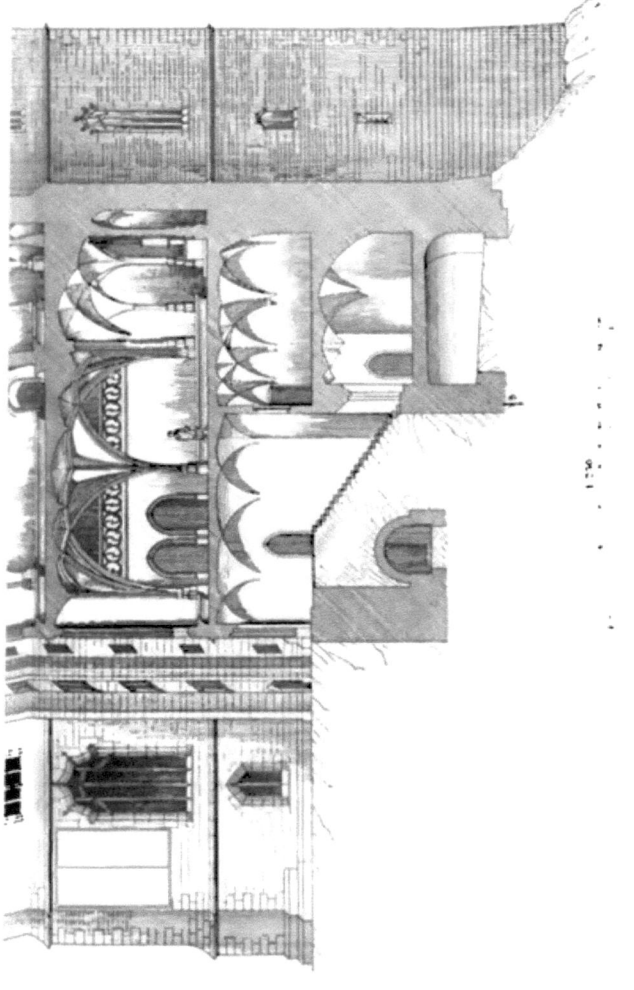

Albrechtsburg zu Meißen.

Durchschnitt durch den Südnord-Flügel mit dem Kapellenturm.

Nach der amtlichen Aufnahme, welche durch freundliche Vermittelung des Herrn Professor † Dr. Steche in Dresden dem Verfasser der 1. Auflage zugänglich gemacht wurde.

Handbuch der Architektur, II, 4, b. (2. Aufl.)

fatz dazu das Streben nach größerer Regelmäßigkeit bevorzugte, möge Fig. 103[*]), der Erdgeschoßgrundriß des Schlosses Oxburgh-Hall in Norfolk zeigen. Das Schloß, im Jahre 1482 erbaut, legt sich mit rechtwinkelig aneinanderschließenden Flügeln um einen rechteckigen Hof herum. Es ist unter Verzicht auf weitere Befestigung nur durch einen Wallgraben gesichert, über den eine Zugbrücke zu dem symmetrisch geformten Torgebäude führt.

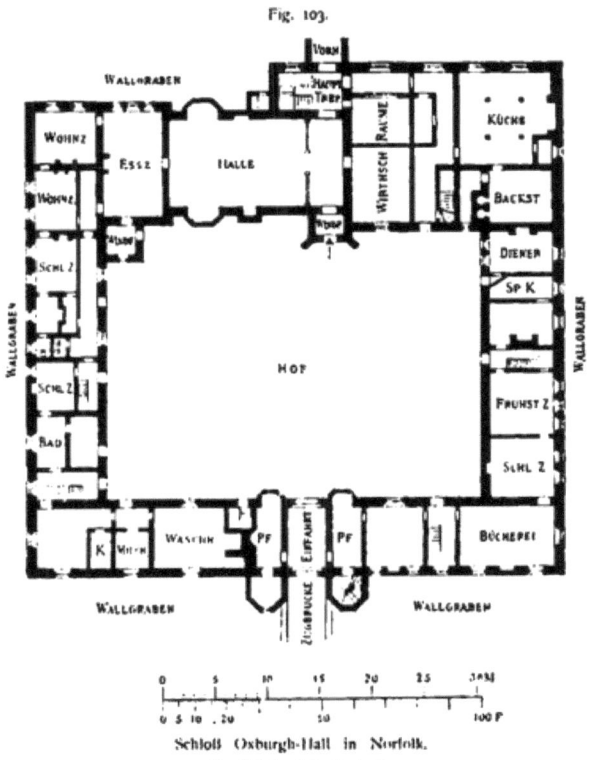

Fig. 103.

Schloß Oxburgh-Hall in Norfolk.
Grundriß des Erdgeschosses[*]).

Die Raumverteilung beruht wieder auf der Bewertung der großen Halle als Mittelpunkt des Hauses. An sie schließen sich nach rechts die nach englischer Sitte sehr reich entwickelten Wirtschaftsräume, nach links die hauptsächlichten Wohnräume. Sehr bezeichnend für mittelalterliche Verhältnisse ist es, daß auch bei diesem mit bedeutenden Mitteln errichteten einheitlichen Bau die Verbindung mit den einzelnen Wohnungsteilen überwiegend nicht durch Flure, sondern durch die reichlich angeordneten Treppen vermittelt wird. Dies ist ursprünglich, ehe man in den links-

[*]) Nach: METHESIUS, a. a. O., S. 31

feitigen Wohnflügel nachträglich einige Fluranlagen eingebaut hat, noch in höherem Maße der Fall gewesen.

Angeführt fei hier, daß auch in den Burganlagen Mährens die Bildung regelmäßig rechteckiger Hofanlagen mehrfach auftritt**).

3. Kapitel.
Städtische Wohnbauten.

95. Grundzüge. Indem wir uns dem Bauwesen der Städte zuwenden, betreten wir ein Gebiet, das sich seinem Wesen und Urfprung nach fehr bedeutend von den vorhergehenden Kapiteln unterscheiden muß.

Die bisher besprochenen Wohnbauten beruhten auf den Lebensbedingungen, die feit den älteften Zeiten des abendländifchen Mittelalters beftanden haben; wir konnten mit großer Sicherheit verfolgen, wie fie fich aus den urtümlichen Verhältniffen vorhiftorifcher Zeiten ziemlich gleichmäßig allenthalben entwickelt haben. Anders fteht es mit den ftädtifchen Wohnbauten. Diefe haben fich herausgebildet unter Verhältniffen, die dem früheren Mittelalter fremd waren; denn das Aufblühen des mittelalterlichen Städtewesens ift ohne unmittelbaren Zusammenhang mit der antiken Städtebildung aus kleinen Anfängen hervorgegangen. Es hat die fchwerften Widerftände fchon in den erften Entwickelungsftufen gerade dadurch erfahren, daß die Zufammenfaffung der Bürgerfchaft unter einem die Gemeinfchaft vertretenden Stadtregiment in unlöslichem Widerfpruch ftand zu dem im frühen Mittelalter rein auf perfönlichem Lehnsverhältnis beruhenden Grundlinien der ftaatlichen und der fozialen Gliederung. Und die Städte haben die Kraft, um diese Widerftände zu überwinden, wesentlich nur dadurch gefunden, daß fie im Gegenfatz zu der durchgehend bäuerlichen Naturalwirtschaft der älteren Zeiten und der ritterlichen Kreife kraft der Antriebe des Handels und des Handwerks zur Geldwirtfchaft, und damit zur Geldmacht, fortfchritten. Dazu kam dann mit der wachfenden Bevölkerung der Stadt das Zufammendrängen Vieler auf engem Raum, das wieder fich gegenfätzlich abhob von der ländlichen Weite aller Abmeffungen. So find in der entwickelten Stadt des fpäteren Mittelalters faft alle Verhältniffe zum fcharfen Gegenfatz gegen die volkstümliche Überlieferung älterer Zeiten ausgewachfen, und naturgemäß prägt fich dies alles im Bauwesen der Städte zu ganz neuen eigenartigen Zügen aus. Aber diefe in die Augen fallenden Gegenfätze find doch erft das Ergebnis einer langen Entwickelung. Da das ganze Städtewefen nur allmählich aus dem es umgebenden ländlichen Verhältniffen herauswachfen konnte, da in der Zeit feines ftürmifchen Vorwärtsfchreitens der Zuzug neuer Bürger doch nur aus Landleuten beftehen konnte, fo müffen wir ohne weiteres auch annehmen, daß die Wohnweife des flachen Landes zuerft fich auch in die Stadt verpflanzt habe. Infofern wird theoretifch die zum Gemeinplatz der Fachliteratur gewordene Anficht kaum in Zweifel zu ziehen fein, daß das Bürgerhaus aus dem ländlichen Wohnhaufe hervorgangen ift. Und doch ift es voreilig, anzunehmen, daß die Bauernhausformen, die wir heute kennen, die Urbilder des bürgerlichen Haufes gewefen feien. Es kann hier fchon ausgefprochen werden, daß in diefem Falle das Bürgerhaus eine andere Geftalt hätte annehmen müffen, als es feine älteften überkommenen Beifpiele zeigen. Dies zwingt uns, für das Entftehen diefer Hausformen eine andere Erklärung zu

---

**) Vergl.: Prokop, A.: Die Markgraffchaft Mähren in kunftgefchichtlicher Bedeutung. Wien 1904.

fuchen. Aber es bieten fich hier größere Schwierigkeiten, den wirklichen Gang der Entwickelung feftzuftellen, als in den anderen Abfchnitten unferer Darftellung. Sie liegen vor allem in der größeren Mannigfaltigkeit der Bedingungen, unter denen das ftädtifche Haus fich bildete. Wir haben in der Stadt nicht eine gefellfchaftlich fo gleichmäßige Schicht als Trägerin des Bauwefens vor uns, wie fie Adel und Fürftentum auf dem freien Lande bildeten. Hier bauen vielmehr die verfchiedenften Kreife jeder in feiner Art. Dies kann teils in der erften Entftehung der Stadt, teils in der Art ihrer fpäteren Entwickelung liegen und wird fich je nachdem verfchieden ausprägen.

Die Entftehung der Städte, fo unendlich verfchieden fie gewefen ift, läßt fich für unfere Betrachtung nach zwei großen Klaffen fcheiden. Es bildete fich eine eigenartige Zufammenfetzung der Bevölkerung, wenn die Stadt, allmählich wachfend, im Anfchluß an eine vornehme ländliche Anfiedelung entftanden war, wie dies bei einer Burg, einem Königshof, einem Bifchofslitz, dem Hof eines Großgrundherrn oder auch nur einer Gruppe adeliger Höfe und dergl. fich ereignete. Dann bildeten von vornherein adelige Höfe, meift die Höfe des Stadtherrn und feiner Vafallen, eine befondere Art der Bauten, und diefe werden natürlich nicht von dem Bauernhaufe beeinflußt fein, in dem man meift wie felbftverftändlich das Vorbild des ftädtifchen Haufes fehen möchte, fondern fie werden wahrfcheinlich Übertragungen der uns aus dem vorhergehenden Kapitel bekannten Edelfitze darftellen. Solche Bauweife konnte für die zuziehenden Bürger, die ja zunächft nur über geringere Mittel verfügten, nicht maßgebend fein.

98. Verfchiedene Zufammenfetzung der Stadtbürgerfchaften.

Wohl mußte fchon in den entftehenden Städten des XI. Jahrhunderts jeder, der als vollberechtigter Bürger gelten wollte, nicht nur ein freier Mann fein, fondern auch eine eigene Hausftelle erwerben, mit welcher der Befitz eines Anteiles am ftädtifchen Grundbefitz verbunden war. Und wir können annehmen, daß diefe Bevölkerungsfchicht fich jedenfalls Unterkunftsverhältniffe gefchaffen hat, die den im bäuerlichen Leben des XI. Jahrhunderts üblichen entfprachen*). Aber von ihren Bauten ift nichts auf uns gekommen; die bürgerlichen Wohnbauten diefer Städte beginnen für uns erft in fpäterer Zeit, in der durch die fortfchreitende Entwickelung ein Ausgleich mit den anders entftandenen Städten fich fchon vollzogen hatte.

Außer diefen beiden vornehmen Klaffen der Bevölkerung, dem Adel und den Vollbürgern find ferner fchon recht früh weitere Einwohner in den Städten zu verzeichnen: Kaufleute und Handwerker vor allem, die zwar nicht als Vollbürger Anteil an der Feldmark und eine volle Hofftelle in der Stadt befaßen, die aber doch als freie Männer auf eigenen, wenn auch kleineren Grundftücken faßen. Bei ihnen fiel die Rückficht auf die Erforderniffe landwirtfchaftlichen Betriebes ganz fort; fie waren in der Ausbildung ihrer Wohnftätten fachlich frei und nur etwa durch die Macht der Gewohnheit an die volkstümliche ländliche Bauweife gebunden.

Etwas anders, und zwar gleichmäßiger, fetzte fich im Anfange die Bürgerfchaft folcher Städte zufammen, die ohne Anlehnung an vornehme Nachbarfchaft etwa an einem natürlichen Handelsorte entftanden oder durch ausdrücklichen Gründungs-

---

*) Dies gilt grundfätzlich auch für diejenigen Städte, die in der älteren Zeit der Städtegründungen zunächft als reine „Marktanfiedelungen" entftanden. Wurden fie auch nicht mit Ackerland ausgeftattet, fo befaßen fie doch, wie fehr häufig nachzuweifen ift, Befitz oder Nutzungsrechte an Weideland ufw., waren alfo zum mindeften durch Viehzucht ebenfalls mit landwirtfchaftlicher Tätigkeit eng verbunden.

akt planmäßig in einem Zuge gegründet wurden. In ihnen fällt im wesentlichen jene Schicht adeliger Herren und vornehmer Dienstmannen fort. Zunächst kann man für sie eine ziemlich gleichmäßige Bebauung mit den Hofstellen der Vollbürger annehmen, auf denen die einfacheren Handwerker als Hintersassen gleichzeitig Unterkunft fanden. Sehr bald kam auch hier, wie in den erstbesprochenen Städten, ein selbständiger Stand freier Handwerker und Kaufleute mit eigenen baulichen Bedürfnissen hinzu. Mit der fortschreitenden Bedeutung der Städte fanden es dann wieder so manche vom Adel vorteilhaft, diesen mächtiger werdenden Genossenschaften anzugehören. Sie ließen sich als „Ausbürger" aufnehmen, und so Mancher errichtete sich in der Stadt ein eigenes Haus, das aber wegen der inzwischen eingetretenen Wertsteigerung des städtischen Bodens nicht mehr die Form eines adeligen Hofes annehmen konnte, sondern ein einfaches Absteigequartier ward. Diese spätere Anteilnahme ritterlicher Kreise an der baulichen Gestaltung der Stadt war unabhängig von deren ursprünglichen Entstehungsweise und trug schon zur Verwischung der obenangeführten Unterschiede bei. Noch mehr wurde diese dann dadurch befördert, daß in jenen erstgeschilderten Städten die vornehmen Höfe meistens in späterer Zeit zerstückelt wurden, sei es, daß ihre Besitzer sie als Baustellen in kleinen Anteilen freiwillig verkauften, um den gesteigerten Grundstückswert auszunutzen, sei es, daß in den politischen Kämpfen um die Stadtherrschaft der Adel überhaupt aus der Stadt vertrieben wurde. Von jenen alten großen Höfen ist dann bestenfalls das Herrenhaus, gleich nur ein kleines Haus, gleich den letzterwähnten Adelssitzen, als Rest übrig geblieben. Endlich hoben sich aus der handel- und gewerbetreibenden Bürgerschaft vielfach, besonders im Süden, einzelne Geschlechter heraus zu einem vornehmen, ritterlichem Range entsprechenden Leben. Die Wohnstätten solcher Patrizierfamilien schlossen sich dann wieder zu einer besonderen vornehmen Klasse zusammen, deren Bild aber vielfach mit demjenigen der adeligen Niederlassungen zusammenfällt.

97. Verschiedene Arten städtischer Wohnhäuser.

So können wir bei Schilderung des städtischen Bauwesens ein übersichtliches Bild nur durch Trennung der städtischen Wohnhäuser in mehrere Gruppen gewinnen, und wir wählen eine Trennung zwischen den Wohnhäusern vornehmer Kreise, zu denen wir auch die Bauten der höheren Geistlichkeit zu zählen haben werden, und den Häusern des schlichteren bürgerlichen Standes, denen sich die Behausungen der „Kleinbürger", Handwerker, Krämer und dergl. leicht angliedern. Auch bei dieser Sonderung in Hauptgruppen wird das Bild immer noch überaus mannigfaltig ausfallen. Dafür sorgt in hohem Maße die sehr verschiedenartige Entwickelung, welche die einzelnen Länder nahmen. Sie äußert sich nicht nur in der Anpassung an das Klima und in den höheren oder niederen Ansprüchen an die Behaglichkeit des Hauses, sondern sie bringt es auch zuwege, daß bald mehr das Handwerk und der Handel mit seinen Erzeugnissen vorherrscht, bald mehr die Aus- und Einfuhr von Massenerzeugnissen der Landwirtschaft und der Seefahrt oder daß reiner Zwischenhandel und Geldverkehr die Haupterwerbsquelle der Bürger ausmacht, und dies alles beeinflußt die Anlage der Häuser wesentlich. Dazu treten endlich noch die vielverschlungenen Einflüsse, welche die verschiedenen Länder gegenseitig aufeinander ausüben, durch welche insbesondere die höherentwickelten Formen aus Gegenden älterer Kultur in die zurückgebliebenen Länder durch Nachahmung eindringen und Mischformen erzeugen.

98. Grundlage der Darstellung.

Alle diese sehr verwickelten Bedingungen, durch die das städtische Wohnhaus des Mittelalters hindurchgegangen ist, sind noch wenig erforscht, und ihre

Grundzüge bisher noch nicht in größerer Überficht verarbeitet worden. Selbft die Sammlung des ungeheuer weitfchichtigen Stoffes ift im Vergleich mit anderen Gebieten der Kunftgefchichte noch außerordentlich im Rückftande. Wir geben in nachftehendem den Verfuch einer zufammenhängenden Darftellung, die zum wefentlichen auf den an erhaltenen Denkmälern der verfchiedenen Gebiete gebildeten perfönlichen Anfchauungen beruht.

Wir geben fie mit dem Vorbehalt gewiffer Abweichungen im einzelnen, den man einem folchen erften Verfuch, einen Stoff von feltener Unüberfichtlichkeit zu gliedern, zugute halten möge, aber in der feften Überzeugung, daß fie in allem wefentlichen den wirklichen Vorgängen entfpricht*).

a) Vornehme ftädtifche Wohnfitze.

Der Beginn ftädtifcher Entwickelungen in Deutfchland und auch in den anderen Ländern knüpft fich an die Orte, die fchon in den Römerzeiten eine bedeutende Rolle gefpielt haben. Allerdings find es zunächft nur Vorftufen, die mit den Zuftänden fpäterer Zeit wenig Ähnlichkeit haben. Verwüftet lagen alle diefe Stätten früheren Glanzes, wie Cöln, Mainz, Worms, Straßburg, Regensburg u. a.; Gärten, Felder und Einöden bedeckten das frühere Stadtgebiet. Auch in Paris liegt zwifchen der Merovingifchen und der mittelalterlichen Kapetingifchen Zeit eine große Verwüftung. An die Stelle fpät-antiker Prunkbauten mit bunten Glasfenftern, koftbaren Bronzefchranken, Baldachinen, Gold- und Silbergefäßen traten Notftandsbauten und Befeftigungen. Als die erften Anfiedler fich wieder auf den alten Stadtplätzen niederließen, waren zerftört und vergeffen alle Ordnungen und Einrichtungen, die für Sicherheit und Ruhe im ftädtifchen Bezirk geforgt hatten. Die Stadtmauern, foweit fie erhalten geblieben, waren viel zu weit gezogen, als daß fie die Veranlaffung zu gefchloffener Siedelungsform hätten geben können. Vielmehr vollzog fich der Wiederanbau der verwüfteten Stätte etwa im V. und VI. Jahrhundert fo, daß fich vornehme Einzelhöfe des Königs, eines Bifchofs oder fonftiger Großen, dazu vielleicht kleine dorfartige Gruppen von freien Bauernhöfen, auf dem weiten Raume zerftreut bildeten. Die erfteren zogen dann die Gründung weiterer Höfe von Dienftmannen bald nach fich, bei deren Begabung mit Grundfläche man auch noch keine Veranlaffung zur Raumerfparnis haben konnte. So beftand ein wefentlicher Teil einer folchen entftehenden Stadt aus anfehnlichen Höfen, die fich von den Herrenfitzen des freien Landes in nichts unterfchieden haben werden. Solange unter dem Beftande der Volksfreiheit das Gericht der Volksgenoffen die Aufrechterhaltung von Recht und Frieden verbürgte, war auch hier kein Anlaß zur Befeftigung gegeben; Zaun oder einfache Umwehrungsmauern genügten, um fie gegen die freie Nachbarfchaft abzufchließen. Es fcheint, daß an manchen Orten rechtzeitig die abnehmende Macht diefes Volksgerichtes durch die ftraffe Leitung königlicher Beamten, Burggrafen und Stadtpräfekten oder durch zielbewußt durchgebildete geiftliche Herrfchaft erfetzt worden ift, oder daß unter den bedeutenderen Grundbefitzern mancher Stadt wefentlich Einheit geherrfcht hat, fo daß diefen Städten dauernde Zeiten der Gefetzlofigkeit, wie fie die wilden politifchen Kämpfe des Reiches begleiteten, erfpart worden find. Dies möchten wir wenigftens daraus fchließen, daß die Form des unbefeftigten Hofes oder Refte davon fich noch aus den erften Jahrhunderten mittelalterlicher Architekturent-

---

*) Die Grundzüge diefer Anfchauung habe ich zuerft veröffentlicht in einem Vortrag über Aufnahme, Sammlung und Erhaltung deutfcher Bürgerhäufer auf dem Denkmaltage zu Mainz am 27. September 1904. Vergl. den ftenographifchen Bericht vom V. Tag für Denkmalpflege. Berlin 1904. S. 80 ff.

wickelung mehrfach erhalten haben. Anderwärts aber hat sich, nach Fortfall jeder die Ordnung sichernden Macht, gerade unter den Adeligen der Stadt der wildeste Kampf um die Vorherrschaft erhoben, ein Kampf Aller gegen Alle, der dazu führte, daß jeder dieser kleinen Machthaber sich auf seinem Eigen, wie in einer Burg, nach Kräften befestigte. Das Mittel dazu war vor allem die Errichtung hoher

Fig. 104. Ansicht.

Fig. 105. Grundriß des 1. Obergeschosses.

Frankenturm zu Trier*).

Türme, die durch das starke Steinwerk ihrer Mauern und die Beherrschung des umliegenden, damals natürlich noch nicht mit Häusern besetzten Geländes dem Inhaber die größtmögliche Sicherheit gewährten.

So erscheint der Wohnturm auch in der Stadt als eine der ältesten uns erhaltenen Formen des monumentalen Wohnbaues. Bekannt ist, wie besonders

100. Frankenturm zu Trier.

*) Nach eigenen Aufnahmen.

auf italienischem Boden ein wahrer Wetteifer im Errichten solcher fester Türme sich gezeigt und das Aussehen mancher Städte, z. B. Bolognas, bis auf den heutigen Tag bestimmt hat. Aber auch in Deutschland kennen wir mehrfach Beispiele solcher turmartiger Wohnhäuser, die als Reste größerer befestigter Hofanlagen anzusehen sind. In Trier waren noch im Beginn des XIX. Jahrhunderts eine ganze Reihe vorhanden; drei sind uns wenigstens in älteren Zeichnungen erhalten**). Von einem, dem sog. Frankenturm, sind noch die unteren Geschosse auf uns gekommen und wir geben in Fig. 104 bis 106**) eine Ansicht dieses vielleicht ältesten städischen Wohnhauses in Deutschland, sowie den Grundriß des Obergeschosses und eine Probe der schönen Einzelheiten.

Fig. 106.

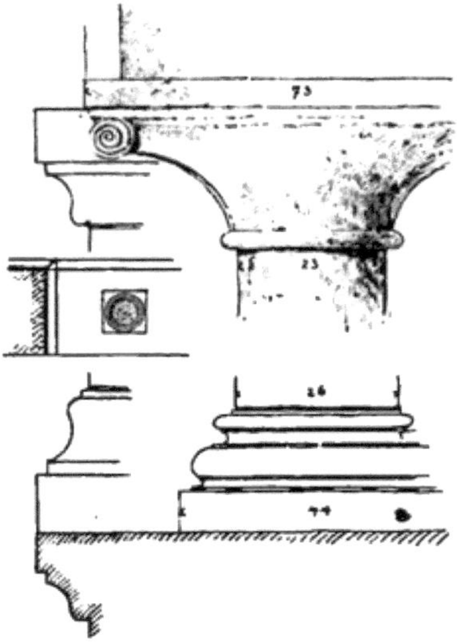

Fenstergliederung im I. Obergeschoß des Frankenturmes zu Trier**).
¹/₁₀ w. Gr.

Über die Zeitstellung des Baues besteht keine Sicherheit; man schwankt in der Annahme zwischen dem X. und dem XII. Jahrhundert. Wir halten wegen der sehr sicheren und kraftvollen Formgebung der oberen Fensterordnung, die mit der Klosterkirche zu Hersfeld in der Profilierung große Verwandtschaft zeigt, eine Entstehung frühestens um die Mitte des XI. Jahrhunderts für das Wahrscheinlichste.

Ursprünglich erhoben sich über dem Erdgeschoß mindestens zwei Geschosse, und es war das oberste Geschoß mit einem Zinnenkranz abgeschlossen. Das Äußere ist sehr sorgsam und mit reichen Mitteln hergestellt, in den Flächen mit rechteckig geschlagenen Bruchsteinen, die man jedenfalls von römischen Ruinen entnommen hat, verkleidet. Kräftige Schmiegengesimse und Bänder aus je zwei Lagen römischer Ziegel gliedern die Flächen, die an den Ecken mit großen Quadern eingefaßt sind.

Wir haben vor uns einen Bau von schlichtem Grundriß, nicht mehr als einen ansehnlichen Raum von 14,20 × 6,50 = Größe enthaltend, und jetzt noch ein hohes Untergeschoß ¹⁰⁰), das dargestellte Obergeschoß, sowie einen durch das Dach schräg angeschnittenen Teil eines II. Obergeschosses umfassend.

Das I. Obergeschoß bildet offenbar den eigentlichen Wohnraum. Es war ringsum durch kleine, aus einer Steinplatte geschnittene Rundbogenfenster, je 4 an der Langseite, 2 am hinteren Giebel, erhellt; nur am Vordergiebel ist eine reichere Ausbildung durch zwei von derben Säulen geteilte Gruppenfenster geschaffen. Bei A ist die Anlage einer Tür noch kenntlich; dort wird also eine äußere Treppe hinaufgeführt haben; bei B bemerkt man die Reste eines Kamins.

So bewahrt das Ganze in Abmessungen und Einrichtungen durchaus die Form der Halle, wie wir sie auf ländlichen Herrensitzen kennen gelernt haben. Es unterscheidet sich von diesen

---
**) Vergl.: STEPHANI, a. a. O., S. 513 ff.
**) Zu ihm ist zu bemerken, daß das große Einfahrtstor des Erdgeschosses eine neuere Zutat ist; früher bot das Erdgeschoß eine geschlossene Wand.

nur durch die starke, turmartige Höherführung, wobei die geringe Mauerstärke jedoch den Gedanken nahe legt, daß dieser hohe Aufbau vielleicht zunächst gar nicht im Plane des Gebäudes gelegen habe. Wie jene Hallen werden wir uns den Bau inmitten einer größeren Hofanlage, umringt von kleineren Gebäuden, Wohnhäusern usw. vorstellen müssen.

107. Wohntürme zu Regensburg.

Anderer Art sind die zu Regensburg in ziemlicher Anzahl erhaltenen sog. Streittürme, wenn sie auch den gleichen Zwecken wie der letztbesprochene Bau gedient haben. Einer der ältesten und auch der großartigste ist der mächtige Buckelquaderturm, der hinter dem Dom neben dem Herzoghofe am Kornmarkt steht und vom Volke als römisches Werk angesehen, den Namen „Heidenturm" führt [101].

Es ist ein gewaltiger Klotz von etwa 13 m Seitenlänge seines quadratischen Grundrisses und 28,50 m Höhe. Über einem jetzt verschütteten Keller und tonnengewölbtem Untergeschoß erheben sich vier weitere Stockwerke mit lichten Weiten von etwa 10 m im Geviert, die zu Wohnzwecken gedient haben, jetzt aber durch ersichtlich spätere Scheidewände rohester Art geteilt sind. Ein Kamin, der zwar sehr einfach in Form und Ausführung ist, deshalb aber nicht ohne weiteres auf hohes Alter deutet, ist in der Ecke des I. Obergeschosses enthalten; für die Beleuchtung der Räume ist sehr spärlich gesorgt durch je drei kleine Fenster in jedem Geschoß, die zum Teil durch zierliche Säulchen geteilt sind. Die Formen dieser Säulchen deuten mit Sicherheit auf die Zeit um 1150 bis 1200 als Bauzeit des Turmes.

Wir bilden in Fig. 107 u. 108 [102]) ein Beispiel späterer Zeit aus Regensburg ab, das in dem Gassengewirr südöstlich vom Rathause gelegen ist und gegenüber der starken Verteidigungsfähigkeit jenes herzoglichen Trutzbaues nach außen hin mehr den wohnlichen Eindruck hervorhebt.

Der Turm steigt als unverjüngte Masse über einem Grundriß von rund 7,60 × 9,10 m Seitenlänge auf und enthält im Gegensatz zu den eigentlichen Befestigungstürmen den vornehmsten, mit Rippengewölbe überspannten Raum schon im Erdgeschoß. Wir müssen also dort schon ausreichende Lichtöffnungen annehmen, wenngleich die jetzige weite Ladenöffnung, die als Schaufenster eines Spänglermeisters dient, weit über mittelalterliche Bedürfnisse hinausgeht. Wir haben Grundriß und Ansicht entsprechend ergänzt. Der Turm enthält 6 Obergeschosse, die im Inneren ganz schlicht, ja geradezu roh behandelt sind, außen dagegen als stolzes Zeichen von des Besitzers Reichtum nach allen vier Seiten zierliche Fenstergruppen aufweisen. In welcher Weise die alten Treppenaufgänge angelegt waren, ist nicht mehr klar. Sicher ist, daß das Erdgeschoß ohne jede Verbindung mit den oberen Räumen war, was ja alter Überlieferung entspricht. Vom IV. Obergeschoß an, das

[101]) Siehe: STEPHANI, a. a. O., S. 411.
[102]) Nach eigener Aufnahme.

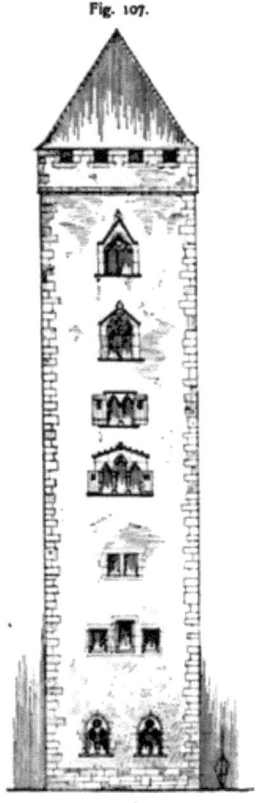

Fig. 107.

Ansicht.

Fig. 108

Grundriß des Erdgeschosses.

Hochapfelscher Turm zu Regensburg [102]).

durch eine Tür vom Dachboden des anstoßenden neueren Haufes zugänglich ist, führt jetzt eine mit leichter Bretterwand abgetrennte zweiarmige Holztreppe weiter hinauf. Die oberen Zinnenkränze werden in alter Überlieferung des Wohnzweckes nicht gefehlt haben; wir haben sie nach anderen Beispielen auch hier ergänzt, und ferner das für deutsche Witterungsverhältnisse mit großer Wahrscheinlichkeit anzunehmende Dach hinzugefügt.

In Metz findet sich in der Trinitarierstraße das sog. Hotel St.-Livier, ein adeliges Wohnhaus des XIII. Jahrhunderts, das nicht gerade mehr Turmform besitzt, aber doch noch eine gewisse Wehrhaftigkeit bewahrt. Seine viereckige Masse (Fig. 109[109]) wird von einem durchaus wehrfähigen Zinnenkranz bekrönt, und ein kleiner quadratischer Turm erhebt sich an der linken Ecke noch um zwei Geschosse über diese Wehrplatte.

Fig. 109.

Adelshaus zu Metz.
Ansicht[109]).

Er ist in seinem Inneren als Taubenhaus eingerichtet, konnte aber neben dieser friedlichen Eigenschaft sehr wohl in kriegerischen Zeiten als Wartturm benutzt werden. Die innere Einteilung des Baues ist nicht mehr zu ermitteln; man kann aber annehmen, daß der jetzt zur Treppe benutzte Bauteil unter dem Ecktürmchen von jeher diesem Zwecke gedient hat. Zu dem verteidigungsfähigen oberen Abschluß des Hauses bildet die starke Durchbrechung der Vorderwand in allen 4 Geschossen einen unleugbaren Gegensatz. Die oberen 2 Geschosse besitzen dreiteilige, flachgedeckte Gruppenfenster, die mit ihren reizenden Säulenstellungen und zierlichen Umrahmungen noch wohlerhalten auf uns gekommen sind. In beiden unteren Geschossen ist die Anlage von Fenstergruppen ähnlichen Umfanges dadurch bezeugt, daß ihre kleeblattförmigen Bogenblenden neuerdings unter dem Wandputz zum Vorschein gekommen sind. Die unter diesen Blenden befindlichen Öffnungen sind allerdings im XVI. oder XVII. Jahrhundert behufs Anlage größerer Kreuzstockfenster zerstört worden.

Zu erklären ist die Verbindung von hohen Turmbauten — wie in Regensburg — oder wehrfähigen Oberteilen — wie in letztbeschriebenem Beispiel — mit solch freier Öffnung ansehnlicher unterer Wohnräume nur dadurch, daß man für diese Bauten die Lage auf einem größeren Hofbezirk annimmt. Dann konnten die unteren Geschosse durch die bewehrte Hofummauerung geschützt sein, und

---

[109]) Wir geben die Ansicht in einer Wiederherstellung, der die neueste Veröffentlichung in: Schmitz, W. Der mittelalterliche Profanbau in Lothringen (Düsseldorf 1900), sowie Photographien des jetzigen Zustandes zugrunde gelegt sind. Für die Beschaffung dieser Photographien bin ich Herrn Mag.-Sekretär Winter in Berlin zu Dank verpflichtet.

die Verteidigungskraft der letzteren wurde durch die überhöhenden Wehrplatten der angeführten Bauten wesentlich verstärkt.

103. Adelshof zu Straßburg.

Die vorbesprochenen Beispiele laffen zwar erkennen, daß nicht der Befeftigungszweck allein für ihre Errichtung maßgebend gewefen ift; immerhin aber fpiegeln fie Verhältniffe wieder, in denen der vornehme Befitzer darauf bedacht fein mußte, auch in der Stadt feine Stellung mit den Waffen in der Hand zu wahren. Es fei ihnen ein anderes Beifpiel gegenübergeftellt, das uns einen Anhalt gibt, wie der behaglichere Sitz eines vornehmen Mannes in einer Stadt angelegt wurde, in welcher unter ftarker Bifchofsherrfchaft auf kriegerifche Wirren nicht zu rechnen war. Fig. 110[104]) gibt den Lageplan eines Gehöftes, das bis zum Jahre 1903 in Straßburg, Thomasplatz 10, unter dem Namen „Römerhof" beftand, foweit mir bekannt, das einzige feiner Art in Deutfchland, und das trotz einiger Zutaten oder Umbauten fpäterer Zeit ein gutes Bild eines ftädtifchen Hofes romanifcher Zeit gab.

Das Grundftück liegt am Thomasplatz und der Ecke einer Seitengaffe und war an zwei Seiten von Nachbarn begrenzt. Im hinteren Winkel, der früher vielleicht die Mitte des Ganzen gebildet haben mag, lag das Herrenhaus, ein ftattliches Seitengebäude von etwa 25 × 14,00 = Größe. Im Äußeren zeigten Refte eines fchlichten Rundbogenfriefes, daß wir es noch mit einem Bau romanifcher Zeit zu tun haben; der Innenausbau enthielt nur noch Refte fpäterer mittelalterlicher Zeit und kommt für uns nicht weiter in Betracht. Zwifchen diefem Hauptwohngebäude und der Nebenftraße erftreckt fich ein Garten; nach dem Thomasplatze zu fchloffen fich dreigefchoffige Holzgallerien an und bildeten eine Verbindung mit einem weiteren Wohnhaus fpäterer Zeit, das die vordere Ecke des Grundftückes einnahm. Das Ganze war, abgefehen von den an den Grenzen ftehenden Gebäuden, nur durch eine einfache Gartenmauer abgefchloffen und zeigte keinerlei Verteidigungseinrichtungen.

Fig. 110.

Römerhof zu Straßburg.
Skizze des Lageplanes[104]).

104. Fortfall der Befeftigung in den Städten.

Wir dürfen annehmen, daß folche auf friedliche Verhältniffe berechnete Anlagen in den wohlgeordneten Städten bald die Regel wurden. Denn es wäre ganz falfch, anzunehmen, daß in diefen Rechtlofigkeit und wilder Kampf dauernd geherrfcht hätten. Kriegerifche Zuftände konnten wohl auch in ihnen eintreten, ganz wie heutzutage, wenn größere politifche oder gefellfchaftliche Umwälzungen die gewohnte Ordnung durchbrechen. Für gewöhnliche Zeiten aber war durch den kaiferlichen Blutbann und die Gerichte des Grundherrn oder der Bürger dafür geforgt, daß die Selbfthilfe ftreng ausgefchloffen wurde. Wo noch befeftigte Häufer in den Städten beftanden, wurde von den Bürgerfchaften mit großem Eifer auf ihre Befeitigung hingearbeitet, und fchon im Jahre 1180 wurde als Ausdruck diefer Verhältniffe die Anlage neuer Burgen innerhalb der Städte durch Reichstagsbefchluß allgemein unterfagt. Solche unbefeftigte vornehme Wohnhäufer alter Zeit find uns nun in ganzer Zahl teils in Natur, teils in Zeichnungen erhalten. Sie ftehen heutzutage in der Regel in der Flucht der Straßen und Plätze; aber dies brauchen wir für die Zeit ihrer Entftehung durchaus nicht anzunehmen. Nicht die heutige Straßenflucht muß ihre Lage beftimmt haben; vielmehr kann man umgekehrt die Straße ihnen zuliebe in ihrer jetzigen Form eingerichtet haben, nachdem der große Hof, deffen Hauptgebäude fie einftmals bildeten, aufgelöft und zu Bauftellen verkauft worden war. Daß diefer Vorgang, das Aus-

[104]) Nach eigener Aufnahme.

schlachten größerer Grundstücke zu kleinbürgerlichen Baustellen, sich wirklich abgespielt hat, dafür sind uns urkundliche Zeugnisse erhalten, worüber weiter unten mehr. Stellen wir uns die vornehmen Steinhäuser romanischer Zeit, die wir kennen, so als Mittelpunkt eines größeren adeligen oder patrizischen Hofes vor, so gewinnen wir für sie einen ganz anderen Maßstab und auch die Erklärung, warum sie sich ohne alle Absperrungen oder Vorräume auch im Erdgeschoß so frei dem Blick, wie dem Verkehr öffnen durften.

Eines der stolzesten Denkmäler dieser Verhältnisse ist das in der Rheinstraße zu Cöln stehende sog. „Templerhaus", ein Bau von 15,00 m Frontbreite, dessen Giebelansicht wir in Fig. 111 nach *Boisserée*[105]) wiedergeben. Es soll das Haus der Patrizierfamilie *Overstolz* sein und entstammt, seinen Formen nach zu urteilen, der ersten Hälfte des XIII. Jahrhunderts. Große Öffnungen durchbrechen das Erdgeschoß[106]) und lassen den Gedanken an Verteidigung solchen Hauses gar nicht aufkommen. Die beiden Türen rechts, nebst dem dazwischen liegenden Fenster, entsprechen einer ansehnlichen Halle im Erdgeschoß, die als Empfangsraum angesehen werden kann; weit davon lag ein kleineres, durch zwei Säulenfenster erhelltes Gemach. Auch die Rückseite des Hauses zeigt vornehme und wohnlich mit verglasten Steinfenstern ausgestattete Gemächer, sodaß das Erdgeschoß die bedeutendsten und ansehnlichsten Räume des Hauses in sich vereinigte.

Fig. 111.

Templerhaus zu Cöln.
Ansicht[105]). — 1/200 w. Gr.

Über den Zugang zum Obergeschoß bietet sich uns kein Anhaltspunkt; ebenso wenig sind wir über seine Einteilung unterrichtet. Die Fensterbildung ist auch hier, wenigstens nach der Vorderseite hin, aufwändig genug, um noch an das Unterbringen vornehmer Wohnräume denken zu lassen, wenngleich sie in der Sorgfalt der Formenausbildung nicht an die Fenster des Untergeschosses heranreicht. Die im Dachboden liegenden Geschosse können ebensowohl dem Handel des patrizischen Besitzers, wie auch dem Unterbringen von Gesinde gedient haben; jedenfalls bot ein solches Haus Räume genug für das Entfalten sowohl reichen Prunkes, wie für die häusliche Behaglichkeit einer vornehmen Familie.

Ähnlichen Bedürfnissen wie ein solches Haus einer edlen Bürgerfamilie entsprach naturgemäß die Wohnung eines vornehmen Geistlichen, der die ihm untergebene Gemeinschaft nach außen zu vertreten hatte. Auch solche Wohngebäude wurden oft nicht in die Häuser der gewöhnlichen Bürger eingereiht, sondern erhoben sich auf den um die bedeutenden Kirchen freigelassenen Plätzen, die vielfach als Domfreiheit, Stiftsfreiheit und dergl. nicht nur vom Straßenverkehr der Stadt,

---

[105]) Vergl.: Boisserée, S. Denkmale der Baukunst am Niederrhein. München 1833. Taf. 35.
[106]) Gegen die Anzweiflung dieses von *Boisserée* gegebenen Bestandes spricht sehr der Umstand, daß die Wand des Erdgeschosses am hinteren Giebel des Hauses ebenso stark durch die in Art. 243 im einzelnen gegebenen, sicher ursprünglichen Fenster durchbrochen ist.

fondern auch von Verwaltung und Rechtfprechung der Bürgerfchaft ausgenommen waren. Wir geben als Beifpiel in Fig. 112[107]) die fog. Kurie des Stiftspropftes zu Aachen, die etwa gleicher Zeit wie das Haus der *Overftolzen* in Cöln angehören mag. Das Äußere zeigt eine ziemlich aufwändige Anordnung von Säulenfenftern, wobei allerdings zu berückfichtigen ift, daß die in unferer Abbildung gegebenen Fenfter des Untergefchoffes und auch die Seitenanficht freie Ergänzungen find. Man könnte für die unten zu vermutenden Vorrats- und Dienfträume wohl auch kleinere und fchlichtere Lichtöffnungen vorausfetzen. Beffer beglaubigt ift für die Obergefchoffe die Anordnung von zum Teil rundbogig zufammengefaßten Gruppenfenftern; nur dürfte man für diefe wohl eine Ausbildung bevorzugen, die dem häuslichen Charakter diefer Räume durch die Möglichkeit eines Fenfterverfchluffes beffer Rechnung trägt.

Soweit man nach der Stellung diefer Gruppenfenfter die Innenanlage beurteilen kann, enthielt der Bau im Hauptgefchoß einen Saal nebft angrenzendem kleineren Erkerzimmer (Hauskapelle?) und ähnliche Einteilung im Obergefchoß. Er entfpricht alfo in feiner Einteilung ziemlich genau dem, was wir bei den vornehmen weltlichen Wohngebäuden gleicher Zeit vorfanden; nur ift der Raumbedarf für die zahlreiche Umgebung des Dompropftes durch die Dreigefchoffigkeit des Gebäudes auf engere Grundfläche zufammengedrängt, wahrfcheinlich infolge davon, daß auf diefem alten Kulturboden damals der Raum fchon begann, koftbar zu werden. Denn feit dem Beginn des XI. Jahrhunderts hatten die Stiftsherren der Krönungskirche das frühere gemeinfame Leben aufgegeben, und die für fie beftimmten Einzelkurien mußten auf dem Platze des alten „Klofterhofes" dicht beieinander untergebracht werden. Daß nun nicht für jeden der Stiftsherren ein fo aufwändiger

Fig. 112.

Kurie des Stiftspropftes zu Aachen[107]).

Bau, wie der hier dargeftellte, errichtet werden konnte, ift wohl klar, und fo ift die Vermutung fehr annehmbar, daß diefer entftanden ift in der Zeit, als das Stift fich in der Perfon des Hohenftaufen *Philipp von Schwaben* eines ungewöhnlich vornehmen und außerordentlich bauluftigen Propftes erfreute.

Hierher gehört auch das malerifch gruppierte Haus, das fich die Grafen von Tirol als Abfteigequartier in Meran am Ende des XV. oder Anfang des XVI. Jahrhunderts anlegten und das in Verkennung feines Charakters heute meift als landesfürftliche „Burg" bezeichnet wird. Das ift es allerdings nicht, fondern ein kleines befcheidenes Wohnhaus, für vorübergehenden Aufenthalt beftimmt, und zwar nach außen hin vornehm abgefchloffen, aber kaum gegen ernfthafte Angriffe verteidigungsfähig. Es fchließt fich (Fig. 113) in unregelmäßiger Form an einen mit hölzernem Umgang verfehenen Hof an, deffen Abgrenzung mit ihrer fchmalen und niedrigen Pforte allerdings modernen Urfprunges ift.

Im Erdgefchoß liegen untergeordnete Räume. Im hier dargeftellten Obergefchoß erreicht man von dem kleinen Treppenvorraum das mit Erker verfehene, durch einen mächtigen Ofen heiz-

[107] Haus des Grafen von Tirol zu Meran.

[107]) Nach: Bock, F. Rheinlands Baudenkmale des Mittelalters. Köln.

bare Hauptgemach nebſt Dienerzimmer, ferner einen weiteren Durchgangsraum, an den einerſeits der Kapellenerker (mit beſonderer Sakriſtei), an den beiden anderen Seiten zwei weitere Räume ſich anſchließen. Ein II. Obergeſchoß enthält dann noch eine ganze Anzahl kleinerer Wohngemächer. Das Haus iſt im Äußeren völlig ſchlicht und nur durch den ausdrucksvollen Umriß ſeiner Dachlinie wirkſam; dafür iſt das Innere reicher und von großer Behaglichkeit des Eindruckes. Die Innenwände ſind durchgehends in ſichtbarem Holzbau eingefügt, dementſprechend Außenwände und Decken vollſtändig getäfelt und letztere durch kräftige Unterzüge gegliedert. Die zierlichen Gewölbchen der Erker bilden zu den in tiefen braunroten Tönen gehaltenen Holzteilen einen ſehr feinen Gegenſatz nach Form und Farbe.

Bei den bisher beſprochenen Bauten konnten wir nur die Vermutung ausſprechen, daß ſie früher Teile einer größeren Hofanlage waren. Aus ſpäterer Zeit aber ſind uns wiederum noch Beiſpiele erhalten, aus denen wir ſehen können, wie das fortſchreitende Bedürfnis nach reicherer Gliederung der Wohnungen auch die alte ſtädtiſche Hofanlage gänzlich umgeſtaltete. Dies geſchah im Anſchluß an den vornehmen Wohnbau ländlicher Gegenden derart, daß auf dem knapper gewordenen Platze die zahlreichen Räume in zuſammenhängende, mehrgeſchoſſige Bauten vereinigt wurden. Bei größeren Anlagen wuchſen nun die Bedürfniſſe ſo, daß die notwendigen Räume ſich nicht mehr in einem ſchlichten Giebelbau unterbringen ließen. Es wurden ganze Flügel erbaut, die entweder einen Hof zwiſchen ſich einſchloſſen oder von den inzwiſchen ja überall feſtgelegten ſtädtiſchen Straßen durch einen Hof getrennt wurden.

108. Zuſammengeſetzte Bauten.

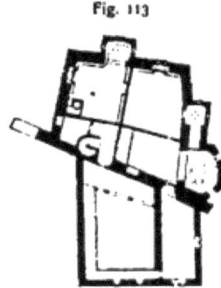

Fig. 113

Gräfliches Haus zu Meran. Obergeſchoß.
¹⁄₁₀₀ v. Gr.

In Paris ſtand noch 1840 das Hôtel de la Trémoille, ein aus einem Erdgeſchoß und zwei Obergeſchoſſen beſtehendes, in glänzendſter Architektur durchgebildetes Wohnhaus[109]), welches ungefähr die Mitte eines ſchmalen, aber unregelmäßigen, zwiſchen anderen gelegenen Grundſtückes einnahm, das von der Rue des Bourdonnais, wo der Haupteingang war, in einer Breite von 22,00 m bis zur Rue Tirechappe durchging. Vor dem Hauſe, deſſen Erbauer in der Schlacht bei Pavia fiel, und welches etwa im Jahre 1490 errichtet wurde, dehnt ſich ein mächtiger Vorhof aus, an zwei Seiten von Hallen umgeben, die nach der Straße zu ebenfalls fenſterlos waren und ein Obergeſchoß trugen. Hinter dem Hauſe zogen ſich neben dem Garten gleichfalls mit Hallen verſehene Gebäudeflügel hin, welche die Küche und ſonſtige Wirtſchaftsräume enthielten und ihren Ausgang nach der Straße Tirechappe hatten. Das Ganze iſt leider heute zerſtört bis auf einige Bruchſtücke, welche in der *École des beaux-arts* aufgeſtellt wurden. Wir geben in Fig. 114[109]) den Grundriß des Erdgeſchoſſes und bemerken, daß das Hauptgebäude in drei Geſchoſſen eine ganze Anzahl von Wohnräumen, um eine Mitteldiele *D* gruppiert, enthielt. Die nach der Straße hin gelegenen Hallen ſind zweigeſchoſſig; die am Garten errichteten Hinterflügel waren nur eingeſchoſſig. Fig. 115[109]) möge von dem üppigen Reichtum der Einzelformen eine ungefähre Anſchauung geben.

109. Hôtel de la Trémoille zu Paris.

Eine geſchloſſene Anlage zeigt das beinahe gleichzeitige vornehme Abſteigequartier, das ſich die Äbte des Kloſters Cluny in Paris erbauten (Fig. 116[109]).

110. Hôtel Cluny zu Paris.

¹⁰⁸) Siehe: VIOLLET-LE-DUC, E. *Dictionnaire raisonné etc.*, Bd. VI, S. 282.
¹⁰⁹) Nach ebendaſ., S. 284 ff.

Fig. 114.

Ansicht.

Fig. 115.

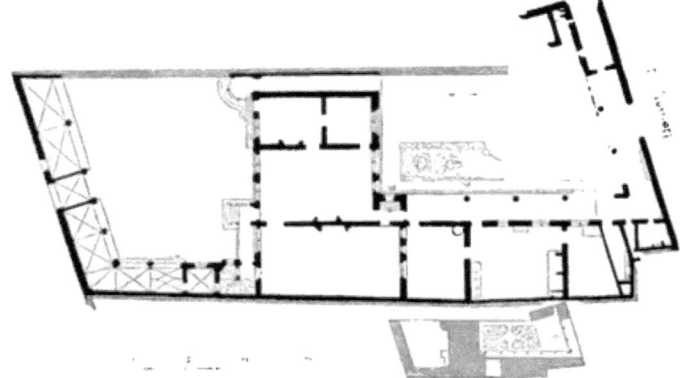

Grundriß des Erdgeschosses.

Hôtel de la Trémoille zu Paris[101]).

Es legt wieder den Hof nach der Straße hin und fchließt dadurch das Haus von Lärm und Neugierde der Straße ab.

Neben dem Haupteingang liegt links die kleine Wohnung des Türhüters, im Erdgefchoß nur durch eine offene Halle mit dem Hauptgebäude verbunden. Diefes befteht aus einer ohne Verbindungsflur fortlaufenden Reihe von fünf Einzelzimmern, denen fich in zwei kurzen Flügeln noch je einige Räume, durch befondere Wendeltreppen zugänglich gemacht, anfügen. Einen älteren Beftandteil fchließt das Haus an der linken hinteren Ecke in dem großen kreuzgewölbten Saal in fich, der als letzter Reft einer römifchen Therme gilt. An ihm liegt im Obergefchoß die Hauskapelle, deren Apfis auf dem Mittelpfeiler der unteren Halle mittels reizvoller Auskragung aufruht. In der äußeren Durchbildung ift alles auf eine zwar fchlichte, aber vornehm heitere Wirkung angelegt; nur als letzter Nachklang älterer feudaler Herrlichkeit wirkt der bis zur Höhe des Dachfirftes hochgeführte Treppenturm; er mochte nach der Straße zu den grundfätzlichen Unterfchied eines folchen Haufes gegenüber dem einfachen Bürgerhaufe kenntlich machen.

Fig. 116.

Hôtel de Cluny zu Paris [109].

Wohl das prachtvollfte aller mittelalterlicher ftädtifcher Wohngebäude errichtete fich der reiche Kaufmann *Jacques Coeur* feit dem Jahre 1443 zu Bourges. Ihm, als Emporkömmling, ftand nicht mehr die Fläche eines alten Hofes zur Verfügung, fondern er mußte fich eine geeignete Bauftelle an der älteren, bedeutungslos gewordenen Stadtmauer erkaufen. Zwei der an ihr ftehenden Verteidigungstürme zog er dann in feinen Bau mit hinein (Fig. 117 [110]). An fie legte fich der dreigefchoffige Hauptbau, dem geknickten Lauf der Stadtmauer folgend; die drei übrigen Seiten des Hofes werden durch niedrigere Gebäudeflügel abgefchloffen. Letztere enthalten im wefentlichen lange Galerien, die zu gewöhnlichen Zeiten wohl wefentlich der Verbindung der einzelnen Gebäudeteile und nur aushülfsweife zu Wohnzwecken dienten, dazu über dem Haupteingang die mit kleinerem Glockenturm verfehene Kapelle.

111. Haus des *Jacques Coeur* zu Bourges.

Das Hauptgebäude befitzt in jedem Stockwerk einen mittleren Saal, der den Raum zwifchen den hofwärts gelegenen zwei achteckigen Treppentürmen einnimmt. An ihn fchließen fich einerfeits im Erdgefchoß die Küchenräume an, mit befonderem Wirtfchaftshof verfehen, darüber die

[109] Nach ebendaf., S. 281.

Wohnräume des Befitzers, andererseits in jedem Stockwerk eine Gruppe für sich zugänglicher Gemächer, die für vornehme Gäste oder erwachsene Familienmitglieder dienen mochten. Ausgezeichnet find alle diese Räume durch die Beigabe zahlreicher kleiner Nebengelasse und Verbindungsgänge, die, ähnlich den Nebenräumen im Hochmeisterhaus zu Marienburg, gestatteten, fast alle Zimmer ohne Berührung der Haupträume zu erreichen und die gleichzeitig neben den großen prunkvollen Räumlichkeiten das Zurückziehen in bequemere Behaglichkeit ermöglichten. Auch hier ist die äußere Formgebung von glänzendster Art, gleichermaßen geeignet, den Reichtum des Bauherrn zu zeigen, wie die Gewandtheit seines Baumeisters bei der Überwindung der vielfachen Schwierigkeiten, die aus der unsymmetrisch regellosen Anlage des verwickelten Ganzen sich ergeben mußten. Der prickelnde Reiz des hier entfalteten Formenspieles ist kaum je im Mittelalter überboten worden.

<small>115 Alte Hofhaltung zu Bamberg.</small>

Solch großartiger Reichtum hat sich auch in Frankreich nur in näherem Anschluß an die einheitlich zusammengefaßte königliche Macht entfalten können. Er ist in den engeren Verhältnissen des deutschen Städtewesens nicht anzutreffen. Immerhin haben wir in den großen Höfen süddeutscher vornehmer Häuser doch Anhaltspunkte dafür, daß auch hier des öfteren recht reiche Bedürfnisse auf ausgedehntem Raume befriedigt werden mußten.

Die alte Hofhaltung der Fürstbischöfe von Bamberg bietet ein für Deutschlands bescheidenere Verhältnisse höchst bezeichnendes Beispiel. Die Raumanordnung ist wohl ähnlich wie beim letzten französischen Wohnsitz. Das Ganze (Fig. 118¹¹¹) umzieht einen weiten unregelmäßig geformten Hof, mit niedrigen Gebäudeflügeln, in denen eine große Anzahl von Räumen Unterkunft für den Bischof und sein Gefolge bot. Aber ein fast bäuerlich zu nennender Fachwerkbau tritt an Stelle des aufwändig zierlichen Steinwerkes. Hölzerne, offene Laufgänge verbinden im Inneren

Fig. 117.

Haus des *Jacques Coeur* zu Bourges¹¹⁰).

des Hofes die einzelnen Gemächer und geben dem Ganzen einen höchst malerischen Eindruck. Auch im Äußeren ist das Hauptgeschoß in schlichtem Fachwerkbau hergestellt und hob sich jederzeit nur durch seine gediegene werkmäßige Fügung und die machtvolle, geschlossene Umrißlinie seines mächtigen Daches zu höherer Wirkung über seine Umgebung hervor (Fig. 119¹¹⁰). An der Ecke des steinernen Unterbaues sind die Wappen der Erbauer angebracht, sowie die Jahreszahl der Erbauung: 1479; sonst fehlte dem Gebäude jeglicher Schmuck. Und doch war es die Behausung eines der reichsten Kirchenfürsten und die Stätte glanzvollen Hoflebens. In seinen Hallen bewegte sich das üppige Treiben, dem *Goethe* in seinem *Götz von Berlichingen* ein dichterisches Denkmal gesetzt hat; auf so schlichtem Hintergrunde hob sich die farbenfrohe Pracht der Gewandung ab, der reiche Zierat von Rüstungen und Gerät, die in jener fröhlichen Zeit allgemein mit dem wachsenden Reichtum in Aufnahme kamen.

<small>¹¹¹) Nach: HARTUNG, H. Motive der mittelalterlichen Baukunst in Deutschland. Berlin 1899.
¹¹⁰) Nach eigener Aufnahme.</small>

Fig. 118.

Hofansicht.

Fig. 119.

Straßenansicht.

Alte Hofhaltung zu Bamberg[119]).

113.
Häufer
der *Fugger*
und *Ehinger*.

Nicht viel fpäterer Zeit gehören ein paar wohlerhaltene Patrizierhäufer an, die uns die höchfte Höhe ftädtifcher Wohnweife vergegenwärtigen mögen, wie fie am Schluß des Mittelalters erreicht wurde. Es find die großen Binnenhandelsplätze Süddeutfchlands, in denen die ausgedehnten Verbindungen des damaligen Welthandels zufammenliefen, und in denen die größten Vermögen jener Zeit aufgehäuft wurden. Bewunderung erregte die Pracht diefer Städte auch bei ausländifchen Befuchern, und begeifterte Schilderungen find uns erhalten, in denen die Häufer der Bürger von Augsburg, Nürnberg, Straßburg u. a. mit königlichen Paläften verglichen werden.

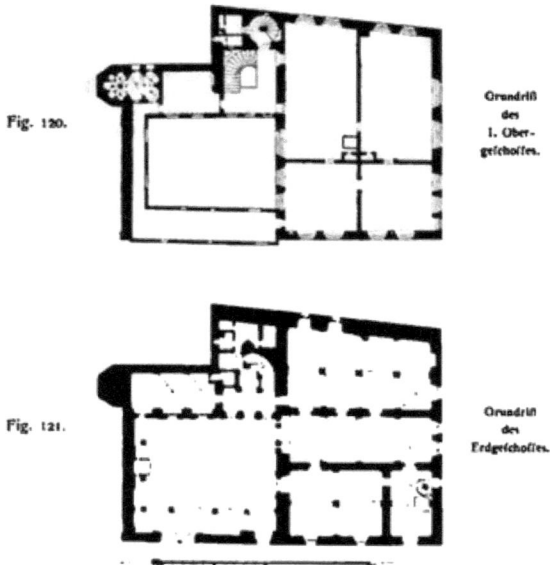

Fig. 120.

Grundriß des I. Obergefchoffes.

Fig. 121.

Grundriß des Erdgefchoffes.

Haus der *Ehinger* zu Ulm[113].

An der Spitze aller diefer Anlagen hat wohl das große *Fugger*-Haus in Augsburg geftanden. Ein üppiges, fpätgotifches Portal und Hofumgänge, die höchft kunftvoll auf zierlichen Rippengewölben vorgekragt find, bilden die letzten, vor einigen Jahren auch noch gründlich verbauten Refte der einftigen vielgerühmten Herrlichkeit. Wenn auch nicht von gleicher Bedeutung wie die *Fugger*, fo doch auch als Geldmänner groß waren die *Ehinger* in Ulm, die gegen Gewährung einer Anleihe fich von *Karl V.* mit Venezuela belehnen ließen und dort die einzige deutfche Kolonie jener Zeit befeffen und verwaltet haben, bis fpanifche Eiferfucht auch diefen Anfatz deutfchen Strebens nach überfeeifcher Betätigung

[113] Nach: GURLITT, C. Hiftorifche Städtebilder. Ulm. Berlin. S. 16.

erdrückte. Ihr Haus, das jetzt das Gewerbemuseum beherbergt, schon dem Übergang in die Renaissancezeit angehörig, gibt Fig. 120 u. 121 [113]) im Grundriß des Erdgeschosses und I. Obergeschosses wieder. Es liegt nach zwei Seiten frei; an der dritten Seite schließt sich ein mit hölzernem Säulengang umgebener Hof, sowie ein Nebenflügel an. Der Hof steht mit der einen Straßenfront unmittelbar durch einen Torweg, mit der anderen mittels einer Durchfahrt in Verbindung, welche den Hauptbau ziemlich in der Mitte durchschnitt, jetzt freilich durch eingebaute Fenster geschlossen ist.

An ihr liegt an einer Seite ein schöngewölbter Raum, der zum Teil vom Nachbarhof her Licht erhält und als Lager oder große Schreibstube gedient haben mag. Zwei kleinere Stuben zu ähnlichem Zwecke befinden sich an der anderen Seite der Straßenfront. Im rückseitigen Hofflügel wird von jeher eine Treppe angelegt gewesen sein, wenn auch nicht in den großen Abmessungen der jetzigen; dahinter liegen einige kleinere Räume und daneben ein dreijochig gewölbter Raum, der wieder ein Lager oder ein Pferdestall gewesen sein mag. Im Obergeschoß finden wir den Hauptbau in vier Gemächer ohne Flurverbindung eingeteilt; über den Hallen des Hofes ziehen sich geschlossene Verbindungsgänge entlang; in der äußersten linken Ecke ist eine reizende Hauskapelle angegliedert und in den zierlichen Formen spätester Gotik durchgebildet. Sie sowohl, wie die hinter der Treppe befindlichen kleinen Räume erhalten ihr Licht von einer kleinen, anscheinend nur zu diesem Zwecke vorhandenen Sackgasse her. Dies, sowie der Umstand, daß auch der Hauptbau sein Licht im Obergeschoß wieder teilweise von Nachbarn her bezieht, läßt darauf schließen, daß noch bei Erbauung des Hauses die weitere Umgebung mit ihm zusammen eine größere Hofanlage bildete.

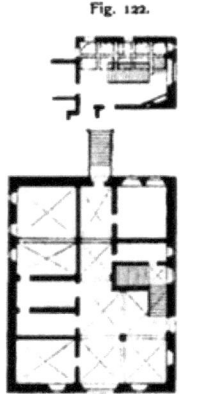

Fig. 122.

Laube'sches Haus zu Ulm.
Grundriß des Erdgeschosses und der Laube [114]).

Das Äußere ist sehr schlicht gehalten; die innere Ausstattung dagegen, die allerdings späterer Renaissance angehört, zeigt den ganzen Reichtum des Besitzers in prächtigen Stuckdecken, Tischlerarbeiten und Malereien.

Auf einfacherem Grundriß erhebt sich das *Laube*'sche Haus in Ulm, 1573 errichtet (Fig. 122 [115]). Es liegt als vornehmes Patrizierhaus nach allen Seiten hin frei und bewahrt im Erdgeschoß die alte Grundform einer Hausanlage, von deren „Fleetz" oder „Haustenne" eine Reihe Einzelräume abgetrennt sind, in monumentaler Fassung der Renaissancezeit. Vier rippenlose Kreuzgewölbe bedecken den ansehnlichen Vorflur, den man durch ein großes Einfahrtstor betritt. An ihn schließt sich ein breiter Längsflur an, der bis nach der Gartenseite des Hauses durchgeht; die übrige Grundfläche ist zu einzelnen Gemächern aufgeteilt. Aus der Vorhalle steigt die schöne steinerne Treppe in zwei rechtwinkelig gebrochenen Läufen zum Obergeschoß hinauf und mündet dort frei mitten in einem reich ausgestatteten Vorraum, der von einer Seite her Licht empfängt, an seinen drei anderen Seiten von Wohnräumen umringt ist. Auch hier ist das Äußere in den Formen schlicht gehalten, aber mit reicher Verzierung von Malerei oder Sgraffito überzogen.

Wie in den später zu besprechenden Reihenhäusern des begüterten Bürgerstandes auch diese Anlagen der ganz großen Handelsherren ihre Nachfolge finden, werden wir bei Besprechung des *Schad*'schen Hauses in Art. 154 zu sehen Gelegenheit haben.

Aber der Adel bildete nicht nur in Verbindung mit dem Patriziat, das wohl teilweise aus ihm hervorgegangen ist, die höchste Schicht der städtischen Großgrundbesitzer. Nachdem die Macht der Stadtgemeinden so stark angewachsen war, daß sie geradezu ein Gegengewicht gegen die ebenfalls lebhaft zunehmende

Gewalt der Landesherren bildete, so erschien es so manchem Adeligen als vorteilhaft, an solche starke Macht sich anzulehnen. Und die Städte waren in der Regel gern bereit, Adelige als »Ausbürger« gegen die Verpflichtung zum Waffendienst in ihr Bürgerrecht aufzunehmen; gewannen sie doch dadurch wertvolle Verbindungen im Lande und kriegskundige Führer für ihre Bürger- oder Söldnertruppen.

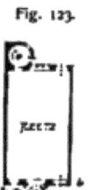

Fig. 123.

Vornehmes Haus zu Straßburg.
Erdgeschoß [114]).
1/500 w. Gr.

Teils dieses Einander-Nähertreten beider Teile, teils auch nur der Anreiz, am bewegten Treiben des städtischen Lebens Anteil zu gewinnen, hat viele Adelige dazu geführt, sich in den reicheren Städten kleinere Absteigequartiere zu vorübergehendem Aufenthalt zu schaffen. Dabei waren naturgemäß geringere Ansprüche zu befriedigen als für dauernde Hofhaltung; auch wurde die ganze Art des Baues meist dadurch stark beeinflußt, daß in der Regel keine freiliegenden Bauplätze mehr zu erwerben waren, daß man sich vielmehr in die Reihe der vorhandenen besseren Bürgerhäuser mit einfügen mußte. Auf diese Weise entstanden bei geringeren Mitteln Bauten von äußerst einfachem Grundriß, in denen bezeichnenderweise die älteste deutsche Hausform, der Einraum, zum mindesten im Erdgeschoß, wieder bis in die späteste mittelalterliche Zeit hinein weiterlebt.

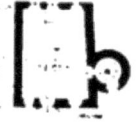

Fig. 124.

Adeliges Haus zu Schwäbisch-Hall.
Erdgeschoß [115]).
1/500 w. Gr.

116. Vornehmes Haus zu Straßburg.

Fig. 123 [114]) gibt den Erdgeschoßgrundriß eines solchen in Straßburg am Broglieplatz stehenden kleinen Hauses vom Jahre 1529, das an der Straße durch einen zierlichen spätgotischen Erker, an der Hofseite durch reiche Durchbildung der Fenster, Türen und der kleinen Wendeltreppe als vornehmes Haus gekennzeichnet, im übrigen äußerlich stark verändert worden ist. Im Erdgeschoß ist jetzt allerdings ein schmaler, langer Eingangsflur abgetrennt, der sehr häßlich den Verkehr über den Hof zur Treppe hin leitet. Ursprünglich aber bildete sicherlich das ganze untere Geschoß einen großen Einraum, der als »Fleetz« den vornehmen Empfangsraum des Eigentümers darstellte.

117. Adeliges Haus zu Schwäbisch-Hall.

Unwiderleglich nachweisbar ist solche Anlage in dem zweiten hier anzuführenden Beispiel (Fig. 124 [115]), einem Hause, das in der ihres fröhlichen Lebens wegen altberühmten Stadt Schwäbisch-Hall einer der vielen dort lebenden Adelsfamilien diente. Es liegt in der »Oberen Herrengasse« und stammt noch aus gotischer Zeit, wie die reichgegliederten Fensterstöcke der Rückseite beweisen, hat allerdings zur Frührenaissancezeit einen Umbau, auch eine hier nicht dargestellte Erweiterung erfahren, der das reichverzierte Hauptportal und der geschwungene Giebel der Vorderseite entstammen. Bei diesem Bau ist gleichfalls das Erdgeschoß jetzt

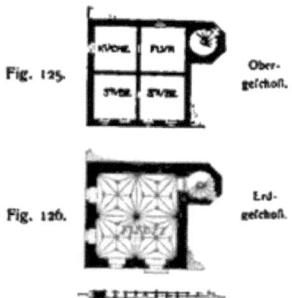

Fig. 125.

Obergeschoß.

Fig. 126.

Erdgeschoß.

Rabe'sches Haus zu Rothenburg o. d. T. [116]).

114) Nach eigener Aufnahme.
115) Nach eigener Aufnahme.

durch Teilungswände verbaut; aber eine über alle diese Teilungen hinweglaufende feine Leistendecke, die noch auf gotischem Mittelständer aufruht, bezeugt die ursprüngliche Einheitlichkeit dieses ganzen Erdgeschoßraumes.

Wie die oberen Geschosse dieser kleinen Häuser gestaltet waren, ist nicht mehr festzustellen. Beim ersten Beispiel dürfen wir eine größere Hinterdiele und nur nach vorn heraus abgeschlossene Zimmer vermuten. Für das Haus aus Schwäbisch-Hall kann man nach der Lage der Treppe einen Vorraum an der vorderen rechten Ecke annehmen, dem sich an der hochgelegenen, aussichtsreichen Rückseite zwei kleinere oder ein größeres Zimmer und nach der Straße zu ein weiterer zweiachsiger Raum anschlossen.

Fig. 127.

Schlüsselfelder'sches Haus zu Nürnberg.

Häuser dieser einfachen Grundform mit großer, falls nötig durch einen Mittelpfosten gestützter Halle finden sich in deutschen Städten reichlich. In der Herrengasse zu Rothenburg o. d. T., wo in der Nähe der alten Reichsburg ursprünglich die Ritterschaft ansässig war, liegen sie in ganzer Anzahl nebeneinander, zeigen allerdings größerer Abmessungen, auch eine andere Bestimmung des Erdgeschosses. Man brauchte es hier nicht zu den Wohnräumen hinzuzuziehen, für welche im Obergeschoß genügend Raum war; dabei ist die Halle so geräumig, daß sie, durch Einfahrten zugänglich gemacht, dazu dienen konnte, etwa Reisewagen und Gastpferden einen Unterstand zu bieten, eine für vornehmen Haushalt jener Zeit zum mindesten höchst erwünschte Räumlichkeit. Auch die Häuser geistlicher Herren nahmen häufig gleiche Formen an. Als Beispiel sei das alte Pfarrhaus der Marienkirche in Wismar hier angeführt. Diese Ähnlichkeit ist leicht verständlich dadurch, daß für die beiden Arten von Häusern gleichermaßen ein einheitlicher großer Empfangsraum nötig war, ohne daß für kaufmännischen oder handwerklichen Betrieb Nebenräume gefordert wurden. Im übrigen ähneln solche Häuser denjenigen des wohlhabenden kaufmännisch tätigen Bürgerstandes (siehe unten) so sehr, daß sich im Einzelfalle oft nicht entscheiden läßt, welcher Art ihre alten Bewohner gewesen sind. Das spätere völlige Verschmelzen beider Lebenskreise tritt eben in ihren Bauten klar zutage.

In Rothenburg o. d. T. findet sich ferner auch ein Beleg für eine architektonisch durchgebildetere Form einer solchen vornehmen Diele, wie sie bei mehr quadratischem Grundriß der Baustelle sich leicht ergab. Das *Rabe*'sche Haus, Kirchgasse 9, bildet im Erdgeschoß eine etwa quadratische Halle, die auf schlanker Mittelstütze zierlich mit vier Sterngewölben bedeckt ist. Ein Treppenturm schließt sich seitlich an. Im Obergeschoß teilen zwei sich kreuzende Wände, den unteren Gurtbogen entsprechend, dieses Ganze in vier Räume, von denen der an der Treppe gelegene als Vorraum, einer als Küche, die zwei an der Straße gelegenen als Wohnzimmer dienten (Fig. 125 u. 126[113]).

In den Abmessungen etwa ähnlich ist das zwischen 1431 und 1437 erbaute *Schlüsselfelder*'sche Haus in Nürnberg, welches im Besitze dieser Familie bis zu ihrem Aussterben blieb und jetzt noch, wie für künftige Zeiten, im Besitze der *Schlüsselfelder*'schen Stiftung zu bleiben hat, die aus dem Vermögen der ausgestorbenen Familie gebildet ist. Es ist volkstümlich bekannter unter dem Namen des „Nassauerhauses". Daß dieser Name, trotzdem er schon im Jahre 1600 auftritt, dem Hause nicht zukommt, ist durch *Mummenhof* überzeugend nachgewiesen. Es gehörte vielmehr bis 1442 dem Nürn-

Fig. 128.

Ansicht.

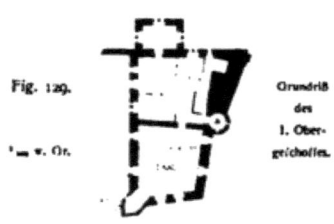

Fig. 129.

Grundriß des 1. Obergeschosses.

Steinernes Haus zu Büdingen[114]).

berger Patrizier *Ulrich Ortlieb*, der mit König *Sigismund* durch Geldgeschäfte eng verbunden war und aus dieser Verbindung heraus wohl das Recht erhielt, am prunkvollen Oberbau seines Hauses neben dem Kaiserlichen und dem Kurfürstlichen Wappen auch den böhmischen Löwen (in dem man lange das nassauische Wappen zu erkennen glaubte) anzubringen. Der Grundriß bildet ein einfaches Rechteck; wie die innere Einteilung ursprünglich beschaffen, insbesondere wie der Treppenaufgang eingebaut war, ist nicht mehr festzustellen; der Hauptwert des Gebäudes liegt in der formenschönen Ausstattung mit zierlichem Erker und reicher

---

[114]) Vergl. Bau- und Kunstdenkmäler im Großherzogtum Hessen. Provinz Oberhessen, Kreis Büdingen. Darmstadt 1890. S. 75 ff.

Zinnenkrönung, wahren Prachtstücken hochgotischer Baukunst (Fig. 127). Trotz der Zinnenbewehrung vermögen wir in dem Hause keinen verteidigungsfähigen „Donjon" zu sehen; denn einen solchen zu bauen, hätte im XV. Jahrhundert in der wohlregierten Stadt Nürnberg weder Zweck gehabt, noch wäre es vom Rate der Stadt erlaubt worden. Denn allenthalben wachte die Bürgerschaft schon seit dem XIII. Jahrhundert eifersüchtig darauf, daß in den Städten nicht neue Burgen errichtet wurden. Solch kriegerisch anmutende Form ist hier vielmehr nur als ritterlich-höfischer Schmuck zu verstehen, durch den der reiche Besitzer seine enge Verbindung mit vornehmsten Kreisen zur Schau zu stellen beliebte. Wir halten daher für wahrscheinlich, daß sämtliche Geschosse Wohnzwecken gedient haben und vermuten nach den vorbesprochenen Beispielen, daß zu unterst eine Empfangshalle, darüber kleinere Wohnzimmer sich befunden haben. Im II. Obergeschoß folgte dann der Festsaal mit seinem schönen Erker, welch letzterer auch nicht gleich auf eine Kapelle gedeutet zu werden braucht, sondern, wie viele andere, sehr wohl dem profanen Zwecke des bequemen Hinausschauens gedient haben kann. Im obersten Geschoß endlich mögen sich Schlafgemächer befunden haben.

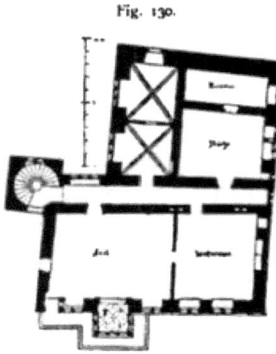

Fig. 130.
Haus *Hilchen* zu Lorch.
Grundriß des I. Obergeschosses[117].

Die bisher vorgeführten Beispiele waren in die Reihe der Bürgerhäuser eingeschoben, was natürlich bei solch nachträglicher Ansiedelung vornehmer Herren die Regel bildete. Gelegentlich fanden sich aber wohl auch noch freiere Plätze für solche Zwecke innerhalb der Stadt vor, insbesondere in den friedlicher gewordenen Zeiten auf die freie Zugänglichkeit der Befestigungsmauern nicht mehr denselben Wert wie früher legte. So ist das sog. „Steinerne Haus" an der Mühlpforte zu Büdingen (Fig. 128 u. 129[118]) derart erbaut, daß seine rückseitige Giebelwand auf der Stadtmauer steht und daß ein Teil des ursprünglich zur Mauerverteidigung bestimmten Freiraumes ihm als Hoffläche zugeteilt werden konnte. Wir sind über seine Entstehung und Bestimmung ungewöhnlich gut unterrichtet; denn es wird um das Jahr 1518 zuerst erwähnt als „das neve Haus", das Graf *Ludwig II.* von Isenburg-Büdingen für seinen dritten Sohn im Jahre 1500 (oder 1510) hatte bauen lassen.

Der Grundriß des Hauses bildet im wesentlichen ein unregelmäßiges Viereck mit angelehntem kleinen Treppenturm und umfaßte wieder im Erdgeschoß ursprünglich eine einheitliche Halle. Die Obergeschosse sind jetzt durch allerlei spätere Wände untergeteilt; wir geben nach der angeführten Quelle den Grundriß des I. Obergeschosses, das ursprünglich zwei größere Räume, Vordiele und Saal, sowie ein kleineres Erkergemach enthielt. Das Äußere macht mit seinem zierlichen Eckerker und straffem Staffelgiebel noch jetzt einen stattlichen Eindruck, trotzdem die steinernen Fensterstöcke zum Teile zerstört sind und eine in Höhe des I. Obergeschosses vom Erker bis zum Treppenturm entlanglaufende Maßwerkgalerie gänzlich beseitigt worden ist.

Als letztes Beispiel dieser Gebäudeart sei das Haus angeführt, das sich der große Kriegsmann *Johann Hilchen* laut Inschrift 1546—48 in Lorch a. Rh. erbaute.

[117] Vergl.: Luthmer, F. Die Bau- und Kunstdenkmäler des Reg.-Bezirks Wiesbaden. I.: Der Rheingau. Frankfurt a. M. 1902. S. 120 ff.

Es bildet in der Formgebung einen Übergang zur antikisierenden Kunstweise der Renaissancezeit und bietet auch in der inneren Raumanordnung wohl durch den Einfluß des weiterumgekommenen Bauherrn erhebliche Fortschritte gegen die ähnlichen älteren Bauten.

Das Untergeschoß soll mit seinen schöngewölbten Räumen als Pferdestall gedient haben. In den beiden Obergeschossen (Fig. 130[113]) finden wir nach der Straße hin je einen großen Saal und einen weiteren ansehnlichen Wohnraum. Ein Flur verbindet beide Räume mit der Wendeltreppe und bildet zugleich den Übergang zu der nach hinten hinaus gelegenen, mit Tonnengewölbe überdeckten Küche. Neben dieser liegt im Erdgeschoß ein weiterer, mit zwei Kreuzgewölben überspannter Raum, jetzt durch eine spätere Wand in zwei Teile geteilt, in dem *Luthmer* die Hauskapelle (?) vermutet. Das Äußere erhält seinen Hauptschmuck durch den in zwei Geschossen aufsteigenden Erker des Saales, sowie den im I. Obergeschoß darum geführten, mit reichem Wappenwerk geschmückten Laufgang. Der mächtige, das Haus nach seiner breiten Seite ganz überspannende Hauptgiebel wurde erst zwei und einhalb Jahrzehnte nach dem Tode des Feldmarschalls im Jahre 1574 aufgesetzt.

Hier ist mit dem Gedanken des überwiegenden Saalbaues oder der einheitlichen Flurhalle durchaus gebrochen worden. Wie in der Formgebung, so auch in der Grundrißanlage vermittelte das Haus den Übergang zur Wohnweise der nachmittelalterlichen Zeit.

b) Bürgerliche Reihenhäuser.

173. Rechtliche Grundlagen des bürgerlichen Hausbaues in den älteren Städten.

Die Dienstmannen oder »Ministerialen« der Stadtherren, aus denen der städtische Adel erwachsen ist, treten in der ältesten Geschichte der Städte als einflußreiche Lenker an erster Stelle hervor; trotzdem aber sind sie und ihre Behausungen, die wir in vorstehendem zu schildern versuchten, doch allewell in der Minderheit gewesen gegen diejenigen der einfachen schlichteren Bürger, in denen von früh auf die selbständige neuartige Kraft der Städte ihre Träger fand. Diese Schicht der städtischen Bevölkerung war es, die in den rheinischen Bischofsstädten für deutsche Verhältnisse zuerst und oft im scharfen Gegensatz zu den Ministerialen den Widerstand gegen die lehnsrechtliche Grundlage des mittelalterlichen Staates zur Geltung brachte. In den Zuständen dieser zuerst sich durchsetzenden Stadtgemeinden werden wir daher auch die älteste Grundlage für die Entwickelung des Bürgerhauses zu suchen haben. Ob durch die heftigen Erschütterungen und schweren Verluste, welche die politischen Kämpfe des XI. und XII. Jahrhunderts mit sich brachten, Handel und Gewerbe mehr gelitten oder ob sie aus ihnen mehr einen Ansporn zu gesteigerter Entfaltung gezogen haben, wird schwer zu entscheiden sein. Sicher aber ist, daß nach Ablauf dieser Kampfeszeiten die Städte in viel höherem Grade als früher aus diesen beiden Erwerbszweigen ihre Kraft zogen, und daß für viele Bürger die Landwirtschaft, die früher einzige Lebensgrundlage des freien Mannes, gegen sie in den Hintergrund trat. Daraus mußten sich naturgemäß Wandelungen in der Art der Wohnanlagen ergeben; die Umformung des Ackerbürgerhofes zum eigentlichen Bürgerhause setzte überall mit dem Erstarken von Handel und Gewerbe ein. Für den Gang dieser Umwandlung aber wurde eine weitere Verschiebung der Besitzverhältnisse wesentlich bedeutsam, die sich daraus entwickelte, daß frische Volksmassen in großer Zahl dem auslichsreichen Boden der Städte zuströmten. Bis dahin war nur ein kleiner Teil der städtischen Grundflächen mit Häusern besetzt; der größere wurde landwirtschaftlich benutzt, wie dies die Ansicht von Braunschweig, die wir auf der Tafel bei S. 67 gaben, in gelungener Wiederherstellung zum Ausdruck bringt. Jetzt wurden diese Ländereien, die teils freien vornehmen Besitzern, teils geistlichen Körperschaften gehörten, zerstückelt und an die neu zuströmenden Bewohner als freies Eigen verkauft. Dabei bediente man sich oft der Form einer freien Erbleihe. Bei dieser hatte der Ersteher einen Zins für Benutzung zu zahlen, konnte das von ihm erbaute Haus auch verkaufen, mußte hierbei aber dem Grundeigentümer ein Vorkaufsrecht zugestehen und genoß ebenso selbst ein Vorkaufsrecht, wenn dieser sein Grundstück verkaufen wollte. Auf diese Art verschwanden schnell die weiten Räume, in denen man sich hatte nach Belieben ausdehnen können; der Grund und Boden stieg, ganz entsprechend heutigen Vorgängen, innerhalb der städtischen Umfassungsmauern schnell an Wert, und eng schloß sich bald auf schmalem Raume Haus an Haus. Die Beschränktheit des Raumes bildete fortab eine wesentliche Bedingung für die Form der bürgerlichen Wohnhäuser.

Diese Vorgänge in den ältesten deutschen Städten haben sich des weiteren durch die Macht ähnlicher Verhältnisse auch in den spätergegründeten Städten wiederholt. Von Anfang an allerdings waren hier die Besitzverhältnisse gleichmäßiger geordnet. Es bildete die Regel, daß bei der Neugründung einer Stadt die Grundstücke in gleichen, regelmäßig geformten Höfen von ziemlich bedeutender Größe an die Ansiedler ausgegeben wurden. Die Abmessungen dieser ersten Hofgrundstücke sind uns mehrfach überliefert; sie sind durch ganz Deutschland hindurch ziemlich gleichmäßig und schwanken bei etwa 100 Fuß Tiefe zwischen 50 Fuß bis 72 Fuß (4 bis 6 Ruthen) Breite. Dazu kam dann eine zum Lebensunterhalt des neuen Bürgers ausreichende Ausstattung mit Ackerland, Weidegerechtigkeit und dergl. Auch eine solche neugegründete Stadt setzte sich also zunächst aus Ackerhöfen zusammen, und der Betrieb der Landwirtschaft nahm neben Handwerk und der Marktgerechtsame eine wesentliche Stelle in ihrer Tätigkeit ein. Wesentlich gleiche Verhältnisse ergaben sich von vornherein dort, wo Städte in Form einer reinen „Marktansiedelung" gegründet wurden, in welchem Falle jeder Ansiedler nur eine Hausstelle (*Area*) mit Anteil an der Allmende, aber ohne Ackerland zugeteilt erhielt. Die Größe dieser Hausstellen wird bezeichnender Weise ebenso bemessen wie diejenige der Ackerbürger. Aber auch hier ist durch Teilung und Verkauf regelmäßig eine Verkleinerung der Grundstücke eingetreten, so daß sich durchweg das Haus des eigentlichen Bürgers nicht auf den obenangeführten Grundstücksmaßen, sondern auf viel beengterem Raume erhebt. Und zwar sind es Abmessungen sehr ungleicher Art, die, wie wir sehen werden, gelegentlich bis zu ganz winzigen Maßen zusammenschrumpfen. Neben den verschiedenen Größenabmessungen wirken dann noch die sehr verschiedenartigen Lebensverhältnisse der verschiedenen Städte auf die Entwickelung der Bürgerhausformen im Sinne einer oft verwirrenden Vielfältigkeit ein. Denn naturgemäß mußte die Ausbildung der Wohnhäuser sich nach dem sehr verschiedenen Fortschreiten der städtischen Entwickelung richten. Wo eine Stadt dauernd auf dem Standpunkt ihrer Gründungszeit bestehen blieb, wo also das Ackerbürgertum mit etwas daneben betriebenem Handwerk und Handel sich als wichtiger Erwerbszweig behauptete, mußte eine größere Gleichmäßigkeit der Hausform und auch ein dauernder enger Zusammenhang mit bäuerlicher Wohnweise der Umgegend sich ergeben. Auch der Stadtplan hat sich in der einfachen Führung der Straßen hier noch vielfach ganz in der alten, fast dörflichen Form der um einen Markt oder an eine langgestreckte Straße gereihten Hofanlagen erhalten. Solche Städte oder Städtchen, deren Bedeutung über ihre nächste Umgebung nicht hinausreichte, finden sich in allen Gegenden Deutschlands in großer Zahl; fraglich ist es nur, ob wir ihre Wohnhäuser überhaupt unter die Beispiele eigentlich bürgerlicher

<small>134. Grundstücksverhältnisse späterer Städte.</small>

Wohnungsart einreihen dürfen, ob sie nicht vielmehr zu den Bauernhäusern zu zählen sind, wie ihre alten Bewohner überwiegend bäuerlicher Art waren.

135. Verschiedene Ansprüche der einzelnen Bevölkerungsklassen und Gegenden.

Wesentlich anders bildete sich das Wohnungswesen derjenigen Städte aus, die sich durch gesteigerte gewerbliche Tätigkeit und weiter auszugreifenden Handel eine bedeutungsvollere Stellung zu erringen verstanden. Zunächst sind sie vor allem die Stätten der vorbeschriebenen adeligen Niederlassungen; daneben bringt die gesteigerte Betriebsamkeit der Bürgerschaft eine größere Verschiedenheit der Bevölkerungsklassen und der ihnen eigentümlichen Wohngebäude hervor. Auch in ihnen spielt noch lange das landwirtschaftliche Gewerbe eine nicht unwichtige Rolle; aber es ist doch für die angesehensten Städte vom Range wie Frankfurt, Nürnberg, Basel usw. bezeichnend, daß ihr Betrieb mehr und mehr durch polizeiliche Vorschriften in die äußeren Stadtbezirke verwiesen wurde. Als letzter Rest der alten Hofwirtschaft blieb meistens die im eigenen Hause betriebene Schweinezucht übrig, die man allgemein selbst in den entwickeltsten Städten erst im XVII. Jahrhundert verbot, während man sich in den kleineren (Bremen, Berlin usw.) darauf beschränkte, das freie Herumlaufen der Borstentiere zu untersagen oder wenigstens nur zu bestimmten Tagesstunden zu gestatten.

Neben die Ackerbürgerhäuser oder bald an ihre Stelle traten die eigentümlichen Wohnhäuser des Kaufmannes und des Handwerkers, als der hauptsächlichen Vertreter des eigentlichen Bürgerstandes. Gegen Schluß des Mittelalters kamen dann noch die Behausungen der zahlreicher werdenden Beamten und der Angehörigen gelehrter Berufe, Notare, Ärzte usw. hinzu. Ja, die sich allmählich steigernde Freizügigkeit der Stadtbevölkerung führt vom XV. Jahrhundert ab, zum mindesten in vielen mittel- und süddeutschen Städten, schon zur Errichtung von Häusern, die darauf angelegt waren, mietsweise auf längere oder kürzere Zeit Wohnung zu bieten für solche, die sich nicht in der Stadt fest ansiedeln wollten. So entstand eine reiche Abstufung bürgerlicher Wohngebäude schon nach der bloßen Zweckbestimmung als Handwerkerhaus, Kaufmannshaus usw. und daraus, daß die Verschiedenheit der Lebensgewohnheiten und der örtlichen Vorbedingungen in verschiedenen Gegenden für gleiche Zwecke auch sehr verschiedene Formen hervorbrachte. So sind insbesondere im Norden Deutschlands, der zum Teile erst vor kurzem der christlichen Kultur erschlossen war, ja zum Teil erst während der hier zu besprechenden Zeit ihr erschlossen wurde, die Wohnverhältnisse des vornehmeren Bürgers durchaus auf einfachere, rauhere Verhältnisse zugeschnitten als auf dem älteren Kulturboden des Südens. Dazu trat noch, daß das Mittelalter durchweg, im Gegensatz zu einem verbreiteten populären Vorurteil, eine Zeit flüssigster Entwickelung war und durch seine aller Regeln spottende, quellende Lebenskraft in der Formung aller Verhältnisse, durch die Mannigfaltigkeit der für gleiche Fälle möglichen Lösungen immer wieder überrascht. Dies hatte zur Folge, daß auch die verschiedenen Grundformen der Gebäude sich nicht selten miteinander mischten, daß die Einflüsse entwickelter Gegenden weithin auf andere Gebiete einwirkten, und daß so eine fast unabsehbare Fülle von Einzelerscheinungen sich dem Beobachter darbietet.

136. Gliederung des Stoffes.

Wir werden versuchen, eine möglichst zutreffende Übersicht über dieses Gewoge der vielgestaltigsten Entwickelung zu gewinnen, indem wir zunächst bezeichnende Beispiele der obengekennzeichneten Grundformen zur Vergleichung vorführen. Dabei wird es der Klarheit der Darstellung dienlich sein, wenn wir im einzelnen weniger streng der zeitlichen Folge uns anschließen als der Folge einfacherer und verwickelter Wohnformen. Auch das gelegentliche Überschreiten der durch den Titel des vorliegenden Heftes gegebene Zeitgrenze werden wir nicht scheuen, wenn es dadurch ermöglicht wird, gute Beispiele aus der etwas späteren Zeit der deutschen Renaissance zur Anschaulichkeit der mittelalterlichen, damals noch fortlebenden Gewohnheit heranzuziehen. Dies hat auch historisch seinen guten Grund darin, daß der Fortschritt der Kultur die verschiedenen Gegenden zeitlich sehr ungleich erfaßt hat, so daß hohe Entwickelung in der einen, schlichte Verhältnisse in der anderen sich gleichzeitig vorfinden. Eine nach zeitlicher Folge geordnete Darstellung würde daher das Bild des größten Wirrwarrs an Stelle einer tatsächlich vorliegenden folgerichtigen Entwickelung bieten. Ein Überblick über die Grundlinien dieser Entwickelung wird sich dann aus der Folge der auszuführenden Beispiele von selbst ergeben.

Rein logisch und geschichtlich wäre es am verlockendsten, die Übersicht über das deutsche Bürgerhaus zu beginnen mit den ältesten Häusern der Ackerbürger, aus denen sich die späteren Formen entwickelt haben müssen. Aber dies ist nicht möglich aus dem einfachen Grunde, weil uns von jenen ältesten städtischen Häusern nichts erhalten geblieben ist. Mag man diese Tatsache erklären daraus, daß jene Behausungen gar zu leichter Art waren, um die Zeit zu überdauern, oder daraus, daß sie späteren Gewohnheiten nicht mehr entsprachen und deshalb verschwunden sind; richtig ist jedenfalls, daß wir von ihnen keine durch Denkmäler zu belegende Kenntnis haben. Das spätere Ackerbürgerhaus kann aber, wie wir unten sehen werden, nicht als Ausgangspunkt der Darstellung genommen werden.

Wir werden daher so verfahren, daß wir von den einfachsten Formen des Wohnhauses allmählich zu den verwickelteren fortschreiten. Daß die Vereinigung bürgerlichen Lebens mit dem Ackerbaubetriebe eine Vermehrung der Bedingungen für die Hausanlage mit sich bringt, ist klar, und so beginnen wir die Darstellung mit denjenigen Häusern, für deren Anlage der Gewerbebetrieb der Bürger „ohne Ar und Halm" allein maßgebend geworden ist.

Die einfachste Form solcher Wohnungen bieten naturgemäß die Häuser der Minderbemittelten, die wir unter dem Namen der „Kleinbürger" zusammenfassen können. Wenn diese als freie Leute in der Stadt sitzen wollten, so mußten sie nach mittelalterlichem Begriffe auf eigenem Boden sitzen und ihren eigenen Hausherd, „den eigenen Rauch", haben. Und die Bürgerschaften fanden ihren Vorteil darin, die Ansiedelung der Kleinbürger zu befördern; denn diese dienten durch ihre Betriebsamkeit als Handwerker, Krämer usw. in hohem Grade dem lebhaften städtischen Verkehr. Sie allein ermöglichten es, den ständigen Markt in festen Buden aufrecht zu erhalten, der im Gegensatz zum Jahres- oder Wochenmarkt der Kleinstädte und Flecken eben das Kennzeichen der gewerblich höher entwickelten Stadt ausmachte. So hat man für diese weniger bemittelten neuen Ansiedler, die ja nicht eine ganze Hofstelle mit Rechten der Vollbürger zu erwerben vermochten, schon sehr früh Gelegenheit zum Erwerb kleinerer Baustellen geschaffen, indem man teils größere Güter von Einzelbesitzern oder geistlichen Körperschaften aufteilte, teils auch von Gemeinde wegen die zunächst noch reichlich vorhandenen unbebauten Plätze im Stadtinneren für solche Bebauung freigab. Die obenerwähnte Form der Erbleihe ist sicherlich eigens geschaffen für die Vermögenslage dieser Ansiedler, deren wesentlicher Besitz ihr Fleiß und ihre Geschicklichkeit bildeten, die danach wohl zur Leistung eines dauernden Zinses, nicht aber zur Zahlung einer größeren Kaufsumme imstande waren.

<small>137. Kleinbürgerhäuser.</small>

Fig. 131 u. 132 [114]) geben die Anschauung eines solchen Handwerker- oder Kleinbürgerhauses aus Lübeck. Bezeichnend für die ganze Gattung sind schon die Abmessungen: 3,94 m Breite und 9,30 m Tiefe für das ganze Haus, an das sich hinten ein kleiner Hof anschließt [115]. Auch die Stockwerkhöhen sind ganz gering. Sie betragen im Erdgeschoß etwa 3,80 m, in den beiden Obergeschossen rund 2,00 m bis Unterkantebalken, wozu noch 25 cm bis zur Unterkante der jetzt aus einfacher Dielung mit Fugenleisten bestehenden Decke hinzukommen.

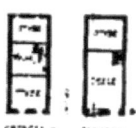

Kleinbürgerhaus zu Lübeck [114]).

Trotz der geringen Gesamtmaße enthält das Häuschen eine ganze Anzahl von Einzelräumen. Im Erdgeschoß betritt man zuerst eine Hausdiele oder Werkstätte, aus der die Treppe nach oben steigt; dahinter befindet sich noch ein Raum, als Schreibstube oder Zimmer des Meisters oder als Vorratsraum verwendbar. Im Obergeschoß finden wir eine Dreiteilung. Der mittlere Raum, der auch die um einen Mittelpfosten sich herumwindende enge Treppe enthält, nimmt den Hausherd auf. Nach vorn ist eine Wohnstube durch eine Fachwerkwand abgetrennt, nach hinten hin ein weiteres kleineres Gemach durch eine Holzwand. Das Äußere ist in den spätesten Formen des norddeutschen Backsteinbaues schlicht, aber durchaus gediegen aufgeführt.

Die hier gegebene Grundform ist bedeutungsvoll dadurch, daß sie sich durch alle deutschen Lande, ja noch weit darüber hinaus verfolgen läßt. Fig. 133 u. 134 [116], 135 u. 136 [117]) geben weitere Beispiele gleicher Grundrisse aus so weit voneinander entlegenen Städten, wie Colmar und Breslau; das letzte ist durch den Einbau eines kleinen Verkaufsraumes und eines zum Hofe führenden Flures nur wenig verändert. Ganz übereinstimmende Anlagen kennen wir, um nur einzelne Beispiele zu nennen, im Osten und Norden aus Danzig und Königsberg, Rostock, Hildesheim, Lüneburg, in Mitteldeutschland aus Thüringen (Neustadt a. d. Orla u. a.), aus den rheinischen Städten Cöln, Coblenz, Mainz usw., aus Miltenberg und Kitzingen a. M. Im Süden geht der Typus über Straßburg und Basel bis tief in die Schweiz hinein.

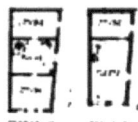

Kleinbürgerhaus zu Colmar [116]).

Die Stellung dieser Häuschen im Stadtplane ist sehr verschieden; bald stehen sie reihenweise in größerer Anzahl nebeneinander, wo wir dann die einheitliche Aufteilung größerer Grundflächen annehmen dürfen. Bald auch sind sie einzeln zwischen größere Häuser eingebaut; letzteres ist dadurch zu erklären, daß gelegentlich einzelne größere Besitzer Teile ihres Grundstückes, etwa die neben dem Hause zum hinteren Hofe führende Einfahrt, als entbehrlich gewordenen Überrest früheren landwirtschaftlichen Betriebes an neue Zuzügler verkauft haben.

Bezeichnend für alle diese Häuschen ist die Dreiteilung der Tiefe nach und die Lage des Herdes im

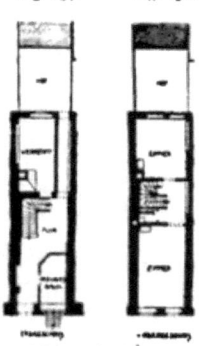

Kleinbürgerhaus zu Breslau [117]).

---

[114] Nach eigener Aufnahme.
[115] Dies sind noch nicht die kleinsten Maße solcher Häuschen. Ein architektonisch ziemlich bedeutungsloses Beispiel gleicher Art, das ich am „Drubbel" in Münster i. W. fand, hat im Erdgeschoß nur Lichtmaße von 2,80 m Breite zu 5,20 m Tiefe. Darüber erheben sich drei Stockwerke; dahinter befindet sich ein kleiner Hof von nur 2,20 m Tiefe!
[116] Nach: Gurlitt, C. Historische Städtebilder. Breslau, Berlin.

mittleren, beim eingebauten Haufe nur mittelbar beleuchteten Raume. Die Abmeffungen find in der Breite ziemlich gleichmäßig etwa zwifchen 3 bis 5 m; die Tiefe wechfelt je nach den Grundftücksformen in größerem Abftande, bis zu etwa 20 m als Höchftmaß. Sehr viel feltener find in Deutfchland Häufer, die der Tiefe nach nur aus zwei Räumen beftehen: einem Vorderzimmer und einem tiefen Hinterflur, welch letzterer die Treppe und den Hausherd aufnimmt. Sie finden fich aber in weitentlegenen Orten, wie in Pilfen und in Rothenburg o. d. T. (das fog. Haus des Judenlehrers in der Judengaffe) und bezeichnen wohl eine ältere und durch die unmittelbare Beleuchtung der Herdftelle gefundere Form des gleichen Baugedankens. So findet fich der Grundriß des Kleinbürgerhaufes dann auch in Frankreich wieder vor. *Viollet-le-Duc*¹³¹) bringt Beifpiele aus dem im Jahre 1284 gegründeten Städtchen Monpaziers (Herzogtum Guyenne) und aus Laval, *Verdier* folche aus Cluny und anderen Städten, die in Größe und Einteilung faft ganz mit den deutfchen Bauten übereinftimmen. Diefe überrafchende Gleichartigkeit kann kein Zufall fein; fie beruht darin, daß die gefellfchaftliche Stellung und die Lebensbedingungen des Handwerkerftandes überall wefentlich die gleichen waren, und fie ermöglichte, ähnlich wie die heutige Mietkaferne, indem fie dem Durchfchnittsbedürfnis genügte, einen leichten Befitzwechfel und damit eine ziemliche Freizügigkeit der ehrbaren ftädtifchen Bevölkerung. Wir find berechtigt, in diefen Häuschen die typifche Wohnweife für den ganzen niederen Bürgerftand zu fehen. Wenn wir abfehen von den geringen Gefchoßhöhen, die für unfere gefundheitlichen Anfchauungen gar zu gering gegriffen find, fo geben fie uns auch das Bild eines durchaus behaglichen und durch die Trennung in verfchiedene Räume auch weitentwickelten Wohnwefens. Von wefentlicher Bedeutung für den Sinn des mittelalterlichen deutfchen Wohnbaues fcheint uns dabei, daß im Erdgefchoß diefer kleinen Häuschen die alte, unmittelbar von außen her zu betretende Halle dauernd fortlebt. Daß fie hier auf dem befchränkten Raume nicht Gefchäftsverkehr und Familienleben gleichzeitig aufnehmen konnte, ift die Veranlaffung dazu gewefen, daß man den Hausherd in diefen Häufern regelmäßig in das Obergefchoß verlegte. Wir dürfen wohl annehmen, daß die dringende Raumnot hier zuerft diefe einfchneidende Änderung erzwang, durch die in die uralte Gewohnheit völliger Lebensgemeinfchaft zwifchen allen Familiengliedern ein zweifellos tiefempfundener Riß hineingebracht wurde. Nur zögernd und ganz allmählich führte fich bei den größeren Häufern das Verlegen des Herdes und Familienlebens in das Obergefchoß ein, wie wir weiterhin fehen werden. Und fo dürfen wir unferen kleinen Häufchen eine befondere kulturhiftorifche Bedeutung zufchreiben, indem in ihnen die Scheidung des Familienlebens von der Öffentlichkeit vorbereitet wurde, ohne die wir uns feinere Bildung und häusliches Glück nicht mehr vorftellen können.

So fehr fich diefe Kleinbürgerhäufer dem Grundriffe nach gleichen, fo wechfelvoll ift ihre künftlerifche Durchbildung. Hier finden fich die größten Verfchiedenheiten fowohl in Schlichtheit und größerem Reichtum der Auffaffung, als in der Verwendung verfchiedenen Baumaterials und in der Maffengliederung. Je nach der Baufitte der einzelnen Städte finden wir Giebel über den fchmalen Fläche aufgeführt, auch wohl zwei folche Häuschen unter einem fchmalen Giebel vereinigt, oder die Dachtraufe ift an die Straße gelegt, fo daß ein fchmales Satteldach das Haus, der Tiefe nach mächtig auffteigend, deckt. Auch in der Formbehandlung

130. Ausbilden des Äußeren. Lüneburg. Colmar.

---

¹³¹) In: *Dictionnaire raifonné de l'architecture etc.*, Bd. VI, S. 247, 253.

bilden fich eine Menge einzelner Schulen heraus. So find die Backfteingiebel Hannovers durch ihre ftraffe Pfeilergliederung ausgezeichnet, die Roftocker, Lübecker und Lüneburger durch feine Blendengliederungen, die fich mit treppenförmigem, ftrengem Giebelabfchluß verbinden. In den Gebieten des Fachwerkbaues fpielt das ftärkere oder geringere Vorkragen der Gefchoffe eine große Rolle; daneben traten felbft an diefen kleinen Häuschen gelegentlich Erkerauskragungen zur Belebung der Maffe auf.

So bildet die große Menge diefer Häuschen ein fehr lebhaftes und fehr lehrreiches Bild. Dem fchlichten Beifpiel aus Lübeck fei hier ein etwas reicheres aus Lüneburg angereiht (Fig. 137).

Es ift 5,15 m breit und enthält im Erdgefchoß eine mächtig hohe Halle, in die über der Eingangstür eine kleine Kammer als Zwifchengefchoß eingebaut ift. Darüber befindet fich dann nur ein Wohnftockwerk. Ein Treppengiebel in den für Lüneburg bezeichnenden derben Formen der Spätzeit fchließt das Häuschen nach oben ab und enthält auch über den Fenftern noch das Loch für einen Aufzugbalken, mittels deffen man die Ladeöffnungen beider Dachgefchoffe bedienen und fo die für die urtümliche Hauswirtfchaft jener Zeit nötigen Vorräte einholen konnte.

Haus zu Lüneburg.
¹⁄₁₀₀ w. Gr.

Sehr viel leichter und feiner ift das kleine Häuschen aus Colmar (Fig. 138¹²²) gegliedert, das wieder nur ein einziges Obergefchoß nebft Dachboden befitzt. Seine Wirkung beruht vor allem auf dem im Gegenfatz zum fteinernen Unterbau zierlich geformten und ftark überkragenden Fachwerk, und diefe Wirkung wird vor allem in Mittel- und Süddeutfchland mit Vorliebe zur Gliederung herangezogen.

So war das Fachwerk in höchft eigentümlicher Werkweife an einem kleinen Doppelhaus in Marburg benutzt, welches *Schäfer* nach feinen beim Abbruch angefertigten Aufnahmen veröffentlicht hat (Fig. 139 u. 140¹²³), und welches feiner ganzen Art nach wahrfcheinlich entftanden ift, bald nachdem eine Feuersbrunft den betreffenden Stadtteil im Jahre 1320 in Afche gelegt hatte¹²⁴). Als das ältefte der uns bekannten Häuschen diefer Art fordert es eine befonders eingehende Betrachtung.

131. Doppelhaus zu Marburg.

Jedes der beiden Einzelhäufer hat eine Frontlänge von ungefähr 4,50 m, das ganze Doppelhaus alfo von rund 9,00 m. Wenig größer ift auch die Tiefe der Häufer. Sie haben außer dem 3,00 m im Lichten hohen Erdgefchoß noch 2 Stockwerke, von denen das erfte 2,50 m, das zweite gar nur 2,00 m lichte Höhe hat. Die eigentliche Einteilung des Haufes ift infolge vielfacher fpäterer Einbauten nicht erhalten gewefen; insbefondere fehlte leider jede Aufzeichnung über die Lage des Hausherdes. In unferem Grundriß ift daher nur die Stellung der Hauptftützen und Unterzüge, fowie die Lage der Treppe angegeben. Im Erdgefchoß (Fig. 139) befand fich naturgemäß die Werkftätte, durch die zugleich, wie durch die Halle des Vornehmen, der Zugang zur Treppe hin führte. Sie öffnete fich unmittelbar nach der Straße; denn fie diente gleichzeitig zum Empfang der Kunden, die auf Beftellung arbeiten laffen wollten, und auch als Laden für folche, die auf Vorrat angefertigte Waren kauften. In vielen Städten war allerdings für die letztere Art der Verwertung die ftrenge „Marktzwang" eingeführt, d. h. es durften fertige Handwerksarbeiten nicht im Haufe, fondern nur in den auf dem Marktplatz aufgeftellten ftändigen Buden

Fig. 139.

Kleinbürgerhaus zu Colmar¹²²).
¹⁄₁₀₀ w. Gr.

---

¹²²) Nach eigener Aufnahme.
¹²³) Vergl.: SCHÄFER, C. Holzarchitektur Deutfchlands im 14. bis 18. Jahrhundert. Berlin o. J.
¹²⁴) Verfaffer verdankt diefe Kenntnis perfönlicher Mitteilung feines verehrten Lehrers C. *Schäfer*, nach deffen Skizzen er feinerzeit die Darftellung diefes Zimmerwerkes a. a. O. gezeichnet hat.

und Scharren verkauft werden. Man ficherte dadurch fowohl die aus dem Vermieten diefer Buden zu ziehenden Einnahmen, wie den Eingang der vom Verkauf zu zahlenden Abgaben, des im fpäteren Mittelalter fehr häufig erhobenen „Ungeldes".

Für die Obergefchoffe unferes Haufes werden wir natürlich je eine Stube nach vornheraus annehmen müffen und im I. Obergefchoß auch den Hausherd vermuten, fowohl nach Maßgabe der vorangeführten Beifpiele, als auch, weil er nur dort in dem notwendigen engen Zufammenhang mit dem Familienleben ftehen konnte. Die Lage der Treppe führt dabei zu der Annahme, daß das Haus der Tiefe nach nur zweiteilig war, fo daß fich nach hinten hin eine, wenn auch nur kleine „Hausdiele" ergab, in der fich, als im Hauptraum des Haufes, die Familie am Herde, dem Arbeitsplatz der Hausfrau, zufammenfand. Als fpäterer Einbau erfcheint die Teilung diefes Raumes in einen fchmalen Treppenflur und eine kleine Hinterftube mit danebenliegendem Abort, wie fie beim Abbruch des Haufes beftand.

Fig. 139.

Außerordentlich bemerkenswert ift die Bauart diefes Haufes, die in gewiffem Gegenfatz zu der fpäter üblichen fteht.

Das Doppelhäuschen befteht nämlich aus 5 hintereinander aufgeftellten Bünden, durch welche es in vier Abteilungen gegliedert ift, von denen zwei die Vorderftube bilden, zwei die hintere Diele mit der Treppe. Jedes Bund ift ein einfaches Oerüft, welches aus je drei lotrechten Säulen aufgerichtet ift, die vom Boden bis zum Dache durchgehen und in der Richtung der Front durch eingezapfte Durchzüge verbunden find (Fig. 141). Unter fich find die 5 Gerüfte durch eingezapfte wagrechte Riegel verbunden, welche tiefer liegen als die Durchzüge, damit nicht vier Zapfenlöcher an derfelben Stelle der Säule zufammentreffen und diefe zu ftark fchwächen. Bemerkenswert ift, daß fowohl für diefe Verbindungsriegel als für die Durchzüge bei der Bearbeitung der viereckigen Säulen aus dem Rundholze konfolenartige, flache Anfätze ftehengeblieben find, auf welchen die eingezapften Hölzer noch ein Auflager fanden. Eingeblattete Bügen und gleichfalls verblattete fchräge Windhölzer in den Seiten des Haufes ftellen die lotrechten und wagrechten Hölzer feft, fo daß in der ganzen Konftruktion, die unten nicht auf hölzernen Schwellen ruht, fondern auf den in die fteinerne Bafis eingeftellten 15 Säulen, ein Verfchieben oder Drehen nicht ftattfinden kann. Auf den Durchzügen diefer 5 Gerüfte liegen der Tiefe nach die beiden unteren Gebälke. Sie fchießen nach der Giebelfeite, das untere 60, das obere 90 cm, vor; einzelne der Balken haben an der Stirnfeite Zapfen, an welche die Ständer der Frontwand angehängt find; mit diefen Hängefäulen find die Schwelle, der Brüftungsriegel und ein Kappholz verblattet. Die verblattete Schwelle liegt auf den übrigen Balkenköpfen auf, fo daß auch diefe die Front des I. Obergefchoffes tragen. Der Giebel felbft hat nochmals eine geringe Vorfprung; das Gebälk über dem II. Obergefchoß liegt darüber, fo daß es die Konftruktion des Daches trägt. Diefes enthält noch 2 Stockwerke, die zu Schlaf- und Vorratsräumen benutzbar waren. Verzierungen kommen, außer den geftochenen Hängefäulenköpfen, nicht vor.

Anficht.
¹/₁₀₀ w. Gr.

Fig. 140.

Grundriß.
¹/₁₀₀ w. Gr.

Kleines Doppelhaus zu Marburg ¹⁹⁹).

War fo vom Zimmermann das Gerippe des Haufes hergeftellt, fo konnte es der Befitzer mit Hilfe feiner Leute fertigftellen, indem er mit unabgefchälten Zweigen und Aftftücken, die mit Lehmftroh umwickelt wurden, fich Wände in diefes Gerüft einflocht. Selbft für die Rauchfchlote begnügte man fich noch bis in viel fpätere Zeit mit diefer einfachen Ausführungsart. Die Deckung des Daches mit Stroh, Schindeln oder felbft etwa mit Ziegeln konnte der Befitzer gleichfalls felbft beforgen; doch war Ziegel- oder gar Schieferdeckung auch in den Städten urfprünglich nur auf den Häufern reicher Leute zu finden. Der ehrfame

Handwerker begnügte sich mit Stroh. Er erhielt so, wenn er das Holz aus dem Stadtwalde bezog, ein billiges Haus, das er leicht bezahlen konnte. Wenn dann die gewickelten Felder oder Fache zwischen den Hölzern der Front aus freier Hand mit Lehm sauber glatt gestrichen und mit Kalkmilch getüncht, das Holzwerk aber mit Rötel oder gelbem Ocker gestrichen waren, dann hatte die Straße, wo sich ein solches Haus an das andere schloß, jedes mit einem besonderen Zeichen versehen, nach welchem es benannt wurde, ein freundliches Aussehen, und das Leben darin konnte sehr behaglich sein, wenn Meister und Gesellen in den offenen Werkstätten fleißig arbeiteten, der irgendwo angestimmte Gesang sich von Werkstätte zu Werkstätte fortpflanzte, wenn Kinder die Straße füllten und, von den Müttern an den Fenstern beobachtet und beaufsichtigt, spielten, die Nachbarinnen bei der Arbeit von den Fenstern aus ihre Neuigkeiten austauschten, die Alten auf der Bank vor den Häusern saßen, Kunden durch die Straße gingen.

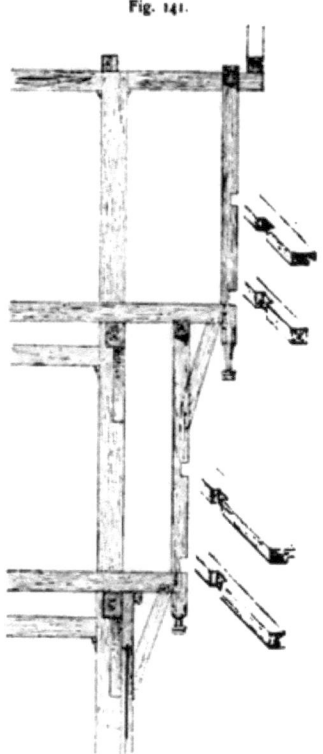

Fig. 141.

Zimmerwerk des Hauses in Fig. 139 u. 140.
¼ v. Gr.

Die Bauweise dieses Marburger Hauses beruht ersichtlich auf der Gewohnheit, das ganze Haus vom Erdboden bis zum Dache einheitlich aufzufassen und die Stockwerksteilung als Zutat zweiten Ranges zu behandeln. Dies hängt offenbar damit zusammen, daß man, wie in Art. 7 (S. 5) gezeigt wurde, von der eingeschossigen, mit offenem Dachgebälk versehenen Hütte ausgegangen ist. Wie man in diesen einfachen Innenraum zunächst nebensächliche Zwischenböden einzog, zeigt das Haus zu Kvefte (siehe Fig. 4 bis 6, S. 9), und es ist ganz leicht verständlich, daß man beim Fachwerkbau solche untergeordnete Teilungen als selbständige Einbauten in die durchgehende Ständerstellung der Wände einfügte. Daß man dieses Zwischenfügen der Balkendecken dann noch beibehielt, als sich die einzelnen Einbauten zu vollen Geschossen auswuchsen, ist aus dem Beharrungsvermögen handwerklichen Betriebes ebenfalls leicht erklärlich. Die später übliche und uns allein geläufige Art, daß die Geschosse, jedes selbständig für sich, übereinander gebaut wurden, schloß für frühmittelalterlichen Brauch einen Bruch mit alter Überlieferung in sich. Es ist wohl kein anderes Beispiel mehr erhalten, das so folgerichtig wie unser Doppelhaus diese Bauart in Außenwänden und Innenstützen durchführte; aber weniger vollständige Anklänge an die alte Sitte finden

Fig. 142.

Haus zu Laval [126]).

sich noch recht häufig. Beispiele solcher bürgerlicher Häuser werden wir an anderer Stelle noch zu erwähnen haben; viel verbreiteter aber ist diese Bauart im ländlichen Bauwesen, wo sich die durch mehrere Geschosse durchgreifenden Stiele, besonders für die Ecken, von Ostelbien bis nach dem Elsaß hin fast bis auf unsere Tage erhalten haben.

Bereits dem XV. Jahrhundert gehört ein Doppelhaus in Laval (Fig. 142 [126]) an, das wir aus der reichen Fülle schöner alter Wohnhäuser hier anführen, die auf französischem Boden wenigstens bis vor kurzem noch erhalten waren. Es entspricht in Maßen und Grundrißanordnung auffallend dem eben gegebenen deutschen Beispiel; nur hat es die erheblich größere Tiefe von 15,00 m und legt daher die Treppe nach der Tiefenrichtung. Der Aufriß ist im Gegensatz zu der phantastisch vorgehängten Front des deutschen Beispieles bezeichnend für die nüchternere Art des französischen Fachwerkbaues, der auch später seinen Reiz weniger in der ausdrucksvollen Durchbildung der Bauglieder, als in dem Überspinnen der Flächen mit feinerem, der Steinarchitektur nachgeahmten Schnitzwerk gesucht hat.

132. Doppelhaus zu Laval.

In Deutschland und auch in Nordfrankreich blieb weitaus in den meisten Städten dem Holzbau dauernd der Vorrang vor dem Steinbau. Wo letzterer schon im XIII. Jahrhundert eintrat, wie in den von *Bickell* veröffentlichten Häusern aus Gelnhausen, ist er in der Regel sehr schlicht behandelt. Für Südfrankreich und Italien dagegen sind schon aus früher Zeit steinerne Beispiele selbst von solchen kleinen Häuschen vorhanden. In Fig. 143 [126]), rechts, geben wir ein solches (aus Cluny) wieder, wobei allerdings die starke Geschlossenheit des Erdgeschosses kaum als ursprünglich, sondern als moderne Wiederherstellung anzusehen sein wird. Im übrigen entspricht das Häuschen, das nicht das einzige seiner Art ist, in den Abmessungen den vorher gegebenen deutschen Beispielen. Allerdings übertrifft es im Reichtum seiner verzierten Fensterformen bei weitem dasjenige, was man in Deutschland etwa gleichzeitig, d. h. gegen Ende des XII. Jahrhunderts, anwenden konnte.

133. Steinerne Kleinbürgerhäuser zu Cluny.

Fig. 143.

Wohnhäuser zu Cluny [127]).

Unter den südfranzösischen Verhältnissen mit ihrem Reichtum älterer Kultur haben sich sodann, wohl durch antiken Einfluß andere Grundformen gebildet, die insbesondere durch Einlegen eines Hofes den Eindruck höherer Entwickelung machen. Ein etwas größeres Haus solcher Art, ebenfalls aus Cluny, geben wir in Grundrissen und Ansicht [127]).

---

[125]) Nach: Viollet-le-Duc, a. a. O., Bd. VI, S. 253.
[126]) Nach: Verdier, A. & F. Cattois *Architecture civile et domestique au moyen-âge et à la renaissance.* Paris 1864, Bd. I, S. 69 ff. – Der Verfasser gibt darin 9 romanische Hausfassaden und bezeichnet im Plane etwa ein Viertelhundert mindestens damals, hoffentlich auch heute noch vorhandener Wohnhäuser des XII. Jahrhunderts.
[127]) Nach: Viollet-le-Duc, a. a. O., Bd. VI, S. 223 u. 224.

Wir fehen hier (Fig. 144 bis 146), wie die Treppe C unmittelbar an den Hauseingang anfchließt, durch eine Wand getrennt vom daneben gelegenen Raum, der einen Laden oder eine Werkftätte gebildet haben wird. Ein Höfchen F mit Brunnen G fchließt fich hinten an; an ihm läuft der Laubengang E nach dem Raume H, der wegen des großen Rauchmantels J von *Viollet-le-Duc* als Küche bezeichnet, in diefer vom eigentlichen Wohnraum fo entfernten Lage aber wohl eher als Werkftätte eines Waffenfchmiedes oder fonftigen Feuerarbeiters angefehen werden kann. Im Obergefchoß mündet dann die Treppe frei in den großen Hauptraum L aus, der zum Tagesaufenthalt der ganzen Familie und mit feinem Kamin wohl auch zum Bereiten der Speifen diente. Der Laubengang N enthält hier noch eine kleine Bodentreppe und mündet auf ein hinteres Schlafgemach.

Fig. 144.

Anficht.
¹⁄₁₀₀ w. Gr.

134. Haus zu Caullade.

Andere in Südfrankreich erhaltene fteinerne Häufer erinnern ftark an italienifche Bauten. So ein Haus zu Caullade (Fig. 147 [188]), das mit 8,50 m Breite weiter erhöhte Maße aufweift und allerdings nur mit dem Vorbehalt in unfere Gruppe aufgenommen werden kann, daß die von *Viollet* ftammende Ergänzung des Untergefchoffes als eines offenen Laden- oder Werkftättenraumes zutreffend ift. Es enthält im I. und II. Obergefchoß je einen nahezu quadratifchen Saal und ein kleines Zimmer, im III. Obergefchoß 3 Zimmer nebft der Treppe. Die Front ift in früh-gotifchen Formen aus Backftein mit Werkftein gemifcht fehr monumental errichtet und hat in ihrer ganzen Haltung ftarke Anklänge an die Adelspaläfte Sienas.

Ebenfalls unter die Großen feiner Art gehört mit ungefähr 7,00 m Frontlänge ein Fachwerkhaus in Caen, etwa der erften Hälfte des XV. Jahrhunderts entftammend (Fig. 148 u. 149 [189]). Es befitzt wieder im Erdgefchoß neben dem Eingange den etwas größeren Laden- oder Werkftättenraum. Darüber find zwei Obergefchoffe vorgekragt, in Formen, die mit vorgefetzten kleinen Säulchen und Strebepfeilerchen eine Vorftufe zu der überaus reichen Ausbildung darftellen, die im franzöfifchen Fachwerkbau fpät-gotifcher Zeit gelegentlich angewendet wurde.

Fig. 145.

Fig. 146.

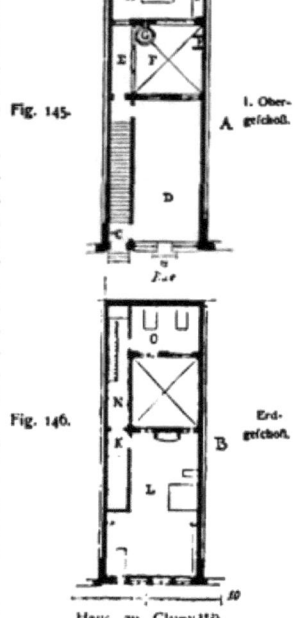

I. Obergefchoß.

Erdgefchoß.

Haus zu Cluny [187].

135. Häufer wohlhabenderer Bürger; Kaufmannshäufer.

Die letztangeführten Häufer bilden fchon nach ihrer Größe und Ausftattung den Übergang zu den größeren Häufern der wohlhabenden Bürger und Kaufleute. Es wäre ja ganz irrtümlich, zwifchen beiden Klaffen eine fchroffe Kluft anzunehmen; fondern wie der gefchickte

---

[188] Siehe: VIOLLET-LE-DUC, a. a. O., S. 235.
[189] Nach: GAILHABAUD, J. *L'architecture du V au XVIII me fiecle et les arts qui en dependent*. Paris 1820–59.

Fig. 147.

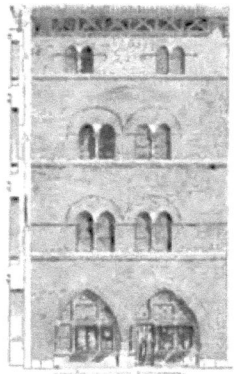

Haus zu Cauffade [189].
¹/₈₀ w. Gr.

Handwerker fehr wohl dem kleineren Kaufmann an Wohlhabenheit nachftreben, ja felbft zu größerem Handelsbetrieb fich auffchwingen konnte, fo werden auch die Behaufungen beider Stände mehr allmähliche Übergänge zeigen. In der Tat finden wir auch für die Gattung Häufer, die wir nach der überwiegenden Klaffe ihrer Eigentümer als Kaufmannshäufer bezeichnen wollen, zunächft noch fehr einfache Verhältniffe in Geltung und können die Nachwirkung diefer Einfachheit bis in um fo jüngere Zeit hinein verfolgen, je länger die Landfchaft, der die zu betrachtenden Bauten angehören, an einfacheren und rauheren Lebensverhältniffen feftgehalten hat. Wir werden daher unfere Betrachtung hier mehr landfchaftsweife gliedern und beginnen mit den Bauten Norddeutfchlands. Denn hier wirkt eine Reihe von Umftänden gleichzeitig der Weiterentwickelung zu verfeinerten Lebensgewohnheiten entgegen: die in bezug auf Bodenerzeugniffe meiftens kärglichere Natur des Landes; fodann der Umftand, daß der Handel diefer Gegenden mehr auf landwirtfchaftlichen Erzeugniffen und auf der Einfuhr von Maffengütern und Rohftoffen beruhte als auf der feiner entwickelten Handwerkstätigkeit; fchließlich wohl auch die Art des Handelsbetriebes, die den reichen Kaufmann auf monatelangen gefahrvollen Reifen hinauf nach dem rauhen Norden und nach dem unkultivierten Often führte, und ihn daher eine fchon verhältnismäßig einfache Wohnweife als behaglich empfinden ließ.

Die Grundform des Kaufmannshaufes in Norddeutfchland geht, wie das einfachfte Kleinbürgerhaus, ja faft noch beftimmter als diefes, auf die Wohnbedingungen der älteften einfachen Hütte zurück. Ein fehr klares Beifpiel hierfür bietet das nahe am Hafen in der Lünerftraße gelegene Haus zu Lüneburg in Fig. 150 u. 151 [190]), trotzdem es erft dem Ende des XV. oder gar dem beginnenden XVI. Jahrhundert entftammt. Es bildet im Erdgefchoß, wenn wir von einigen fpäteren, nicht fehr bedeutenden Einbauten abfehen, im wefentlichen eine große, die ganze Grundfläche einnehmende Halle von verhältnismäßig bedeutender Höhe, die von der freien Längsfeite her aus vier hohen, durch Stabwerk geteilten Fenftern reichliches Licht empfing. Nur im rechten vorderen Winkel ift eine kleine Stube von Anfang an abgetrennt gewefen, ficher als Gefchäfts- und Empfangszimmer des Kaufherrn, dem diefes Haus gehörte. Der diefer Stube vorgebaute Erker, fowie der ihm auf der vorderen Hälfte der Front entfprechende find Zutaten nachmittelalterlicher Zeit.

150. Kaufmannshaus zu Lüneburg.

Fig. 148.   Fig. 149.

Haus zu Caen [189].

[190]) Nach eigener Aufnahme.

146

Über diefer Stube, die noch ihre alte Decke von hohlprofilierten Balken bewahrt, ift ein gleicher Raum als Zwifchengefchoß angelegt, und diefes Zwifchengefchoß fetzt fich auf einem Unterzug mit fchönem Holzpfoften ruhend, in gleicher Breite durch die ganze Tiefenrichtung

Fig. 150.

Anficht.

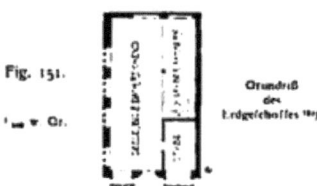

Fig. 151.

Grundriß des Erdgefchoffes [1].

Kaufmannshaus zu Lüneburg.

des Haufes fort. Es enthielt 3 Kammern, von denen die beiden hinteren Licht und Luft nur mittelbar von der Diele her empfingen. Unter ihm lag in dem dadurch abgegrenzten niedrigen Teil der großen Diele fowohl die Treppe zu den Kammern des Zwifchengefchoffes, wie auch der Hausherd. Da die Diele im Lichten 4,46 m hoch ift, fo bleibt für diefe abgetrennten Räume nur eine Höhe von 2,14 m unter den Balken, womit wir dann wieder auf gleiche Verhältniffe gelangen, wie fie in den Kleinbürgerhäulern herrfchten. Über der Diele baut fich zwar noch ein weiteres Gefchoß auf; aber diefes ift nicht für Wohnzwecke beftimmt, fondern, wie das Fehlen feitlicher Fenfter und das Vorhandenfein der Ladeöffnung über dem Eingangstor beweift, diente es ebenfo wie die darüber befindlichen Dachgefchoffe als Speicher für Handelsgüter. Selbft wenn wir annehmen, daß in diefen weiten Speicherräumen hier und da durch Verfchläge Schlafgelegenheit für Gefinde gefchaffen wurde [**]), fo find die hier verfügbaren Einzelräume äußerft geringfügig.

Wir müffen annehmen, daß das ganze tägliche Leben der Familie, Befuch von Freunden und Verwandten, aller gröbere Verkehr und fonftige Tätigkeit, die mit dem Betriebe des Handels zufammenhing, foweit letztere nicht im Kontor des Handelsherrn felbft erledigt wurde, fich in der großen Halle abfpielten. Hier konnte ebenfo, wie es fchon *Möser* vom fächfifchen Bauernhaufe rühmt, die Hausfrau vom Herde aus das Getriebe der gefamten Wirtfchaft überfehen und leiten; fie konnte Anteil am gefchäftlichen Treiben des Hausherrn nehmen und, falls diefer auf Handelsreifen abwefend war, wohl fogar felbft an feiner Statt die laufende Tätigkeit des Gefchäftes überwachen.

Und trotzdem ein folches Haus unferen Begriffen nach nur fehr geringe Bequemlichkeit gewährt, ift es nicht etwa als Behaufung eines weniger wohlhabenden Bürgers anzufehen. Dies anzunehmen verbietet fchon die Ausbildung der fchönen Giebelfront, die mit ihrer reichen Gliederung durch tauartig gewundene Stäbe und die Einlagen plaftifch verzierter Rundfüllungen eines der aufwändigften Beifpiele ihrer Art darftellt. Aber noch mehr ift diefe Annahme hinfällig dadurch, daß fich Häufer gleicher Art, fowohl in Lüneburg felbft wie in den anderen öftlichen Hanfeftädten Lübeck, Roftock, Wismar, Stralfund uff., und zwar erweislich in den Händen der vornehmften Familien, häufig finden. Oft haben fie erheblich größere Abmeffungen, wie z. B. das Haus in Lüneburg, am Berg Nr. 39, das infofern vielleicht einen älteren Typus bewahrt, als über dem eingebauten Schreibftübchen des Hausherrn keine Oberftube, fondern ein freier Altan fich befindet. Auch gewiffe Abweichungen im einzelnen kommen gelegentlich vor, ohne daß die Gefamtform fich wefentlich änderte.

So ift aus der Reihe ähnlicher Anlagen, die Lübeck, zum Teil bis in das XVIII. Jahrhundert hinuntergreifend, enthält, das Haus der jetzigen Löwenapotheke hervorzuheben. Es geht mit feinem wohlerhaltenen Hintergiebel noch in fpätromanifche Zeit zurück, entftammt in feinen Hauptteilen dem XIV. Jahrhundert und ift als eines der vornehmften Häufer feiner Zeit dadurch bezeugt, daß es im Jahre 1375 der Gemahlin Kaifer *Karl IV.* als Wohnung gedient hat. An feiner freien Langwand waren vor der Wiederherftellung noch deutlich die Refte der urfprünglichen Fenfteranlage zu fehen, und es ging aus ihnen hervor, daß der ganze Vorderteil einen hohen Dielenraum bildete, in deffen hintere Ecke eine kleinere Stube mit Zwifchengefchoß eingebaut war. Eine Bereicherung weift diefes Haus allerdings dadurch auf, daß an der entgegengefetzten Ecke ein geräumiges Zimmer in gotifcher Zeit angebaut worden ift und fich mit kleinerem Giebel nach der Straße hin zeigt. Die hierdurch entftehende Grundrißform, beftehend aus einem tiefen Haupthaufe mit kleinerem und weniger tiefem Anbau, findet fich nicht felten in deutfchen Städten, fo daß man wohl einen gemeinfamen Grund für ihre Entftehung annehmen kann. Vermutungsweife kann man ihre Anlage dadurch erklären, daß der Raum einer in früherer Zeit zum hinteren Hofe führenden Durchfahrt für einen folchen Anbau eines Staatszimmers ausgenutzt wurde, als diefe mit der Einfchränkung landwirtfchaftlichen Betriebes überflüffig erfchien.

137. Löwenapotheke zu Lübeck.

[**]) Nicht unmöglich ift es auch, daß wenigftens das männliche Gefinde, wie es noch heute in Rußland vielfach auf den Fluren vor der Zimmertür der Herrfchaft nächtigen foll, in der Diele felbft fchlief.

136. Haus zu Münden.

Dem Umfange und wohl auch der Zeitstellung nach, für die etwa der Beginn des XV. Jahrhunderts anzusetzen sein wird, ist hier ein Haus aus der „Dunkeln Straße" in Münden einzureihen (Fig. 152 [142]), das noch unter dem alten Namen „Zum Ochsenkopf" sich erhalten hat. Das vordere Drittel dieses Hauses, das a. a. O. allein veröffentlicht ist, besitzt drei niedrige Stockwerke unter dem vortretenden Dachspeichergeschoß, verzichtet also auf die übliche Anlage der hohen Diele. Diese befindet sich im hinteren, größeren Teile des Hauses, derart, daß sie der Höhe nach etwa anderthalb der vorderen Geschosse einnimmt. Über ihr befindet sich ein weiteres Geschoß, das dann, wie das II. niedrige Zwischengeschoß des Frontteiles, unter dem Dachspeicher endigt.

Wie dieses Haus benutzt wurde, ob etwa im hinteren Dielenraum früher ein Herd bestanden hat, ist nicht mehr festzustellen. Noch jetzt sind der hintere Dielenraum in beiden Geschossen, ferner das vordere II. Obergeschoß und das ganze vortretende Speichergeschoß ohne jede Teilung durch Wände, die auf Benutzung dieser Räume zu Wohnzwecken deuteten, so daß nur in den Vorderräumen der Untergeschosse Wohnzimmer gesehen werden können. Sehr bemerkenswert ist die Bauart des Hauses. Sie bildet eine Art Vermittlung zwischen der ganz altertümlichen Herstellung des Marburger Hauses (siehe Art. 131, S. 140) und dem späteren Stockwerksbau. Sie beruht, wenn auch nicht mehr auf einzelnen die Unterzüge tragenden Ständern, so doch auf den lotrechten, durch alle Stockwerke von unten bis oben gehenden Säulen der Umfassungswände (Fig. 153). Diese sind so enge gestellt, als die Gebälke gelegt sind, so daß sämtliche übereinander liegende Balken der unteren Geschosse auf jeder Seite von solch einer Säule getragen werden und mit diesen Säulen einen Querbund durch das Haus bilden. Die Balken sind in die Säulen eingezapft, außerdem auch die neben den Zapfen stehenbleibenden Teile in schräge Ausschnitte eingelegt. Bei der untersten Balkenlage greifen die Zapfen durch die Säulen hindurch, stehen nach außen weit hervor und sind durch eingeschobene Holzkeile verklammert, so daß das ganze Haus der Quere nach eine feste Spannung erhielt.

Fig. 152.

Holzhaus zu Hannöverisch-Münden [142]).
¹⁄₁₀₀ w. Gr.

Solcher Bünde steht eine ganze Anzahl hintereinander. Der Tiefe nach ist ihre Verbindung unter sich durch einen in der Mitte des Hauses entlang laufenden Längsunterzug und seine Ständer gebildet, der allerdings im unteren der beiden Dielenstockwerke nur bis zum Abschluß der vorderen Stockwerksteilung durchgreifen konnte. In der Dachbalkenlage laufen sodann sämtliche Balken der Tiefe nach und bilden im Verbande mit quergerichteten Unterzügen einen weiteren, sehr kräftigen Tiefenverband für die großen Wandständer. In den Wandflächen der Seitenwände fehlt jedes Schrägholz, so daß das Einfügen des ausladenden Giebels, welcher Bügen und Kreuzriegel hat und auf Stichen ruht, die mindestens zum ersten Balken hinter der Front gehen, noch eine wesentliche Befestigung bedeutet. Die Säulen selbst sind durch die Zapfen der Balken natürlich geschwächt. Um nicht zu viele schwache Stellen am selben Punkte zusammentreffen zu lassen, sind die wagrechten Riegel nirgends in die Balkenhöhe genommen, sondern in beliebiger Höhe dazwischen angebracht. In der Front sind sie so angeordnet, daß die Fenster die nötige Höhe erhielten.

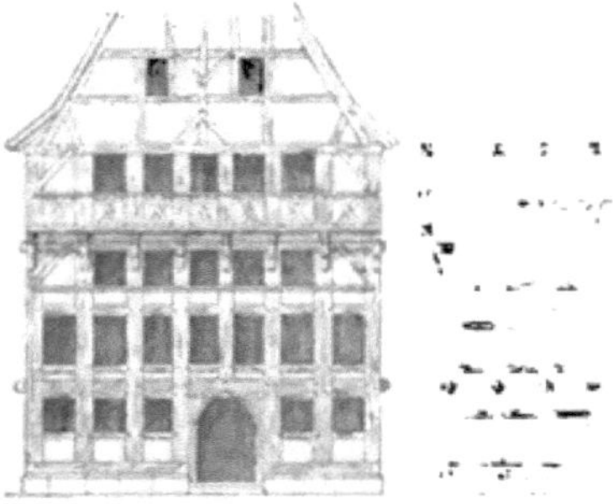

Wenn auch diese Bauart auf den ersten Blick regellos erscheint, so hat sie sich doch vortrefflich bewährt und ist der Eigenart des Holzbaues ausgezeichnet angepaßt. Sie vermeidet die vielen Stockwerksteilungen der Tragestützen, an denen das Aufsetzen von Hirnholz auf Langholz regelmäßig zu ungleichem Setzen Veranlassung gibt. Sie verspannt die aus langen Hölzern gebildeten steifen

---

[142]) Nach: Schäfer, C. Holzarchitektur vom 14. bis 18. Jahrhundert. Berlin.

Fig. 153.

¼ w. Gr.

Zimmerwerk des Haufes in Fig. 152 [¹⁴⁷]).

Außenwände durch die wechfelnde Richtung der Balkenlagen und Unterzüge in fehr überlegter und zweckmäßiger Weife. Allerdings dürfte fie durch die große Zahl langer und gerade gewachfener Eichenbalken, die fie forderte, fchon damals koftfpielig gewefen fein und hat wohl aus diefem Grunde dem Stockwerksbau den Platz räumen müffen.

Herrfcht in den Gebirgsgegenden des Harzes und an der Wefer der Holzbau faft unumfchränkt, fo findet fich im angrenzenden Weftfalen neben ihm häufiger der reine Steinbau angewendet. Zwei gotifche Häufer mit fehr kraftvoll-altertümlichen Staffelgiebeln aus Stadthagen, die wohl ficher noch dem XIV. Jahrhundert entftammen, werden wir wegen der mit ihnen fpäter vorgenommenen Umbauten an anderer Stelle zu befprechen haben (fiehe Art. 169). Anderes von ähnlicher Art findet, oder fand fich wenigftens, noch vor kurzem in Lemgo (vergl. Art. 291 u. Fig. 374), Herford ufw. Die reichfte Ausbildung erfuhren diefe gotifchen Giebelfronten, zu denen ähnliche Grundriffe, wie die zuletzt befprochenen, gehören, alsdann in Münfter, wo fie fich am Hauptplatze der Stadt, dem langgeftreckten »Prinzipalmarkt«, in ftolzer Reihe zu einem der großartigften Städtebilder des Mittelalters zufammenfchließen. Sie gewinnen hier befonderen Ausdruck dadurch, daß man die Frontwand im Erdgefchoß durch die Anordnung hoher, gewölbter Laubengänge auflöfte. Diefe Bereicherung des Eindruckes ift aber nicht etwa allgemeine Münfterfche Sitte; fondern die teilweife fehr anfehnlichen und reich verzierten Bürgerhäufer, welche in anderen Straßen der Stadt ftehen, zeigen gefchloffene Erdgefchoffe, wie diejenigen anderer norddeutfcher Städte. Man hat in Münfter häufig, befonders bei den Laubenhäufern des »Prinzipalmarktes«, den ganzen unteren Dielenraum als einheitlichen Ladenraum ausgebildet; dahinter folgt dann ein felbftändiger Herdraum. Doch ift dies wohl erft fpätere Umänderung, die auf der modernen Einrichtung der Ladengefchäfte beruht; auch der fehr übliche Anbau eines dritten hinteren Raumes, der foviel fchmaler ift, daß der Herdraum neben ihm noch Licht von der Hinterfront her erhält, ift ficher eine fpätere Zutat.

Die bisher behandelten deutfchen Häufer find fämtlich mit ftraßenwärts gerichtetem Giebel verfehen. Anders geftalten fich Form und Bauart des Haufes äußerlich dort, wo man die Dachtraufe nach der Straße zu kehren gewohnt war; aber die innere Einteilung blieb davon ziemlich unberührt. Das Nagel'fche Haus zu Braunfchweig, Langenftraße 9, durch Fig. 154 u. 155 [¹³⁸]) in Grundriß und Schnitt dargeftellt, ift ein Beifpiel einer folchen Anlage auf mehr breitem als tiefem Grundftück und entftammt fchon dem letzten Abfchnitt der hier zu befprechenden Zeit,

139. Steinerne Giebelhäufer in Weftfalen.

140. Häufer zu Braunfchweig.

[¹⁴⁸] Nach: Pfeifer, H. Die Holzarchitektur der Stadt Braunfchweig. Berlin 1892. (Auch in Zeitfchr. f. Bauw.) Tal. III.

als sich bereits die erften Renaissanceformen in die gotische Grundlage des Bauens zu mischen begannen. Seine Errichtung ist durch eine über dem Torweg eingeschnitzte Inschrift auf das Jahr 1533 festgelegt. Trotzdem finden wir äußerst einfache Verhältnisse. Im Untergeschoß des Haufes nimmt eine große „Dähle" (Diele) zwei Drittel des Haufes ein; abgefehen von einem ersichtlich später in ganz unregelmäßiger Form abgetrennten Ladenraum ift neben ihr nur eine Stube angelegt, über der fich in einem eingeschobenen Halbgeschoß eine Kammer befindet. Die hinter der Stube liegende Treppe, ebenfalls in der Zeit der Spätrenaissance umgebaut, vermittelt den Verkehr von der Dähle nach dem oberen Wohnraume und den höheren Geschossen. Diese sind durchaus als Warenspeicher angelegt, und nach außen hin mit Ladeluken als folche gekennzeichnet, was natürlich nicht ausschließt, daß gelegentlich von ihren weiten Räumen einzelne Schlafkammern abgeschlagen wurden.

Eine große Haspel, der die notwendigen Klappen in den Fußböden zu entsprechen pflegen, gestattet, die Waren zwischen den Lagerräumen und dem Verkehrsraum, der Dähle, unmittelbar hin und her zu befördern oder fie auch durch die äußeren Ladeluken von der Straße aus auf den Speicher zu schaffen. Dem Warenhandel zuliebe sind hier die Tore der Dähle fo bemeffen, daß fie mit 3,70 m Höhe die Einfahrt beladener Wagen ermöglichen. Die Lage des ursprünglichen Herdes ift leider nicht erfichtlich. Vermutlich hat er in der Diele an dem Platze des erwähnten Ladens gelegen und ift deffen Anlage zum Opfer gefallen. An der Hinterwand der Dähle führt eine Treppe mit fchrägliegender Falltür in den Kellerraum hinab. Daß die hier aus fpäteft-mittelalterlichen Zeiten beglaubigte Anfpruchslofigkeit der Wohnweife nicht etwa in ärmlichen Verhältniffen des Befitzers begründet war, geht auch hier aus verfchiedenen Anzeichen hervor. So deutet die Anordnung von drei Warenböden übereinander, während viele ähnliche Häufer fich mit einem einzigen begnügten, darauf, daß das Haus von dem Inhaber eines bedeutenden Handelsgefchäftes bewohnt wurde, und die üppige Schnitzerei, mit der die Flächen der Fachwerkhölzer überzogen sind, beweift, daß dieser Handel reiche Erträge abwarf.

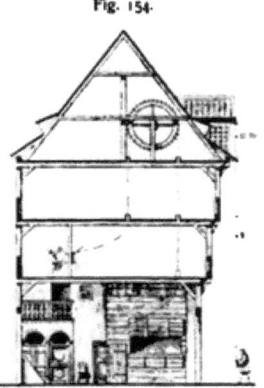

Haus *Nagel* zu Braunschweig, Langenstraße 9[131]).

Diese Art der Hausanlage steht nun nicht etwa zufammenhangslos als unverstandener Rest alter Zeiten neben der späteren Entwickelung, sondern sie geht durch zahllose Zwischenstufen allmählich in die Formen späterer Wohnungsweise über. Als Beispiel dafür, wie bei solchem weiträumigen Haufe mit geringem Wohnraum fich die Anordnung zahlreicherer Wohngelasse entwickelt, kann der Grundriß des noch etwas späteren, im Jahre 1543 erbauten, Haufes in der neuen Knochenhauerstraße zu Braunschweig gelten (Fig. 156 u. 157[131]). Es war wohl weniger dem Handelsbetriebe gewidmet; jedenfalls diente es daneben auch den Bedürfnissen eines geringen Ackerbaues, worauf die Anlage des Hofes mit feinen Stallgebäuden hindeutet.

---

[131]) Nach: Pfeiffer, a. a. O., Taf. I.

Hier tritt die Dähle an Bedeutung ftark zurück. Ihr Zugang ift zu einer mäßigen Tür von ftark 2,00 m Breite zu 2½ m Höhe zufammengefchrumpft; an der einen Seitenwand wie an der Rückwand find in zwei Gefchoffen 6 Wohnräume nebft felbftändiger Küche von ihr abgetrennt. Immerhin geht die Dähle noch durch beide Wohngefchoffe hindurch; in der einen ihrer ftraßenfeitig gelegenen großen Fensternischen ift ein erhöhter Sitzplatz angelegt und durch vier Stufen zugänglich gemacht. Erft in nachmittelalterlicher Zeit hat man auch in Niederfachfen gelegentlich auf diese großräumige Anlage verzichtet, indem man an die in unferem Beispiel noch freie Dählenwand gleichfalls eine Stube anlegte. Dann blieb vom alten Hauptraum des Haufes nur noch ein fchmaler Eingangsflur übrig, den zweigefchoffig zu geftalten finnlos gewefen wäre. So zog man die Wohnräume des Obergefchoffes an der Straßenfeite über diefen Flur hinweg und gelangte damit zu der nüchternen Anordnung zweier an beiden lichtgebenden Seiten des Haufes entlang laufenden Zimmerfluchten, die einen nur mittelbar beleuchteten Längsflur mit der Treppe zwifchen fich fchloffen.

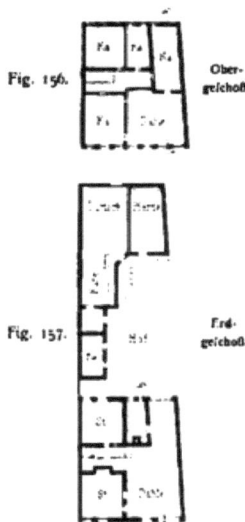

Fig. 156. Obergefchoß.

Fig. 157. Erdgefchoß.

Haus in der neuen Knochenhauer-Straße zu Braunfchweig.

Fig. 158.

Haus zu Goslar.
Erdgefchoß.

Dies ift ein fowohl künftlerifch wie praktifch genommen recht kläglicher Ausgang einer groß und frei aus einfachen Verhältniffen heraus begonnenen Entwickelung, im Grunde genommen ein Sieg fpäterer Bequemlichkeit und Weichlichkeit über die rauhe Größe mittelalterlicher Lebensauffaffung.

Immerhin ift dies nur eine fpäte Entartung; zur eigentlich mittelalterlichen Zeit richtet man fich, zwar weniger regel- und fchulgerecht, aber künftlerifcher, in anderer Weife ein. Die alte Kaiferftadt, das durch Bergbau und Handel hervorragend reiche Goslar, enthält neben fchlichteren Dielenanlagen eine ganze Anzahl von Häufern reicherer Einteilung. Wir geben hier das Haus Frankenberger Straße 11 als ein bezeichnendes Beifpiel, wie fich durch die allmähliche Angliederung einzelner Teile aus der einfachen Dielenform ganz zufammengefetzte Grundriffe bilden (Fig. 158). Den Hauptraum des in feiner Hauptmaffe der Spätgotik angehörigen Haufes bildet eine große Dähle, durch welche eine Durchfahrt nach dem Hofe hindurchführt. In ihrem Hintergrunde, urfprünglich ganz nach älterer Sitte frei im Raum ftehend, jetzt aber durch dünne Wände zu einer gefonderten Küche abgetrennt, ift der Platz des Hausherdes. Daneben führt eine Treppe zum Keller hinab. Auf der rechten Seite find — nach den verwendeten Formen zu fchließen, erft in der Renaiffancezeit — zwei Stuben angelegt, von denen die hintere erheblich in den Hof vorfpringt. Zwifchen ihnen liegt eine enge Treppe, in Wände feft eingefchloffen. Sie führt hinauf in die oberen Gemächer, die fich über die genannten beiden Stuben und die

Durchfahrt erstrecken, während die Dähle bis zum Lagerspeicher hinaufreicht. Einen uns bisher noch neuen Bauteil sehen wir sodann in der großen Stube, die links vom Hofe her unregelmäßig in den Grundriß eingreift. Sie dürfte der älteste Teil des Hauses sein und aus einer Zeit stammen, als alles Übrige noch in Holzfachwerk errichtet war. Solche von starkem Mauerwerk umzogene Bauteile hat man unter verschiedenen Namen (Steinwerk, Steinkammer, Steinhaus, Turm, Feuersaal, Kemenate) nicht selten dem aus Holz errichteten Wohngebäude hinzugefügt, um bei den häufigen Bränden, von denen die Städte heimgesucht wurden, wenigstens für den kostbareren Hausrat eine geschützte Zufluchtsstätte zu besitzen. Es ist leicht erklärlich, daß ihr Inneres dann zum vornehmsten Raum des Hauses ausge-

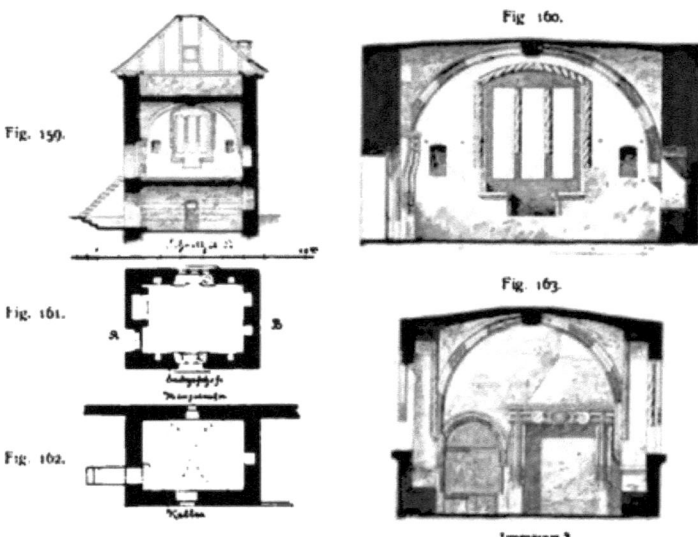

Fig. 159. Fig. 160. Fig. 161. Fig. 162. Fig. 163.

Steinwerk zu Goslar.

bildet wurde. Sie sind uns literarisch schon um das Jahr 1200 bezeugt und auch noch reichlich erhalten. Regelmäßig, so auch bei unserem Beispiel, besaßen sie ein gewölbtes Kellergeschoß, das sich um etwa 1,00 m über dem Dielenfußboden erhob; darüber finden wir dann meistens nur ein, seltener zwei Stockwerke. Nicht selten sind diese Steinkammern, so wie in unserem Beispiel, in das Haupthaus hineingebaut oder wenigstens an dieses angelehnt gewesen. Vielleicht war letzteres ehemals auch der Fall mit dem Steinwerk aus Goslar, das wir in Fig. 159 bis 163[134]) als eines der besterhaltenen darstellen und das jetzt freistehend fast an die Wohntürme adeliger Geschlechter erinnert. Es ist nur bescheiden in seinen Abmessungen, in dem gewölbten Obergeschoß aber mit dem behaglich derben Reichtum aus-

[134]) Nach: Wolff, a. a. O., S. 343.

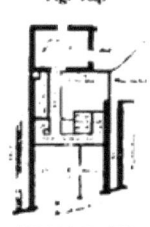

Fig. 164.

Haus *Kromfchröder* zu Osnabrück [143].
I. Obergefchoß.

geftaltet, den die fpät-gotifche Handwerkskunft Niederfachfens liebte; es enthält auch noch die Refte der urfprünglichen farbigen Ausmalung.

Als letztes Beifpiel für die Anordnungen einer fpäteren Zeit, in der man diefe alten Dielenhäufer den entwickelteren Wohnungsverhältniffen anpaffen mußte, fei das *Kromfchröder*fche Haus in Osnabrück angeführt. Es zeigt ebenfo die Sorge für Raumgewinnung bei fortfchreitender Dichtigkeit der Bebauung wie für größere Feuerficherheit. Fig. 164 [143] gibt den Grundriß des I. Gefchoffes. Während das Haus im allgemeinen noch aus Fachwerk befteht, find die Grenzwände gegen die Nachbarn aus fchwerem Bruchfteingemäuer errichtet; an die Hinterfeite des Haufes legt fich ein "Steinwerk" obengefchilderter Art als felbftändiger Bauteil an. Die Raumeinteilung des übrigen Grundriffes ift ebenfalls bemerkenswert.

143. Haus *Kromfchröder* zu Osnabrück.

Eigenartigerweife ift die Diele nach hinten verlegt, während die Straßenfeite in zwei Gefchoffen, die zufammen der Dielenhöhe entfprechen, von Wohnräumen eingenommen wurde. Nur im Erdgefchoß laffen diefe eine Einfahrt zwifchen fich frei. Die Diele ift an der rechten hinteren Ecke durch ein breites Fenfterpaar, das nach dem Nachbarhofe hinausgeht, beleuchtet. Sie enthält den alkovenartig eingebauten Herd, dazu eine Speifekammer und die Treppenanlage nebft Verbindungsgalerien zu den oberen Räumen. In ihrer Mitte ift die Winde angebracht, welche dem Herauf- und Herunterfchaffen der Kaufmannsgüter nach dem Keller und dem Speicher zu dienen hatte. Daneben ift durch leichte Wände noch im Erdgefchoß eine fchlechtbeleuchtete Speifekammer, im Zwifchengefchoß eine Mägdekammer abgetrennt, und fo bietet auch diefes Haus ein Beifpiel, wie die alte große Dielenanlage allmählich durch Einbau immer weiterer Räume aufgezehrt wurde.

Gehen wir aus den niederdeutfchen Kernlanden weiter weftlich zu den kunftberühmten rheinifchen Städten, fo können wir von vornherein auf diefem älteren Kulturboden eine vorgefchrittenere Bauweife vorausfetzen. Und in der Tat ftehen fchon im XIII. Jahrhundert die Wohnbauten ihrer ganzen Erfcheinung nach auf höherer Stufe; insbefondere ift an ihnen fchon der Steinbau zu weitaus reicherer Durchbildung gekommen. Im "heiligen" Cöln find oder vielmehr waren uns

143. Cöln: Haus bei St. Peter.

Fig. 165.

Giebelhaus zu Cöln [144].

wohl die älteften Denkmäler diefer reichen Bürger erhalten. Von *Boifferée* haben wir wenigftens noch die Aufnahme des wuchtigen Giebelhaufes (Fig. 165), das bei St. Peter ftand. Es hat bei allem Ernft der flächig auffteigenden Mauermaffe reichen Zierat in den Säulenftellungen der gruppierten Fenfter und überrafcht im Vergleich mit den bisher angeführten Häufern durch die ftrenge Gefchloffenheit feines möglichft fymmetrifch gehaltenen Aufriffes.

Über die innere Einteilung können wir aus der Fenfterftellung des Erdgefchoffes leicht fchließen, daß die uns bekannte Anordnung einer großen Diele auch hier vorhanden war in Verbindung mit einem befonderen Gefchäftsraum für den Kaufherrn, deffen Stelle durch die dreieckig gefchloffene Fenftergruppe am linken Ende der

[143] Nach: SCHULZE, F. Bürgerhäufer in Osnabrück. Zeitfchr. f. Bauw. 1894, S. 408.
[144] BOISSERÉE, S. Denkmale der Baukunft vom VII. bis XIII. Jahrhundert am Niederrhein. München 1833.

Erdgeschoßfront bezeichnet ist. Das Obergeschoß kann hier sehr wohl noch als der ungeteilte Raum eines großen Söllers bestanden haben; wahrscheinlicher ist allerdings, daß sich auch hier das Abtrennen einzelner Gemächer von dem großen oberen Dielenraum bereits vollzogen haben wird.

Ähnliche Verhältnisse für eine wohl wenig spätere Zeit zeigt auch das etwas schmalere Haus am Altmarkt, das leider verstümmelt und in seinem Rest für die Einrichtung als Apotheke im Erdgeschoß umgebaut worden ist[139]. Wir können sie daher als typisch für Cölnische Verhältnisse des XIII. Jahrhunderts ansehen.

Solches Haus bot in seinen Dachräumen ähnlich wie die erstbetrachteten niederdeutschen Häuser wohl eine ziemliche Menge Raum; seine Einrichtung war aber für die späteren Verhältnisse des Cölnischen Handels nicht mehr angemessen. Zu den sonst üblichen Gegenständen mittelalterlicher Kaufmannschaft gesellte sich hier als eine Ware von überwiegender Wichtigkeit der Wein, für den Cöln den Hauptlagerplatz bildete. Der Weinhandel braucht geräumige Kellerräume; daher verbindet sich für das Cölnische Kaufmannshaus die Anordnung solcher mit der Anlage einer großen Diele; dazu schiebt sich hier ziemlich regelmäßig ein zu Wohnzwecken dienendes Obergeschoß, nach außen durch große, hohe Fenster gekennzeichnet, zwischen die untere Diele und die oberen, als Warenspeicher dienenden Stockwerke.

Fig. 166.

Häusergruppe am Filzengraben zu Cöln[140].

144. Cöln: Häuser am Filzengraben.

Eine ganze Gruppe solcher Häuser, von denen nur das mittlere durch den später aufgesetzten Renaissancegiebel ein wenig verändert wird, geben wir in Fig. 166[140]) wieder. Sie zeigen alle Eigentümlichkeiten Cölnischer Häuser schon im Äußeren. Bezeichnend für die ganze niederrheinische Gruppe ist die durchgängige Verwendung von rechteckigen Fenstern mit steinernem Pfostenwerk, dazu auch die starke Auflösung des

---

[139] Abbildung des früheren Zustandes findet man in: Köln und seine Bauten. Festschrift zur VIII. Wanderversammlung des Verbandes deutscher Architekten- und Ingenieur-Vereine Köln 1888. S. 84. — Ein ähnliches leiden ebenfalls sehr verdorbenes Haus steht in Trier.
[140] Nach: Köln und seine Bauten etc., S. 114 (Fig. 90).

I. Obergeschosses durch große Lichtöffnungen und die Verwendung geschmiedeter Balkenanker zur Belebung der Flächen. Solche Anker kommen außerhalb Cölns besonders in den Niederlanden und in den vielfach von dort beeinflußten Hansastädten der Ostsee vor. Sie überdauerten das Mittelalter, find häufig reich ornamental ausgestaltet, um Namen des Besitzers oder Jahreszahl der Erbauung damit anzugeben. Bezeichnend für Cölnische Architekturbehandlung ist auch die Zinnenkrönung des Hauses, sei es, daß sie, wie hier und am *Etzweiler*'schen Hause, den Dachfuß und die daselbst angeordnete schmale Rinne umzog, oder daß sie in Form eines Giebels mit kleinen Staffeln den Dachrand begleiteten. Nach den mehrfach gegebenen Darlegungen brauchen wir in ihnen nicht gerade kriegerische Vorkehrungen zu erblicken, sondern können sie als beliebtes Ziermotiv auffassen. Eigenartig ist sodann der in Cöln sich oft wiederholende Brauch, statt eines großen Daches zwei kleinere gleichlaufend nebeneinander gelegte Dächer zu erbauen, wie ihn das am meisten links gelegene Haus unserer Gruppe zeigt. Gewährte so der Dachboden weniger Raum als im großen Giebeldach, so half man dem lieber durch Errichtung eines weiteren Lagergeschosses ab, als daß man auf das Überwiegen wagrechter Abschlußlinien verzichtet hätte, das aus dieser Dachordnung folgte.

Fig. 167.

Etzweiler'sches Haus zu Cöln. Ansicht [145]).

Die innere Einrichtung solcher Häuser hat sich bis kurz vor der Jetztzeit, wenn auch nicht unberührt, so doch in allem wesentlichen kenntlich im mittelalterlichen Sinne erhalten. Unsere Quelle [146]) beschreibt sie, ganz in Übereinstimmung mit den vorher besprochenen norddeutschen Häusern, folgendermaßen:

Seitlich große, mit Oberlicht versehene Tor- oder Türöffnung zum Einbringen von Waren, davor im Inneren Schrottreppentür, über dem Sturz der sog. „Oringkopf" mit zwei eisernen Zähnen zum Festhalten des angelehnten Baumes mit dem Rade für das Faßseil; daneben kleine Pforte zum gewöhnlichen Eintritt der Bewohner und ihrer Besucher, darüber große Fenster, rechts davon kleines niedriges Laden- oder Kontorlokal, darüber Galerie und sog. Hängestube, Wohnzimmer für den Geschäftsdiener und auch oft für die Familie. An der hinteren Wand des etwa 5ᵐ, bis 6ᵐ hohen Hausflures befand sich die Tür zum Hofe, daneben zu einer Küche und die große Tür zum Saal, dem Wohn- und Speiseraum der Familie, Empfangszimmer, auch 5 bis 6ᵐ hoch, mit Balkendecke, oft auch reich gewölbt, mit Säulen (z. B. *Zabach*'sches Haus in der Sternengasse [147]); in der Ecke am Ende des Hausflures findet sich in der Regel die meist hölzerne, bequeme, oft sehr kunstvoll behandelte Wendelstiege mit geschnitztem Anpfosten. Ein Aufzugs-

---
[145]) A. a. O., S. 114.
[146]) Häufig, oder wir möchten sagen, ursprünglich regelmäßig, befand sich dieser Saal im I. Obergeschoß des Hauses, anstatt in dem hier beschriebenen, wie auch in Bremen hofseitig gelegenen Ausbau.
[147]) Nach: Köln und seine Bauten etc., S. 116 wiederhergestellt.

fchacht verband die Räume aller Stockwerke, deren erftes teilweife noch Wohnzwecken diente, während die übrigen meiftens nur Lager- und Packräume enthielten, die auch von außen mittels eines Aufzuges über dem Ausleger zu verforgen waren. Hinter den Zimmern lief ein breiter Laufgang am Dachfpeicher vorbei. Alle Fenfter waren ftraßen- und hofwärts wenigftens im Erdgefchoß vergittert und oft mit ftarken eifernen Läden gefchloffen.

145. Cöln: Etzweiler'fches Haus.

Größer und anfehnlicher ift das *Etzweiler*'fche Haus, welches die Ecke »Unter Tafchenmachern« einnimmt (Fig. 167[113]).

Es ift nahezu quadratifch und wieder mit zwei gleichlaufenden Dächern gedeckt. An den oberen Ecken des Haufes find nach dem Vorbilde des Gürzenich, aber in viel zierlicheren Abmeffungen, drei maßwerkgefchmückte Achteckerker auf Säulchen vorgekragt. Zwifchen ihnen ift auf unferer Darftellung nach dem gleichen Vorbilde (fiehe Art. 182 u. Fig. 228) eine dekorative Zinnenkrönung angegeben, die am Haufe felbft allerdings durch eine fpätere, geradlinig abgefchloffene Aufmauerung erfetzt ift. Die Straßenecke ift des weiteren durch eine Madonnenftatue unter fchlank auffteigendem Baldachin ausgezeichnet, ein Schmuck, der allenthalben und zu allen künftlerifch tätigen Zeiten in Deutfchland eine liebgewordene Zierde der Häufer und der Straßen bildete. An der rechten Ecke unferer Anficht befindet fich hoch oben ein fcheinbar rätfelhafter großer Kragftein, wie ähnliche fich auch an anderen Häufern finden. Hier erklärt er fich aus dem Nachbarhaufe, einem mit Giebel verfehenen, wefentlich niedrigeren Haufe. Letzteres hatte ohne Zweifel, wie dies auch in Aachen vielfach Sitte war, einen vortretenden Giebel, der auf diefem Kragftein auflag.

Von den oberen Gefchoffen des Haufes dürfen wir das höchfte mit feinen faft quadratifchen Kreuzftockfenftern als Speichergefchoß anfehen, deffen Windebalken fich noch heutzutage an der Seitenanficht vorftrecken. Darunter folgt das Hauptwohngefchoß, welches vor allem den vorhin erwähnten Saal aufnahm, daneben vielleicht auch einige Schlafräume. Das hohe, durch ein feines Gefims abgetrennte Untergefchoß ift neuerdings zu großen Schaufenfteröffnungen umgebaut. Wir folgen in unferer Wiederherftellung nicht

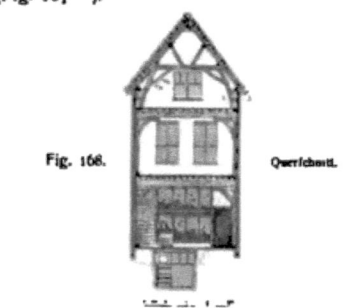

Fig. 168.   Querfchnitt.

Fig. 169.

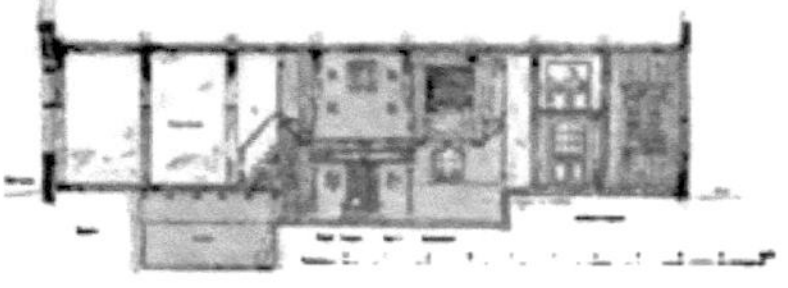

Schnitt durch das Erdgefchoß.

Fig. 170.   Erdgefchoß.

Haus zu Edam[114].

der Darftellung a. a. O., weil wir nicht annehmen möchten, daß in einem fo vornehmen Haufe offene Verkaufsläden eingebaut waren. In Anlehnung an Fig. 166 und an die gegebene Befchreibung der Durchfchnittsanlage ergänzen wir diefes Untergefchoß fo, daß in der Mitte die große Tür und ein mächtig hohes Kreuzftockfenfter die Lage der großen Hausdiele andeuten. Rechts und links davon nehmen wir den Einbau kleinerer, mit Zwifchengefchoß verfehener Stuben an, in deren eine wieder der Kellereingang, mit Schrottreppe und »Gringkopf« verfehen, eingreift.

146. Holländifches Bürgerhaus zu Edam.

Sehr eigenartig und klar zeigt wieder ein von *Mühlke* veröffentlichtes altholländifches Bürgerhaus[114], wie eine fpätere Zeit die einheitlichen Dielenräume

[113] Nach: MÜNTER, K. Streifzüge durch Alt-Holland. Denkmalpflege 1904, S. 26 ff. — Auch in des gleichen Verfaffers: Von nordifcher Volkskunft. Berlin 1906.

durch Einbauten ihren Anschauungen anpaßte. Das Haus (Fig. 168 bis 170[144]), in Edam gelegen, hat eine schmale, tiefe Form und wendet seinen spät-gotischen Backsteingiebel der Straße zu.

Der Grundriß (Fig. 170) zeigt uns den hohen, durch die große Fensteranlage der Front hellbeleuchteten Vorderteil der Diele (Voorhuis) noch in ganzer Breite des Haufes durchgehend. Daran schließt sich an der rechten Seite ein schmaler, bis zur Hofseite durchlaufender Gang, an dem ein mittlerer zweigeschoffiger Teil und die wieder in ganzer Höhe dielenartig durchgehende „Achterkammer" liegen. Der zweigeschoffige Mittelteil ist mit seinem Fußboden um rund 80 cm gegen das Übrige vertieft, um ausreichende Höhe zur Anlage zweier Geschoffe zu gewinnen (Fig. 169). Sein unterer, mit Kaminherd versehener Raum, die mit dem kleinen Keller (Kelder) in unmittelbarer Verbindung stehende „Kelderkamer", dient als Küche und Speiferaum der Familie; das Zwischengeschoß zerfällt in zwei „Upkamern", die mit festeingebauten Bettstellen ausgestattet und dadurch als Schlafräume der Familie gekennzeichnet sind. Jede ist über eine besondere Zugangstreppe zu erreichen. Eine weitere feste Bettstätte ist auch in die Achterkammer eingebaut. Der Querschnitt des Haufes (Fig. 168) läßt erkennen, wie man durch möglichst ausgiebige Anordnung von Fensterflächen die Beleuchtung und Lüftung diefer mittleren Räume zu steigern bemüht war; er zeigt auch die hallenartige Form des Vorderhaufes, wie des anscheinend ungeteilten Obergeschoffes. Beachtenswert ist auch die Ausbildung des Dachstuhles wegen ihrer Anklänge an die in Fig. 64 (S. 79) gegebene große Halle des früh-mittelalterlichen Reichssaales im Haag. Das Ganze ist zwar durch Zutaten und Ausstattungsstücke späterer Zeit wesentlich geschmückt, in seinem Kern aber noch rein mittelalterlich. Es gibt uns des wertvollsten Anhalt dafür, wie wir uns den Einbau von Schlafkammern und Kojen auch anderwärts vorstellen können.

Fig. 171.

Haus zu Amiens.

Ähnlich, wie im Westen Deutschlands in der reichen Handelsstadt Cöln, find auch im Norden Frankreichs reich durchgebildete Steinhäuser schon aus verhältnismäßig früher Zeit erhalten, Häuser, die wir nach Größe und Ausstattung für die Behaufungen wohlhabender Bürger ansehen können. Leider fehlen uns über ihre Einrichtung alle Nachrichten; die Abbildungen, die wir von ihnen besitzen, lassen aber erkennen, daß die nach der Straße gerichteten Bauteile, abweichend von den zuletzt gegebenen deutschen Beispielen, nicht zur Aufnahme und Speicherung von Waren eingerichtet waren. Vermutlich hat man dort den ganzen Geschäftsverkehr auf den Hof verlegt. Als Beispiel möge ein Haus (Fig. 171[145]) dienen, das in Amiens in der Straße St.-Martin steht, bei welchem allerdings, wie bei so vielen deutschen Baudenkmälern, das Erdgeschoß nicht in alter Form erhalten ist.

Falls die von *Viollet* gezeichnete Form des Erdgeschoffes zutreffend ist, enthielt es eine breite Durchfahrt zum Hofe, welche also geeignet war, den Wagenverkehr mit Kaufmannsgütern vom übrigen Verkehr des Haufes getrennt zu halten. Daneben bleibt dann im Erdgeschoß nur noch ein Raum von mäßigen Abmessungen übrig. Was die beiden Obergeschoffe enthielten, ist nicht ersichtlich. Nach dem Reichtum der mit abgestuften Säulchen verzierten Fensterreihen zu schließen, werden aber beide Geschoffe zu Wohnräumen gedient haben. Darüber erhebt sich in künstlerisch wohlberechnetem Gegensatz der glatte, nur durch feines Randgesims begrenzte Giebel, mit nur schmaler Fensteröffnung. Wenn das Dach Warenlager hinter sich barg, so muß es vom Hofe her durch Ladeluken, etwa wie sie in Nürnberg an den Vorderfronten üblich sind, zugänglich gewesen sein.

Ähnliche Architekturverhältnisse, nur mehr in das Südliche gekehrt, bietet das Haus, das *Viollet-le-Duc*[146] aus der kleinen Stadt St.-Antonin anführt (Fig. 172).

[144] Nach: VIOLLET-LE-DUC, a. a. O., Bd. VI, S. 324 (Fig. 9).
[145] A. a. O., S. 328 (Fig. 8).

Es öffnet sich im Erdgeschoß nach dem Marktplatz mit einem Laubengang mit drei Spitzbogenöffnungen; im I. und II. Obergeschoß steht je eine Fenstergalerie von 8 spitzbogigen Öffnungen, die wechselweise durch Pfeiler und Säulen getrennt sind.

Im Inneren enthält es, wie so manches Andere, das sich erhalten hat, im Erdgeschoß einen großen Geschäftsraum oder ein Warenlager; darüber lag in jedem Stock nach vornheraus ein großer Saal, dem sich nach hinten die Treppe, sowie ein kleineres Zimmer anfügte. Auch hier, wie überhaupt in den uns bekannten Wohnhäusern südlicher Länder (Italiens und Spaniens), fehlen alle Einrichtungen zum Einholen und Speichern größerer Warenmengen. Dies kann seinen Grund darin haben, daß in diesen Ländern mit früher entwickelter Geldwirtschaft der Großhandel überhaupt weniger als im Norden sich mit Massengütern befaßte, oder darin, daß man gewöhnt war, die Warenspeicher getrennt von den Wohnhäusern zu errichten.

149. Bürgerhäuser Mittel- und Süddeutschlands.

Wieder ein anderes Bild zeigt sich uns, wenn wir uns den Gebieten Süd- und Mitteldeutschlands zuwenden. Eine feinere, zum Teil auf älteste Überlieferung gegründete Kultur ließ hier die rauhe Wohnweise Norddeutschlands mit ihren hohen und weiten Dielenräumen nicht zu. Andererseits nötigte das Klima dazu, sich gegen die Unbilden der Winterkälte besser zu schützen, als dies im sonnigen Südfrankreich nötig war. Wohl bildet auch hier das Haus zunächst einen einheitlichen Innenraum; noch im XIV. Jahrhundert ist uns bezeugt, daß die hölzernen Bürgerhäuser Münchens, die mit dem Namen „ein Zimmer" bezeichnet wurden, ohne Unterteilung bis zum Dache hinaufreichten. Aber daneben her geht doch eine auf größere räumliche Gliederung des Ganzen hinauslaufende Strömung.

Fig. 172.

Haus zu St.-Antonin.
Ansicht [147]).

Während man sich im Norden mit einzelnen in die große Diele eingebauten Stuben und Schlafkammern begnügte, den Schwerpunkt des Lebens mit dem häuslichen Herde aber im Erdgeschoß beließ, wenn irgend der verfügbare Raum es gestattete, so strebte man hier schon sehr bald danach, durch Anlage vollständiger Obergeschosse das alte einräumige Haus gründlicher für die Erfordernisse behaglichen Wohnwesens umzugestalten. Schon früh ist für das städtische Haus hier die vornehme Anlage eines „Söllers" oder durchgehenden Obergeschosses literarisch bezeugt [147]) als der Ort, an dem man zu speisen und zu ruhen pflegte. Er führte auch den Namen Saal oder Sommerhaus, kann also als ein ursprünglich ungeteilter Raum angesehen werden, der, nach der letztgenannten Bezeichnung zu schließen, ohne Heizeinrichtung oder Feuerstelle war.

Daraus wäre zu folgern, daß der Hausherd zunächst noch im unteren Geschoß seinen Platz behalten hatte, so daß dieses auch weiter den Hauptraum des Hauses bildete. Im baulich ungeteilten Obergeschoß aber konnte man sich mit Abtrennung einzelner Teile durch Vorhänge oder leichte Wände aus Flechtwerk wohl ganz behaglich einrichten und dabei den wechselnden Anforderungen des Lebens leicht anpassen. Auf diese Weise konnte sich solche schlichte bauliche Anlage noch bis zu späterer Zeit erhalten. Häuser, in denen solch ein ungeteiltes

---

[147]) Siehe: HEYNE, a. a. O., S. 221.

oberes „Sommerhaus" noch kenntlich ist, finden sich noch in einigen Beispielen zu Erfurt, Trier usw.

Wir geben in Fig. 173¹⁴⁴) die Ansicht eines solchen in der Allerheiligenstraße zu Erfurt stehenden Gebäudes, das durch eine Inschrift an seinem schönen Erkerchen auf das Jahr 1429 datiert ist. Der Grundriß bildet ein schlichtes Rechteck von rund 20 m Länge zu 12 m Tiefe.

Dem mächtigen, 3½ m breiten Einfahrtstor entspricht eine ebenso mächtige Ausfahrt nach dem Hofe; rechts von dieser Durchfahrt, wo wohl von jeher die Herdstelle war, ist eine Stube und eine Treppe ersichtlich später eingebaut. Im Obergeschoß, das durch allerlei moderne Wände jetzt aufgeteilt ist, sind in diesen Wänden noch die zwei sorgfältig durchgebildeten Achteckpfosten eingebaut zu sehen, welche, ursprünglich frei im ungeteilten Raum stehend, mit ausgeschweiften Sattelhölzern den längslaufenden Unterzug trugen.

Fig. 173.

Für spätere Zeit bildet indessen doch der Einbau fester Wände in diese großen Räume die Regel, wobei man mit der Abtrennung einer Zimmerreihe an der Straßenseite begann. Zugleich auch wurde es, zum mindesten bei den Wohlhabenderen, dem zunehmenden Sinn für Behaglichkeit und für ein abgeschlossenes Familienleben unerträglich, den Hauptraum des Hauses und die Herdstelle im freien Raum des Erdgeschosses zu behalten, wo sie bei jedem Öffnen der Haustür sowohl dem Wind und Luftzug, wie dem Einblick der auf der Straße verkehrenden Fremden preisgegeben waren. Nur geringe Abhilfe, und dabei mancherlei Unbequemlichkeit für das häusliche Leben, wurde geschaffen, indem man den Herd mit einem leichten Verschlage umgab und vielleicht neben dem so geschaffenen Küchenraum noch ein Zimmer anlegte, etwa so wie es das Untergeschoß des soeben besprochenen Erfurter Hauses als spätere Einrichtung zeigt. In der Regel ging man aber weiter und verlegte den Hausherd in die obere große Diele, wo er zunächst ebenso frei stand, wie er früher im unteren Raum frei aufgestellt war. Das spät-gotische Haus *Schweitzer* zu Neustadt a. d. Orla, dem Jahre 1551 entstammend, gibt ein gutes Bild eines solchen, auch nach heutigen Begriffen schon recht wohnlichen Hauses (Fig. 174 u. 175¹⁴⁴). Es zeigt, den gesteigerten Ansprüchen der Spätzeit entsprechend, sogar über dem Erdgeschoß zwei Wohngeschosse. Davon ist das obere durch einen noch in das Dachgeschoß hinaufgreifenden Erker ausgezeichnet, der früher mit spitzem, hohem Helm gekrönt war und im Inneren mit zierlichen Sterngewölbchen geschlossen ist. Dieses II. Obergeschoß kann danach als vornehmstes Wohngeschoß des Hauses betrachtet werden, wenngleich sich auch im unteren Geschoß noch eine Holzdecke aus gestülpten Brettern mit reich profiliertem Unterzuge findet.

¹⁴⁴) Nach eigener Aufnahme.

Wir geben in Fig. 175 feinen Grundriß. Bei weitem überwiegt darin noch die große Diele oder das „Sommerhaus" die übrigen Räume an Ausdehnung. Nur an der Straßenseite zieht sich eine Reihe von 3 Zimmern entlang, von denen das mittelste durch den erwähnten Erker und durch eine reichgegliederte Balkendecke ausgezeichnet ist. An die Rückwand dieser Zimmerreihe legt sich nach links seitlich gerückt der Herd an, der ursprünglich frei im Raume stand, wenn er auch jetzt, zugleich mit einigen Kammerräumen durch leichte Bretterwände von der Diele geschieden ist. In diese mündet ziemlich in der Mitte die von unten heraufkommende Treppe, während in der rechten hinteren Ecke eine kleinere Treppe weiter zum Boden hinaufführt. So bietet diese Diele einen weiten Raum, der prächtig sich dazu eignete, nach alter Weise die ganze Familie um den Hausherd herum zum gemeinsamen Leben zu vereinigen, während die Einzelzimmer teils für feierlichere Gelegenheiten, teils zu Schlafräumen dienen konnten. An der Hofseite des Hauses zieht sich ein breiter, offener Laubengang entlang und dient als Zugang zu den dort abseits gelegenen Aborten.

Solche Zweiteilung des Hauses in eine vordere Reihe von Wohnräumen und eine hintere Diele, in welche sich Hausherd und Treppe frei einbauen, ist besonders in Mitteldeutschland sehr verbreitet. Sie findet sich nördlich bis zur westfälischen Grenze hin und trifft dort, z. B. in Münden, mit dem norddeutschen Dielenhaus der obengeschilderten Art zusammen. Ebenso dringt sie über das untere Eichsfeld (Duderstadt, Northeim usw.), wo sie noch vollkommen vorherrscht, bis nach Braunschweig hin vor und behauptet auch dort neben dem norddeutschen Haustypus eine nicht unbedeutende Rolle.

173. Kaufmannshaus zu Nürnberg, (am Dürerplatz).

War man in der Abtrennung der Wohnräume einmal so weit gekommen, so

Fig. 174.

Ansicht.

Fig. 175.

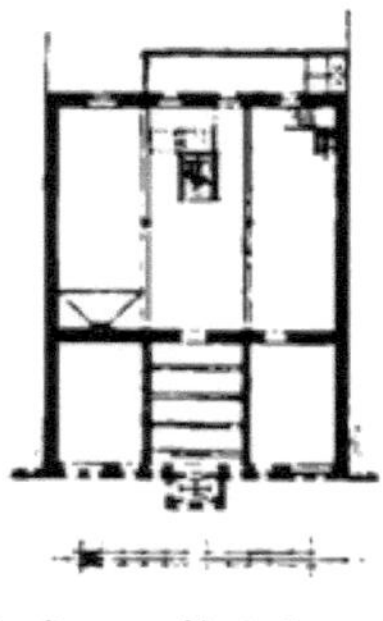

II. Obergeschoß.

Haus *Schweitzer* zu Neustadt a. d. Orla[116].

lag es, befonders bei befchränkterem Bauplatz, nahe, etwa weiter erforderliche Räume dadurch zu befchaffen, daß man auch die Rückfeite des Haufes zur Anlage von Einzelzimmern benutzte. Dabei blieb aber in befferen Zeiten immer ein Teil diefer Rückfeite frei und diente zum mindeften in der Form eines Lichtflures zur Erleuchtung der Diele. Ein vortreffliches Beifpiel zur Darftellung diefer Wohnungsweife gibt das fchöne fpätgotifche Haus am Dürerplatz 1 in Nürnberg, deffen Grundrißbildung hundertfach wiederkehrt (Fig. 176 u. 177[119]).

Es befitzt im Erdgefchoß eine große Einfahrt, die in den weiten „Fleetz" führt. Von diefem ift nur in der rechten vorderen Ecke ein kleiner Kontorraum abgetrennt; fonft ift der Raum ungeteilt geblieben. Links vom Eingangstor war noch vor wenigen Jahren darin die große Wage zum Abwägen der Warenballen aufgeftellt. Die Treppe zum Obergefchoß liegt nach uralter Sitte an der Außenfeite im Hofe. Sie ift zur Renaiffancezeit erneuert und dabei wohl zur größeren Bequemlichkeit um einen in das Innere des Haufes mündenden Lauf vermehrt worden. Im Hintergrunde des Hofes liegt ein kleiner Holzftall. So ift der Grundriß in allem Wefentlichen faft genau gleich dem in Fig. 151 (S. 146) wiedergegebenen norddeutfchen Beifpiel. Dagegen gründlich verfchieden ift das Obergefchoß. Es wird über die erwähnte Außentreppe mittels des offenen Hofumganges erreicht und enthält, um einen Reft der Diele gruppiert, zwei Vorderftuben, ferner nach dem Hofe zu eine Stube oder Küche, fowie eine Kammer und die nach oben führende Treppe. Das Äußere ift in gediegenem Quaderbau im Ganzen fchlicht durchgeführt; allein die kräftigen Profile des fpitzbogigen Einfahrtstores und ein zierlicher Erker im I. Obergefchoß beleben diefe Flächen. Dagegen ift das Dach durch die reichfte Ausbildung von großen gefchnitzten Dacherkern auf das lebhaftefte gegliedert.

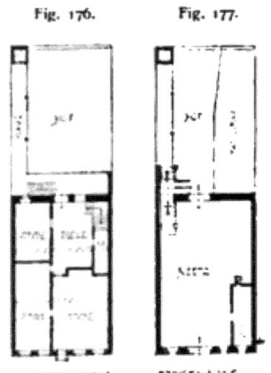

Fig. 176. Fig. 177.

Kaufmannshaus am Dürerplatz zu Nürnberg[119].

In folchem Haufe konnten fchon die oberen Gefchoffe je nach Bedarf zu Wohnzwecken oder als Lagerräume benutzt werden; doch war damit für größeren Handelsbetrieb noch nicht ausreichend geforgt. Ein vortreffliches Beifpiel, welches als Typus gelten kann, wie die Kaufleute bei dem lebhaften Auffchwung des Handels fich große Lagerräume befchafften, ihren Häufern aber zugleich eine gewiffe Anpaffungsfähigkeit gaben, d. h. fie fo einrichteten, daß leicht Umgeftaltungen und Veränderungen vorgenommen werden konnten, hat fich in Nürnberg erhalten. Wir geben die Darftellung auf umftehender Tafel und feine Schilderung mit den Worten v. *Effenwein's*. Es ift das Haus Bergftraße Nr. 7, welches gerade in den Jahrzehnten von der Mitte des XIX. Jahrhunderts an, als allenthalben Umgeftaltungen vorgenommen wurden, einem Kunftfreunde gehörte, welcher feinen Stolz darein fetzte, es ungeändert gerade in dem Zuftande zu belaffen, wie er es um die Mitte des Jahrhunderts erkauft hatte.

Noch war in allen Teilen die Anlage des XV. Jahrhunderts vollftändig erkenntlich erhalten; nur hatte man um die Wende des XVI. und XVII. Jahrhunderts die alten Räume mit neuen Täfelungen ausgeftattet. Vielleicht waren auch erft damals einige Wände neu eingezogen worden, die aber, wenn man ihrer früher bedurft hätte, fchon im XV. Jahrhundert eingezogen worden fein könnten; denn was wir foeben als Anpaffungsfähigkeit bezeichnet haben, geht darauf hinaus, daß man, ohne den Kern des Baues zu berühren, allenthalben

153. Kaufmannshaus in der Bergftraße zu Nürnberg.

[119] Nach eigener Aufnahme.

Wände einziehen und herausnehmen konnte, daß im gesamten Hause keine einzige baulich notwendige Innenwand vorhanden war. Ein wenig dekorativer Schmuck im Flur, eine kleine Umgestaltung der Treppe, welche im XVIII. Jahrhundert stattgefunden hatten, änderten am Charakter nichts, und wenn auch der frühere Besitzer vor unserem Kunstfreunde nach seinen bescheidenen Mitteln alle Jahre eine Kleinigkeit für die „Verschönerung" des Hauses getan, d. h. irgend ein Zimmer hatte tapezieren oder ein altes Getäfel anstreichen oder einige Täfelwerke herausreißen und die Riegelwände putzen lassen, so war doch der letzte Besitzer um so konservativer, dabei ein abgesagter Feind der Architekten und jeder Restaurationstätigkeit, so daß im Hause nichts geändert werden durfte, als etwa das Entfernen einiger Tapeten, mit denen der Vorbesitzer das Haus verschönert hatte. Ließ er auch aus Reinlichkeitsrücksichten, wie er den Architekten sagte, alljährlich einige ihrer „Kollegen" in sein Haus, d. h. einige Tünchergesellen, um die seit alter Zeit weißgetünchten Teile seines Hauses, ob solche nun von Anfang an getüncht waren oder dies erst im XVIII. Jahrhundert geschah, neu tünchen zu lassen, so pflegte er doch in gewissen Teilen des Hauses mit Vorliebe seine Spinnen, duldete das Wegwischen des Staubes nicht, so daß sein Haus stets auch das Gepräge des unberührt Altertümlichen behielt. Doch *tempora mutantur*; er starb und, was er am meisten gefürchtet hatte, trat ein: sein Haus ging in die Hände eines Architekten über, welcher die gesamte innere Einrichtung modernisierte, so daß es nun seit einigen Jahren einen dem Kapitalwerte entsprechenden Zins bringt. Doch dieser neue Besitzer hatte volles Verständnis für das, was er zu diesem Zwecke verändern mußte. Die schönste Täfelung ist jetzt im Germanischen Museum; anderes wußte er wieder zu verwenden, und vor allem machte er genaue Aufnahmen des Bestandes, nach welchen unsere Abbildungen gezeichnet sind.

Das Haus besteht aus zwei vollständig getrennten Gebäuden: einem an der Straße gelegenen Vorderhaus und dem durch einen Hof davon getrennten Hinterhause. Das Vorderhaus ist unterkellert, der Eingang zum Keller in der Hausecke von der Straße genommen. Nur ein Aufbau im Flur, zu welchem eine Treppe in die Höhe führt, in der Ecke links vom Beschauer, erinnert im Inneren an den Keller. Dieser Aufbau bildet eine Art Empore, auf welche der Bediensteter des Kaufmannes sitzen und über die aus- und eingehenden Kaufmannsgüter Aufschreibungen führen konnte. Wurde im Flur des Hauses ein Fest gefeiert, so saßen dort die Musikanten. Ein Fenster, das von der Gasse aus auf diese Empore ging, mag ursprünglich vorhanden gewesen sein; die anderen drei gehörten der ersten Anlage nicht an. Im Übrigen war das ganze Erdgeschoß anfangs eine große Halle mit einem Einfahrtstor in der Front, nach dem Hofe zu offen. Eine mächtige Wage, an der Wand, an großen beweglichen Arme hängend, gestattete, die größten und schwersten Ballen zu wägen. In etwa einem Viertel der Halle ist später ein gewölbter Raum eingebaut, in welchem besondere Güter eingelagert werden konnten[*]. Eine hölzerne Wendeltreppe führte in die Höhe. Der Hof konnte auch mit Waren vollgelagert werden; er enthielt in der einen Trennungsmauer vom Nachbar einen den beiden Häusern gemeinschaftlichen Ziehbrunnen.

Das Hinterhaus war der Länge nach in zwei Teile getrennt; der eine, gewölbt, diente etwa als Pferdestall oder zum Einlagern besonderer Güter, der andere als Durchfahrt nach einem hinteren Hofe, welcher in der Breite über das Grundstück hinausgriff und, wenn der Raum nicht auch vom Geschäft in Anspruch genommen war, als Gärtchen angelegt werden konnte, wie er es seit langer Zeit war. Eine eigene geradläufige Treppe führte im Hinterhaus in die Höhe. Der Flur hatte nicht die Höhe, wie dies in Cöln üblich war, dagegen war das gesamte I. Obergeschoß offenbar noch für das Geschäft bestimmt, und zwar nahm ein Saal im Vorderhause, an der Straßenseite gelegen, durch eine Riegelwand, welche sich leicht herausnehmen ließ, vom übrigen Flur getrennt, die kleinere Hälfte des I. Obergeschosses ein. Hierin befand sich die Schreibstube des

[*] Nach Maßgabe anderer süddeutscher Kaufmannshäuser, z. B. des soeben beschriebenen, am Dürerplatz erhaltenen, in welcher ähnliche abgetrennte Teile des Erdgeschosses offenbar als Schreibstube für den Handelsherren oder einen Buchhalter gedient haben, sowie auf Grund der gleichen in Norddeutschland herrschenden Anlage kann man wohl auch hier in diesem Gewölbe eher ein kleines Geschäftszimmer sehen. (Der Verf.)

Zu S. 162

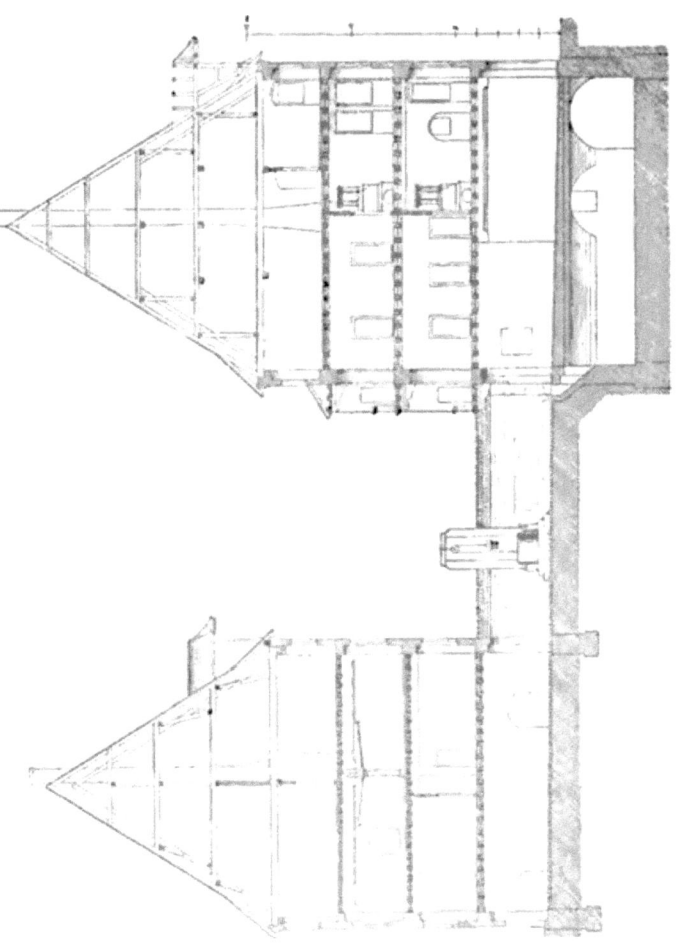

III. Obergeſchoß.

II. Obergeſchoß.

I. Obergeſchoß.

Erdgeſchoß.

Kaufmannshaus zu Nürnberg, Bergſtraße 7.

Handbuch der Architektur. II. 4. b. (2. Aufl.)

Kaufmannes, der wohl viele Gehilfen hatte; der Flur felbft dürfte urfprünglich nicht weiter in diefem Gefchoß, wo Bedienftete und Fremde verkehrten, unterteilt gewefen fein; doch ließ fich das Alter, der teilenden Wände nicht feftftellen, und fo find fie in unferer Zeichnung wiedergegeben, da ja der Kaufmann ftets eine Anzahl gefonderter Räume für befondere Waren, namentlich aber in der Nähe des Kontors für Warenmufter, nötig hatte. In dem Raum neben der Treppe befand fich feit langer Zeit eine Küche. Ein fliegender hölzerner, offener Gang ftellte die Verbindung mit dem Hinterhaufe her, deffen I. Obergefchoß urfprünglich ein ungetrennter Raum mit einer großen Säule in der Mitte war. Doch waren fchon früh Wände eingezogen; denn die fo gebildeten 3 Zimmer trugen Täfelungen aus dem XVII. Jahrhundert. Im II. Obergefchoß des Vorderhaufes war die Familienwohnung, deren großes Zimmer jene hervorragend fchöne Täfelung hatte, welche fich nun im Germanifchen Mufeum befindet. Die zwei kleineren Räume dienten als Schlafzimmer; der Raum neben der Treppe mag die urfprüngliche Küche gewefen fein, fo daß der Tifch dort auch im Vorplatze gedeckt werden konnte. Das auch in diefem Stockwerk durch einen fliegenden Gang verbundene Hinterhaus war als einheitlicher Lagerraum mit einer hölzernen Säule in der Mitte bis zuletzt erhalten. Bis hierher liegen die Gebälke nach der kurzen Seite über Vorder- und Rückgebäude. Im oberften Gefchoß find fie der Tiefe nach gelegen und vorn durch zwei Durchzüge, im Hinterhaus durch einen einzigen unterftützt. Eine Verbindung zwifchen Vorder- und Rückgebäude befteht in diefem III. Obergefchoß nicht mehr; die Durchzüge find fchwach, und fo fcheint es, wenn nicht eine ganz große Umgeftaltung ftattgefunden hat, als ob die Wände im Hinterhaufe fchon urfprünglich angelegt waren und fich dafelbft Zimmer für das Perfonal befunden haben. Auch im Vorderhaufe dürften die zwei nach der Straße gelegenen Zimmer urfprünglich als Wohnung für die Kinder vorhanden gewefen fein. Der Dachboden hat im Vorderhaufe 5, im Hinterhaufe 4 Gefchoffe; doch hat man nur 3 als Lagerräume benutzt. Ein Aufzug von der Straße für das Vorderhaus und vom Hofe für das Hinterhaus find zwar jünger, dürften aber nur die Nachfolger älterer fein; denn durch das Aufziehen der Waren mußte ja häufiges Befchädigen der Aufzüge eintreten, was alsdann öftere Erneuerungen nötig machte.

Im Gegenfatz zum Cölner Kaufmannshaufe konnte man in Nürnberg, wo die Kaufmannshäufer fämtlich an breiten Straßen lagen, die Ware von der Straße hinaufwinden, ohne den Verkehr zu ftören. Ein Gegenfatz gegen das Cölner liegt aber auch in der Ausnutzung des Daches, welches fo hoch als möglich aufgebaut ift, deshalb auch nicht, wie es naturgemäß gewefen wäre, nach der fchmalen Seite den Giebel kehrt, fondern nach der langen. Man brauchte in Nürnberg mehr Lagerräume im Haufe, da hier nicht große öffentliche Lagerhäufer einen Teil der Waren aufnehmen konnten.

Die äußere Architektur unferes Beifpieles, wie folcher Häufer überhaupt, ift die denkbar einfachfte. Aus glatten Quadern find die Fronten, fowohl nach den Höfen, als nach der Straße aufgerichtet, und zwar durchgängig aus folchen, welche durch die ganze Mauerftärke hindurchgreifen, alfo aus bloßen Bindern. Aus diefen Mauern find einfach das Tor und die Fenfter ausgefchnitten, ohne daß die Faffade auch bloß ein vorfpringendes Gefims zeigte. Nur das einfach profilierte Hauptgefims, auf welches meift noch drei bis fünf Backfteinfchichten aufgemauert find, fchließt die Front ab. Die Liegfparren (Auffchieblinge) des Daches treten darüber vor. Das Eingangstor ift mit einem etwas reicheren Profil eingefaßt; die Fenfter, durch lotrechte Pfoften in zwei Teile geteilt, find bloß mit einer Hohlkehle gegliedert. Steinkreuze kommen bei den geringen Stockwerkshöhen in Nürnberg nicht vor, nur lotrechte Pfoftenteilungen. Die Giebelwände und Trennungswände zwifchen zwei Nachbarn find aus Backftein gemauert.

So wie diefes hier vorgeführte Haus ftanden auch die übrigen fchlicht und recht in den Straßen, ohne darum philifterhaft zu erfcheinen; denn da und dort belebte doch eine liebenswürdige Zugabe das Bild und gewann gerade auf dem allgemeinen, ruhigen Hintergrunde eine befonders feine Wirkung. Bald fpringt ein zierliches Chörlein aus der Fläche hervor; bald fteht an einer Ecke eine Figur unter einem Baldachin; bald ift das Dach an feiner Ecke oder auf feinen

154. Andere Häufer zu Nürnberg.

breiten Flächen durch Aufbauten bereichert, die vor allem dem Umriß der ganzen Masse zu Gute kommen. Besonders wertvoll für die Belebung des Straßenbildes ist es, daß in mittelalterlichen Städten häufig ein Haus gegen das benachbarte soweit vorsprang, daß man nach der Seite noch ein oder selbst mehrere Fenster anlegen konnte, wie dies auch auf nebenstehender Tafel zu ersehen ist. Im I. Obergeschoß ist dort ein Fenster und ein kleines Chörchen; im II. Obergeschoß sind

Fig. 178.

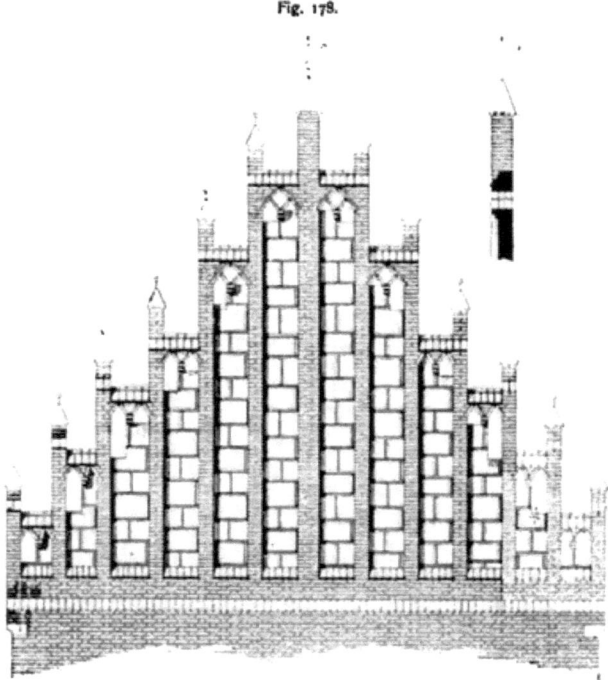

Von einem Hause in der Theresienstraße zu Nürnberg.

zwei Fenster angelegt. Im III. Obergeschoß zwar nur eines; aber es ist vom Flur aus eine Nische durch die Mauer geschoben, welche noch wenigstens ein Schlitzfenster ermöglicht, welches vom Flur einen Ausblick nach der Straße gestattet. Der Vorsprung beträgt hier nahe an 5,00 m und ist bei anderen Häusern oft noch wesentlich größer. Da sprang denn auch ein Teil des großen Giebels über das Nachbarhaus hervor, und die bewegte Architektur dieser Giebel belebte die Straße ungemein. Der untere Teil des Hausvorsprunges war zwar bis zur Gesimshöhe übereinstimmend mit der Front aus Quadern errichtet; aber im Anschluß an die Backsteinmauer, welche tiefer innen das Haus von jenem des Nachbarn scheidet, ist für diese Giebel der Backsteinbau üblich geworden. Sie sind in einer eng an die norddeutsche Weise anschließenden Art aus Pfeilern gemauert, zwischen welchen sich geputzte Nischen befinden, die, so weit sie über das Dach vorstehen, Durchbrüche zeigen und oben von Pfeiler zu Pfeiler reichende Verbindungen haben, so daß auch hier der Treppengiebel wieder erscheint. Da an dem von uns gewählten Beispiel der alte Giebel nicht mehr erhalten ist, so geben wir in Fig. 178 jenen des an das Rathaus anstoßenden Hauses in der Theresienstraße, so viel wir wissen, unter den vielen verstümmelt übrig gebliebenen der besterhaltene, welcher auch noch die Malerei der geputzten Nischen, rote und schwarze Quaderlinien auf weißem Grunde, zeigt.

Fig. 179.

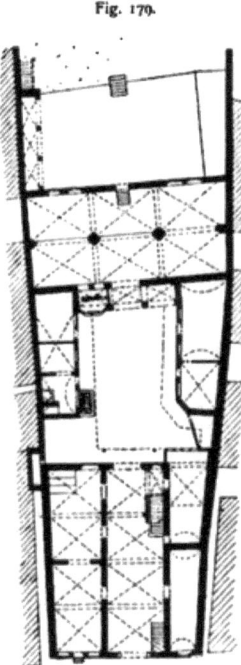

Schad'sches Haus zu Ulm.
Erdgeschoß.
1:... v. Gr.

Ebenfalls aus einem Vorder- und einem quergelegten Hintergebäude besteht das *Schad*sche Haus in der Hirschgasse zu Ulm (Fig. 179). Es verbindet damit aber eine Anzahl Zutaten, durch die seine spätere Erbauungszeit und auch der höhere Rang seiner kaufmännischen Besitzer gekennzeichnet wird.

Der mächtige gewölbte Hausflur ist breit genug, um die gerade aufsteigende Treppe zum Obergeschoß neben der Hofausfahrt mit aufzunehmen; rechts und links von ihm liegen gewölbte Warenlager, sowie erkerartig in den Hof hinaustretend die Schreibstube des Kaufherrn. Der Hof ist rechts und links mit Gebäudeflügeln besetzt, welche Stallungen und sonstige Nebenräume enthalten; hölzerne Umgänge in 2 Geschossen ziehen sich an ihnen entlang und verbinden das Vordergebäude mit dem Querflügel im Hofe. Dieser enthält im Erdgeschoß wieder eine mächtige, auf zwei Pfeilern gewölbte Halle, die ebenfalls ein großes Warenlager bildete. Im Obergeschoß mündet die Treppe des Vorderhauses auf einen großen Vorraum, an den sich links die Küche, nach vorn und rechts Wohnräume anschließen. Die Hofseitenflügel dienen für Schlafräume und Dienerschaft; das Quergebäude enthält die großen Festräume des Hauses. Von diesen führt ein Übergang auf der links beginnenden Halle nach dem Garten hinüber, der sich in etwas erhöhter Lage hinter dem zweiten Hof erstreckt. So ist in der ganzen Anlage die vornehme heitere Seite gegenüber der mehr bürgerlich nüchternen Art des vorhergehenden Beispieles viel stärker betont, und diese vornehme Art spricht sich auch in der Ausstattung des Ganzen aus. Der Hof besitzt reicher durchgeführte Laufgänge; eine Säulenhalle mit schönem, 1627 hinzugefügtem Brunnen schließt ihn nach hinten ab; auch der Vorraum des Obergeschosses bewahrt noch die schöne getäfelte Decke. Das Ganze bildet, schon in der Renaissancezeit stehend, ein Schlußglied der aus schlicht bürgerlichen Verhältnissen anhebenden Entwickelung.

Auch diese schon sehr zusammengesetzten süddeutschen Hausformen lassen sich nach vorstehendem klar aus dem altgermanischen hallenartigen einräumigen Hause ableiten. Neben ihnen aber treten im äußersten Süden, Südwesten und

Südosten Deutschlands eine Reihe von Hausformen auf, welche eine solche Ableitung nicht gestatten. Es sind Bauten, deren unregelmäßigere Raumverteilung jeden Anklang an eine alte große Hallenform vermissen läßt. Ihre Lage in den Grenzgebieten und der Umstand, daß sie fast durchweg späterer Zeit angehören, lassen darauf schließen, daß wir sie auf den Einfluß ausländischer Hausformen zurückführen können. Als Vorbild für sie hat im Süden und Südosten wohl sicher das Haus der Alpenländer gedient, das in dem unmittelbarem germanischem Einfluß mehr entrückten Hochgebirge die antike Überlieferung mehrräumiger Anlage sich dauernd bewahrt hatte. Als Beispiel seiner Bauart möge man den in Art. 84 (S. 96) besprochenen kleinen Edelsitz bei Klausen vergleichen. Im Südwesten, besonders in Elsaß, kann man daneben wohl annehmen, daß die kleineren französischen Schlößchen und *Manoirs* einen Einfluß auf die Baugewohnheiten des begüterten Bürgerstandes geübt haben. Gelegenheit, das an diesen kennen Gelernte zu verwenden, bot sich dort reichlich dadurch, daß man gewohnt war, in den malerischen Städtchen, die sich in die rebenumrankten Vorberge der Vogesen so reizvoll einbetten, sich Häuser zu errichten, die zwischen einem Edelsitz, dem Hause eines wohlhabenden Weinbauern und städtischer Bauweise eine Mittelstellung einnahmen.

Fig. 180.

Ansicht.

Fig. 181. Erdgeschoß.

Fig. 182. Obergeschoß.

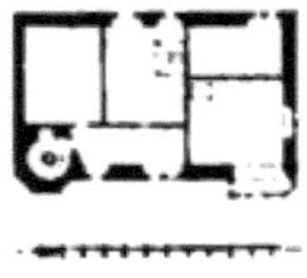

Haus zu Reichenweier [137]).

157. Haus zu Reichenweier.

Aus dem an Resten alter Wohnungsherrlichkeit überreichen Städtchen Reichenweier bringen wir als Beispiel in Fig. 180 bis 182 [137]) ein solches Wohnhaus. Es ist nach Art eines Edelhofes von der Straße durch einen von hoher Mauer umzogenen Hof getrennt; sein Untergeschoß dient aber ganz dem Betriebe des Winzergewerbes, indem es nur zwei Räume enthält: eine weitgeöffnete Kelterhalle und einen Keller, wie solche als Gähr- und Vorratsräume für Wein im Elsaß sich vielfach finden, wenig oder garnicht in die Erde vertieft. Sie entsprechen zwar dem Begriffe des alten *Cellarium*, aber kaum dem, was wir heutzutage sonst unter Keller verstehen. Von der Kelterhalle steigt man auf steinerner Wendeltreppe, einem regelmäßig wiederkehrendem Bestandteil dieser

[137]) Nach eigener Aufnahme.

Häufer, zu den Obergefchoffen auf, in welchen fich an einem kleinen Flurzimmer Küche und Kammern anordnen. Das mit Erker verfehene Hauptzimmer ift durch eine zierlich getäfelte Decke ausgezeichnet. Im Äußeren herrfcht eine fchlichte Formbehandlung; nur fchlichte Gefimfe und einfache Kreuzftockfenfter beleben die Flächen. Trotzdem ift durch den frifchen Wechfel der verfchiedenen Öffnungen und das Vorfpringen von Treppenturm und Erker auch mit geringem Formenaufwand eine anmutige Wirkung erzielt. Für den Treppenturm haben wir in unferer Zeichnung die Krönung mit einem Ziegeldach, der fchlichten Haltung des Ganzen entfprechend, angenommen. Neben derartigen Löfungen findet fich hierfür auch die Anordnung einer kleinen mit zierlicher Maßwerkbrüftung umhegten Plattform vor.

Fig. 183.

Anficht.

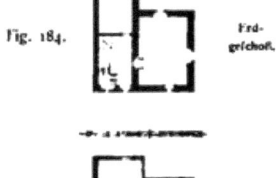

Fig. 184. Erdgefchoß.

Fig. 185. Obergefchoß.

Sufo-Haus zu Überlingen [138].

138. Sufo-Haus zu Überlingen.

Weiter füdlich im äußerften Winkel des heutigen deutfchen Reiches bildet das fog. *Sufo*-Haus in Überlingen ein fehr altertümliches Beifpiel diefer Art (Fig. 183 bis 185 [138]). Ob es wirklich die Behaufung des in der erften Hälfte des XIV. Jahrhunderts lebenden gelehrten Myftikers *Sufo* gewefen ift, wie eine örtliche Überlieferung will, mag dahingeftellt fein. Die Einzelformen der nach der Straße zu gelegenen fteinernen Frontwand geben keinen fehr ficheren Anhalt zum Feftftellen der Entftehungszeit; jedenfalls gehört der Bau durch fein Alter und die Eigenart feiner Anlage zu den bemerkenswerteften Wohngebäuden des deutfchen Mittelalters. Sieht man von den mancherlei Einbauten und Erneuerungen jüngfter Zeit ab, fo ergibt fich eine ziemlich einfache Grundrißanlage.

Im Erdgefchoß betritt man durch eine rundbogige, mit feiner Hohlkehle umzogene Tür, über welcher eine Darftellung der Kreuzigung angebracht ift, einen mit Steinplatten belegten Flur. In ihm liegt im Hintergrunde der Herd, in der Mitte des Fußbodens eine Klappe als Zugang zum Keller; links von der Eingangstür führt die Treppe zum Obergefchoß; in der rechten Wand öffnet fich eine Rundbogentür zum Hauptraume des Haufes, einem Zimmer von etwa 4,50 × 6,20 m. Ein weiteres kleineres Zimmer fchließt fich an der Hinterwand des Eingangflures an; es ift nicht ausgefchloffen, daß fein Vorfpringen vor die Flucht des großen Zimmers durch fpäteren Umbau hergeftellt ift, da diefe ganze Rückfeite des Haufes, die auf dem abfchüffigen Bauplatz um ein Stockwerk tiefer freifteht als die alte Hauptfront, wefentliche Änderungen in neuerer Zeit erfahren hat. Abgefehen vom Abfchluß diefer vortretenden Stube find fämtliche Wände im Steinbau mit recht erheblichen Mauerftärken errichtet. Im Obergefchoß dagegen ift nur noch die Frontwand und die Giebelwand aus Stein; alles übrige ift fchlichtes, nach außen nur durch die gefunde Fügung der einzelnen Teile wirkendes Fachwerk. Auch hier fchließt fich an die Treppe ein Eingangflur an, der zugleich den Herd, hier aber nach der Frontwand verlegt, enthält. Von der Nifche aus, in der er fich befindet, geht eine kleine Öffnung zum Durchreichen der Speifen nach dem nebenliegenden Zimmer hinein, das wir alfo als Speifezimmer anfehen müffen. Zwei weitere Zimmer fchließen fich wieder nach hinten an. Das Ganze bildet eine fehr behagliche Wohnung, an der für unfere heutigen Anfichten wohl nur die fehr geringen Stockwerkshöhen von 2,10 m im Obergefchoß wie im Untergefchoß auffallend erfcheinen.

Fig. 186.

Anficht.

Fig. 187. Fig. 188.

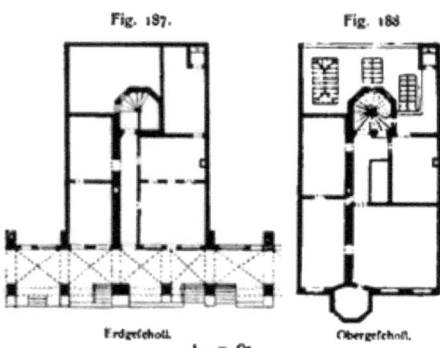

Erdgefchoß. Obergefchoß.

Haus in der Keßlergaffe zu Bern[145].

Vielleicht als eine Fortbildung der hier gegebenen Grundlagen darf man das ftattliche Haus zu Bern anfehen, das wir in Fig. 186 bis 188[145]) wiedergeben.

[145]) Nach: GURLITT, C. Hiftorifche Städtebilder. Bern. Berlin o. J. S. 3 (Abb 4—6).

Bern gehört zu den Städten, die nach südlichem Vorbild ihre Hauptstraßen mit fortlaufenden gewölbten Laubengängen begleiteten und damit die günstigste Örtlichkeit schufen, an der sich ungestört durch Sonnenbrand oder Regenwetter ebensowohl Handel und Geschäft abwickeln, wie auch der heitere Verkehr der spazierenden vornehmen Welt abspielen konnte.

So zieht sich auch im Erdgeschoß unseres Hauses der auf schweren Pfeilern gewölbte Gang entlang, an dessen Rückwand sich zwei Ladenräume öffnen, von denen wir allerdings nicht wissen, ob sie jederzeit die gegenwärtige Gestalt hatten. Vermutlich bildeten früher die rechts gelegenen Räume mit dem jetzigen Hausgang zusammen eine große Eingangshalle, von der der Laden nebst Werkstätte, an der Rückwand der Aufgang zu den Obergeschossen zu erreichen war. In diesen schließt sich nur ein kleiner Flur an die Treppe an; alles übrige ist zur Anlage geräumiger Wohnzimmer und der im rechten hinteren Winkel gelegenen Küche ausgenutzt. Von dieser geht auch der übliche offene Gang nach dem in der rückwärtigen Ecke des Hofes gelegenen Abort. Das Ganze ist so eingerichtet, daß sehr wohl jedes Stockwerk für sich eine abgeschlossene Wohnung bilden konnte, und da hier an eine Verwendung der Obergeschosse zu Speicherzwecken, wie wir sie in Norddeutschland allgemein fanden, nicht gedacht werden kann, so mag das Haus wohl zu denjenigen gehört haben, in denen man einen Teil der Wohnräume an Nichtansässige vermietete.

Das Äußere des Hauses ist im allgemeinen schlicht und wird einen noch schlichteren Eindruck gemacht haben, als noch an Stelle der großen modernen Fenster kleinere Lichtöffnungen die oberen Wandteile durchbrachen. Aber durch die Zutat des kraftvollen Erkers mit dem reichen Maßwerkschmuck seiner Brüstungen und seiner höchst verwickelten Auskragung im Verein mit dem weitvortretenden Dachrande tritt es doch kräftig aus der Reihe der Nachbarn hervor und gewinnt den Ausdruck behaglicher Wohlhabenheit.

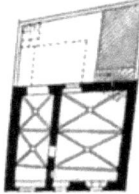

Fig. 189.

Haus zu Regensburg. Grundriß des Erdgeschosses [134]).

189. Kleines Haus zu Regensburg.

Wenige deutsche Städte haben sich so viele Reste mittelalterlicher Bauweise erhalten wie das uralte Regensburg, das auch nach seiner ersten Glanzzeit, in der es unter den letzten Karolingern die Reichshauptstadt war, seine überragende Bedeutung als geistiger und handelspolitischer Mittelpunkt von Bayern noch durch das ganze Mittelalter gegen das viel jüngere München behauptet hat. Auch nach den vielen Verlusten, welche die jüngste Zeit dem dortigen Bestande alter Wohnhäuser gebracht hat, Verluste, zu denen insbesondere der Neubau des alten, unter dem Namen des „Goliathhauses" bekannten Stammhauses der Familie *Thundorfer* zu zählen ist, haben in den engen Gassen des Stadtinneren neben so manchen Resten der romanischen Zeit noch zahlreiche Wohnhäuser gotischen Stils, dank dem an ihnen durchgängig angewendeten Steinbau, die vielerlei Stadtbrände überdauert. Leider sind gerade die größeren und ansehnlicheren dieser Bauten im Inneren so verändert, daß ihre alte Anlage kaum mehr kenntlich zu machen sein wird. Fig. 189 [134]) gibt den Erdgeschoßgrundriß eines der kleineren Häuser, an der Ecke des Fischmarktes und der Kählerstraße gelegen.

Es zeigt die Anlage eines breiten gewölbten Eingangsflures und daneben ein größeres, ebenfalls mit Rippengewölben bedecktes Gemach. Die Treppe windet sich bis zum I. Obergeschoß in der Ecke des Hofes als Freitreppe hinauf; erst von dort aus ist sie in das Innere des Gebäudes verlegt. Die oberen Geschosse, 3 an der Zahl, enthielten je einen kleinen Vorraum, der die oben erwähnte Innentreppe aufnimmt und in der Größe dem hinteren Gewölbefeld des größeren Erdgeschoßraumes entspricht. Drei Zimmer, etwa den übrigen drei Gewölbefeldern des Erdgeschosses entsprechend, schlossen sich daran. Vom hinteren Zimmer führte im I. Stock wieder ein Gang nach dem in der Hofecke liegenden Abort hinüber. Der Hofgiebel dieses Hauses mit seinem oberen Staffelabschluß und einem mit Nasenbogen verzierten Fenstersturz im obersten Geschoß ist noch wohlerhalten; sonst ist das ganze Äußere des Hauses stark überarbeitet.

[134]) Nach eigener Aufnahme.

161.
Roritzer-Haus zu Regensburg.

Um die für Regensburg bezeichnende Behandlungsweise der Architektur vorzuführen, geben wir in Fig. 190[154]) das Äußere des Haufes, das dem Dombaumeister *Wolfgang Roritzer* gehört haben soll und wahrscheinlich von ihm durch Um- und Anbauten aus zwei oder drei alten Häusern zu einem größeren Anwesen ziemlich verwickelten Grundrisses hergerichtet wurde. In schlichten Flächen steigen die Außenwände auf; die einfach nach Bedarf eingeschnittenen Fenster der Wohngeschosse sind durch Deckgesimse in mehrere Gruppen zusammengefaßt; als wesentlicher Schmuck dienen die mit Säulenstellungen gegliederten Fenster des Dachgeschosses. Der Staffelgiebel des links gelegenen Hausteiles findet nach rechts seine Fortsetzung in einem zinnenförmigen Abschluß der Hauswand, hinter welcher sich ein nach hinten zu geneigtes Pultdach versteckt.

Fig. 190.

Roritzer-Haus zu Regensburg [154]).

162.
Häuser zu Passau und Steyr.

In anderer Weise zeigt sich ferner der Anschluß an südliche Bausitte, den wir in solchem Verhehlen des krönenden Daches erblicken können, wenn wir weiter donauabwärts gehen. In Passau, das von gewölbten Untergeschossen von ähnlicher Art, wie das in Fig. 187 dargestellte, eine ganze Anzahl noch besitzt, treten schon die ersten einfachen Beispiele von mehrstöckigen steinernen Hofumgängen auf. Dieses Motiv wird dann in zierlichster Weise in Oberösterreich, besonders in Steyr, ausgebildet. Dort sind um den langgestreckten Hauptplatz der Stadt herum die Grundstücke der Vollbürger in recht ansehnlichen Breiten und sehr großer Tiefenausdehnung angelegt. Als sich Steyr durch seine berühmten Eisengewerbe und durch die Vermittelung des aus den Alpen kommenden Südhandels zu einem bedeutenden Stapelplatz erhob, wurden diese tiefen Grundstücke unter Einschalten von mehreren Höfen in oft recht aufwändiger Weise bis an die hintere Grenze, die durch die Berglehne oder den Mauerring der Stadt gegeben war, bebaut. Fig. 191 bis 194 [135]) geben einen Begriff von folcher verwickelten Anlage.

Wir fehen, wie im Erdgefchoß die ganze Vorderfront zu Verkaufsgewölben hallenartig geöffnet ift, wie fich weiter in allen Gefchoffen große gewölbte oder mit Balkendecken verfehene Gemächer aneinanderreihen. Durch verfchiedene Treppen und die Säulenumgänge der Höfe *a* und *b* ift dafür geforgt, daß faft jeder Raum für fich gefondert benutzt werden, daß man je nach Bedarf daraus Warenlager, Quartier für durchreifende Kaufleute und ihre Knechte oder auch Wohnzimmer des Befitzers machen konnte. So können wir uns ein folches Haus wohl von buntem Leben geräufchvoll erfüllt denken; vereinigte es doch auf engem Raum Wohnhaus, Bazar und Karawanferai des Südens in fich.

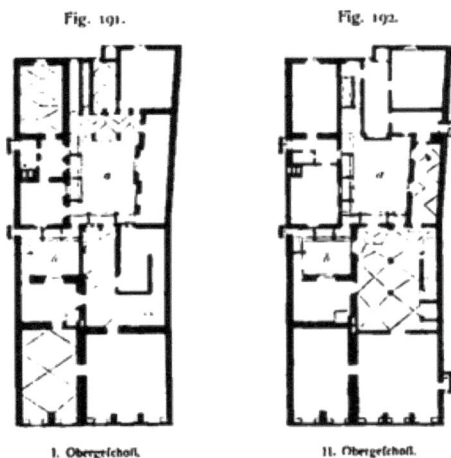

Fig. 191.　　　　Fig. 192.

I. Obergefchoß.　　　II. Obergefchoß.

Haus zu Steyr [134]).

Als befondere Eigentümlichkeit der oberöfterreichifchen Städte finden wir auch hier ftarken Gebrauch gemacht von Überkragungen. Nicht nur die Hofumgänge treten im I. Obergefchoß auf Konfolen vor; die ganze Front ift auf diefe Weife in zwei Stockwerkshöhen erkerartig vorgezogen. Im Inneren find zur Belaftung der Kragfteine ftarke und tiefe Pfeiler aufgeführt, zwifchen denen die Frontmauer nur ganz dünn eingefpannt ift. Die Fenfter ftehen zwifchen diefen durch Bogen verbundenen Pfeilern wie in tiefen Nifchen und haben jene gemauerten Sitze neben fich, welche das Zimmer fo behaglich machen. In den fpäteften Beifpielen hat man diefe Pfeiler durchbrochen und fchließlich durch fäulenartige Stützen erfetzt, welche in ftatifch durchaus richtiger Weife nur das Hinterende der Kragfteine belaften und für die Raumgliederung ein höchft reiches Motiv bilden. Bezeichnend für die Kunft diefer Voralpenländer ift auch die vielfache Verwendung ftarker Wölbungen und die Anordnung der auf wenigen ftarken

[134]) Nach den Veröffentlichungen der Wiener Bauhütte.

Fig. 193. Ansicht.

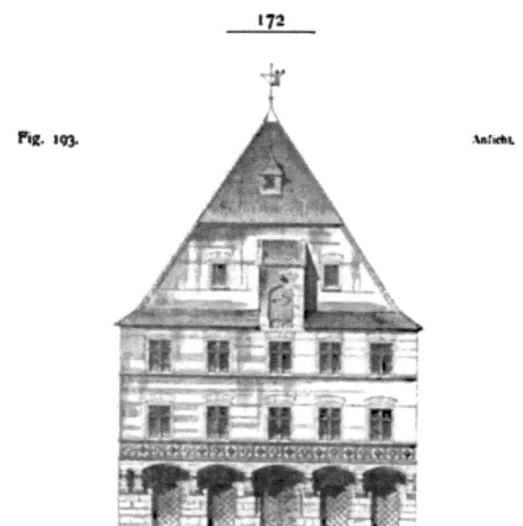

Fig. 194.

Längenschnitt.

Giebelhaus zu Steyr [151].

Stützen mit verdübelten Trägern ruhenden freien Dachräume. Eine Ladeluke in dem zunächst lotrecht hochgeführten Giebel gestattete das Speichern von Waren. Darüber war das Dach durch einen Krüppelwalm abgeschlossen, während es nach hinten ganz abgewalmt war und eine Öffnung für das Höfchen *b* enthielt.

Fig. 195.

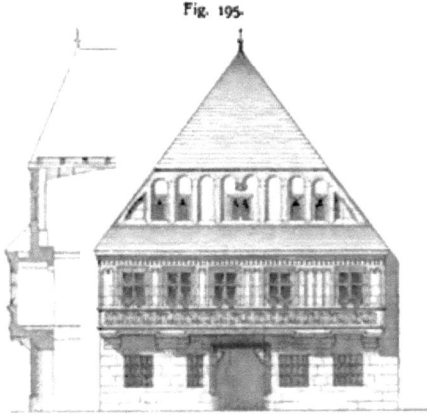

Ansicht.

Fig. 196.

Schnitt durch das Hinterhaus.

Haus der Alpinen Montangesellschaft zu Steyr [144]).
¹/₁₀₀ w. Gr.

Ähnlich angelegt und um zwei innere, höchst malerische Höfe gruppiert ist ein anderes Haus zu Steyr, heute Geschäftshaus der Alpinen Montangesellschaft, dessen

---

[144]) Gleichfalls nach einer Veröffentlichung der Wiener Bauhütte.

Giebelfront nebft Schnitt wir in Fig. 195 u. 196 [154]) wiedergeben. Das Haus hat nur ein Obergefchoß, welches wieder erkerartig vorgekragt ift. Die Bauweife übertrifft an Kühnheit die fonft ortsübliche, wie wir fie am vorigen Beifpiel fahen, indem die Auskragungen und die Belaftungspfeiler nicht einmal durchweg aufeinander treffen, fondern nur recht weitgefpannte fcheitrechte Bogen die Fenfterwand des vortretenden Gefchoffes tragen. Auch durch die reiche Maßwerkbelebung der Flächen zeichnet fich der Bau vor anderen aus, enthält auch im Inneren mit fchönen Türen, einer reizvollen Treppenanlage und den erwähnten fchönen Höfen eine ganze Anzahl feiner Architekturlöfungen.

Fig. 197.

163. Bürgerhäufer Tirols.

Wie diefe Steyrifchen Häufer, fo erheben fich auch die Bürgerhäufer in den köftlichen Städten Tirols zumeift auf tiefen, fchmalen Grundftücken und erreichen unter Zwifchenfchalten von einem oder mehreren Höfen eine bedeutende Ausdehnung. Im Äußeren ift die Tiroler Hausbaukunft ausgezeichnet durch die Vorliebe für Anlage von Laubengängen, die den baulichen Eindruck der Städte fo behaglich machen, und durch die Neigung, die landesüblichen flachen Schindeldächer hinter wagrechter Aufmauerung zu verftecken, falls man fie nicht mit mächtig vortretendem Traufrande weit vor die Front überhängen ließ. Die mit großer Vorliebe und zahlreich verwendeten Erker gliedern dann diefe rechteckigen Baumaffen in lotrechtem Sinne. Unfer Straßenbild aus Sterzing (Fig. 197 [155]) möge eine Anfchauung der fo entftehenden Wirkungen geben.

Häufergruppe zu Sterzing [155].

Als ein befonderes Hilfsmittel, in diefe tiefen Baumaffen Licht hineinzuführen, ohne die Unannehmlichkeiten offener Höfe auf fich zu nehmen, hat fich dort die eigenartige Anlage von Lichthöfen entwickelt, die fehr merkwürdig an die überhöhte Dachlichtöffnung erinnert, deren Keim wir bei altgermanifchen Hallen gelegentlich erwähnt finden, und die als *Teftudo* auch im St. Gallener Klofterplan auftaucht. Es find große Räume, die meift zugleich die Treppe enthalten, im Kern des Haufes gelegen und in ihren Seitenwänden fo hoch über Dach geführt, daß große Bogenfenfter eine Fülle von Licht bis in das Erdgefchoß herunter fallen laffen.

164. Bürgerhäufer in Böhmen.

Ähnliche vielräumige Wohnanlagen dringen fchließlich nordwärts weiter vor in den Grenzgebieten Weftböhmens, wo ihnen eine ältere deutfche Überlieferung

[155]) Nach: STEFFAN, Baudenkmäler deutfcher Vergangenheit. Berlin o. J. Bd. I, Bl. 37

nicht entgegenſtand. Sie verbindet ſich hier nicht ſelten mit der ſüdlichen Sitte der Laubengänge, mit denen beſonders die mächtigen Marktplätze oder „Ringe" der dortigen deutſchen Koloniſtenſtädte gern umzogen wurden. In den Einzelformen iſt dabei vielfach eine Einwirkung der ſehr naiven und derbmaleriſchen Architekturen ſichtbar, wie ſie in den ſlaviſchen Ländern, häufig in Verbindung mit dem Einfluß der von den Herrſchern damals ſchon nach dem Nordoſten gezogenen italieniſchen Künſtler, beliebt war. Zwei Häuſer aus Wittingau (Fig. 198 bis 200 [13*]) und Budweis (Fig. 201 [13*]) führen wir hier als Beiſpiel vor. Der Grundriß des erſteren zeichnet ſich vor den ſteyriſchen Häuſern durch die klare Anordnung der Durchfahrt im Erdgeſchoß aus, beruht aber ſonſt auf dem gleichen praktiſchen Zuge, die Räumlichkeiten rein nach den Erforderniſſen des Gebrauches nebeneinander zu reihen. Im Äußeren iſt an beiden Häuſern die Vorliebe für flache Dachneigung und die ſpielende Verwendung von Formen des Kriegsbaues bemerkenswert, die wir auf die obenberührten Einflüſſe zurückführen können.

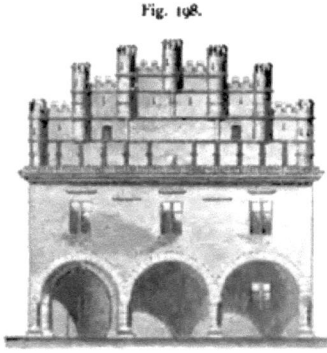

Fig. 198.

Anſicht.

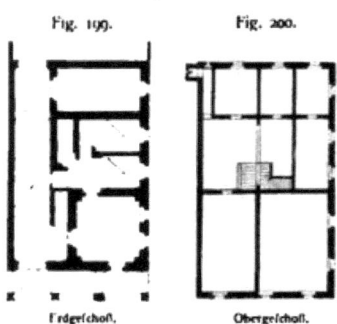

Fig. 199. Fig. 200.

Erdgeſchoß. Obergeſchoß.

Haus zu Wittingau [13*].

Den höchſten Grad des ſüdlich-italieniſchen Einfluſſes ſehen wir ſich ſchließlich betätigen in den großen Säulenhöfen einiger Nürnberger Kaufmannshäuſer, in denen der vielfach übliche und wiederholt von uns dargeſtellte hölzerne einſeitige Hofgang ſich zu einer rings um den Hof geführten gewölbten Halle erweitert. Die beſten finden ſich in einigen Häuſern, die ſämtlich der Familie *Imhof* gehörten, am ſchönſten, einen ſehr großen Hof umſchließend, in dem jetzt *Krafft*'ſchen Hauſe in der Thereſienſtraße (vergl. Art. 268 u. Fig. 343), dann in einem Hauſe der Tucherſtraße, und endlich in dem Hauſe an der Ecke der Brunnengaſſe, der Lorenzkirche gegenüber, das in neuerer Zeit allerdings verbaut iſt.

165. Säulenhöfe zu Nürnberg.

Nachdem wir im Vorſtehenden einen Überblick über die verſchiedenen Behauſungen zu gewinnen verſucht haben, die dem Bürger im engeren Sinne dienten, d. h. dem Handwerker und Kaufmann, welcher der „bürgerlichen Nahrung", wie das Mittelalter ſagte, oblag, wird es Zeit ſein, auch dem Hauſe derjenigen Stadtbewohner uns zuzuwenden, deren Lebensbedingungen weſentlich mit durch den

166. Ackerbürgerhäuſer.

[13*] Nach: Mitteilungen der k. k. Centralkommiſſion zur Erforſchung und Erhaltung der Baudenkmale.

Betrieb des Ackerbaues beſtimmt wurden. Es iſt, wie ſchon geſagt, ſicher, daß in den Anfängen der meiſten Städte zunächſt alle Bürger zu dieſer Klaſſe gehörten, indem man durch den Beſitz und die Bebauung der ſtädtiſchen Feldflur einer ſtädtiſchen Anſiedelung den feſten Rückhalt zum Überſtehen auch unglücklicher Zeiten zu geben pflegte. Aber man darf nicht vergeſſen, daß dieſe ackerbautreibenden Vollbürger einer entſtehenden Stadt keineswegs mit den Bauern der umliegenden Dörfer auf eine Stufe geſtellt werden dürfen. Politiſch und ſozial waren ſie durch die, wenn auch ſparſamen Verleihungen von Rechten der Selbſtverwaltung über deren Stand hinausgehoben; vor allem aber bildete für ſie von vornherein die Ausnutzung des *Jus mercatorum* oder des Rechtes, Märkte abzuhalten und Handel zu treiben, den Hauptgrund zur Anſiedelung oder in den älteſten langſam entſtehenden Städten die Urſache ihres Emporkommens.

In Betracht zu ziehen iſt ferner, daß die Neugründung von Städten ſich im allgemeinen durchaus nicht im Anſchluß an die Sitten und Gebräuche der Umgegend vollzog. Vielmehr entlieh man regelmäßig die Beſtimmungen über Rechte und Pflichten der Bürger, das »Stadtrecht« oder die »Stadtfreiheit«, von einer älteren, oft weit entfernten Siedelung. Ein landfremder Unternehmer, der *Locator*, übernahm gegen Belehnung mit dem Schultheißenamt oder andere Entſchädigung die Beſetzung der neugeſchaffenen Bürgerſtellen mit leiſtungsfähigen, oft aus weiter Ferne herbeigeholten Anſiedlern. All das ergibt gewichtige innere Gründe gegen die, wie ſelbſtverſtändlich, weitverbreitete Annahme, als ſei das ſtädtiſche Haus in ſeiner Form ohne weiteres abhängig von dem Bauernhauſe ſeiner Umgebung. Dieſe Annahme würde bedeuten, daß im nördlichen Gebiete, wo das ſächſiſche

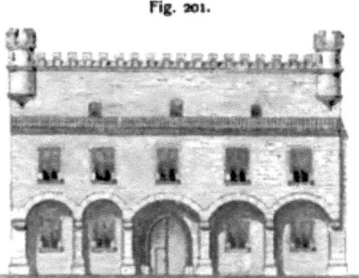

Fig. 201.

Haus zu Budweis¹⁶⁶).
¹⁄₂₀ v. Or.

Bauernhaus herrſcht, das Bürgerhaus dieſem im Grundriß ähneln müſſe, in Süddeutſchland dagegen dem fränkiſchen Bauernhaustypus. Aus unſerer Muſterung der ſozuſagen »eigentlichen« Bürgerhäuſer geht nun hervor, daß für dieſe ſolche enge Beziehungen zu den verſchiedenen Bauernhausarten jedenfalls nicht angenommen werden können. Nicht aus dem landſchaftlich verſchiedenen Bauernhauſe, ſondern aus der einfachen Form des einräumigen hallenartigen Hauſes ſind die in beiden Gebieten vorkommenden Hausformen für den wohlhabenden Bürger gleichmäßig abzuleiten. Die letzte Hoffnung, jenen auf den erſten Blick ſo einleuchtenden Satz wenigſtens zum Teile bewahrheitet zu finden, kann uns noch das Studium der Ackerbürgerhäuſer bieten; denn es iſt klar, daß es bei dieſen am nächſten lag, ſich infolge der gleichen Zweckbeſtimmung eng an die Raumordnung des Bauernhauſes anzuſchließen. Aber auch hier erfahren wir, abgeſehen von einer gleich anzuführenden, nicht beweiskräftigen Ausnahme, nur Enttäuſchungen. Die Prüfung der erhaltenen Bauten lehrt uns, daß im allgemeinen die Häuſer der Ackerbürger im ſpäten Mittelalter dem Typus der übrigen Bürgerhäuſer folgen. Selbſtverſtändlich treten zu deren Beſtandteilen noch einige Zutaten hinzu. Es iſt ein mehr oder weniger geräumiger Hof erforderlich, an dem Ställe und Schuppen für Ackergeräte liegen, und dieser Hof muß mittels einer hohen Durchfahrt oder einer seitlichen Einfahrt zugänglich sein. Aber dies berührt die Anlage des eigentlichen Wohnhauses wenig, eigentlich nur insofern, als sich an eine Durchfahrt leicht eine große Erdgeschoßhalle anschloß, eine Anlage, die aber auch im nicht landwirtschaftlich benutzten Bürgerhause durchaus üblich war, die auch im adeligen Hofe die Grundform bildete; Stallungen und sonstige Wirtschaftsräume fanden regelmäßig auf dem Hofe ihren Platz, so wie Fig. 157 (S. 151) es zeigt. Für die Erzeugnisse der Landwirtschaft, vor allem das Korn, konnte man die oberen Geschosse und Dachböden der üblichen Bürgerhäuser ebensowohl benutzen, wie für Kaufmannswaren, und noch heute finden sich in den kleinen Städten Mitteldeutschlands viele Bürgerhäuser des XV. und XVI. Jahrhunderts, in denen die Obergeschosse als Kornböden benutzt werden wie in alter Zeit. Reichte dies nicht aus oder wollte man

Fig. 202.

Ansicht der Hinterstraße zu Duderstadt [167]).

mit fortschreitender Kultur diese Obergeschosse zu Wohnungen einrichten, so erbaute man wohl auch auf dem Hofe eigene Speichergebäude.

Ein gutes Beispiel, wie gelegentlich durch diese Einrichtung eine ganze Stadtanlage beeinflußt wird, gibt das alte, schon im Jahre 929 erwähnte Duderstadt. Dort bildet den Kern des Städtchens ein langgestreckter breiter Anger, zu dessen beiden Seiten sich in wohlerhaltenen Reihen die Bürgerhäuser hinziehen, in nichts, nicht einmal in großen Einfahrten einen Bezug auf ackerbürgerliche Tätigkeit verratend. Hinter den Häusern aber greifen dann tiefe Höfe bis zu den nächsten Straßenzügen durch, von denen der eine noch heute den bezeichnenden Namen „Hinterstraße" führt. An dieser Hinterstraße nun erheben sich, ebenfalls noch stellenweise in geschlossener Reihe erhalten, die Schuppen und Scheunen der alten Ackerbürger und geben mit ihren großen Durchfahrtstoren und ihren nach der Straße zu meist fensterlosen Wänden der ganzen Straße ein höchst eigenartiges Aussehen (Fig. 202 [159]).

[167] Nach eigener Aufnahme.

178. Ackerbürgerhaus zu Rottweil.

In dieser und ähnlicher Art ist der landwirtschaftliche Betrieb in der Regel mit bürgerlichen und patrizischen Häusern in Verbindung gebracht. Daneben aber finden sich vereinzelt in einigen Städten Württembergs merkwürdige Beispiele dafür, wie sich am Ende des Mittelalters, wohl veranlaßt durch den steigenden Platzmangel, eigenartige Formen des Ackerbürgerhauses bildeten. Fig. 203 [159]), ein Haus aus Rottweil darstellend, möge sie veranschaulichen. Ähnliches findet sich z. B. in Reutlingen und Eßlingen. Das ganze Erdgeschoß dient hier landwirtschaftlichen Zwecken. Es ist durch Stützenstellungen in drei Schiffe zerlegt, ähnlich dem sächsischen Bauernhause, aber sicherlich, ohne daß man an einen Zusammenhang mit diesem denken könnte. Der Mittelraum dient als große Hausdiele und Durchfahrt; rechts und links von ihm sind Vieh und Vorräte untergebracht. Eine Wendeltreppe führt an der Hinterseite des Hauses hinauf zu den Obergeschossen, die, in üblicher Einteilung an eine nach hinten gelegene Diele gereiht, die Wohnräume enthalten. Auch hier finden wir eine vollständige Trennung des landwirtschaftlich benutzten Raumes von den eigentlichen Wohnräumen, also eine von den bekannten Bauernhaustypen grundsätzlich verschiedene Anlage. Diese Trennung beider Raumgruppen erscheint als ein der höheren städtischen Bildung angemessener, allgemein gültiger Grundzug, der uns an sich schon veranlassen muß, das Ackerbürgerhaus des Mittelalters von dem Bauernhause, wie es uns heute überliefert ist, als eine besondere und unabhängige Erscheinung zu trennen.

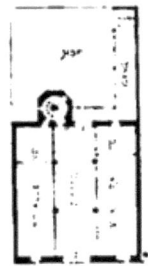

Haus zu Rottweil [159]).
1 : 400 w. Gr.

189. Ackerbürgerhäuser in Westfalen und an der Weser.

Gegen diese Anschauung scheint allerdings zu sprechen, daß sich in Westfalen und an der unteren Weser, etwas oberhalb Höxter bei Beverungen beginnend, auch von dort gelegentlich nach Osten hin übergreifend, zahlreiche Ackerbürgerhäuser finden, die sich allerdings einer Abart des dortigen Bauernhauses nahe anschließen. Es sind dies, wie die Skizze in Fig. 204 [159]) zeigt, Häuser, die eine in der ganzen Tiefe des Hauses durchgehende Diele besitzen, neben der rechts und links die Zimmer nebst Küche, manchmal auch Stallräume sich entlang ziehen. In kleineren Häusern fehlen die letzteren. Über diesen Seitenräumen befindet sich ein Zwischengeschoß, während die Diele bis zum Dachboden hinaufgreift. Bauernhäuser ganz ähnlicher Anlage, bei denen nur die Ställe an der Vorderseite des Hauses statt an der Rückseite zu liegen pflegen, finden sich häufig in den Dörfern der gleichen Gegend.

So sehr diese städtischen Häuser, besonders mit dem in kleinen Städten nicht fehlenden Beiwerk der straßenseitig gelegenen Plätze für Düngerstätte und Ackergeräte, auch in ihrer äußeren Erscheinung, mit Einfahrtstor und mächtigem Giebel, dem sächsischen Bauernhause ähneln, so wenig darf man sie als Zeugen dafür ansehen, daß das Bürgerhaus aus dem sächsischen Bauernhaus hervorgegangen sei. Denn die Grundlage entspricht gar nicht dem eigentlichen Typus des sächsischen Hauses, sondern nur einer späteren Ableitung, der das quergerichtete Fleet mit dem der Eingangstür gegenüberliegenden Herde völlig fehlt. Und es entstammen auch die er-

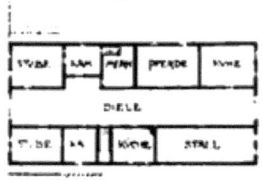

Haus zu Beverungen [159]).

haltenen Beispiele, wie sich an zahlreichen Inschriften festellen läßt, fast durchweg dem XVII. und XVIII. Jahrhundert, trotzdem sie die Formenwelt der Frührenaissance ziemlich unverändert zeigen. Wenige nur gehören noch dem XVI. Jahrhundert an, und auch diese zeigen Renaissanceformen.

Wo sich eine solche Inneneinrichtung mit der älteren gotischen Formenwelt verbunden vorfindet, ist sie als späterer Einbau nachzuweisen, wie an dem schönen Haus in Rinteln, Brinnerstraße 290, wo der ursprüngliche Torweg über die ein-

170. Häuser zu Rinteln und Stadthagen.

Fig. 205.

Wohnhäuser zu Stadthagen.

Fig. 206.

Erdgeschoß.

Wohnhaus zu Stadthagen [140]).

gebaute Zimmerwand hinwegschneidet, oder wie in den sehr bezeichnenden Häusern in Stadthagen an der Niederstraße, von denen wir eine Ansicht und den Grundriß des einen hier geben (Fig. 205 u. 206 [140]). Es sind in ihrer äußeren wuchtigen Erscheinung höchst eindrucksvolle Bauten, sicherlich von sehr wohlhabenden Besitzern errichtet und, abgesehen von den zugefügten Renaissanceteilen, wohl dem XIV. Jahrhundert zuzuschreiben. Im Äußeren machen sie durchaus den Eindruck, als entsprächen sie den obenangeführten Ackerbürgerhäusern. Wäh-

[140]) Nach eigener Aufnahme.

rend das links gelegene fehr ftark modern verbaut ift, befitzt das rechts gelegene auch einen Grundriß ähnlich diefen Bauten, läßt aber noch einen guten Teil der großen Erdgefchoßhalle nach Art der früher betrachteten Bürgerhausdielen von Einbauten frei. Dies war früher noch mehr der Fall; denn die Küche ift erft vom jetzigen Befitzer von der Stelle des alten Herdes an ihren heutigen Platz verlegt worden; ebenfo ift die im Hintergrund der Diele befindliche Treppe nur eine fpätere Zutat, die zum Obergefchoß des urkundlich im Jahre 1624 errichteten hinteren Anbaues hinaufführt. Und auch die verbleibenden Einbauten find nach einer auf dem Gebälke des rechts gelegenen Zimmers befindlichen Infchrift mitfamt ihrem Zwifchengefchoß und den kleinen dort hinaufführenden Treppen erft im Jahre 1625 hinzugefügt. Denken wir uns diefe fpäteren Zutaten hinweg, fo haben wir das Bild eines Haufes mit großer Diele, in welche links vom Eingange eine kleine Stube und an deren Rückwand angelehnt der Herd eingebaut war; wir haben damit wieder die in ganz Norddeutfchland herrfchende Bürgerhausform als die ältere Form diefer Häufer feftgeftellt.

Dazu tritt dann noch die Beobachtung, daß gar nicht felten diefe Ackerbürgerhäufer nur an einer Seite der Diele mit Nebenräumen verfehen find [1]), um die Überzeugung zu feftigen, daß nicht die dreifchiffigen, dem fpäteren Bauernhaufe gleichenden Häufer, fondern eine viel einfachere Anlage, nämlich das in ganz Norddeutfchland herrfchende Dielenhaus auch in diefen Gegenden die Grundform des Bürgerhaufes gebildet hat. Die behaglichere Form der in der ganzen Dielentiefe durchgehenden Einbauten kann fich daraus fowohl in der Stadt wie auf dem Lande gebildet haben. Wahrfcheinlicher ift es, daß die höherentwickelten Städte mit folcher Verfeinerung vorangegangen find, und fo kann man wohl annehmen, daß fich in der Übereinftimmung des weftfälifchen Ackerbürgerhaufes mit dem Haufe der umliegenden Kleinbauern viel eher ein zeitlich fehr fpät liegender Einfluß der Stadt auf das Land, als eine uralte Beeinfluffung in umgekehrtem Sinne erkennen läßt.

171. Gefchichtlicher Überblick. In vorftehendem find wir auf Grund der Denkmalsbetrachtung zu dem Ergebnis gekommen, daß für die mittelalterliche Ausbildung des Bürgerhaufes die uns jetzt bekannten Bauernhausformen nicht als Vorbild gedient haben. Und es ift nicht allzu fchwer, für diefe Erfcheinung auch die gefchichtliche Erklärung zu geben.

Vorauszufchicken ift dabei, daß wir nur wenige Anhaltspunkte haben, um das Alter diefer Bauernhausformen feftzuftellen. Davon, fie als uraltes Vermächtnis zum mindeften der Völkerwanderungszeit anzufehen, ift man bei näherer Kenntnis der damaligen Verhältniffe (vergl. Art. 9, S. 7 ff.) zurückgekommen. Die älteften uns bekannten Beifpiele entftammen dem XVI. Jahrhundert, und nur das fcheint feftzuftehen, daß die Grundformen des fächfifchen und fränkifchen Haufes fchon ausgebildet waren, als um die Mitte des XII. Jahrhunderts die Befiedelung der oftelbifchen Länder fich vollzog. Daß aber felbft damals noch nicht der uns geläufige Grundriß des fächfifchen Haufes feftgelegt war, darauf deuten fo manche Anzeichen. So unterfcheidet fich der ältefte uns bekannte Reft eines folchen Haufes in Groß-Siepen [2]), der vielleicht noch dem XIV. Jahrhundert angehört, durch feine fünffchiffige Anlage fehr beftimmt von der uns geläufigen dreifchiffigen Form. Die Ausbildung ftädtifchen Lebens, die Befiedelung des freien

---

[1]) Diefer Art find zum Beifpiel die vor einigen Jahren von mir in dem Werke: SCHÄFER, C. Die Holzarchitektur Deutfchlands (Berlin 1889) veröffentlichten Häufer aus Blomberg und aus Hameln.

[2]) Siehe: Denkmalpflege 1905, S. 19.

Bodens innerhalb der älteften Städte fetzte aber fchon um etwa 2 Jahrhunderte früher ein. Wenn uns nun die Betrachtung der erhaltenen deutfchen Denkmäler — abgefehen von leicht kenntlichen Beeinfluffungen durch fremde Formen — auf einfache einräumige Grundriffe als Urform des deutfchen Bürgerhaufes hinweift, fo legt dies den Gedanken nahe, daß zu jener älteften Zeit der Entwickelung auch das deutfche Bauernhaus noch an diefer einfachften und älteften Form feftgehalten hat. Kraft der obenberührten Gewohnheit, von den älteften Städten Einrichtungen und Erfahrungen zu übernehmen, und weil der Raum in den Städten fchon früher knapp und koftbar wurde, blieb die einräumige Grundform weiterhin im Bürgerhaufe klarer ausgefprochen als im Bauernhaufe, und die bei gefteigerter Lebenshaltung nötige Weiterbildung des Wohnwefens ging andere Bahnen in den Städten wie auf dem Lande. Diefe verfchiedenen Bahnen hier einzeln zu verfolgen, kann fchon aus Mangel an Raum nicht unfere Aufgabe fein. Zum Studium des Bauernhaufes, deffen Vertreter durchweg der nachmittelalterlichen Zeit angehören, müffen wir auf die umfaffende Veröffentlichung der deutfchen, öfterreichifchen und fchweizerifchen Architektur- und Ingenieur-Vereine verweifen und uns auf wenige Bemerkungen über die zwei Hauptgruppen befchränken. Im Süden und Weften Deutfchlands vereinigte man auf dem Lande das den Herd enthaltende Haupthaus mit dem Schlafhaus und dem Stall zu einem Gebäude, indem man die beiden letzteren an das erfte feitlich anfügte, und fchuf fo die bekannte Form des fränkifchen Bauernhaufes. In den Städten gewann man den zu behaglicherem Leben wünfchenswerten Raum durch Anlage eines Obergefchoffes, deffen Entwickelung aus dem ungeteilten „Sommerhaufe" zu dem mit Hausherd verfehenen Hauptwohngefchoß wir ebenfo wie feine Vermehrung zur Zahl von zwei bis drei Gefchoffen an den vorgeführten Beifpielen verfolgen konnten.

In dem an rauhere Lebensart gewohnten Norden hielt man länger an dem alten Grundzuge der weiträumigen Halle feft. Auf dem Lande zog man die Standplätze des Viehes mit in letztere hinein, ohne fie durch Wände abzugrenzen. Dadurch gewann man die Grundform des fächfifchen Bauernhaufes, das aus der Längsdiele mit beiderfeitigen Ställen und dem quergerichteten Fleet mit Hausherd beftand und in diefer Form — ohne das fpäter zum vornehmeren Wohnteile ausgebildete „Kammerfach" — den ftädtifchen Bürger nicht gerade zur Nachahmung reizen konnte. In den Städten lag zur Dreiteilung der Halle, der geringeren Viehhaltung wegen, keine Veranlaffung vor. Man ließ fie zunächft im wefentlichen ungeteilt und baute nur einzelne, feftabgetrennte Räume in fie hinein. Auch fügte man wohl ein oder mehrere obere Gefchoffe hinzu, meiftens nicht zu Wohnzwecken, fondern um in ihnen die Erträge des Ackerbaues oder andere Handelsgüter zu fpeichern. Wie fich die Abtrennung von Einzelgemächern auch hier fteigerte, bis nur noch geringe Bruchteile der alten Diele übrig blieben, ja bis diefe völlig verfchwand, haben wir ebenfalls mit bezeichnenden Beifpielen belegt.

Neben der Verwendung folcher raumfparender Einbauten hat man aber gerade für vornehme Häufer die Wirkung der großen Diele, entfprechend der *Hall* in englifchen Landfitzen, noch weit über die in unferer Befprechung zu berückfichtigenden Zeiten gern zur Geltung gebracht und dabei die Nachteile und Unbequemlichkeiten folchen weiten Raumes mit in Kauf genommen. Die wohlerhaltenen Großkaufmannshäufer des alten Lübeck mit ihren bis in die Rokkozeit hinabgehenden Dielenausftattungen einerfeits, andererfeits in umgedeuteter und wefentlich bereicherter Form das fog. *Leibniz*-Haus in Hannover als Beifpiel aus der Mitte des XVII. Jahrhunderts beweifen, mit welcher Kraft fich der Grundgedanke des altgermanifchen Hausbaues in Norddeutfchland auch unter ganz veränderten Lebensverhältniffen behauptete.

e) Öffentliche Bauten.
1) Rathäufer.

<small>173. Ältestes Auftreten von Rathäusern.</small>

Das Bedürfnis nach der Errichtung öffentlicher, nicht kirchlicher Bauten hat fich im Mittelalter nur allmählich herausgebildet; zufammengefetzte Verwaltungseinrichtungen, für die man Unterkunft hätte fchaffen müffen, gab es nach dem Untergang der antiken Ordnung zunächft nicht mehr. Unter dem Einfluß des fiegreichen germanifchen Volkstumes drang wohl allenthalben die Sitte durch, Volksverfammlungen, Gerichtsfitzungen und dergl. unter freiem Himmel abzuhalten. Auch in diefer Beziehung gehen erft vom Aufblühen der Städte und von der bürgerlichen Selbftverwaltung neue Antriebe aus. Man hatte bald zu forgen, fowohl für den Handelsverkehr wie für die gemeinfame Verhandlung, über die der Bürgerfchaft zuftehende Gerechtfame; dies find Verwaltung der Stadtflur oder der Allmende, Handhabung der Straßen- und Marktpolizei, Unterhaltung der Wege und Befeftigungen ufw.[143]. Von Vorkehrungen zur Förderung des Marktverkehres fcheint die Errichtung offener Hallenbauten *(Lobia)* auf dem Marktplatze die älteste zu fein. Sie wird in einzelnen deutfchen Städten fchon im XII. Jahrhundert erwähnt und ift in Italien und Frankreich vielleicht noch früher bekannt gewefen. Zu gleicher Zeit wie folche Markthallen *(Lobia fori)* wird auch fchon in anderen Städten, für Deutfchland zuerst im Jahre 1120 in Soeft, das Vorhandenfein eines Bürgerhaufes — *Domus civium* — oder Rathaufes — *Domus confulum* — er-

Fig. 207.

Anficht.

Fig. 208.   Erdgefchoß.

Rathaus zu Gelnhaufen[144].

---

[143] Eine etwas eingehendere, aber immer noch kurzgefaßte Überficht über die Entwicklung der mittelalterlichen Stadtverwaltung und eine reichere Sammlung von alten Beifpielen habe ich gegeben in: Stiehl, O. Das deutfche Rathaus des Mittelalters (Leipzig 1905), auf welches Werk hier verwiefen fein möge.

[144] Nach: Stiehl, a. a. O.

wähnt, alfo eines Gebäudes, das zu Verfammlungen der Bürger oder ihrer Vorsteher dienen konnte. So fcheinen anfangs diefe beiden Zwecke, Handel und Verwaltung, jeder für fich verfolgt worden zu fein, wobei in den verfchiedenen Städten wechfelnd bald der eine, bald der andere den Vorrang baulicher Berückfichtigung erlangte. Insbefondere wurde die Verfammlung der Bürger häufig auf dem Hofe des Stadtherrn oder in den Räumen eines Klofters abgehalten. Aber bald fchon bildete fich eine Form heraus, welche beiden Bedürfniffen gemeinfam beftimmt war und dauernd eine Grundlage für die Weiterbildung der Rathausbauten abgegeben hat. Man vereinigte die für beide Zwecke dienenden Räume des Kaufhaufes und des Bürgerfaales oder Rathaufes in einen Saalbau, in dem regelmäßig das untere Gefchoß dem dauernden Marktverkehr diente, das Obergefchoß die Verfammlung der Bürger aufnahm. Daneben konnte diefer obere Saal noch für fo manche andere gemeinfame Zwecke, als Feftfaal der Bürgerfchaft ufw., benutzt werden.

Fig. 209.

Stadthaus zu Piacenza.

173. Rathaus zu Gelnhaufen.

In urtümlichfter Weife war diefe einfache Form in dem älteften in Deutfchland erhaltenen Rathaufe, demjenigen zu Gelnhaufen, verkörpert (Fig. 207 u. 208). Es liegt auf anfteigendem Boden und ift zu deffen Ausgleichung mit hohem Unterbau verfehen, der fich als Vorplatz noch in 4,00 m Breite vor das untere Saalgefchoß vorfchob und als Schauplatz für Anfprachen des Rates oder für das öffentliche Stadtgericht fehr geeignet war. Im übrigen enthält der Bau nur die erwähnten zwei Säle, von denen der obere durch eine der Giebelfeite angefügte Freitreppe, erft im XV. Jahrhundert durch eine innere Wendeltreppe zugänglich gemacht wurde. Beide Säle waren an der Rückwand mit Kaminen verfehen; doch find ihre Lichtöffnungen in keiner Weife für Verfchluß durch Glas oder Holzläden eingerichtet. Man kann das Haus demnach noch als eine Zwifchenftufe anfehen auf dem Entwickelungsgange, der von der füdländifchen Gewohnheit offenen Hallenbaues zur Anlage gefchloffener und verglafter Säle führt. Diefe wurden fpäter aus begreiflichen Gründen im Norden allgemein üblich; nur manchmal öffnete man den unteren Kaufhausraum an einer Seite zu einem Laubengang. In diefen wurden dann häufig die Gerichtsfitzungen verlegt, bei denen fich die

---
Nach eigener Aufnahme.

alte Sitte, unter freiem Himmel zu tagen, länger als bei anderen Verfammlungen erhielt, und dies trat um fo eher ein, wenn es der Bürgerfchaft gelang, die ihr zunächft nicht zuftehende Gerichtsbarkeit gegen Geld oder andere Leiftungen in ihre Gewalt zu bekommen. Dagegen blieb in Italien die vollftändige Auflöfung des unteren Gefchoffes in eine von Pfeilern oder Säulen getragene Halle fehr beliebt. Und gerade diefe allereinfachfte Form des Rathaufes, beftehend aus einer unteren, rings geöffneten Halle und oberem gefchloffenen Saal erhielt fich dort als Form des Stadthaufes auch in bedeutenden Städten. Von dem Reichtum und der Wucht des Ausdruckes, zu der man es zu fteigern wußte, möge unfere Dar- ftellung des Stadthaufes zu Piacenza (Fig. 209[146]) eine Anfchauung geben. Ihr fei als Zeichen, daß gelegentlich auch der Norden diefe offene Hallenform als

Fig. 210.

Rathaus zu Ledbury[146].

Nachklang der oben erwähnten *Lobia fori* beibehielt, die Abbildung des zierlichen Rathaufes in Ledbury (Fig. 210[146]) gegenübergeftellt.

[174 Rathäufer unfreier Städte: Tangermünde.]

Aber bei weitem nicht überall wurde die Bürgerfchaft, fo wie in den un- mittelbar dem Reiche, alfo der wechfelnden und entfernten Gewalt der Kaifer, unterftellten Städten zum Mitregieren zugelaffen. Vielmehr ging das Streben der kleineren Fürften und Herren dahin, die Leitung des Gemeinwefens, das auf ihrem Grund und Boden ftand und ihnen zins- und dienftpflichtig war, felbft in der Hand zu behalten und es durch Beamte, die Stadtfchultheißen, Amtleute oder Vögte, regieren zu laffen. Dies gefchah in der Regel unter Zuziehung eines Aus- fchuffes von Bürgern, die der Stadtherr ernannte oder wenigftens beftätigte und die meift als Schöffen (*Scabini*) bezeichnet werden. Wo dies der Stadt- herrfchaft gelang, ift nicht das Kaufhaus und der Saal der Bürger die Grundlage zum Rathaufe, fondern es bildet fich die Form eines kleinen Amtshaufes, das für die Schöffenfitzungen und die Erledigung der vorkommenden Schreibgefchäfte nur

[146] Nach: *Architectural Review* 1899, S. 130: *Half timber houfes in Worcefterfhire*.

Fig. 211.

Ansicht[147].

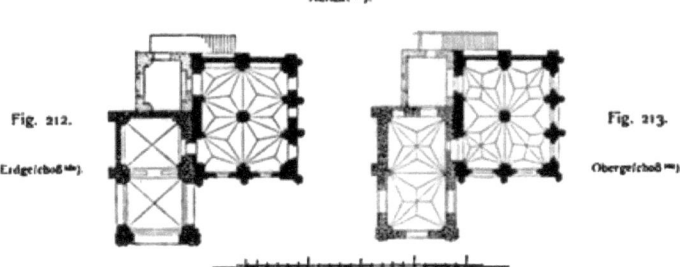

| Fig. 212. | Fig. 213. |
| Erdgeschoß[148]. | Obergeschoß[149]. |

Rathaus zu Tangermünde.

[147] Nach: Gurlitt, C. Historische Städtebilder. Stendal-Tangermünde. Berlin o. J.
[148] Nach: Stiehl, a. a. O.

einige Räume mäßigen Umfanges zu enthalten brauchte. Auch mit ihm verbindet sich öfters die Anlage einer offenen Halle, unter welcher das Gericht öffentlich am Markte abgehalten wurde. Ein sehr bezeichnendes Beispiel eines solchen Gebäudes ist das reizende Rathaus zu Tangermünde. Es besteht (Fig. 212 u. 213 [148]) aus mehreren zeitlich verschiedenen Teilen. Der älteste Bestandteil ist der durch üppigste Maßwerkausbildung ausgezeichnete Giebelbau (Fig. 211 [148]), in dem sich zwei gewölbte, durch einen Mittelpfeiler gestützte Säle übereinander befinden. Der etwas jüngere, auf unserer Abbildung heller getönte Flügel enthält im Erdgeschoß die Gerichtslaube, darüber einen länglich rechteckigen, als Sitzungszimmer oder Schreibstube nutzbaren Raum. Auch er bildet in einfacheren Formen ein sehr bezeichnendes Beispiel der kraftvollen norddeutschen Backsteinbaukunst.

Wengleich ein solches Gebäude mit seiner Mehrzahl von Räumen, die nur für Verwaltungszwecke dienten, schon einen ziemlich fortgeschrittenen Zustand des Städtewesens bezeugt, so genügte es doch nicht für solche Städte, die in Handel und Gewerbe zu reicherer Tätigkeit gelangten. Denn mit dem Blühen dieser beiden Zweige bürgerlicher Tätigkeit erstand der städtischen Leitung eine Fülle neuer Aufgaben.

Der Ersatz der alten Naturalwirtschaft durch Geldverkehr, die Überwachung des Handwerkes und des viel verwickelteren Verkehres, die Einziehung von allmählich eingeführten Steuern und Abgaben sehr vielfältiger Art, nicht zum wenigsten auch das viel künstlicher ausgebildete Kriegswesen erforderten eine Teilung der Verwaltungsarbeit und verursachten einen gesteigerten Raumbedarf.

Auf solche Ansprüche ist das Rathaus des Mainstädtchens Ochsenfurt (Fig. 214 [179]) bis 216 [148]) berechnet, das von etwa 1400—1505 errichtet wurde. Über einem Untergeschoß, das als Rüstkammer und Marstall gedient haben mag, erhebt sich das in Fig. 215 dargestellte I. Obergeschoß, bestehend im Hauptbau aus einer Diele als Vorraum und einem Ratssaal. In einem später zugezogenen Nebenhause sind zwei Schreibstuben untergebracht, von deren einer eine kleine Wendeltreppe zum Untergeschoß hinabführte und die Möglichkeit schaffte, etwaige Gefangene ungesehen dem Rate vorzuführen. Im II. Obergeschoß (Fig. 216), das sich nur über den Hauptbau erstreckt, schließen sich an eine kleinere Diele nicht weniger als 5 Einzelzimmer an. Das Äußere (Fig. 214 [179]) gibt ein reizendes Beispiel, wie bei völligem Anschluß der Architektur an die ungleiche Einteilung des Inneren ein anmutig bewegter Eindruck ohne Unruhe erzielt werden kann. Eine hohe Freitreppe mit zierlichem Maßwerkgeländer, das Stadtwappen und an der rechtsgelegenen Ecke eine schöne Madonnenstatue beleben die schlichten Flächen der zwei steinernen Untergeschosse; darüber tritt das aus Fachwerk errichtete Obergeschoß mit seinem bedeutenden Uhrturm kräftig mit lebhafter Schattenwirkung vor.

Bei weiterer Entwickelung der städtischen Verhältnisse konnte auch das Saalgebäude der freien Bürgerschaften nicht in der erst vorgeführten einfachen Form bestehen bleiben; man mußte ihm Nebenräume anfügen. Denn um die Verwaltung des städtischen Vermögens zu führen, um die Rechte der Bürgerschaft nach außen hin zu vertreten und die im Inneren der Stadt sich mehrenden Aufgaben wahrzunehmen, war die Vollversammlung der Bürger, für welche der große Saal geschaffen war, doch nicht auf die Dauer geeignet. Man wählte daher aus ihrer Mitte eine Anzahl angesehener Bürger aus, damit sie als „Rat" der Stadt

[148]) Nach eigener Aufnahme
[179]) Nach Zeichnung von H. A. O. Müller in: Deutsche Bauhütte 1905.

Fig. 214.

Ansicht.

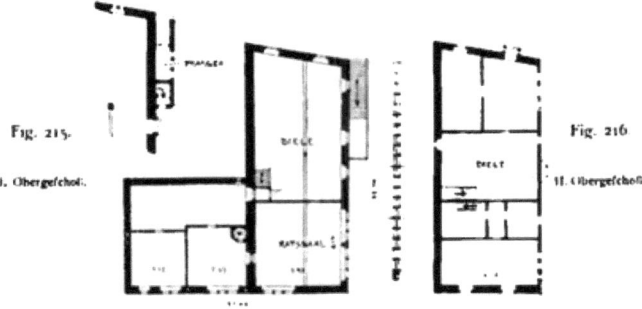

Fig. 215. I. Obergeschoß.   Fig. 216. II. Obergeschoß.

Rathaus zu Ochsenfurt (16u. 17).

unter felbftgefetzten Bürgermeiftern die laufende Verwaltung führten, während die Vollverfammlung der Bürger, der *Univerfus populus*, fich nur die wichtigften Entfcheidungen vorbehielt. Neben den feine Befugniffe ehrenamtlich ausübenden Rat trat ferner fehr bald der Ratsfchreiber als befoldeter Beamter.

Es wurde alfo nötig, für diefe neuen Glieder der Verwaltung entfprechende Räume zu befchaffen, und man fügte fie häufig, ohne die rechteckige Grundform des Gebäudes zu ändern, an die Schmalfeite des großen Saales an; meift im Obergefchoß, gelegentlich aber auch im Erdgefchoß.

Am fchönen Rathaus zu Münfter in Weftfalen verbindet fich folche immer noch einfache Grundrißanlage (Fig. 218[171]) mit einer fehr reichen Entwickelung der vorderen Giebelfront.

Fig. 217.

Zum Grundriß ift zu bemerken, daß die fehr große Ratsftube fich hier als Anbau an die ältere zweigefchoffige Saalanlage darftellt. Sie wurde fchon bei ihrer Errichtung im XV. Jahrhundert mit einer monumentalen Ratsbank und reichvertäfelter, baldachinartiger Wand hinter diefer ausgeftattet und wurde in der Frührenaiffancezeit durch Umbau und Hinzufügen weiterer Ausfchmückung zu einem ausgezeichneten Prachtftück ihrer Art gemacht. Ihr fchloß fich früher in einem felbftändigen Anbau die jetzt verfchwundene Ratsfchreiberei an. Der Saalbau bildete vor dem Umbau, den ihm die Mitte des vorigen Jahrhunderts brachte, in beiden Stockwerken eine zweifchiffige, flachgedeckte Halle, was die weitaus überwiegende Form folcher Räume ift. Im Erdgefchoß legt fich ihm auf der Vorderfront eine offene Halle vor, die als Gerichtslaube noch bis in das XVII. Jahrhundert hinein benutzt worden ift. Aus ihr führt, außer den zwei großen Eingängen zum Kaufhausfaal, eine kleine Tür in der Mittelachfe zu dem gleichfalls für Handelszwecke dienenden Keller hinab. Über den vier fchlichten Bogen ihres Äußeren ift die Schaufeite (Fig. 217[172]) des Bürgerfaales mit prachtvollen Fenftern, Statuen und Baldachinen, ebenfalls vierachfiger Anordnung, gefchmückt. Darüber fteigt der ftraffe Giebel fiebenteilig empor, in der reichen Belebung der Dachkante mit durchbrochenem Steinwerk und der glänzenden Ausftattung der Flächen mit Maßwerkfenftern und Figurenfchmuck ein ftolzes Wahr-

Giebelfront des Rathaufes zu Münfter i. W.[172].

zeichen bürgerlicher Kraft. Dabei find die praktifch-materiellen Gefichtspunkte nicht vernachläffigt; denn die fchlichten Öffnungen in der Mittelachfe des Giebels geftatteten als Ladeluken auch den mächtigen Dachboden zum Lagern von Zinsgetreide, einem Hauptteil des damaligen Einkommens aus Grundbefitz, oder zum Speichern von anderen Handelswaren zu benutzen.

Neben der fchlichten Rechtecksform diefer Bauten, die in einfacher oder reicherer Ausbildung fehr verbreitet ift, trat anderwärts die fehr naheliegende An-

127. Zufammengefetzte Grundriffe.

[171] Nach: STIEHL, a. a. O., S. 40.
[172] Nach: VERDIER & CATTOIS, *Architecture civile et domeftique au moyen-âge et à la renaiffance*. Bd. 1. Paris 1855. S. 156 ff. mit zugehöriger Tafel.

ordnung auf, daß die Räume des Rates sich als seitlicher Anbau an die Langseite des Saales anfügen. So ist das Rathaus in Dortmund, dessen Hauptbau noch dem XIII. Jahrhundert entstammt, um das Jahr 1400 vervollständigt worden; andere schöne Anlagen dieser Art finden sich in Jüterbog und Stendal, in Brandenburg, Pirna, Sulzbach usw. Wir werden sie als Übergangszustand bei Besprechung der Rathäuser zu Duderstadt und Nürnberg vorfinden und verzichten daher auf die Darstellung eines besonderen Beispieles.

Noch zusammengesetztere Grundrisse bildeten sich, wenn neben diesem Zufügen neuartiger Räume die Ansprüche an die Ausdehnung der Säle sich mit dem zunehmenden Handelsverkehr so steigerten, daß man ihre Zahl vermehrte. Man legte dann gern zwei Saalbauten der üblichen zweistöckigen Art im rechten Winkel zu einem hakenförmigen Grundriß aneinander, wobei bald die offene, bald die geschlossene Seite des Winkels dem freien Markte zugekehrt wurde. Erstere Anordnung zeigt beispielsweise das Rathaus zu Braunschweig in einer durch das Zufügen des prunkvollen zweigeschossigen Laubenganges sehr bereicherten Fassung. Für die geschlossene Form kann der malerische Bau des Rathauses zu Saalfeld als Beispiel genannt werden.

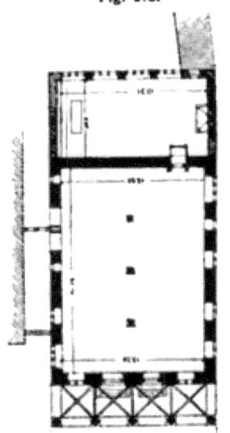

Fig. 218.

Grundriß des Erdgeschosses zu Fig. 217.

178. Rathaus zu Lübeck.

Eine andere eigenartige Form entwickelten wieder die Ostseestädte für das Zusammenstellen von zwei Saalbauten. Maßgebend dafür ist der Kernbau des Lübecker Rathauses (Fig. 219 [18]). Hier errichtete man schon im XIII. Jahrhundert zwei gleichlaufende zweigeschossige Langbauten, so daß sie zwischen sich einen etwa 10,00 m breiten Raum frei ließen. Der in unserer Abbildung oben befindliche Bau diente als „Gewandhaus" dem Tuchhandel, der andere wohl in üblicher Weise unten als Kaufhaus, oben als Bürgersaal und „Tanzhaus". Beide Bauten, sowie auch der zwischen ihnen liegende Hof wurden für den vom Rate betriebenen Handel und Ausschank von Wein in großartigster Weise unterkellert. Im Beginn des XIV. Jahrhunderts baute man das Ganze um, schloß dabei die Lücke zwischen den beiden Saalbauten durch eine mächtige Wand, die man mit wagrechtem, oberem Abschluß bis zur Firsthöhe der Saaldächer hinaufführte. Etwa 50 Jahre später wurde die ganze Anlage nach der Rückseite hin um etwa 14,00 m verlängert. So war eine geschlossene und durch die hochgeführten Abschlußmauern der Höfe sehr eindrucksvolle Bauform gewonnen, deren Einfluß die Rathausbauten von so manchen Ostseestädten, wie Stralsund, Rostock u. a., bestimmt hat.

Wie die meisten Rathäuser solcher Städte, die geschichtliche Bedeutung erlangten, hat dann auch dasjenige zu Lübeck eine ganze Reihe von Änderungen und Zutaten erfahren.

Solche Zutaten etwa der Zeit um 1400 sind die Querwand im Erdgeschoß des Kaufhauses, durch welche dieses in den kleineren Raum für das Marktgericht und die größere Ratslaube zerlegt wurde, und die offene Säulenlaube der Langseite, von deren oberen Plattform die Beschlüsse des

[18] Nach: STIEHL, a. a. O.

Rates und der Bürgerversammlung verkündet wurden; unten mag sie als Gerichtslaube benutzt worden sein. Ebenso sind die Räume, die sich an den Schmalseiten des Hofes zwischen die beiden Hauptbauten legen, erst später hinzugefügt. Bedeutende Erweiterungen erfuhr das Haus dann, als Lübeck sich zum Vorort der Hansa erhob und in seinem alten Bürgersaal die Versammlungen der Städtevertreter stattfanden. Man verlängerte schon um das Jahr 1400 diesen Saalbau durch einen Flügel, der unten auf Pfeilern als offene Halle gewölbt war, oben einen weiteren großen Saal aufnahm (auf unserer Abbildung links unten nur zum Teil wiedergegeben), und vergrößerte diesen Flügel 1442—44 nochmals um ein gleich großes Stück. Im Äußeren zeigen alle diese Bauteile den tiefen Ton und die kräftige Formengebung des norddeutschen Backsteinbaues, belebt durch bunte Wappen, helle Putzblenden, sowie metallene Zierate verschiedener Art. So bringt der mittelalterliche Bau mit seiner absichtlichen Steigerung der Baumassen den kraftvollen, stolz auftrebenden Sinn der alten Bürgerschaft trefflich zum Ausdruck. Erst die Renaissancezeit hat durch Zutat zierlicher Werksteinarbeiten noch einen anderen, zarteren Ton in die Gesamtwirkung eingefügt.

Fig. 219.

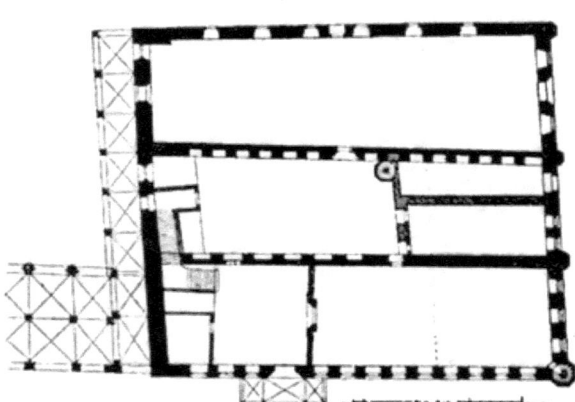

Rathaus zu Lübeck.
Erdgeschoß [178].

179 Rathaus zu Duderstadt.

In Lübeck half man sich mit einer Vermehrung der großen Säle, wohl unter dem Einflusse der dort auch für die vornehmeren Wohngebäude üblichen Dielenanlagen. Anderwärts aber war man bestrebt, durch allmähliches Zufügen von kleinen Räumen der Entwickelung des Verwaltungswesens zu folgen. Am Rathaus zu Duderstadt hat dies zu höchst malerischer Wirkung geführt. Dort besaß man einen in den Grundmauern bis auf spät-romanische Zeit zurückgehenden Saalbau. Seine Umfassungsmauern sind in Fig. 220 [178]) durch schwarze Färbung hervorgehoben. Im Jahre 1432 baute man diesen Saal in gotischen Formen um und legte gleichzeitig einen seitlichen Anbau an eines seiner Enden, links oben in unserer Abbildung. In ihm brachte man vor allem die Ratsstube mit einem kleinen Vorraum, sowie eine Schreibstube, ferner in einem Zwischengeschoß das Archiv unter. Den einspringenden Winkel zwischen diesen beiden Räumen benutzte man wahrscheinlich schon damals zur Anlage einer Gerichtslaube, deren Eckpfeiler aber später erneuert wurde, und verwendete das tiefeingesenkte Kellergeschoß zum Unterbringen des wichtigen Ratskellers. So entstand die in Art. 177 (S. 189) erwähnte Form eines hakenförmigen Grundrisses, wobei das Ganze noch sehr schlicht, wenn auch in reinem Quaderbau, durchgeführt wurde. Erst nach einem weiteren Jahrhundert, in den Jahren 1528—33, legte man, im wesentlichen aus künstlerischen Gründen, auf der bisher noch freien Langseite einen weiteren Anbau an (Fig. 220 unten). Er öffnet sich in den Untergeschossen mit je drei weiten Bogenöffnungen als freie Halle und enthält daneben in jedem Geschoß nur je ein kleines Gemach, von denen das im Erdgeschoß befindliche als Ratskapelle erklärt wird. Über der ganzen Grundfläche des Baues aber errichtete man, teils einstöckig, teils zweistöckig, einen malerischen, durch Dacherker, Giebel und Türmchen auf das lebhafteste gegliederten Fachwerkbau, der außer seiner künstlerischen Wirkung keinen anderen Zweck hat, als Bodenräume zur Lagerung des Zinsgetreides zu schaffen (Fig. 221 [174]). Damit ist die mittelalterliche Baugeschichte unseres Rathauses erschöpft; die in unserem Grundriß in einfachen Linien dargestellten Wände bezeichnen Zutaten des XVIII. Jahrhunderts.

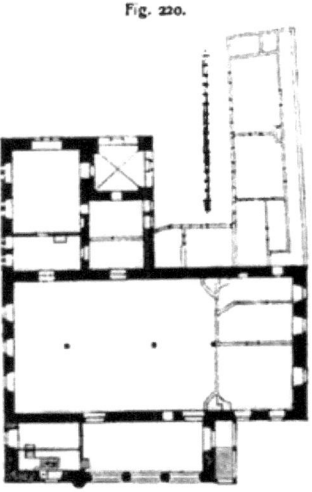

Fig. 220.
Rathaus zu Duderstadt.
Hauptgeschoß [173]).

Den Abschluß findet diese allmähliche Steigerung der Rathausbauten naturgemäß in den Rathäusern der mittelalterlichen Großstädte, und es wird sich verlohnen, auch ein solches zum Schluß unserer Betrachtung vorzuführen. Wir wählen als eines der hervorragendsten Beispiele dasjenige zu Nürnberg [173]). Es zeichnet sich vor den bisher geschilderten Beispielen dadurch aus, daß es fast vollständig für die Zwecke der Stadtverwaltung bestimmt war und Handelszwecken nur in geringem Maße diente. Dies erklärt sich daraus, daß man ein älteres Rathaus, das in üblicher Weise gleichzeitig den Bedürfnissen des Handels und den Ratsgeschäften gedient hatte, um das Jahr 1330 dem Handel gänzlich überließ und daher das neue Haus überwiegend für den Ratsbetrieb einrichten konnte.

Die Lokalgeschichtsforscher haben allerlei Vermutungen über das plötzliche Verlassen des alten Rathauses, bevor nur der Neubau begonnen war, aufgestellt. Uns scheint der zuerst von v. Essenwein angeführte Grund die Veranlassung gegeben zu haben, daß die Entwickelung des Tuchgewerbes und Tuchhandels nach dem Beispiele der Niederlande gefördert werden sollte und daß deshalb vor allem für den Tuchhandel ein größerer Raum freigemacht werden mußte. Fällt doch das Verlassen des Gebäudes gerade in die Zeit, als die lebhaftesten Handels-

[172] Nach: Lehmgruber, P. Mittelalterliche Rathausbauten in Deutschland. I. Fachwerkbauten. Berlin 1905. S. 77. Taf. 4/5.
[173] Zur Besprechung des Baues ist neben der in der 1. Auflage dieses Heftes von v. Essenwein gegebenen Darstellung die Veröffentlichung von F. Mummenhoff: Das Rathaus zu Nürnberg (Nürnberg 1891) benutzt worden.

Rathaus zu Duderstadt.
Ansicht.

beziehungen zu den Niederlanden eben angeknüpft und die in den Niederlanden erworbenen Privilegien der Nürnberger durch Verträge besiegelt worden waren.

Das alte Rat- und Tuchhaus wurde erst 1569 abgebrochen, und eine bei dieser Gelegenheit aufgezeichnete Beschreibung schildert es als einen 118 Fuß langen und nur 24 Fuß breiten Bau, der im Erdgeschoß eine einzige Halle bildete und im Obergeschoß in zwei Räume getrennt war.

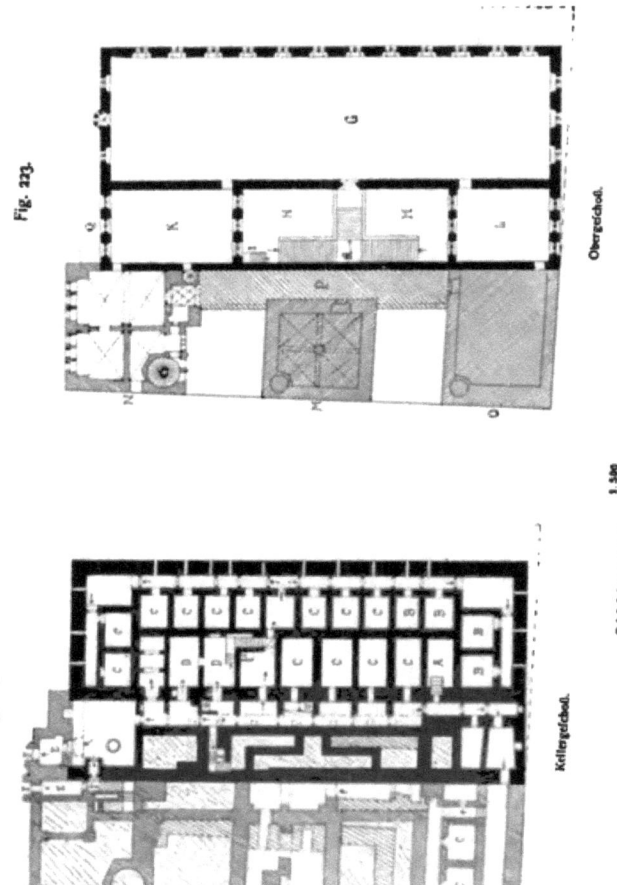

Rathaus zu Nürnberg.

Nach den Bedürfniſſen, welchen bei allen Rathäuſern jener Zeit Rechnung getragen wurde, dürfen wir annehmen, daß der eine dieſer Räume im Obergeſchoß der Saal der Bürgerſchaft war, der andere, wahrſcheinlich durch Verſchläge noch mehrmals unterteilt, die übrigen für den Rat nötigen Gelaſſe enthielt, das Erdgeſchoß aber dem Tuchhandel diente. Von einem Turme iſt nirgends die Rede. Eine Tuchhalle von den oben angegebenen Maßen entſprach den Verhältniſſen einer kleinen Stadt, konnte aber der ſtets wachſenden Bedeutung der Stadt Nürnberg nicht genügen, ſo daß Wandel geſchafft werden mußte, und da offenbar der Tuchhandel, wenn er ſich nicht von Nürnberg wegziehen, wenn er vielmehr daſelbſt immer größere Bedeutung annehmen ſollte, mit dem ihm zugewieſenen Raume nicht auskommen konnte, da größere Vorräte fremder, ſteuerpflichtiger

Fig. 224.

Rathaus zu Nürnberg.
Oſtanſicht[*]).
1:250

Tuche, insbeſondere Niederländer, eingelagert werden mußten, ſo beſchloß der Rat, ſofort das ganze Haus, von welchem er einen Teil benutzt hatte, dem Tuchhandel zu überlaſſen, ſich auf kurze Zeit zu behelfen und ein neues Rathaus zu bauen.

Dieſes wurde dann in Maßen angelegt, welche den Verhältniſſen der wachſenden Stadt entſprachen. Der Hauptteil war, wie allenthalben, der große Saalbau, welcher bei 43,00 m Länge im Äußeren eine Breite von 13½ m erhielt (39,0 m lichte Länge bei 11½ m lichter Breite). Dies iſt zwar der einzige aus der Er-

[*]) Nach v. Eſſenwein's Wiederherſtellungsverſuch des urſprünglichen Beſtandes.

bauungszeit übrig gebliebene Teil; Grund genug für Manche, zu behaupten, daß es auch der einzige fei, welcher damals errichtet wurde. Da es fich nun aber nicht beftreiten läßt, daß fchon damals auch andere Gelaffe unbedingt ebenfo nötig waren wie bei anderen Rathäufern gleichentwickelter Städte, fo bleibt nichts als die Annahme übrig, daß fie auch zugleich mit errichtet oder in älteren Nachbarhäufern eingerichtet wurden. Dies ift um fo wahrfcheinlicher, als fchon bald nach 1340 Unterhaltungsarbeiten im „Nebenhaus" erwähnt werden. Auch Abbildungen, die vor der Errichtung des großen Spätrenaiffance-Neubaues an-

Fig. 225.

Rathaus zu Nürnberg.
Querfchnitt.

gefertigt wurden, zeigen an der Weftfeite des Rathaufes einen ähnlichen Anbau mit unterem Durchgang, wie er noch jetzt im Often befteht. Der 1332 erworbene Bauplatz umfaßte jedenfalls auch den kleineren Hof, in welchem fich die Freitreppe zum Saale befand, ohne die man ja nicht zum Saale gelangen konnte, nebft den beiden Gelaffen an der Oft- und an der Weftfeite. Ein dazu gekauftes *Grundherr*'fches Haus muß auch noch im XIV. Jahrhundert, und zwar bald nach

1340, erworben worden fein; denn dann erft war der Bau anderer Gelaffe möglich, von denen fchon früh die Rede ift. Unfere Grundriffe (Fig. 222 u. 223) zeigen diefen älteften Teil fchwarz ausgeführt; die Trennungsmauer im Norden befteht heute noch, während der zweite Teil bis zur Linie *N M O* jenes *Grundherr*'fche Haus ift, an deffen Stelle noch im XIV. Jahrhundert Bauten ausgeführt wurden. Einen Turm hat das Nürnberger Rathaus, wie die meiften in Deutfchland, nicht befeffen. Die übrigen Bauten, die fich im Often an den Saal angefchloffen hatten, waren am Schluß des XV. Jahrhunderts fo unzulänglich geworden, daß fie von *Hans Behaim* 1500—15 im Inneren wie im Äußeren gänzlich umgebaut und erweitert wurden. Aus den Verhandlungen über den Umbau der einzelnen Räume erfahren wir dabei, daß fchon vorher die gleichen Gelaffe vorhanden waren.

Fig. 226.

Rathaus zu Nürnberg. Ratsstubenanbau.

Diefe Umbauten betrafen den Aufbau neuer Stockwerke auf den beiden an die Ratsftube angrenzenden Nachbarhäufern, die man fchon früher hinzu gekauft hatte, und deren vollftändig neuen inneren Ausbau, ferner eine Erweiterung der Ratsftube durch Vorziehen nach der Gaffe hin. Es entftand damals, wenn auch das Ganze nach des Urhebers eigener Äußerung nur Flickwerk war, die glänzende neue Schaufeite der Ratsftube (Fig. 226), dazu der reizende, ausgekragte Hoferker und eine Menge geiftvoller Einzelheiten an der Treppe und den Gewölben des Inneren.

Der Saalbau des XIV. Jahrhunderts ift in feinem Kern nie berührt worden, wenn auch manche Ausfchmückung ftattfand; nur der Umbau des XVII. Jahrhunderts hat den weftlichen Teil abgefchnitten. Der Saal ftellt einen weiteren Schritt in der Entwickelung des Saalbaues auch für Deutfchland dar, da die bis dahin übliche Zweigefchoffigkeit weggefallen und das Erdgefchoß zu einem bloßen Unterbau geworden ift.

Letzteres ift nur niedrig und in zwei Reihen von Zellen geteilt, die Handelszwecken dienten und zwar anfangs auch dem Tuchhandel. Unter diefen Zellen befinden fich im Keller abermals Zellen, die fo berüchtigten Lochgefängniffe. Der Saal felbft (vergl. den Querfchnitt in Fig. 225 und die Giebelanficht in Fig. 224[1]) hat ringsum glatte Wände ohne architektonifche Gliederung: die Oftfeite hat ein Chörlein zwifchen zwei fpitzbogigen Maßwerkfenftern und ein großes rundbogiges Fenfter darüber. Die füdliche Langfeite zeigt in gleichen Abftänden 10 folche Maßwerkfenfter, während deren 2 mit der Weftfeite abgefchnitten find, welche einft 3 Fenfter und darüber eine Rofette hatte. An der Nordfeite befinden fich 3 Eingänge, der mittlere mit einer von *Behaim* gebauten, von unten aufführenden Treppe, wohl einer Nachbildung der Freitreppe des XIV. Jahrhunderts, welche vom Rathaushofe, der Fortfetzung des Marktes, unmittelbar zum Saale emporführte; die anderen beiden verbanden die Gemächer an der Oft- und Weftfeite des Hofes mit dem Saale. Der noch erhaltene Dachftuhl zeigt die gewöhnliche, für hölzerne Tonnengewölbe damals übliche Konftruktion; nur befaß er früher, wohl mit Rückficht auf die große Spannweite, frei im Saal fchwebende Durchzugsbalken. Sie wurden erft im XVII. Jahrhundert durch die jetzt vorhandenen eifernen Zugftangen erfetzt.

G in Fig. 223 ift der große Saal; K war die Ratsftube, welche im Beginne des XVI. Jahrhunderts um das Stück Q vergrößert wurde, L die Lofungsftube, d. h. die Steuerverwaltung; unter K und L war der Durchgang offen, fo daß der Hof H fich nach beiden Seiten bis zur Gaffe erftreckte, fomit vollkommen frei und zugänglich war. Darin führt als einziger Aufgang die Treppe Q zum Saale des Obergefchoffes in die Höhe, während die Treppe J zu den unterirdifchen Gefängniffen hinabführte, deren noch heute wohlerhaltene Anlage und Einrichtung fehr bemerkenswert find, wenn fchon der Menfchenfreund fie nicht nachahmenswert finden wird.

In Fig. 222 ift A die Folterkammer; B find befondere Strafzellen, C die gewöhnlichen Haftzellen; D find Gelaffe für die Küche, die Schmiede, ein Bad u. a.; E find die Ausgänge zum unterirdifchen Gangnetze F. Keine der Zellen hat auch nur das mindefte unmittelbare Licht; bloß durch die Öffnungen in den Türen konnte der ebenfalls nur durch Lichtfchächte erhellte Gang ein wenig Licht an die Zelle abgeben. Der Teil zur linken Seite des Befchauers in Fig. 222 u. 223 ift in feiner fpäteren Einrichtung gezeichnet, wobei die ftärker fchraffierten Teile jene der *Behaim*fchen Bauten von 1502—15 find, die fchwächer fchraffierten jene des XVII. Jahrhunderts.

2) Sonftige öffentliche Bauten.

In allen Städten wohl war das Rathaus der bedeutendfte öffentliche Bau, und für kleine Gemeinwefen ift es felbft in feiner einfachften Form ausreichend für alle gemeindlichen Betätigungen gewefen. In den größeren und reicheren Städten aber treten neben das Rathaus noch eine Anzahl öffentlicher Bauten, die teils dem Handel, teils dem Schulwefen und der Krankenpflege zu dienen hatten.

Für folche Städte, die als Mittelpunkt des Großhandels auftraten, wuchfen deffen Raumbedürfniffe fo, daß ihm die Einengung auf den einen vorhandenen Kaufhausfaal unerträglich wurde. In manchen Fällen vergrößerte man das Rathaus derart, daß es die Mehrzahl von Sälen gewann. So bei den in Art. 177 (S. 189) erwähnten winkelförmigen Anlagen und bei den Bauten, welche dem Lübecker Mufter folgten. Oft aber trennte man beide Zwecke vollftändig. Dann behielt man entweder das alte Rathaus als reines Verwaltungsgebäude bei und errichtete an anderer Stelle der Stadt ein neues Kaufhaus, wie z. B. in Gelnhaufen, oder man überließ das alte Gebäude, wie in Nürnberg, gänzlich dem Handel und baute ein neues Rathaus auf neuem Bauplatze. Erfteres fcheint der häufigere Fall gewefen zu fein. Das Kaufhaus geftaltete fich dann meift zu einem zweigefchoffigen, freiftehenden Saalbau, der mit der Form der älteften einfachften Rathäufer vollftändig übereinftimmt und naturgemäß auch wie diefe für größere öffentliche Feftlichkeiten gern benutzt wurde.

Solche Kaufhäufer oder Hallen haben oft fehr bedeutende Abmeffungen erlangt, indem man, dem wachfenden Raumbedarf fich anfchließend, allmählich, aber in fchneller Folge, eine Verlängerung an die andere fügte. Neben der hochberühmten Seidenhalle, *Lonja della feda*, in Valencia[133] beanfpruchen die niederländifchen Hallen den Ruhm, die großartigften zu fein. Sie dienten vor allem dem Tuchhandel, welcher von allen Zweigen gewerblicher Tätigkeit zuerft folchen Umfang annahm, daß das Rathaus dafür nicht mehr zureichte. Die Tuchhalle von Ypern, mit welcher der mächtige ftädtifche Glockenturm verbunden ift, er-

[133] Vergl.: VERMEER & CATTOIS, a. a. O., Taf. 173.

Fig. 227.

Ansicht. — 1/200 w. Gr.

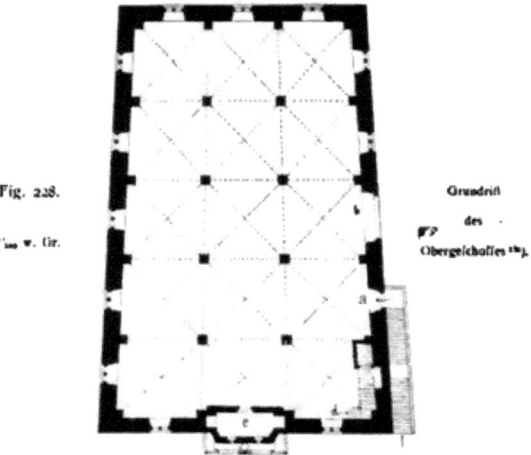

Fig. 228.

1/200 w. Gr.

Grundriß des Obergeschosses.

Kaufhaus zu Mainz.

reichte die Länge von rund 133 m; sie soll schon im Jahre 1200 durch *Balduin von Flandern* angefangen worden sein; ihre letzte Vergrößerung folgte allerdings erst im Jahre 1304. Die Halle zu Brügge bildet ein Rechteck von 84,00 m Länge und 43,60 m Breite; sie wurde 1284 begonnen, war aber 1304 noch nicht beendet; ihr Turm hatte eine Gesamthöhe von über 107,00 m.

Auch im mittleren Deutschland traten am Schlusse des XIII. Jahrhunderts und in der ersten Hälfte des XIV. jene Hallen für den Handel, insbesondere den Tuchhandel, auf, der damals geradezu die Welt bewegte. Unter den Gebäuden dieser Art nimmt zunächst die Kaufhalle zu Mainz unsere Aufmerksamkeit in Anspruch[179]). Wenn auch in ihren Maßen nicht an jene zu Ypern reichend, war sie immerhin ein umfängliches Gebäude, dessen Grundriß ein verschobenes Viereck von 42,00 m Länge bildete, dessen größere Schmalseite 21,00 m maß. Der Bau soll 1313 beendet worden sein. Leider wurde es zur Zeit, als Mainz französisch war, im Jahre 1812 abgetragen; doch hat *Moller* noch sorgfältige Aufnahmen gemacht und diese später in seinem bekannten Werke veröffentlicht. Fig. 227 u. 228 geben den Grundriß des Obergeschosses und die östliche, d. i. die breitere Schmalansicht wieder.

Fig. 229.

Kaufhaus Gürzenich zu Cöln.
Grundriß des Obergeschosses[180]).
Aus v. Ch.
(Siehe die Ansicht in Fig. 230.)

Beide gleich angelegten und gleich gewölbten Stockwerke sind dreischiffig; die Kreuzgewölbe mit schmalen, scharf profilierten Rippen ruhen auf niedrigen, quadratischen Pfeilern ohne Kapitäle, in welche die sehr regelmäßig gestellten Rippen spitz einschneiden. Im Erdgeschoß ist auf der von uns dargestellten Seite, welche überhaupt die eigentliche Schauseite ist, ein reicheres vortretendes Portal angelegt, ihm gegenüber an der Westseite ebenfalls ein großes Tor, während in der Mitte der beiden Langseiten kleine Türen sich befanden. Zum oberen Geschoß führte eine äußere Freitreppe an der Nordseite hinauf, von welcher man den Saal bei *a* betrat. Bei *b* war eine große, bis zum Fußboden herabreichende Öffnung, welche zum Aufwinden größerer, umfangreicherer Güter, aber auch etwa zum Anfügen eines provisorischen Festaufganges, sei es als Treppe oder als Rampe zum Emporreiten in den Saal, dienen konnte. Bei *c* ist ein kleines Gemach, das in seiner vom Saal abgeschlossenen Form kaum als Kapelle angesehen werden kann, als welche es gewöhnlich erklärt wird. Wir möchten darin einen Raum für den „Marktherren", d. i. den dem Markt vorgesetzten Ratsherren, oder seine Hilfskräfte, vielleicht auch eine Wechselstube sehen. Der Dachfirst ist mit dekorativem Zinnenkranz und Ecktürmchen geschmückt. Als *Moller* im Jahre 1805 seine Aufnahme anfertigte, trug das Gebäude ein niedriges Notdach. Auf der Ansicht von Mainz bei *Merian* erkennt man neben dem Rathause das Gebäude und sieht, daß es eine Anzahl gleichlaufender Satteldächer hatte, jedenfalls deren fünf, den fünf Gewölbeabteilungen entsprechend. Die äußere Ausbildung des ganzen Baues war sehr einfach; nur der Mittelbau der Ostseite und die zwei Fenster ihres Obergeschosses zeigen für

---

[179]) Siehe: MOLLER, G. Denkmäler der deutschen Baukunst. 3. Aufl. Herausg. von E. M. HESSEMER. Bd. I. Frankfurt 1854.
[180]) Vergl. Köln und seine Bauten. Festschrift u.s.w. Herausg. vom Architekten- und Ingenieur-Verein für Niederrhein und Westfalen. Köln 1888. S. 107 ff.

einen deutschen Profanbau jener Zeit einen auffallenden Reichtum. Die Zinnen der Oftfeite tragen fogar figürlichen Schmuck, und zwar in der Mitte den Schutzpatron der Stadt Mainz, den heiligen Martin, zu Pferde. In den Feldern, die zu *Moller's* Zeit fchon leer waren, ftanden wohl die Mitpatrone St. Stephan und St. Alban, dann in den 8 weiteren Feldern die Figuren des Kaifers und der 7 Kurfürften, bei welchen es bemerkenswert ift, daß auch die 3 geiftlichen nicht im prieftcrlichen Ornat, fondern in ritterlicher Wehr dargeftellt find; jene von Trier und Cöln haben Mitren neben fich, während beim Mainzer folche fehlte.

Fig. 230.

Kaufhaus Gürzenich zu Cöln.
Anficht[179].
(Siehe den Grundriß in Fig. 229.)

185.
Kaufhaus
Gürzenich
zu Cöln.

Auch in Cöln konnte der Saalbau des Rathaufes in feinen befchränkten Abmeffungen von 20 × 11,00 ᵐ dem Umfange des mächtig gewachfenen Handels nicht mehr genügen. Man entfchloß fich daher wohl fchon im Beginn des XV. Jahrhunderts, unmittelbar nach Vollendung des Rathausturmes, an dem nicht fehr entfernten Quatermarkt das Haus „Gürzenich"[179]) zu errichten, deffen Bau 1442 in Angriff genommen wurde. Es erhielt im Erdgefchoß, wie im Obergefchoß einen Saal von nahezu 60,00 ᵐ Länge auf 23,00 ᵐ Breite (Fig. 229) mit der anfehnlichen Stockwerkshöhe von etwa 7,00 ᵐ. Zum Saal führte an der Nordfeite eine geradarmige Treppe von außen empor; Nebengebäude waren nicht vorhanden. Dagegen wurde bei besonderen Gelegenheiten das an der Westseite des Grundstückes gelegene, durch einen Hof getrennte Haus am Quatermarkt, welches alsdann durch eine hölzerne Brücke mit dem Saale verbunden wurde, als Nebengelaß benutzt. So nahmen insbesondere Kaiser *Friedrich III.* und *Maximilian* bei Festen, welche die Stadt ihnen gab, durch dieses gegenüberliegende Haus und eine Holzbrücke den Eingang in den Saal durch eines der großen Fenster.

Der Saal war wie die meisten seiner Art zweischiffig. 9 hölzerne Säulen trugen den Hauptunterzug, welcher der Länge nach lief, sowie 9 der Breite nach gehende Querdurchzüge, die den Saal in 10 Abschnitte teilten. Die Wände waren ringsum glatt; die Nordseite ohne Fenster hatte nur die Eingangstür; die anderen drei Seiten waren mit großen Steinkreuzfenstern in tiefen Nischen versehen. An der Ost- und an der Westseite standen der Holzsäulenreihe entsprechende Wandpfeiler, welche eben noch so erhalten sind, wie die zwei Prachtkamine auf der Südseite, um derentwillen die ursprünglichen Fenster zu ihren beiden Seiten nur in der halben Breite der anderen angelegt wurden. Der im übrigen ganz schlichte Saal wurde bei festlichen Gelegenheiten reich mit Teppichen und anderen Kunstwerken ausgestattet und ist in solcher Weise, allerdings etwas schadhaft geworden, auf uns gekommen. Unserer Zeit war er nicht hoch und prunkvoll genug, und der mächtige Eindruck seines Inneren reichte nicht hin, ihn vor dem Umbau zu bewahren, welcher 1868 begonnen wurde. Glücklicherweise hat *Wiethase* noch den alten Bestand aufgenommen.

Fig. 231.

Fleischhalle zu Münster i. W.[134].

Die äußere Behandlung der Langseiten war sehr schlicht, nur eine Vereinfachung des Systems der beiden kurzen Seiten, da sie ziemlich unsichtbar blieben, indem die Südseite gegen eine enge Straße geht, die Nordseite gegen einen durch die Erweiterung jetzt verbauten Hof sich richtete. Eigentümlich waren dagegen die Ost- und die Westseite ausgestattet; sie gaben alle Einzelzüge der bürgerlichen Baukunst des XV. Jahrhunderts in Cöln wieder und sind daher das Vorbild für manche andere Gebäude geworden (Fig. 230). Das Erdgeschoß ist glatt mit großen Toren an jeder Seite, dazwischen vier durch Steinpfosten unterteilte Fenster, welche neu sind. Figuren unter reichen Bleibaldachinen stehen unter jedem Tore. Im Obergeschoß stehen in selbständiger Achsenteilung 6 große Steinkreuzfenster zwischen schmalen Pfeilern, welche durch Reliefstäbe mit Maßwerknasen die Architektur der Steinkreuze fortsetzen. Die äußeren Pfeiler sind breiter und noch durch einen mittleren lotrechten Stab unterteilt. Auf jedem Pfeiler liegt über dieser Stabarchitektur eine „Pavese"-(Schild) mit dem Wappen der Stadt, wie sie deren Kriegsknechte trugen. Die Wand über diesen Fenstern, oben in Zinnen auslaufend, ist gleichfalls mit Stabwerk überzogen; an den Ecken tragen auf Konsolen stehende Säulchen je ein vieleckiges, wenig über die Zinnen vorstehendes Erkerchen ohne Spitze. Der Zweischiffigkeit des Saales entsprechend lagen zwei lange gleichlaufende Dächer, zwischen welchen sich eine Stockrinne hinzog, auf dem Gebäude. Gerade diese Dachanlage, welche in ihrer Höhenentwickelung in sehr glücklichem Verhältnis zur unteren Architektur stand, bestimmte wesentlich den Eindruck des Gebäudes. Sie ist durch den Umbau verloren gegangen, während sonst das Meiste äußerlich getreu wiederhergestellt wurde.

Noch etwas umfangreicher und wohl das größte seiner Art in Deutschland ist das Kaufhaus in Konstanz. Es enthält wieder zwei mächtige Säle übereinander, 48 × 32 m groß und durch zwei Reihen von Holzpfosten in drei Schiffe geteilt.

134 Kaufhaus zu Konstanz

Letztere find noch fo breit, daß durch das mittlere neuerdings Eifenbahngleife gelegt worden find, um die Zu- und Abfuhr der Güter zu erleichtern; denn das Untergefchoß dient noch heute feinem alten Zwecke als Kauf- und Lagerhaus. Trotz der für die große Ausdehnung nicht fehr bedeutenden Stockwerkshöhe von 5,00 bis 5,50 ᵐ machten die Säle einen großartigen Eindruck durch die kräftige Durchführung der Balkendecken, deren Ständer im Erdgefchoß die erkleckliche Stärke von 80 ᶜᵐ im Geviert befitzen. Die Außenarchitektur ift fehr fchlicht. Malerifchen Ausdruck gewinnt das Gebäude nur dadurch, daß man es an den dicht an die frühere Stadtmauer grenzenden Seiten — und nur an diefen — mit hölzernen, vorgekragten, wehrfähigen Laufgängen und Ecktürmchen verfehen und es fo feiner überragenden Höhe wegen zur Verteidigung der Stadtmauer mit herangezogen hat. Um diefer Befeftigungsmaßnahmen willen ift es im vorhergehenden Hefte (1. Aufl.: Fig. 186, S. 243) diefes „Handbuches" berührt worden.

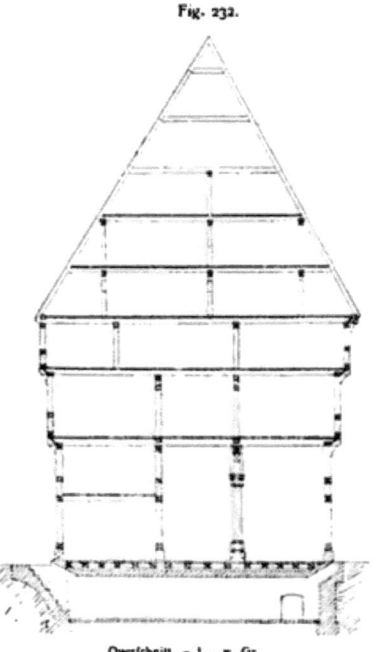

Querfchnitt. — ¹⁄... w. Gr.

Fig. 233.

Neben folchen dem Großhandel bedeutender Stapelorte dienenden Gebäuden finden fich aber auch noch andere befcheidenere Anlagen rein örtlicher Bedeutung, meift berechnet darauf, für einzelne Handelsartikel als Schuhhaus, Kornhaus, Fleifchhaus, Brotbank ufw. gefonderte Verkaufsftätten zu bieten. Man baute fie entweder ebenfalls frei auf dem Markte auf oder begnügte fich damit, fie in die Reihe der Bürgerhäufer einzufchieben.

Solcher Art ift zum Beifpiel die in Fig. 231 ¹⁸⁰) dargeftellte alte Fleifchhalle zu Münfter in Weftfalen. Sie bildet im Erdgefchoß auf tiefem Grundftück einen hohen Saal von reichlich 7,00 ᵐ lichter Breite. Zu dem durch einen Steinpfoften zweigeteilten

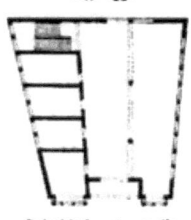

Erdgefchoß. — ¹⁄... w. Gr.

Knochenhauer-Amtshaus zu Hildesheim ¹⁸¹).

¹⁸⁰) Nach eigener Aufnahme.
¹⁸¹) Nach: Schäfer, C. Holzarchitektur Deutfchlands. Berlin 1889. (Von v. Effenwein rekonftruiert).

Eingang führte früher natürlich eine kleine Freitreppe empor; darüber ist die Wand durch 4 zweiteilige Steinpfostenfenster mit oberem Maßwerkabschluß stark durchbrochen, um möglichst weit in die Tiefe der Halle hinein Licht zuzuführen. Im Obergeschoß und im Dach gewann man dabei noch Lagerräume, aus deren Vermietung die Zunftkasse ihre Barmittel verstärken konnte.

Fig. 234.

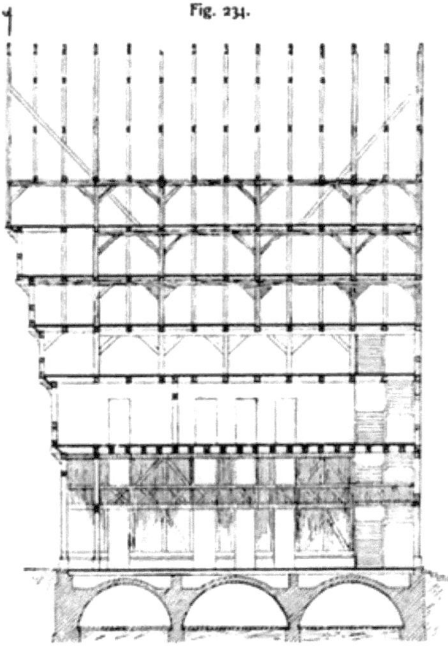

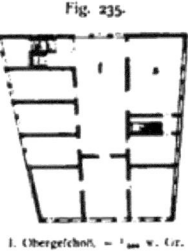

Fig. 235.

Längsschnitt. — 1/200 w. Gr.

1. Obergeschoß. — 1/400 w. Gr.

Knochenhauer-Amtshaus zu Hildesheim[199]).

180. Knochenhauer- Amtshaus zu Hildesheim.

Eine andere Form von Verkaufsgelegenheit wurde zum mindesten im späten Mittelalter gerade für den Fleischverkauf, der durch Geruch und Ungeziefer in geschlossenen Räumen leicht lästig fällt, beliebt. Sie besteht in der Anlage eines langgestreckten, von einer Straße zur anderen durch den Baublock durchgreifenden Hofes, an dem sich beiderseits die Verkaufsstände der Fleischer wie an schmaler Gasse aneinanderreihen. Solche an eine neuzeitliche "Passage" erinnernde Fleischscharren sind uns in Thorn urkundlich bezeugt; ein spätes, ziemlich kunstloses Beispiel ist in Neustadt a. Orla noch wohlerhalten. Eine Mittelstellung zwischen beiden Formen nimmt das Haus der Fleischergilde oder "Knochenhauer-Amtshaus" zu Hildesheim ein, bekannt durch die prachtvolle Durchführung seiner Fachwerkbauweise, das wir in Fig. 232 bis 235[199]) darstellen. Es enthält im Erdgeschoß als Hauptraum eine zweischiffige, fast 6,00 m hohe Halle, die von den Schmalseiten her zugänglich ist und an die sich an einer Seite eine Reihe kleiner Verkaufsstände anlegte — gleichzeitig nach der Halle und nach der Straße hin geöffnet. Über ihnen befindet sich in einem Zwischengeschoß eine weitere Reihe gleicher Räume, die als Kontore oder Lager von Räucherwaren gedient haben mögen. Das mit drei Tonnengewölben gedeckte Kellergeschoß, aus deffen Anlage die Einteilung des Erdgeschoffes abgeleitet ift, konnte nach Bedarf an Zunftgenoffen oder Fremde als Lagerräume vermietet werden.

Ob das Obergeschoß in der hier wiedergegebenen Weife von vornherein eingeteilt gewefen ift, ob insbefondere auch die »Trinkftube«, d. i. der Fest- und Verfammlungsraum der Zunft, fich hier befunden hat, ift unficher. Zutreffendenfalls würde man in dem größeren Raume s diefe Trinkftube fehen können. Es ift aber fehr möglich, daß auch diefes Obergeschoß zunächft als ungeteilter vermietbarer Speicher gedacht war, wie dies vom II. Obergeschoß und den Dachgeschoffen ficher feftfteht.

187. Lagerhäufer. Der Bedarf an Lagerräumen muß überhaupt in den mittelalterlichen Städten fehr groß gewefen fein. Dies hängt wohl damit zufammen, daß Maffengüter, wie Korn, Wein, Wolle, getrocknete Fifche, Salz und dergl., auf merkwürdig weite Entfernung verhandelt wurden. Bezogen doch die Florentiner Wollenweber die Wolle für ihre feinen berühmten Tuche lange Zeit — und zwar über Frankreich auf dem Landwege — aus England. Und in jeder Stadt, die das »Niederlagsrecht« hatte, war der reifende Kaufmann gezwungen, feine Ware eine gewiffe Zeitlang zum Kaufe anzubieten, falls er fich nicht durch eine Abgabe von diefer Verpflichtung löfte. Daher finden fich neben den umfangreichen Speicherböden, die in den Bürgerhäufern und auch in öffentlichen Bauten angelegt wurden, noch weiter ganze Gebäude vollftändig für diefen Zweck errichtet. Eine ganze Anzahl folcher reiner Speicherbauten find beifpielsweife in der Stadt Nördlingen erhalten, die uns wie wenige andere noch ein ungetrübtes Bild behäbigen mittelalterlichen Städtewefens bietet.

188. Schulbauten. Wefentlich aus den Bedürfniffen des Handels heraus hat fich auch das Schulwefen der Städte entwickelt. Rechnen, Lefen und Schreiben, ohne weitere gelehrte Beigaben, waren dem Kaufmann vonnöten. Schulen mit deutfcher Unterrichtsfprache neben den alten Lateinfchulen der Klöfter und Domftifte wurden daher allenthalben von den größeren Bürgerfchaften begründet. An baulichem Aufwand ift allerdings für fie nicht viel nötig gewefen, da ja die Schülerzahl nie fehr groß war und eine Gliederung in verfchiedene Klaffen entbehrt werden konnte. In den meiften Fällen richtete man fich in irgendeinem vorhandenen Haufe ein. Und felbft wenn ein neues Schulhaus errichtet wurde, enthielt es auch nur einen oder ein paar größere dielenartige Räume, fowie einige Gelaffe als Wohnräume des Lehrers, unterfchied fich alfo nicht wefentlich von einem beliebigen Wohnhaufe.

189. Univerfitäten. Sehr allmählich hat fich die Anlage höherer Schulen, der Univerfitäten, entfaltet. Sie gehen zurück auf die gelehrten Klofterfchulen, in denen die fieben »freien Künfte« (Grammatik, Rhetorik, Dialektik — das Trivium —, fowie Arithmetik, Geometrie, Aftronomie und Mufik — das Quadrivium) gelehrt wurden. Dazu kamen dann gelegentlich auch römifches oder kanonifches Recht (Pavia, Bologna, Ravenna) oder Medizin (Montpellier). An wichtigen Orten traten mehrere folche Schulen in Wettbewerb, wie in Paris die altberühmte Domfchule mit den fpäter aufblühenden Schulen von St.-Geneviève und St.-Victor. In folchem Wettbewerb beriefen die Schulen dann auch hervorragende weltliche Lehrer und zogen dadurch Hunderte, ja Taufende von Studierenden an. Soll doch die fpanifche Univerfität von Alcala de Henares von 14000 bis 15000 Studenten befucht worden fein. Nach mittelalterlichem Brauch fchloffen fich diefe in Landsmannfchaften zufammen, und daraus bildete fich im Beginn des XIII. Jahrhunderts die feste Gliederung nach „Nationen", jede auch die zugehörigen Professoren umfassend und mit eigenem Rektor versehen. Erst 50 Jahre später traten, zuerst in Paris, die Professoren aus den Nationen aus und vereinigten sich nach ihren Lehrfächern zu den drei Fakultäten: der Theologen, der Rechtsgelehrten und der Mediziner. Die durch den Austritt der Dozenten geschwächten Nationen verfügten hinfort in der zu Beschlüssen zusammentretenden „Universitas", d. h. der Gesamtheit der zur Hochschule Gehörenden, nur noch zusammengefaßt zur vierten Fakultät über eine einzige gemeinsame Stimme.

Wichtig für uns sind diese Verhältnisse, die auch bei den Gründungen der deutschen Universitäten maßgebend waren, deshalb, weil jede Fakultät ihre eigenen Hörsäle und ihre eigene Kirche besaß. Weil ferner für die Scholaren vielfach das Alleinwohnen verboten wurde und sie sich, nach Nationen getrennt, in gemeinsamen Häusern, „Bursa" oder „Kollegium" genannt, zusammenfanden, eine Einrichtung, die in den *Colleges* der englischen Hochschulen bis auf unsere Tage gekommen ist. Und das Bild der Zersplitterung wird noch dadurch gesteigert, daß die Vielheit der Universitätsanstalten sich vermehrte, nachdem die Bettelorden der Franziskaner und Dominikaner ihren allgemeinen Wettbewerb auch an die Universitäten getragen hatten. So finden wir denn in der ganzen Stadt zerstreut die Kollegienhäuser mit ihren Sälen und die Bursen, von größerem oder geringerem Umfange, die meist wieder besondere Stiftungen für bestimmte Landsmannschaften waren.

So geben uns auch die Universitätsbauten ein ziemlich buntes Bild verschiedener Anlagen. Bald sind sie klosterartig angelegt, wie das Collège de Cluny in Paris, das einen Kreuzgang mit Kirche, großem Vortragssaal und Vorraum enthielt, oder die Universität Alcala de Henares[1], deren ausgedehnte Bauten sich um eine ganze Anzahl von kreuzgangartigen Höfen zusammenschließen. Sehr viel einfacher war z. B. der dreigeschossige Rechteckbau des „Roten Kollegs" zu Leipzig[2], das im Jahre 1511 als „New Burse" begonnen wurde und neben zwei Sälen im Erdgeschoß wohl wesentlich Wohnräume für die Studenten enthielt. Beispiele reiner Bursen, der Wohnhäuser für Studenten, waren in Leipzig noch vor kurzer Zeit erhalten, Gebäude sehr einfacher Art[3]. Auch das Collège St.-Michel zu Caen[4] bildet einen schlichten Rechteckbau mit je drei Vortragssälen in jedem Geschoß nebst angebautem Treppenhaus.

Waren so die eigentlichen Lehr- und Wohngebäude der Universitäten sehr verschieden gestaltet, so wird doch allen diesen Anstalten gemeinsam gewesen sein das Bedürfnis nach einem großen Saal, in dem feierliche Versammlungen veranstaltet, Prüfungen und Disputationen abgehalten wurden und dergl. Erhalten ist uns der Thesensaal der Universität zu Orléans, ein langgestreckter Raum, der auf drei schlanken Achteckschäften mit acht Kreuzgewölben[5] bedeckt und mit reichen Maßwerkfenstern geschmückt ist. Als solchen Festsaalbau oder „Aula" dürfen wir wohl auch das „Collegium majus", die sog. alte Universität zu Erfurt ansehen (Fig. 236 u. 237 [6]).

Es enthielt im Obergeschoß einen großen Saal in unregelmäßiger Rechteckform, etwa 11,50 m im Durchschnitt breit und 32,00 m lang. In der Mitte der Langseite ist eine breite flache Altar-

---

[1] Vergl.: Verdier & Cattois, a. a. O., Bd. II, S. 101 ff.
[2] Vergl.: Leipzig und seine Bauten. S. 66 u. ff. — sowie: Gurlitt, C. Beschreibende Darstellung der älteren Kunstdenkmäler des Königreichs Sachsen. Heft 17 u. 18: Stadt Leipzig. Dresden 1895. S. 250.
[3] Vergl. ebendas., Bd. II, S. 160 und: Gurlitt, a. a. O., S. 255.
[4] Vergl.: Verdier & Cattois, a. a. O., Bd. II, S. 103.
[5] Nach eigenen Aufnahmen — und: Gurlitt, C. Historische Städtebilder. Erfurt. Berlin o. J.

nische angelegt; die ganze eine Schmalseite ist als Sitz des Lehrkörpers zu einer reichen und geistvollen, leider jetzt stark verstümmelten Baldachinanlage ausgebildet. Ein Prachtstück spät-gotischer Bauweise bildet auch das unter der erwähnten Altarnische befindliche Hauptor des Baues, das mit sich kreuzendem Stabwerk, Kielbogenumrahmung, Figurenbaldachinen und dergl. auf das zierlichste gegliedert ist. (Vergl. Art. 232 u. Fig. 284.)

191.
Universität
zu Krakau.

Im Gegensatz zu diesen in verschiedene Gebäudegruppen getrennten Universitäten vereinigte die Universität, das sog. »Collegium Jagellonicum« zu Krakau, die *Casimir der Große* im Jahre 1364 gestiftet hatte, in einer zusammenhängenden An-

Fig. 236.

Ansicht.

Fig. 237.   Grundriß des Obergeschosses[191]).

Sog. alte Universität zu Erfurt.

lage zum mindesten einen großen Teil der ihr dienenden Räumlichkeiten. Die Gebäude, die wir auf der nebenstehenden Tafel in Grundrissen, Ansichten und Schnitt darstellen, umziehen klosterartig einen rechteckigen Hof, welcher im Erdgeschoß von einer Bogenhalle, darüber von einem offenen Umgange umgeben ist. Die einzelnen Räume haben mancherlei Umgestaltungen erfahren, am meisten wohl, als sie in den fünfziger Jahren des vorigen Jahrhunderts zur Universitätsbibliothek eingerichtet wurden.

Zu S.

Kollegium
Jagellonicum

Ansicht der

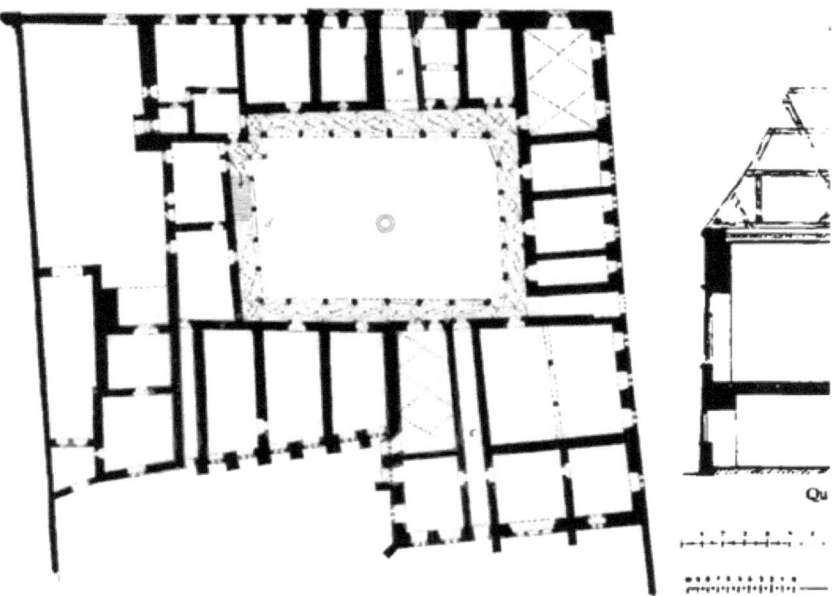

Erdgeschoß.

zu Krakau.

Ostseite.

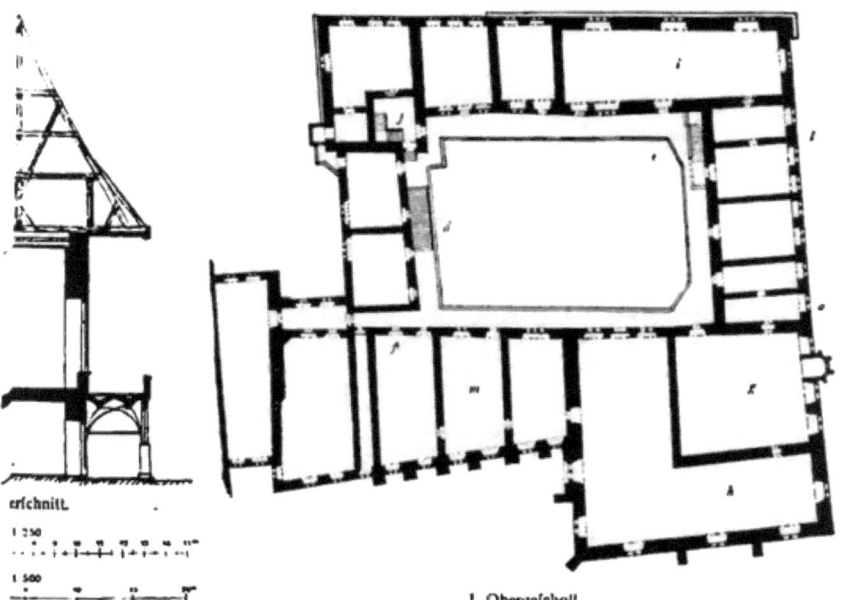

Querschnitt.

I. Obergeschoss.

Der Hauptzugang befindet sich an der Nordseite bei *a*, ein anderer auf der Ostseite bei *b*, ein Durchgang vom mittleren nach einem südlich gelegenen Hofe bei *c*. Eine schmale Treppe führt bei *d* innerhalb des Umganges zum Obergeschoß hinauf, ähnlich den Treppenanlagen in den Deutschordensschlössern. Die Haupträume haben die beträchtliche Höhe von 7,00 m. Dadurch ist über den kleineren Zimmern die Anlage eines Zwischengeschosses möglich geworden, und zwei besondere Treppen bei *e* und *f* machen seine durch die hohen Säle getrennten Raumgruppen zugänglich. Überraschen kann es zunächst, daß neben ganz wenigen großen Sälen die kleinen Räume vollständig überwiegen. Wenn wir indessen mittelalterliche Auditorien abgebildet sehen, so finden wir stets nur wenige Schüler zu Füßen der Lehrer sitzen und dürfen annehmen, daß für viele Vorlesungen solche kleine Räume als Hörsäle genügten. Allerdings können wir nicht voraussetzen, daß die vielen Zimmer unseres Gebäudes alle zu Lehrzwecken benutzt worden seien; einen so reich verzweigten wissenschaftlichen Betrieb dürfen wir einer mittelalterlichen Universität vom Range Krakaus nicht zutrauen. Es ist vielmehr anzunehmen, daß die Mehrzahl dieser kleinen Räume, wahrscheinlich wohl auch das ganze Untergeschoß, Wohnungen für Professoren und Studierende darbot. Später, etwa im XVII. Jahrhundert, werden sie dann auch zu Auditorien eingerichtet worden sein, wovon an manchem noch der Name berühmter Lehrer haftet. Wo die Lage der Aula war, darüber haben wir nur Vermutungen. Der Saal *G* ist durch einen Erker als hervorragender Raum gekennzeichnet, so daß er das meiste Anrecht auf diese Bezeichnung zu haben scheint. Der eigentümlich hakenförmige Saal, der ihn an zwei Seiten umgibt, ist, nach der Fensteranlage zu urteilen, wohl ursprünglich in dieser Form erbaut und nicht erst Ergebnis späterer Umbaues. Er läßt sich, wieder nach dem Vergleich mit anderen Anlagen (z. B. der Niederburg in Rüdesheim; vergl. Art. 80, S. 91) vielleicht als Schlafsaal der „Bursanten" erklären.

Eigenartige Züge bietet auch die Dachbildung des Gebäudes. Um den oberen Umgang gegen Regen zu schützen, hat man das Hauptdach einseitig soweit über die Hofmauer vorschießen lassen, daß etwa ein Drittel des Daches in der Luft schwebte. Nach jahrhundertelanger Dauer hatten sich die Verbindungen gelockert und die Balken mit ihren Köpfen sich abwärts gebogen, so daß man bei der oben erwähnten Wiederherstellung leider genötigt war, sehr zur Abschwächung des Eindruckes, Strebenwerk darunter einzubauen. Eigenartig nach heutigen Begriffen, aber ganz der mittelalterlichen Regel entsprechend ist es auch, daß jeder Bauteil sein besonderes, durch zwei Giebel abgeschlossenes Dach hatte. Über dem Nordflügel liegt ein in ganzer Länge durchlaufendes Dach, dessen Zimmerung in unserem Querschnitt gegeben ist. Da es der Breite nach über den offenen Hofumgang sich erstreckt, reicht sein Giebel an der Ostseite bis *l*. Frei daneben erhebt sich rechtwinkelig dazu das von *l* bis *o* reichende Dach des Ostflügels, wird aber vor dem Saale *g* abgeschnitten zugunsten des von Osten nach Westen streichenden Giebeldaches, dem sich über dem Saal *H* ein gleichlaufendes weiteres Dach anlegt. Zwischen diesen getrennten Dächern lagern allenthalben Stockrinnen, welche man im Mittelalter durchaus nicht scheute. Aus dem neuzeitlichen Widerwillen gegen diese Rinnenanlagen, die allerdings gelegentlich Beaufsichtigung und leichte Arbeit erfordern, hat man sie am Collegium Jagellonicum durch Verlängerung des Dachfirstes bis zum nächsten Dache zu beseitigen gewußt; man hat damit aber die künstlerisch lebhafte Massengliederung des Ganzen sehr ungünstig verändert. An Stelle reicher Gruppenbildung ist jetzt der Eindruck eines einheitlichen Daches getreten, vor dem sich ohne innere Begründung einzelne Giebel als blinde Verzierung aufbauen.

Großartige Tätigkeit hat das Mittelalter auch auf dem Gebiete der Krankenhausbauten entfaltet. Die Krankheiten regelrecht zu bekämpfen und abzuwehren, war man nach dem tiefen Stande ärztlicher Wissenschaft nicht fähig, und ungeheure Verluste an Volkskraft und Vermögen entstanden durch die Verwüstungszüge, die Pest, Blattern und Aussatz im ganzen Abendlande vollführten. Aber das ungeheure Elend regte auch in den Grenzen des Möglichen zur Gegenwehr an, und neben der eifrigen Tätigkeit, welche die späteren Mönchsorden in der Krankenpflege entfalteten, wurden allenthalben reiche Stiftungen gespendet, um Krankenhäuser, Versorgungshäuser oder Spitäler für hilflos zurückgebliebene alte Bürger und Zufluchtsstätten für Aussätzige zu schaffen. Letztere, häufig mit abergläubischer Scheu vor dem Namen der unheilbaren Krankheit „Gutleuthöfe" genannt, liegen immer weit außerhalb der Städte, um durch Absonderung der Kranken die Ansteckungsgefahr zu vermindern. Sie bilden regelmäßig einfache, durchaus ländliche Niederlassungen ohne besondere bauliche Eigenart. Eigentliche Kranken-

Krankenhäuser.

häuſer dagegen erheben ſich innerhalb der Stadtmauern oder wenigſtens dicht vor den Toren. Ihr maſſenhaftes Entſtehen hat auch zur Ausbildung ganz eigenartiger Bauformen geführt.

129. Hoſpital zu Cues. Als ſolche iſt zunächſt zu nennen das Anpaſſen klöſterlichen Grundriſſes an die Zwecke der Krankenpflege, wofür das Hoſpital zu Cues an der Moſel ein gutes Beiſpiel bietet (Fig. 238 [157]). Es umfaßt zwei für ſich beſtehende Raumgruppen.

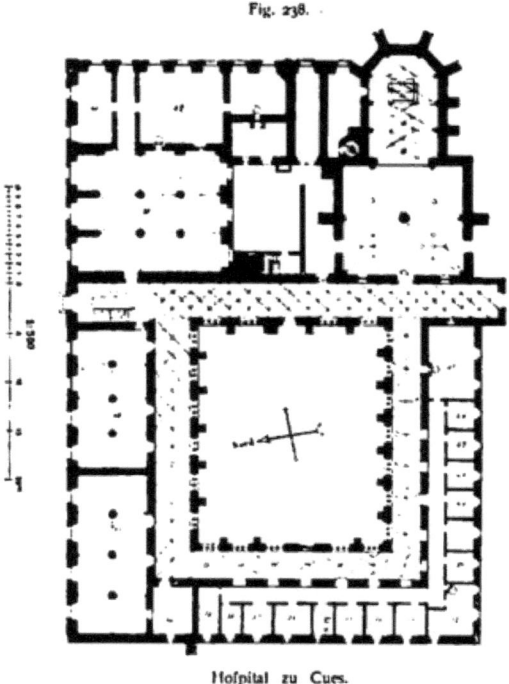

Fig. 238.

Hoſpital zu Cues.
Erdgeſchoß [157]).

An die als kleiner Zentralraum geſtaltete ſchöne Kirche ſchließen ſich um einen kleinen Hof herum die Räume der pflegenden Brüder nebſt einem ſehr anſehnlichen Verſammlungsſaal. Weſtlich davon entwickeln ſich um einen großen, gewölbten Kreuzgang die Krankenräume, zwei mittelgroße, auf Säulen zweiſchiffig gewölbte Säle und ein langer, um zwei Seiten des Kreuzganges mit rechtwinkeliger Knickung herumgreifender Saal, in dem durch Zwiſchenwände kleinere

[157]) Nach: Schmidt, C. W. Baudenkmale in Trier und ſeiner Umgebung. Trier 1836—45. Heft 3.

Zellen abgeteilt find. In einfacherer Anordnung reihen fich im Hofpital zu Beaune, das *Verdier & Cattois* in ihrem mehrfach angeführten Werk wiedergeben, die nötigen Räume an drei Seiten eines langgeftreckten Hofes aneinander.

Beliebter aber fcheint eine andere Art der Anlage gewefen zu fein, der bei größerer Einfachheit des Grundgedankens eine gewiffe Großartigkeit nicht abgefprochen werden kann. Man errichtete als Hauptraum einen großen Saal, etwa in der Art eines klöfterlichen Schlaffaales, in den die Krankenbetten entweder

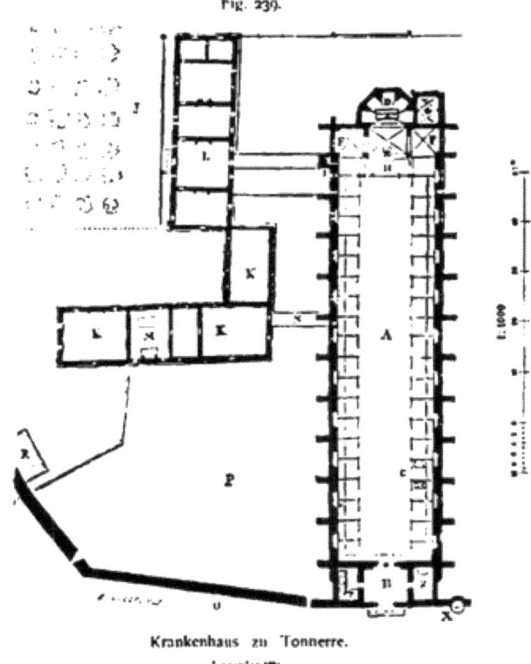

Fig. 239.

Krankenhaus zu Tonnerre.
Lageplan.

frei oder durch niedrige Zwifchenwände getrennt hineingeftellt wurden. Die Größe diefer Säle wechfelt naturgemäß je nach den zur Verfügung ftehenden Mitteln fehr, von dem kleinen Saal, der etwa 5 bis 6 Betten aufnehmen konnte, zu ganz riefenhaften Abmeffungen.

Vielleicht die größte der erhaltenen Anlagen ift das Krankenhaus zu Tonnerre in Frankreich, errichtet 1298, deffen Lageplan wir in Fig. 239) geben.

A ift der große Krankenfaal, deffen nähere Einrichtung uns weiterhin noch befchäftigen wird. Ihm legt fich an einer Schmalfeite eine Eingangshalle nebft kleiner Kapelle *Z* vor, an der anderen ein gewölbter Chor mit Apfis und Seitenräumen zum Abhalten von Gottesdienſten. Dieſer Chor, in dem ſich auch das Grab der Stifterin *Margarete von Burgund*, Königin von Sizilien, der Schwägerin *Ludwig des Heiligen*, befand, war durch einen Lettner *H* vom eigentlichen Krankenſaal abgeſchloſſen. Von dort aus führte ein erhöhter Gang, der über die Wendeltreppe *J* erreicht wurde, nach der Wohnung *L* der Königin. Ein anderer Gang *N* führte zu den Wohnungen der Pfleger und zur Küche *K*, *M*. Auf dem weiten Grundſtück findet ſich dann weiter bei *R*, am Fluſſe gelegen, ein Waſchhaus, ſowie öſtlich vom Chor des großen Saales das Haus des Priors, der die Leitung der ganzen Anſtalt hatte.

Der große Saal hat nicht weniger als 18,40 m Breite bei 88,00 m Länge. Er iſt mit mächtigem hölzernen Tonnengewölbe überdeckt und enthält 40 Zellen, die durch niedrige Holzwände abgetrennt find. Über ihnen zieht ſich an ſeinen Seitenwänden ein hölzerner Laufgang entlang, der es ermöglichte, die Kranken ohne Störung zu beaufſichtigen, auch die hochgelegenen Fenſter zu handhaben. Fig. 240 zeigt einen Ausſchnitt aus dieſer künſtleriſch wie praktiſch ſehr bedeutſamen Anlage.

Wenn dieſe Bauweiſe wegen der Unmöglichkeit, anſteckende Kranke abzuſondern, unſeren heutigen Anſchauungen nicht mehr entſpricht, ſo muß ſie in ihrer großartigen Weiträumigkeit und Überſichtlichkeit für mittelalterliche Verhältniſſe als ganz unübertrefflich bezeichnet werden. Sie hat ſich auch bis in ſpätere Zeiten in ſolcher Achtung erhalten, daß man noch im Anfang des XIX. Jahrhunderts in Vercelli ein aufwändiges Krankenhaus nach dieſem Grundplan angelegt hat.

Fig. 240.

Vom Krankenſaal des Krankenhauſes zu Tonnerre [139]).

195. Verſorgungsanſtalten.

Auch die Verſorgungsanſtalten für alte, hilfsbedürftige Bürger hat man gern in dieſer Form errichtet, wofür wir in Deutſchland am Heilig-Geiſt-Spital zu Lübeck ein ſehr bedeutendes Beiſpiel beſitzen.

Der ſchon im XIII. Jahrhundert errichtete, ſpäter weſentlich erweiterte Bau vereinigt hinter ſeiner ſtraffaufſtrebenden Dreigiebelfront die Eingangshalle und Kapelle in einem dreiſchiffigen kreuzgewölbten Raum. Dahinter liegt ein Saal, ganz ähnlich demjenigen zu Tonnerre, durch kleine Zellen geteilt; nur ſind dieſe Zellen zur beſſeren Raumausnutzung gaſſenartig ſo angeordnet, daß auch die Mitte des Saales beſetzt wird. Sie ſind in ſpäteren Zeiten durch eine obere Abdeckung zu kleinen, abgeſchloſſenen Kämmerchen ausgebaut, waren aber urſprünglich zweifellos oben offen, um am großen Luftraum der Halle teilzunehmen.

Naturgemäß erfordert die Benutzung eines ſolchen „Pfründnerhauſes" noch eine Reihe von Nebenräumen, vor allem einige Stuben zur Abſonderung Erkrankter und eine Wärmeſtube für den Winter. Dieſe Räume ſchließen ſich in Lübeck, um einige Höfe gruppiert, dem Hauptbau ſeitlich an.

196. Heiligkreuzſpital zu Goslar.

Wir geben in Fig. 241 bis 244 [140]) im Grundriß, in Schnitten und Anſichten eine kleinere, aber ſehr wohl durchgebildete Anlage, das ſog. „Große" Heiligkreuzſpital zu Goslar. Es ſoll im Jahre 1253 errichtet ſein, und die romaniſchen Teile der Straßenſeite dürften dieſer Zeit angehören; das Innere iſt zwar in ſpäterer Zeit, etwa im XVII. Jahrhundert, erneuert, beruht aber noch ganz auf mittelalterlicher Gewohnheit des Lebens.

---

[139]) Nach: WOLFF, K., Die Kunſtdenkmäler der Provinz Hannover. II: Reg.-Bez. Hildesheim, 1, 2: Stadt Goslar, Hannover 1901. S. 196 ff.

Fig. 241.

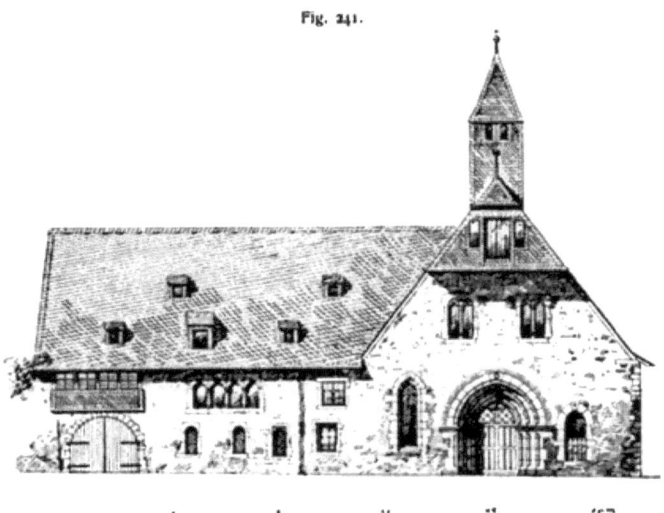

Ansicht nach der Straße.

Fig. 242.   Fig. 243.

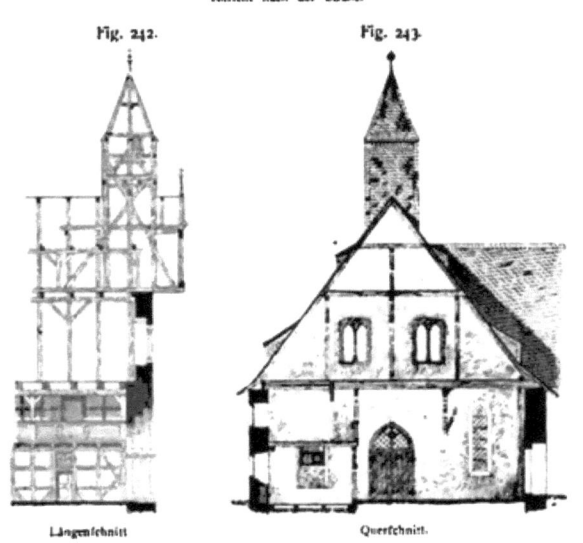

Längenschnitt.   Querschnitt.

Heiligkreuzspital zu Goslar[159].

Man betritt von der Straße eine große gepflasterte Diele, den für allgemeine Benutzung bestimmten Hauptraum des Hauses. An ihn stößt links vom Eingang die Kapelle, nur mittels eines durchbrochenen Lettners abgeschlossen, so daß der Altar von der Diele aus frei sichtbar blieb. An der gegenüberliegenden Langseite liegen in langer Reihe die Schlafkämmerchen der Pfründnerinnen, 10 an der Zahl und durchschnittlich 2¾ × 4,00 m groß. Sie nehmen in der Höhe nur die Hälfte der Diele ein; daher ist eine weitere Reihe solcher Kammern über der unteren angeordnet und durch einen schmalen Laufgang nebst im Hintergrunde liegender Treppe zugänglich gemacht. Für Heizung der Kammern wie auch der Halle sind keinerlei Vorkehrungen vorhanden; es war also zur Behaglichkeit im Winter eine Wärmestube als gemeinschaftlicher Versammlungsraum vonnöten. Sie befindet sich jetzt, in nüchternster Weise modern erneuert, auf dem Raum, der links am hinteren Ende der Halle mit einfachen Linien umzogen ist. Sie wird aber an gleicher Stelle, vielleicht in geringeren Abmessungen, auch früher vorhanden gewesen sein. War damit für die Winterszeit den Insassen die damals übliche Behaglichkeit geboten, so stand ihnen zum Genusse der schönen Jahreszeit der Garten zur Verfügung, der sich hinter dem Hause befindet und durch eine Einfahrt besonders zugänglich gemacht ist.

Fig. 244.

Heiligkreuzspital zu Goslar.
Erdgeschoß.

Es mag vielleicht ermüdend wirken, wenn wir immer wieder den gleichen Gesichtspunkt hervorheben; aber es ist doch wohl nicht überflüssig, darauf hinzuweisen daß auch bei diesen der Pflege von Kranken und Bedürftigen gewidmeten Bauten der altgermanische Gedanke der Halle bis zum Schlusse des Mittelalters seinen beherrschenden Einfluß behält. Da wir auch auf den anderen Gebieten unserer Darstellung die gleiche Erscheinung beobachten konnten, so ergibt sich die Anschauung, daß das Mittelalter in seinen Baugedanken, trotz der verwirrenden Vielheit der Einzelerscheinungen, sich einer großen Geschlossenheit und Einheitlichkeit erfreut hat. Indem in dieser Beziehung das Haschen nach neuen Gedanken im Verhältnis zu heute mehr zurücktrat, behielten die alten Meister um so mehr Muße, die Einzelheiten der Formgebung und der Werkfügung auf das sorgfältigste durchzubilden.

II.
Durchbildung des Äußeren.

Die vorstehenden Ausführungen haben uns den Werdegang des mittelalterlichen Wohnbaues vergegenwärtigt, soweit er durch den Gebrauchszweck der Gebäude bedingt war, und es hat sich dabei eine Gruppierung in verschiedene Abteilungen als nötig erwiesen, je nachdem die verschiedenen Anforderungen der einzelnen Lebenskreise ihren bestimmten Einfluß geltend machten. In dieser Gesamtanlage der Gebäude und in ihrer Gruppierung herrscht für den mittelalterlichen Meister eben grundsätzlich keinerlei Theorie oder Schulüberlieferung, sondern jeder einzelne Bau wird unter freiester Berücksichtigung der eigenartigen Verhältnisse, wie sie das praktische Bedürfnis und die Umgebung vor allem bestimmten, als eine selbständige Schöpfung behandelt.

Wenn ganze Reihen von Gebäuden eine starke Gemeinsamkeit der Erscheinung an sich tragen, so lag dies nur darin, daß die ganze Zahl der Einzelbauten unter ganz gleichen Bedingungen entstanden war und ganz gleichen Zwecken diente.

Nun entstand allerdings aus solcher Gleichmäßigkeit der Aufgabe und Gleichmäßigkeit der Erscheinung eine gewisse Überlieferung, welche es mit sich brachte, daß man gewisse Formen einfach als selbstverständlich festhielt, ohne daran zu denken, ob sie etwa auch anders sein könnten. Auch darauf haben wir oben mittelbar und unmittelbar hingewiesen. Aus der Macht der Überlieferung leitet sich ja der Lehrsatz ab, daß und unter welchen Umständen aus späteren Gebäuden Rückschlüsse auf solche ältere Werke gezogen werden dürfen und müssen, welche nicht mehr erhalten, oder auf die ursprüngliche Gestalt solcher, die verstümmelt auf uns gekommen sind. Ebenso beruht auf Gemeinsamkeit der Überlieferung die Übereinstimmung in den Werken jeder örtlichen Baugruppe, auf deren Verschiedenheit aber die Abweichung der einzelnen Schulen und ihrer Formenkreise voneinander. Insbesondere sind die örtlichen Schulen die Träger jener Erscheinung geworden, daß bestimmte Bestandteile der Bauten nach langer naturgemäßer Verwendung sich so fest einbürgerten, daß sie in den Augen der Baumeister, wie der Bauherren und des gesamten Volkes ganz selbstverständlich waren und infolge der Macht der Gewohnheit noch allenthalben angewendet wurden, nachdem ihre eigentliche ernstliche Bedeutung längst geschwunden war.

Etwas anders indes, als mit den Bedingungen, welche in den Grundrißformen immerhin eine große Verschiedenheit bestimmt abgegrenzter Gruppen erzeugten, verhält es sich mit denjenigen, welche die Einzelbildung der Formen bestimmten. Für letztere ergibt sich bei aller persönlichen Freiheit des Einzelfalles doch ein jederzeit geschlosseneres und mehr zeitlich als landschaftlich sich änderndes Bild, und es liegt nahe, dafür Ursachen allgemeiner Art zu suchen. Als eine solche Ursache hat man mehrfach das Vorhandensein von bestimmten Regeln über die Bemessung der Raumverhältniffe angenommen, wobei man fich darauf ftützte, daß einige vereinzelte Handwerksanweifungen des fpäteften Mittelalters beftimmte Maßzahlen als Mufter vorfchreiben, und daß es möglich ift, in die Zeichnungen alter Bauten eine Anzahl gleichlaufender Linien oder gleichwinkeliger Dreiecke einzutragen. Wir vermögen diefen fehr theoretifchen Annahmen keine Bedeutung beizulegen. Darüber, daß die erfterwähnten handwerklichen Schönheitsregeln keinen Anhalt für die Arbeitsweife künftlerifch fchaffender Zeiten gaben, ift kein Zweifel möglich. Sie bilden nur einen erftarrten Rückftand felbftändigen künftlerifchen Lebens, eine Anleitung für folche, welche aus eigenem Gefühl geeignete Maßverhältniffe nicht zu finden vermögen. Sie find auch kaum viel, ficher nicht allgemein benutzt worden. Und die Verfuche, beftimmte Dreiecksverhältniffe als maßgebend für die Querfchnitts- und Aufrißverhältniffe mittelalterlicher Bauten nachzuweifen, leiden in ihrer Beweiskraft fehr ftark darunter, daß die dazu in die Zeichnungen eingetragenen Linien die Höhenverhältniffe bald einfchließlich, bald ausfchließlich der Sockel- und Kämpfergefimfe, bald die Höhen bis zum Bogenfcheitel oder nur bis zur Kämpferlinie, bald von Pfeilerachfe zu Pfeilerachfe, oder aber einfchließlich der Pfeilerbreiten oder im Lichtmaß der Öffnungen feftlegen [190]. Dazu ift zu bedenken, daß die meift forglofe Ausführung mittelalterlicher Bauten und noch mehr die Ungenauigkeit der meiften Aufnahmezeichnungen keinerlei Gewähr dafür geben, daß die Dinge in Wirklichkeit fich fo verhalten wie auf dem Papier. Vom künftlerifchen Standpunkt aber liegt in der hohen Bewertung folcher Linienfyfteme eine Verkennung deffen, was fie überhaupt für die Wirkung eines Baues bedeuten können.

So einfach, fo nüchtern mathematifch erlernbar, wie die Vertreter diefer Anfchauung glauben, ift die Schaffung guter Raum- und Flächenverhältniffe doch nicht. Neben den reinen Maßen fpielen darin eine Menge anderer Umftände die größte Rolle. Perfpektivifche Verfchiebung und Beeinfluffung durch benachbarte Bauteile, die Anordnung der Beleuchtung, Abtrennung einzelner Teile durch Farbe oder Gliederung, Feinheit oder Derbheit der Einzelheiten, gleichlaufende Führung der Linien oder Wechfel der Richtung ufw.; faft unüberfehbar ift die Anzahl folcher Einflüffe, welche der Architekt bei feinen Schöpfungen berückfichtigen muß und welche er nach feinem Willen benutzen kann, um durch fie den Eindruck der reinen Maßverhältniffe wefentlich zu verändern, ja völlig aufzuheben und in das Gegenteil zu verkehren. Sicherlich hat das künftlerifch gefchulte menfchliche Auge, ähnlich dem Ohr, eine Freude an einfachen und gleichmäßig wiederkehrenden Maßverhältniffen, und ebenfo unwillkürlich, wie der mufikalifch Begabte die entfprechenden Tonabftände richtig trifft, wird auch der empfindende Architekt in feinen Werken folche Maßverhältniffe zur Erfcheinung bringen [191]).

Aber fo wenig jemals eine Tonfchöpfung aus der abfichtlichen Berechnung der Schwingungszahlen entfteht, fo wenig glauben wir daran, daß jemals das Eintragen von Dreiecksverhältniffen wefentlichen Einfluß auf die Architekturgeftaltung ausgeübt hat. Auch in diefem Falle ift künftlerifche Geftaltungskraft jederzeit un-

[190]) Man vergleiche z. B. hierzu in: VIOLLET-LE-DUC (a. a. O., Bd. VII, S. 510 u. 541) die Vorführung der Maßverhältniffe von *St. Sernin* in Toulouse, bei denen neben den angeführten Freiheiten noch auffällt, daß fo verfchiedenartige, dem Auge garnicht, jedenfalls niemals gleichzeitig bemerkbare Verhältniffe, wie dasjenige zwifchen Gefamtlichtweite des fünffchiffigen Innenraumes zur Höhe des äußeren Dachfieldes (?) und das Höhenverhältnis der beiden Seitenfchiff-Hauptgefimfe nach gleichem Dreiecksverhältnis entworfen fein follen.

[191]) Verf. war bei einer vor Jahren einmal angeftellten Probe felbft erftaunt, in welcher Zahl fich folche gleichlaufende Linien in die ohne jede derartige Abficht gezeichneten älteren Entwürfe eintragen ließen.

endlich reicher als die aus ihren Werken geschöpfte und deshalb ihr ständig nachhinkende Theorie.

Von größter Bedeutung ist dagegen der Einfluß, den die handwerkliche Arbeitsweise und Fertigkeit als gemeinsame gleichmäßige Überlieferung, von landschaftlichen Besonderheiten weniger berührt, auf die Formgebung des Mittelalters ausübte. Nicht in dem Sinne, daß man deswegen die mittelalterliche Kunst in absprechendem Sinne als eine „handwerkliche", d. h. schwunglose und gedankenarme Übung bezeichnen dürfte, wie es in oberflächlichstem Mißverständnis manchmal beliebt worden ist. Im Mittelalter ist der Künstler nicht etwa in den Hemmnissen des Handwerks hängen geblieben; sondern, indem er die volle Herrschaft über alle handwerklichen Werkweisen und die reife Kenntnis von den Eigenschaften der Baustoffe besaß, ist ihm ihre Berücksichtigung die selbstverständliche Grundlage für die Durchbildung seiner kühnen und oft verblüffend eigenartigen Kunstgedanken geworden. Daß dem Stoff nicht nach vorgefaßten, von außen hinzugetragenen Schulregeln abstrakter Art Gewalt angetan wurde, sondern daß gerade aus seiner greifbaren Eigenheit und aus der Art seiner Verwendung die Anregungen zu dem unabläsigen Fortschreiten der Formbildung gezogen wurden, darin sehen wir die gesundete Grundlage für das künstlerische Schaffen des Mittelalters. Wenn wir dazu berücksichtigen, daß diese „handwerkliche" Grundlage als Erbteil des Mittelalters auch noch der Kunst der Renaissance den festen Halt gegeben hat, um den das Rankenwerk geschichtlicher und ästhetischer Theorien und Abstraktionen nur locker spielte, so werden wir ihren Wert kaum zu hoch einschätzen können. Wir legen die handwerkliche Scheidung der einzelnen baulichen Arbeiten daher auch der folgenden Besprechung der Einzeldurchbildung zugrunde.

199. Bedeutung der handwerklichen Schulung.

4. Kapitel.
Behandlung der Wand.
a) Holzbau.

Das Bauwesen der germanischen Völker, die, wie oben schon angeführt wurde, für die Wohnbaukunst des Mittelalters die treibenden Kräfte abgaben, beruhte in seinem Beginn fast allein auf der Verwendung des Holzes zu allen tragenden Teilen. In fast unerschöpflichen Massen vorhanden, mit einfachem Werkzeug leicht zu bearbeiten und zu schmücken, bot es sich so bequem zur Errichtung behaglich warmer und auch ansehnlicher Bauten dar, daß es im Wohnbau, besonders des Bürgers und Bauern, seine überwiegende Rolle bis weit über die Grenzen des Mittelalters hinaus behauptet hat. Unentschieden mag es dabei bleiben, in welcher Form der Holzbau zuerst auftrat: ob als Blockbau mit Wänden, die völlig aus mehr oder weniger bearbeiteten Stämmen geschichtet wurden, oder als Fachwerkbau, zwischen dessen künstlich gefügte Verbandhölzer sich die Füllung der Gefache aus anderem Baustoff — Lehm, Reisig, später aus Bruchstein- oder Backsteinmauerwerk — einfügte. Das Überwiegen des Blockbaues im skandinavischen Norden mit seinen höchst altertümlichen Verhältnissen und auch in dem weniger von neuerer Entwickelung berührten Osten Europas, auch manche Beschreibungen alter Häuptlingshallen mögen für ein sehr hohes Alter dieser Bauweise sprechen. Andererseits lehren uns die Ausgrabungen, beispielsweise der in Art. 4 (S. 3) behandelten Ansiedelungen aus Großgartach, daß

200. Verschiedene Bauweisen: Blockbau, Fachwerk.

man schon etwa 2000 Jahre vor der hier zu behandelnden Zeit es verstand, Wohnstätten durch Wände aus Reisig und Lehm herzustellen, die man zwischen stärkere Pfosten einfügte. So wird man annehmen können, daß beide Bauweisen, vielleicht nach Gegenden getrennt, gleichzeitig erfunden und weitergebildet worden sind, wobei der größere oder geringere Holzreichtum und die verschiedenen Witterungsverhältnisse der einzelnen Landschaften für die Wahl dieser oder jener Ausführungsart bestimmend gewesen sein werden.

201. Zurückweichen des Blockbaues.
Im weiteren Verlauf der Entwickelung ist indessen der Blockbau durchweg zurückgewichen vor dem Fachwerkbau, was wohl mit dem allmählichen Verschwinden der großen Waldbezirke zusammenhängen mag. Allmählich verschwand so der Blockbau gänzlich aus den Gebieten mittelalterlicher Kunstübung. Verschwunden ist auch infolge der Vergänglichkeit des Baustoffes alles, was etwa im Blockbau errichtet war, und sehen wir von den oft reichgeschnitzten Werken der skandinavischen Kunst ab, die aber mehr dem kirchlichen Gebiet angehören, so herrscht der Fachwerkbau allein in dem Bestande desjenigen, was uns an künstlerischem Holzbau des Mittelalters bekannt ist. Denn die an sich bedeutungsvolle, schöne Holzbaukunst der Alpenländer müssen wir hier unberücksichtigt lassen. Es sei dahingestellt, ob ihr Formenschatz, wie viele wollen, auf uralter Überlieferung beruht, die von Manchen als urgermanisch angesehen, von Anderen mit dem etwas rätselhaften Urvolk der Rhäter in Verbindung gebracht wird. Maßgebend ist hier für uns, daß die erhaltenen Bauten über das XVI. Jahrhundert nicht zurückgehen und sichere Schlüsse auf die Art ihrer mittelalterlichen Vorgänger nicht ermöglichen.

Fig. 245.   Fig. 246.

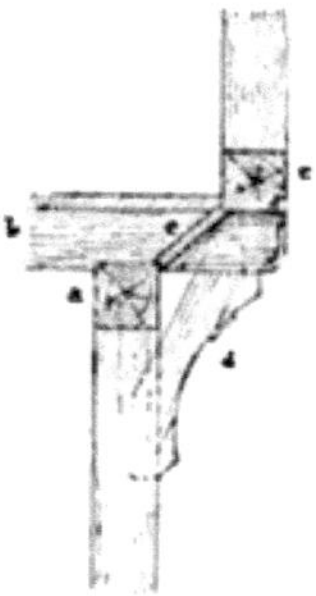

Gebälk von einem Hause zu Hersfeld [***]).
[*] v. Or.

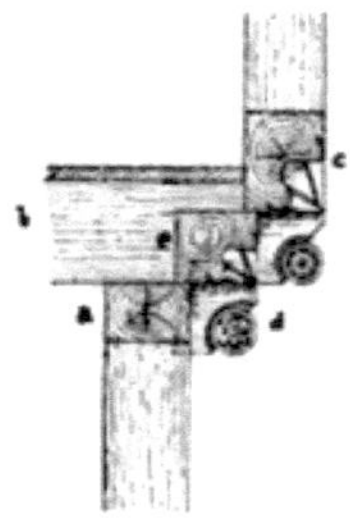

Gebälk vom Knochenhauer-Amtshause zu Hildesheim [***]).
[*] v. Or.

202. Ältester Fachwerkbau.
Aber selbst von Fachwerkbauten ist uns aus den älteren Zeiten, die in der Steinbaukunst der romanischen und frühgotischen Stilperiode angehören, kein Rest erhalten. Wollen wir versuchen, uns die Holzbaukunst dieser Zeiten im Geiste wieder vorzustellen, so werden wir sie uns nach Maßgabe dessen, was uns sehr spärlich aus dem XIV., reichlicher aus dem Beginn des XV. Jahrhunderts erhalten ist, als erfüllt von schlichter Strenge denken müssen, stark ringend noch mit konstruktiven Schwierigkeiten und ohne den reichen Schmuck von Schnitzerei, den man nach nordischen Vorbildern bei neuzeitlichen Schöpfungen als Kennzeichen „romanischen" Stils zu verwenden liebt. Eine eigenartige Formensprache des Holzbaues dürfte damals sich noch nicht entwickelt haben; dies können wir daraus folgern, daß gerade die älteren erhaltenen Bauten sich schlichtester Form befleißigen unter Vermeidung jeglichen geschnitzten Schmuckwerkes und unter merklichem Anschluß an die Gliederungen des Steinbaues. Man vergleiche hierzu die spitzbogigen Fenster und Türen im Erdgeschoß und I. Obergeschoß des auf S. 139 wiedergegebenen Hauses und die dort verwendeten Profilierungen. An diesem

[***]) Nach: Schäfer, C. Holzarchitektur Deutschlands. Berlin 1889 ff.

findet fich insbefondere kein Reft romanifcher Formenüberlieferung, die doch in anderen Kunfthandwerkszweigen des XIV. Jahrhunderts fich noch reichlich erhalten haben. Nicht begründet ift wohl auch die weitverbreitete Annahme, daß den älteften Bauten die Verwendung befonders ftarker Hölzer eigentümlich fei; denn auch in diefer Beziehung ift an den uns erhaltenen Bauten eine zeitliche Folge durchaus nicht feftzuftellen. Das foebenangeführte, fehr alte Haus überfchreitet felbft in den Haupttragepfoften nicht die fpäter allgemein üblichen Abmeffungen; in den Hölzern, welche die Außenwände der Obergefchoffe bilden, zeichnet es fich fogar durch ungewöhnliche Leichtigkeit aus. Und ihm ftehen reichlich fpäte Werke, wie das Knochenhauer-Amtshaus zu Hildesheim, gegenüber, an denen befonders ftarke Hölzer verwendet wurden, um durchaus im Sinne einer Spätzeit der fchon mehr abgebrauchten Formenwelt einen neuen Reiz abzugewinnen. Bei Beurteilung diefer Frage ift zu bedenken, daß den älteren Zeiten vielleicht ftarke Hölzer leichter zur Verfügung ftanden, daß in ihnen aber auch die Schwierigkeit der Bearbeitung wie der Beförderung an die Bauftelle erheblich größer, die verfügbaren Mittel aber meiftens geringer waren.

In der Gefamtanlage der Wand bildet ein hervorftechendes Merkmal faft regelmäßig einen fcharfen Unterfchied des Fachwerkbaues gegen den Steinbau; es ift das Überkragen oberer Stockwerke gegen die unteren. Nicht als ob nun unbedingt jede Balkenlage zu einem folchen „Vorftoß" benutzt worden wäre. Die auf S. 141

u. 149 gegebenen Beispiele haben uns schon darauf hinweisen lassen, daß das Hinzufügen eines Obergeschosses wahrscheinlich früher durch Einzapfen eines Zwischengebälkes, als durch Aufsetzen eines selbständig aufgebauten „Stockwerkes" bewerkstelligt wurde. Diese Bauweise hat sich im bäuerlichen Bauwesen vielfach bis in die Neuzeit hinein, auch im Bürgerhause noch bis tief in die Renaissancezeit in Übung gehalten, wofür als Beispiele die im Werke *Schäfer's* „Die Holzarchitektur Deutschlands" [193]) aus Osterwiek vorgeführten Häuser, auch das Eckhaus mit Erker in der Bäckerstraße zu Goslar von 1612 ebendaselbst, als Beispiele dienen mögen. Sie findet sich ebensowohl in Oberdeutschland wie in den Rheinlanden; wir haben daher keinen Grund, sie als Merkmal niederdeutschen Einflusses anzusehen, erblicken in ihr vielmehr überall einen altertümlichen Rest früherer Werkweise, ebenso wie die in Art. 138 (S. 148) an einem Beispiel vorgeführte Bauart, die Stockwerkbalken durch diese langen Pfosten hindurchzuzapfen. Sie gewährt durch die zusammengehaltene Fläche der beiden unteren Stockwerke den künstlerischen Vorteil lebhafteren Gegensatzes gegen die bewegten Formen des oberen vorgekragten Geschosses, und dies hat wohl Veranlassung gegeben zu der in Niedersachsen, vor allem in Braunschweig, so beliebten ansehnlichen Bürgerhausform, bei der über zwei steinernen, gerade aufsteigenden Untergeschossen ein reichgebildetes Obergeschoß die mächtige Krönung der Wand darstellt. Immerhin bilden zur Zeit der

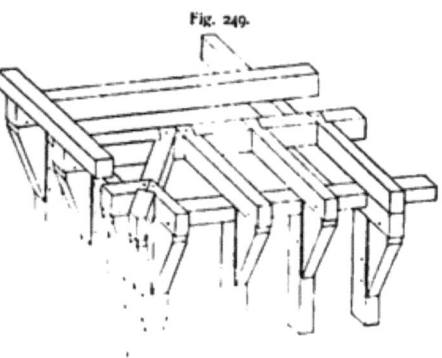

Fig. 248.

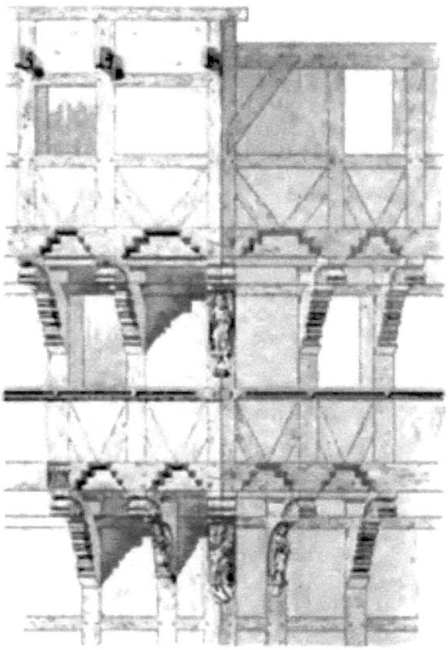

Eckbildung eines Fachwerkhauses zu Braunschweig [194]).
1/20 w. Gr.

Fig. 249.

Herstellung der Ecke bei vorkragendem Gebälk [195]).

[192]) Berlin 1889 ff.
[193]) Nach: Bickell, L. Hessische Holzbauten, Marburg 1887.
[194]) Nach: Pfeifer, H. Holzarchitektur der Stadt Braunschweig. Berlin 1892.
[195]) Nach: Hanftmann, B. Hessische Holzbauten. Marburg 1907.

ausgebildeten Wohnbaukunst die Häuser, in denen jedes Stockwerk mit selbständigem, die aufsteigenden Pfosten durchbrechendem Gebälk versehen ist, die Regel und die weit überwiegende Mehrzahl.

Über den Grund für dieses Übertreten der Obergeschosse hat man recht wechselnde Vermutungen aufgestellt. Man hat den Überstand von den vorkragenden, mit Gußlöchern versehenen Umgängen der Wehrtürme ableiten wollen, als ob der Bürgersmann im gefriedeten Stadtbezirk überhaupt je mit der Verteidigung seines Hauses hätte zu rechnen brauchen. Einleuchtender klingt schon die Begründung, daß man durch die überkragenden Außenwände der inneren Belastung der Balken habe entgegenwirken wollen. Solche Überlegung wäre technisch richtig und den erfahrenen Meistern des Mittelalters wohl zuzutrauen;

204. Veranlassung der Überkragung.

Fig. 250.

Haus zu Hameln [101].

aber es spricht doch gegen diese Erklärung, daß sich der Überstand fast nur an den nach den Straßen zu sichtbaren Hauswänden zeigt, fast nie nach dem Hofe hin, wo er doch dem gleichen statischen Zweck gedient hätte.

Ein anderer praktischer Vorteil der vorgekragten Gebälke ist der Gewinn an Raum für die Obergeschosse, und dieser Zweck hat sicherlich bei der Entstehung so weit vorgeschobener Obergeschosse, wie am Marburger Haus, mitgewirkt, auch bei den vielfachen Wiederholungen des Vorstoßes, wie sie besonders in süddeutschen Städten den Lichtraum der Gassen so beengte, daß sie durch behördlichbaupolizeiliche Vorschriften auf ein bestimmtes Maß beschränkt werden mußten. Aber ihn als allgemein gültigen Grund für die Schaffung der in Rede stehenden Form anzusehen, dagegen spricht wiederum, daß die Rückseiten der Gebäude den Vorsprung so selten zeigen, auch daß er nicht selten bei den wertvolleren unteren

[101] Nach: Schäfer, C. Holzarchitektur Deutschlands.

Wohngeschossen nicht, fast immer aber bei den minder nutzbaren oberen Speichergeschossen angewendet wurde.

Wir müssen daher die wesentlichste Ursache, der diese an sich vorteilhafte Form die allgemeine Verbreitung verdankt, in ihrer Schönheit erblicken. Sie bildet die aus der Werkweise des Holzbaues abgeleitete wirksamste Zier und Gliederung des Fachwerkbaues.

245. Durchbildung der Stockwerksgebälke.

Fig. 245 zeigt den Schnitt durch ein solches Gebälk einfacherer Art. Wir sehen in *A* das Rähm des unteren Stockwerkes, in *B* den vor die Außenwand vortretenden Deckenbalken, am Kopf einfach abgerundet und mit schmaler Abkantung versehen. Er wird durch ein bogig ausgeschnittenes Kopfband (Bug oder Büge) gestützt und trägt, bündig mit seiner Vorderkante, die

Fig. 251.

Haus in der Reichenstraße zu Braunschweig [1]).

leicht profilierte Schwelle *C* des Obergeschosses. (Jeder nicht gegen die Witterung gedeckte Vorsprung des Kopfes vor der Flucht des oberen Stockwerkes bildet als gefährlicher Angriffspunkt für die Nässe einen schweren konstruktiven Fehler. Solche zudem auch unschönen Formen sind nur durch Mißverständnis der mittelalterlichen Behandlung im XIX. Jahrhundert in Aufnahme gekommen.) Zwischen Rähm und Schwelle bildet sich ein Zwischenraum, der in unserem Beispiel durch ein schräg gestelltes, in entsprechende Falze der Balken eingeschobenes Brett geschlossen ist. Statt dessen findet sich bei einfacher Behandlung auch wohl eine Lösung derart, daß die Lehmausfüllung der Decke, welche in Form der "Wickelstakung" die ganze Höhe der Balken einnahm, ungefähr in der hinteren Flucht der Schwelle *C* lotrecht abgeglichen wurde und so den Anschluß an diese vermittelte. Bei Vorstößen von etwa 40 cm und mehr Ausladung war ohne solche

[1]) Nach: Uhde, C. Braunschweigs Baudenkmäler. 2. Aufl. Braunschweig 1893.

wagrechte Fortführung der inneren Lehmdecke gar nicht auszukommen; fie wurde dabei manchmal, aber nicht immer, mit Brettern verkleidet.

Indeffen find folche weite Ausladungen doch Ausnahmen. Meiftens befchränkte man den Abftand zwifchen Rähm und Schwelle auf die Abmeffungen des üblichen Holzquerfchnittes und füllte ihn durch ein in eine lotrechte Nut des Balkens eingefchobenes Holzftück aus. Diefe Füllhölzer wurden regelmäßig profiliert, bei fchlichteren Bauten derart, daß das Profil, vielleicht eine einfache Holzkehle, feitlich gegen die Balkenflächen anläuft. Meiftens aber wurde das Profil vor jedem Balken durch rechteckige Rückkröpfung, durch bogenförmigen oder gefchrägten Auslauf in das Viereck übergeführt (Fig. 246 [19]). Ein folches Gebälk lud dann wohl 45 bis 70 cm weit aus und erzielte durch den wiederholten kräftigen Rückfprung der Hölzer äußerft lebhafte und reiche Wirkungen, die durch die Wahl fehr bedeutender Holzftärken, befonders in Niederfachfen, oft zu großer monumentaler Wucht gefteigert wurden. Zu folcher Steigerung trug wefentlich die Anwendung von Kopfbändern oder Knaggen unter den Balkenköpfen bei. Auch fie wurden bald mehr, bald weniger reich gefchmückt, geradlinig auffteigend, flachbogig oder in reicheren Profilen ausgefchnitten, mit Flachornament oder reicher figürlicher Schnitzerei verziert. Immer aber wurden fie in mittelalterlicher Zeit ftark aufwärts gerichtet mit einer Neigung von 60 Grad oder mehr zur Wagrechten. Um fie anbringen zu können, ift naturgemäß Erfordernis, daß die Balkenköpfe gerade über den Wandftändern ftehen.

Fig. 252.

Haus zu Schwäbifch-Hall [19]).
¹⁄₂₀ v. Gr.

Die Balkenköpfe, bei einfachen Bauten glatt abgefchnitten und nur durch ihren kraftvollen Vorfprung wirkend, bildeten doch den erften Punkt, an den fich eine Verzierung anfügte. Sie wurden an der unteren Kante abgerundet, dazu etwa mit feiner Fafung der Ecken umzogen oder an der Rundung feitlich abgekerbt. Reichere Wirkungen wurden durch zufammengefetztere Profilierung erzielt, wobei aber auf die

Fig. 253.

Fenfterfturz an einem Haufe zu Moyenvic [197].
⅒ v. Gr.

unverminderte Tragkraft des Balkenendes Rücklicht genommen wurde. Tiefeinfchneidende Kehlen erhielten daher Einlagen von ftützenden Klötzchen, die zur Verzierung durch Schnitzerei benutzt wurden, und in den fchönften Beifpielen entwickelte fich hier ein höchft zierliches Formenfpiel (fiehe Fig. 247 und die übrigen Darftellungen von Fachwerkbauten).

206. Eckbildungen.

Entftanden find diefe Gebälkbildungen in der natürlichften Weife an der Längswand des freiftehenden Haufes, wo die Köpfe der quergelegten Balken auflagen. Bei diefer in fich ftreng gefchloffenen Anwendung ift die Formgebung des Fachwerkbaues in der klarften Weife bewunderungswürdig aus dem baulichen Zweck und der Eigenart des Bauftoffes entwickelt. Die Schönheit der Form hat aber fchon früh dazu geführt, fie auch in weniger ftreng werkmäßiger Weife anzuwenden. Man gebrauchte fie auch bei fchmalen, eingebauten Giebelhäufern, an denen die Balken naturgemäß mit der Straßenrichtung gleichlaufen, und man führte fie bei freiftehenden oder Eckhäufern gern um die Ecken herum. Das Mittel dazu war die Anordnung kurzer Stichbalken, die auf dem Rähm aufliegen und mit Zapfen in den nächften durchgehenden Balken eingreifen, wie unfere Darftellung des Mündener Haufes in Fig. 152 (S. 148) für das Dachgebälk erfehen läßt.

Dies ergibt in der geraden Frontfläche eine durchaus glatte Löfung; an der Ecke dagegen hebt fich der Abftand zwifchen den letzten Balkenköpfen und dem fchrägen Eckftich durch feine Weite ftark von den übrigen Teilungen ab (Fig. 248 [198]). Hier wurden daher gern zwei blinde Stichbalken in den Eckftich eingezapft und mit Knaggen unterftützt (vergl. die fchematifche Darftellung in Fig. 249 [199]). Indem fo drei Balkenköpfe mit ihren Knaggen auf einem Eckftiel zufammentreffen, entftand eine Ecklöfung, die trotz ihrer wenig werkgerechten Fügung für das Auge einen fehr kräftigen, befriedigenden Eindruck macht. Erwähnt fei, daß man den hier notgedrungen angewandten Gebrauch von ganz kurzen Stichbalken, die nur durch rückwärtigen Zapfen und Knagge (ohne Auflager auf einem Rähm) gehalten wurden, fpäter auf die Auskragung ganzer Fronten übertragen hat, womit der gefunde

Fig. 254.

Torweg eines Haufes zu Braunfchweig [200].
ca. ¼₀ v. Gr.

[197] Nach: Schmitz, W. Der mittelalterliche Profanbau in Lothringen. Düffeldorf o. J. Bl. 54.
[200] Nach: Pfeifer, H. Holzarchitektur der Stadt Braunfchweig. Berlin 1892. Taf. 6.

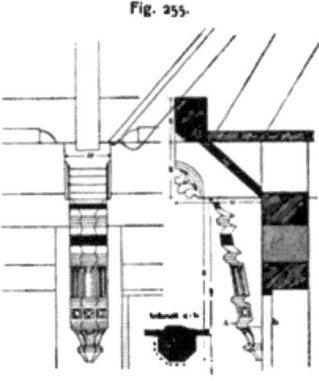

Vom Dachgebälke des Rathauses
zu Wernigerode[***]).
¹/₁₀ w. Gr.

Grundgedanke der Form allerdings ſtark beiſeite geſetzt wurde.

Das Rähm als oberer Wandabſchluß bleibt in der Regel ohne Verzierung; nur ſelten erhält es eine Profilierung von geringer Ausladung. Falls, wie es im ſächſiſchen Gebiete üblich iſt, die Balken regelmäßig über den unteren Ständern liegen, iſt ſeine bauliche Bedeutung darauf beſchränkt, die Gefachausfüllung oben abzugrenzen und die Ständer ſchloßartig zuſammenzuhalten. Es wird daher dort gelegentlich durch eine flache Bohle erſetzt, durch welche die Zapfen der Ständer hindurch bis in den Balken hineingreifen. Weſentlich bedeutendere Rolle ſpielt die Schwelle der Oberwand. An ſie heftet ſich nächſt dem Balkenkopf zuerſt die ſchmückende Zutat, und ſie erlangt dieſer zuliebe häufig ſehr bedeutende Abmeſſungen, beſonders der Höhe nach. Von der ihr häufig zuteil werdenden reichen Profilierung haben wir ſchon geſprochen. Ihre Wirkung wird dadurch verſtärkt, daß ſie ſich treppenförmig oder im Flachbogen auf der Fläche der Schwelle hinaufkröpft und dadurch Flächen abgrenzt, die für ornamentale und figürliche Schnitzerei gern benutzt werden. In anderen Fällen läßt man die Unterſeite der Schwelle kantig und legt in die Fläche ſchwach vertiefte Frieſe von Rankenwerk, Inſchriften oder Maßwerk ein. (Vergl. Fig. 251.)

207.
Rähm und
Schwelle.

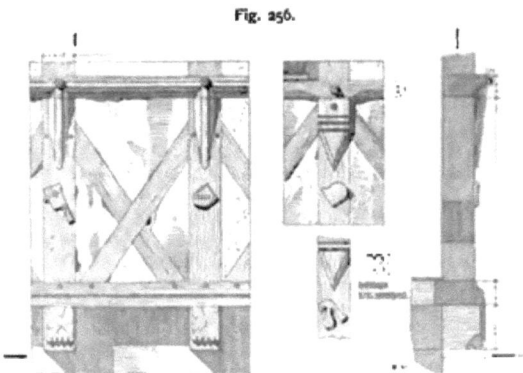

Brüſtung an einem Hauſe zu Vic[***]).
¹/₁₀ w. Gr.

[***]) Nach: Lehmgrübner, O. Mittelalterliche Rathausbauten in Deutſchland. Berlin 1905. Taf. 17, Fig. 1. 3.
[**]) Nach: Schmitz, W. Der mittelalterliche Profanbau in Lothringen. Düſſeldorf o. J. Bl. 60.

226.
Brustholz.

Weitere für den Eindruck sehr wesentliche Gliederung empfängt der Fachwerkbau in Höhe der Fensterfohlbänke dadurch, daß an besseren Bauten die Brusthölzer in der Regel durch ein vortretendes Profil aus dem übrigen Holzwerk hervorgehoben sind. Sie sind dann auf Halbholz mit den Ständern und Streben überschnitten, während die in der Fläche liegenden Riegel in der Regel mit diesen verzapft wurden. In der Spätzeit ersetzte man diese vortretenden Brustgesimse nicht selten durch Gliederungen, die flachvertieft in die bündig liegenden Hölzer eingearbeitet sind und an den Stielen gern durch Verkröpfung hervorgehoben werden (Fig. 250 [197]).

229.
Verstrebungen.

Wesentlich für die Erscheinung des Ganzen ist ferner die Verstrebung, die das Holzwerk gegen Verschiebungen zu sichern hat. Im norddeutschen Gebiet, wo man es in den Städten besonders liebte, die ganze Breite des Hauses zu Fenstern zu öffnen, sind die Verstrebungen meist auf die Fensterbrüstung beschränkt. Sie nehmen im einfachsten Falle die Form steil gerichteter Fußbügen an; daraus entstand dann leicht die Verstrebung durch Bohlendreiecke, die den Winkel zwischen Stiel und Rähm ganz ausfüllten. Die so gebildeten breiten Holzflächen boten der Verzierung durch Schnitzwerk günstige und oft benutzte Gelegenheit. Eines der reichsten Beispiele, aus der Reichenstraße zu Braunschweig, geben wir in Fig. 251 [198]) wieder. Sie bilden so den Übergang dazu, daß man die ganze Rechtecksfläche der Brüstung mit Holzbohlen zusetzte und mit Schnitzwerk überzog, eine reiche Anordnung, die in der Renaissancezeit sehr beliebt wurde. Daneben war in diesen Gegenden die Verstrebung durch eine fortlaufende Reihe von Andreaskreuzen sehr üblich. An den Ecken der Häuser kommen dann wohl auch längere Windstreben, durch die ganze Höhe der Wand greifend, hinzu. In Süddeutschland legte man in der Regel die Fenster in freierer Verteilung in die geschlossene Fläche, stellte auch die Pfosten weiter und weniger regelmäßig und gewann dadurch

Fig. 257.

Haus zu Reims [199].

Platz für eine ausgiebigere Verstrebung der Wände mit längeren Kopf- und Fußbügen, die man gern zweifach nebeneinander setzte und mit oft schwalbenschwanzförmigem Blatt ebenso schön, wie zweckentsprechend in die zu verstrebenden Hölzer eingreifen ließ (Fig. 252 [197]). In der überwiegenden Verwendung dieser Überblattungen gegenüber dem einfachen, mit einem Holznagel festgehaltenen Zapfen wird von Manchen ein Unterschied "schwäbischen" und "fränkischen" Fachwerkbaues gesehen. In Wirklichkeit sind in Franken wie in Schwaben so viel Ausnahmen in die hiermit aufgestellte Regel gemischt (vergl. z. B. die alte Hofhaltung zu Bamberg in Fig. 119, S. 127), daß ihre Gültigkeit dadurch sehr bedingt erscheint.

Gern verwendete man zu allen diesen Verstrebungen krummgewachsene, gebogene Hölzer; selten dagegen findet sich vor Eintritt der Renaissancebewegung,

---

[197]) Nach: VIOLLET-LE-DUC, a. a. O., Bd. VI, S. 396.

daß die Umrißlinien der Strebenhölzer durch Ausschneiden in Form von Kleeblattbogen, Vierpässen und dergl. belebt wären. Erst in dieser Zeit der reichen Nachblüte, die ja zunächst noch ganz auf mittelalterlichen Formgedanken beruht, wurden Bohlenstücke, die in geschwungenen Formen ausgeschnitten und mit „Nasen" verziert sind, mit Vorliebe verwendet, auch die Formen durch Häufung der mehrfach durcheinandergesteckten Kreuzverstrebungen bereichert.

Die Fensteröffnungen wurden in der Regel schlicht belassen, nur durch das Zurücksetzen der Glasfläche gegen die äußere Wandflucht betont. Denn ursprünglich saßen die Fensterflügel fast überall an der Innenseite der Wand und

Fig. 258.

Landhaus zu Craven Arms (Shropshire[**]).

schlugen nach innen auf; es ist spätere Veränderung, wenn sie des besseren Schlusses wegen nach außen aufschlagend in die Außenflucht der Wand vorgerückt wurden. Selten wurde die Öffnung mit einem Kantenprofil umzogen, das dann über dem Brustholz in das Viereck überführt, in den oberen Ecken dagegen auf Gehrung zusammengeschnitten ist. Erst in der Spätzeit wurde der obere Fenstersturz zur Form des Kielbogens oder des Vorhangbogens ausgeschnitten, wobei das angestochene Profil die Öffnung umzog; seltener artige obere Abschlüsse sind blenden in den dann sehr hoch gebildeten Fenstersturz eingeschnitten (Fig. 253[***]).

Dagegen erhielten die Türen von jeher die reichere Form des Bogenabschlusses und eine Verzierung durch gestochene Kantenprofile. Die Bogenspitze wurde dabei regelmäßig in die Sturzbohle eingeschnitten, sei es als Blende, wie bei dem Mündener Hause in Fig. 152 (S. 148) oder als flacher Ausschnitt. Die seitlichen Bogenschenkel wurden an volle Knaggen oder Kopfbänder angestochen. Fig. 254[***]) zeigt an einem spätgotischen Beispiel die Werkfügung und Formgebung deutlich.

Über den so behandelten Wänden steigt der Giebel meistens ohne weitere Vorkragung als gerade Fläche auf. Die Köpfe der inneren Pfetten werden in ihm sichtbar und bestimmen die Stellung der Haupt- oder Bundstiele. Meist treten sie nur um die Stärke des Sparrens vor die Giebelfläche vor; gelegentlich aber werden sie auch weiter herausgeführt, um einen freivortretenden Schwebegiebel (siehe Fig. 143, S. 142) zu tragen. Gelegentlich werden aber auch noch im Giebel die verschiedenen Stockwerke durch Vorkragung der Kehlgebälke betont; alsdann muß in jedem Stockwerke eine Reihe Stichbalken in den letzten Kehlbalken eingezapft werden.

213. Dachgebälk.

An den Langfeiten des Haufes wird die Dachbalkenlage oft in ganz gleicher Weife wie die unteren Gebälke durchgeführt (Fig. 255 [201]). Da im Schatten der Dachtraufe diefer Formenreichtum indeffen weniger zur Wirkung kommt, fo begnügte man fich häufig damit, die Balkenköpfe fchräg abzufchneiden und mit einem bemalten oder fchlicht profilierten Brett zu verkleiden, über deffen oberen Rand die Dachtraufe nur einige Centimeter vorfteht.

214. Französischer Fachwerkbau.

Der deutfche Fachwerkbau entfaltet bis in die Verfallzeit der Spätrenaiffance hinein fein reiches Formenleben in den Grenzen und im engften Zufammenhange des werkmäßigen Aufbaues und wahrt fich dadurch den Vorzug volkstümlich klarer und kraftvoll gefunder Erfcheinung. Abweichende Entwickelung zeigt die Holzbaukunft Frankreichs und Englands. Erftere geht von ganz ähnlichen Anordnungen aus wie die deutfche Kunft und ift ihr an Alter vielleicht überlegen. Allerdings find die Datierungen der einzelnen Werke nichts weniger als feftftehend; insbefondere darf man die von *Viollet* in feinem glänzendem Werke, dem *Dictionnaire de l'architecture française etc.*, gegebenen Darftellungen von Häufern des XII. Jahrhunderts wohl mehr für Erzeugniffe der wiederherftellenden Vermutung als für hiftorifche Belege anfehen. In die werkmäßige Fügung mifchten fich in Frankreich aber fchon früh fremde, rein formale Bildungen ohne konftruktiven Sinn, wie z. B. in Fig. 256 [202]), die aus dem vollen Holz des Ständers gefchnitzten kleineren Wappenfchildchen und konfolartigen Unterftützungen des Bruftgefimfes, fowie die vortretende Fußfchwelle. In fpäterer Zeit entwickelte fich hier eine Richtung auf zierlichere Eleganz der Erfcheinung, die fich in der Bevorzugung der lotrechten Hölzer, in der Unterdrückung der kraftvollen Gebälkauskragungen und in der Zutat von zierlichem, den fpät-gotifchen Steinformen nachgeahmtem Schnitzwerk zeigt (Fig. 257 [203]).

215. Englischer Fachwerkbau.

In England beharrt die Fachwerkbaukunft anfcheinend zunächft in ziemlich nüchternen Bahnen rein werkmäßiger Fügung. In der Spätzeit, gegen das Einfetzen der Renaiffancebewegung hin, kam im Gegenfatz hierzu die Luft zu phantaftifch bunter Flächenbelebung zum Durchbruch, und man konnte fich in der Verwendung fchräg gegeneinander laufender Linien, fowie gekrümmter, durch Ausfägen aus Bohlen hergeftellter Formftücke nicht genug tun. Wir geben ein noch der maßvolleren Richtung angehöriges Beifpiel von einem Landhaus in Shropfhire in Fig. 258 [204]).

b) Steinbau.

216. Aufkommen des Steinbaues.

Der Steinbau ift als die jüngere Errungenfchaft gegenüber dem Holzbau in den verfchiedenen Ländern zu recht verfchiedenen Zeiten in Aufnahme gekommen. Er dringt vom romanifchen Süden und aus dem romanifierten Gallien fehr allmählich nach Norden und Often vor, zuerft natürlich bei den kirchlichen Bauten und Klöftern, kraft deren nach dem Süden weifenden Verbindungen. Später erft kommt er bei reinen Wohnbauten vor, und erklärlicherweife find es neben den Kaifern wieder Bifchöfe, denen feine Anwendung naheliegt. Bezeichnend für ihre Rolle ift die Nachricht, daß ein Steinhaus, welches fich Bifchof *Alebrand* im Jahre 1036 zu Hamburg errichtete, die Eiferfucht des Herzogs *Bernhard von Holftein* fo erregte, daß er ebenfalls ein Steinhaus zu bauen befchloß. Lange noch blieb der Steinbau im Wohnwefen ein Vorrecht der Vornehmften und etwa noch der öffentlichen Gebäude; erft im XIV. Jahrhundert förderte die Erftarkung des Bürgertumes und die Sorge um Feuersicherheit der Städte seine allgemeinere Anwendung für bürgerliche Wohnhäuser; aber selbst damals noch mehr in den großen Siedelungsstädten des Ostens: Lübeck, Stralsund, Thorn usw., als in den schon in älterer Überlieferung stehenden Städten des mittleren und südlichen Deutschlands.

Als Baustoff wird in den einfachen Verhältnissen der Frühzeit der Bruchstein eine größere Rolle gespielt haben als das größere Handfertigkeit fordernde Quaderwerk, und man mag es dazumal auch gelegentlich in seiner kraftvoll rauhen Oberfläche stehen gelassen haben. Mit Sicherheit ist dies anzunehmen in den allerdings seltenen Fällen, wo durch regelmäßige grätenförmige Reihungen oder sogar durch rosettenartige Zusammensetzung mehrfarbiger Stücke aus dem groben Baustoff eine gewisse Verzierung geschaffen wurde. Wenn aber irgendwelche aus Quadern gearbeitete Architekturteile in die Bruchsteinflächen eingesetzt wurden, und in späterer Zeit wohl durchweg, war man gewohnt, die Wirkung dieser feineren Glieder dadurch zu sichern, daß das rauhe Bruchsteinwerk mit Kalkputz überzogen wurde. Dieser griff dann in der Regel über die unregelmäßigen Einbindungen der Werksteinteile soweit hinüber, daß er den Umrißlinien der Hauptform in gleichmäßigem Abstande folgte. An Bauten, welche neuerer Überarbeitung entgangen sind, ist noch deutlich zu erkennen, wie man die mit Putz zu überziehende Fläche der Quader durch Aufrauhung dazu vorbereitet hat. Das bloße Ausfugen sowohl, als auch der Spritzbewurf, durch welchen man heute einen altertümelnden Eindruck zu erreichen strebt, entsprechen nicht der mittelalterlichen Bausitte. Nur eines findet sich: daß man bei unregelmäßig rundlichem Material – Granit, Basaltsäulen usw. – mit dem Mörtel nicht den gesamten Stein verdeckte, sondern an einzelnen Stellen diesen aus dem Putze heraussehen ließ, dann aber regelmäßige Quaderfugen in den Putz einriß, sie mit weißer Farbe lebhaft hervorhob und so dem Bruchsteinmauerwerk ein regelmäßigeres, beinahe an Quaderwerk erinnerndes Aussehen gab. Der Putz wurde in allen Fällen möglichst dünn, wohl gleich beim Aufführen des Mauerwerkes, aufgetragen und mit der Kelle glatt abgestrichen; in manchen Gegenden wurde dieser Kellenputz durch gleichzeitiges Überschlemmen mit reinem Kalkbrei fast bis zur Politur geglättet. Ausdruck erhielt auch solche sorgsam behandelte Fläche dadurch, daß sie keine vollkommene Ebene darstellte, wie der moderne, nach Lehren mit der »Kardätsche« abgezogene Putz, sondern durch die Anwendung der Kelle eine gewisse lebendigere Bewegung besaß.

In dieser Technik – Werksteine für die Ecken und für alle Architekturteile – sonst verputzter Bruchsteinbau, sind die meisten süd- und westdeutschen Wohnbauten errichtet. Reine Quaderbauten finden wir in Deutschland seltener, reichlich dagegen im Bauwesen der reichen französischen Herren. Buckelquader erscheinen in Deutschland vielfach in der Hohenstaufenzeit, am Schlusse des XII. und in der ersten Hälfte des XIII. Jahrhunderts, dann auch z. B. in Nürnberg wieder im XIV. und XV. Jahrhundert; sie dienen aber doch mit seltenen Ausnahmen mehr der eindrucksvollen Ausbildung der Wehrbauten als dem eigentlichen Wohnbau.

An Stelle des fehlenden natürlichen Steines wurde im norddeutschen Tieflande und bis nach dem östlichen Mitteldeutschland hinein der gebrannte Ton vielfach als Baustoff verwendet. Seine künstlerische Wirkung beruht wesentlich auf der Freiheit, mit der sowohl die vielfach wechselnde und fast niemals gleichmäßige Färbung, als auch der Verband der Flächen behandelt wurden. Die Tiefe der Farbenwirkung wurde gern durch Anordnung kleinerer Putzflächen belebt oder durch die Verwendung glasierter Steine bereichert. Diese Verwendung der Glasuren beschränkt sich zunächst auf einzelne Architekturglieder, besonders Zierbogen und Friese; dann greift sie aber auch auf Flächen über und überzieht diese mit gleichmäßig enggestellten Streifen- oder großen Rautenmustern (Fig. 259 [205]), zu denen dann auch wohl die Einfassung der Ecken mit Glasursteinen hinzukommt. Die Einheit der Fläche wird hierbei jedenfalls stets gewahrt,

Fig. 259.

Vom Deutschordensschlosse zu Rheden [205].
$^1/_{100}$ v. Gr.

und harte Abschlüsse werden vermieden. In einzelnen Fällen, so am Erweiterungsbau des Rathauses in Lübeck u. a. O., wurde sogar die ganze Ansichtsfläche aus glasierten Steinen hergestellt. Weniger günstige Wirkung wurde erzielt, wenn man, was seltener vorkam, nur die Öffnungen mit Glasursteinen einfaßte. So gut wie nie wurden vereinzelte Glasurstreifen als Flächenteilung oder als billiger Notersatz für Gesimsgliederungen benutzt, und das mit gutem Grunde. Die

[205] Nach: STEINBRECHT, C. Preußen zur Zeit der Landmeister. Berlin 1888. Fig. 87.

Farbe der alten Glasuren ist meist braun oder schwärzlich grün. Sie sind offenbar aus Rohstoffen hergestellt, die in chemischem Sinne nichts weniger als rein waren; daher zeigen sie sehr zum Vorteil der künstlerischen Wirkung nicht die gleichmäßige Färbung eines Lacküberzuges, sondern spielen selbst am einzelnen Stück in oft recht verschiedenen Tönen.

c) Bemalung des Äußeren.

Häufiger als man im allgemeinen annimmt, bedeckte im Mittelalter farbige Bemalung auch das Äußere der Häuser. Backsteinbauten wurden vielfach von oben bis unten, meist ohne Berücksichtigung des Fugenschnittes, mit dunklem, kräftigem Rot überzogen, und vom ruhigen Hintergrunde dieses Anstriches oder der sauber verfugten Backsteinfläche wurden die Gliederungen der Gesimse und Öffnungen in lebhaften Farben — Weiß, Schwarz, Schweinfurtergrün, Ockergelb — abgehoben. Am südlichen Rathausgiebel zu Frankfurt a. O., der noch dem Beginn des XIV. Jahrhunderts entstammen dürfte, hat man für die Betonung der Architekturteile ein einfacheres Verfahren befolgt; man hat die Maßwerke der großen Rosen und des wagrechten Frieses schwarz, diejenigen der aufsteigenden Pfeilerfüllungen durch Eintauchen in dicke Kalkschlemme schneeweiß gefärbt und letztere noch dadurch gehoben, daß man den Putzgrund hinter ihnen mit dunkelgrauer Farbe überzog (Fig. 260[104]). Zu dieser Färbung der Backsteinteile kommt dann überall weiter die sehr verbreitete Bemalung der geputzten Blenden usw. mit allerlei Zierat, vor allem mit Maßwerk in kräftig roter und schwarzer Farbe und mit lebhaft gefärbten Wappen, hinzu.

Auch im Putz- und Werksteinbau hat das Mittelalter die dem heutigen Architekten anerzogene verstandesmäßige Verpflichtung, die verwendeten Baustoffe frei zu zeigen, nicht gekannt, sondern unbekümmert überall zur Farbe gegriffen, wo sie künstlerisch erwünscht erschien. Der Putz behielt zwar meistens den hellen Grundton; doch malte man gern Eckquadern Begleitlinien der vortretenden Architektur und ganze Friese auf die hellen Flächen auf. Ähnlich wie im Backsteinbau wurden auch hier einzelne Teile, Fensterumrahmungen usw., als lebhafte Schmuckstücke reicher farbig von den Flächen abgesetzt. Bei größerem Reichtum der Mittel waren auch förmliche Bilder am Äußeren der Gebäude im Mittelalter nichts seltenes. Der riesige Goliath an einem Hause zu Regensburg hatte jedenfalls schon seine mittelalterlichen Vorbilder, wie auch die aus späterer Zeit so vielfach erhaltenen Heiligendarstellungen. Der Gestaltungsreichtum des Mittelalters lebt sich in solchen farbigen Zieraten in ganzer Fülle aus: da sind Darstellungen aus der Tierfabel angebracht oder einzelne Tiergestalten, dort andere Figuren, welche irgendeine Hantierung treiben, und alles Denkbare und Undenkbare ist zum Schmuck der Hauswände herangezogen. Zur Herstellung dieses Schmuckes entwickelte sich auch schon in gotischer Zeit die Technik des Sgraffito oder Kratzputzes. Reiche spät-gotische Friese in dieser Ausführung fanden sich an der Domherrenkurie zu Freiberg in Sachsen, reiche gotische Architekturmotive an einem Hause zu Eggenburg in Niederösterreich. Zur freien Blüte und weiterer Verbreitung ist die Technik besonders in Böhmen und Schlesien, allerdings erst in der Zeit der Frührenaissance, gekommen.

Die lebhafte Freude an der farbigen Erscheinung führte aber auch oft dazu, ganze Gebäude mit farbigem Anstrich zu überziehen. Ob wir die in Miniaturen sich findenden Färbungen in Zinnoberrot und Azurblau ohne weiteres in

[104] Nach eigener Aufnahme.

die Wirklichkeit übertragen dürfen, kann zunächst vielleicht zweifelhaft erscheinen. Das Vorkommen solcher Wandfärbungen im Inneren ist aber sicher. Und wenn wir insbesondere in der späteren französischen Gotik glatte Quaderflächen mit kleinen plastischen Lilien besäet, wenn wir das Stachelschwein *Ludwig XII.* und ähnliche Motive teppichartig plastisch über die Fläche ausgestreut finden, so liegt der Gedanke nahe, daß diese Wappenschilder und die durch sie geschmückten

Südgiebel des Rathauses zu Frankfurt a. O.
Nach der Wiederherstellung durch den Verfasser.

Flächen auch in den Wappenfarben bemalt waren und daß, wie man heraldisch gemusterte Gewebe zu Gewändern verarbeitete, man auch die Häuserfronten heraldisch bemalte, wodurch dann das glänzende Blau oder Rot in der Erscheinung herrschend wurde. Allerdings sind uns Belege für diese Art der Behandlung nicht erhalten. Häufig aber finden wir ganze Putz- oder Quaderflächen mit gleichmäßiger hellroter oder grauer, auch gelblicher Farbe angestrichen und dann meist mit einem regelmäßigen Netz von weißen, schwarzen oder roten

Quaderfugen überzogen, das ohne Rückficht auf die wirkliche Fugenteilung aufgemalt wurde. Auch ftilifierte Darftellungen von verzierten Quaderungen finden fich fchon vor. Gefimfe, Fenfter- und Türumrahmungen ufw. wurden dann gern mit lebhafter Bemalung als Schmuckteile hervorgehoben, grundfätzlich ebenfo, wie dies vorhin von den Backfteinbauten angeführt wurde, aber in reicherer Färbung, indem Zinnoberrot, Ultramarin und Hellblau, fowie Gold zu den dort genannten Farben hinzutraten. Grundfatz ift dabei, daß die Färbung die plaftifche Gliederung unterftützt derart, daß vortretende Glieder im allgemeinen heller, die Gründe, Hohlkehlen ufw. tiefer gefärbt werden. Von der Art, in der weitere gemalte Zierate die Flächen verzieren, giebt Fig. 261 [107]) mit einem Beifpiele aus Straßburg eine Anfchauung.

Hier ift der Grund mit abwechfelnd dunkelroten und gelben Quadraten gefüllt, welche von weißen, fchwarz gerandeten Bändern getrennt werden. Auf den Kreuzungsftellen diefer Bänder fitzen viereckige weiße Rofetten mit grünem Kern. Die Fenfteröffnungen find mit breitem, hellroten Streifen umzogen, der wieder durch ein weißes, fchwarz eingefaßtes Band nach außen begrenzt wird. Der Dachneigung folgend, zieht fich ein Fries entlang: auf fchwarzem Grund gelbe Ranken mit weißen, rot modellierten Blättern. Die Dreiecke der Giebelftaffeln tragen auf rotem Grunde fchwarz umrandete Tierfiguren in weißer und gelber Farbe. Mitten auf der fo behandelten Fläche war eine große Figur des Chriftophorus gemalt.

Fig. 261.

Bemalung eines Hausgiebels zu Straßburg [107]).
¹⁄₁₀ n. Gr.

Es ift befonders bemerkenswert, daß folche Malerei auch an einem in enger Gaffe ftehenden kleineren Haufe vorgefunden wurde. Daraus erhellt, daß folch farbiger Schmuck nicht nur an hervorragender Stelle üblich, fondern ganz allgemein verbreitet war. Dies entfpricht trefflich den uns überlieferten gleichzeitigen Äußerungen, welche das fröhliche und glanzvoll heitere Ausfehen der füddeutfchen Städte preifen.

Den höchften Reichtum der Erfcheinung ergab wieder die Verwendung figürlicher Darftellungen, die man in Verbindung mit architektonifchem Rahmenwerk zu verwenden liebte. Die Bemalung des Ulmer Rathaufes, neuerdings zum Teil wieder hergeftellt, ift das reichfte Beifpiel auf deutfchem Boden. Es entftammt zwar erft der Übergangszeit zur Renaiffance und beruht in den figürlichen Teilen auf Vorbildern *Burgckmayr*'s, behält aber im Zierwerke die Auffaffung der Spätgotik bei. Wir können es daher mit Fug und Recht noch dem Mittelalter zuzählen, wie überhaupt deffen Einfluß gerade in bezug auf Häuferbemalung nicht etwa mit der Einführung der "antiken" Formen aufhört, vielmehr in der Verteilung des Schmuckes und der Art der flächenhaften Stilifierung noch lange nachwirkt. Auch Wappenmalerei, die fich als Einzeldarftellung oder friesartig angeordnet häufiger findet, überzieht gelegentlich größere Flächen. Ein intereffantes Beifpiel ift der fog. Wappenturm in Innsbruck, welcher zwar nicht mehr im Original erhalten ift, von dem aber im dortigen Ferdinandeum zuverläffige Abbildungen zu fehen find. Der ganze Turm war mit Wappen bemalt, welche in regelmäßiger Feldereinteilung alle Flächen bedeckten.

[107]) Nach: Denkmalpfleger 1900. S. 50. Ein weiteres Beifpiel fiehe ebendaf. 1901, S. 32.

212. Bemalung von Fachwerkbauten.

Einige Bemerkungen sind noch anzufügen über die Bemalung des Fachwerkes [20]). Auch bei ihm wird das Auftragen von Farbe, die gleichzeitig zum Schutze der Holzteile diente, die Regel gebildet haben, wenngleich auch ab und zu der reine Holzton sichtbar gelassen sein mag. Immer aber sind Holzwerk und Ausfüllung der Fache farbig getrennt, letztere durch Überziehen mit Kalkputz und heller Tünche gekennzeichnet. In Gegenden, wo man geringe Holzstärken zu verwenden gewohnt ist, vor allem am Rhein, liebt man es, die Gefache mit einem feinen roten oder schwarzen Strich in 2 bis 3 cm Abstand vom Holzwerk zu umziehen; sonst bleiben die Flächen ohne Malerei, erhalten höchstens einige leichte Verzierungen durch rautenförmig sich kreuzende oder kleines Streuornament bildende Linien, die mit einem mehrspitzigen Geräte in den feuchten Putz eingeritzt wurden. Die im Hessenlande verbreitete Verzierung mit in den Putz eingeschnittenen und farbig ausgemalten Blumenranken dürfte viel späterer Zeit angehören, hat aber als urgesunde und dankbare Zierweise ein gutes Anrecht auf die in neuerer Zeit ihr zuteil gewordene Wiederaufnahme. Lebhaft abstechend also von diesen hellen Füllungsflächen erhielt das bauliche Gerüst meist einen kräftigen Farbenanstrich, überwiegend rot, wobei gebrannter Ocker, Caput mortuum oder Ochsenblut als Farbstoffe verwendet wurden. Auch pechschwarzer Anstrich des Holzwerkes findet sich, und im rheinischen Fachwerkbau ist die etwas mildere Wirkung kräftig gelben Ockers gleichfalls für diesen Zweck beliebt. Auf der Grundlage dieser starken Töne werden dann die Gliederungen in der oben erwähnten Weise farbig abgehoben; vor allem aber wird ornamentale und figürliche Schnitzerei durch zierlich-glänzende Bemalung mit leuchtenden Farben in ihrer Wirkung gesteigert.

Als Bindemittel der Farben ist in alter Zeit bei steinernem Untergrund wohl durchweg Kalk verwendet worden; auf Quadersteinen bewirkt die Porigkeit des Untergrundes, auf Putzflächen dazu noch die chemische Verbindung des Kalkgrundes mit Erdfarben eine ausreichend feste Bindung der Farben. Auch Holzwerk mag vielfach, wie noch heute im bäuerlichen Betriebe, mit Kalkfarbe angestrichen worden sein, wobei allerdings eine gelegentliche Erneuerung nötig war. Festere Bindung erzielte man mit Ochsenblut (besonders für rote und schwarze Töne), Milch- und Käsefarben, und letztere werden für die feinen Ausführungen an geschnitztem und gemeißeltem Zierat die Regel gebildet haben.

d) Gliederung durch Gesimse usw.

213. Sockel.

Die solchergestalt gebildete Wand erhält nun weitere Teilung durch Gesimse verschiedener Art. Die entsprechenden Formen des Fachwerkbaues sind so eng mit der werkmäßigen Ausführung verbunden, daß sie oben schon besprochen werden mußten. Im bürgerlichen Steinbau aber spielen die wagrechten Teilungen keine allzugroße Rolle. Ausladende Sockel werden manchmal, wenn auch in schlichten Formen, angewendet, häufiger aber und selbst bei aufwändigen Bauten fortgelassen. Gelegentlich vertritt auch die Fügung ungewöhnlich großer Quader oder sonst ein Wechsel im Baustoff ihre Stelle, wie an der Ansicht des Stiftes von St. Gereon zu Cöln in Fig. 262 [21]) zu sehen ist. Besonders häufig sind im Backsteingebiet einige Schichten von Granitfindlingen in diesem Sinne verwendet worden. Ganz ausgeschlossen ist die Anlage von Sockelgesimsen naturgemäß an den auf steiler Höhe gelegenen Palasbauten, wie etwa am Landgrafenbau in Marburg

---

[20]) Vergl. hierüber den Vortrag von G. Lübke in den Verhandlungen des VII. Tages für Denkmalpflege zu Braunschweig, Berlin 1906.
[21]) Nach Boos, F., Rheinlands Baudenkmale des Mittelalters, Cöln u. Neuß, 1870–74.

Fig. 262.

Schlaffaalbau des Stiftes von St. Gereon zu Cöln [109].

(fiehe die Tafel bei S. 80). Bei folchen Bauten wird dann wohl durch Böschung des Unterbaues ein fockelartiger Eindruck hervorgerufen. Geringeren Höhenunterfchieden der Bauftelle pflegte man dagegen durch treppenförmige Abfätze des etwa vorhandenen Sockelprofils zu folgen, wie man es auch liebte, mittels folcher Sockelkröpfungen höher hinaufgreifender Teile Kellerfenfter und felbft Türen in die Maffe des Sockels mit hineinzuziehen.

Die Gurtgefimfe haben durchweg nicht die Bedeutung wie in der Renaiffancebaukunft. Oft fehlen fie gänzlich. Auch wenn fie vorhanden find, bilden fie nur feine Teilungslinien auf den durchaus überwiegenden Flächen. Sie betonen meift die Lage der Fenfterfohlbank, entweder an der ganzen Frontlänge durchlaufend oder auf die Fenfterbreiten befchränkt; feltener und faft nur neben diefen „Kaffimfen" dienen fie, um die Balkenlagen im Äußeren anzudeuten oder um eine Fenfterkrönung zu bilden. In letzterem Falle werden fie gern mit lotrechter Kröpfung neben dem Fenfterfturz ein Stück hinabgeführt, wodurch fie wefentlich an Bedeutung gewinnen. Vergl. die Fenftergruppen in Fig. 313 (S. 262).

Ihre Grundform ift in romanifcher Zeit eine ftarke Platte, deren Unterkante meift durch irgendein Profil, Fafe, Kehle, Rundftab, gegliedert und dann auch mit Ornament verziert fein kann. In der gotifchen Zeit ift der übliche Wafferfchlag die herrfchende Form und bietet ebenfalls in feiner unteren Kehlung Ge-

Fig. 263.

Gefims am Rathaus zu Breslau [110].

[110] Nach: Lutsch, H. Kunftdenkmäler der Provinz Schlefien. Textband zum Tafelwerk. Breslau 1904.

legenheit, pflanzlichen und figürlichen Zierat anzubringen (Fig. 263²¹⁰). An die Stelle der Gurtgesimse treten besonders im Ziegelbau auch Friese, die ohne Ausladung in die Mauerfläche eingelassen sind und, mit Glasur oder Malerei hervorgehoben, eine sehr kräftige Teilung der Wandflächen ermöglichen (siehe Fig. 260, S. 229).

205. Hauptgesimse.

Auch das Hauptgesims ist meistens nicht wesentlich stärker gegliedert, höchstens durch Hinzufügen einer hohen Platte als Auflager der Traufe kräftiger betont. Weitvortretende Holzgesimse über steinernem Unterbau sind weniger in Deutschland als in Italien beliebt, dort aber reich und fesselnd ausgebildet, indem man entweder die schrägvorstehenden Sparren durch unterlegte Hölzer verdoppelte und verdreifachte, oder indem man die Köpfe der Dachbalken wagrecht vorstoßen ließ, reichprofilierte und ebenso behandelte Sattelhölzer unterstützte. (Vergl. das Hauptgesims in Fig. 336.) Eine stark vortretende Steinkonstruktion, etwa durch große Profile oder durch große Kragsteine, gab man dem Hauptgesims nur, wenn es sich darum handelte, daß es einen ausladenden Gang, eine Galerie, oder sonst einen hervortretenden Bauteil tragen sollte. Als solcher bedeutsamer oberer Abschluß wurden in den verschiedensten Gegenden in rein dekorativer Absicht auch Zinnenkränze verwendet; so am sog. Nassauerhause in Nürnberg, in den Rathäusern zu Kalkar und zu Göttingen, an Patrizierhäusern Cölns usw. Ging man mit solchen Zinnenkränzen um eine freistehende Gebäudeecke herum, so war es geradezu Regel, dort ein kleines zierliches Eckürmchen zur besonderen Betonung einzuschalten. Wir geben in Fig. 264²¹¹) eine der reizvollsten Lösungen dieser Art vom steinernen Hause in Frankfurt a. M., das sich der reiche Handelsherr *Johann von Mehlem* aus Cöln im Jahre 1464 errichtete; dazu als schlichtere Form den Dachabschluß eines Hauses aus Metz (Fig. 265²¹²).

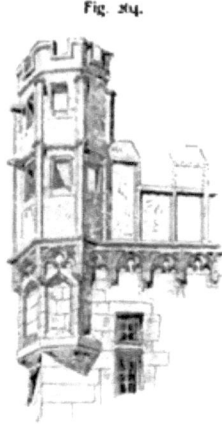

Fig. 264.

Eckürmchen am „Steinernen Hause" zu Frankfurt a. M.¹¹¹.

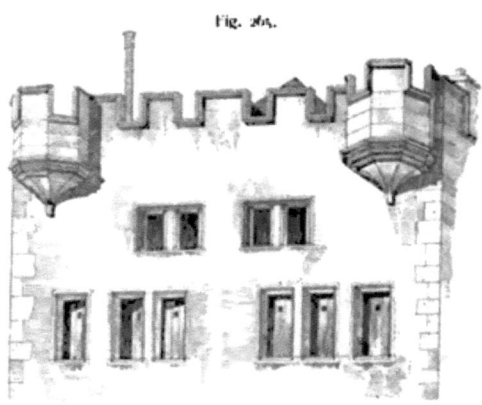

Fig. 265.

Von einem Hause zu Metz²¹².

²¹¹) Nach einem Aufsatz von *R. Jung* in Denkmalpflege 1902, S. 20.
²¹²) Nach: Schmitz, W., Der mittelalterliche Profanbau in Lothringen. Düsseldorf o. J. Bl. 13.

Als weitere Belebung der Flächen ſind noch anzuführen plaſtiſch dargeſtellte Wappen und die zur Benennung des Hauſes dienenden figürlichen oder ornamentalen Abzeichen, die ganz wie die gemalten Darſtellungen gleicher Art in freier Verteilung angebracht wurden. Eine Eigentümlichkeit einiger Gegenden beſteht ferner darin, daß man die eiſernen Anker, die an einzelnen Stockwerksbalken und Dachpfetten angebracht wurden, um die Wände am Ausweichen zu hindern, mit ihren Splinten außen an Wänden und Giebeln ſichtbar werden ließ und dann oft zu reicherem Zierat ausſchmiedete. Eine Reihe niederländiſcher Beiſpiele geben wir in Fig. 266 bis 272 nach älteren Aufnahmen *v. Eſſenwein's*. 236. Plaſtiſche Zierate; Zieranker.

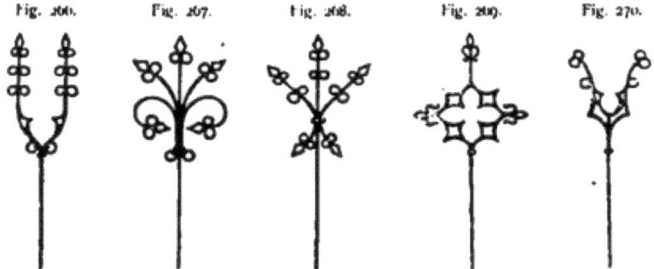

Fig. 266.

Fig. 267.

Fig. 268.

Fig. 269.

Fig. 270.

Fig. 271.

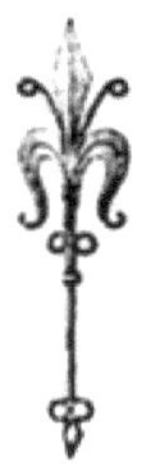

Fig. 272.

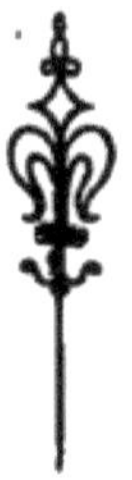

Noch ſei, wenn auch nicht gerade zur Gliederung der Mauer gehörend, hier an die Tatſache erinnert, daß wir in Städten mitunter die gegenüberliegenden Häuſerreihen durch Bogen verbunden finden, welche den Zweck haben, das Überneigen der Hausfronten nach der Straße zu verhindern. Mitunter mag das ſtarke Vorkragen der Stockwerke von Anfang an Veranlaſſung gegeben haben, ſolche Vorſichtsmaßregeln anzuwenden; mitunter mag nachträglich die Hauswand ſich vorgebogen haben. Auch die Abſicht, unter ihnen Tore zum Abſchluß der einzelnen Stadtquartiere anzubringen, iſt ſicher oft der Grund für die Anlage dieſer Bogen geweſen, die wir geradeſo in kleinen deutſchen Städten finden, wie in Italien und im Orient. Mitunter dienten einzelne, in entſprechender Breite angelegt, auch dazu, eine Brücke über die Straße weg zur Verbindung der oberen Geſchoſſe zweier gegenüberliegender Häuſer herzuſtellen, obwohl man ſolche meiſt von Holz herzuſtellen vorzog, weil ſie ſich auch bequem wieder beſeitigen ließ, wenn die Verbindung wieder aufgehoben werden ſollte. Daß dieſe Bogen, oft in langen Reihen hintereinander wiederkehrend, zur maleriſchen Erſcheinung der Städte recht weſentlich beitragen, bedarf keiner beſonderen Erwähnung; ebenſo iſt ihre Wirkung für die Ruhe des Stadtbildes ſehr wertvoll, wenn ſie an der Einmündung von Seitenſtraßen ſich in die Flucht der Hauptſtraße einfügen, und in dieſem Sinne muß man ihr Verſchwinden aus den modernen oder moderniſierten alten Städten lebhaft bedauern. 237. Verbindungsbogen.

5. Kapitel.
Wandöffnungen.
a) Türen.

228. Türen einfacher Art.

Die wesentlichste Grundlage für die künstlerische Durchbildung der aufsteigenden Mauermassen bildet die Anordnung und Durchbildung der Öffnungen, der Türen und Fenster, von denen wir die ersteren zunächst behandeln wollen. Entsprechend den recht einfachen und engen Verhältnissen der frühen Zeit sind die romanischen Türen des Profanbaues meist bescheidener Art. Sie dienen wesentlich nur dem Gebrauchszweck; reichen Schmuck, wie er im kirchlichen Bauwesen zur künstlerischen Vorbereitung auf das Innere mit vielfachen Säulenabsätzen, mit Ornamentumrahmung und Bildwerken eine so große Rolle spielt, findet man bei ihnen kaum. Auch große Torwege, die als Einfahrt dienen, sind meistens ohne anderen Zierat, als sorgfältige Ausführung zu geben vermag. An Wehrbauten sind für die Tormahmungen Bossenquader besonders beliebt. Höchstens tritt hierzu die Betonung der Kämpferlinie durch ein mehr oder weniger reich gegliedertes Gesims und die Brechung der Öffnungskante durch ein schlichtes Profil oder ein einzelnes Säulchen. Beispiele der einfachsten Art sind an den Ansichten des Palas der Wartburg (siehe Fig. 56, S. 72) und am Kloster St. Gereon zu Cöln (siehe Fig. 262, S. 232) zu finden. Etwas aufwändigere Behandlung zeigt die im vorhergehenden Hefte dieses „Handbuches" (1. Aufl.: Fig. 141, S. 206) angegebene Eingangstür der Salzburg. Die Türen, welche nur dem Fußgängerverkehr dienen, sind nach den uns geläufigen Begriffen vor allem auffallend klein. Dabei mag das praktische Streben nach wirksamem und leichtem Schutz — sowohl gegen Feinde, wie gegen die Unbilden der Witterung — eine große Rolle spielen; unverkennbar ist aber für Innenräume auch die große Behaglichkeit, das Gefühl wohnlicher Abgeschlossenheit, das

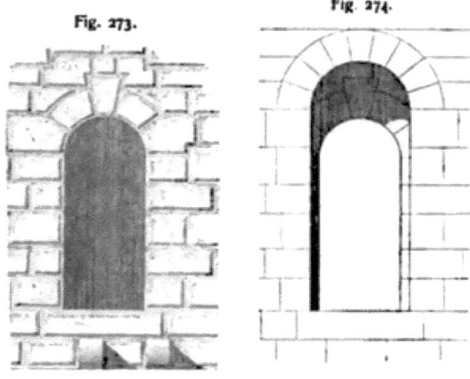

Fig. 273.   Fig. 274.

Tür der Burg Landeck [112].
⅒ w. Gr.

Fig. 275.

Tür am Palas zu Münzenberg [113].
⅒ w. Gr.

[112] Nach: Naeher, J. Die Burgen der rheinischen Pfalz. Strassburg 1887.
[113] Nach: Moller, a. a. O.

durch die möglichst geringe Durchbrechung der abschließenden Wände erzeugt wird. Man ging in dieser Maßbeschränkung im Mittelalter häufig, auch wenn Sicherheit und Verteidigungsfähigkeit gar nicht in Frage kommen, so weit, daß hochgewachsene Personen nur in geneigter Haltung durch eine solche Tür eintreten konnten, und man hat offenbar derartige kleine Unbequemlichkeiten als unerheblich gegenüber dem ebenberührten künstlerischen Vorteil angesehen. Sind solche kleine Türen im Bogen geschlossen, so liegt regelmäßig der Kämpfer des Bogens unter Kopfhöhe, und geschlossene Bogenfelder, wie sie kirchliche Portale so häufig zeigen, sind im Profanbau kaum nachzuweisen. Wir geben eine Tür aus Burg Landeck, wo sie im Hauptturm der Burg in 9,00 ᵐ Höhe über dem Erdboden sitzt (Fig. 273 u. 274[113]).

Fig. 276.

Tür am Palas zu Gelnhausen[114].
⅒ v. Gr.

Sie hat eine lichte Weite von 0,75 ᵐ und eine Scheitelhöhe von 1,55 ᵐ, ist im Äußeren mit Buckelquadern eingefaßt. Im Inneren ist der Türbogen erheblich höher geführt, so daß ein rechteckiger Türflügel als Verschluß Platz fand. Vor der Tür stehen zwei Konsolen unter der Schwelle aus der Wand hervor. Sie trugen wohl die Hölzer eines leichten Laufganges, der von einem Nachbargebäude aus den Zutritt ermöglichte und in Zeiten der Gefahr leicht zerstört werden konnte.

Daß der Zugang zu einem reichen Kloster ebenfalls ohne großen Prunk gestaltet wurde, zeigt Fig. 11 (S. 29). Die Breitenmaße sind noch etwa die gleichen, wie wir sie heutzutage für eine Haustür verwenden; die schweren Sockelgesimse des Baues sind um die Öffnung herumgeführt und ergeben eine sehr wuchtige Umrahmung.

Reichere Behandlung haben in spät-romanischer Zeit die Türen erfahren, die sozusagen dem öffentlichen Verkehr an den kaiserlichen und fürstlichen Palasbauten

230. Türen zu Münzenberg und Gelnhausen.

[114] Nach: Denkmäler der Baukunst. Herausgegeben vom Zeichenausschuß der Studierenden der Kgl. techn. Hochschule zu Berlin, Abt. I. Jubiläumslieferung Nr. 26, Taf. 8.

dienten. Fig. 275) zeigt die untere Eingangstür zum Palas in Münzenberg; fie ift im Kleeblattbogen gefchloffen, mit weichen Karniesprofilen umzogen, die unten bogenförmig in das Viereck überführt find. Eines der reichften Beifpiele ift die Eingangstür zum Palas in Gelnhaufen (Fig. 276), bei der fich über einem dreifach mit Säulchen befetzten Gewände innerhalb eines umfaffenden Rundbogens ein reichverzierter Kleeblattbogen als oberer Abfchluß findet. Wie eine vereinfachte Nachbildung diefer Prachttür erfcheint der mittlere Eingang in das Rathaus zu Gelnhaufen (Fig. 207), wieder mit einem Kleeblattbogen gefchloffen.

270. kleinere Bogentüren gotifcher Zeit.

Auch in der gotifchen Zeit ift die Umrahmung der kleineren Bogentüren mit fchlichtem Profil durchaus die Regel. Gegen die älteren Formen verändert fich, abgefehen von der Spitzbogenform der Öffnung, die Art der Gliederung zu größerer Zierlichkeit und Schärfe, wie dies Fig. 277, ein Pförtchen aus dem Franziskanerklofter zu Bozen zeigt. Dazu kommen dann in der Zeit der Spätgotik die Bereicherungen, die fich aus der Überfchneidung und Durchdringung verfchiedener Profile ergeben. Sie treten zuerst am Kämpfer und am Bogenfcheitel auf, fchießen aber fchließlich nicht felten auch über die Bogenlinie hinaus zu einer viereckigen Umrahmung zufammen, wie in Fig. 278), einer Pforte im Südflügel des Kreuzganges zu Bebenhaufen. Anderweitige Bereicherung entfteht dadurch, daß über dem fo abgefchloffenen Türbogen figürliche oder ornamentale Zierwerke, Wappen ufw., in felbftändiger Umrahmung als Krönung der Tür fich aufbauen. So am Treppeneingang des Rathaufes zu Marburg, wo im unteren Felde des Auffatzes das Stadtwappen und der Namenszug der Stadt, von einem Affen getragen, darüber das landgräfliche Wappen, von der heiligen Elifabeth befchützt, in prächtiger, lebensfrifcher Modellierung erfcheinen (Fig. 279).

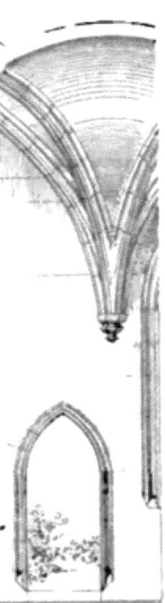

Fig. 277.

Törchen im Franziskaner-Kloftergang zu Bozen.
⅕ w. Gr.

Fig. 278.

131. Turen mit Sitznifchen.

Pforte im Kreuzgang zu Bebenhaufen.
⅕ w. Gr.

Eine ganz befondere Form hat fich fodann in manchen deutfchen Städten gebildet durch die Gewohnheit, nach vollbrachter Tagesarbeit vor der Haustür fich aufzuhalten, mit dem Nachbarn und den Vorübergehenden Zwiefprache und Nachrichtenaustaufch zu pflegen. In manchen, befonders norddeutfchen Städten führte dies zur Anlage von erhöhten Sitzplätzen vor dem Haufe, den fog. Beifchlägen; anderwärts, befonders in Oberfachfen, zog man kleine, halbrund vertiefte Sitze in den Aufbau der Tür hinein. Die ältere Form mag diejenige fein,

---

) Nach: Paulus, E. Die Cifterzienfer-Abtei Bebenhaufen. Stuttgart 1886. S. 130.
) Nach eigener Aufnahme.

die wir an der fog. Probftei des Domes zu Meißen finden (Fig. 280[114]) mit Sitznifchen, die fich feitlich neben dem Portal in die Wand einlegen. Diefe ganze Türanlage gibt im übrigen ein Bild von der reichen und hochentwickelten Formenwelt, mit der die fpät-gotifche Kunft kurz vor dem Aufkommen der Renaiffance, und wahrfcheinlich fchon durch deren Wettbewerb angeregt, folche neue Aufgaben zu löfen unternahm.

Allgemeiner üblich wurde es aber, die Sitznifchen mit dem Gewände der

Fig. 279.

Tür am Rathaus zu Marburg[117].

Tür zufammenzuziehen, wie dies an einem Haufe zu Naumburg gefchehen ift (Fig. 281[116]), das auf dem rechtsfeitig angebrachten, zierlich in Art eines Baldachins fkulpierten Kämpferftein die Jahreszahl feiner Erbauung — 1520 — trägt.

Neben der in ganzer Höhe geöffneten Bogentür finden fich dann gegen Schluß der gotifchen Zeit gelegentlich auch Portale größerer Breite mit gefchloffenem Bogenfeld. Sie unterfcheiden fich aber von den gleichartigen Kirchenportalen dadurch, daß der bei jenen unerläßliche Mittelpfoften fehlen muß, um eben das Durchfahren zu ermöglichen. Infolgedeffen wurde der für die größere

Fig. 280.

Eingang der Propſtei bei Meißen[1])

freie Spannung nicht vertrauenswürdige gerade Sturz durch den Flachbogen erſetzt.

Fig. 282 zeigt eine der Bogentüren, wie ſie *Hans Behaim* gegen das Jahr 1500 in Nürnberg am Rathaus, am Mauthaus und an der ſog. Kaiſerſtallung, einem alten Kornhauſe, geſchaffen hat. Die Tür von 2,30 m Weite und nahezu 3,00 m Höhe iſt mit breitem Umrahmungsprofil umzogen, das in der Anordnung ſeiner beinahe in einer Flucht liegenden Rundſtäbe auf die Erzielung der reichſten Durchſchneidungen angelegt iſt (Fig. 283). Auch die Betonung und zierliche Ausbildung des Sockelteiles iſt bezeichnend für die Kunſtweiſe jener Zeit; von der äußerſt friſchen und lebhaften Behandlung der im Bogenfeld dargeſtellten Wappenſchilder kann unſere kleine Abbildung leider kaum eine genügende Anſchauung geben.

Bedeutendere Wucht erhält der Umriß des Tores, wenn ſich ihm, ähnlich wie bei kirchlichen Hauptportalen, eine Krönung durch Giebel oder Wimperg aufſetzt. Die Beiſpiele hierfür ſind aus früheren Zeiten

Fig. 281.

Tür an einer Domherrenkurie zu Naumburg[2])

[1]) Nach eigener Aufnahme.

recht fpärlich; in der Spätgotik dagegen tritt folche Bereicherung nicht felten ein, am liebften in der Form eines gefchweiften Kielbogens, der mit Krabben und Kreuzblumen reich befetzt wird. Wir geben als eines der fchönften deutfchen Beifpiele den Haupteingang der fog. Univerfität, des alten Collegium majus, zu Erfurt (Fig. 284 ¹¹⁸).

Fig. 282.

Anficht.
¹⁄₂₀ w. Gr.

Fig. 283.

¹⁄₂₀ w. Gr.

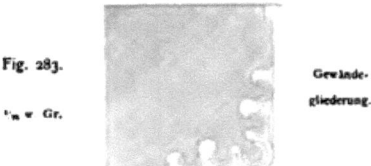

Gewände-
gliederung.

Bogentor am Rathaus zu Nürnberg.

Der norddeutfche Backfteinbau hat im Beginne der gotifchen Zeit für profane Tore, wenn fie einen höheren Eindruck erzielen follten, gern den düfteren Ernft des Granithaues zu Hilfe genommen. Fig. 285 zeigt den Eingang zum Hochfchloß der Marienburg, im Gewände und inneren Bogenteil aus großen

133.
Tore
im
Backfteinbau

sehr sorgsam bearbeiteten Granitquadern errichtet. Ein umgelegter Kleeblattbogenfries aus Backstein, dessen Hintergrund mit Putz überzogen ist, und einige Flachschichten umrahmen den Bogen und geben dem Ganzen einen leichten Schmuck, ohne den Eindruck ernster Zurückhaltung zu stören. Die mächtig hohe Nische, an die „hohe Pforte" altorientalischer Palastbauten anklingend, steigert den Eindruck des nur mäßig großen Tores zu überwältigender Größe.

Fig. 284.

Eingangstür der sog. Universität zu Erfurt[119].

In der Spätzeit liebte auch der Backsteinbau eine reichere Gestaltung der Portale. Fig. 286 u. 287[119]) geben den oberen Teil des westlichen Eingangstores am Neustädter Rathaus zu Brandenburg. Auch hier ist durch Untersetzen eines Stichbogens unter den Spitzbogen ein Bogenfeld gebildet, welches mit einer aus Ton gebrannten Maßwerkfüllung versehen ist, die durchbrochen den mit Putz überzogenen Grund hindurchscheinen läßt. Ähnlich behandelte Zwickel vervoll-

[119]) Nach: Austen, F. Backsteinbauwerke des preußischen Staates. Berlin 1892-98.

ftändigen den Umriß des oberen Portalteiles zu einem gefchloffenen Rechteck, und eine reiche Bemalung in hellen, glänzenden Farben hob im Gegenfatz zu dem dunkel gefärbten Putzgrund die Zierlichkeit der reichen Schmuckteile noch mehr hervor.

Neben den Bogentüren von geringer Breite finden fich folche mit geradem Sturz, oft in der einfachften Weife behandelt, wie die Anfichten in Fig. 165 bis 167 (S. 153 ff.) zeigen. Eine Umrahmung mit einfachem Kantenprofil kommt nicht felten hinzu und wird gelegentlich auch durch Kapitellbildungen in den Gewänden bereichert. (Vergl. Fig. 288[20]).

Eingang zum Hochfchloß der Marienburg.

Eine befondere und viel verwendete Form bildet fich dann dadurch heraus, daß man die freie Länge des geraden Sturzes durch eine Auskragung verringert. Das fchöne fpät-romanifche Portal vom fog. Pfarrhaufe in Gelnhaufen (Fig. 289[21]) zeigt, wie bei diefem Motiv die kräftige Gewändegliederung um den Kragftein herumgezogen ift. In fpäterer Zeit ift es üblicher, den Kragftein in den Winkel des rechteckig herumgeführten Gewändes als felbftändiges Glied einzufetzen (Fig. 290[22]). Sehr beliebt und häufig ift bei den rechteckig gefchloffenen Türen ferner eine fchmuckreichere Behandlung des Türfturzes, fei es, daß er mit ein-

---

[20] Nach: Viollet-le-Duc, a. a. O., Bd. VII, S. 465.
[21] Nach eigener Aufnahme.
[22] Nach: Schmitz, W. Der mittelalterliche Profanbau in Lothringen. Düffeldorf o. J. Bl. 42.

geblendetem Zierbogen an die Form der gewölbten Tür sich anschließt (Fig. 291 [112]), oder daß er mit Wappen, Maßwerk oder sonstigem Ornament in rechteckiger Umrahmung verziert wird (Fig. 292 [112]).

Sehr reiche Gestaltungen werden dann in der Spätzeit des XV. Jahrhunderts gebildet durch Vermehrung der Umfassungsprofile und durch Ausbildung ver-

Fig. 286.

Ansicht.
¹/₄₀ v. Gr.

Fig. 287.
¹/₁₀ v. Gr.

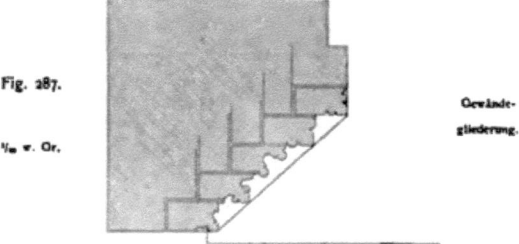

Gewändegliederung.

Vom Eingangstor des Neustädter Rathauses zu Brandenburg [112]).

wickelter Überschneidungen, sowie anderen Schmuckes auf dem Türsturz. Zu den einfacheren dieser Art gehört noch Fig. 293 von einem Hause in Krakau, bei welchem sich die Anordnung sehr kräftiger Kragsteine mit dem Formengedanken der Profilüberschneidungen verbindet; durch treppenförmige Emporführung ist die Gliederung zu einem sehr wirkungsvollen oberen Abschluß gebracht. Überhaupt haben diese oberen Abschlüsse den Steinmetzen Gelegenheit gegeben, die

---

[112]) A. a. O., Bl. 65.

Überschneidungen der Profile durch eigenartige Führung der Linien im höchsten Maße zu bereichern und ihre Kunst so in sehr auffälliger Weise glänzen zu lassen. Wir geben in Fig. 294 einen solchen Sturz aus dem Schlosse zu Krakau, einen

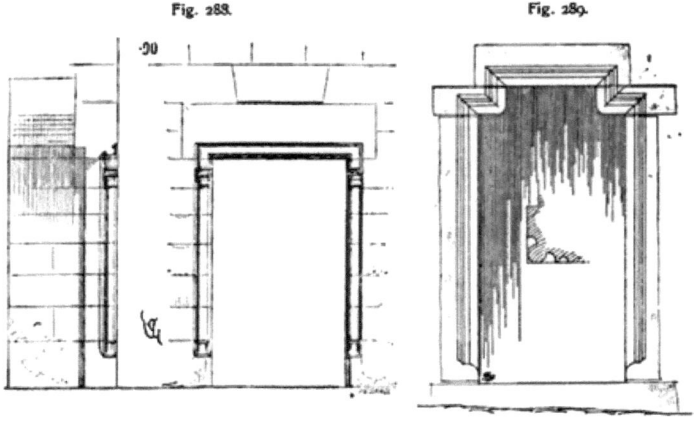

Fig. 288. Tür zu Pierrefonds.

Fig. 289. Tür zu Gelnhausen.

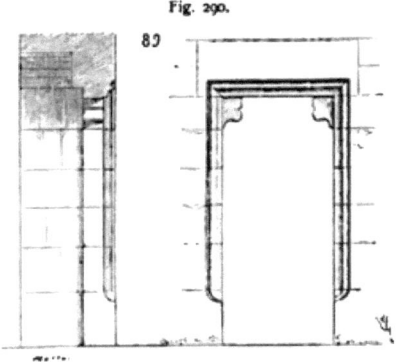

Fig. 290. Tür aus dem XIV. Jahrhundert.

der reichsten seiner Art, an dem der Übergang dieser Zierweise in eine Art geometrischen Flachornaments deutlich zutage tritt. Fig. 295 gibt einen Sturz aus dem Rathaus zu Krakau wieder, an dem sich zu den fast ebenso reichen Verschlingungen des Mittelteiles die Verwendung von Wappen als Zierat der Ecken gesellt.

Ein viertes Krakauer Beispiel von einer Tür, welche sich jetzt im Collegium Jagellonicum befindet (Fig. 296), zeigt wieder dasselbe Profil und die gleichen Verschneidungen; als weitere Verzierung ist ein niedriger Wimperg in Form des gedrückten Kielbogens mit zwei Fialen hinzugekommen und in der ganz fabelhaft ausgebildeten Meißeltechnik jener Zeit zu der größten Feinheit durchgebildet.

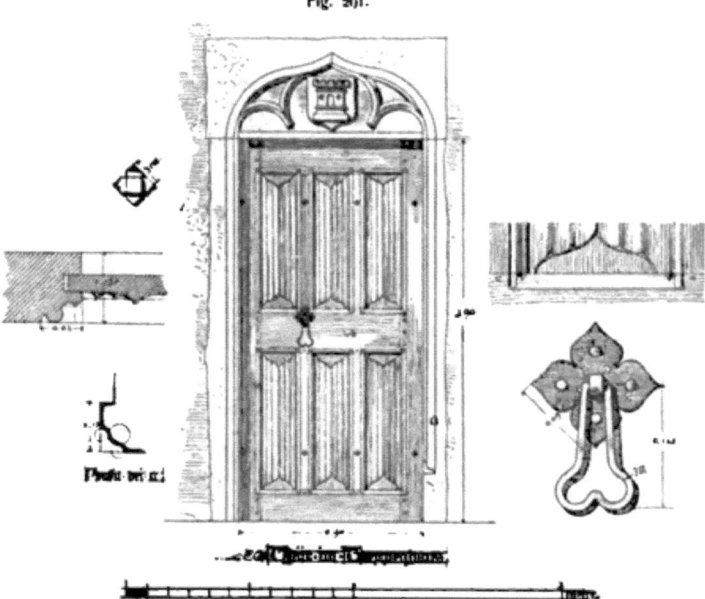

Fig. 291.

Vom Schloß zu Anserweiler.

b) Fenster.

275. Fensterform abhängig vom Lichtbedürfnis und vom Verschluß.

Die Anlage der Türen ist, wenn wir vom Schmuckwerk absehen, nach Form und Größe durch den Gebrauchszweck klar gegeben gewesen. In der Breite und Höhe der Öffnung für einfache Türen einerseits und Einfahrten andererseits haben sich seit den ältesten Zeiten kaum Änderungen ergeben, und nur die künstlerische Ausgestaltung wechselt je nach dem Geschmack der Zeit und nach Maßgabe der vorhandenen Mittel. Anders ist es mit der Anlage der Fenster. Sie bilden, wie wir am Eingang unserer Besprechung gesehen haben, keinen Bestandteil des urtümlichen Hauses, sind vielmehr eine von Süden her eindringende Neuerung, und

wie noch heutzutage auf dem Lande fo manches Bauernhaus eine fenfterlofe
Küche befitzt, die ein nicht einmal fpärliches, fondern voll genügendes Licht nur
durch die Öffnung der zum Rauchfange ausgebildeten Decke erhält[524]), fo werden
wir eine folche Einrichtung des Hauptraumes im Mittelalter als fehr häufig voraus-

Fig. 292.

Tür zu Vaux[525]).
$^1/_{20}$ w. Gr.

fetzen können. Das Fenfter fetzte fich uralter Sitte gegenüber erft mit der Zeit
durch. Demgemäß entwickelte fich aus fehr einfachen Anfängen erft allmählich

---

[524]) Vergl.: Das Bauernhaus im deutfchen Reiche und in feinen Grenzgebieten. Herausgegeben vom Verband der
deutfchen Architekten- und Ingenieurvereine. Leipzig 1906. — Die aus der Provinz Brandenburg (Bl. 4 u. 5) an öftlich der Oder gelegenen Beifpielen dargeftellte Küchenanlage ift auch weiter weftlich, z. B. in der Nuthenniederung
dicht bei Berlin, noch heute nicht felten.

zu der bedeutenden und reich ausgestatteten Lichtquelle, als die wir es am Schluſſe des Mittelalters vorfinden. Von großem Einfluß war dabei das Bedürfnis nach Lichtzufuhr, das je nach Zeit und Gelegenheit ſtark wechſelte. Es war im allgemeinen, je mehr wir in die Anfänge der Entwickelung hinaufſteigen, geringer

Fig. 293.

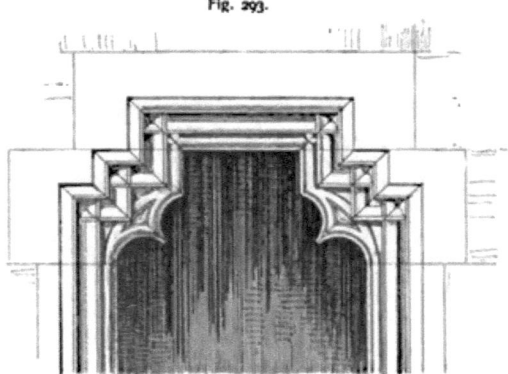

Von einem Hauſe zu Krakau.
¹/₁₀ w. Gr.

Fig. 294.

Vom Schloß zu Krakau.
¹/₁₀ w. Gr.

als heutzutage, entſprechend der geringeren Wichtigkeit, welche das Leſen und Schreiben, ſowie ſonſtige feinere Hantierung dazumal beſaß. Dabei ſind indeſſen ſtarke Unterſchiede noch inſofern zu bemerken, als für die Prunkſäle fürſtlicher Hofhaltungen und ähnliche Räume von vornherein eine größere Lichtfülle gefordert wurde als für Wohnzimmer, wo man mit Rückſicht auf die durch die Fenſter eindringende Winterkälte gern auf größere Helligkeit verzichtete. Dabei

Fig. 295.

Vom Rathaus zu Krakau.
¹/₁₀ w. Gr.

Fig. 296.

Vom Collegium Jagellonicum zu Krakau.
¹/₁₀ w. Gr.

250

steht ferner die Entwickelung des Fensters in engem Zusammenhange mit der Ausbildung seines Verschlusses; es ist daher nötig, gleich hier bei Besprechung der Fensterformen auf die Fensterverschlüsse Rücksicht zu nehmen.

297.
Palastfenster
ohne jeden
Verschluß.

Völlig frei und ohne Verschluß hat man bei den Palasbauten der älteren Zeit die Lichtöffnungen in Art reicher Säulengalerien angelegt, eine schöne Form, bei der man zweifelhaft sein kann, ob sie überhaupt als Fenster oder als Laube zu bezeichnen ist. Wir haben die Gründe, aus denen man den mangelhaften Schutz gegen Witterung damals eher ertrug, bei Besprechung dieser Bauten berührt, und führen hier einige Beispiele im einzelnen vor, an denen man das Fehlen jeder Verschlußvorrichtung mit Sicherheit feststellen kann.

Fig. 297.

Vom älteren Palas zu Münzenberg [119].

¹⁾ v. Or.

Fig. 297 [119]) gibt eine Fensteröffnung aus dem romanischen Palas der Burg Münzenberg. Stark verjüngte Achteckssäulchen tragen mit weitausladendem Kämpferstein die schlichten Fensterbogen. Die ganze Gruppe wird auf beiden Seiten der Wand von einer reich profilierten Rechtecksnische umzogen. Die hier und auch an der oberen Fensterreihe des Palas der Wartburg (Fig 298 [120]) verwendeten kräftig vortretenden Säulenaufsätze sind gerade im XI. und XII. Jahrhundert aus den schüchternen Anfängen altchristlicher Zeit zur Bildung reicherer Fenster ausgestaltet worden; insbesondere in der perspektivischen Ansicht wirken sie sehr malerisch durch den Gegensatz zwischen den dünnen Stützen und der schweren Bogenarchitektur, zwischen denen sie die Vermittelung bilden. Fig. 46 (S. 54) u. 105 (S. 116) zeigen ihre starke perspektivische Wirkung; Fig. 24 u. 25

[119]) Nach der in Fußnote 55 (S. 71) angeführten Quelle.
[120]) Nach: Moller, Denkmäler der deutschen Baukunst. Darmstadt 1851. Bd. III.

Fig. 298.

Fenster im Obergeschoß[118]).

Fig. 299.

Fenster im Untergeschoß[119]).

Vom Palas der Wartburg.
1/26 w. Gr.

Fig. 300.

Vom Palas zu Oelnhausen[199].

(S. 42) veranschaulichen zugleich, wie durch die Zutat phantastisch-symbolischer Tierfiguren diese Wirkung noch erhöht wird.

Die Aufgabe, die Bogenöffnungen schwerer Umfassungswände auf leichten Säulenstützungen ruhen zu lassen, ist aber auch noch in anderer Weise gelöst worden. In Fig. 299²¹⁸) sind die unteren vierteiligen Fenster vom Wartburgpalas dargestellt. Bei ihnen ist der mittlere Stützpunkt durch Verdoppelung der Säule verstärkt und trägt mit Hilfe eines leichten Kragsteines zwei Umfassungsbogen in der ganzen Stärke der Wand, in welche die Bogen der einzelnen Fensteröffnungen nur als leichte Zwischenteilung eingesetzt sind. Am reichsten aber wird die Anordnung solcher Fenster, wenn ihre Säulchen, wie in den Ruinen des Palas zu Gelnhausen (Fig. 300²¹⁸) der Mauerstärke entsprechend in doppelter Reihe hintereinander stehen. In dieser Lösung ist der lebhafte Gegensatz, den sie feingegliederte Fensteröffnung zum schweren Mauerwerk der Wände bildet, durch das feine Abwägen aller Verhältnisse zum Ausdruck des ruhigen und edelsten Gleichmaßes abgeklärt.

Fig. 301.

Vom älteren Palas zu Münzenberg²¹⁹).
¹⁄₂₀ w. Gr.

Aber nicht für alle Räume begnügte man sich mit solchen, höchstens durch Vorhänge zu verschließenden Öffnungen; man strebte vielmehr in allen Wohnräumen nach einem besseren Schutz gegen die Witterung, auch wenn man die künstlerisch so dankbare Form des durch freie Säulchen geteilten Gruppenfensters beibehielt. Das Mittel dazu boten zunächst hölzerne Läden, die hinter den Säulen hindurch gegen einen glatten Anschlag des Mauerwerkes schlugen und bei breiten Fenstern aus mehreren, mit eisernen Gelenkbändern verbundenen Flügeln bestanden²²⁰).

Daß sie früher vorhanden waren, wird oft nur durch die noch in der Wand steckenden Kloben, in denen sie hingen, oder auch nur durch die Löcher, in denen diese einst saßen, bezeugt, wie an dem Fenster zu Münzenberg, das wir in Fig. 302²²¹) geben. Häufiger aber ließ man den Laden nicht flach gegen die Mauer, sondern in einen rechteckigen Falz schlagen, der dann nischenartig das Fenster umzieht, wie bei den Münzenbergschen Fenstern in Fig. 301 u. 303²²¹) im Grundriß zu sehen ist.

Bezeichnend für die architektonische Gesinnung des Mittelalters ist, daß diese unteren Fenster zu Münzenberg zwar ein Lichtmaß zeigen, welches demjenigen der oberen Fenster genau entspricht, aber durch größere Breite des Gewändes und stärkere Mittelsäule zu wesentlich schwererem Eindruck entwickelt sind. Sehr bezeichnend für das XII. Jahrhundert sind auch die breiten Profilumrahmungen dieser Fenster, deren Gliederungen hier durch Schachbrettmuster und Zickzack-

---

²²⁰) Näheres über die Einrichtung solcher alter Fensterverschlüsse findet man zusammengestellt in: Ostendorf, F. Über den Verschluß des Profanfensters im Mittelalter, Zentralbl. d. Bauverw. 1901, S. 177 ff.

Fig. 302.

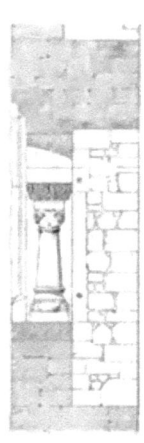

Fig. 303.

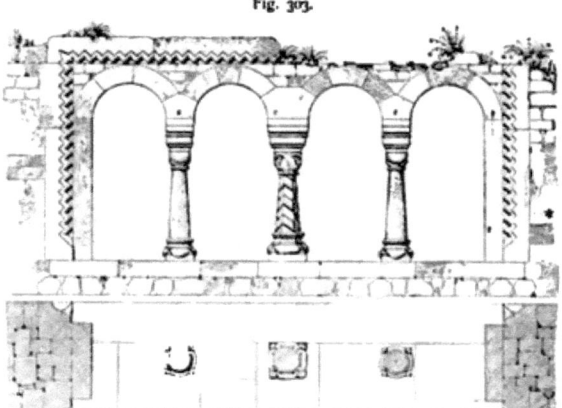

Vom älteren Palas zu Münzenberg[221].

verzierung belebt, anderwärts, wie z. B. an dem in Art. 102 (S. 119) besprochenen Hause zu Metz, mit zierlichem Blatt- und Rankenwerk geschmückt sind.

Um beim Aufschlagen der Läden nicht behindert zu sein, war es üblich, entweder den inneren Fenstersturz bogenförmig zu größerer Höhe als außen zu führen oder aber ihm geradlinig-wagrechte Form zu geben. In Fig. 302 ist folch wagrechter Sturz in einfachster Weise durch Einlegen einer hölzernen Bohlenlage hergerichtet. Ähnlich hat man auch am Rathause zu Dortmund die innere Fensternische mit Holz abgedeckt.

Fig. 304 u. 305**) geben ein Beispiel mit gewölbtem innerem Sturz, eigentümlich noch dadurch, daß unter dem Einfluß der in Südfrankreich damals sicher reichlich vorhandenen antiken Reste im Äußeren ein gerader Sturz an Stelle des bogenförmigen Fensterabschlusses getreten und dann recht unantik in die rechteckige Umrahmung der ganzen Fenstergruppe mit hineingezogen worden ist. Die lange Reihe der feinen Säulchen wird hier in bestimmten Abständen durch stärkere Pfeiler unterbrochen, welche, außen mit byzantinisch stilisierten Gestalten geschmückt, eine wesentliche Bereicherung des Eindruckes geben, innen aber mit starken Vorlagen und zwischengespannten Flachbogen die Last der oberen Wand tragen und auch den Verschlußläden einen bequemen Stützpunkt boten. Dieses Streben nach bequemerem Anschluß der Läden führt gelegentlich überhaupt dazu, die freien Säulen durch vierkantige Pfeiler zu ersetzen, so an den Fenstern des jüngeren früh-gotischen Palas auf Burg Münzenberg, der sich neben dem älteren Bau befindet.

Sie bestehen, wie Fig. 306 u. 307***) zeigen, aus je drei kleinen spitzbogigen Öffnungen, welche äußerlich von einem größeren Dreiblattbogen, innerlich von einer tiefen Flachbogennische umrahmt sind. Alle äußeren Kanten

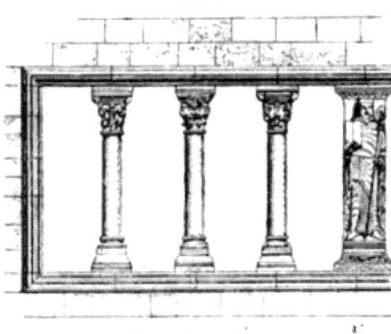

Fig. 304.

Fig. 305.

Vom Rathaus zu St.-Antonin ***).

239. Fenster zu St.-Antonin und Münzenberg.

**) Nach: Viollet-le-Duc, a. a. O., Bd. VI, S. 93.
***) Nach: Moller, a. a. O.

find von Rundſtäben umſäumt; nach innen ſind nur die beiden Mittelpfoſten leicht abgefaſt.

240. Fenſter romaniſcher Wohnräume.

Gleich einfacher Art wie die großen Verſammlungsſäle ſind in ihrer Fenſteranlage auch die kleineren Wohn- und Gebrauchsräume der romaniſchen Zeit. In Fig. 308[110]) iſt ein Fenſter der Burg Ortenberg im Elſaß wiedergegeben, das ſeine geringen Abmeſſungen wohl der Rückſicht auf Verteidigungsfähigkeit ver-

Fig. 306.

Vom jüngeren Palas zu Münzenberg. — Außenſeite[119]).
1:50 v. Or.

dankt, aber durch das Zufügen der für mehrere Perſonen Platz bietenden Sitzniſche zeigt, daß der Raum, den es beleuchtet, als Wohnraum benutzt werden ſollte. Es fehlt ihm jeder Verſchluß.

In Fig. 309 geben wir ein Fenſter der für ſehr vornehme Inſaſſen errichteten Niederburg zu Rüdesheim von gleichfalls noch großer Schlichtheit. Dieſe Fenſter ſind in eine Niſche des Bruchſteinmauerwerkes, aus welchem der ganze Bau er-

---

*) Nach: Näher, J. Die Burgen in Elſaß-Lothringen. Heft 1. Straßburg 1886.

Fig. 308.

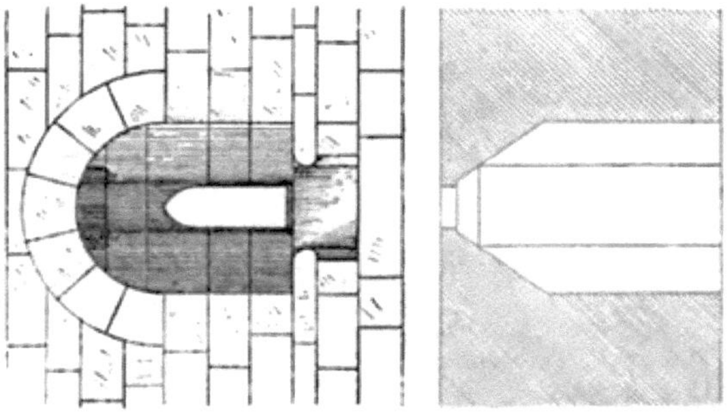

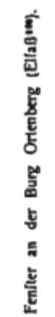

Fenster an der Burg Ortenberg (Elsaß[109]).

Fig. 307.

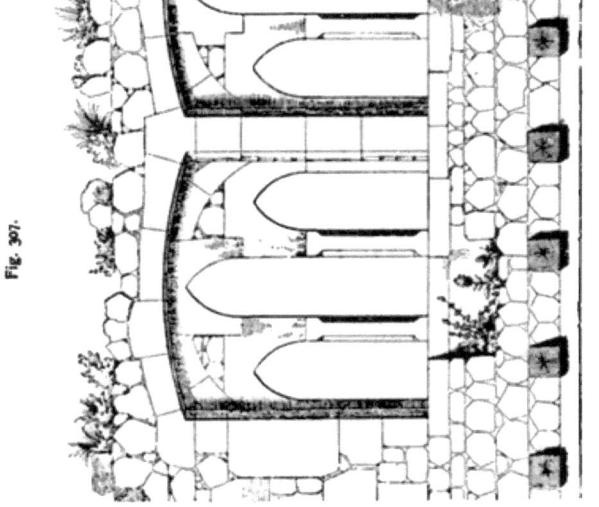

Vom jüngeren Palas zu Münzenberg[108].

richtet ift, aus fauber bearbeitetem Hauftein eingefetzt mit Sohlbank, feitlichen und mittleren Pfoften, fowie einer hohen Sturzplatte, in welche die Rundbogenfchlüffe eingefchnitten find. Unmittelbar hinter der fteinernen Fenfterumrahmung find im Inneren jederfeits, etwa in der Mitte der Höhe, würfelförmige Steine eingemauert. Der eine davon hat eine etwas über die Mitte gehende quadratifche Vertiefung, der andere eine durchgehende Öffnung, welche einem hinter ihr liegenden Schlitze in der Mauer entfpricht. So konnte ein ftarker hölzerner Laden an das Fenfter in die Nifche gefpreizt und durch einen Holzriegel, welcher im Mauerfchlitze fteckte, dann hervorgezogen und in das gegenüberliegende kurze Loch eingefchoben wurde, ebenfo feft gehalten werden, wie dies bei den Torflügeln der Fall war, welche in Fig. 152 u. 153 (S. 216) des vorhergehenden Heftes (1. Aufl.) dargeftellt find. Diefe Einrichtung ift nur bei wenigen Fenftern auf der Niederburg noch unberührt erhalten. Es fcheint, daß an einzelnen Fenftern ehemals zwei folcher Sperrbälkchen angebracht waren. Bei anderen aber find die Öffnungen in den eingemauerten Steinwürfeln beiderfeits wenig tief, fo daß ein Sperrbalken nicht in die Mauer gefchoben werden konnte; er muß vielmehr mit feiner Mitte auf der Mitte des Ladens drehbar befeftigt gewefen fein, fo daß das eine Ende von unten, das andere von oben fich in die Öffnung fchob, wenn der Laden feftgeklemmt werden follte.

245. Verglafung der Fenfter.

Alle diefe Fenfter, obgleich fie doch Bauten angehören, bei denen an Mitteln nicht gefpart zu werden brauchte, haben unbefchadet ihrer architektonifchen Schönheit von unferem Standpunkt der Behaglichkeit aus etwas ungemein Unvollkommenes dadurch, daß bei gefchloffenen Läden nicht nur Kälte, Sturm und Regen, fondern auch das Licht abgefchnitten wurde. Kleine Lichtöffnungen konnten wohl in die Läden eingefchnitten werden. Wenn uns auch keine Beifpiele dafür erhalten find, fo können wir uns nach den gleichartigen Öffnungen in alten Türen wohl einen Begriff von der fo erzielten Erhellung bilden. Viel Licht war auf diefe Weife nicht zu gewinnen. Wir müffen daraus fchließen, daß tatfächlich das Bedürfnis nach Licht in jenen Zeiten nur recht gering gewefen ift, und damit fteht durchaus im Einklang, was wir über den Verfchluß folcher Lichtöffnungen aus Urkunden und alten Befchreibungen erfahren. Danach ift der Gebrauch des Glafes, wenn auch feine Herftellung feit dem X. Jahrhundert in den Klöftern wieder aufgenommen wurde, doch noch fehr lange ein Vorrecht der Kirchen, und zwar zunächft nur der reicheren und bedeutenderen, geblieben. Die fchwierigen Verkehrsverhältniffe jener Zeiten machen dies auch durchaus erklärlich. Und wenn die höfifchen deutfchen Dichter des XII. Jahrhunderts Verglafung häufig erwähnen, fo wird darin mehr dichterifche Übertragung ausländifchen, füdlichen Gebrauches zu erblicken fein, als Schilderung der tatfächlichen heimifchen Verhältniffe. Erft mit dem XIII. Jahrhundert führt fich die Verglafung auf den Burgen der reicheren Befitzer, in Städten und Dörfern allmählich ein. Bis dahin wurden die Lichtöffnungen, welcher Art und Größe fie auch waren, im Profanbau in der Regel nicht mit Glas, fondern mit Hornfcheiben, Tierblafen, Papier, Pergament, durchfcheinenden Leinengeweben und dergl. gefchloffen. Und diefe Erfatzftoffe blieben bis zum XIV., ja bis zum XV. Jahrhundert nicht nur bei den Ärmeren, fondern felbft in öffentlichen Gebäuden im Gebrauch, wie wir u. a. aus Stadtrechnungen von Bern, Bafel und Hildesheim, alfo aus fehr verfchiedenen Gegenden nachweifen können[20]).

[20]) Vergl.: Heyne, M. Das deutfche Wohnungswefen. Leipzig 1899. S. 235 ff.

Immerhin aber erfordert die fortschreitende Kultur mit der Zeit die Herstellung größerer Lichtflächen in den Fensterverschlüssen der Wohnhäuser und wir haben die Umwandelungen zu verfolgen, die sich daraus für die Fensterformen ergeben. Unter Beibehaltung des Ladenverschlusses, der sich durch seine Widerstandsfähigkeit empfahl, konnte man eine gesonderte Lichtzuführung durch Öffnungen oberhalb der Läden bewirken. In sehr einfacher Weise wurde dies erreicht, indem man bei bogenförmigem Abschluß des Fensters seinen oberen Teil durch eine Eisenstange nach unten hin abgrenzte. Dann konnte dieser obere Teil fest, nach Art der Kirchenfenster verglast werden; der untere wurde durch rechteckige bewegliche Holzläden abgeschlossen. Solche Fenster finden sich am frühgotischen schönen Palas der Wildenburg im Odenwald noch in der Form reicher Säulenarkaden[339]), bei denen die geschmückte Seite dem Inneren zugekehrt ist

Fig. 309.

Fenster der Niederburg zu Rüdesheim.
¹⁄₁₀ w. Gr.

und die Läden nach außen aufschlagen. Diese Einrichtung hat sich denn auch nach Einführung des aus Leisten zusammengesetzten Lichtflügels trotz des mangelhaften Schlusses, den die Läden an der schmalen Eisenstange fanden, noch in einzelnen Gegenden bis in die Renaissancezeit hinein erhalten. Üblicher und monumentaler war es aber, wenn man diese Lichtöffnungen über den rechteckigen, mit Läden zu schließenden Fenstern als selbständige Fenster in beliebiger Form anbrachte. Solche Anordnungen finden wir in den Schlafsälen mancher Klöster, wie Arnsburg in der Wetterau, St. Gereon in Cöln und in Altenberg; ihre allgemeinere Einführung wird aber dadurch behindert worden sein, daß sie eine sehr erhebliche Raumhöhe voraussetzen, wie sie in mittelalterlichen Wohnräumen selten vorhanden war. Sehr viel bequemer und handlicher wurde aber diese Fensterbildung, wenn die einzelnen Teile mehr zusammengezogen wurden, so daß die trennenden Mauerteile zu einem schmalen Steinsturz zusammenschrumpften. Zu den frühesten Beispielen dieser Art gehören die sehr sorgsam durchgebildeten Fenstergruppen, welche im *Overstolz*'schen Hause zu Cöln den nach dem Garten zu gelegenen Räumen ein fast überreiches Licht zuführen.

Wir geben in Fig. 310[339]) ein solches Fenster oder vielmehr eine Gruppe von vier solchen, welche über einer niedrigen Brüstung bei 0,75 m Weite eine Höhe von nahezu 3,00 m haben.

Um diese Höhe zu unterbrechen, ist 1,75 m über der Sohlbank ein Zwischensturz gelegt, der geradeso auf den Säulchen ruht, wie der Sturz in Fig. 305. Der obere Teil ist nun, wie aus dem feinen Glasfalz im Durchschnitte ersichtlich ist, auf eine Verglasung angelegt; der untere dagegen zeigt außen, also auf der Hofseite, einen Falz, in welchen Holzläden eingefügt wurden. Selbst wenn diese geschlossen waren, was im Winter wohl dauernd der Fall war, brachten die oberen Öffnungen Licht in das Gemach. Wir können uns aber auch die Läden aus Rahmen und Füllungen bestehend denken; von diesen konnten einzelne wieder offen, also gesonderte Läden und gleichzeitig durch verglaste Fensterrahmen verschließbar sein, so daß man, je nach Wunsch und Bedarf entweder von der einen Seite her das verglaste Fenster in diesen Laden einklappen konnte oder von der anderen den geschlossenen kleinen Laden, eine Anordnung, wie wir sie im XV. und XVI. Jahrhundert am

---

³³⁸) Vergl.: Ostendorf, a. a. O.
³³⁹) Nach: Boisserée, a. a. O.

Niederrhein, wie in Flandern und den anderen niederländischen Teilen des alten deutschen Reiches häufig finden. — Etwas größer noch ist die Anlage in dem anderen nach dem Hofe gehenden Gemach desselben Haufes, welches drei Fenster von nahezu 2,00 m lichter Breite bei 3,85 m Höhe zeigt, die nur durch zwei Pfeiler von 0,70 m Breite voneinander getrennt find (Fig. 311 u. 312). Hier konnte man nicht einen einfachen Sturz einfchieben; es mußte auch zur lotrechten Unterftützung des Haupt- wie des Zwifchenfturzes ein Zwifchenpfoften eingeftellt werden. Nach außen ift diefes Fenfter vollftändig fchmucklos; es find nur die Falze vorhanden, in welche die Läden fich einfügten, je ein gefonderter für jede Doppelöffnung. Die Schaufeite ift nach innen gerichtet. Hier find die Pfeiler profiliert und die Profilierung auch um den Sturz herumgeführt. In der fo gebildeten Nifche find fäulchenartige Rundftäbe, an die Pfoften der Steinkreuze durch Binder feft-

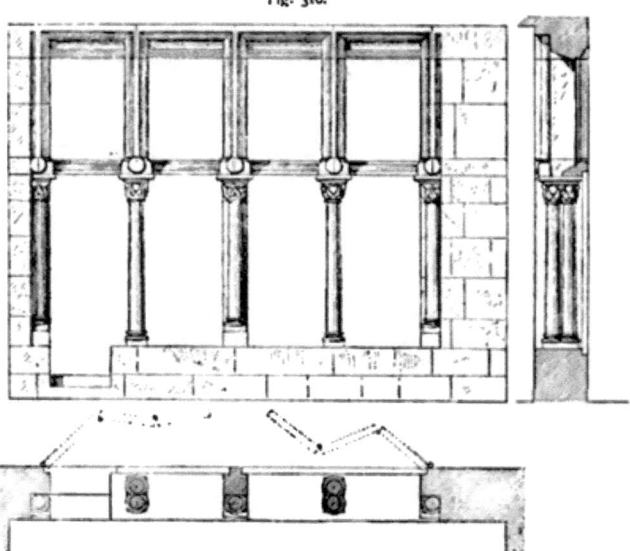

Fig. 310.

Vom *Overftolz*'fchen Haufe zu Cöln.

gehalten, in die Ecken der Pfeiler geftellt. Um am Sturze oben einen Binder für den Rundftab anbringen zu können, welcher am Pfoften des Steinkreuzes fteht, find die beiden am Sturze anzubringenden Rundftäbe fchräg in die Höhe gezogen und ihr Binder fenkrecht auf jenen des Pfoftenbinders geftellt. An der Brüftung find jene Sitzbänke angebracht, welche die Fenfternifche fo behaglich machen.

Diefes letzte Beifpiel zeigt fchon, wie das Syftem der durch freie Säulchen geteilten Arkadenöffnungen in die Form der mit kreuzförmigen Steinpfoften verfehenen Fenfter übergeht, deren Entwickelung aus dem einfachen ungeteilten Fenfter der Wohnräume wir nunmehr betrachten wollen.

Fenfter mit Rahmenflügeln.

Eine wefentliche Vervollkommnung der Lichtzufuhr für Wohnräume wurde erreicht, als man dazu überging, die beweglichen Fenfterverfchlüffe ftatt aus Bretterläden aus Rahmenwerk zu bilden, das man aus fchmalen Leiften zufammen-

Fig. 311.

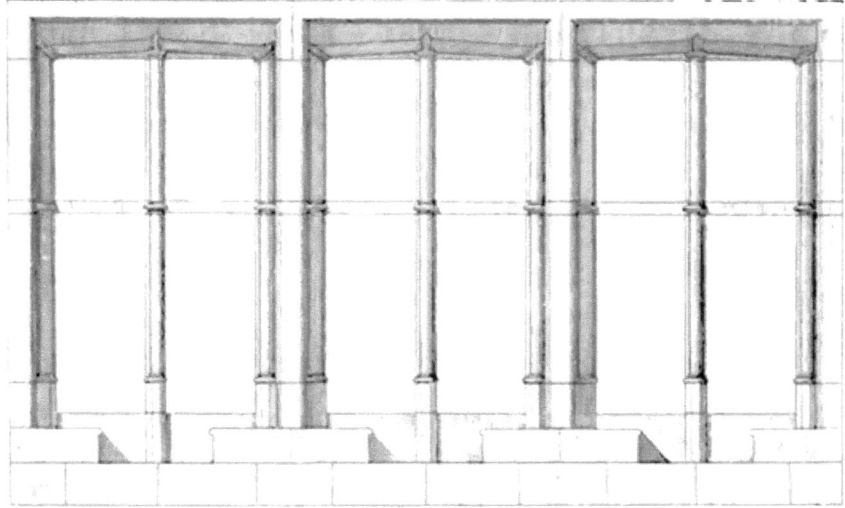

Fig. 312.

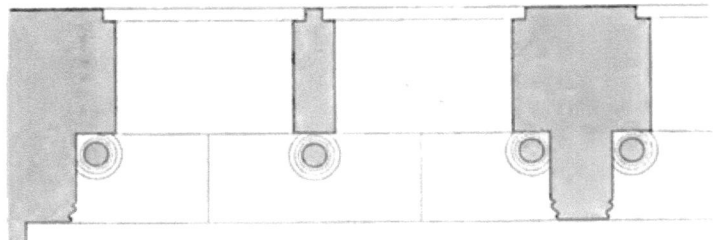

Vom *Overstolz*'schen Haufe zu Cöln[20]).
¹/₂₀ bezw. ¹/₁₀ w. Gr.

fügte und mit Bleiverglafung oder durchfcheinenden Stoffen füllte. Von Einfluß auf die Fenftergeftalt ift es dabei, daß diefe Leiftenrahmen, nicht mehr als 2 bis 3 cm im Holz ftark, nur innerhalb enger Maßgrenzen, etwa 60 cm breit, und höchftens 1,50 bis 2,00 m hoch und ferner nur in rechteckiger Grundform hergeftellt werden konnten. So wurde man des Zwanges, Oberfenfter anzulegen, zunächft ledig; das Fenfter des Wohnraumes gewann die fachgemäße Form einer rechteckigen Maueröffnung, die zur Aufnahme der Lichtflügel innen oder außen mit einem

Falz versehen und zur weiteren architektonischen Ausbildung an der nicht gefalzten Seite mit einem Profil beliebiger Art umzogen wurde. Durch Aneinanderreihen solcher Fenster, die dann mittels steinerner Pfosten getrennt wurden, durch Hinzufügen von Zierat in den die Öffnung umziehenden Profilen und in spätgotischer Zeit durch reiche Überschneidung dieser Profile in den Ecken konnten schon recht ansehnliche Wirkungen erzielt werden. Gesteigert wurden diese von Beginn der Entwickelung an gern dadurch, daß man dem Fenstersturz eine erhebliche Höhe gab und ihn durch eingetieftes Blendenwerk verzierte. Beispiele ein-

Fig. 313[334]).

¹/₁₀ v. Or.

facherer Art haben wir in den Abbildungen der vorhergehenden Kapitel wiederholt gegeben. Die ziervolle Ausbildung in Fig. 313[334]) zeigt, zu welcher Pracht sich die grundsätzlich so einfache Form entwickeln ließ.

345. Rechteckfenster mit Oberlicht, Kreuzstockfenster. Eine vermehrte Lichtzufuhr sowohl, wie eine bedeutendere architektonische Wirkung erzielte man weiterhin, wenn man über der rechteckigen Öffnung des in seiner Größe beschränkten Lichtflügels, durch einen schmalen Steinsturz getrennt, noch weitere Öffnungen anbrachte. Sie werden im einfachsten Falle auch rechteckige, mit einem Profil oder Falz umzogene Form erhalten, und es bildet sich

[334]) Nach: Schmitz, W. Der mittelalterliche Profanbau in Lothringen. Düsseldorf. o. J. Bl. 96.

so durch Zusammenschließen von je zwei Achsen zu einer Gruppe das sog. Kreuzstockfenster, wohl die verbreitetste Fensterform des entwickelten Mittelalters. Wir sehen sie an den früher gegebenen Abbildungen der Hochmeisterwohnung in der Marienburg (siehe Fig. 101, S. 107), am Kaufhaus Gürzenich und am *Etzweiler*schen Hause in Cöln (siehe Fig. 167 u. 230, S. 155 u. 200), an den Bürgerhäusern aus Steyr (siehe Fig. 193 u. 195, S. 172 u. 173), in dreifacher Gruppierung an der Universität zu Krakau usw. Bei der Einfachheit der Form und Ausführung können wir daher auf die Vorführung weiterer Beispiele verzichten. Es sei nur bemerkt, daß man für hohe Räume auch mehrere durch solche Stürze getrennte Oberöffnungen übereinander reihte.

Die Steinkreuzfenster, an deren Stelle dort, wo die Höhe zu einem Zwischensturze keine Veranlassung gab, bloß durch Pfosten abgeteilte Fenster treten, überdauerten das Mittelalter und waren in Cöln z. B. noch im XVII. Jahrhundert in Verwendung, allerdings ohne Profilierung, nur eben äußerlich mit Falzen versehen, in welche man Läden einklappen konnte, gerade wie bei jenen ersten im XIII. Jahrhundert.

Fig. 314.

Fenster zu Verdun*).
½ w. Gr.

In Frankreich finden wir die Steinkreuze z. B. im Hause des Klosters Cluny (siehe Fig. 116, S. 125). Bei diesem Gebäude sehen wir in der Höhe des Zwischensturzes ein Gesims an der Wand hin von Fenster zu Fenster laufen und sich mit gebrochenen Ecken um den oberen Teil der Fenster herumziehen. Seinen Ursprung hatte das Motiv darin, daß die Zwischenstürze nicht die Höhe einer üblichen Quaderschicht hatten, daß sie also mit ihren Enden entweder in einen anderen Quader eingesetzt werden mußten, oder daß man ihretwillen eine solche niedrige Schicht (in Nürnberg „Ratzenschicht" genannt) durch das Mauerwerk laufen lassen mußte. Diese niedrige Schicht versah man alsdann mit einem Gesimsprofil und ließ es als Überschlaggesims über das Fenster weggehen.

Die obere Öffnung eines solchen Kreuzstockfensters, wie auch alle etwa weiter hinzutretenden rechteckigen Öffnungen, wurde in Deutschland regelmäßig fest verglast; in Frankreich dagegen versah man sie nach *Viollet*'s Angaben ebenfalls mit beweglichen Flügeln. Sie konnten in Bezug auf Ausschmückung des Sturzes usw. in allen Fällen genau so behandelt werden wie die oben angeführten einteiligen Rechteckfenster. An ihre Stelle trat aber für reichere Wirkung oft eine Durchbrechung der dem Sturz eingegrabenen Maßwerksformen zu einer voll-

246.
Rechteckfenster
mit oberen
Maßwerköffnungen.

---

*) Nach: VIOLLET-DE-DUC, a. a. O., Bd. V, S. 406.

Fenster vom Ritterfaal des Schlosses zu Marburg[234].

ständigen Rose oder auch zu einem durch schmalen Sturz vom Unterfenster abgetrennten Zierfenster, welche dann natürlich fest verglast werden mußten. Fig. 314 gibt ein einfaches früh-gotisches Beispiel der ersten Art aus Verdun [235]).

Eine strengere Lösung der zweiten Art sehen wir in der später folgenden Abbildung des zierlichen Laufganges von Schloß Vayda Hunyad. Solche Formen bilden dann weiter den Ausgangspunkt für Lösungen reichster Art, welche mit den Maßwerkfenstern kirchlicher Kunst an Größe und Reichtum der Formgebung durchaus wetteifern. Sie unterscheiden sich von diesen im Wesen nur dadurch, daß ein fester Sturz den unteren Fensterteil behufs Anbringung von beweglichen Fensterflügeln — mögen es nun Läden oder Lichtflügel sein — von dem oberen regelrecht entwickelten Fenstermaßwerk abtrennen. Tiefe Mauernischen, in welchen seitlich und meistens auch etwas erhöht Steinsitze angeordnet wurden, traten häufig hinzu, um die ganze Anordnung wohnlicher und behaglicher zu machen. In hervorragend schöner und großartiger, noch sehr strenger Durchbildung finden wir eine solche Fensteranlage am Saalbau des Landgrafen *Hermann* zu Marburg. Wir geben in Fig. 315 [236]) die innere Ansicht, den Schnitt, sowie den Grundriß dieser Fenster und machen darauf aufmerksam, wie durch die verschiedene Tiefenlage der festverglasten Teile und der nach außen aufschlagenden Flügel das Ganze an Eigenart der Erscheinung gewinnt. Dabei haben wir Bretterladen für die unteren Öffnungen angenommen, ohne damit die Möglichkeit leugnen zu wollen, daß auch diese Teile früher verglaste Flügel gehabt haben können.

Fig. 316.

Treppenfenster zu Metz [237]).
¹/₆₀ w. Gr.

Auf einige Besonderheiten mittelalterlicher Fensterbildung sei zum Schlusse noch hingewiesen. In manchen Gegenden, so in Tirol, gelegentlich auch in Nieder-Sachsen (Goslar, Duderstadt), Westfalen (Lippstadt) usw. traten anstatt der drehbaren Fensterflügel vielfach Schiebefenster auf, bei denen die beweglichen Rahmen in Schlitze des Mauerwerkes hinein oder seitwärts vor einen freistehenden Teil des Fensters geschoben werden können. Sie bieten den Vorteil, die teueren eisernen Beschlagteile entbehrlich zu machen, haben sich aber trotzdem nicht allgemein einführen können.

247. Schiebefenster.

Fig. 417 gibt ein Beispiel eines solchen Verschlusses aus dem Schlosse Freundsberg mit Brettläden; doch fanden sich an deren Stelle auch Rahmen mit Verglasung.

Eine echt mittelalterliche Auffassung zeigt sich darin, daß nicht selten die

248. Treppenfenster.

---

[235]) Nach eigener Aufnahme.
[236]) Nach: Schmitz, a. a. O., Bl. 75.

Fenster von Treppenhäusern in engstem Anschluß an die Form des Innenraumes mit schräg ansteigendem Fenstersturz, oft auch mit gleichlaufender Sohlbank versehen werden. Dies ergibt eine überaus bezeichnende Lösung. Wir geben in Fig. 316[287]) ein Fenster dieser Art von einem Hause in der Brunnenstraße zu Metz.

249. Fenster mit Vorhangbogen.

Als ganz eigenartige Formgebung von hohem prickelndem Reiz ist sodann noch die Anwendung des aus abwärts gerichteten Kreisbogen zusammengesetzten „Vorhangbogens" zu nennen. Sie hat ihre reichste Ausbildung, mit breitem, sich vielfach überschneidenden Profil und zierlichen Sockelbildungen, in Ober- und Niedersachsen erfahren. Der lebhaften Bewegung des Sturzes schließen sich an den ausgeprägten Beispielen, so am Rathaus zu Neustadt a. Orla und am Prachtbau des Schlosses zu Meißen (vergl. die Tafel bei S. 109), sogar die Teilungsstürze an, indem sie statt wagrecht geradlinig in ansteigenden, gekrümmten Linien geführt werden.

250. Steinerne Dachfenster.

Ganz eigene Erfindung der mittelalterlich-nordischen Kunst ist auch die Verwendung von Dachfenstern mit steinerner Giebelumrahmung, welche auf der Frontmauer des Hauses ihr Auflager findet. Sie bilden eines der kräftigsten Mittel der Massengliederung und spielen in der Durchbildung der Dachlinien eine bedeutsame Rolle. Unsere Ansicht des Hotel de Cluny (Fig. 116, S. 125) zeigt sie in der Weise angeordnet, daß vor ihnen eine Maßwerkgalerie als Abschluß des eigentlichen Hauses entlangläuft. Wesentlich straffer wird die Wirkung, wenn der Dacherker in die gleiche Flucht mit dem unteren Mauerwerk gerückt und gar nicht oder nur mit dem durchlaufenden Hauptgesims von ihm abgetrennt wird. Unsere Tafel bei S. 109 führt die Form dieser Dacherker von der Albrechtsburg in Meißen vor, wo sie besonders dicht gereiht eine große Rolle spielen. Auch an den Rathäusern zu Hannover und Salzwedel[288]), wie überhaupt im Profanbau des Backsteingebiete, auch in der Putzbauweise Bayerns, treten sie

Fig. 317.

Dachfenster vom Schloß zu Josselin[289].

[287]) Vergl.: Stiehl, O. Das deutsche Rathaus des Mittelalters. Leipzig 1905. S. 72, 79.
[288]) Nach: Viollet-le-Duc, a. a. O., Bd. VI, S. 196.

häufig auf. Befonders üppig find fie an den franzöfifchen Schloßbauten der Spätzeit ausgebildet. Fig. 317 ***) gibt ein fehr reich verziertes Dachfenfter diefer Art wieder, welches fich am Schloffe zu Joffelin (Bretagne) befindet. Dort ift die eigenartige Anordnung getroffen, daß die Fenfter des oberften Gefchoffes, doppelte Steinkreuzfenfter mit Wimpergen, weit über das Gefims in die Höhe gehen, fo daß als Dachfenfter erft das niedrige, obere Steinkreuzfenfter mit Wimpergen angefehen werden kann. Die Randeinfaffung des Dachfenfters ftellt Ecktürmchen dar, aus deren Spitzdache zwifchen vier blinden Dachfenfterchen hohe Fialen herausfteigen. Der Giebel des Dachfenfters entfpricht diefen Fialen als Wimperg; aber die in Frankreich übliche einfache Haltung der Giebel des Wohnbaues, auf welche wir an anderer Stelle aufmerkfam machen, zeigt fich auch hier, und es ift nur ein

Fig. 318.

Vom Rathaus zu Krakau***).

Namenszug als Schmuck der dreieckigen Fläche angebracht. Das ganze Dachfenfter ift fo hoch hinaufgetrieben, daß fein Firft mit demjenigen des Hauptdaches zufammentrifft.

Von geringerer architektonifcher Bedeutung für das Gefamtbild der Bauten find naturgemäß die Kellerfenfter; da fie aber fich dem Auge nahe befinden, werden fie im einzelnen häufig mit großer Sorgfalt durchgebildet. Ja die finnige Arbeitsweife des Mittelalters, die mit fo großer Liebe fich in die Eigentümlichkeit jeder Aufgabe vertiefte, hat aus dem Streben, in die Räume des Kellers das Licht möglichft tief hineinfallen zu laffen, eine eigenartige Form entwickelt. Öfters findet fich, z. B. am Rathaus zu Villingen, der obere Sturz des Fenfters zu diefem Zwecke ftark nach innen abgefchrägt. Am Rathaus zu Krakau hat der

***) Nach: Essenwein, A. Die mittelalterlichen Kunftdenkmale der Stadt Krakau. Leipzig 1866.

Meister die Vergitterung bis zur unteren Kante dieser Schrägfläche geneigt und das Ganze dann durch reiche Kehlung durchaus folgerichtig weiter durchgeführt (Fig. 318 [110]).

252.
Erkerfenster.

Wenn wir jene bei den älteren Bauten häufigen, in starken Mauern angebrachten Fensternischen anschauen, welche, wie z. B. die Dachfenster der Albrechtsburg zu Meißen, bei ihrer großen Tiefe gewissermaßen ein eigenes kleines Gemach bilden, so freuen wir uns der Behaglichkeit, mit welcher ein solches eingerichtet werden konnte. Mitunter ist trotz der Kleinheit des Raumes der Blick durch das Fenster besonders anziehend; mitunter ist auch die Lichtstimmung reizvoll, welche das Gemach erhält, wenn aus der tiefen Nische das Licht in den Raum fällt. Wir können es deshalb recht wohl begreifen, daß man im XV. Jahrhundert, vorzugsweise in seiner zweiten Hälfte, einzelne Fenster auf Vorkragungen aus der Mauer nach außen hervortreten ließ, und so künstlich eine tiefe Nische bildete, welche im Inneren des Raumes wesentlich die Behaglichkeit, außen die malerische Erscheinung des Baues förderte. Fig. 319 [111]) gibt ein Beispiel vom Rathause zu Perchtoldsdorf bei Wien. In sehr verschiedener Art sind die Vorkragungen dieser Fenster gebildet. Meist sind es konsolartige, übereinander vortretende Steine von verschiedenem Profil, welche dann durch Bogen miteinander verbunden sind oder auf welche eine Platte gelegt wurde, die zugleich den inneren Fußboden bildete. Fig. 320 bis 322 [110]) geben verschiedene Proben solcher vorgekragter Steine, die man ja auch zum Tragen von Galerien und anderen ausladenden Bauteilen verwendete. Sie sind aus Krakau und haben bei der Wiederherstellung des Collegium Jagellonicum dort einen neuen Platz gefunden.

Fig. 319.

Vom Rathaus zu Perchtoldsdorf [111]).

253.
Erker
im Rathaushof
zu
Nürnberg.

Sehr häufig sind solche nur wenig vorkragende Bauteile auch auf eine Folge allmählich vortretender Profile gesetzt, wie dies in ziemlich einfacher Form an dem vortretenden Fenster zu sehen ist, welches *Hans Behaim* im Jahre 1515 im

[110]) Nach Zeichnungen v. Essenwein's, veröffentlicht in: Mitteilungen der k. k. Central-Commission zur Erforschung und Erhaltung der Kunst- und historischen Denkmale. Bd. VI. Wien 1861. S. 191.

Fig. 320.

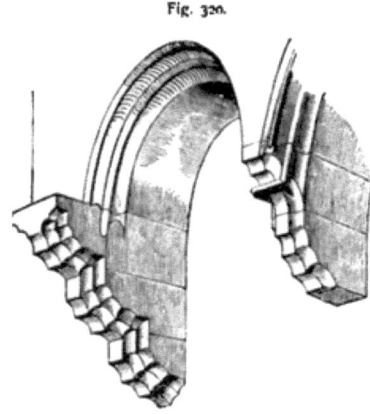

Erkerkragsteine zu Krakau[114].

Nürnberger Rathause am Gange vor der Ratsstube errichtet hat (Fig. 323[115]). Die Abschlußmauer dieses Ganges nach dem Hofe ruht auf einem Bogen, und deshalb mußte die Vorkragung des Fensters in diesen Bogen eingreifend so hergestellt werden, daß eine ganze Reihe von Steinen, einerseits fünf neben der Schlußfuge, andererseits deren zwei, im ganzen also sieben große Steine des Bogens daraus hervortreten. In diese ist das Profil der Vorkragung gehauen und an letzteres anschneidend das Profil des Bogens. Maßwerkverzierungen verkleiden die Fläche des kleinen Gebäudes. Eine aus gewundenen Stäben bestehende säulenartige Verzierung belebt die Mitte; das Dach ist ein einfaches Steindach mit leicht gehöhlten schrägen Flächen; durch sein Einbinden in das obere Mauerwerk wirkt es der Tendenz jener ausgekragten Masse, sich oben vorzuneigen, entgegen. Das ganze kleine Bauwerk hatte offenbar den Zweck, den Raum für diejenigen zu erweitern, welche vor der Ratsstube zu warten hatten. Es rundet dazu das reizende Bild trefflich ab, welches der kleine Rathaushof sowohl denen bot, die ihn der Länge nach durchschritten, wie jenen, welche die mit dem Erkerchen gleichlaufende Treppe zum Ratssaale hinaufstiegen.

Im allgemeinen treten diese ausgebauten Fenster nicht sehr stark vor die Mauerflucht vor, wie unsere Beispiele zeigen. Boten aber die Wände in ihrer Stärke nicht soviel Raum, um mit geringer Ausladung die angestrebte Tiefe der

254. Größere Erker

Fig. 321. Fig. 322.

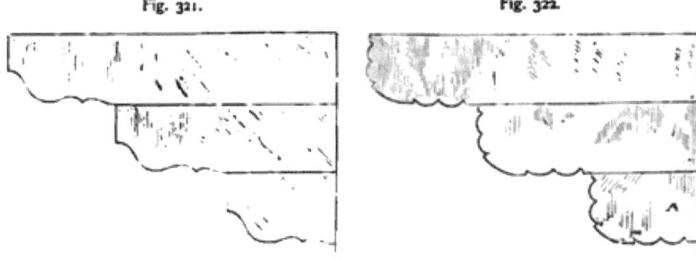

Erkerkragsteine aus Krakau[116].

[114] Nach einer Zeichnung, welche der treue Mitarbeiter Essenwein's beim letzten Rathausbaue zu Nürnberg, der ihm vom Magistrat zugewiesene Architekt Wallraff aus Gernsbach, im Baubureau anfertigte und die er später auch in dem Werke: „Mummenhoff, E. Das Rathaus zu Nürnberg" (Nürnberg 1891) mit einigen Änderungen verwendete.

Fig. 323.

Vom Rathaus zu Nürnberg[222].

inneren Fenſterniſche zu erreichen, ſo ſcheute man auch größere Vorbauten nicht, durch die man dann auch eine lebhaftere Gliederung der Außenwände gewann. Es entſtanden ſo auch im Äußeren viereckige Erkerbauten von ſelbſtändiger Bedeutung. Ihre Unterſtützung bilden ebenfalls oft vorkragende Geſimſe, wie am reizenden Erker des Rathauſes zu Amberg [212]). Auch gewölbeartig vortretende Steinſchichten, deren Anſichtsflächen gern mit reichem Rippenwerk verziert werden, bilden häufig ihre Träger, wie z. B. am Schloſſe zu Büdingen, am Rathauſe zu Alsfeld uſw.; am liebſten aber ließ man ſie durch Bogen tragen, welche zwiſchen feſte ſeitliche Pfeiler oder Konſolen eingeſpannt wurden. Eines der berühmteſten und bedeutendſten Beiſpiele geben wir in Fig. 324 [213]). Es iſt das ſog. „Goldene Dachl“ in Innsbruck, welches Herzog *Friedrich mit der leeren Taſche* erbaute und mit reicher Malerei und Vergoldung ſchmücken ließ, angeblich, um den ihm beigelegten Spottnamen zu widerlegen. Der Erker ruht auf einem ſcharfgeſpannten Flachbogen und trägt über einer weiteren Vorkragung ein zierliches Laubengeſchoß.

Fig. 324.

„Goldnes Dachl“ zu Innsbruck [213]).

Zu ganz beſonders üppiger Entwickelung und zur Entfaltung der ausgeſuchteſten Steinmetzkünſte gibt dann die Auskragung eines Erkers von einem Hauſe in Freiburg i. B. Veranlaſſung (Fig. 325 [214]). An ihm ſehen wir zugleich, wie man bei genügendem Vorſprung des Erkers durch ſeitliche Fenſter einen Ausblick an der Hauptfront entlang ermöglichte.

Der Reiz ſolchen Ausblickes iſt ſo bedeutend geweſen, daß man ihn oft auch dann zu ſchaffen ſuchte, wenn es aus künſtleriſchen Gründen nicht erwünſcht war, ſchwere Erkermaſſen aus der Wandflucht vorzukragen. Fig. 326 [215]) zeigt, wie man am Hofe des Kloſters Salem in Überlingen durch ſchräge Stellung der Fenſter allein ſchon dieſen Vorteil in reizvoller Weiſe erreichen konnte. Fig. 327 [216]) gibt aus dem Schloſſe der Schleglerritter zu Heimsheim die Innenwirkung eines Erkerchens, das ebenfalls nur mit dem kleinen dreieckigen Mittelteil vor die Mauer vorzutreten brauchte, um die gewünſchte Ausſicht zu ſchaffen.

255. Dreieckige Erker.

Eine beſondere Bedeutung gewinnen häufig die vorgekragten „Chörlein“ der Hauskapellen. Welche Bedeutung der Anlage einer beſonderen Kapelle im mittelalterlichen Hauſe zukommt, und über die Formen, welche ſie annimmt, haben wir weiterhin bei Beſprechung der Innenräume zu handeln; hier be-

256. Chörlein der Hauskapellen.

---

[212]) Vergl.: STIEHL, a. a. O., S. 150 u. Abb. 171.
[213]) Nach: DOLLINGER, C. Architektoniſche Reiſeſkizzen. Stuttgart 1873–1881. Heft I, Bl. 5.
[214]) Nach: DOLLINGER, a. a. O., Heft 8, Bl. 5.
[215]) Nach: PAULUS, E. Die Kunſt- und Altertumsdenkmale im Königreich Württemberg. Neckarkreis. Stuttgart 1889.

fchäftigen wir uns nur mit ihren außen erkerartig vortretenden Teilen, die in der Regel zur Aufnahme des Altars bestimmt find. Nicht selten find fie allerdings befcheiden angelegt und wie der flach-rechteckige Kapellenerker der Burg Jufahl

Fig. 325.

Von einem Haufe zu Freiburg i. B.¹¹⁹).

im Vintfchgau von beliebigen Erkern der Wohnräume nicht zu unterfcheiden. Wenn aber die Mittel es geftatteten, hat man fie gern nach Art von Kirchenchören im halben Achteck vorgekragt, und fie laffen dann den Platz der Hauskapelle nach außen deutlich erkennen.

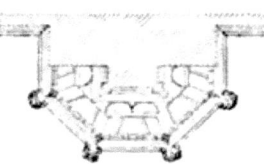

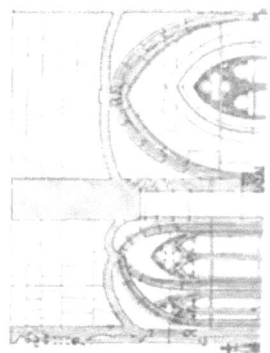

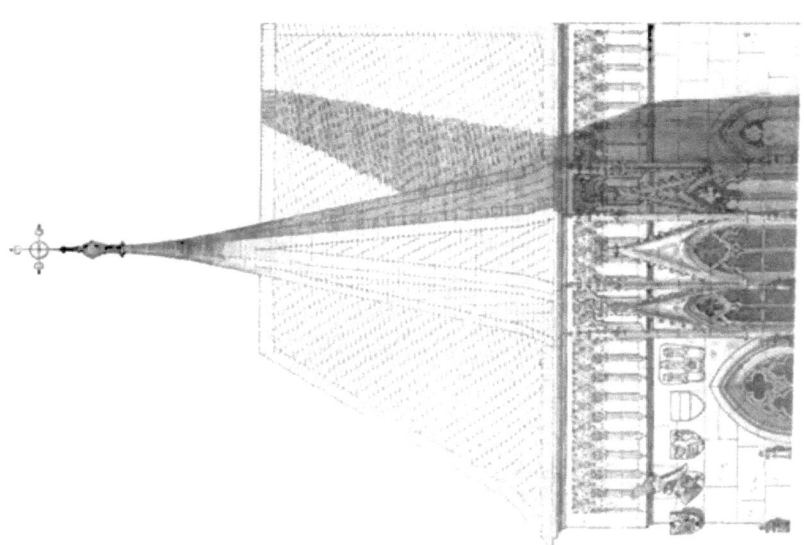

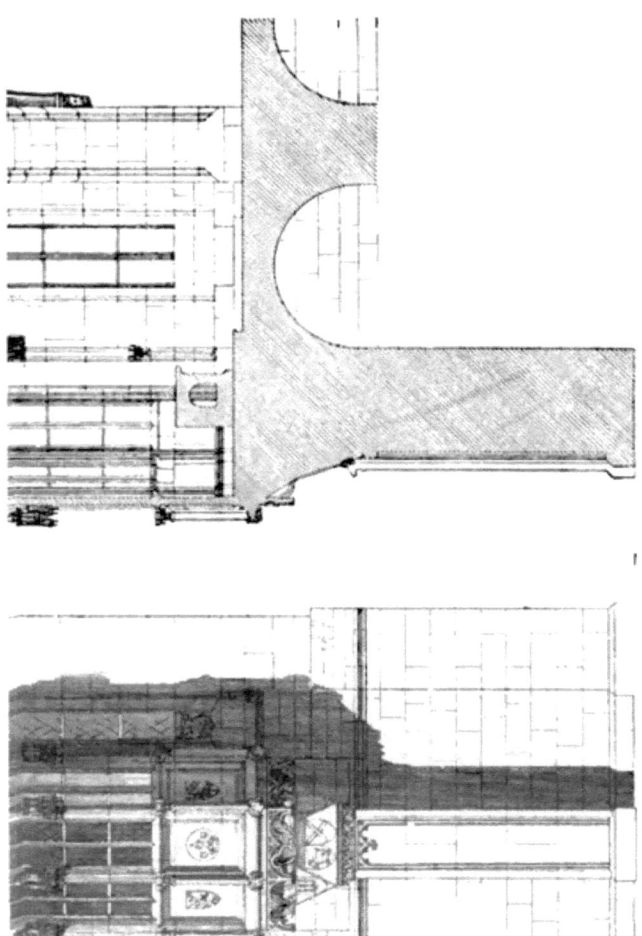

Hauskapelle am Rathaus zu Prag.

Was die älteren diefer Chörlein betrifft, fo find fie fo einfach, daß wir felbft den kleinen Abbildungen, wie fie in Fig. 37 (S. 77) u. 70 (S. 128) des vorhergehenden Heftes diefes »Handbuches« (1. Aufl.) dargeftellt find, nur wenige Worte beizufügen haben. Sie find halbrund mit fteinernem Dach, jenes von Landsberg mit einem Rundbogenfriefe, mehreren Lifenen, fowie mehreren verfchieden geftalteten Fenftern verfehen, auf einem profilierten kragfteinartigen Träger aufgebaut. Das Chörlein des Trifels hat ein reichverziertes Gefims mit Bogenfries, ein einziges Fenfter, und fein Unterbau befteht aus zwei Kragfteinen, welche durch ein Gewölbe miteinander verbunden und durch ein Halbgewölbe an den Turmkern angefchloffen find. Das Chörlein der Kapelle des Kamperhofes in Cöln ruhte auf einem profilierten, halbrunden Unterbau und hatte drei fpitzbogige Fenfter; das Dach war mit Schiefern gedeckt. Noch fchlichter ift dasjenige der Domkurie zu Naumburg, auf kegelförmige Auskragung aufgebaut. Auch aus gotifcher Zeit find noch recht einfache Beifpiele erhalten; fo dasjenige am Rathaus zu Nürnberg (vergl. Fig. 226, S. 196) und das an der Univerfität zu Krakau (vergl. die Tafel bei S. 206).

Fig. 326.

Erkerchen zu Überlingen [**]

Aber im Laufe des XIV. Jahrhunderts bildete fich die Architektur diefer Chörchen zu wahren Schmuckftücken aus. So ift das auf der nebenftehenden Tafel abgebildete Chörchen der Hauskapelle am Prager Rathaufe mit einem Reichtume ausgeftattet, der bis dahin unerhört war.

357. Chörchen vom Rathaus zu Prag.

Das Untergefchoß des ganzen Baues hat einen beträchtlichen Vorfprung, der noch in der Breite des Chörchens emporgeführt ift, fo daß feine Ausladung um fo weniger bedeutend zu werden brauchte, als noch ein rechteckiger Pfeiler einen befonderen Unterfatz bildet. Der Übergang in das Achteck ift auf dem Kapitell diefes Pfeilers fo hergeftellt, daß eine lotrechte, dreikantige Fläche von den Ecken des Pfeilers in die Höhe geht, vorn ein oberes fchmaleres, gering ausladendes Paralleltrapez fich zwifchen diefe beiden Dreiecke ftellt, während halbe Trapeze gleicher Art die Seiten einnehmen. Auf dem fo hergeftellten Achteck find vier breite Konfolen vorgefchoben, zwifchen denen eine fchräge Fläche nach oben vortritt, fo daß ein volles Auflager für das Gefims gegeben ift, von welchem ein durchbrochener Maßwerkbogenfries herabhängt. An den Ecken des weitausladenden Gefimfes find Köpfe als Konfolen angebracht, auf denen Säulen ftehen. Ihre Kapitelle follten in Brüftungshöhe Figuren tragen, über welchen reiche Baldachine angehängt find. Hinter diefen entwickeln fich fodann Fialenarchitekturen bis zum Hauptgefimfe und find über den fchlanken, fpitzbogigen Fenftern mit ftarken Wimpergen verbunden. Ein Maßwerkfries in der Form einer zierlichen Bogenftellung fchließt die ganze Kapelle und fomit auch den Leib des Chörchens oben ab, welches durch ein hochauffteigendes Spitzdach den Charakter eines Türmchens erhält.

Nahe verwandt damit ift das Chörchen am Karolinum zu Prag (Fig. 328 [***]), welches jedoch bei geringer Höhe etwas mehr in die Breite entwickelt ift. Es ift insbefondere die eigentümliche Bildung des Unterbaues, welche zunächft in das Auge fällt. Ein achteckiger Pfeiler trägt ihn; eine einfache große Hohlkehle zeichnet den ausladenden Körper aus; aber an jeder Kante, wie in der Mitte jeder Fläche

358. Chörchen vom Karolinum zu Prag.

[**] Nach Aufnahmen der Wiener Bauhütte.
Handbuch der Architektur. II, 4, b. (2. Aufl.)

steigt von einer Konsole eine Rippe auf, welche durch freivorhängendes Maßwerk einen sehr bewegten Umriß bildet.

Wesentlich kleiner, insbesondere niedriger, ist das schöne Chörlein am Sebalder Pfarrhof zu Nürnberg, welches noch reicher ausgestattet ist als die beiden Prager. Wir geben es in Fig. 329 im gleichen Maßstabe wie die Prager wieder.

250. Chörchen am Sebalder Pfarrhof zu Nürnberg.

Schon der Unterbau ist hier mit Fialen und Wimpergen geziert und hat fünf Untersätze für Figuren. Reichgegliedert und mit vier durch Blattwerk belebte Hohlkehlen versehen, erhebt sich auf diesem Pfeiler die Ausladung. Das Chörchen selbst ist an den Ecken mit Fialen versehen; die Brüstungen tragen Darstellungen aus der biblischen Geschichte in hohem Relief, und über ihnen sind Reihen von Baldachinen unter dem Brüstungsgesimse angelegt. Reiche, dreiteilige Maßwerkfenster und über ihnen abermals Figuren in ihren Zwickeln füllen die Hauptflächen. Ein mit einer Hohlkehle, in welcher ein Rosenfries sich befindet, versehenes Gesims schließt den Bau ab, der jetzt ein außer Verhältnis niedriges Dach trägt, das auf unserer Zeichnung auf das übliche Verhältnis erhöht ist.

Fig. 327.

Erker vom Schleglerschloß zu Heimsheim[**].

260. Andere Nürnberger Chörlein.

Auch an das schöne Chörlein am *Schlüsselfelder*'schen Turme in Nürnberg müssen wir unter Hinweis auf Fig. 127 (S. 131) erinnern, verselbst statt des sonst überall üblichen Spitzdaches eine turmartig gebaute Laterne für ein ewiges Licht errichtet und dadurch ein noch steileres Verhältnis erzielt ist als sonst durch die Turmspitzen.

Noch ein drittes Chörlein von einiger Bedeutung besaß Nürnberg im alten Lorenzer Pfarrhofe, welches in einer Kopie am neuen Pfarrhofe unter Benutzung einzelner der alten Steine wieder errichtet wurde. Es ist einfacher als das vorhergehende und in Fig. 330 dargestellt, aber ebenfalls mit einem entsprechenden Spitzdache; in der Ausführung mußte sich des oberen Stockwerkes wegen die Kopie leider mit einem recht niedrigen Dache begnügen. Erwähnt sei auch das sonst ganz einfache Doppelchörchen, welches im ehemaligen Augustinerkloster sich befand und jetzt mit seinen Resten in das Germanische Museum übertragen und dort wieder aufgebaut ist. Das untere Chörchen gehörte dem Kapitelsaal an, von welchem in Art. 296 (Fig. 396) die Rede ist, das darüberstehende dem Dormitorium und wurde als St. Augustinus-Kapelle bezeichnet.

261. Chörchen am Abtshause zu Maulbronn.

Zum Schlusse führen wir, unter Hinweis auf die in Kap. 10 (Hauskapellen) gegebenen Bemerkungen, mindestens noch in kleiner perspektivischer Zeichnung, das Chörlein in der Abtswohnung zu Maulbronn an[**]) wegen des hohen Untersatzes, der dadurch nötig wurde, daß die Kapelle sich im II. Obergeschoß befand. Wir würden dieses Chörchen, weil es nicht orientiert ist, nicht als solches, sondern als Erker bezeichnen, wenn es nicht gerade an der Kurie des Abtes sich befände, die ohne Hauskapelle nicht denkbar ist.

[**] siehe: Paulus, E. Die Cistercienser-Abtei Maulbronn. Stuttgart 1873-79.

Fig. 328.

Chörchen am Karolinum zu Prag[1]).

240.
Erker
zu
Vayda-Hunyad

Wir haben indes manche Erker, die den Chörlein fast noch ähnlicher sind. Da wir nicht viele Beispiele geben können, so bieten wir in Fig. 331 *¹) eines der schönsten und reichsten Beispiele eines solchen den Chörlein verwandten Erkers, wie deren vier an der Westseite des Saalbaues auf der Burg Vayda-Hunyad (vergl. Fig. 68, S. 82) sichtbar sind. Diese vier Erker stehen in der Mitte des Wehrganges und erheben sich auf Strebepfeilern, welche den Saalbau

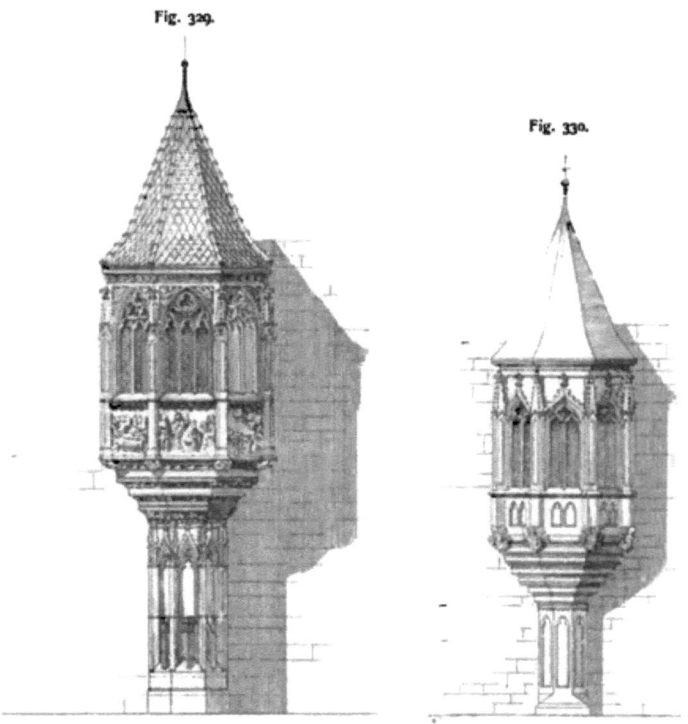

Fig. 329.

Fig. 330.

Vom Sebalder Pfarrhof zu Nürnberg.

Vom Lorenzer Pfarrhof zu Nürnberg.

stützen; gleich Chörlein sind sie an den Kanten mit Fialen besetzt, zwischen denen über einem wagrechten Gesimse den oberen Teil der Fläche Wimperge beleben, während ganz getrennt davon Steinkreuzfenster in den Flächen liegen. Um der kriegerischen Bedeutung wenigstens einigermaßen Rechnung zu tragen, sind sie nicht mit Verglasung, sondern mit kräftigen Holzläden versehen worden, die, wenn sie so konstruiert waren, wie in Art. 240 (S. 258) angegeben, auch die friedliche Benutzung nicht hinderten.

Fig. 331.

Erker am Schloſſe Vayda-Hunyad.

263.
Erkertürmchen.

Auf dem gesamten Architekturgebiete gehen verschiedene Motive durch Zwischenstufen ineinander über, und so vereinigen sich auch die Erker mit anderen Motiven. So führt z. B. die malerische Erscheinung der Treppentürmchen vielfach dazu, daß man ähnliche Türmchen, auch ohne daß sie Treppen enthalten, an die Hauswände, an Gebäudeecken oder in die einspringenden Winkel der Höfe anlegte, wodurch in jedem Geschoß ein Raum einen Ausbau erhielt, der viel zur Stimmung des Inneren beitrug. Die Türmchen, welche, vieleckig angelegt, an den Ecken und auf den Flächen der Gebäude sich erheben, sind mitunter auf ein einzelnes Stockwerk beschränkt und haben alsdann im Äußeren fast das Aussehen von Chörchen; sie sind indessen nur Erker. In der Regel sind sie jedoch einfacher als die wirklichen Chörlein; insbesondere aber zeigen die Fenster meist die einfache Steinkreuzkonstruktion und sind nicht spitzbogig und mit Maßwerk versehen wie die Kirchenfenster. Ein solches Türmchen, vieleckig angelegt, besteht somit aus einer Reihe von Erkern übereinander. Es konnte ebenso wie ein Treppentürmchen vom Boden bis über Dach aufsteigen, oder auch auf Vorkragungen erst in einem höheren Geschoß beginnen. Wir haben in Fig. 332 ein solches aus Innsbruck dargestellt. Ebenso wurden auch Reihen flacher, ausgebauter Fenster als Türmchen an die Fronten der Häuser gesetzt.

264.
Ableitung des Wortes „Erker".

Im allgemeinen bezeichnet man alle diese Anlagen, so vielgestaltig sie auch sind, als „Erker"; in Nürnberg heißen sie ausnahmsweise sämtlich „Chörlein". Diese letztere Bezeichnung hat insofern eine Berechtigung, als die ältesten Erker in der Tat Chörlein von Hauskapellen waren. Von ihnen geht höchstwahrscheinlich auch der Name „Erker" aus[110]. Denn der mittelalterliche Plural zu *Arcus* (Bogen) „*Arcora*" wird auch für die Apsiden der Kirchen gebraucht. Die älteste deutsche Form „Arkêr" führt uns also ebenso wie das Wort Chörlein auf die ausgekragten Apsiden von Haus- und Burgkapellen als den Ursprung dieser reizvollen Bauteile zurück. Nur eine weitere Übertragung der Bedeutung liegt dann darin, daß in manchen Gegenden die aus der Fläche vortretenden Dachluken als Erker oder Dacherker bezeichnet wurden.

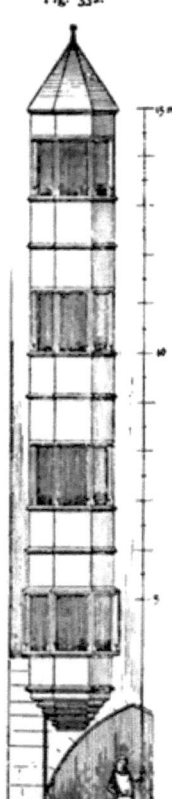

Fig. 332.

Türmchen zu Innsbruck.

c) Lauben und offene Hallen.

265.
Herkunft der Lauben.

Aus dem Süden mit seiner Scheu vor den sengenden Sonnenstrahlen und vor der Nässe des Regens ist zweifellos in die mittelalterliche Profankunst die Sitte eingedrungen, an den städtischen Häusern entlang gewölbte Bogengänge anzulegen. Wir dürfen ihren Ursprung wohl aus dem Orient herleiten; sie haben sich dann

---

[110] Vergl.: Heyne, M. Das deutsche Wohnungswesen. Leipzig 1899. S. 340.

zunächst in Italien und Südfrankreich eingebürgert. Über die Tiroler und Schweizer Städte, die als regsame, reiche Handelsplätze und Raststätten des damaligen Weltverkehres zum Übertragen südlicher Gewohnheit besonders geeignet waren, sind sie auch in die deutschen Städte eingedrungen und früher in ihnen verbreiteter gewesen als heutzutage. Schon im Süden ist es allerdings selten, daß sie die ganze Stadt durchziehen; noch mehr pflegen sie sich im Norden auf einzelne Hauptverkehrs- und Handelsstraßen der Stadt oder auf den Umfang des Marktplatzes zu beschränken. So fassen sie an einem der schönsten Beispiele, zu Münster in Westfalen, nur die langgestreckte Straße des „Prinzipalmarktes" ein, umziehen in ostdeutschen Städten, wie Heilsberg, und in böhmischen Städten, wie Budweis, nur den rechteckigen Marktplatz oder Ring. Man hat vermutet, daß bei ihrer Einführung in den Norden der Einfluß der Verbindungsgänge wirksam gewesen sei, welche in Nachahmung antiker Säulenhallen die einzelnen Teile der großen karolingischen Pfalzen miteinander verbanden. Näher liegt es aber wohl, an eine unmittelbare Übertragung der Form zu denken, wie sie sich erst später im Süden ausgebildet hat, bei der zum Unterschied von jenen mehr freistehenden Verbindungsgängen der untere Laubengang völlig in das Haus hineingerückt und mit den oberen Wohnräumen überbaut ist. Ob diese Form zuerst in städtischen Straßen oder in den Höfen fürstlicher Paläste (vergl. Avignon, Trient u. a.) ausgebildet worden ist, möchte schwer zu entscheiden sein. Möglich ist sehr wohl, daß gerade die Gewohnheit, an den Fürstenhöfen solche offene Hallen zu haben, dahin geführt hat, sie auch in den Städten anzulegen. Gerade da boten sie ja nicht bloß die Annehmlichkeit eines schattigen Aufenthaltes bei Sonnenhitze; sondern sie erweiterten auch die engen Straßen, ohne von den Häusern mehr wegzunehmen als den Raum im Erdgeschoß. Zudem boten sie Verkaufsstellen dar, und wenn wir von „Tuchlauben", „Brotlauben" u. a. hören, so können wir uns in den Hallen selbst die Verkaufsstände aufgeschlagen denken, wie dies noch heutzutage an den Gewerbslauben in Straßburg, in Bern, Bozen und anderen Städten zu sehen ist. Ferner schufen sie den Hausbesitzern die Möglichkeit, die Erdgeschosse zu Verkaufsgewölben nutzbar zu machen, die mit dem Inneren des Hauses selbst außer Verbindung sein konnten. Wo daher Lauben angelegt waren, fehlten hinter ihnen nur ausnahmsweise die nach der Straße offenen Gewölbe, sondern standen meist in Reihen, den Bogen der Lauben entsprechend, nebeneinander, da, wo ein Haus nicht von anderer Seite einen Eingang hatte, oft einen solchen zwischen sich übrig lassend, der dann gern von den Gewölben ganz getrennt wurde.

Die Breite solcher Lauben, wie auch ihre Höhe wechselt innerhalb weiter Grenzen. Unter jenen der Tiroler Städte finden sich welche, die sehr enge sind und meistens ungleich in der Breite, so daß die durchschnittliche Breite von 3,00 bis 4,00 m sich an einzelnen Stellen bis auf 1,50 m, selbst noch weniger verengt. Ebenso erweitert sie sich allerdings an manchen Stellen über dieses mittlere Maß hinaus, bis 5,00 und 6,00 m. Wir finden einzelne, deren Höhe nicht einmal 2,50 m beträgt, während andere 5,00 bis 6,00 m und noch mehr Höhe haben. Sie haben teils Balkendecken, teils Gewölbe der verschiedensten Art, je nach der Bauweise der Häuser, zu denen sie gehörten.

266. Abmessungen und Ausführung der Lauben.

Von dieser hängt auch die Gestalt der Laubenfront ab. Fast ausnahmslos öffnen sich die Lauben nach der Straße mit Bogen, in älterer Zeit mit Rundbogen, vom XIII. Jahrhundert an mit Spitzbogen, die auf runden, quadratischen oder rechteckigen, teilweise abgefasten oder sonst gegliederten Pfeilern ruhen. Im allgemeinen überwiegen die einfachsten Rechteckpfeiler, die zum Tragen der ſchweren Frontlaſten oft recht gedrungene Verhältniſſe annehmen; aber auch reichere Pfeilerformen verſchiedener Art kommen vor, wovon wir ein Beiſpiel am Marktplatze zu Vercelli (Fig. 333[350]), aus Backſtein erbaut, bringen. Hat man guten Hauſtein zur Verfügung, ſo werden auch Säulenformen gern verwendet, wenigſtens für die Zwiſchenſtützen. Wir geben in Fig. 334[351]) ein ſchönes weit geöffnetes Beiſpiel aus Metz und verweiſen auf die Abbildung des Rat-

Laubengang am Markt zu Vercelli[350]).

hauſes zu Münſter in Fig. 217 (S. 188), wo vorzüglich gezeichnete Rundpfeiler gedrungeneren Verhältniſſes die mächtigen Spitzbogen der Laube tragen.

Als Beiſpiel ſüdlicher Art führen wir ferner ein ſpätgotiſches Häuschen aus Serravalle, einem ſchönen Städtchen nördlich von Venedig vor (Fig. 335[352]), bemerkenswert durch die Leichtigkeit der aus Granit angefertigten Stützen, durch das wohlerhaltene Sparrengeſims des Dachrandes und die noch deutlich kenntlichen Reſte der alten Bemalung.

267. Mehrgeſchoſſige Lauben.

Eine weſentliche Steigerung erfährt das Motiv der Laube, wenn ſie ſich in mehreren Stockwerken übereinander öffnet. Dieſes feſtliche Öffnen auch des Obergeſchoſſes findet ſich an der Außenſeite der Häuſer nicht allzuhäufig; Venedig beſitzt am Fondaco dei Turchi ein ſehr frühes Beiſpiel, das aber dann von der bekannten zweigeſchoſſigen Prachtlaube des Dogenpalaſtes weit in den Schatten geſtellt wurde. Wir geben auf nebenſtehender Tafel ein glänzend durchgeführtes Beiſpiel von deutſchem Boden, aus Bruck an der Mur, vom ſog. Kornmeſſerhauſe ſtammend, angeblich dem früheren herzoglichen Hofe zugehörig.

Das Erdgeſchoß hat mit der Dicke des Gewölbes eine Höhe von 4,30 m. Die Entfernung der Säulen beträgt von Mitte zu Mitte 3,70 m, die Höhe der Säulenſtämme 1,60 m, der Säulen mit Fuß und Kapitell 2,15 m; die achteckigen Füße ſind einfach, die Kapitelle aber aus einer Reihe

Laubenhaus zu Metz[351]).

[350]) Nach: Stiehl, O. Der Backſteinbau romaniſcher Zeit, Leipzig 1898 Taf. 17.
[351]) Nach: Schmitz, a. a. O., Bl. 27.
[352]) Nach eigener Aufnahme.

Von einem Wohnhaus (Kornm

280.

(…erhaus) zu Bruck an der Mur.
(Gr.

Fig. 335.

Laubenhaus zu Serravalle [517].

Fig. 336.

Obere Laube im Kornmefferhaus zu Bruck an der Mur [518].

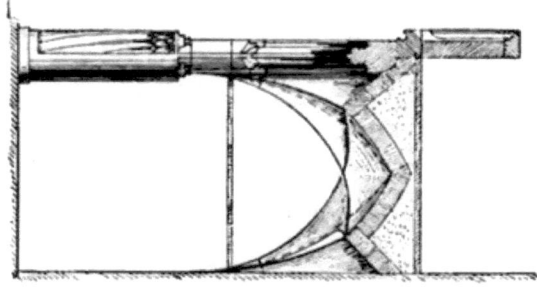
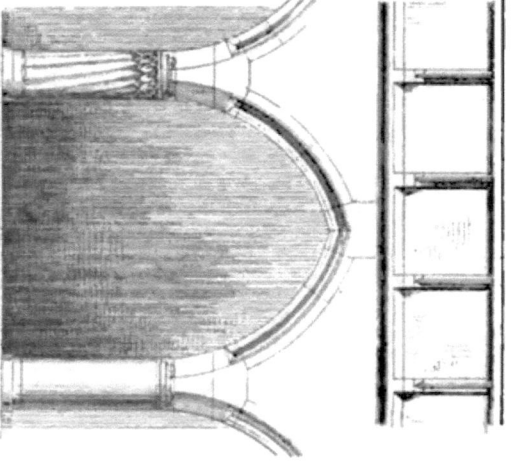

Fig. 337.

Bogengang im Kollegium Jagellonicum zu Krakau.

von reichen Profildurchfchneidungen, an jeder Säule wechfelnd in der Form, gebildet, welche fich an den Kern anlehnen. Eine reiche Gliederung, deren äußeren Rand ein Wimperg bildet, fchließt fich efelsrückenförmig dem flachen Bogen an. Über den Säulen ftehen auf Konfolen Fialen, welche fich mit dem Gefimfe verfchneiden, oberhalb des Gefimfes aber jetzt fehlen, ebenfo wie die Kreuzblumen der Wimperge nicht mehr vorhanden find.

Im I. Obergefchoß entfprechen jedem unteren Bogen deren zwei obere, auf rotmarmornen Achteckpfeilern aufruhend. Die ganze Gliederung ift fomit wefentlich kleiner. Die oberen Wimperge durchfchneiden fich, endigen jedoch oben nicht in einer Kreuzblume, fondern in einem konfolartigen Stein, auf welchem eine Tier- oder Menfchenfigur ftand. Maßwerkverzierung auf den unteren Bogenzwickeln und äußerft prickelnd durchgeführte Maßwerkbrüftungen wechfelnder Zeichnung vervollftändigen den reichen Eindruck der Schaufeite. Ihr entfpricht die äußerft bewegte Durchbildung des oberen flachbogigen Gewölbes (Fig. 336 ᵐˢ), das mit feinen im Grundriß gekrümmten und vielfach überfchnittenen, mit Nafenwerk und Laubboffen verzierten Rippenführungen eines der kunftvollften Beifpiele feiner Art bietet.

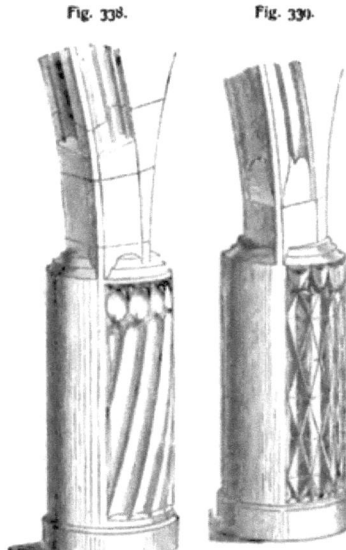

Fig. 338.   Fig. 339.

Säulen des Bogenganges
im Kollegium Jagellonicum zu Krakau.

Eine befondere Bedeutung erlangen die Lauben als Begleitung der Hofanlagen. Sie unterfcheiden fich auch bei eingefchoffiger Form grundfätzlich von den Kreuzgängen der Klöfter, indem ihre Bogen fich ohne Maßwerkfüllungen oder Säulenftellungen völlig frei dem Verkehre öffnen. Aber fie nehmen hier fehr häufig die bei den äußeren Lauben fo feltene Mehrgefchoffigkeit an. Dann dienen fie einerfeits, wie in den Straßen, als gefchützte Unterftandsräume im Erdgefchoß; daneben aber vermitteln fie in den oberen Gefchoffen den Verkehr zwifchen den einzelnen Gebäudeteilen. Hierdurch tritt der einfache Nutzzweck neben der monumentalen Wirkung ftärker hervor, und wir finden folche Hofumgänge oft in den einfachften Formen, häufig felbft aus Holz errichtet. So zeigt die Deutfchordensburg zu Gollub in Preußen den doppelgefchoffigen Umgang, wie er bei den Niederlaffungen des Ordens üblich war, auf eine fehr forgfam durchgebildete, aber durchaus fchlichte Holzausführung zurückgeführt. Reicher und oft mit höchft reizvoller Schnitzerei der Brüftungen ausgeftattet find die hölzernen mehrftöckigen Umgänge in Nürnberger Höfen. Neben der Ausführung in vergänglicherem Bauftoff treten andere Vereinfachungen ein; fo an dem Bogengang der Univerfität zu Krakau (Fig. 337), der Verzicht auf die felbftändige Überdeckung des oberen Ganges, der fich vielmehr als offener Umgang geftaltet und nur vom Dachüberftand etwas gegen die Witterung gefchützt wird. Das Ganze gewinnt hierdurch fehr an Leichtigkeit der Erfcheinung; insbefondere find die Tragebogen leicht und fchmal. Dazu kommt, daß man die Wölbung des Ganges ohne Rippen, in Form von Zellengewölben, hergestellt hat. So ergaben sich beim Aufsetzen dieser zierlichen Obergliedern auf die kurzen Rundpfeiler höchst eigenartige Lösungen, von denen wir in Fig. 338 u. 339 einige weitere Beispiele vorführen.

In sehr selbständiger Weise sind solche Hofumgänge in manchen Städten Oberösterreichs ausgebildet. Dort verbindet sich häufig die landesübliche Ge-

Fig. 340.

Hof eines Wohnhauses zu Steyr[32].

wohnheit, ganze Hausteile auf Kragsteinen vorzuschieben, mit der Anlage von mehrstöckigen Umgängen, die besonders engeren Höfen einen höchst malerischen und dabei behaglich wohnlichen Eindruck geben. In Fig. 340[235]) ist als bezeichnendes Beispiel der Hof eines Privathauses in der Stadt Steyr wiedergegeben.

Über dem Erdgeschoß strecken sich Kragsteine, durch kräftige Vorlagen vorbereitet, vor und tragen zwei gemauerte Umgänge. Schlanke Porphyrsäulen, sehr zierlich in wechselnden Formen durchgebildet, stützen ihre Bogenöffnungen und mittels steinerner Querbalken die Tonnengewölbe des Umganges. Im oberen Geschoß ist noch ein Rest der früher dort vorhandenen Maßwerk-

[235]) Nach eigener Aufnahme.

brüftung erhalten; für das untere Gefchoß werden wir die gemauerte Brüftung als urfprünglich
anfehen können. Bemerkenswert ift auch die Kühnheit der Löfung in der Ecke, welche ohne
Stütze in allen drei Gefchoffen frei auf den gegeneinander geführten Wölbungen fchwebt.

Viel großartiger find die Säulenhöfe Nürnbergs angelegt. Erwähnt fei befonders der große Hof im *Krafft*'fchen Haufe in der Therefienftraße als ein
treffendes Beifpiel dafür, wie man auf deutfchem Boden die gleichmäßige Ruhe
folcher Hofumgänge durch Einfügen von Treppentürmen und dergl. zu unterbrechen liebte, wie man gleichzeitig die weitgefpannte Steinbogenarchitektur der
unteren Gefchoffe mit dem Holzbau des Dachüberftandes verband (Fig. 341 [264]).

Fig. 341.

Hof im *Krafft*'fchen Haufe zu Nürnberg [264]).

6. Kapitel.

Äußere Treppen.

Wir haben bei der Befprechung der älteren Palasbauten gefehen, daß man
die Verbindung zwifchen den einzelnen Stockwerken des Gebäudes zunächft als
äußere Zutat zu den als felbftändige Teile angefehenen Innenräumen betrachtete
und innere Treppenanlagen überhaupt nicht vorfah. Die Ausführung diefer Auf-

269.
Urfprünglich
einfache
Form.

[264]) Nach: Gretsch, M. Alt-Nürnbergs Profanarchitektur. Wien u. Leipzig o. J.

gänge können wir uns zunächſt als überaus einfach vorſtellen; hat ſich doch die Bezeichnung „Stiege", die urſprünglich eine mit Sproſſen verſehene Leiter bedeutet, auf Treppenanlagen überhaupt ausgedehnt. Zum Unterſchied von dieſer einfachſten Art bezeichnete man die ſelteneren aufwändigen Anlagen zunächſt als „Greden" nach dem lateiniſchen Wort *Gradus*: die Stufe. Die Vorliebe für äußere Treppen erhielt ſich durch das ganze Mittelalter. Sie geſtatteten, in einfachſter Weiſe die innere Raumgeſtaltung, beſonders der großen Saalbauten, unabhängig zu halten von der Anordnung der Treppen und gaben bei gediegener Durchführung auch für das Äußere dankbare Anregung ab.

Fig. 342.

Freitreppe am Rathaus zu Dettelbach [**]).

278. Freitreppen aus Holz und Stein.

Häufig zwar begnügte man ſich auch ſpäter noch mit ſchlichten Holztreppen. So an den Rathäuſern in Gelnhauſen, Goslar, Dortmund uſw.; auch aufwändige Palasbauten, wie die von uns dargeſtellten zu Münzenberg und Gelnhauſen, können kaum andere als hölzerne Freitreppen beſeſſen haben. Erhalten hat ſich hiervon natürlich nichts; ſelbſt von den ſteinernen Freitreppen am Kaiſerhaus zu Goslar, in Braunſchweig, auf der Wartburg ſind kaum inſoweit Reſte auf uns gekommen, daß wir die Geſamtanlage uns im Geiſte wieder herſtellen können. Sie werden auch bei durchaus monumentaler Geſtalt in ihrer Formgebung ſchlicht und rein auf die Maſſenwirkung berechnet geweſen ſein. Nur der obere Austritt mag, wie beim ſeitlichen Treppenanbau des Goslarer Kaiſerhauſes, manchmal überbaut und mit zierlichen Säulenfenſtern geſchmückt geweſen ſein. Eine etwas ſpätere An-

**) Nach: GURLITT, A. Das deutſche Rathaus der Renaiſſance. Berlin 1907. S. 113.

lage ift die berühmte Treppe des Schloffes Montargis, von der *Viollet*[154]) einen Wiederherftellungsverfuch gibt. Sie ftieg im Gegenfatz zu den fonft der Gebäudefront angefchmiegten Treppen mit einem Laufe, der rechtwinkelig zur Front des großen Saales gerichtet war, zum Hofe hinab und entfandte von einem Zwifchenablatz aus nach rechts und links je einen weiteren kurzen Lauf. Bedeckt war fie mit hölzernem Dachftuhl, der auf fchlanken Steinpfeilern ruhte. In folcher Überdeckung betätigte fich dann gern die fortfchreitende architektonifche Entwickelung derartiger Treppen, und es find hier äußerft reizvolle und malerifche Bildungen gerade der deutfchen Baukunft gelungen. Sehr häufig ift nur die Fläche des oberen Austrittes überdacht und dann gelegentlich durch den höheren Aufbau eines Erkers oder Uhrturmes weiter betont, wie in Dettelbach am Main (Fig. 342[155]) oder zur Renaiffancezeit zu Molsheim im Elfaß. Ander-

Fig. 343.

Aufgang zum Meßnerhaus zu Steyr[157]).

wärts zog man, wie dies fchon zu Montargis gefchehen war, auch die auffteigenden Läufe mit unter die Bedachung, die dann von Holzpfoften und hölzernem Gebälk oder, bei den aufwändigeren Beifpielen, durch Steinpfoften und Bogen getragen wird. Vielleicht die reichfte Anlage diefer Art ift die im üppigen Formenfpiel der Spätgotik durchgeführte Freitreppe des Rathaufes zu Pößneck in Thüringen: zweifeitig anfteigend, mit Kreuzgewölben überdeckt und am oberen Austritt mit einer ausgekragten Verkündigungskanzel verbunden.

Wir geben in Fig. 343[157]) ein fchlichteres Beifpiel, den reizenden Aufgang zum Meßnerhaus der Stadtkirche in Steyr. Vier fchlanke Steinftützen, auf die Brüftung der Treppe aufgefetzt, tragen die Bogen der Überdachung und mittels wagrechter Steinbalken auch ihre Tonnengewölbe. In ähnlicher Weife ift der Unterbau der Treppe gleichfalls frei unterwölbt, um einen bequemen Zugang zum unteren Gefchoß zu gewähren.

[154]) A. a. O., Bd. V, S. 291.
[157]) Nach eigener Aufnahme.

271. Freitreppen in Höfen und Hallen. Zu den Freitreppen können wir ihrer ganzen Form nach auch die fchönen Treppenanlagen rechnen, die fich innerhalb der Höfe oder auch in großen überdachten Hallen häufig vorfinden. Von ihnen find uns in Tiroler Bürgerhäufern und Schlöffern malerifche Beifpiele reichlich erhalten, oft verbunden mit vorgekragten Umgängen und gewölbten Hallen und meiftens mit Maßwerkbrüftungen oder zierlich gefchmiedetem Eifengeländer reizvoll ausgeftattet[334]). Auch die Rathäufer zu Freiburg i. B., Amberg u. a. befitzen fchöne Anlagen diefer Art. Allerdings ift alles, was im Norden an Treppen gebaut wurde, nach unferem heutigen Maßftab gemeffen, eng und fteil. Vornehmere Gefamtverhältniffe, insbefondere geringere Steigung, finden wir dagegen in füdlichen Gegenden, und führen eine folche Anlage aus der Audiencia zu Barcelona in Fig. 344[335]) im Bilde vor.

Fig. 344.

Treppe in der Audiencia zu Barcelona[335]).

272. Wendeltreppen und Treppentürme. In der fpäteren Zeit des Mittelalters wurden an Stelle der geradlinigen Freitreppen die Wendeltreppen bevorzugt, welche teils auf der Straße, teils in den Höfen außerhalb der Gebäudeflügel, nur an fie angelehnt, emporführen. Da fie meiftens über den Dachrand in die Höhe ragen und mit einem fpitzen Dache bedeckt find, fo haben fie die Geftalt von Türmchen und tragen wefentlich dazu bei, den malerifchen Charakter der Gebäude zu heben. Wir verweifen auf das, was weiterhin in Kap. 12 über die Treppen als Teile des Gebäudeinneren gefagt wird, und ergänzen es hier in bezug auf die äußere Erfcheinung, foweit bei einer Bauweife, wie folche den Wendeltreppen eigen ift, die äußere Seite getrennt von der inneren betrachtet werden kann.

---
[334]) Einige Beifpiele aus Sterzing und Klaufen finden fich in: STIEHL, H. Baudenkmäler deutfcher Vergangenheit. Berlin, O. J. Heft 5, 6.
[335]) Nach: JOLY, H. Meifterwerke der Baukunft und des Kunftgewerbes in Spanien. Wittenberg u. Leipzig. O. J. Bd. I, Taf. 63.

Diese Treppentürmchen waren in der älteren Zeit auch äußerlich rund, mindestens vom Beginne des XIV. Jahrhunderts an aber zum Teile sechs-, meist aber achteckig. Einfachere zeigen nur eine Anzahl schräger Fensterchen, schräg übereinander aufsteigend. Wesentlich reicher wird schon die Wirkung, wenn die Fenster größer sind, so daß sie fast die ganze Achteckseite einnehmen, nur eben Eckpfeiler übrig lassend, und wenn die Öffnungen durch Pfosten unterteilt sind oder ein Steinkreuz haben. Eine weitere Ausbildung findet dadurch statt, daß die Achteckkanten der Türmchen mit kleinen Strebepfeilern besetzt werden, daß auch äußerlich schräg aufsteigende Gesimse, Maßwerkbrüstungen und sonstige Zierate angelegt sind. Gern treten auch Konsolen mit Figuren hinzu, über welche sich reiche Baldachine erheben, oder man verbindet die Eckpfeiler durch Bogen, unter welchen das dem Kirchenbau entnommene Fenstermaßwerk angeordnet ist und über denen die gleichfalls dorther entnommene vollständige Anordnung von Fialen und Wimpergen sich erhebt. Zu oberst schneiden dann etwa 8 Giebel mit ihren Dächern in den Turmhelm ein, oder über einem ausladenden Gesimse schließt eine Maßwerkbrüstung oder auch ein reichverzierter Zinnenkranz einen Gang ab, welcher am Fuße des Turmhelmes angelegt ist, oder aber als flache steingepflasterte Plattform das Dach selbst bildet. Solche Treppentürmchen gehen nicht allenthalben unmittelbar vom Erdboden aus; teilweise sind sie auf verschiedenartig hergestellten Vorkragungen nur vom ersten oder noch höheren Obergeschoß aus in die Höhe geführt.

Ein Beispiel eines reichlich durchbrochenen unverglasten „Wendelsteins", der durchaus als gewendelte Freitreppe gelten kann, haben wir mit bei der Darstellung des Hofes im *Krafft*'schen Hause (Fig. 341) gegeben. Meist aber werden diese Räume verglast; ihre innere Ausbildung entspricht dann völlig den ganz im Inneren der Gebäude liegenden Wendeltreppen. Als großartigste Ausführung dieser Art kann der prachtvolle Treppenturm der Albrechtsburg zu Meißen gelten, der, wie unser Grundriß in Fig. 102 (S. 109) zeigt, abgesehen von seinen an sich großen Abmessungen, besondere Bedeutung erhält durch den ihn in fünf Geschossen umziehenden gewölbten Umgang. Er war übrigens nach oben in älterer Zeit reizvoller als durch die im XIX. Jahrhundert hinzugefügten Giebelaufsätze abgeschlossen, indem sich über einem niedrigen, mit kleinen Vorhangbogenfenstern versehenen und durch ein leichtes wagrechtes Traufgesims bekrönten Obergeschoß der Dachhelm in eigenartiger, fesselnder Linienführung erhob.

7. Kapitel.

Dach und Giebel.

a) Dächer.

Der obere Abschluß des Hauses, das Dach, spielt bekanntlich im mittelalterlichen Bauwesen, wenigstens des Nordens, eine unvergleichlich größere Rolle als in irgend einer früheren Zeit. Es ist nicht nur bestimmt, dem Bedürfnis nach schützender Deckung zu entsprechen, sondern es wird schon in früher Zeit, durch seine bedeutende Höhe dazu benutzt, den Masseneindruck der Gebäude mit Bewußtsein zu steigern. Während man sich hierfür zur romanischen Zeit mit Dachneigungen von etwa 45 Grad oder wenig mehr begnügte, führt die Betonung dieser Massenwirkung in der späteren Entwickelung zu immer steileren Dachneigungen, so daß der Winkel von 60 Grad als die Regel angesehen werden kann, fo manche Löfung aber auch noch fpitzer und fteiler aufwärts ftrebt. Aus diefer erheblichen Wichtigkeit, welche das Dach, rein als Baumaffe betrachtet, gewinnt, entwickelt fich nun eine Feinheit der Linienführung und eine bewundernswerte Kunft der Gliederung, welche als ganz neuartige Errungenfchaft mittelalterlicher Baukunft einen ihrer größten Ruhmestitel ausmacht. Dadurch wird das Dach in die Gefamtwirkung der Bauten einheitlich verfchmolzen; es wird befonders bei einfachen Bauten zu einem der wirkfamften und beftimmendften Ausdrucksmittel umgeformt.

374. Satteldächer und Walme.

Schon das fchlichtefte, zwifchen Giebel eingefchloffene Satteldach bildet nicht nur eine Zufammenfetzung zweier geneigter Ebenen. Man rückte allgemein den Sparrenfuß vom Dachrande ein gewiffes Stück einwärts, um das Ausreißen des ihn haltenden Zapfenloches zu verhüten. Indem man diefen Rückfprung durch ein befonderes, leichtes Holz, den Auffchiebling, ausfüllte, gewann man an der Grenze zwifchen der lotrechten Wand und der fchrägen Dachfläche eine Zwifchenform, die man durch ftärkeren oder geringeren Rückfprung des Sparrenfußes, durch fteilere oder flachere Neigung des Auffchieblings nach Bedarf auf einen härteren oder weicheren Übergang beider Bauteile abftimmen konnte. Auch die Anlage von Walmen, die nächfte Bereicherung der Dachform, wird im Sinne einer dem Einzelfalle fich anfchmiegenden, innerlich belebten Arbeitsweife behandelt. Das Mittelalter kennt nicht die heutige, mechanifch-gefühllofe Zimmermannsregel, nach der das Walmdach grundfätzlich die gleiche Neigung erhält wie das zugehörige Satteldach. Es gewinnt vielmehr unvergleichlich feffelndere Wirkung, indem es regelmäßig der Walmfläche eine fteilere, manchmal faft bis zur Lotrechten gefteigerte Neigung gibt, die es geftattet, die Linienführung der Grate und die Firftlänge des Hauptdaches den künftlerifchen Bedürfniffen anzupaffen. Nicht ganz felten wird auch ein Walm in drei Achteckfeiten aufgelöft, wie die Abbildung des Schönbornerhofes in Geifenheim (Fig. 86, S. 95) es zeigt. Den großen Flächen des Daches weiß man befonders in Deutfchland die ftrenge Ruhe der Erfcheinung zu wahren, auch wenn fie zur Nutzung der Bodenräume reichlich mit Dachluken durchbrochen werden, indem man in der Formgebung diefer untergeordneten Teile die feinfühligfte Zurückhaltung übt, die bei heutigen Nachbildungen leider häufig vermißt wird.

375. Dachaufbauten.

Zur reicheren Belebung der Maffe treten dann größere Aufbauten hinzu, vor allem vieleckige Erker zur Betonung der Ecken oder auch zur Unterbrechung der Langfeiten. Sie können, wie bei dem foeben angeführten Beifpiele oder am *Schlüffelfelder*-Haus in Nürnberg auf tiefer herabgreifenden Auskragungen aufruhen; oft aber bilden fie reine Teile des Daches, aus deffen Flächen fie herauswachfen. Ein gutes Beifpiel dafür, wie durch folche mit wenig Mitteln herzuftellende Dachgliederung dem einfachften Mauerklotz zu eigenartig lebendiger Wirkung verholfen werden kann, bietet das Hochzeitshaus zu Marburg, das wir in Fig. 345 abbilden. Noch kraftvoller wird die Dachfläche belebt durch das Auffetzen von quer („überzwerch") gerichteten Giebeldächern, insbefondere wenn diefe fich mit einftöckigem oder gar mehrgefchoffigem Unterbau als „Zwerchhäufer" bedeutender über das Hauptgefims erheben. Das Schloß in Meißen, die Rathäufer zu Braunfchweig, Hannover, Saalfeld u. a. geben treffliche Auskunft darüber, wie durch folche Zutaten die Baumaffe wirkungsvoll gefteigert und gleichzeitig auf das lebhaftefte gegliedert wird. Schließlich traten angelehnte Treppentürme und Erker mit ihren fpitz auffchießenden Helmen, auch hier und dort keck und trefflicher aufgefetzte Dachreiter hinzu, um die bunte und frifche

Wirkung der Dächer zu vervollftändigen. Aber es muß hervorgehoben werden, daß diefe ganze reiche Formenwelt durchgehends fo gehandhabt wird, daß fie fich den großen Hauptformen des Daches unterordnet. Nicht in regellofer Willkür, fondern faft immer in ftreng achfenmäßiger Ordnung gliedern diefe Zutaten die großen Dachflächen und laffen ihre Gefamtformen immer herrfchend durchfcheinen. Das große Satteldach bildet allerorts den ruhigen Hintergrund für das lebhafte Spiel der Zwerchhäufer, Erker, Giebel und Türmchen. Dazu trägt wefentlich der Umftand bei, daß die Einheit diefer Zierteile mit der Dachfläche, ähnlich wie fchon bei den kleinen Dachgaupen betont wurde, durch die größte Zurückhaltung in den Einzelformen verftärkt wird. Große Befchränkung in der Auslading der Gefimfe, Sparfamkeit in der Verwendung der fchmückenden Zutaten, dafür die feinfte Abwägung in der Führung der Dachlinien zeichnen diefe köftlichen Löfungen aus. Ihr eindringliches Studium, das fich allerdings nicht nach Büchern, fondern nur an den Bauten felbft betreiben läßt, führt in einen der genußvollften und dankbarften Abfchnitte der architektonifchen Formenwelt; ihm nachzugehen ift eine dringend nötige Vorausfetzung für Neufchöpfungen ähnlicher Art.

Zur Deckung der Dächer wurde im Beginn der Entwickelung ficherlich überwiegend der am leichteften zu befchaffende Bauftoff, Stroh oder Rohr, verwendet. Die ländlichen Bauten allenthalben und bis in die fpäteften Zeiten, aber auch die ftädtifchen Gebäude älterer Zeit haben wir uns mit Stroh- oder Rohrdächern vorzuftellen. Erhalten ift von folchen alten Dächern natürlich nichts.

Sowohl die Rückficht auf vornehmes Ausfehen, wie das Streben nach größerer Feuerficherheit ließen für beffere Bauten andere Deckungsarten fchon früh in den Vordergrund treten. Nur der erften Bedingung entfprach die Verwendung der gefpaltenen hölzernen Schindeln, die fich fchon durch ihren Namen (*Scindula*) als ein Erbteil des Altertumes kennzeichnen. Sie ftellen vielleicht die älteste Art der Dachdeckung dar, in der bei uns Steinbauten eingedeckt wurden, und haben fich im fpäteren Mittelalter zweifellos noch vielfach im Gebrauch erhalten, wie fie in holzreichen Gegenden noch jetzt heimifch find. Sie empfahlen fich jedenfalls durch die leichte Befchaffung und Verarbeitung, welche der Bauherr fogar

Fig. 343.

Hochzeitshaus zu Marburg.

276. Dachdeckung: Stroh, Rohr, Schindeln.

selbst oder mit eigenen Arbeitskräften besorgen konnte. Durch sorgfältige Auswahl des Holzes und so treffliche Glättung, daß die Feuchtigkeit schnell abfloß, ließ sich mit ihnen wohl ein dichtes Dach bilden, das nicht so rasch zugrunde ging. Leicht herzustellende Verzierung der unteren Enden und bunte Bemalung, wie sie in den Alpenländern noch heutzutage üblich ist, mußten die Wirkung eines solchen Daches wesentlich reicher gestalten. Dies gab dann wohl die Veranlassung, die Verschindelung auch auf lotrechte Flächen zu übertragen, wovon im vorhergehenden Hefte (1. Aufl.: S. 242, in der Abbildung des Pfennigturmes zu Straßburg) ein Beispiel zu finden ist. Andere schöne Beispiele solcher Verwendung finden sich noch im mittleren Frankreich. So sind die Hofumgänge des Hospitals zu Beaune*) in ihren Flächen beschindelt; auch der Hof eines vornehmen Hauses in der Straße St. Trinité zu Troyes zeigt so reizvolle Verwendung dieser Deckungsart, daß wir ihn hierneben wiedergeben (Fig. 346**), obwohl sich darin schon Renaissanceeinflüsse mit der Überlieferung des Mittelalters mischen.

Fig. 346.

Hof eines Hauses zu Troyes**).

Das Streben nach größerer Feuersicherheit aber hat auch die Schindel von dem wehrhaft zu denkenden Hause des Vornehmen auf dem Lande, wie auch von den dichtgereihten Häusern der Städte schon früh zu verdrängen begonnen. Aus den deutschen Städten haben wir schon seit dem Ende des XIII. Jahrhunderts die ersten auf Anwendung steinerner Dachdeckung gerichteten obrigkeitlichen Verfügungen; in den größeren wird diese Forderung im Laufe des XIV. Jahrhunderts wohl ziemlich durchgesetzt; in den kleineren zieht sich die Ausmerzung der Stroh- und Schindeldächer bis in die letztvergangenen Jahrhunderte hinab und ist in manchen Gebirgsgegenden selbst heute noch nicht beendet.

277. Schieferdächer.

Die Verwendung der Schieferdächer bei Profanbauten war im Mittelalter auf jene Gegenden beschränkt, wo Schiefer leicht zu gewinnen war, oder wohin er ohne größere Schwierigkeiten und Kosten geschafft werden konnte. Auch er dürfte schon vor dem Mittelalter in den Rheingegenden Verwendung gefunden haben.

*) Vergl.: Verdier & Cattois, a. a. O., Bd. I, S. 1 ff.
**) Nach eigener Aufnahme.

Wenigſtens ſind auf der Saalburg Reſte von Dachſchiefern gefunden worden, die als römiſch angeſehen werden. Über die Geſtalt, welche man im früheren Mittelalter den einzelnen Plättchen gab, haben wir keine Nachrichten; wir dürfen aber wohl annehmen, daß die gewöhnliche, heute noch übliche, ſchräge deutſche Deckung in ſehr alte Zeit hinaufgeht. Mindeſtens am Schluſſe des Mittelalters dürfte ſie die allgemein übliche geweſen und in ähnlicher Weiſe an ihren Rändern behandelt worden ſein wie heute. Wenn wir nun auch bezweifeln, daß irgend ein Schieferdach, welches heute auf einem mittelalterlichen Gebäude liegt, noch das urſprüngliche und unberührt iſt, ſo darf doch angenommen werden, daß auch bei den vielen Reparaturen, welche ſeit dem Mittelalter ſtattgefunden haben, ſtets die alte Deckungsweiſe und die alte Form der Steine, wenn ſie urſprünglich eine andere geweſen ſein würde, beibehalten worden wäre. Da wir ſie aber gerade in dieſer Weiſe ſo lange beibehalten finden, dürfen wir ſchließen, daß ſie auch früher ſchon gerade ſo angewandt wurde.

378. Metalldächer.

Metalldächer waren von jeher mehr im Kirchenbau als im Profanbau üblich, hier faſt nur an kleinen Zutaten, Türmchen, Erkern und dergl. Ihre Behandlung war, wo dieſe Deckungsart auch im Profanbau Verwendung fand, die gleiche, und zwar ſehr ſchlichte wie dort. Indeſſen haben die ſo häufigen Bleideckungen der Ränder bei Schieferdächern doch Veranlaſſung gegeben, auch bei dieſen an die Grate zierliche Krabben aus Blei zu ſetzen, die Firſte reich zu verzieren, Ecken und Spitzen mit Schmuck zu verſehen. In den meiſten Teilen von Deutſchland hat man von dieſen Zierformen allerdings nicht viel Gebrauch gemacht, da man die klaren Linienführungen bevorzugte; das meiſte von dieſem Schmuck iſt auch wohl zugrunde gegangen. Doch ſind insbeſondere am Rhein einzelne Stücke erhalten geblieben, welche aber ſchwer zu finden ſind, da die Gebäude meiſt reſtauriert wurden und dabei der alte, ſtark verwitterte Bleiſchmuck entweder neuem Platz machte oder ſo zwiſchen letzterem verſteckt iſt, daß man ihn, von unten geſehen, nicht mehr herausfinden kann.

Mehr als in Deutſchland iſt von ſolchem Bleiſchmucke in Frankreich erhalten, und er ſcheint auch dort ſchon im Mittelalter häufiger und in reicheren Formen gebildet zur Verwendung gelangt zu ſein. Wir wählen daher ein franzöſiſches aus den vielen Beiſpielen aus und geben in Fig. 347 ein ſolches, welches am Hôtel-Dieu in Beaune ſich befindet und deſſen Darſtellung wir *Viollet-le-Duc*[166]) entnehmen. Die drei Einzelheiten, welche daneben ſtehen, ſind der Kreuzblume und den zwei Knäufen unter dieſer entnommen. In weitaus den meiſten Fällen ſind aber auch bei Metalldächern viel ſchlichtere Formen, einfache auf einen blechumhüllten Holzſtengel geſetzte Knäufe und leichte Eiſenſtangen als Träger der Windfahnen verwendet worden.

379. Ziegeldächer. Hohlziegel.

Am meiſten iſt uns an Reſten von Ziegeldächern des Mittelalters erhalten geblieben. Wir haben zwar auch da wohl keines mehr, welches nicht ſpäter wiederholt ausgebeſſert und umgedeckt worden wäre; aber es ſind doch noch ſo viele erhalten, bei welchen die Mehrzahl der einzelnen Ziegel noch aus dem Mittelalter ſtammt, dazu in den Muſeen und Sammlungen ſo viele einzelne Ziegel, ſowohl gewöhnliche als Schmuckziegel, daß wir ein recht langes Kapitel über die Ziegeldeckung des Mittelalters ſchreiben könnten, wenn wir nicht alles eben bloß anzudeuten hätten. Vorzugsweiſe ſind es zweierlei Deckungsverfahren, die uns entgegentreten und die vom Beginne des Mittelalters bis über deſſen Schluß hinaus nebeneinander hergingen.

---

[166]) A. a. O., Bd. V, S. 283.

Das eine knüpft an die antike Dachdeckung an, wo Platten mit aufftehenden Rändern Verwendung fanden, welche fo nebeneinander gehängt wurden, daß über die benachbarten Ränder von je zwei Platten ein Hohlziegel gelegt wurde. Man nahm jedoch fchon am Schluffe der antiken Kultur ftatt der unterliegenden Platten ebenfalls Hohlziegel, fo daß die deckenden Ziegel ziemlich dicht nebeneinander ftehen. Man hat heute, und fchon länger her, für diefe Deckungsweife die technifche Bezeichnung "Nonne" und "Mönch"; ob diefe Bezeichnung aber fchon im Mittelalter gebräuchlich war, ift zweifelhaft. Die Maße, in welchen die einzelnen Steine ausgeführt find, find fehr verfchieden und teilweife recht beträchtlich; gerade die älteren fcheinen die größten zu fein. In der Sammlung des Germanifchen Nationalmufeums zu Nürnberg befinden fich Bruchftücke, die 62 cm lang und 27 cm breit find, dabei ein Gewicht von 10,7 kg haben. Denkt man fich diefe felbft mit etwas fchmaleren überdeckt und gut vermörtelt, fo erhält das Quadr.-Meter ein Gewicht von nahezu 100 kg. Dies war eine recht beträchtliche Laft, und es bedurfte ftarker Dachftühle, wie fie auf kleineren Häufern felten waren, um eine folche Deckung zu tragen. Mittlere und kleine Hohlziegel geben zwar ein verhältnismäßig leichteres Dach; aber doch muß es noch für gewöhnliche Stühle zu ftark gewefen fein; denn in Nürnberg, ebenfo in Quedlinburg und anderwärts, findet fich nicht felten der Fall, daß

Fig. 317.

Vom Hôtel-Dieu zu Beaune***).

man auch bei Verwendung kleinerer und dünnerer Hohlziegel die oberen Deckreihen, die "Mönche", ganz wegließ und durch gutes Mörteln der Fugen mit den "Nonnen" allein ein dichtes Dach erzielte. Dabei ift zu bemerken, daß die "Nonnen" an den Nafen, welche jeder Hohlziegel hatte, auf die ftarke Lattung

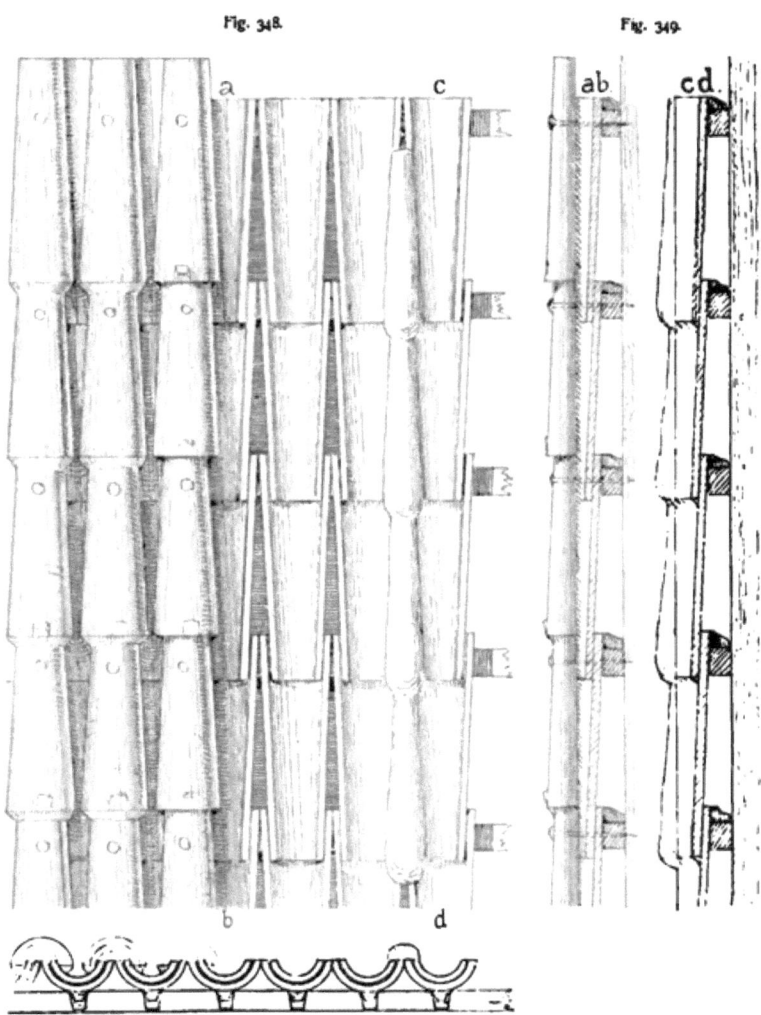

Mittelalterliche Dachdeckung mit Hohlziegeln.

aufgehängt, die „Mönche" dagegen meist ohne Nasen darauf gelegt wurden, weil das Dach sonst zu unruhig bewegt ausgesehen haben würde, wenn von jedem sichtbar werdenden Ziegel die Nase emporgestanden hätte. Die Nasen konnten leicht abgeschlagen werden, wenn nicht ohne solche gebrannte Ziegel zur Verfügung standen. Zur Befestigung der „Mönche" war nur ein Mittel vorhanden, nämlich ein Loch mit einem spitzen Instrument in sie zu schlagen und sie durch Eisennägel, welche zwischen je zwei „Nonnen" hindurch gingen, auf der Lattung zu befestigen. Alle die verschiedenen Stadien sind aus Fig. 348 u. 349 ersichtlich.

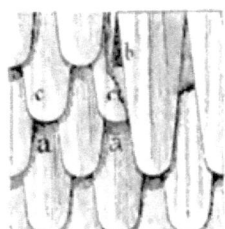

Fig. 350.

280. Flachziegel.

Dieser ersten allgemein verbreiteten Deckungsart stand von früher Zeit her eine zweite gegenüber, jene mit Flachziegeln, da und dort auch „Taschen", „Biberschwänze" und anders genannt, deren Ursprung in den hölzernen Schindeln zu suchen ist, an deren Stelle sie traten. Sie haben im Laufe der Zeiten und in verschiedenen Gegenden verschiedene Formen erhalten, nach denen sich, wie bei den Schindeln, eine verschiedenartige Zeichnung auf dem Dache bildete.

Flachziegel aus Konstanz.

Sehr altertümlich sind die in Fig. 350 dargestellten Ziegel aus der Bodenseegegend, von denen sich im Rosengarten-Museum zu Konstanz eine beträchtliche Zahl findet und die dem XII. bis XIII. Jahrhundert entstammen mögen. Sie verjüngen sich von oben gegen die Spitze hin, sind verhältnismäßig stark, und ihre Oberfläche ist leicht gewölbt. Sie lassen, nebeneinander gelegt, zwischen sich einen dreieckigen Raum offen. Da nun diesen die nächstfolgende Schicht *b* nicht vollständig deckt, sondern erst die dritte Schicht *c*, so wurde ein Strohbüschel eingelegt, damit nicht Luft und Wind in die Öffnung zwischen *a* und *c* eindringen und durch das offene Dreieck über *a* in das Innere des Dachbodens ge-

Fig. 351.   Fig. 352.

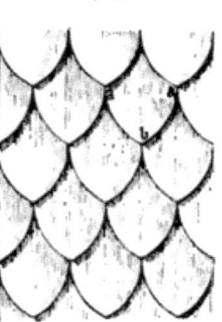 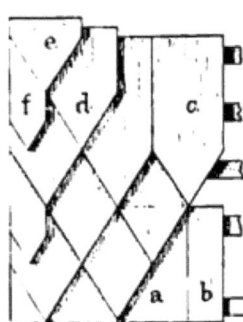

Flachziegel aus Nürnberg.

langen konnte. Flachziegel sehr eigentümlicher Art, sicher noch dem XII. Jahrhundert angehörig, sind neuerdings auch bei der Wiederherstellung des Wetzlarer Domes gefunden worden [263]. Sie haben die Form eines Rechteckes mit angesetzter Dreiecksspitze, sind also in Bezug auf Dichtigkeit der Deckung den

---

[263] Siehe: Stiehl, E. Zur Frage mittelalterlicher Dachdeckung. Denkmalpflege 1906, S. 77.

ebenbeschriebenen weit überlegen; auch sie sind sehr sorgsam bearbeitet und an der Spitze mit leichter Fasung versehen.

In Nürnberg waren während des Mittelalters für solche Ziegelplatten zweierlei Formen im Gebrauche, von denen es schwer fallen würde, zu bestimmen, welche die ältere ist: die Schuppenziegel (Fig. 351) oder die Spitzziegel (Fig. 352). Wenn wir erstere für etwas älter halten, so hat dies seinen Grund darin, daß sie meist etwas mehr gewölbt sind als die Spitzziegel, welche teilweise vollkommen flach angefertigt wurden. Die Deckung mit Schuppenziegeln bildet ein sehr ansprechendes Muster, ist aber, wenn die Wölbung der einzelnen Platten so stark ist, wie dies bei denjenigen zutrifft, welche wir gerade für die ältesten halten und dem XIV. Jahrhundert zuschreiben, gleich den Konstanzern nicht sehr luftdicht. Wenn jeder Ziegel bei *a* rechts und links auf der höchsten Stelle der darunter liegenden Ziegelreihe aufliegt, so fällt die Spitze *b* über den tiefsten Teil, und es kann somit unter *b* die Luft, und mit ihr insbesondere die Kälte, in den Dachbodenraum eindringen. Daß Strohbüschel in Nürnberg verwendet worden wären, ist nicht bekannt. Da ja die Ziegel nie mathematisch eben sind, sondern auch der beste ein klein wenig windschief ist, so wird ja ohnehin die Ziegeldeckung nie vollständig luftdicht. Es ist bekannt, daß am unteren Rande, wie am Dachfirst und bei den Anschlüssen an die Giebel Bruchstücke von Ziegeln nötig sind, welche heute die Dachdecker durch Hauen ganzer Ziegel sich verschaffen. Im Mittelalter formte und brannte man diese Teile eigens. Um also ein Spitzziegeldach herzustellen, brauchte man für den unteren Rand die Schaufeln *a* (Fig. 352), für ihren Anfang und ihr Ende halbe Schaufeln *b*; hierauf von den gewöhnlichen Ziegeln *c* so viele, als eben das Dach erforderte. Am First waren zwei kürzere Reihen *d* und *e* erforderlich, welche nicht auf Latten, sondern auf der obersten Reihe der gewöhnlichen Ziegel *c* aufgehängt wurden. Wie nun der Durchschnitt in Fig. 353 erkennen läßt, ist darauf mit Mörtel eine Reihe Hohlziegel aufgesetzt, welche den First bildet. Es geht aus diesem Schnitt auch hervor, daß ein solches Dach immerhin 12 bis 15 cm über die Sparrenoberfläche aufträgt, da an jeder Stelle, vom unteren Rand abgesehen, die Ziegel dreifach aufeinander liegen. Es ist also immerhin noch ein recht schweres Dach, welches mit diesen Deckungsarten erzielt wird. Das auf den einzelnen Ziegel fallende Regenwasser fließt abwärts bis zum Rande. An diesem läuft jedoch ein großer Teil entlang bis zur Spitze und fällt dort erst auf den darunterliegenden Ziegel. Es würde daher am Rande des Daches, wenn gewöhnliche halbe Ziegel verwendet würden, ein großer Teil des Wassers gegen den Giebel geleitet und dieser dadurch feucht werden. Deshalb hat man manchmal noch besondere Ziegel *f* gebrannt, bei welchen die Spitze vom Rande weg auf die Fläche des darunterliegenden Ziegels geleitet ist. Einfacher wird der gleiche Zweck meistens dadurch erreicht, daß man die Dachfläche durch

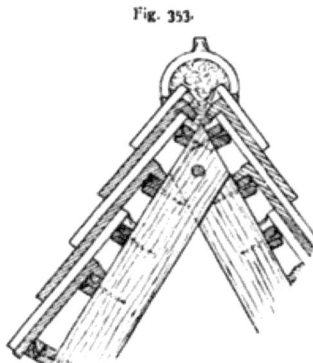

Fig. 353.

Firstbildung bei Flachziegeln.

untergelegte keilförmige Hölzer gegen den Giebel hin leicht aufsteigen läßt. Für die Grate und Kehlen konnte man Ziegel nicht im Vorrat anfertigen, da sie bei jeder verschiedenen Neigung des Daches verschieden werden mußten und Normaldachprofile nicht bestanden.

282. Herstellung der Dachziegel.

Was die älteren mittelalterlichen Dachziegel besonders auszeichnet, das ist die Sorgfalt der Arbeit. Es ist offenbar der Ton auf das sorgfältigste geschlemmt; denn er ist von jeder schädlichen Beimischung, auch von groben Kieskörnern, vollständig frei und außerordentlich gleichmäßig und fein durchgearbeitet. Die Ziegel sind natürlich in Formen geschlagen, die Nasen sehr sorgfältig aus der Hand modelliert und fest angesetzt, so lange der Ziegel noch in der Form war, so daß durch festes Andrücken die Nase mit der Platte verbunden werden konnte, ohne daß der Ziegel die Form änderte. Sie müssen nicht zu feucht, dagegen mit ziemlicher Kraft in die Form gepreßt und langsam getrocknet worden sein. Wenn sie etwa halb getrocknet waren, wurde die Oberfläche wieder genetzt und mittels eines Pinsels oder der Hand so vollkommen als möglich geglättet. Dieser Behandlung ist es zu danken, daß die Poren der Oberfläche ausgefüllt sind und infolgedessen sich keine Algen und Moose bilden, aber auch kein Schmutz auf die Ziegel setzt, welchen nicht der nächste Regen wieder abwaschen würde. Die Ziegel haben so ihre tiefrote Farbe bis heute bewahrt, und man kann an ihr jeden mittelalterlichen Ziegel eines Daches von den bei Ausbesserungen dazu gekommenen späteren Ziegeln unterscheiden, weil alle späteren, auch wenn sie die alte Form beibehielten, weniger sorgfältig gearbeitet und daher schwarz geworden sind.

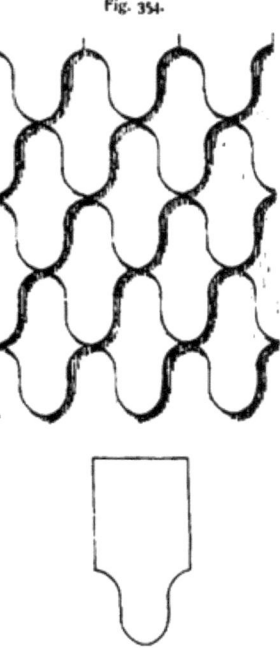

Fig. 354.

Flachziegeldeckung zu Heilsbronn.

Die beiden in Nürnberg heimischen Formen von Dachplatten sind nicht an Nürnberg gebunden; sie kommen auch anderswo in ganz ähnlicher Art vor. Aber auch unten halbrunde, flachrunde und ganz gerade finden sich. Fig. 354 ist die Darstellung der mit einem Ziegel zu erzielenden Dacheindeckung, so wie der Ziegel selbst, wie sich deren mehrere im Kloster Heilsbronn gefunden haben, der aber schon weit weniger sorgfältig gearbeitet erscheint, als wir dies soeben gerühmt haben.

283. Farbige Glasuren.

Schon aus diesen Beispielen geht hervor, wie vielfältig der Schmuck war, welchen das Dach durch die Form der Ziegel allein erhalten konnte. Nun kam aber noch die Farbe hinzu. Man überzog in einzelnen Gegenden, so in Österreich, Tirol, der Schweiz, Schwaben und Elfaß, die Ziegelteile, welche bei der Deckung sichtbar blieben, mit farbiger Glasur, insbesondere mit Grün, Rotbraun,

Gelb und Weiß, und konnte fo farbige Streifen, Rauten und Zickzackmufter, fowie ähnliche einfache Teppichzeichnungen auf dem Dache bilden. Solche oft fehr glanzvolle Ausfchmückung des Daches wurde aber immer gleichmäßig über die ganze Dachfläche ausgebreitet, fo daß ihre einheitliche Wirkung ungeftört blieb. Man hat dies bei neuerer Wiederaufnahme diefer Verzierungsweife fehr zum Schaden der Sache häufig nicht beachtet.

Wie man im allgemeinen im Mittelalter der Erfcheinung des Daches große Bedeutung beilegte, fo fuchte man auch gelegentlich dem Umriß der Ziegel-

Fig. 355.

Vom Münfter zu Bafel und von Sta. Fides zu Schlettftadt.

Fig. 356. Fig. 357. Fig. 358.

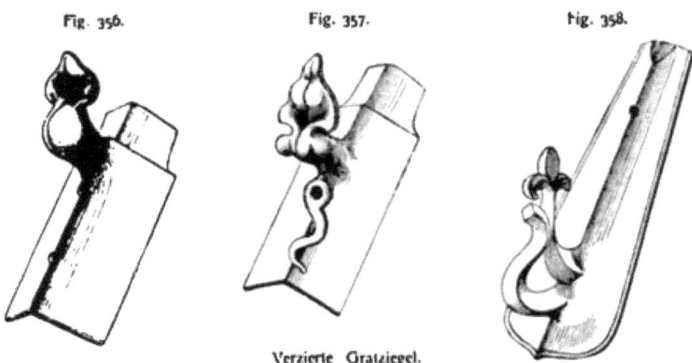

Verzierte Gratziegel.

dächer durch Zierrate mehr Leben zu geben. Die Firftlinie erhielt an fich fchon eine Belebung dadurch, daß man die Nafenfeiten der Hohlziegel, fowie deren Verengerung ineinander fchob. Man liebte aber auch aus befonderen Formen hergeftellte verzierte Firftziegel und Gratziegel.

Wir geben in Fig. 355 die Abbildung eines Dachfirftes wieder, welcher von einem der ehemaligen Stiftsgebäude des Münfters zu Bafel ftammt, wo auch die Grate mit weitvorfpringenden Krabben geziert find, während *Violett-le-Duc* ihn bei Sta. Fides zu Schlettftadt gefunden hat; diefe Firftziegel wie die Gratziegel find grün glafiert. Die in Fig. 356 u. 357 abgebildeten Gratziegel find aus Schwäbifch-Gmünd und der in Fig. 358 wiedergegebene aus Villingen in das Germanifche Nationalmufeum gelangt. Mitunter find auch eigenartige Tiere, Menfchen in fchnurrigen Situationen als Form folcher Gratziegel verwendet.

284. Knäufe und Kreuzblumen.

Auch die Spitze der Walme und die Stellen, wo die Firftziegel mit den in zwei Linien auffteigenden Gratziegeln fich verbanden, erhielten oft eine befondere Decke und hervorragende Betonung. Bei Befprechung der Metalldächer wurde auf die Windfähnchen hingewiefen, welche, aus Blei oder Kupfer hergeftellt, an einer lotrechten Eifenftange fich drehten, die an den unteren Teilen manchmal reich verziert wurde. Sie finden an folchen Stellen auch bei Ziegeldächern vielfach Verwendung. Meift werden diefe Endigungen in der Weife hergeftellt, daß ein fchwacher, verjüngter Holzftiel mit oberen, runden oder eckigen Knauf verfehen und das Ganze mit Metallblech, Kupfer oder Blei umkleidet wurde. Verzierung wird dabei felten und fparfam verwendet, etwa in Form eines kleinen Krönchens ftatt des einfachen Knaufes; meift läßt man den forgfam abgeftimmten Umriß für fich allein wirken oder fetzt auf den Knopf etwa noch eine Eifenftange als Träger einer Wetterfahne. Ein bezeichnendes Beifpiel aus Kayfersberg im Elfaß gibt Fig. 359*) wieder. Für Ziegeldächer wur-

Fig. 359.

Dachkrönung zu Kayfersberg.

Fig. 360 bis 363.

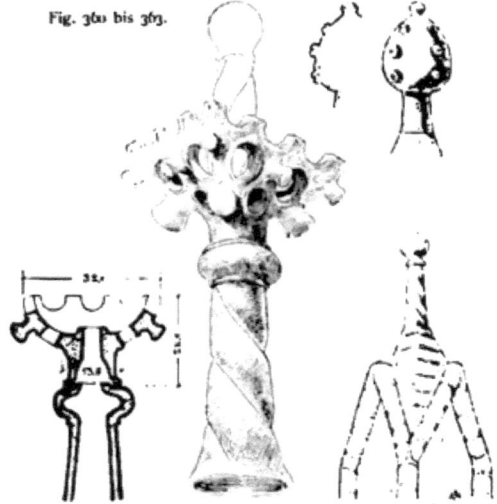

Tönerne Knäufe zu Danzig und Rheden.

den folche Endigungen auch aus gebranntem Ton gemacht und dann regelmäßig bunt glafiert. Von preußifchen Kirchen ftammen die Beifpiele in Fig. 360 bis 363, alle dadurch ausgezeichnet, daß fie in ihrer Grundform auf der Töpferfcheibe werkgerecht vorgearbeitet und dann durch leichte Handarbeit in die endgültige

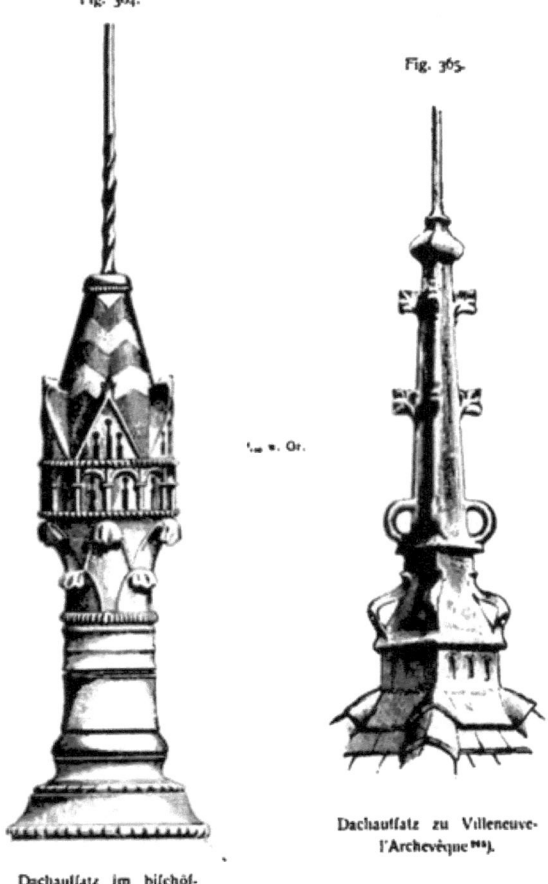

Fig. 364.

Fig. 365.

Dachauffatz im bifchöflichen Mufeum zu Troyes.

Dachauffatz zu Villeneuvel'Archevêque.

) Nach eigener Aufnahme.
) Nach: VIOLLET-LE-DUC, a. a. O. Bd. V, S. 474 u. 277.

Form gebracht find. Selbst das reiche, wie eine zierliche Kreuzblume wirkende Mittelteil der Krönung von *St. Katharina* in Danzig ist aus einer schüsselartigen Grundform durch geschicktes Ausschneiden einzelner Teile und Ansetzen von knopfartigen Verstärkungen hergestellt, welch letztere die Buckel von Kreuzblumenblattwerk mit den Mitteln der Töpferei wiedergeben. Wesentlich aufwändiger sind französische Krönungen dieser Art unter Mitwirkung des Bildhauers gearbeitet.

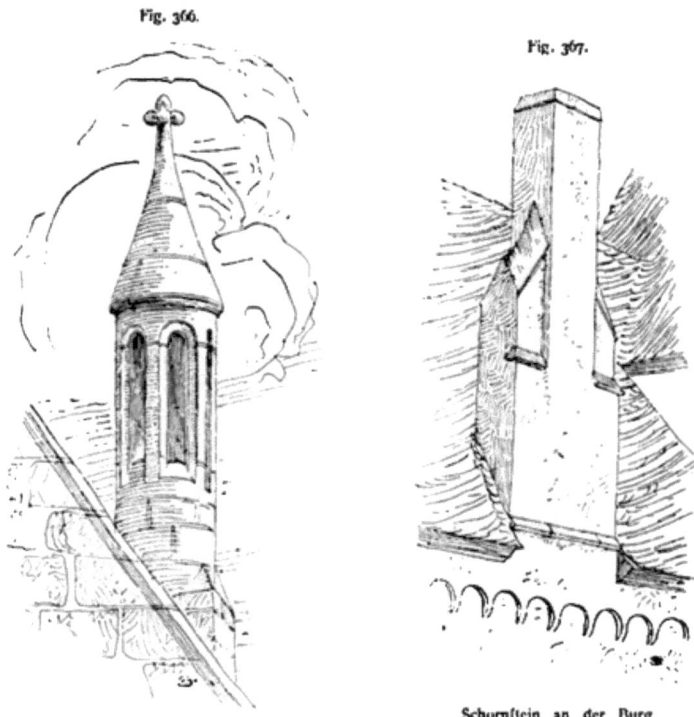

Fig. 366.
Schornsteinkopf am Kloster Maulbronn

Fig. 367.
Schornstein an der Burg zu Oberlahnstein [445]).

Wir geben in Fig. 364 einen Aufsatz aus dem bischöflichen Museum zu Troyes [443]). Er ist verschiedenfarbig glasiert und gehört angeblich dem XIII. Jahrhundert an. Der obere Teil ist durchbrochen, so daß man ihn für einen Schlotaufsatz halten könnte. Er ist natürlich aus mehreren Stücken zusammengesetzt. Dem XV. Jahrhundert entstammt ein gleichfalls aus mehreren Stücken zusammengestellter Aufsatz, welchen *Viollet-le-Duc* als in Villeneuve-l'Archevêque befindlich veröffentlichte (Fig. 365 [444]).

In ähnlicher Weife wie diefe kleinen Zutaten tragen endlich die Schornfteine zur Erfcheinung der Dächer bei. Es find allerdings von vollftändigen Beifpielen, zum mindeften in Deutfchland, recht wenige auf unfere Zeit gekommen. Vieles von dem, was die einfchlägigen Veröffentlichungen enthalten, kann nur als freie Wiederherftellung gelten. Aber die reizende Schornfteinhaube, die den Kaminfchlot des Frühmefferhaufes im Klofter Maulbronn (Fig. 366) in Form eines zierlichen Türmchens mit fteinernem Helme krönt, zeigt doch, mit welcher Liebe man fchon im Beginn des XIII. Jahrhunderts diefe Bauteile durchzubilden begann. Ähnliche, noch reicher ausgebildete Beifpiele find aus Puy en Velay und St. Lô von *Viollet-le-Duc*) veröffentlicht. Am Rhein und an der Mofel liebte man es, die Schornfteine, fofern fie an der Außenwand oder am Giebel der Gebäude auffteigen, an diefen noch ein Stück als Lifene herabzuführen und in gewiffer Höhe auf eine Auskragung irgend welcher Art zu fetzen. Vergl. die in Art. 223 (S. 233) gegebene Abbildung des Stiftes St. Gereon zu Cöln. Wurden die Schornfteine im ganzen fehr hoch, fo fetzte man an fie wohl freiftehende, ftrebepfeilerartige Anfätze nach zwei Seiten hin als Verftärkung an, wie Fig. 367, von der kurmainzifchen Burg zu Oberlahnftein ftammend, zeigt. Die obere Endigung blieb dort meift fchmucklos und wurde durch eine einfache Abdeckplatte oder fteile Schräge gebildet. In anderen Gegenden fetzte man den Schornfteinen lebhaft gegliederte Spitzen auf. Berühmt find hierfür die vielerlei phantaftifchen Löfungen auf vieleckigen und runden Grundriffen, die neben anderen italienifchen Städten befonders Venedig über feinen Dächern nach alter Überlieferung noch heute bietet. Sie dienen gleichzeitig der Abwehr des Regens und ftörender Winde, wie dem Schmucke des Haufes und haben die Tiroler Kunft

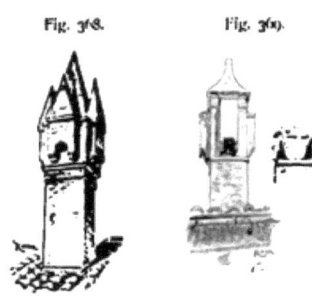

Fig. 368. Fig. 369.

Italienifche Schornfteinköpfe.

Fig. 370. Fig. 371.

Schornfteine zu Venedig.

offenbar vielfach beeinflußt. Wir geben in Fig. 368 bis 371 eine Auswahl dort gefammelter Formen und fchließlich in Fig. 372) u. 373) einige Krönungen aus Oeftrich und Kayfersberg, bei denen eine außerordentlich reiche Wirkung mit verhältnismäßig einfachen Mitteln, fchlichten Ziegeln und Stuck erreicht worden ist. Mit wesentlich mehr Aufwand gliederte man in Frankreich und England auch den Schaft der Schornsteine an Backstein- oder Werksteinbauten durch lotrecht aufsteigende Profilierungen und Leistenwerk, sowie wagrechte Gesimse, wofür der Schornstein in Fig. 258 (S. 225) als Beispiel dienen möge. Insbesondere an den englischen Schloßbauten des XV. Jahrhunderts erlangten sie so eine anderwärts nicht erreichte Bedeutung.

b) Giebel.

Fig. 372.

Schornstein am Rathaus zu Östrich.

Als Abschluß der großen Dachflächen dienen in monumentalster Weise die hochstrebenden Giebel, und in ihnen spricht sich die hohe Bedeutung, die das Dach für die mittelalterliche Baukunst besitzt, am schlagendsten aus. In der malerischen Erscheinung freistehender Bauten spielt der Giebel eine höchst bedeutende Rolle. Noch wichtiger ist seine Form am städtischen Wohnhause; denn in den Gegenden, wo man überhaupt das Haus mit der Giebelseite der Straße zukehrte, schließt zumeist Giebel an Giebel, und sie allein bestimmen sowohl den Ausdruck des Einzelhauses wie das gesamte Stadtbild. In den Bestand solcher eindrucksvoll aneinander gereihter Giebelreihen hat allerdings die Zeit fast überall arge Lücken gerissen. Nur in wenigen Städten kann man noch, wie z. B. am Prinzipalmarkt in Münster, sich daran freuen, wie sich diese Giebel zum einheitlichen Bilde zusammenschließen, jeder seine besondere Eigenart behauptend, aber sich in die Gesamtheit unvordringlich einordnend.

Fig. 373.

Schornsteinkopf zu Kaysersberg.

Am wenigsten ist uns naturgemäß von den Giebeln der ältesten Zeit erhalten, und dies gilt vor allem von den Giebeln des Holzbaues, deren Geschichte für uns erst mit dem XIV. Jahrhundert beginnt. Das Häuschen in Marburg, welches wir in Fig. 139 (S. 141) wiedergegeben haben, ist das älteste uns bekannte seiner Art und zeigt einen so schlichten Giebel, daß wir auch für seine Vorgänger eine gleiche Schlichtheit voraussetzen können. An Holzwerk ist an ihm nur soviel enthalten, als zum Aufbau der Gefache notwendig war; dabei trägt es zur Klarheit der Wirkung wesentlich bei, daß man die Anordnung des Dachstuhles mit seinen Stuhlwänden und Kehlbalken auch im Äußeren durchführte. Der Giebel springt, wie die übrigen Stockwerke des Hauses, über das darunterstehende Geschoß vor;

doch steigt er in sich ohne weitere Ausladung auf. Der Dachrand springt nur ganz wenig über den Giebel vor; es ist kein vortretendes Sparrenpaar mehr vorhanden; nur die Lattung ist nicht ganz bündig mit dem Giebel abgeschnitten und tritt so ein klein wenig heraus; außerdem ist noch ein Windbrett davor genagelt.

Dieselbe Anordnung des Dachrandes findet sich überwiegend auch bei den späteren deutschen Bauten; bei vielen Bauten treten aber auch die einzelnen Stockwerke des Giebels mit ihren Kehlbalkenlagen gerade so übereinander hervor wie die übrigen Geschosse und gewinnen dadurch, sowie durch reiche Ausbildung der Verstrebungen und Fensterbrüstungen eine große Formenfülle. Der obere Teil hat

Fig. 374.

Giebel im Kloster zu Eberbach [139]).

alsdann wohl auch einen Schopf oder Walm, d. h. er ist abgeschnitten, abgeschrägt und eingedeckt wie das Dach selbst. Als eine Andeutung eines solchen Schopfes können wir es ansehen, wenn, wie z. B. beim Knochenhauer-Amtshaus zu Hildesheim, der obere Teil des Giebels zwar lotrecht in die Höhe steht, aber wie das Dach gelattet und in der lotrechten Fläche mit Ziegeln oder Schiefer eingedeckt ist. In anderer Weise unterscheidet man die oberen Giebelteile gelegentlich von den unteren, aus lotrechten Ständern und wagrechten Hölzern gezimmerten Teilen, indem man sie mit rautenförmig sich kreuzenden Hölzern in einheitlicher Fläche füllt.

Sollte ein vorspringendes Sparrenpaar den Giebel nach oben abschließen, so bedurfte es eines Dachgerüstes mit über den Giebel vorschießenden Pfetten, auf

Schwebegiebel.

[139]) Nach: Schäfer, C. Die Abtei Eberbach im Mittelalter. Berlin 1901.
Handbuch der Architektur. II. 4, b. (2. Aufl.)

welchen die Sparren aufliegen konnten, fo daß auch noch vor dem Giebel ein Sparrenpaar Platz finden und das Dach fo weit vortreten konnte, daß der Giebel einen wirkfamen Schutz gegen Witterungseinflüffe erhielt. Das franzöfifche Haus in Fig. 142 (S. 143) zeigt uns eine ähnliche Bildung, wobei allerdings nur die Kapphölzer des oberften Gefchoffes vorfpringen und der Giebel in feiner Flucht bleibt. Da ift dann vor dem Haufe unter dem heraustretenden Sparrenpaare eine Bogenkonftruktion angeordnet, welche allerdings die Funktion der einzelnen

Fig. 375.

Giebel am Rathaufe zu Weißenburg a. S.[111].

Hölzer geradezu maskiert. Es ift nämlich tatfächlich nur gerade der Sparren gegen das Kappholz geftemmt, und das wagrecht über dem Bogenfcheitel liegende Holz ift trotz feiner verfchiedenen Verfchneidungen eben ein Kehlbalken, durch deffen verfchiedene Verzapfungen oder Verblattungen mit dem Sparrenpaare oben ein feftes Dreieck entfteht. Der untere Halt der verlängerten Schenkel diefes feften Dreieckes ift durch Einfügen des Stiches und des in der Luft fchwebenden Bogenanfanges auf dem Kappholz kein befferer geworden, als wenn der Sparren un-

[111] Nach eigener Aufnahme.

mittelbar in das Kappholz eingezapft wäre; indeffen hält ja die Sache, und fo haben wir wenig Recht, mehr zu verlangen. Ähnliche Schwebegiebel finden fich auch in den Niederlanden, in Aachen und an der Mofel, vielleicht als Ausläufer franzöfifchen Architektureinfluffes.

Weit wechfelnder ift die Form der Giebel im Steinbau. Das Naheliegende ift natürlich, fie dem Dachumriß genau folgen zu laffen. Dabei ift unter einfachen Verhältniffen ein befonderer Abfchluß nach oben hin nicht einmal erforderlich; die Dachdeckung kann ohne weiteres über das Mauerwerk des Giebels hinweggezogen werden, wie es der fchöne romanifche Giebel des Konverfenhaufes

<small>286. Giebel im Steinbau ältere fchlichte Formen.</small>

Fig. 376.

Giebel am Gerichtshof zu Gent.

im Klofter Eberbach (Fig. 374*²⁰) uns zeigt. Es ift ein verputzter Bruchfteinbau mit Werkfteinteilen, zwar fchlicht, aber fehr forgfam durchgeführt. Auch der obere Giebelabfchluß ift durch einen Quaderfaum durchaus gediegen hergeftellt; der Fortfall eines Giebelgefimfes ift um fo weniger auf Mangel an Mitteln zurückzuführen, als das Hauptgefims des Baues unter dem Giebel in gleicher Form wie an den Langfeiten durchläuft. In dem anfpruchslofen Übergang zum Dache fpricht fich vielmehr eine eigene Sinnesrichtung aus, die fich an fehr vielen Bauten bis zum Schluffe des Mittelalters hin in Kraft erhielt. Erft die Regelrichtigkeit der Renaiffancezeit forderte unbedingt die Umfäumung des Giebelfeldes mit einem Gefimfe. In der überwiegenden Zahl der Fälle ift diefe allerdings auch an den romanifchen und gotifchen Giebeln vorhanden gewefen. An fo manchen Bauten bildete fie die einzige, an ihm verwendete Kunftform; fo in romanifcher Zeit am

20*

Frühmesserhaus und am Herrenrefektorium in Maulbronn. An anderen, wie am Refektorium des Klosters Heilsbronn, am Schlosse zu Büdingen usw., traten Bogenfriese, Kragsteinverzierungen, deutsche Bänder oder dergl. hinzu. Seltener findet sich in den meist nur kleinen romanischen Schräggiebeln des Profanbaues die Anordnung reicherer Schmuckfenster. Aufwändigere Flächengliederungen treten noch weniger ein; vielmehr bleibt die Schlichtheit der Flächenwirkung regelmäßig gewahrt. In der französischen Gotik änderte sich hierin nur wenig. Die Gesimse erhielten die allgemein übliche Form des Wasserschlages, und der bis dahin geradlinig-plattenmäßige obere Abschluß wurde gern in Form einer beiderseitigen schrägen Abwässerung hergestellt, so wie Fig. 171 (S. 157) zeigt. Eine Besetzung der Giebelkanten mit Krabben und eine Krönung mit Kreuzblume mögen gelegentlich hinzugetreten sein. Aber in der Behandlung der Giebelfläche hielt man sich sehr zurück; der französische Profangiebel stand mit ganz seltenen Ausnahmen schlicht auch über einer reicheren unteren Architektur.

Fig. 377.

Reichere Gliederung der Giebel.

In Deutschland bildet dieses Verhältnis mehr die Ausnahme; im Gegenteil liebte man es bei uns gerade, im ragenden Giebel die Bedeutung und den Reichtum des Baues zum Ausdruck zu bringen. So mancher Giebel ist an Höhe und Masse bedeutender als der untere Teil des Baues, und nicht selten wird ein sonst ganz schlichter Bau durch die üppige Durchbildung seines Giebels zu einem Prachtstück der Baukunst gesteigert. Manchmal wohl wurde dabei das Giebelfeld noch in alter Weise als eine einfache richtungslose Fläche genommen, in welche die zu verwendenden Schmuckstücke, Zierfenster oder bildnerischer Schmuck aller Art, frei eingesetzt werden, oder die in spätgotischer Zeit mit Stabwerk in bewegten Linienzügen gleichmäßig übersponnen wurde; doch überwog eine andere Art der Ausbildung. Im Einklang mit den aufsteigenden Grenzlinien des Giebels sind es vor allem lotrechte Gliederungen, welche die Giebelflächen in Form von Blenden, Stabwerk oder auch als stärker vortretende Pfeiler belebten.

Von einem Wohnhaus zu Lüneburg.
⅟₁₀₀ w. Gr.

Solche Gliederung wurde dann durch Beifügen von Maßwerken, Wappen und anderem bildnerischen Schmuck zu großem Reichtum entwickelt, besonders gern aber noch dadurch gesteigert, daß man ein kraftvolleres Mittelmotiv einfügte. Als solches diente etwa ein bis zur Giebelspitze hinaufgreifender Strebepfeiler, der mit Baldachin und figürlichem Schmuck ausgezeichnet wurde, wie am Abtshause in Heilsbronn; vor allem aber Giebeltürmchen, die in der entschiedensten und reichster Ausbildung fähigen Weise die lotrechte Linienführung spitz aufschießend betonten. Der Giebel des Rathauses in Weißenburg am Sand (Fig. 375[1]) mag als Beispiel hierfür dienen. Er zeigt zugleich, wie die Kraft des „Zuges nach oben" sich noch über der ansteigenden Giebellinie in den fast unvermittelt hervorſchießenden ſchlanken Fialen zu höchſt wirkungsvoller Belebung des ſonſt ganz ſchlichten Umriſſes fortſetzt.

Ein anderes gelegentlich verwendetes Mittel, die Wirkung der Giebel zu ſteigern, war ihre Verbindung mit ſchlanken turmartigen Fialen, die von ihren Fußpunkten aufſtiegen. Fig. 376, dem Gerichtshof in Gent entnommen, bietet ein ſchönes Beiſpiel dieſer Art; derber, aber mit noch größerer Kraft iſt der gleiche Formgedanke am Heiliggeiſtſpital in Lübeck verwendet.

Fig. 378.

Giebelhaus zu Lemgo[*]).

391. Staffelgiebel.

Eine ganz andere Grundlage ergibt ſich für die Ausbildung der Giebelflächen, wenn ſie nicht den Dachlinien entſprechend ſchräg begrenzt ſind, ſondern in rechtwinkeligen Stufen oder Staffeln anſteigen. Dieſe Staffelgiebel mögen im Bruchſteingebiet entſtanden ſein, aus dem Beſtreben, die Giebelſchrägen, welche nur aus ſauber behauenen Quadern haltbar herzuſtellen ſind, zu vermeiden; die ſtolze Steigerung der Maſſe, die ſich aus ihrer Form ergab, die trotzige Kraft, die ſich in ihnen ausſpricht, hat ſie dann vor allem in Norddeutſchland ſehr beliebt gemacht. An den älteſten Beiſpielen waren die Staffeln meiſt groß und breit; in der Spätzeit ging man, beſonders in Süddeutſchland, bis auf zierliche Maße von weniger als ½ Meter Breite hinab. Zunächſt, und in romaniſcher Zeit wohl immer, wurde die Fläche des Giebels durch Fenſter und Blenden richtungslos gefüllt (vergl. die beiden Häuſer in Cöln in Fig. 111 u. 165, S. 121 u. 153); nicht ſelten traten ſogar wagrechte Geſimſe als Abgrenzung der einzelnen Staffeln auf, wie an den in Fig. 205 (S. 179) wiedergegebenen Häuſern in Stadthagen und an dem Backſteingiebel eines Hauſes zu Lüneburg in Fig. 377. Als Gegengewicht gegen dieſe ſtarke Betonung der Wagrechten ſetzte man

dann häufig den breiten Staffeln beſondere kleinere Endigungen auf: Steinpyramiden mit freiem oberen Abſchluß, wie in Stadthagen, Zinnen oder auch Fialen, oder man ſchloß jede Staffel nach obenhin mit einem leicht zu verzierenden kleineren Blendgiebel ab. Alle dieſe Zutaten dienten außer zur Belebung des Umriſſes auch dazu, den Größenunterſchied zwiſchen dem Dachquerſchnitt und dem Giebel zu ſteigern, und dieſe Wirkung wurde noch verſtärkt, wenn ſich freie Maßwerke zwiſchen dieſe aufſtrebenden Krönungen einſchoben und nach oben in der bald zur Regel werdenden Form des halben Eſelsrückens abgedeckt und

[*]) Nach eigener Aufnahme.

dadurch mit der Maſſe des Giebels verſchmolzen wurden. Das Bürgerhaus aus Lemgo in Fig. 378²¹²) zeigt dieſe recht anſpruchsvolle Löſung in Verbindung mit einem übrigens recht ſchlichten Giebel.

Mit dieſen reichen Mitteln zur Belebung des Giebelrandes vereinigte ſich dann an den aufwändigſten Beiſpielen die Gliederung der Flächen durch aufſtrebendes Blendenwerk, indem man die überſchießenden Fialen bis zum Grunde des Giebels hinabführte. Dadurch wurde die prächtige Flächenwirkung mit den zierlichen Krönungen der Staffeln einheitlich verſchmolzen und die höchſte Stufe eindrucksvoller Giebelbildung erreicht, wie ſie am Rathaus in Münſter (ſiehe Fig. 217, S. 188) als einem der glänzendſten Beiſpiele verkörpert iſt.

Giebel im Backſteinbau.

Eine ganz hervorragende Rolle ſpielen die großartigen Giebellöſungen ferner im Backſteinbau, und ſie erleben in ihm eine beſonders eigenartige Ausbildung. Fig. 377 veranſchaulicht ſchon den Ausdruck ernſter Kraft, der ſich in dieſem Bauſtoff ſo trefflich hervorbringen läßt. An anderen großartigeren Beiſpielen wurde einerſeits dieſer Zug durch Ausbildung der Liſenen zu kräftigen Achteckpfeilern betont, anderſeits aber durch die reiche Farbenabwechſelung, welche die Verwendung von Glaſuren und Putzflächen geſtattet, und durch üppige Verzierung mit zierlich durchbrochenem Maßwerk, Roſen, Ziergiebeln und dergl. ein äußerſt freudiger und feſtlicher Eindruck erzielt. Fig. 379 zeigt an einem Kloſtergebäude in Zinna²¹³), wie weit mit verhältnismäßig einfachen Mitteln die Leichtigkeit der Gliederung und der Gegenſatz gegen die untere Mauerfläche oft getrieben wurde; die Giebelſeite des Rathauſes zu Königsberg in der Neumark (Fig. 380²¹⁴) möge die prächtige Wirkung der reicheren Beiſpiele zur Darſtellung bringen.

Fig. 379.

Vom Kloſter Zinna²¹³).

Ein ungemeiner Reichtum an künſtleriſchen Abſtufungen liegt in dieſen Löſungen zwiſchen dem zierlichen Spiel leichter Formen und dem gewichtigen Ernſt ſchwerer Pfeilergliederungen, wie ihn das Rathaus zu Tangermünde, ſowie die Bürgerhäuſer in Greifswald und Wismar am bezeichnendſten darſtellen, ein dankbarer Stoff für eingehendere Studien. Wir müſſen uns leider hier auf die gegebenen kurzen Andeutungen beſchränken.

²¹²) Nach Adler, F. Mittelalterliche Backſteinbauwerke des preußiſchen Staates. Berlin 1880–95. Bd. II, Taf. LXI.

²¹³) Nach ebenda, Taf. LXI.

Fig. 380.

Giebel des Rathauses zu Königsberg in der Neumark.

III.
Durchbildung des Inneren.

8. Kapitel.
Hölzerne Decken und ihre Stützen.

<small>293. Balkendecken größerer Säle.</small>

Wie die monumentale Wohnbaukunst mit der Errichtung von festlichen Sälen begann, so bilden diese auch im ganzen Mittelalter die Grundlage für die reichere Innenausstattung. Die Entwickelung der letzteren läßt sich an ihnen fortlaufend verfolgen, und was in ihnen ausgebildet wird, überträgt sich dann in die zunächst wohl äußerst einfach gehaltenen eigentlichen Wohnräume.

Von den ältesten Saalbauten sind uns naturgemäß nur Schilderungen voll begeisterten Lobes erhalten, die auf ihren unbedingten fachlichen Wert nur schwer

Fig. 381.

Fig. 382.   Fig. 383.

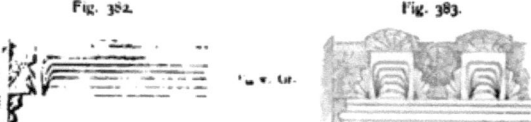

Decke im königlichen Schlosse zu Krakau.

abzufchätzen find. Wir werden diefe hohen Töne nach dem Gegenfatz der im übrigen fo einfachen Verhältniffe zu beurteilen haben, können ihnen aber jedenfalls entnehmen, daß die Bauten ihre Ausftattung wefentlich durch Malerei erhielten und daß fie mit hölzernen Decken verfehen waren. Holzdecken behaupteten fich auch weiterhin fehr lange, als die naheliegendfte Bauart, bei weit-

Fig. 384.

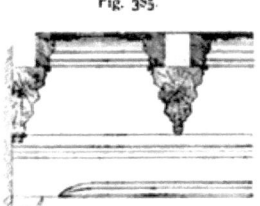
Fig. 385.

Fig. 386.

Decke im königlichen Schloffe zu Krakau.

aus den meiften rein weltlichen Saalbauten. Sie ergeben fchon in der fchlichteften Ausführung, ohne untere Verkleidung mit fichtbar bleibenden kantigen Balken, deren Flächen mit dem Beil behauen find, allein durch den warmen Farbenton und die eigenartige Oberfläche des Bauftoffes einen ebenfo klaren und würdigen, wie behaglichen Eindruck. Sehr häufig find fie in diefer durch ihre Anfpruchslofigkeit fo anmutenden Art in Schlöffern und Rathäufern in der Weife verwendet, daß eine Bretter- oder Bohlenlage über die einfachen Balken geftreckt wurde, fo daß die ganze Balkenftärke wuchtig nach unten fichtbar blieb²⁷⁸). Die Innenanficht des Ritterfaales im Schleglerfchloß zu Heimsheim (fiehe Fig. 388, S. 315) gibt eine folche Decke wieder. Bei höheren Anfprüchen wurden dann vielleicht die Fugen der Deckenbretter mit Leiften gefchloffen, vor allem aber die Kanten der Balken durch Fafen, Kehlen oder reichere Gliederungen gebrochen. Die Verbindung mit dem Mauerwerk wurde gern fo hergeftellt, daß man einen Balken als Mauerlatte auf Steinkonfolen vor die Wand legte, auf dem fich dann die Balken aufkämmten. Auch diefe Mauerlatte wurde gern mit Profilen verziert und begleitete in der Regel ohne baulichen Zweck auch die vor der Schmalwand liegenden Wandbalken. Fig. 381 bis 383 zeigen eine folche Anordnung aus dem Schloffe zu Krakau mit der Befonderheit, daß die Zwifchenräume zwifchen den fehr eng verlegten Balken nicht durch quer darüber geftreckte Bretter, fondern durch eingefalzte, längslaufende Halbhölzer gefchloffen und daß zwifchen die Balkenköpfe noch fchmale Stiche eingezapft find, die das Profil der Balken nochmals anklingen laffen. Eine weitere wefentliche Bereicherung finden wir an einer anderen Decke des gleichen Baues (Fig. 384 bis 386) dadurch erzielt, daß an Stelle der vorhin erwähnten Fugendeckleiften reichprofilierte kleine Stichbalken treten, fo daß eine Kaffettenteilung von höchft kraftvoller Art fich bildet. Diefe Kaffetten find dann mit Brettertafeln gefchloffen, die tifchlermäßig in Rahmen und Füllung gefetzt wurden.

Fig. 387.

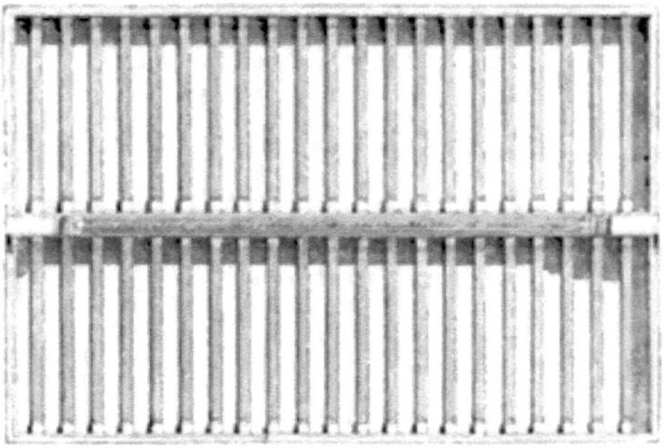

Decke in einem Haufe zu Eppan²⁷⁹).

Die Gliederungen diefer Decke befitzen das anfehnliche Maß von reichlich 1,00 ᵐ Tiefe, womit fie übrigens durchaus nicht allein fteht. Begründet find die hier verwendeten großen Holzftärken durch die Breite des Saales, welche etwa 8,00 ᵐ beträgt. Die phantaftifche Wirkung diefer mächtigen Gliederung wird noch gefteigert durch zwei ftarke Unterzüge, die fich ohne recht klare Notwendigkeit nahe an den Längswänden frei unter die fchmale untere Balkengliederung legen. Die naheliegende Annahme fpäteren Zufügens wird dadurch zweifelhaft, daß fich anderwärts, z. B. im Abtshaufe zu Lehnin, eine ähnliche, uns unlogifch fcheinende offenbar Schönheitsrückfichten dienende Anordnung wiederfindet.

Die Form der Unterzüge, welche hier mehr als freie Zugabe künftlerifcher Laune beigefügt ift, gewinnt für die Erfcheinung der Balkendecken überall dort große Wichtigkeit, wo man wegen der Weite des zu überfpannenden Raumes oder wegen der Schwäche der verfügbaren Hölzer eine Unterftützung der Deckenbalken nötig hatte. Sie werden, da fie das Auge naturgemäß ftark anziehen,

²⁷⁹) Schöne Beifpiele mittelalterlicher Deckenbildungen findet man in: Schäfer, C. Die Holzarchitektur Deutfchlands. Berlin 1889 ff.

Zu

Seit

Untera

Durchzug an der Decke

(Siehe Fig.

Ansicht.

Aufsicht.

eines Haufes zu Eppan.
(§7. S. 314.)
. Gr.

gern mit Auszeichnung behandelt, reich profiliert oder gar mit Schnitzerei geziert. Wir geben in Fig. 387¹⁷⁶) und auf der nebenstehenden Tafel eine solche Decke aus einem Haufe in Eppan, wo bei nur etwas über 6,00ᵐ Breite des Zimmers ein ftarker Unterzug verwendet worden ift, der die dünnen Balken trägt. Er ift mit

Fig. 388.

Ritterfaal im Schleglerfchloß zu Heimsheim¹⁷⁷).

Fig. 389.

Deckenbildung im Kornhaufe zu Ulm¹⁷⁸).

reichen Kehlungen und gefchnitztem Unterglied in Form eines gedrehten Stabes verziert und an der Seitenansicht mit sehr wirkungsvollem, flach ausgegründetem

¹⁷⁶) Nach den Aufnahmen der Wiener Bauhütte.
¹⁷⁷) Nach: PAULUS, F. Die Kunst- und Altertumsdenkmale im Königreich Württemberg. Neckarkreis Stuttgart 1889.

Fig. 390. Holzpfeiler in der alten Residenz zu München. ⅒ w. Gr.

Fig. 391. Holzpfeiler im Nationalmuseum zu München. ⅒ w. Gr.

395. Hölzerne und steinerne Deckenstützen

Zierwerk verſehen. Am Auflager wird er durch ein untergelegtes, ebenfalls reich durchgebildetes Sattelholz verſtärkt.

Steigert ſich die Weite der Räume ſo ſehr, daß auch Unterzüge allein die Laſt der Decke nicht tragen konnten, ſo unterſtützte man dieſe durch hölzerne oder ſteinerne Freiſtützen oder Pfoſten. Es ergab ſich dann bei langgeſtreckten Saalgrundriſſen ſehr häufig die Anordnung von Unterzügen und Pfoſtenreihen als vorteilhaft, die der Länge des Saales entlang laufen, je nach der Weite einmal in der Mitte des Raumes oder in zwei- bis dreifacher, ja im Kaufhaus zu Konſtanz in vierfacher Wiederholung. Als ſehr bezeichnendes Beiſpiel diene der Ritterſaal des Schleglerſchloſſes zu Heimsheim in Württemberg (Fig. 388¹⁷⁶), deſſen Decke von drei Reihen ſchwerer Eichenholzſtützen getragen wird. Dieſe Freiſtützen ſind hier von ſchlichter Form und, wie üblich, von folcher Stärke, daß die Unterzüge von ihrem gabelförmig ausgefchnittenen oberen Ende feft umfaßt werden. Ein in der Mitte diefes Ausfchnittes ftehenbleibender Zapfen greift dann in den Unterzug ein und fichert feine unverfchiebliche Lage nach der Längsrichtung. Die Pfoften tragen hier die Unterzüge zum Teil ohne weiteres, zum Teil mittels fteil gerichteter Kopfbänder oder auch durch Sattelhölzer, die ebenfalls durch den Oberteil des Pfoftens durchgefteckt find. Anderwärts find gerade diefe Pfoften mit großer Liebe durchgebildet, und die Zahl der fchönen Löfungen ift außerordentlich groß. So gibt Fig. 389**) in einem Knotenpunkt von der Decke des Kornhaufes in Ulm eine typifche Be-

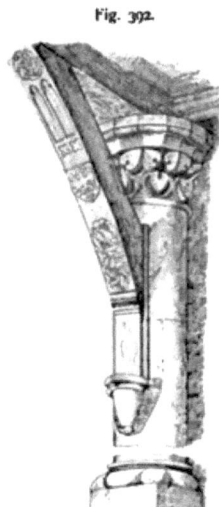

Fig. 392.

Wandpfoften im Kaiferhaus zu Goslar.

handlungsweife wieder, die rein mit den Hilfsmitteln des Zimmermannes eine höchft klare und wirkungsvolle Gliederung in Sockel, Schaft und Kämpferteil erreicht. Die auf diefer Freiftütze ruhende Decke befitzt außer den baulich nötigen Unterzügen noch folche, welche nur aus Schönheitsrückfichten gleichlaufend mit den Balken verlegt find. Den Vorteil, nach allen vier Seiten Kopfbänder hinausftrecken zu können, den diefe Anordnung gewährt, hat man fich in anderen Fällen dadurch gefichert, daß man ähnliche Kopfbänder wie zum Unterzug auch nach dem über dem Pfoften liegenden Balken oder nach befonderen, tiefer als der Unterzug und gleichlaufend mit dem Balken eingezogenen Verfteifungshölzern hinführte.

Mit wefentlich größerem Aufwand ift der fchöne Holzpfoften (Fig. 390) aus der alten Refidenz zu München durch Schnitzerei verziert worden. Ein anderes Beifpiel von derberer kraftvoller Art aus dem Nationalmufeum zu München fügen wir in Fig. 391 bei. Weiteres ift in den wiederholt angeführten Schäfer'fchen Werke gegeben.

Die fpielerifche und zugleich ärmlich wirkende Verzierung von Holzftützen durch verfchiedentlich geformte Abfafungen und Auskerbungen der Kanten, wie fie heutzutage als Erbteil des XIX. Jahrhunderts noch vielfach üblich ift, entfpricht nicht dem gediegenen künftlerifchen Sinne des Mittelalters. Einfache Abfafungen werden nur zur Ausbildung klarer Achteckfchafte, wie in Fig. 390, benutzt. Erftrebt man reichere Wirkung, fo wird der Schaft der Stütze durch flache, mit der Schweiffäge leicht herzuftellende Gliederungen gegen Sockel und Kämpfer nach allen Seiten hin abgefetzt (Fig. 389) oder aber durch tiefereingreifende Schnitzarbeit (Fig. 390 u. 391) noch aufwändiger gegliedert. Oft findet fich dabei die erwähnte Abfetzung des Schaftes mit feiner Abkantung zu fchlanker Achteckftütze oder mit reicherer Verzierung verbunden.

Neben dem Holzpfoften, obwohl feltener, finden wir auch fteinerne Säulen zur Unterftützung der Deckenträger. Auch mit ihnen verbinden fich gelegentlich

**) Nach: Schäfer, C. Die Holzarchitektur Deutfchlands. Berlin 1889 ff.

Kopfbänder, wie an den fpätromanifchen Wandpfoften des Kaiferpalaftes in Goslar (Fig. 392³¹⁹), deren Kopfbänder im XV. Jahrhundert erneuert worden find, und bei den fchlicht-fchönen Freipfeilern des Kauf- und Rathaufes zu Koblenz zu fehen ift. Anderwärts verzichtet man lieber auf diefe derben Hilfsmittel, wie bei dem feinen Sandfteinpfeiler, der in der Erdgefchoßdiele des Abtshaufes zu Maulbronn (Fig. 393) fteht.

296. Verfchalte und getäfelte Holzdecken.
Neben der auf werkmäßigen Gedanken beruhenden Entwickelung der Balkendecken, die wir im Vorftehenden verfolgt haben, geht eine andere Richtung einher, die auf die Betonung baulicher Notwendigkeit weniger Wert legte. Nicht immer, vor allem nicht in kleinen und niedrigen Räumen, konnte man die kräftige Wirkung der ftarken Balkenhölzer gebrauchen; dann lag es nahe, diefe durch eine gerade Fläche zu verhüllen. Man füllte zu diefem Zwecke wohl den ganzen Zwifchenraum durch Lehmftakung aus, fo daß die Balken bündig mit deren Fläche lagen oder fogar ebenfo wie diefe mit Putz überzogen wurden. Bei befferer Ausführung verkleidete man eine folche Unterfläche mit Schalbrettern. In den einfachften Fällen ift diefe Schalung »geftülpt«, d. h. jedes zweite Brett legt fich — meift am Rande profiliert — beiderfeits auf feine Nachbarbretter auf. Solche Decken werden meift durch lebhafte Malerei wechfelnder Friefe ausgeftattet. Die Decke aus Burg Reiffenftein in Tirol (Fig. 394³²⁰) mag die Wirkung veranfchaulichen, wenngleich fie anders, nämlich durch Einfchieben von Längsbrettern in die Falze fchwacher Balken, hergeftellt ift. Zierlicher wird eine folche Schalung, wenn die Bretter nebeneinander gelegt und an den Fugen mit Deckleiften verfehen find. Diefe nehmen oft die Geftalt fchwacher Balken von Halbkreisform und rund 8 bis 13ᶜᵐ Stärke an, die an den Enden, auch wohl in der Mitte, in das Vierkant übergeführt find; an anderen Stellen find fie ganz dünn und fein und geftatten dann wieder, die ganze Decke einheitlich mit Malerei zu überziehen, wie dies im XV. Jahrhundert in einem Gemach der Burg zu Nürnberg gefchehen ift (Fig. 395³²¹).

In langgeftreckten Räumen, in welchen die Bretter und Leiften nicht in einem Stück vom Anfang bis zum Ende durchgehen konnten, fchaltete man bei diefen Decken am durchgehenden Stoße der Bretter quergerichtete Leiften oder friesartig behandelte Bretter ein,

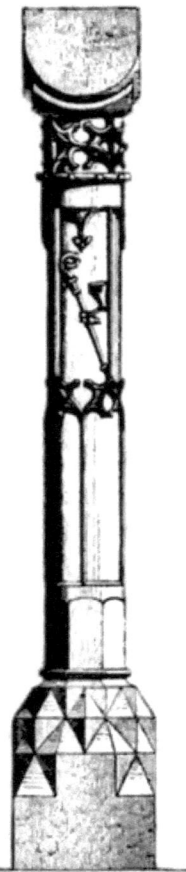

Fig. 393.

Steinerne Deckenftütze in der Abtswohnung zu Maulbronn.

³¹⁹) Nach: Die Kunftdenkmäler der Provinz Hannover. II. Reg.-Bez. Hildesheim. 1 u. 2: Stadt Goslar. Hannover 1901.
³²⁰) Nach: PAUKERT, F. Die Zimmer-Gotik in Deutfch-Tirol. Leipzig o. J.
³²¹) Nach: HEIDELOFF, C. Die Ornamentik des Mittelalters. Nürnberg 1844—52.

verstärkte diese Querteilungen wohl auch durch mehrfaches Aufeinanderlegen profilierter Bretter und Leisten. Es konnten aber auch durch die Leisten ge-

Fig. 304.

Gemalte Balkendecke auf der Burg Reifenstein (Tirol).

rade oder schräggestellte Quadrate, Sechsecke und andere Felderteilungen, Friese usw. gebildet werden. Wenn diese Gliederungen kräftig genug waren, so konnte man sie unmittelbar auf die Balken befestigen, alsdann die Füllungen als Täfelwerk zufammenfügen und in Nuten der Teilungshölzer einftemmen. Dazu traten fchließlich noch Schnitzwerke, befonders Rofetten für die Leiftenkreuzungen,

Fig. 395.

Decke in einem Gemach der Burg zu Nürnberg[111]).

Friefe, Wappen und fonftiges Zierwerk für die Fläche der Füllungen, alles oft noch gefteigert durch reiche Bemalung und Vergoldung. Wir geben in Fig. 396

eine der köstlichen Decken aus dem fog. goldenen Saale der Hohenfalzburg[***]) und in Fig. 397 die gefchnitzte Decke im Jöchelsturm zu Sterzing[***]), welch letztere in ihrem gleichmäßigen Reichtum fchon den zur Wirkung notwendigen Gegenfatz ruhigerer Flächen vermiffen läßt. Schön gefchnitzte Decken diefer Art befinden fich im Bayrifchen Nationalmufeum zu München; eine andere aus der fürftbifchöflich Augsburgifchen Burg zu Füffen mit figürlichem Schnitzwerk hat *Heideloff* veröffentlicht[***]).

Fig. 396.

Decke im goldenen Saal der Hohenfalzburg[***]).

Als eine befondere Abart der Holzdecken find fchließlich noch diejenigen anzuführen, welche die Form eines Tonnengewölbes annehmen. Sie finden fich in Deutfchland, nach flachbogiger Linie gekrümmt, aus der Spätzeit nicht felten und bilden fo für die meift niedrigen Räume einen äußerft wohltuenden oberen Abfchluß. In den Flächen werden fie behandelt wie gerade Decken, d. h. fie werden mit längslaufenden Balken oder Leiften gegliedert; in den Hauptquerachfen find regelmäßig Verftärkungsbogen, oft in reicher, mit Schnitzerei ver-

Gewölbte Holzdecken.

[***]) Nach: SCHMIDT, O. Die Vefte Hohenfalzburg. Wien 1896. Bl. 5.
[***]) Nach: PAUKERT, a. a. O.
[***]) Die Ornamentik des Mittelalters. Nürnberg 1844—52. Heft XXIII, Taf. 7.

Handbuch der Architektur. II. 4. b. (2. Aufl.)

Fig. 397.

Fig. 398.

Refektorium in der Kartause zu Nürnberg.

zierter Ausstattung untergelegt. Gemächer bis zu etwa 6,00 m Breite, selbst größere, überspannen sie im freien Schwunge, wie im alten Rathaussaal zu München. In breiteren Räumen stellt man unter den Scheitel des Gewölbes Stützen, wie dies in Fig. 398 für das Refektorium der Kartause zu Nürnberg dargestellt ist und wie es in reicherer Ausstattung mit Schnitzwerk an Pfosten und Quergurten das Winterrefektorium zu Bebenhausen zeigt.

Fig. 399.

Sehr viel großartiger sind die gebogenen Holzdecken in den gotischen Palastbauten französischer Schlösser ausgebildet worden, indem man sie in Spitzbogenform hoch in den Dachraum hinein führte. Fig. 399 gibt nach der Zeichnung von *Viollet-le-Duc*⁺⁾ eine Anschauung von dem gewaltigen Saale, den Schloß Coucy besaß, einem Raum von nicht weniger als 16,00 m Breite, 60,00 m Länge und 24,00 m Höhe bis zum First der Decke. In Deutschland bilden der Rathaussaal zu Nürnberg und der alte Bürgersaal des Rathauses zu Mühlhausen in Thüringen bei stark verringerten Maßen, den im allgemeinen engeren Verhältnissen des damaligen Deutschlands entsprechend, einen schwachen Nachklang dieser mächtigen Saalbauten. Die prächtigen, reichgezimmerten Decken dieser in das Dach hinaufreichenden Art in England haben wir an anderer Stelle (siehe Art. 75, S. 87) bereits erwähnt.

Vom großen Saal des Schlosses Coucy.

9. Kapitel.
Gewölbte Räume.

238. Klösterliche Räume: Kapitelsäle.

Neben den mit Holzdecke versehenen Sälen spielen gewölbte Räume gleichfalls eine bedeutende Rolle, vor allem im klösterlichen Bauwesen. Auch bei ihnen hängt es nur von der Weite der Spannung und von der Kühnheit des Baumeisters ab, ob der ganze Raum in einem Schwunge überwölbt wird, oder ob eine, zwei oder gar, wie im großartigen Speisesaal des Klosters Georgenthal in Thüringen ⁺⁺⁾, drei Reihen von Säulen die mehrfach gereihten Gewölbe trugen. Ein gewisser zeitiger Wechsel entsteht allerdings dadurch, daß man am Beginne der Entwickelung im Wölben niedrigerer Räume noch nicht die Sicherheit der späteren Zeit besaß und daher enge Felderteilungen bevorzugte. So werden die Kapitelsäle romanischer Klöster, die ziemlich gleichbleibende Maße von etwa 9,00 m

---
⁺⁾ A. a. O., Bd. III, S. 255.
⁺⁺⁾ Vergl.: Denkmalpflege 1906, S. 93.

Fig. 400.

Kapitelſaal im Egidienkloſter zu Braunſchweig[***]).

im Geviert beſitzen, in der Regel durch 4 Säulen in 9 quadratiſche Gewölbjoche zerlegt. Ihre Kreuzgewölbe ſind zunächſt rippenlos; auch die Stützen werden manchmal ſtreng und ernſt gebildet, wie im Kapitelſaal zu Bronnbach, einem der altertümlichſten in Deutſchland. Anderwärts, beſonders in den ſächſiſchen Klöſtern liebte man es, dieſe Stützen in Schaft und Kapitell auf das zierlichſte zu

Fig. 401.

Kapitelſaal im Stift zu Zwettl[***]).
F. u. Gr.

[***]) Nach: Denkmalpflege 1906, S. 91.
[***]) Nach den Veröffentlichungen der Wiener Bauhütte.

schmücken, wovon wir in Fig. 400 [*]), dem jetzt als Museumsraum eingerichteten Kapitelsaal des Egidienklosters zu Braunschweig, ein Beispiel geben. Die so geschaffene Bauform wurde dann im XIII. Jahrhundert durch die Einführung der Rippengewölbe folgerichtiger und strenger ausgebildet. Vorzügliche Beispiele sind unter anderem die Säle des Zisterzienserstiftes Heiligkreuz und jener zu Ramersdorf bei Bonn, der letztere ebenso wie jener zu Altenberg bei Cöln von hervorragender Schönheit der Verhältnisse. Die gleiche Form hat sich durch die Kraft der Gewohnheit für Kapitelsäle auch in gotischer Zeit behauptet; selten nur nutzt man die inzwischen gewonnene Fertigkeit des Wölbens zu größeren Spannungen aus; ungewöhnlich ist die langgestreckte zweischiffige Form des Saales im Ordensschloß Marienburg und in Maulbronn. (Vergl. Fig. 13, S. 31 [**]).

Fig. 402.

Gewölbter Saal der Ronneburg (Oberhessen [***]).

Mehr an die herkömmliche quadratische Grundform schließen sich die auf einer Mittelstütze gewölbten Kapitelsäle zu Eberbach im Rheingau (aus dem Umbau eines älteren, neunjochigen Saales entstanden) und zu Zwettl in Niederösterreich (Fig. 401 [****]) an. Der Raum ist, wie ersichtlich, wieder quadratisch, und eine Säule trägt vier Kreuzgewölbe, die mit vortretenden Rippen versehen sind, ein Beweis, daß die Anlage, so wie wir sie vor uns haben, bereits in den Beginn des XIII. Jahrhunderts fällt. Sehr eigenartig ist die Bildung des Kämpfers, bei der das Unterbringen der 8 starken Rippen auf dem schlanken Säulenschaft vielleicht etwas umständlich, aber mit sehr kräftiger und fesselnder Wirkung bewerkstelligt worden ist. Ähnliche Lösungen in etwas vorgeschritteneren Formen finden sich

---

[*] Ähnlich, aber mit einfachen Kreuzgewölben in Fontenay. — Vergl.: VIOLLET-LE-DUC, a. a. O., Bd. I, S. 274.
[**] Nach: Bau- und Kunstdenkmäler von Hessen. Provinz Oberhessen. Kreis Büdingen. Darmstadt 1890. S. 263.

in Schönau bei Heidelberg und in Bebenhausen; die Betonung des Kämpfers durch starke Auskragungen wechselnder Form bildet überhaupt einen im XIII. Jahrhundert vielfach auftretenden Zug.

Als ausgesprochenen Gegensatz gegen die ernste Feierlichkeit dieses klösterlichen Saales bringen wir in Fig. 402) einen Raum etwa gleicher Grundform, aber entwickelt gotischer Zeit aus der Ronneburg in Oberhessen. Hier sucht man nicht mehr den Gegensatz zwischen Stütze und Last zu betonen; leicht und

Fig. 403.

Des Hochmeisters Sommerremter auf der Marienburg

anscheinend selbstverständlich entspringen die zierlichen gekehlten Rippen aus der schlanken kapitellosen Mittelsäule. Tiefe Fensternischen, die das Licht von verschiedenen Seiten her unregelmäßig einfallen lassen, verstärken den behaglichen, durchaus profanen Eindruck des Gemaches, der auch durch gewisse Unregelmäßigkeiten des Grundrisses und der Gewölbelösung nicht in seinem Einklange gestört wird. Als vornehmstes Gegenstück sei endlich noch der herrliche Saal hier wiedergegeben (Fig. 403), der in der Marienburg des Hochmeisters Sommer-

---

) Nach Aufnahme der Meßbildanstalt.

remter bildete. Die fchönen Verhältniffe des Raumes, die edle Leichtigkeit, mit der die granitene Mittelftütze die Wölbung zu tragen fcheint, die reiche Führung der Gewölberippen und dazu die meifterhafte Anordnung der reichlichen Beleuchtung machen den Raum zu einem bewundernswürdigen Prachtftück mittelalterlicher Baukunft auch in der Kahlheit feiner jetzigen Innenausftattung.

Auf einen heiteren Ton als die Kapitelfäle find auch in den Klöftern regelmäßig die Verfammlungsräume und Refektorien geftimmt. Manchmal, wie im Klofter Heilsbronn, im Ordensfchloffe Heilsberg u. a., überfpannt eine große Wölbung die ganze Breite, in der Regel aber ift fie durch eine Reihe von Stützen in zwei Schiffe geteilt. Gelegentlich finden fich wohl folche von gedrücktem Raumverhältnis wie dasjenige des Klofters Michaelftein bei Blankenburg am Harz oder die Laienrefektorien in Maulbronn und Bebenhaufen; in der Regel aber kommt der Reichtum der Klöfter und ihr vornehmer Rang in diefen Refektorien zum bewußten Ausdruck. So erhebt fich das Refektorium zu Schönau bei Heidelberg, das man fpäter zur Kirche eingerichtet hat, zu fehr freier und lichter Wirkung (Fig. 404[***]); noch ftolzer und feftlicher erfcheint das Refektorium zu Maulbronn (vergl. Fig. 14, S. 31). Es ift mit fechskappigen Kreuzgewölben überdeckt, fo daß fowohl an der Wand, wie in der freiftehenden Säulenreihe fchwächere und ftärkere Stützen oder Wandauskragungen miteinander abwechfeln. Um trotz der verfchiedenen Spannweiten mit allen Gurtbogen die gleiche

Fig. 404.

Refektorium zu Schönau bei Heidelberg [**].

Höhe zu erreichen, hat man die engeren Längsgurte fehr ftark geftelzt. Ihr Bogenanfang ift durch einen befonderen Kämpfer in der Form eines Schaftringes betont.

Im allgemeinen geht auch in diefen zweifchiffig gewölbten Räumen das Streben der fpäteren Zeit auf immer fchlankere Wirkung. Aus Frankreich geben wir in Fig. 405[***]) einen fchönen Saal aus dem Domftift zu Noyon, einen Raum, in dem fich eigentümlich mit der edlen kirchenähnlichen Hoheit der Halle der fchlichte Kamin paart, der auf die Benutzung zu profanen Wohnzwecken hinweift.

[***] Nach: Moller, G. Denkmäler deutscher Baukunft. Darmftadt 1815 - 21.
[**] Nach eigener Aufnahme.

Von ähnlicher Schlankheit, die aber durch das Fehlen jeder Kämpfergliederung noch im Eindruck gesteigert wird, ist die wunderbar leichte Halle des Sommerrefektoriums in Bebenhausen. Die großartigste Wirkung dieser Art ergeben aber die herrlichen Säle der Marienburg (Fig. 406 [101]). Die reichen Teilungen der Sterngewölbe vereinigen hier auf den schlanken Granitsäulen ein ganzes Bündel gleichartiger Gewölberippen, die nun fächerförmig nach allen Seiten ausstrahlend mit ihrer reichen Linienführung und kühnen Spannung das Staunen des Laien und die bewundernde Anerkennung des Fachmannes zu allen Zeiten hervorgerufen, und selbst damals, als der gotische Stil an sich für barbarisch galt, die Anteilnahme der Besten gefunden haben.

Fig. 405.

Saal im Domstift zu Noyon [103].

Mit dem Schlusse des Mittelalters mehrte sich allenthalben die Verwendung reicherer Gewölbeformen, nicht nur in kleineren Gemächern, sondern auch in größeren Sälen. Insbesondere die sächsischen Schlösser der Spätgotik finden wir mit den verwickeltsten Gewölbeanlagen ausgestattet, die zumeist ohne Rippen, aber mit ganz kleinen Teilungen als sog. Zellengewölbe ausgeführt sind. Wir haben auf der Tafel bei S. 109 Abbildungen der Albrechtsburg zu Meißen mit ihren reichgewölbten Zimmern und Sälen gebracht. Auch ohne jeden dekorativen Schmuck wirken sie durch die Eigenart der Linienführungen, durch die Tiefe in den zellenartigen Feldern der reich angelegten Sterngewölbe, durch die Lichtwirkungen, welche aus den tiefen Fensternischen sich ergeben, höchst packend. In dem großen Raum des II. Obergeschosses sehen wir hier gleichzeitig, wie man selbst Räume von über 10,00 m Breite zu gunsten großräumiger Wirkung mit einheitlichem Gewölbe zu überspannen suchte. Solche weitgespannte Gewölbe in den reichen Formen der Netz- oder Sterngewölbe bilden einen besonderen Stolz des XV. Jahrhunderts. Ein gutes Beispiel ist der im Jahre 1495 errichtete schöne Sprechsaal (Parlatorium) in Maulbronn, der sich zwischen Abtswohnung und die eigentliche Klausur einschiebt (Fig. 407 [104]). Es ist ein Saal von etwa 6,00 m Breite und 22,00 m Länge, der mit 6 Jochen von Netzgewölben überdeckt ist. Er empfängt reichliches Licht

[104] Nach: Paulus, F. Die Cisterzienter-Abtei Maulbronn. Stuttgart 1890. S. 78.

330

durch die dreiteiligen Fenster der Südseite und enthält, malerisch eingebaut, die zum oberen Stockwerk hinaufführende Wendeltreppe.

Ganz außer der Reihe steht der vielleicht letzte mittelalterliche Palasbau: der Wladislawsaal im Schlosse zu Prag (siehe die Tafel bei S. 332 und Fig. 408 [**]) sowohl nach der Größe, wie nach der Art seiner Wölbung. Er ist ein Werk des Meisters *Benedikt Ries* aus Pisting in Niederösterreich, welchen die Tschechen nach seinem späteren Wohnort, Laun in Böhmen, *Benesch von Laun* zu nennen lieben. Nahe kommt ihm in der geistvollen Führung der Rippen und in der

Fig. 406.

Großer Remter der Marienburg [**]).

Überwindung der vielen Schwierigkeiten, die sich aus ihr für die Ausführung ergaben, wohl nur der herrliche Saal, der im Schloß zu Meißen den vorgeschobenen Eckbau im II. Obergeschoß einnimmt. Man kann in ihm wohl den unmittelbaren Vorgänger unseres Saales sehen und diesen damit in den Formen- und Gedankenkreis der oberschlesischen spät-gotischen Schule einreihen.

Beim Wladislawsaal ist das nicht sehr hoch über dem Boden beginnende, 16,00 m weit gesprengte, auf 12,00 m Achsenweite angelegte Gewölbe bei einer Höhe von 13,00 m bis zum Schlußstein durch die auch im Grundriß nach Kreis-

[**]) Nach der Veröffentlichung der Wiener Bauhütte.

fchlägen gebildeten Rippen des Netzgewölbes außerordentlich reizvoll und lebendig gegliedert. Der Saal ift 60,10 = lang und in 5 Joche geteilt. In jedem Joche steht zwischen den Wandpfeilern ein großes Doppelkreuzfenster. Der Eindruck des Saales ist ein ganz gewaltiger. Die mächtigen Abmessungen aller Einzelteile, wie auch der Fenster, tragen dazu bei, die Größe der Erscheinung noch

Fig. 407.

Sprechsaal im Kloster Maulbronn.

zu steigern. Auch dieser Saal bedarf daher weiterer Ausschmückung nicht, um großartig zu wirken, obwohl auch Meister *Benedikt*, als er sein Werk schuf, sicher vorausgesetzt hat, daß eine solche nicht ausbleiben werde.

Zu den gewölbten Räumen gehören auch die Verbindungsgänge und Flure, falls sie überhaupt künstlerische Durchbildung erfahren haben. Wir haben wiederholt hervorgehoben, daß sie an sich im Mittelalter nur geringe Bedeutung be-

Gänge und Flure

laßen, und so sind solche von besserer Ausstattung erst recht selten. Eine Wölbung mit Kreuzgewölbe oder in späterer Zeit mit reicheren Formen bildet auch dann meist ihre einzige Zierde. Nur ganz ausnahmsweise, wie in dem durch Fig. 409) wiedergegebenen Flur der Hochmeisterwohnung auf Schloß Marienburg sind sie durch Maßwerkfenster und kühn erdachte Stützenbildung zu höherem Range erhoben.

Küchen.

Eine besondere Gruppe unter den gewölbten Räumen bilden die Küchen. Der Herd mit seinem Feuer bildete von jeher den Mittelpunkt des Hauses; er wurde als Sammelpunkt der Familie das geheiligte Sinnbild für das häusliche Leben und das Hausrecht des freien Mannes, der »eigene Herd« der Ausdruck für das ganze Haus. So blieb es unter manchen Verhältnissen bis auf heute. Die viel engere Berührung aber, in welche die größere Natürlichkeit der Lebensführung im Mittelalter Küche und tägliches Leben brachte, gab dieser eine Wichtigkeit, die weit über das heutige Maß hinausgeht und sich in den baulichen Denkmälern lebhaft ausprägte.

Küchen in Klöstern und Schlössern.

Unsere unerschöpfliche Quelle für das Studium der Bauanlagen des IX. Jahrhunderts, der Plan von St. Gallen, zeigt uns in einer ganzen Reihe von Gebäuden ein Quadrat in die Mitte gezeichnet, welches einige Male als *Focus* oder *Locus foci* bezeichnet wird. Wir können deshalb auch bei den übrigen wohl annehmen, daß das ähnlich gezeichnete Quadrat oder Rechteck in dem Hause der Rinder- und Pferdeknechte, jenem der Schweinehirten und anderer vom Klostergesinde auch deren Herde sind, auf welchen sie ebensowohl ihre Speisen bereiteten, wie sie sich daran wärmten, und wenn im *Domus bubulcorum et equos servantium* Bänke ringsum gezeichnet sind, so zeigt dies, daß die Leute ringsum sitzend in dieser Küche, die den Hauptraum des Hauses bildete, auch ihr Mahl verzehrten. Wir haben allerdings alsdann in diesem Kloster eine ganz beträchtliche Anzahl von Kochstellen; denn außer der eigentlichen Klosterküche ist je eine förmliche Küche noch mit einer Reihe von Anstalten verbunden,

Fig. 408.

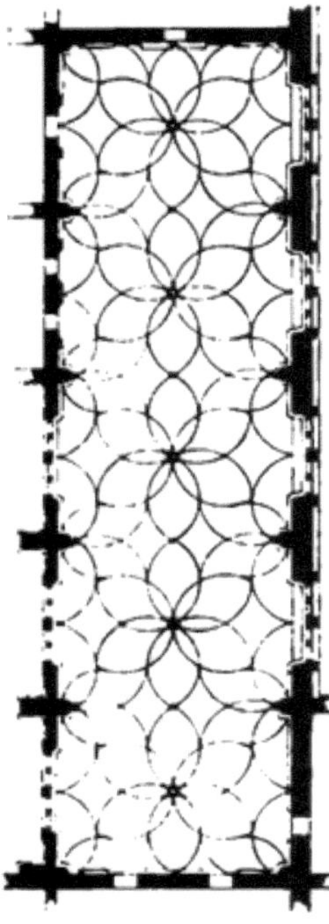

Wladislaw'scher Saalbau (Palas) auf der Burg zu Prag.
¹⁄₁₀ v. Gr.

insbesondere deren zwei mit den beiden Abteilungen des Spitals an der Ostseite, dann im Hause zur Aufnahme der Reisenden (*Hospites*); weiter aber finden wir in all den verschiedenen Häusern für alle Zwecke des Lebens solche Herde im Hauptraume. Hierzu kommen ferner die Anlagen der Bäder, denen noch nach römischer Sitte eine beträchtliche Entwickelung zugewiesen ist und bei deren jedem ein Herd zum Wärmen des Wassers die Mitte einnimmt.

Die Hauptküche des Klosters ist in einem quadratischen Raume untergebracht, welcher neben dem Refektorium liegt und mit ihm durch einen Gang verbunden

Zu S. 392.

Wladiſlaw'ſcher Saal zu Prag.
1/300 w. Gr.

Nach einer Zeichnung von Hauberrisser in den
Veröffentlichungen der Wiener Bauhütte.

Handbuch der Architektur. II. 4. b. (3 Aufl.)

ist, dessen gebrochene Linie wohl andeuten soll, daß er mit zwei Abschlüssen versehen ist, um den Küchendunst nicht in das Refektorium eindringen zu lassen; er ist als *Ingressus ad coquinam* bezeichnet. Die Küche zeigt 4 Säulen, welche, durch 4 Durchzüge oder Bogen verbunden, den Schlotmantel als mächtiges Gewölbe trugen. Das Quadrat in der Mitte des Raumes ist nicht als *Focus*, sondern als *Fornax* bezeichnet, vielleicht ein Beweis, daß es nicht bloß ein offener Herd war. Rings um diesen sind zwischen den Säulen 4 Rechtecke gezeichnet, vielleicht Tische, auf welchen die Speisen zugerichtet wurden. Bänke oder Tische laufen rings um die Wand. Ein Gang verbindet dieses Gebäude mit einem zweiten rechteckigen größeren, welches in mehrere Räume geteilt die Gesamtinschrift trägt: *Hic victus fratrum cura tractetur honesta* (hier sei die Kost der Brüder mit gebührender Sorgfalt bereitet), während gesonderte Inschriften die Bestimmung der einzelnen Räume angeben, wie: *Vernarum repausationes* (Aufenthaltsorte der Sklaven, d. i. der Küchenbediensteten), *Pistrina fratrum* (Bäckerei der Brüder), *Repositio farinae* (Mehlniederlage). An die Bäckerei schließt sich der Backofen (*Caminus*) an. Die Küche nimmt die Ecke des Hauptgebäudes ein und greift mit ihren Nebenräumen in die Gebäudegruppe der Handwerkshäuser hinein. Einer der Räume mit 4 Säulen gleich der Küche ist hier noch bezeichnet: *Hic fratribus conficiatur cerevisia* (hier sei das Bier für die Brüder bereitet).

Fig. 409.

Gewölbter Flur im Hochmeisterhaus der Marienburg[***]).

Mit ähnlicher Wichtigkeit ist im alten Plan der Abtei Canterbury (siehe die Tafel bei S. 26) die Küche nebst ihren Nebenräumen behandelt. Der Plan stellt sie als einen freistehenden Kuppelbau mit monumentalen Schornsteinen gekrönt dar, in ähnlicher Form, wie sie uns *Viollet*[***]) aus den Klöstern von Marmoutier, Vendome u. a. des XII. Jahrhunderts in fo großartigen Beifpielen vorführt. So aufwändige Anlagen, in denen an vier bis fünf Herden gleichzeitig das Effen für die zahlreiche Schar der Klofterinfaffen, für fremde Gäfte, für Arme und Pflegebefohlene des Klofters bereitet werden konnte, bilden naturgemäß Ausnahmen und finden fich in Deutfchland überhaupt nicht; allgemein befchränkt man fich hier, auch bei anfehnlichen Anlagen, auf den Bau eines Herdes. Aber durch das ganze Mittelalter hindurch werden in Klöftern und Schlöffern die Küchen baulich mit befonderer Vorliebe behandelt. Sie werden gern als luftige, hohe Räume angelegt und durchweg gewölbt; der große Herd wird auf Pfeilern oder fteinernen Freiftützen mit fteinernem Rauchmantel überdeckt; Anrichtetifche aus

Fig. 410.

Küche im Klofter zu Chorin.

Stein und Ausgüffe werden forgfam hergeftellt. Wir geben als Beifpiel deutfcher Entwickelung die durch ihre fchöne Raumwirkung ausgezeichnete Küche des Klofters Chorin (Fig. 410[*]), in welcher der Herd, jetzt allerdings in feiner rundbogigen Öffnung vermauert, dreifeitig freiftehend fich in den Raum hineinfchiebt. Andere Küchenanlagen befcheidenerer Abmeffungen mit fchön gewölbten Rauchfängen ufw. finden fich in deutfchen Schlöffern vielfach; ein gutes Beifpiel aus den Burgen des deutfchen Ritterordens hat *Steinbrecht* trefflich wiedergegeben[**]).

Wefentlich anders geftaltet fich das Unterbringen des Hausherdes im ftädtifchen Haufe. Hier bleibt er nach der Sitte der älteften Zeiten bei Vornehm und

Gering wirklich der Mittelpunkt der Familie und findet als folcher feinen Platz in der großen Diele als dem allgemeinen Wohn- und Aufenthaltsraum, bald im Erdgeschoß, bald im Obergeschoß, wie es die verschiedene Sitte mit sich brachte. Eine eigentliche Küche ist also im mittelalterlichen Stadthause nicht vorhanden gewesen; erst die spätere Zeit hat durch Verschläge und Abtrennungen wechselnder Art diesen engen Zusammenhang von Hausherd und Diele verwischt. Als eine solche Änderung späterer Zeit möchten wir es auch auffassen, daß es in Cöln Sitte wurde, im Hofe eigene kleine Küchengebäude zu errichten, die mit dem im Hause liegenden Speisezimmer durch einen kleinen Gang verbunden wurden. Auf ähnliche Verhältnisse in Oberitalien führt die Erzählung *v. Effenwein's*, wie er um die Mitte des vorigen Jahrhunderts als Gast beim damaligen Bischof von Verona ein vorzügliches Mahl in einer Halle einnahm, welche eine von Marmorsäulen getragene Abteilung der noch mittelalterlichen Küche bildete, und wie die Tafel so gestellt war, daß der Blick des Hausherrn stets auf dem Herde ruhte und sein Haushofmeister vom Tische aus dem Küchenpersonal Winke und Anordnungen zukommen ließ, während die Gäste sich an der Zubereitung der Speisen und der Geschäftigkeit in der Küche erfreuen konnten. Hoffentlich besteht diese schöne Küche und die mittelalterliche Sitte, in ihr das Mahl einzunehmen, noch heute! Man sagte damals, daß in dem bischöflichen Hause nur eigentliche Festmahle im Saale des Hauses genommen würden.

10. Kapitel.
Hauskapellen.

Zum mittelalterlichen Leben war die regelmäßige Andachtsübung so notwendig, wie das tägliche Brot. Im bescheidensten Hause war ein Winkel mit einem Heiligenbilde, welches zum Beten einlud, in jedem nur einigermaßen großen eine Kapelle. Diese Kapelle wurde um so größer und um so reicher ausgestattet, je mehr es der Besitzer vermochte. In Palästen und Burgen waren deren oft mehrere, so viel eben in der Burg Leute wohnten, welche eine eigene große Wohnung hatten, also ihre eigene Kapelle brauchten. Diese Hauskapellen nehmen in der Geschichte der Baukunst eine eigene Stellung ein, und wenn sie auch vielfältig vom Kirchenbau abhängig sind und sich mit diesem entwickelten, so sind doch auch wieder ganz eigentümliche Verhältnisse für sie maßgebend, weil sie in der Regel nicht eigene Gebäude einnehmen, sondern meist inmitten der übrigen Wohnräume an einem schicklichen Platze lagen. Wo sie ein eigenes Gebäude, etwa einen Turm, ausfüllen, wie auf manchen Burgen, sind über und unter ihnen andere Räume angeordnet, zum Teile ganz profaner Art, wie Magazine oder die Wehrplatten, zur Abwehr des Feindes. Mitunter beschränkte sich die Kapelle auf ein Chörchen, welches einem Saale oder auch einem Vorraum, Flur oder Treppenhaus angefügt wurde, wo sich das Leben in seiner eigenen Weise oft recht weltlich abwickelte. Fig. 113 (S. 123) gibt im Grundriß des herzoglichen Hauses zu Meran ein solches Beispiel.

Die eigentlichen Hauskapellen waren zwar als Andachtsstätten der gesamten oder einzelner Hausbewohner geheiligte Räume; aber Kirchen im öffentlichen Sinne waren sie nicht; in ihnen konnte nicht jede kirchliche Handlung vorgenommen werden, sondern nur eben jene, welche allenthalben stattfinden konnten, oder solche, zu denen von Fall zu Fall die besondere Genehmigung der dazu berechtigten kirchlichen Vertretung erteilt wurde, wodurch fie für diefen Fall gewiffermaßen zu einer Filiale der zur Handlung berechtigten Pfarr- oder bifchöflichen Kirche erklärt wurden.

Die Anzahl der uns erhaltenen Kapellen diefer Art ift recht groß. Zum Teile müffen wir hierher felbftändige Kirchen rechnen, von denen wir nur eben nicht mehr wiffen, daß fie einft die Bedeutung einer Hauskapelle hatten. So mögen insbefondere derartige Gebäude, welche neben großen Kirchen ftehen, teilweife Hauskapellen von bifchöflichen Paläften, von Stiftskurien und ähnlichen Anlagen gewefen fein. Vom Münfter zu Aachen, wie von der Sophienkirche zu Konftantinopel wiffen wir ja, daß fie Palaftkapellen waren. Indeffen follen Anlagen diefer Art hier nicht behandelt werden. Hier foll nur von folchen Kapellen die Rede fein, welche fich im Inneren von Gebäuden befinden, die im ganzen doch profane Bedeutung haben. Es bleiben uns auch deren noch immer eine genügende Anzahl, wenn wir auch alle jene Palaft-, Burg- und Hauskapellen ausfchließen, welche als eigene felbftändige Gebäude einem größerem Komplex einverleibt find, wie z. B. die Kapelle der Kaiferburg zu Eger, diejenige des Schloffes zu Vayda-Hunyad (fiehe Fig. 70, S. 140 des vorhergehenden Heftes, 1. Aufl.), jene des Cölner Rathaufes ufw.

<small>309 Kapellen mit vorfpringendem Chörlein.</small>

Es kann fich nicht darum handeln, wenn wir auf die Hauskapellen im engeren Sinne zurückkommen, die ältefte diefer Kapellen nachzuweifen. Das vorhergehende Heft diefes „Handbuches" bildet mehrere Burgen ab, welche dem Schluffe des XII. Jahrhunderts entftammen und in denen fich folche Kapellen befinden. So zeigt der Trifels in Fig. 37 (S. 77) an feinem Turme ein ausladendes Chörchen, welches von der Kapelle herrührt, die in Fig. 104 u. 106 (S. 165) in Grundriß und Durchfchnitt erfcheint; ebenfo laffen Fig. 108 u. 109 (S. 166) jenes Heftes die zwei Durchfchnitte einer Kapelle im Burgturme zu Friefach erkennen. Es ift überrafchend, daß wir eine folche nicht auf der Niederburg zu Rüdesheim feftftellen können; fie mag fich in dem nicht mehr vorhandenen Teile der Burg befunden haben. Das vortretende Chörlein der Burg Landsberg (Fig. 70, S. 128) dürfte wohl bloß einen Altar am Saale des Palas enthalten haben. Ganz ähnlich, wie an diefen Burgen, war eine vor kurzem erft abgetragene Kapelle des Kamperhofes in Cöln [209].

<small>310 Doppelkapellen</small>

Alle diefe Kapellen find gewölbt, haben teilweife nur ein, teilweife zwei durch Gurtbogen getrennte Kreuzgewölbe von bedeutenden Abmeffungen; an der Oftfeite befindet fich eine kleine Apfis. In Friefach hat ein fpäterer Umbau ftattgefunden; ein großes fpitzbogiges Fenfter fteht hinter dem Altare, und es ift gar nicht unwahrfcheinlich, daß an deffen Stelle urfprünglich ebenfalls folch ein Chörlein beftanden habe. Die Kapelle des Trifels hat deshalb noch befondere Bedeutung, weil in ihr zeitweilig die Reichskleinodien aufbewahrt wurden und in dem mit einem Kamine verfehenen Vorzimmer der fie bewachende Geiftliche feine Wohnung hatte. Die Kapelle zu Friefach zeigt noch die Refte fchöner alter Wandmalereien des XIII. Jahrhunderts, fowie an der Nordfeite zwei Türen, welche in das Freie führten, alfo ehemals nach einem Wehrgange, der aus Holz außen angelegt war. Sonach hatte auch die Kapelle bei einem Angriffe von der Nordfeite her, dem Charakter des ganzen Turmes entfprechend, zur Verteidigung mitzuwirken.

<small>[209] Siehe: Köln und feine Bauten u.fw. Köln 1888. S. 80 (Fig. 59). — Die Kapelle ift auch von *Reichensperger* befchrieben und in Abbildungen herausgegeben in: Bock, F. Rheinlands Baudenkmale des mittelalterlichen Köln, Köln u. Neuß.</small>

Eine eigene Stellung nimmt die Kapelle an der Oftſeite des Palas der Nürnberger Burg ein. Sie ift zwar in einem eigenen Gebäude untergebracht; aber fie fteht, wenn auch der Zugang zur unteren Kapelle nur von außen, und zwar fogar außerhalb der inneren Umfaſſung, genommen ift, doch in ihrem oberen Geſchoß in unmittelbarer Verbindung mit dem Saale des Palasbaues, dem Mannſchaftsſaale, aus welchem ein förmliches Portal zu ihr führt, während aus dem oberen Saale, dem Gerichts-, Regierungs- und Feſtſaale, eine Tür nach einer Empore geht, von welcher man in die Kapelle hinabſehen und am Gottesdienſte teilnehmen konnte. Der Chor dagegen liegt in einem Turme, deſſen obere Geſchoſſe allerdings in anderer Weiſe ausgeführt ſind als der untere Teil, ſoweit er den beiden Kapellen angehört. Wenn nicht die Lage dieſes Turmes darauf hindeutete, daß ein ſolcher dort zur Verteidigung der Burg von vornherein nötig war, ſo würde man zu glauben berechtigt ſein, daß der ganze Aufbau erſt ſpäter erfolgt und die geſamte Kapelle mit viereckigem Chor ohne Apſide doch unter die ſelbſtändigen Bauten falle. Im weſentlichen iſt es ja auch bedeutungslos, in welche Sonderklaſſe wir dieſe Kapelle einreihen. Sie iſt eine der von den neueren Schriftſtellern als »Doppelkapellen« bezeichneten und hat als ſolche auf beſondere Aufmerkſamkeit Anſpruch.

Daß die Hauskapellen bei den Kreuzfahrerbauten, inbeſondere bei jenen der Ritterorden, eine bedeutſame Rolle ſpielten, ſcheint ſelbſtverſtändlich, ſo daß mitunter die Frage wieder auftritt, wo eigentlich ein ſolcher Bau einzureihen iſt. Das Schloß Chaſtel-Blanc hat einen Hauptturm, deſſen geſamtes Erdgeſchoß eine mächtige Kapelle einnimmt (Fig. 409[300]), deren beträchtliche Höhe den Eindruck hervorbringt, als ſei der ganze Bau eben ein Kapellenbau; und doch iſt die große Höhe nur um deswillen gewählt worden, damit der Turm die nötige Höhe erhalte und die Wehrplatte hoch genug liege. Über der Kapelle iſt ein zweiſchiffiger Raum mit Kreuzgewölben angelegt, der ebenſowohl als Schlafſaal der Ritter, wie als Palashalle angeſehen werden kann, da er z. B. größer als jener zu Nürnberg iſt. Darüber iſt dann die Wehrplatte. Unter der Kapelle liegt die Ziſterne. Ähnlich mag auch der untere Raum des Burgturmes zu Giblet[301] als Kapelle gedient haben, ähnlich der mächtige Hauptturm der Templerburg zu Tortoſa[302], deſſen Herrlichkeit *Wilbrand von Oldenburg* im Jahre 1211 rühmt. Allerdings möchten wir aus den mächtigen Böſchungen am Fuße ſchließen, daß die jetzigen Reſte nicht mehr dem von *Wilbrand* geſehenen Turme angehören, ſondern daß der jetzige Bau erſt im XIII. Jahrhundert errichtet iſt, weil die Templer ihren größten Reichtum doch erſt damals beſaßen und bis zum Schluſſe des XIII. Jahrhunderts Tortoſa halten konnten, einen der letzten Punkte, die im Orient verlaſſen werden mußten. In der Johanniterburg Krak[303] liegt die Kapelle in einem rechteckigen Turme, welcher durch leicht abgeſchnittene Ecken von den übrigen unterſchieden iſt und der inneren Verteidigungslinie angehört (ſiehe den Raum *H* in Fig. 54 [S. 108] des vorhergehenden Heftes). In der Deutſchordensburg Starkenberg dürfte ſie auch im Hauptturme gelegen haben (ſiehe den Raum *D* in Fig. 53, S. 106 ebendaſ.). Die beträchtliche Größe aller dieſer Kapellen ſteht mit der großen Beſatzung einerſeits, mit den Verpflichtungen der Ritterorden anderſeits in Verbindung. Dann aber mag allenthalben mit dieſen Burg-

311. Kapellen in Kreuzfahrerburgen.

---

[300] Nach: Rey, G. *Étude des monuments de l'architecture militaire des croisés en Syrie et dans l'île de Chypre.* Paris 1871. S. 85 u. Taf. X.
[301] Siehe Fig. 97 bis 99 (S. 160) im vorhergehenden Hefte dieſes »Handbuches« (1. Aufl.).
[302] Siehe ebendaſ., Fig. 51 (S. 103).
[303] Siehe ebendaſ., Fig. 54 u. 55 (S. 108 u. 109).

Fig. 411.

Palas und Kapelle im Schloß Chaſtel-Blanc[3000]).
[1] w. Gr.

kapellen die Eigenſchaft einer Pfarrkirche für die Beſatzung verbunden geweſen
ſein, was ja auf den europäiſchen Burgen nicht zutrifft. Dort lag meiſtens außerhalb der Burg die Pfarrkirche, wenn ſie nicht in die äußere Umfaſſung einbezogen war, wie zu Nürnberg die Walpurgiskapelle auf dem erſten Bergabſatz,

zu Friefach die Peterskirche, oder die Burgbewohner gehörten zur Pfarre der nächften Ortfchaften.

Fahren wir mit Übergehung fo mancher anderen Kapelle, welcher wir Neues nicht entnehmen können, mit der Betrachtung der in Deutfchland vorhandenen Hauskapellen fort, fo wenden wir uns zunächft dem Chörchen des Nürnberger Rathausfaales zu. Es ift unferes Wiffens nicht bekannt, daß je eine andere Kapelle dort im Haufe gewefen ift. Es ift alfo in der Tat nicht zu verwundern und entfpricht durchaus der oben berührten Übung vieler Burgenbauten, daß man im Saale diefen Altarbau errichtete, welcher wieder nach altem Herkommen in einem ausgebauten Chörchen feine Aufftellung fand. Das einfache Chörchen (fiehe Fig. 224, S. 194) mit feiner fchlanken Geftalt, mit geringem Vorfprung, mit der einfach gegliederten Vorkragung und dem fteinernen Dache ift von außerordentlich fchlichter Formgebung. Dies mag für die reiche Stadt Nürnberg auffallend erfcheinen, findet aber in der überhaupt fchlichten äußeren Faffung des Baues feine Erklärung und in fo manchem fchlichten Kapellenerker von Burgen und Gefchlechterhäufern feinesgleichen.

Beim Cölner Rathaufe können wir uns die urfprüngliche Oftfeite gegen den alten Markt, jene des XIV. Jahrhunderts, ähnlich wie die Oftfeite des Nürnberger Rathausfaales denken. Vielleicht war das Chörchen gerade fo fchlicht und einfach wie das Nürnberger, weil ohne Veranlaffung gewiß der Umbau der Marktfeite und des Chörchens im Beginne des XVI. Jahrhunderts nicht erfolgt ift und damals, als das Rathaus längft feine gefonderte fchöne Kapelle hatte, zur Neuanlage eines Chörchens kaum eine Veranlaffung war.

Ganz befondere Aufmerkfamkeit verdienen die verfchiedenen Kapellen auf dem Schloffe Karlftein in Böhmen, weil offenbar *Karl IV.* um zweier willen die ganze Burg erbaut hat. Auf S. 138 des vorhergehenden Heftes (1. Aufl.) ift in Fig. 78 der Grundriß der Burg gegeben und auf die Eigentümlichkeit der Anlage hingewiefen, auf das Vorhandenfein zweier Haupttürme *N* und *S*. Es ift zugleich gefagt, daß die Burg weder die Gegend beherrfchen, noch fie verteidigen, daß fie vielmehr eine Art Gralsburg darftellen follte, um die Reliquienfchätze und die Hoheitszeichen des Kaifers aufzubewahren, der ja in erfter Linie König von Böhmen war. Danach gruppierten fich denn auch feine Schätze in zwei Teile: den böhmifchen Königsfchatz, fowie die Reliquien und Infignien des heiligen römifchen Reiches, fo ziemlich das einzige Ehrfurcht Gebietende, was von letzterem übrig geblieben war. Diefe beiden Schätze waren in den Kapellen untergebracht, und wir irren wohl nicht, wenn wir annehmen, daß die untere *N*, welche mit der Wohnung des Kaifers verbunden war, den böhmifchen Krönungsfchatz enthielt, die obere *S* den römifch-deutfchen, welcher ja dem Gedanken nach viel höher ftand, aber doch eigentlich keine tatfächliche Bedeutung mehr hatte; denn als König von Böhmen konnte fich *Karl* geftatten, bei der unteren, der Marienkapelle, im erften Burgturm, ein Kollegiatftift zu errichten, das aus einem Dechanten, vier Chorherren und fünf Choraliften, alfo zehn Geiftlichen beftand, während die heil. Kreuzkapelle im oberen Burgturme das ideale, aber nichts koftende Vorrecht erhielt, daß an ihrem Altare außer dem Dechant der Karlfteiner Marienkapelle nur Bifchöfe die Meffe lefen durften. Es ift auch bezeichnend, daß außer dem Burggrafen nur 20 Kriegsleute neben den 10 Geiftlichen die Befatzung bildeten und daß 22 Lehnsträger der umliegenden Güter im Falle einer Gefahr fich zur Verteidigung der Burg einzufinden hatten. Dem Umftande, daß die Kollegiatkapelle entfprechend begütert war, ift es zuzufchreiben, daß fie fich ftets als kirchlicher Raum im Gebrauch erhalten hat, daß sie dadurch aber die Wandelungen des Zeitgeschmackes mitmachen mußte und so ihre ursprüngliche Ausstattung verloren hat und daß der Turm in den oberen Geschossen abgetragen, gar nicht mehr den Charakter eines solchen hat, während die obere, die heil. Kreuzkapelle, bedeutungslos geworden, weil *Sigismund* etwa 70 Jahre nach Erbauung der Burg den Reichskleinodien eine andere feste Heimat gegeben, in altem Zustand verblieb, wie sie *Karl* in der Mitte des XIV. Jahrhunderts ausgestattet hatte. — Aber auch eine dritte Kapelle befindet sich noch auf der Burg, die eigentliche Stätte für die häusliche Andacht des Kaisers.

314. Kapellen im Rathaus und im Karolinum zu Prag.

Von hervorragender Bedeutung ist wieder die Kapelle im Rathause zu Prag, ein oblonges, an einen größeren Raum anstoßendes, in der Breite drei und in der Tiefe ein Kreuzgewölbe enthaltendes Schiff, an das sich ein fünfseitiges Chörlein mit fünf gotischen Fenstern und dem gewöhnlichen Chorschlußgewölbe anlehnt, welches, außen von einem viereckigen Pfeiler getragen, auf einer Auskragung ruht und so die alte Tradition dieser Chörchen fortsetzt.

Noch ein zweites solches von recht beträchtlichen Abmessungen befindet sich am Karolinum zu Prag, einem gänzlich modernisierten Gebäude, von welchem nur eben noch der mittelalterliche Chor der Hauskapelle geblieben ist.

315. Kapellen an Nürnberger Wohnhäusern usw.

Schon in Art. 120 (S. 133) war von dem Chörlein die Rede, welches im *Schlüsselfelder*'schen Hause zu Nürnberg sich befindet, ein flachgedeckter Raum, welcher wohl den Festsaal des Hauses bildet, hat an seiner Ostseite auf einer Vorkragung das schöne, in Fig. 127 (S. 131) sichtbare Chörchen zwischen zwei Maßwerkfenstern, welche in ihren Spitzbogen bis vor kurzem Kirchencharakter trugen. Diese Spitzbogenfenster sind zwar in unserer Zeit in solche mit geradem Sturze umgewandelt worden; aber abgesehen davon, daß *Heideloff* sie noch gesehen hat, kann man auch jetzt noch, wenn nicht gerade wieder alle Fugen frisch verstrichen und vertüncht sind, ihre Konturen erkennen und sehen, daß sie von verschiedener Größe waren. Das Chörchen steht auf einer außergewöhnlichen zierlichen Vorkragung, hat in den Fensterbrüstungen Reliefschmuck und auf der Dachspitze eine Laterne, in die man von dem darüber befindlichen Wohnraume aus ein ewiges Licht stellen konnte, welches für den Friedhof der Lorenzkirche als Totenleuchte galt.

Noch ist in Nürnberg das Chörchen der Hauskapelle des Sebalder Propsteihofes erhalten, welcher gegenwärtig als Pfarrhaus der Sebalduskirche dient. Heute schließt sich ein Wohnzimmer an; ehemals dürfte wohl eine förmliche Kapelle vorhanden gewesen sein. Auch am alten Lorenzer Pfarrhof war ein ähnliches Chörlein im Hofe, gegen Osten gerichtet, vorhanden, welches nach Abbruch des Gebäudes und seinem Umbau durch *Heideloff*, wenn auch etwas umgestaltet, unter Verwendung der noch brauchbaren alten Teile, nach Norden sehend, wieder aufgebaut ist. Unter der großen Zahl sonstiger Hauskapellen des XV. Jahrhunderts in Nürnberg nennen wir nur noch jene, welche im Eckhause der heutigen Adlerstraße und des Hörmannsgäßleins sich befand, welche aber, vor einigen Jahrzehnten vom damaligen Besitzer herausgenommen und verkauft, nun auf der Wartburg wieder aufgestellt worden ist. Ihre Wände waren in der weiterhin beschriebenen einfachen Weise ganz getäfelt, jedoch vollständig bemalt, und zwar trug jedes Füllungsbrett zwischen zwei Leisten das Bild eines auf einem Kragstein stehenden Heiligen. Die Decke war tonnengewölbförmig gebildet und blau mit Sternen bemalt. Das Chörchen, welches nach dem Hofe hinaustrat, war gleichfalls ganz aus Holz gebaut und demgemäß auch mit einem Holzgewölbe versehen.

Es befanden sich noch in mehreren Häusern der Stadt kleinere, teilweise gewölbte Hauskapellen, Räume, die eine gangartige Grundform hatten, ohne ausgesprochenen Altarraum. Ähnliche gewölbte und ungewölbte Kapellen befanden und befinden sich noch anderwärts, so in Regensburg, Amberg usw. Auch unser Grundriß des herzoglichen Hauses zu Meran (siehe Fig. 113, S. 123) und der des *Ehinger*'schen Hauses zu Ulm gibt die Lage der zierlich gewölbten Hauskapellen wieder (siehe Fig. 120, S. 128).

Allen Beispielen, welche wir angeführt haben, ist die Richtung nach Osten als bestimmender Zug zu eigen. Diese Ostung ließ sich jedoch nicht allenthalben für die gesamte Kapelle festhalten; da nahm man denn keinen Anstand, den Altar an die Langseite zu stellen, so daß der Geistliche, wenn er am Altare stand, gegen Osten gerichtet die Messe lesen konnte. So gibt das öfter zitierte Buch „Köln und seine Bauten" usw. (Cöln 1888) in Fig. 84 (S. 106) die innere Ansicht der Kapelle vom Hause Schiederich, wo der Altar nicht im Hintergrunde des länglichen Raumes, sondern in einer Nische am Ende der Langseite steht.

316. Kapelle zu Cöln.

Im Turme zu Perchtoldsdorf bei Wien³⁰⁴) ist das I. Obergeschoß als Kapelle angelegt, mit reicher Dienstgliederung in den Ecken versehen, aus der sich ein Sterngewölbe als Decke des quadratischen Raumes erhebt. Eine mit einem Netzgewölbe bedeckte rechteckige Nische in der Mauer gegen Osten mit einem zweiteiligen gotischen Maßwerkfensterchen dient zur Aufnahme des Altares. Ein Eingang von außen führt zum I. Obergeschoß, also zur Kapelle empor, durch welche man hindurchgehen muß, um durch eine Wendeltreppe in ihrer Ecke in die oberen Wohngeschosse des Turmes zu gelangen. Die gemalten Weihekreuze zeigen dabei, daß diese Kapelle vorschriftsmäßig kirchlich geweiht wurde, was wohl nur bei den wenigsten Hauskapellen wirklich geschehen sein dürfte.

317. Kapellen zu Perchtoldsdorf usw.

Dann wollen wir noch die Hauskapelle an der Abtswohnung zu Maulbronn nennen, weil dort das Chörchen nicht gegen Osten, sondern gegen Norden gerichtet ist. Es konnte indessen immerhin der Altar darin an der Seite so stehen, daß seine Richtung nach Osten hatte, wie es einmal für jeden Altar kirchliche Vorschrift ist, wenn dies auch seit dem Schlusse des Mittelalters nicht mehr allenthalben eingehalten wurde.

Wir schließen die Betrachtung der Hauskapellen, indem wir noch einmal auf die Tafel bei S. 206 hinweisen, in welcher das Chörchen von der Aula des Collegium Jagellonicum zu Krakau erscheint, dessen einfache Gestalt uns weitere Beschreibung erspart.

318. Kapelle im Collegium Jagellonicum.

—

11. Kapitel.

Innere Treppen.

Wie schon bei den äußeren Treppen bemerkt, sah man im frühen Mittelalter die Treppen als einen Behelf an, um in die Höhe zu kommen, wie eben eine Leiter auch. Man stellte kaum an ihre Bequemlichkeit einige Anforderungen; keinesfalls betrachtete man sie als einen architektonisch bedeutsamen Teil der Gebäude, welcher in räumlicher Beziehung besonders auszubilden wäre; man suchte nur möglichst wenig Raum dafür in Anspruch zu nehmen. Erst späte Zeiten kamen dazu, diesen kleinen Bauwerken eine besondere Sorgfalt der Herstellung und mitunter große Zierlichkeit der Ausführung zuzuwenden.

319. Ursprüngliche Schmuck- und Anspruchslosigkeit.

---

³⁰⁴) Vergl. die Tafel bei S. 189 im vorhergehenden Hefte dieses „Handbuches" (1. Aufl.).

Sehr bescheiden, nach unseren Begriffen geradezu unzulänglich sind die Treppenanlagen der meisten Burgen, die zumeist in engsten Abmessungen innerhalb der starken Mauern aufsteigen, falls man sich nicht aus Gründen der Sicherheit überhaupt mit Leitern begnügte. So sind im Inneren der Kaiserburg Trifels zwei zum I. Obergeschoß emporführende, geradläufige, an den Ecken allerdings gebrochene Treppen vorhanden, eine solche zum II. Obergeschoß aber nicht zu finden. Ähnlich unbedeutend in den Abmessungen sind auch die Treppen auf der Niederburg zu Rüdesheim (siehe Fig. 76 u. 77, S. 91); in ihrem Turme befindet sich außerdem eine Wendeltreppe im Mauerwerk. Solche sehen wir auch in den zeitlich wenig verschiedenen Burgen Landskron, Neuscharfeneck (siehe S. 176 u. 177 des vorhergehenden Heftes, 1. Aufl.). Geradezu unbedeutend sind auch die Treppenanlagen im alten Schloß der Marienburg aus dem XIV. Jahrhundert, wo doch die Ritter in beträchtlicher Zahl zusammen wohnten und wo es unter Umständen wichtig sein konnte, daß sie rasch sich im Hofe sammeln, rasch zu den Verteidigungswerken am Dachrande auf- und absteigen konnten. Es waren nur zwei schmale Treppen bei *A* und *B* (siehe S. 182 des vorhergehenden Heftes, 1. Aufl.) vorhanden, jede nur in etwa 1,00 m Breite. Auch in der Hochmeisterwohnung ist die Treppenanlage sehr bescheiden. Eine geradläufige Treppe verband die Wohnung des Hochmeisters mit dem Remter; zwei Wendeltreppen im Mauerwerk, kaum stellenweise durch Schlitze beleuchtet, führten den Hochmeister und seine Gäste empor, zugleich die Mannschaft auf die Wehrgänge.

Ebenso finden wir beim Schlosse Vayda-Hunyad (siehe ebendas., S. 140) nur Wendeltreppen als Verbindung angewendet. Ihre Ausführung ist bei allen älteren Bauten die denkbar einfachste und der darauf verwendete Raum sehr gering.

Auswändigere Anlagen der Spätzeit: Wendeltreppen und geradläufige Treppen aus Stein.

Erst mit dem XV. Jahrhundert wurden die Treppen einigermaßen umfangreicher. Die Hohkönigsburg im Elsaß hat an ihrem Palas eine Wendeltreppe von über 3,00 m lichtem Durchmesser, außerdem an zwei anderen Gebäuden zwei weitere, nicht unbedeutende Treppen. Auch in den städtischen Wohnhäusern wurden die Treppenanlagen um jene Zeit bedeutsamer. Die hölzernen Wendeltreppen, welche in den Fluren emporführten, sind meist geräumiger und infolge der Geräumigkeit auch weniger steil, während jene mit geradem Lauf meist doch auch dann noch recht steil sind. Diese geradläufigen sind häufig auch so eingerichtet, daß nicht, wie dies ja beim Nürnberger Hause der Fall ist (siehe die Tafel bei S. 88) ein Lauf über dem anderen an derselben Stelle von Geschoß zu Geschoß führt. (Vergl. z. B. die Treppenanlage im Hause *Schweitzer* zu Neustadt a. d. Orla in Fig. 175, S. 160.)

So liegt in der Universität zu Krakau (siehe die Tafel bei S. 206) die Treppe vom Hofe zum I. Obergeschoß die Galerie durchschneidend bei *d*; zum II. Obergeschoß aber führen zwei Treppen bei *e* und *f* weiter. Die Treppe im Schlosse zu Trient (siehe Fig. 97, S. 103), welche in den den Hof *B* umgebenden Galerien angelegt sind, führen in jedem Stockwerke an einer anderen Stelle weiter. Auch die Treppen im Hause zu Steyr (siehe Fig. 191 u. 192, S. 171) führen nicht unmittelbar übereinander in die Höhe. Es fehlt nun allerdings nicht an geradläufigen Treppen, die mit größerer Breite eigens abgeschlossene Räume beanspruchen. Sie werden aber in der Regel so angelegt, daß jeder Lauf für sich zwischen geschlossenen Wänden liegt, wodurch meist jede Möglichkeit architektonischer Ausbildung, mit Ausnahme gewölbter Decken und reicher Fensterbildungen, fortfällt. Ungewöhnlich ist die schöne Anlage in dem soeben erwähnten Hause zu Steyr, wo die Treppe zum Dachboden von einem Vorraum, neben dem sie geführt ist, nur durch ein dünnes Gitterwerk von steinernen Pfosten und Maßwerk abgetrennt wird. Häufiger schon kommen in Tiroler Schlössern Ausbildungen der in Fig. 412 [...]) abgebildeten Art vor, bei denen die Treppe mit steinernem Geländer zum Teil frei in die große Diele eingebaut wird.

Der Raumersparnis wegen sind, wie oben angeführt, besonders in den Burgen und Schlössern die Wendeltreppen beliebt, und sie bilden vielfach einen gewissen Ersatz für die fehlenden Verbindungsgänge und Flure. Sie eigneten sich vor allem, um versteckte und geheime Treppen anzulegen oder solche, die eben nur von einem Raume in den darüberliegenden führten und so einem Jeden unzugänglich blieben, welcher nichts im Raume zu tun hatte. So ist im Rathause zu Nürnberg

Fig. 412.

Treppe in der Halle des Schlosses Anger [...].

die Treppe bemerkenswert, welche von der Ratsstube in das Lochgefängnis und zu den unterirdischen Gängen führt und selbst in der (jetzt noch vorhandenen) Ratsstube unsichtbar ist, da der Eingang durch einen Wandschrank versteckt wird. Ähnliche Anlagen sind auch in anderen Rathäusern, z. B. in Ochsenfurt, in Goslar usw., nachzuweisen. Eine reizende kleine Treppe, in den ersten Jahren des XVI. Jahrhunderts von *Behaim* erbaut, führt ebenfalls in Nürnberg im ehemaligen Archiv, jetzt Eichamt, von einem Vorraum in zwei darüberliegende Stockwerke empor. Sie hat die Eigentümlichkeit, daß sie sich über ihrem eigenen Lauf umdreht und der Austritt in entgegengesetztem Sinne über dem Antritte liegt. Unsere Zeichnungen in Fig. 413 machen dies verständlich.

[...] Nach: Schmidt, O. Die Kunstschätze Tirols. Wien o. J. Bl. 36.

Fig. 413.

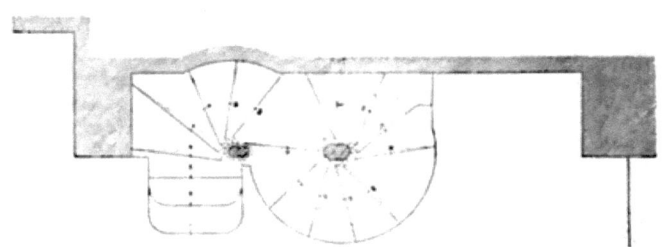

Wendeltreppe im Rathaus zu Nürnberg.

Überhaupt gab die Wendeltreppe in späterer Zeit den Steinmetzen die beste Gelegenheit, ihre Kunst zu zeigen. Hatte die Spindel nur etwa 35 cm Stärke, so ließ sich ein solch reiches Profil von Rundstäben und Hohlkehlen in schlanker Windung um sie hinaufziehen, daß sie das Erstaunen des Laien hervorruft; ebenso ließ sich, da das Profil zu gleicher Zeit als Handgriff diente, ein ähnliches in die umfassende Wand einhauen. Die Fenster dieser Wand folgten der Schräge der Windung, und wenn sie ein reiches Einfassungsprofil hatten und vielleicht recht dicht standen, so ergaben sich daraus Steinmetzkunststückchen aller Art. Die Kante der Stufe konnte einwärts oder auswärts gebogen werden. Die Unterseite der Stufen konnte profiliert werden, oder es konnte eine einzige, etwa mit Verzierungen bedeckte windschiefe Fläche die Unterseite sämtlicher Stufen bilden. Es konnten Gewölberippen, welche sich durchschneiden, diese Fläche zieren oder zwischen Wand und Spindel eingespannt werden.

War aber der innere Zylinder des Treppenhauses so weit, daß in der Mitte der Treppe ein Auge, statt der Spindel eine Zarge anzulegen war, auf welcher dann drei oder mehr schlanke Säulchen standen, um den oberen Teil der Zarge zu tragen, so ergab sich ein sehr zierliches und reiches Raumbild, das seinen Höhepunkt dadurch erhielt, daß der Treppenraum zu oberst mit einem schönen Sterngewölbe bedeckt wurde. Die Fläche der Umfassungswand, sowie die Räume zwischen den Säulchen auf den Zargen boten in der Brüstung schrägaufsteigende Flächen, die sich zur Zeichnung reichen Maßwerkes eigneten; kurz die Steinmetzen konnten ihre volle Kunst in der Lösung der schwierigsten geometrischen Verschneidungen, wie auch in der Erfindung und künstlerischen Abstimmung überraschender Einzelheiten hier reichlich zeigen. Sie konnten so auf engstem Raume von etwa 4,00 bis 5,00 m lichtem Durchmesser Werke schaffen, die der dauernden Bewunderung sicher waren. Als glänzendes Beispiel dieser spätgotischen Anlagen sei die Haupttreppe der Albrechtsburg zu Meißen angeführt, deren Grundriß wir in Fig. 102 (S. 109) wiedergegeben haben.

In Deutschland war es erst dem XV. Jahrhundert vorbehalten, sich die Freude am Bau solcher reicher ausgestatteter Treppen zu gönnen. In Frankreich war man dagegen bereits früher dazu gekommen, und die große Prunktreppe, welche *Karl VI.* in der zweiten Hälfte der XIV. Jahrhunderts im Louvre errichtete, zeigte schon damals, welch glänzender Ausbildung die Wendeltreppe fähig war.

Von geradlinigen hölzernen Treppen ist aus mittelalterlicher Zeit kaum ein künstlerisch durchgeführtes Beispiel erhalten. Nach Beispielen der frühen Renaissance kann man aber annehmen, daß schon in gotischer Zeit neben den Treppen mit geradlinig aufsteigenden Bohlenwangen auch die Form der aufgesattelten Treppen durchgebildet worden ist; allerdings nicht in der uns heute geläufigen Form mit ausgeschnittenen Bohlenwangen, sondern urtümlicher und gediegener so hergestellt, daß hölzerne Blockstufen sich auf seitliche, schräg aufsteigende Tragbalken auflegten.

Auch hölzerne Wendeltreppen sind uns vollständig nicht mehr in ausgebildeter Formgebung überkommen. Aber so manche schön profilierte Spindel, so manche Zarge gibt noch heute Zeugnis von dem erfolgreichen Streben der Zimmerleute, hinter den Kunstleistungen der Steinmetzen nicht zu weit zurückzubleiben.

321. Hölzerne Treppen.

12. Kapitel.
Innerer Ausbau der Wohnräume.

322. Wandbehandlung im Holzbau: Bohlenwände.

Auch im inneren Ausbau der Wohnräume ist die Behandlung der Wand von wesentlicher Bedeutung. Am einfachsten gestaltete sie sich im Holzbau aus dem naturgemäßen Zusammenhang mit der werkmäßigen Herstellung. Man zog häufig tragfähige hölzerne Zwischenwände ohne Mauerunterstützung als Abteilung kleinerer Gemächer in der Weise ein, daß man über einer wagrechten Bohlenschwelle gespundete Bohlen von 8 bis 10 cm Stärke nebeneinander aufrichtete und ihre Köpfe oben wieder mit einer wagrecht laufenden Bohle zusammenfaßte. Aus den neben der Tür befindlichen Wandteilen in Fig. 414 [306]) ist diese Bauart zu ersehen. Schon bei schlichtester Werkweise, wenn die Bohlen nach Art einer Stülpdecke

Fig. 414.

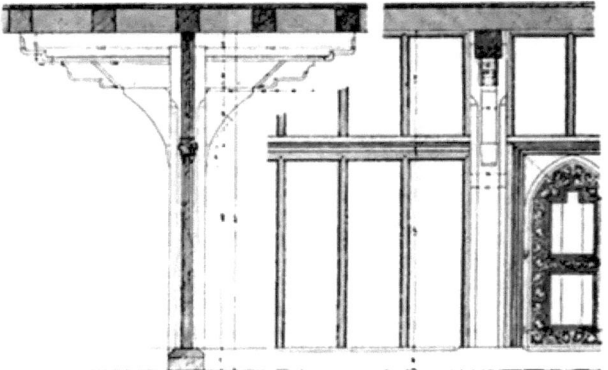

Bohlenwand im Rathaus zu Alsfeld.
Schnitt und Ansicht [306]).

etwas gegeneinander versetzt und an den Kanten gefast wurden, ergab sich so eine klare Gesetzmäßigkeit der Gliederung und durch den warmen Ton der Holzflächen eine behagliche Raumwirkung. Zur Erzielung größeren Reichtumes legte man die Bohlen lieber in eine Flucht und deckte dann die Fugen mit Leisten, die sich zwischen die sockelartig vortretende Fußbohle und die obere Bohle einlegten oder, falls letztere durch einen Deckenbalken vertreten wurde, an diesem sich wagrecht verkröpft entlang zogen. Wie eine solche Holzwand, zur besseren Austeilung noch mit einem mittleren Querriegel versehen, sich den Deckenpfosten anschließt, zugleich wie natürlich sich eine Tür in sie einfügt, zeigt Fig. 414 [306]), dem Rathause in Alsfeld in Oberhessen entstammend. Den oberen Abschluß der Deckenleisten bildete häufig ein breiteres Brett, das dann gern friesartig mit Bogenausschnitten oder fortlaufendem Rankenzierat ausgestattet wurde. Aus den Deckleisten entwickelten sich endlich Säulchenteilungen mit geschnitzten Sockeln und

[306]) Nach: Lehmgrube, P. Mittelalterliche Rathausbauten in Deutschland. Berlin 1905. Taf. 26.

Kapitellen; vor allem wurde der obere Abschluß durch Zutat reicher Schnitzereien oft sehr reich ausgestattet. Ein Prachtstück dieser Art bietet der Ratsaal des Rathauses zu Überlingen, von dem wir in Fig. 415 den oberen Wandabschluß wiedergeben. Der Meister des um das Jahr 1494 fertiggestellten Werkes, *Jakob Ruçß*, hat mit dem üppigen ornamentalen Schnitzwerk eine gedanklich zusammenhängende Reihe von trefflich ausgeführten Freifiguren verbunden, welche im Verein mit den wappengeschmückten Konsölchen die Stände und Würdenträger des heiligen römisch-deutschen Reiches darstellen.

Auch bei inneren Fachwerkwänden liebte man es, die werkmäßige Fügung frei zu zeigen. Das geglättete Holzwerk blieb dann entweder in seiner natürlichen Farbe stehen, die allmählich in ein warmes, mildes Braungrau übergeht, oder man gab ihm lebhafte, meist dunkelrote Färbung, von der sich die hellgetünchten Ausfachungen kräftig abhoben. Meist begnügte man sich mit diesen frischen

323. Innere Fachwerkwände.

Fig. 415.

Aus dem Rathaussaale zu Überlingen.

Gegensätzen; seltener fügte man noch farbige Begleitlinien neben den Hölzern oder gemalten Zierat auf den Feldern hinzu, wie beim Mittelgang des Schlafhauses im Kloster Bebenhausen, dessen Wandgliederung wir in Fig. 416³⁰⁷) abbilden.

Steinerne Wände erfuhren im Inneren, wenn sie aus regelrechtem Quaderwerk bestanden, was allerdings nur bei hervorragenden Festräumen sich findet, ganz gleiche Behandlung wie an den Außenseiten der Gebäude. Hier wie dort wurden leichte Malereien und farbige Tönungen der einzelnen Glieder gelegentlich unmittelbar auf den Stein aufgetragen. Falls solche Wände an ihren unteren Teilen nicht mit den gleich zu besprechenden Täfelungen bekleidet waren, ist anzunehmen, daß sie, wie übrigens auch die verputzten Wände, bei allen festlichen Gelegenheiten mit Teppichen behangen wurden und dadurch gleichzeitig reichen Schmuck und Behaglichkeit gewannen. An großen und kleinen Teppichen, die hierfür zu benutzen waren, scheint ein beträchtlicher Reichtum zur notwendigen Ausstattung

324. Steinerne Wände.

³⁰⁷) Nach: PAULUS, E. Die Cisterzienser-Abtei Bebenhausen. Stuttgart 1886-87.

jedes vornehmen Hauswefens gehört zu haben. Weitaus überwiegend aber wurden die Wände aus Bruchftein oder Backftein errichtet und dann immer mit Kalkputz überzogen. Vielfache Berichte fchon aus der älteften Zeit bezeugen uns, daß man gewohnt war, auf diefen Flächen Malerei, wenn möglich figürliche Darftellungen aus Gefchichte und Heldenfage anzubringen. Die früheften uns erhaltenen Refte folchen Schmuckes entftammen noch dem XIII. Jahrhundert; fie zeigen über einem ftarkgefärbten unteren Wandteil einfache Umrißzeichnungen ritterlichen Lebens

Fig. 416.

Fachwerkwand im Klofter zu Bebenhaufen*).

und befchränken fich auf die Anwendung der überall zur Verfügung ftehenden Farben Schwarz, Weiß, Eifenrot und Ockergelb**).

Malereien. Das bedeutendfte Beifpiel folcher malerifcher Ausftattung aus der fpäteren Zeit findet fich auf Burg Runkelftein bei Meran, wo der reiche Geldmann *Niklas Vintler* um das Jahr 1400 eine ganze Reihe von Gemächern mit reichfarbigen Freskobildern, Jagd- und Turnierdarftellungen, Ritterfpielen und Begebenheiten

*) Vergl. über die älteften deutfchen Wandmalereien: Weber, P. Die Zweinbilder des XIII. Jahrhundert im Heffenhof zu Schmalkalden. Zeitfchr. f. bild. Kunft 1901.

aus der Sage vom Helden Wigalaois, aus Triſtan und Iſolde uſw., in einem an italieniſche Kunſt angelehnten Stil ſich ausmalen ließ. Als ſeltenes, aber ſehr wirkungsvolles Beiſpiel figürlichen Schmuckes ſei hier auch der bedeutende Fries erwähnt, der früher den Hauptſaal des *Dollinger*'ſchen Hauſes in Regensburg ſchmückte. Der Saal enſtammte wohl der zweiten Hälfte des XIII. Jahrhunderts, war verhältnismäßig niedrig, mit vier ſpitzbogigen Kreuzgewölben mit breiten Rippen bedeckt, welche auf einem etwas außerhalb der Mitte ſtehenden, niedrigen Pfeiler ruhten, der den Turm des Hauſes trug. Die Fenſterarchitektur war nicht mehr erhalten, dürfte aber ſpitzbogig geweſen ſein. Dagegen waren Skulpturen von großer künſtleriſcher und kunſtgeſchichtlicher Bedeutung noch vorhanden, welche etwas überlebensgroße Reiterfiguren darſtellten, die vollrund aus Stuck auf

Fig. 417.

Wanddekoration in einem Zimmer des Schloſſes Freundsberg bei Schwaz (Tirol**).

die Mauer modelliert waren. Sie ſtellten König *Heinrich I.*, ſowie den Kampf des angeblichen Ritters *Dollinger* mit einem Rieſen *Krako* aus dem Heere der Ungarn dar, das ſich über Deutſchland wälzte, bis es von *Heinrich I.* auf dem Lechfelde vernichtet wurde. Die Skulptur iſt vor einiger Zeit beim Umbau des Hauſes mit dem großen Saale herausgenommen und ſpäter im katholiſchen Geſellenhauſe zu Regensburg, wenn auch zum Teil nur im Gipsabguß, wieder angebracht worden. Eine Nachbildung befindet ſich im Nationalmuſeum zu München als Vertreterin jener Bildhauerſchule, welche im XIII. und XIV. Jahrhundert der Stadt Regensburg eine Reihe trefflicher Werke ſchuf.

Unter einfacheren Verhältniſſen begnügte man ſich naturgemäß bei der Wandbemalung mit ornamentalem Schmuck, der von den ſchweren Quaderungen

316. Wandbemalung ornamentaler Art in Tirol.

**) Nach: PAUKERT, F. Die Zimmergotik in Deutſch-Tirol. Leipzig o. J.

und geschlossenen Friesen des romanischen Stils sich allmählich zu großer Leichtigkeit und Flüssigkeit entwickelte. Einzelne Beispiele dieser hochentwickelten Zierkunst finden sich überall verstreut; am meisten hat sich noch auf den so lange weltfern gelegenen Tiroler Burgen erhalten. Sehr bezeichnend ist eine Wand auf dem Schlosse Freundsberg bei Schwaz in Tirol, welche wir in Fig. 417³⁰⁹) zur Darstellung bringen. Freigezeichnete, erdgrüne und rotbraune Ranken überziehen in großen Linien die hellgeputzte Fläche, mit stilisierten Blättern und Früchten versehen; dazwischen tummeln sich Vögel und sonstiges Getier. Schwerer ist das Rankenwerk an einer anderen Wand des gleichen Schlosses (Fig. 419³⁰⁹), welche zugleich das Beispiel einer gemalten Fensterumrahmung bietet.

Fig. 418.

Wandmalerei in einem Zimmer des Schlosses Reiffenstein (Tirol ³⁰⁹).

Durch feinere Durchführung sind die Malereien eines Gemaches auf Schloß Reiffenstein bei Sterzing ausgezeichnet (Fig. 418³⁰⁹), welchem ähnliche, noch besser erhaltene Arbeiten in der Hauskapelle auf Schloß Gravetsch bei Klausen entsprechen. Die ganze Wand ist hier lebhaft gefärbt im Tone von etwas gedämpftem Schweinfurtergrün; darauf ist ein überaus reicher Zierat von bandartigem Blattwerk mit schwarzen Strichen aufgemalt, ebenso schattiert und mit Weiß aufgelichtet. Feine Fäden, wie Luftwurzeln verzweigt, ziehen sich in weißer Farbe durch die großen Rankenzüge hindurch; figürliche Zutaten und Blumen, in kräftigen Farben ausgeführt, bereichern die Wirkung noch weiter.

Eine besonders reiche Wandmalerei von großer Feinheit der Durchführung findet sich im Refektorium des Klosters Bebenhausen (Fig. 420³¹⁰). Schließlich sei

³⁰⁹) Nach Originalaufnahme von G. Lonfen.

noch ein kleiner Raum aus dem Chorherrenstift St. Peter zu Fritzlar hier wiedergegeben (Fig. 421³¹¹), um die Gesamtwirkung solcher malerischer Ausschmückung zu veranschaulichen. Über einem niedrigen, weißen Sockel erhebt sich zunächst

Fig. 419.

Verzierung eines Fensters im Schloß Freundsberg bei Schwaz (Tirol).

ein breiter dunkelroter Wandteil, mit weißem Rankenzuge überzogen und nach oben mit breitem Fries von zierlichstem Maßwerk und Wappenmalerei abgegrenzt. Der obere Wandteil und die Decke sind im wesentlichen gleich behandelt, nur auf weißem Grund mit schwarz-roter Zeichnung und mit leichtem Wechsel der Blattform. Zu diesem Zweck war der Verputz der Decke in dünner Lage auch über die Balken hinweggeführt; er ist jetzt allerdings zum größten Teile von den Holzflächen abgefallen, da diese nur durch leichtes Aufhacken zu seiner Aufnahme vorbereitet waren. Alle Flächen der Wand und der Decke zeigen auf weißem Grunde schwarz gezeichnetes Rankenwerk mit roten, zum Teile auch grünen Blättern und Weintrauben wechselnder Färbung. Auch die Darstellung der Kreuzigung, welche die Schmalwand belebt, ist auf die Farben Gelb, Rot und Grau neben der schwarzen Umrißlinie beschränkt. Für das Streben nach Einheitlichkeit des ganzen Raumbildes ist es außer der Deckenbehandlung bezeich-

Fig. 420.

Wanddekoration im Refektorium zu Bebenhausen [410]).
⅛ w. Gr.

nend, daß die Malerei der Wandflächen ganz gleichmäßig auch über die hölzerne Tür hinweggeführt worden ist.

328. Täfelung der Wände: Leistenteilungen.

Größere Behaglichkeit als der bloße Farbenschmuck gewährte die Verkleidung der Wände mit hölzernen Täfelungen. Wir haben am Beginn unserer Schilderung gesehen, daß man von ihnen schon in den ältesten Palasbauten *Karl des Großen* und *Heinrich I.* Gebrauch machte, und wir können danach mit Sicherheit voraussetzen, daß man diesem Brauche auch in romanischer Zeit treu blieb. Erhalten ist uns aber von diesen älteren Arbeiten nichts; unsere Kenntnis beginnt erst mit den Werken des XIV. Jahrhunderts. In der einfachsten Art schließen sich solche Täfelungen der Herstellung der in Art. 322 (S. 346) geschilderten Bohlenwände an, indem lotrechte Bretter zwischen Sockel und Fries eingesetzt und mit Fugendeck-

353

leiſten beſchlagen wurden. Meiſtens aber verwendete man freiere Anordnungen. Nach einer beſonders in Tirol vielfach vertretenen Art ſtellt man größere Teilungen dadurch her, daß man mehrere Bretter zu größeren Tafeln verleimt und ſo zwiſchen die breiteren Leiſtengliederungen einſetzt. Die Wand aus dem ſog. Kaiſerzimmer des landesfürſtlichen Haufes in Meran (Fig. 422³¹²) gibt eine Ausführung einfacher Art. Reichere Beiſpiele zerlegen wohl die Flächen durch häufigere Wiederkehr der Teilungsleiſten, wie die Wandtäfelung aus Klöſterle (Fig. 423³¹²) es in Verbindung mit Wandbank und mit ſehr eigenwilliger Form der oberen und unteren Felderabſchlüſſe zeigt. Üblicher iſt das Zerlegen der Flächen durch rechtwinkelig ſich kreuzende Leiſten, wobei man häufig, wie dies auch in der Ausmalung be-

Fig. 421.

Bemaltes Zimmer im Stift St. Peter zu Fritzlar³¹⁰).

liebt war, einen unteren Wandteil als hohen Sockel abtrennte. Solche Leiſten ſind oft von ſchlichtem Profil und dann wohl mit breiten Nagelköpfen verziert oder aber reich ausgebildet, manchmal gar, wie im Kaiſerzimmer des v. Scheurlſchen Hauſes zu Nürnberg (Fig. 424³¹³) mit Frieſen aus farbig eingeſetzten Hölzern oder mit flachausgegründetem Zierat geſchmückt. Auch die Zwiſchenfelder werden bei vornehmen Ausführungen verziert. So ſind in den Flächen der Wandverkleidung im Fürſtenſaal zu Koburg große Roſetten in eingelegter Arbeit eingeſetzt (Fig. 425³¹⁵), und als oberer Abſchluß fügt ſich ein durchbrochen geſchnitzter, zierlicher Fries zwiſchen die Leiſtenteilung. Im goldenen Saal der Feſte

Hohenfalzburg (Fig. 426[314]) find am oberen Wandteil ftarke Nagelköpfe und wechfelnd gefchnitzte Rofetten zahlreich verteilt; Statuetten mit Baldachinen fetzen fich vor die Teilungsleiften, und ein reicher Fries fchließt, ähnlich wie im vorhergehenden Beifpiel, das Feld nach oben ab.

329. Felderteilungen mit »Rollwerk«.

In Norddeutfchland war es neben diefer Ausführungsweife üblicher, die Wandtäfelung in kleine, rechteckige Felder einzuteilen, die entweder als Verdoppelungsarbeit durch aufgelegte Teilungsbretter hergeftellt oder in Rahmen und Füllung gefetzt wurden. In Frankreich fcheint letztere Behandlungsweife die allein gebräuchliche gewefen zu fein. Im

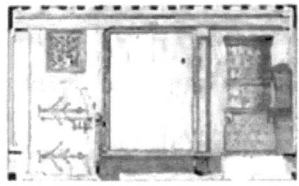

Wand mit Tür und Ofen im fog. Kaiferzimmer des landesfürftlichen Haufes zu Meran[315].
1/40 w. Gr.

Gegenfatz zu den füddeutfchen Täfelungen erftrecken fich diefe kleinen Felderteilungen meift nicht über die ganze Wand, fondern befchränken fich auf ihren unteren Teil bis etwa zur Mannshöhe. Während der Grund der Felder bei verdoppelten Täfelungen glatt bleiben mußte, höchftens durch ausgegründetes oder eingelegtes Ornament verziert werden konnte, gab man den geftemmten Füllungen gern eine Modellierung der Fläche. Sie beftand im einfachften Falle in einer dachförmigen Verftärkung der Mitte und nahm dann durch weitergehende Profilierung und phantaftifche Ausfchnitte der oberen und unteren Grenzlinien

Fig. 423.

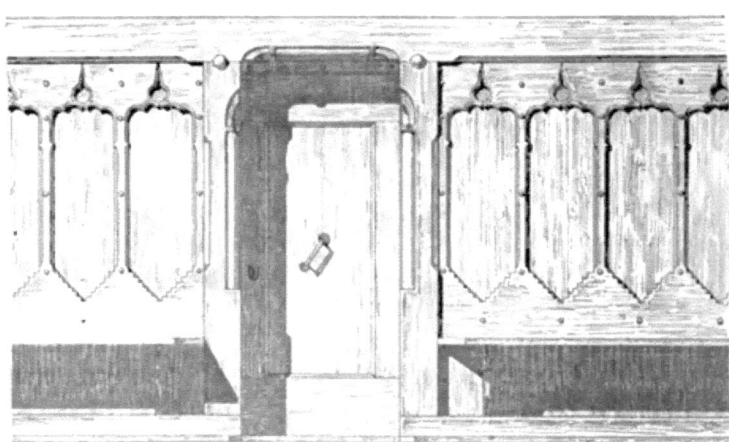

Wandtäfelung einer Stube zu Klöfterle[316].
1/40 w. Gr.

[314] Nach Seminni, O. Die Vefte Hohenfalzburg. Wien 1896. Taf. 4.

die Form an, die man nach einer gewiffen Ähnlichkeit mit gerollten und ge-
fältelten Pergamentftreifen als „Pergamentfüllung" oder „Rollwerk" bezeichnet.
Eines der bedeutfamften Werke diefer Art enthält der Friedensfaal im Rathaus
zu Münfter i. W. als Rückwand des Schöffenfitzes. Es ift auf dem Rahmwerk
mit Säulchen und Fialen befetzt, in den Füllungen mit figürlichen Schnitzereien
und Rollwerk verziert und nach oben in ganzer Breite von einem Baldachin

Fig. 424.

Aus dem Kaiferzimmer des v. *Scheurl*'fchen Haufes zu Nürnberg[113].

bekrönt, aber von der fpäteren Renaiffancetäfelung überbaut und in feiner Wirkung
gefchädigt. Es diente gleichzeitig zur Aufbewahrung von Urkunden und war
daher in feinen zwei feitlichen Dritteln mit reichen Befchlägen zum Öffnen der
einzelnen Füllungen verfehen.

Ganz gleiche Werkweifen wie bei den Täfelungen finden auch beim
Holzwerk der Türen — der inneren wie der äußeren — Anwendung. Ein grund-
fätzlicher Unterfchied zwifchen diefen beiden beftand für die Türflügel nicht; die
Übereinftimmung beider wurde vollftändig, wenn auch bei Innentüren Werkftein

330. Türen; verdoppelte Arbeit.

oder Backstein für das Gewände gewählt wurde, was nicht selten geschah. Am ungezwungensten fügten sich die Innentüren allerdings den hölzernen Bohlenwänden und Täfelungen ein, und fast alle unsere Bilder von Täfelwerk geben

Fig. 425.

Vom Fürstensaal zu Coburg [118]).

gleichzeitig Aufklärung darüber, wie die Türen bald mit derber Bohlenumfassung, bald mit üppig gegliedertem Rahmwerk oder zierlichster Schnitzerei bevorzugte Punkte in den Wandflächen bildeten. Die Türöffnungen waren, wie schon früher hervorgehoben wurde, in der Regel klein und niedrig, sehr zum Vorteil behaglichen

Eindruckes. Die Flügel wurden oft als große Brettertafeln hergestellt, die durch eingeschobene Leisten zusammengehalten oder aus kreuzweise verdoppelten Brettern zusammengesetzt waren. Ihre glatten Flächen konnten dann durch sorgsam behandelte Eisenbeschläge belebt werden, wovon die in den Täfelungen (Fig. 422 bis 426) schon gegebenen Türen, ferner in größerem Maßstab Fig. 427³¹⁵) als Beispiel dienen mögen. Letztere Tür entstammt dem landesfürstlichen Hause in Meran und ist mit reich ausgeschmiedeten Scharnierbändern, offener Falle als Verschluß und kräftigem Aufziehgriff versehen. Die als Sicherung jetzt quervorgelegte rohe Eisenstange gehört natürlich späterer Zeit an. Sehr beachtenswert als Denkmal der meisterlichen Tiroler Bildschnitzkunst ist auch die prächtig modellierte Wappentafel, die über der eigentlichen Tür angebracht ist.

Fig. 426.

Goldener Saal der Feste Hohensalzburg³¹⁶).

Andere häufig wiederkehrende Behandlung zeigt Fig. 428³¹⁶) an einer Tür aus Schloß Enn, an der die Verdoppelungsbretter auf eine breite Umfassung der inneren Fläche beschränkt und mit flachausgegründetem Ornament reich verziert sind. An anderen Verdoppelungstüren treten bei einfacherer Behandlung der Leisten lotrechte Teilungen auf, wie bei der schlichtschönen Tür von einem Landhause zu Youlgreave in Derbyshire (Fig. 429), oder es werden durch sich kreuzende Verdoppelungsbretter und Leisten Felderteilungen verschiedenster Art erzeugt. In der Spätzeit entwickelten sich daraus dann gelegentlich zierliche Maßwerkgliederungen in geschwungener Linienführung, eine den Eigenschaften des Holzes im Grunde genommen weniger gemäße Behandlungsweise, die aber trotzdem zu glänzenden Wirkungen geführt hat.

Für die Türen aus gestemmten Füllungen sei in Fig. 430³¹⁷) ein einfaches

³¹⁵) Nach: PAUKERT, a. a. O.
³¹⁶) Nach: *Old English Country Cottages. Special Winter-Number of the Studio.* 1906–07, S. 110.
³¹⁷) Nach: SCHMITZ, W. *Der mittelalterliche Profanbau in Lothringen.* Düsseldorf o. J.

Gestemmte Türen.

Fig. 427.

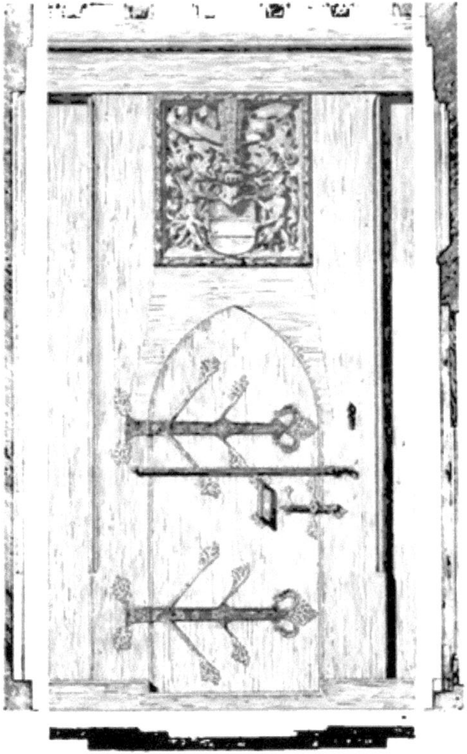

Tür aus dem landesfürstlichen Hause zu Meran.

Fig. 428.

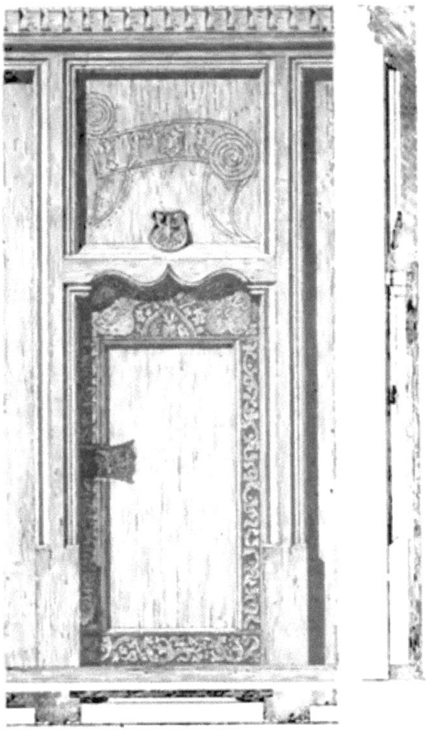

Tür aus dem Schloß Linn.

Beispiel gegeben, aus Schloß Anferweiler in Lothringen, an dem die Verbindung der Rahmftücke mit Zapfen und Holznägeln, die Art der Profilierung, insbesondere auch die obenerwähnte Verftärkung der Füllungen und der Zierbeschlag mit Nägeln und feinem Aufziehring erfichtlich find. Reicher ift die Tür von einem Wohnhaufe in Abbeville (Dep. Somme; Fig. 431 [11]). Die oberen Füllungen zeigen Rollwerk, von einem eingefchobenen Kehlftoß umrahmt; die unteren find in zierlichften Maßwerkformen durchbrochen, um den Durchblick in einen Vorraum zu geftatten. Solche Durchbrechungen finden fich auch in Deutfchland, entweder als kleinere, oft nur fchlitzartige Öffnungen oder aber über die ganze Fläche aller Füllungen ausgedehnt, wovon die prachtvolle Tür der Kapelle auf Schloß Reiffenftein bei Sterzing wohl das glänzendfte Beifpiel bietet.

Fig. 429.

Haustür zu Youlgreave (Derbyfhire [11]).

Zu erwähnen ift noch, daß wohl in der überwiegenden Zahl der Fälle das Holzwerk des Innenausbaues feinen Naturton behielt, häufig allerdings mit farbiger Belebung des Grundes für alle Schnitzereien. Auch das Herausheben einzelner Zierftücke, wie z. B. der Wappentafel in Fig. 421, durch reichfte Malerei und Vergoldung findet fich damit verbunden. In vielen Fällen aber, befonders bei Türen, hat man dem Ganzen kräftige Farbe gegeben und dann oft die Profilierungen, Schnitzereien und Befchläge durch lebhafte Farbengegenfätze vom Grunde abgehoben. Für fie gilt dann dasfelbe, was über die Bemalung von Fachwerkbauten in Art. 222 (S. 232) gefagt worden ift.

232. Bemalung des Holzwerkes im Innenbau.

Die Fußböden des Mittelalters waren nur felten Bretterböden, und dies nur, wo man ihnen gar keine Bedeutung beilegte, wie auf Dachböden, in Lagerräumen und an dergleichen Orten, wo man eben einfach Bretter auf die Oberfeite der Balken nagelte. In Sälen und Wohnzimmern benutzte man von den älteften Zeiten an bis zum Schluffe des Mittelalters und darüber hinaus vorzugsweife Eftrichfußböden, deren Hauptbeftandteil Gips bildete, wo nicht, wie auf dem Lande und bei den kleinen Leuten in der Stadt, auch ein Lehmeftrich, den man ja felbft bereiten und, wenn er fchadhaft war, ausbeffern konnte, vorgezogen wurde.

233. Fußböden Gipseftrich.

Die Gipseftriche verftand man in vorzüglicher Befchaffenheit zuzubereiten. Insbefondere dürften die Härte und die geringe Abnutzbarkeit in der Sorgfalt ihren Grund gehabt haben, mit welcher fie behandelt wurden. Der Grad des Brennens des Gipfes ift dabei ebenfo, wie die ftets gleiche Menge des Waffers von wefentlichem Einfluß gewefen; nachdem die Maffe gleichmäßig aufgetragen und abgebunden war, wurde fie in noch feuchtem Zuftande durch Schlagen mit glatten

[11] Nach: VIOLLET-LE-DUC, a. a. O., Bd. VI, S. 372.

Hölzern verdichtet, wobei auch alle etwa entstehenden Trockenrisse geschlossen wurden. Als Beimengung finden sich Sand, Ziegelmehl und kleine Bröckchen zerschlagener Ziegel, aber so, daß doch immer die Härte des Gipses, die er durch das Binden erhielt, das Entscheidende für die Haltbarkeit und Härte des Bodens blieb. Durch die Ziegelbeimengungen erhielt er ein rot gesprenkeltes Aussehen. In der Karthause zu Nürnberg deckte er die Böden aller Räume; er war stark mit Ziegelbröckchen durchmengt, so daß er so ziemlich die Farbe von gebranntem Ton hatte, und war, wo er unterfucht werden konnte, in einer ein-

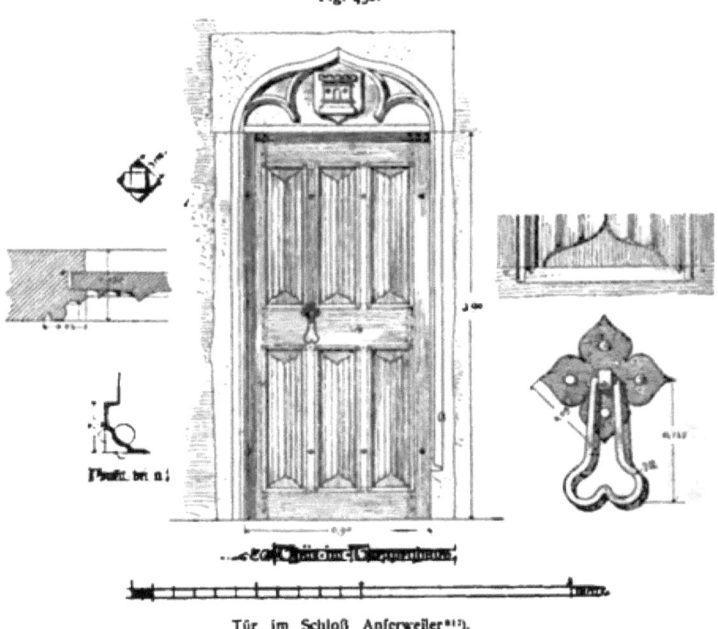

Fig. 430.

Tür im Schloß Anserweiler*¹²).

zigen gleichmäßigen Lage in der Stärke von etwa 6 bis 10 cm auf reinem Sand aufgetragen. Er scheint sehr stark geschlagen zu sein, so daß er außerordentlich dicht wurde. Dann scheint er mit Metall, also der Kelle, geglättet zu sein; er lag sehr eben, war vom mehrhundertjährigen Gebrauche allerdings stark ausgetreten und gab vielen Staub, so daß er leider fast nirgends belassen werden konnte und man sich begnügen mußte, einige Probestücke aufzubewahren. Auch Gipseftriche von blaugrauer Farbe finden sich gelegentlich; sie entstanden dadurch, daß dem Gips, entweder als Verunreinigung vom Brennen her oder als abfichtlicher Zusatz, feine Kohlenteilchen beigemengt wurden. Gemusterte Gipsfußböden, die dadurch entstehen, daß durch eingesetzte Schablonen Teile der Grundmasse ausgespart und dann mit andersfarbiger Masse gefüllt werden, könnten wohl wie im kirchlichen Bauwesen auch im Wohnbau verwendet worden sein; doch sind uns erhaltene Beispiele dafür nicht bekannt.

Eine ebenfalls verbreitete Art, den Fußboden zu belegen und gleichzeitig zu schmücken, welche in Zimmern und Sälen im ganzen Mittelalter Verwendung fand, ist der Belag mit Plättchen aus gebranntem Ton, die verschiedenartig verziert waren, sowohl durch Reliefauflagen, als durch eingepreßte Umrißzeichnungen, und durch verschiedenfarbige Glasur. Es sind dieselben Plättchen, welche auch im Kirchenbau so vielseitig Verwendung fanden. Sie werden daher, um nicht dasselbe doppelt vorzutragen, in Heft 4 des vorliegenden Bandes (bei den Einzelheiten des Kirchenbaues) eingehend besprochen werden, und wir verweisen unsere Leser darauf. Solche Fußbodenbeläge, zu denen auch die kostbaren Stein- und Marmorplatten, sowie Mosaik Verwendung fanden, werden nicht nur auf Unterbettung vom Erdreich oder Gewölbe benutzt, sondern ebensowohl über Balkenlagen. Unsere Fig. 389 (S. 315) läßt ersehen, wie diese hierfür durch eine auf die Bretterschalung aufgebrachte Lehm- oder Sandschicht vorbereitet wurden.

Zum inneren Ausbau der Gebäude gehören auch die Heizvorrichtungen. Wir haben bei Besprechung der Gesamtanlage mittelalterlicher Wohnbauten schon hervorgehoben, daß die rauhere Gewohnheit mittelalterlicher Menschen der künstlichen Erwärmung nicht im heutigen Maße bedurfte. Wir haben gesehen, daß selbst vornehme Klöster nur einen einzigen heizbaren Raum, die Wärmstube, besaßen, daß im vornehmen Stadthaus in den allermeisten Fällen keine Feuerstelle vorhanden war, außer dem großen, in der zugigen Diele brennenden Hausherd. Man könnte nun wohl vermuten, daß diesem Mangel durch reichlichen Gebrauch tragbarer Kohlenpfannen, Gluttöpfe usw. abgeholfen worden sei. Wer aber Gelegenheit gehabt hat, noch vor etwa 20 bis 30 Jahren einen Winter in Norditalien zu verleben, weiß wie sich selbst verwöhntere Geschlechter, kraft herkömmlicher Gewohnheit, auch ohne solche Hilfsmittel durch die Zeiten des Winterfrostes hindurchschlagen, und ist geneigt, dem mittelalterlichen Menschen in dieser Beziehung ebenfalls Bedeutendes zuzutrauen. Landschaftliche Unterschiede spielen bei solchen Gewohnheiten allerdings eine bedeutende Rolle. Es sei gleich hier erwähnt, daß anscheinend die deutschen Alpenländer und ebenso Schweden und Norwegen in Bezug auf Heizvorrichtungen schon früh höhere Ansprüche als sonst üblich waren, entwickelt haben, was sich aus der Rauheit und der langen Dauer des dortigen Winters leicht erklärt.

Im allgemeinen aber blieb die Anlage von besonderen Heizvorrichtungen eine Ausnahme und ein Vorrecht der Vornehmen; dadurch wird jedoch nicht ausgeschlossen, daß sie sich in recht wechselnder und reicher Weise entwickelt haben. Wir können vor allem drei Grundformen unterscheiden: die Luftheizung, die Kaminheizung und die Ofenheizung.

Die Heizung mit erwärmter Luft kann sicherlich auf römische Vorbilder zurückgeführt werden. Jedenfalls entspricht die Heizanlage, die der Plan von St. Gallen für das Calefactorium angibt, der Hypokaustenanlage der Römer, die man neuerdings als eine Luftheizung ansieht, bei der die lotrechten, in den Wänden liegenden Kanäle einen Luftumlauf zwischen Zimmer und Heizraum herzustellen bestimmt waren. Die Betriebsweise einer solchen Heizung ist im Vergleich zu unseren heutigen Anlagen allerdings auf viel einfachere Grundsätze gebaut und dem Betriebe des altbekannten Backofens angenähert. Auch die Form wurde im fpäteren Mittelalter vereinfacht. Man legte unter dem zu heizenden Raume ein ftarkes Gewölbe an, das zum Teil als Feuerraum diente, zum Teil mit locker gepackten großen Steinen gefüllt wurde und mit einem Schlot zum Abzug des Rauches verfehen war. Durch ein heftiges Feuer wurden Wand, Decke und Steininhalt diefes Raumes zu ftarker Glut erhitzt, darauf das Feuer entfernt und der Rauchfchlot gefchloffen. Kleine Öffnungen in der Decke, welche vom oberen Raum her geöffnet werden konnten, ermöglichten es dann, die in der Heizkammer aufgefpeicherte Wärme dort zur Erwärmung zu benutzen. Anlagen diefer Art find mehrfach erhalten, fo im Kaiferhaus zu Goslar, auf dem Schloß in Marburg, im Schloß zu Marienburg [319], im Klofter Maulbronn, in den Rathäufern zu Göttingen [320], Lüneburg ufw.; eine große Verbreitung dürften diefe Anlagen aber kaum gefunden haben.

377. Kamine.

Als vornehmfte Heizeinrichtung behauptete fich in viel allgemeinerer Verwendung im ganzen Mittelalter der Kamin, wie oben fchon bemerkt, ein Erbteil des fpäten Altertumes. Er muß fchon in der älteften Zeit mittelalterlichen Wohnungswefens einen ftändigen Ausftattungsgegenftand für fürftliche Wohnräume gebildet haben; fonft hätte fich nicht wohl die Bezeichnung Kemenate (Caminata) für folche fo feft einbürgern können. Die erfte Erwähnung einer folchen Caminata entftammt fchon dem Jahre 584; die Sache felbft wird alfo noch weiter zurückgehen. In der älteften Darftellung mittelalterlichen Wohnhaufes, im Plan von St. Gallen, finden fich in den Ecken der befferen Wohnräume fehr zahlreiche Heizeinrichtungen eingezeichnet, die man am beften wohl als Kamine deutet [321]. Dies ift allerdings nicht die Anlage, die im Plan felbft mit dem Worte Caminus bezeichnet ift; diefes bezeichnet vielmehr die obenerwähnte Heizung des Calefactoriums, wie aus der Entfernung zwifchen Feuerftätte und Rauchabzug (Evaporatio fumi) hervorgeht, eine Hypokauften-Luftheizung nach römifcher Art. Das, was wir als Kamin anfehen, ift dagegen ebenfo wie der wahrfcheinlich überwölbte Küchenherd (fiehe Art. 306, S. 333) zum Teil mit Fornax (Ofen) bezeichnet; ganz offenbar haben diefe Ausdrücke hier noch nicht den feftabgegrenzten Sinn, den wir ihnen fpäter beigelegt finden.

Fig. 431.

Tor zu Abbeville [321a].
¹/₂₀ v. Or.

[319] Veröffentlicht durch *Bergau* in: Zeitfchr. f. Bauw. 1870, S. 106 ff.
[320] Vergl.: *Heyne*, M. Das deutfche Wohnungswefen. Leipzig 1899. S. 242.
[321] Erwähnt fei, daß Andere in diefen Andeutungen Öfen erkennen wollen; eine Entfcheidung darüber dürfte fchwierig und auch nicht von großer Wichtigkeit fein. Der von *Heyne* eingeführte Grund, daß Öfen fich beffer in Holzhäufer einbauen ließen als Kamine, erfcheint vom technifchen Standpunkt nicht ftichhaltig.

Kaminwand im unteren Sa

e des Palas zu Gelnhausen.

Die Ausstattung solcher Kamine kann man sich übrigens sehr einfach vorstellen; eine herdartige Feuerstelle mit irgendwie, etwa aus Flechtwerk mit Lehmbewurf, hergestelltem Rauchmantel konnte den Bedürfnissen einfacherer Zeiten durchaus genügen. Auch die älteren Steinkamine, die uns aus dem XII. Jahrhundert erhalten sind, zeigen oft schlichteste Form, wie z. B. der Kamin aus dem Burgturm zu Friesach in Fig. 432, und solche Einfachheit der Formgebung erhält sich aus naheliegenden Gründen in Verteidigungs- und Nutzbauten oft bis in viel spätere Zeit. Andererseits bot gerade die Form des Kamins die beste Gelegenheit, in Prunkräumen einen prächtigen Mittelpunkt der Ausschmückung zu schaffen, oder kleineren, sonst ganz schlichten Räumen Vornehmheit und behaglichen Reichtum zu verleihen. In allen Zeiten hat man sowohl die eigentlichen baulichen Teile des Kamins, die Kragsteine mit tragenden Pfosten und Rauchmantel, wie die kunstgewerblichen Zutaten, die geschmiedeten Feuerböcke zum Auflegen der Holzscheite, sowie die Feuerzange und Feuerkrücke mit großer Vorliebe künstlerisch ausgestattet. Auf der nebenstehenden Tafel ist die Kaminwand aus dem unteren Saale des Palas zu Gelnhausen gegeben, wo nicht nur die Kragsteine und Säulen, sondern vor allem auch die Rückwand der Sitzplätze neben dem Kamin mit reichem Steinmetzwerk, mit verzierten Gliederungen, Flechtwerk und pflanzlichem Zierat auf das reichste bedeckt sind. In dem geflochtenen Bandwerk finden wir die gleichen Formen wieder, die Jahrhunderte vorher in der spätbyzantinisch-longobardischen Zeit entwickelt und in Italien lange festgehalten worden waren. Spätere Zeiten führen die reiche Ausstattung der Kamine in ihren zierlicheren Formen fort mit reichen Friesen auf dem Tragbalken des Kaminmantels mit Figuren und Wappenschmuck und reicher Maßwerkgliederung auch auf den Flächen des Mantels. Insbesondere das XV. Jahrhundert hat hervorragende Prachtstücke dieser Art hervorgebracht und mit diesen Werken noch der Renaissancekunst einen starken Ansporn zu ebenfalls höchst glanzvollen Leistungen hinterlassen. Wir geben in Fig. 433 ein einfacheres Beispiel aus dem Schlosse Vaydahunyad als Vertreter der in dieser späteren Zeit allgemein üblichen Behandlung wieder. Derber ist der in Fig. 163 (S. 152) dargestellte Kamin aus Goslar.

Fig. 432.

Kamin aus dem Burgturm zu Friesach.

Neben dem Kamin, der nicht gerade häufig in Bürgerhäuser vordringt, trat zuerst in den deutschen Alpenländern und wahrscheinlich von dort ausgehend bald auch in Süddeutschland der Ofen als Wärmequelle auf. Er ist auch in Skandinavien in recht urtümlichen Formen früh bekannt; eine Beeinflussung des einen Gebietes durch das andere ist aber deswegen kaum anzunehmen, weil er in das dazwischenliegende Norddeutschland erst später von Süden her eindrang.

Öfen sind als Backöfen und Schmelzöfen für handwerkliche Zwecke naturgemäß seit undenklichen Zeiten im Gebrauch gewesen; es entzieht sich aber unserer Kenntnis, wann man zuerst auch diese, auf innere Hitzentwickelung eingerichtete Anlagen zur Erwärmung von Wohnräumen benutzt hat. Man will

223. Öfen aus Mauerwerk: Topfkacheln.

Fig. 433.

Kamin im Schloß Vayda-Hunyad.

1/[illegible] w. Gr.

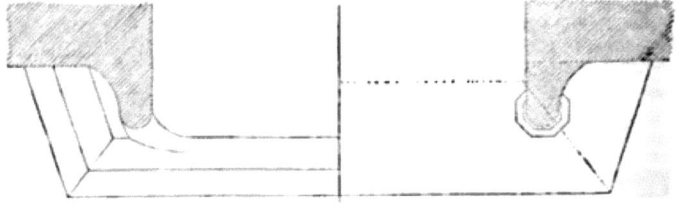

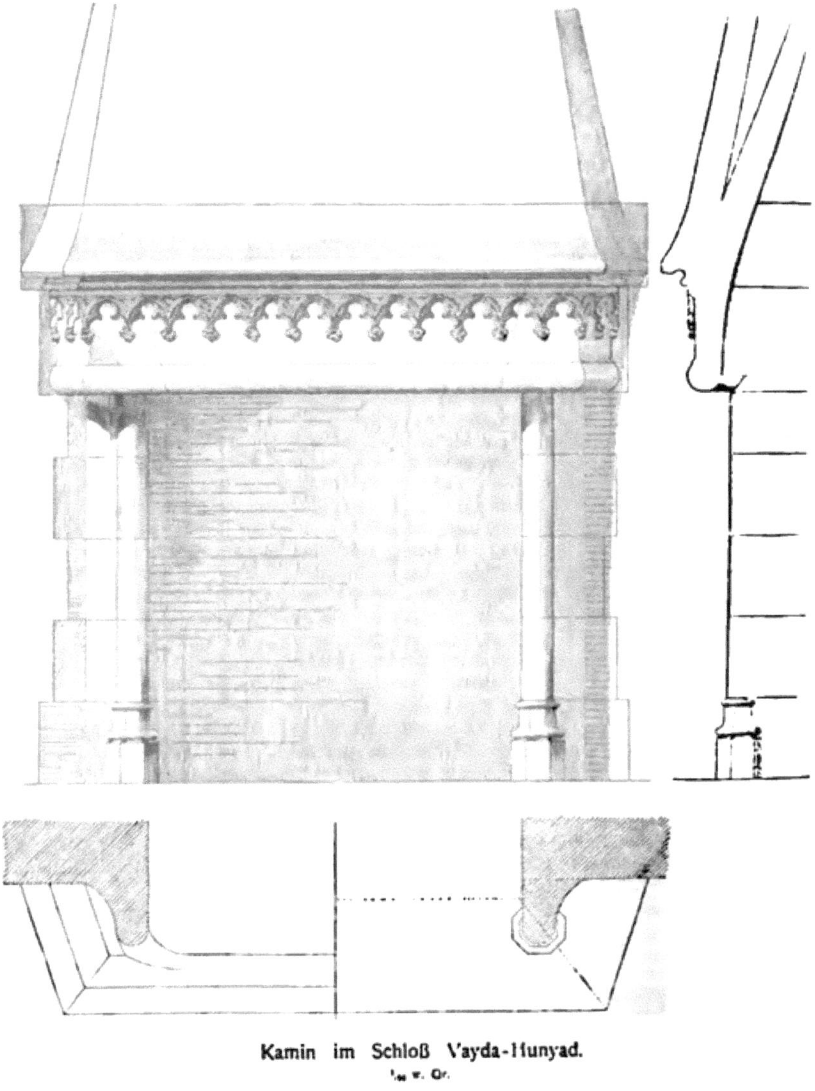

Spuren dafür gefunden haben, daß dies schon in der Spätzeit der Antike geschehen sei; sehr möglich ist, daß man bereits zur Zeit des longobardischen Königtumes Zimmeröfen baute und daß der Verfasser des Planes von St. Gallen Öfen gekannt hat. Jedenfalls behält der Ofen bis in späte Zeit des Mittelalters die schlichteste Form des gemauerten Backofens, und von der anfangs nur zaghaft versuchten Einführung dieser recht schwerfälligen Heizvorrichtung stammt wohl die später allgemeine Sitte ab, Öfen nicht vom zu heizenden Raume aus, sondern von außen her zu befeuern. In abgelegenen Gegenden, vor allem in Tirol, finden sich noch heute solche aus Steinen gebaute und äußerlich dünn mit Kalk überputzte Öfen, oft in der niedrigen Form eines Koffers mit gewölbtem Deckel, gelegentlich auch durch Gesimse gegliedert. Zur schnelleren Wärmeübertragung setzte man dann in die festen Wände des Heizraumes hier und da Töpfe ein, so daß deren Böden allein den Abschluß der Feuerluft gegen das Zimmer bilden. Solche Töpfe sind zunächst rund; dann finden sich solche mit viereckig verdrücktem oberen Rand (Fig. 434*¹), in denen sich auch wohl die ersten Spuren von Verzierung in Gestalt einer dem runden Boden aufgedrückten Rosette zeigt. Erst hieraus entwickelte sich die Form der eigentlichen viereckigen Kacheln mit regelrecht abgesetztem Rand, welche ohne Zuhilfenahme von Füllmauerwerk es ermöglichen, aus ihnen ganze Öfen in regelmäßigen Formen zusammenzusetzen. Noch lange blieb den mittelalterlichen Kacheln aus dieser ihrer Entstehungsgeschichte die starkvertiefte, nischenartige Form zu eigen.

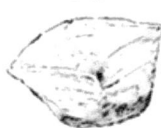

Fig. 434.

Topfkachel im Museum zu Danzig ***).

Vollständige Öfen, welche nachweisbar einer bestimmten Zeit des Mittelalters angehörten, sind uns erst aus dem XV. Jahrhundert erhalten; selbst brauchbare Darstellungen, aus denen Sicheres über Form und Herstellung der Öfen auch nur vom Beginne des XV. Jahrhunderts erhalten wären, sind uns bis jetzt nicht vorgekommen. Einzelne Kacheln jedoch, welche bis in die Frühzeit des XIV. Jahrhunderts, vielleicht selbst in das XIII. zurückgehen, sind erhalten geblieben. In Fig. 435 bis 438 geben wir einzelne auf der 1399 zerstörten Burg Tannenberg in Hessen ausgegrabene Kacheln aus dem Museum zu Darmstadt, welche dem Beginn des XIV. Jahrhunderts entstammen mögen. Sie sind wie Krüge aus freier Hand geformt, dann in zwei Teile geschnitten und an einen aus einer Form gepreßten durchbrochenen vorderen Rahmen gedrückt und verschieden glasiert. Auf diese Weise war es möglich, wenn sie mit Lehm zu einem runden oder quadratischen Körper aufgemauert waren, eine Wand von ziemlicher Stärke zu erhalten und doch eine große Heizoberfläche zu bieten. Die dünnen Teile dieser Wand, die Tiefen der Kachelnischen, erwärmten sich bald; die dicken beim Zusammenstoß zweier Kacheln hielten die Wärme lange an, und da man die Öfen groß genug baute, so wärmten sie auch entsprechend. In solcher Weise wurden die Kacheln bis zum Schlusse des XV. Jahrhunderts angefertigt, und die Meister ließen bei Verwendung der vorrätig gehaltenen Kacheln ihrer Phantasie freien Spielraum. Sie bauten Türme mit Vor- und Rücksprüngen, viereckigen, runden, sechs- und achtseitigen Teilen zwischeneinander.

Fig. 439 gibt eine Kachel, welche zu einem Ofen im Lorenzer Pfarrhofe zu Nürnberg gehörte, an welchem durch mehrere eingezogene Reihen solcher Kacheln

---

***) Nach Skizze des Verfassers.

übereinander eine Turmspitze aufgemauert ist. Fig. 440 zeigt eine Kachel zur Herstellung einer Ausladung und Fig. 441 eine Bekrönungskachel; beide sind einem Nürnberger Ofen entnommen. Aus Tirol stammen die beiden Kacheln in Fig. 444

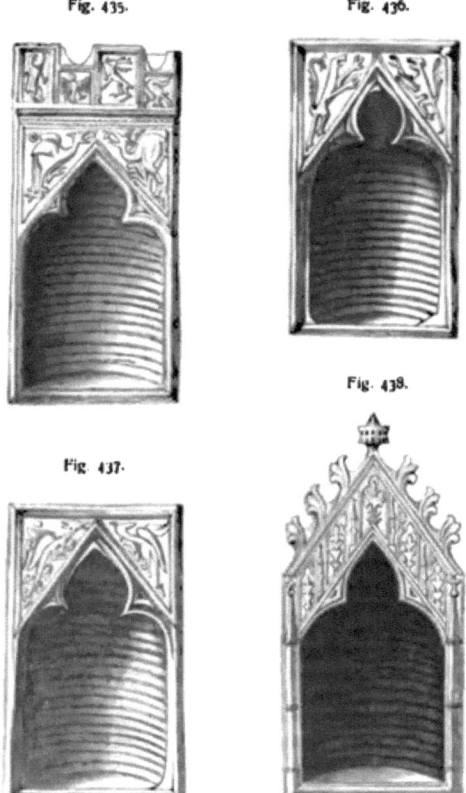

Kacheln von der Burg Tannenberg.
(XIV. Jahrh.)

u. 445 mit dem Wappen von Tirol und Österreich geschmückt. Von einem Ofen aus der Sakristei der St. Stefanskirche zu Wien rührt die in Fig. 446 dargestellte Kachel her. Württembergisch, wie Horn und Geweih zeigen, ist die Kachel in Fig. 442, welche zur Herstellung einer Hohlkehle diente. Sehr charakteristisch erläutert die

Fig. 439.   Fig. 440.   Fig. 441.

Fig. 442.   Fig. 443.

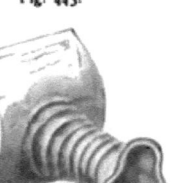

Fig. 444.   Fig. 445.   Fig. 446.

Rückseite diefer Kachel (Fig. 443) den Aufbau folcher Öfen. Der dünne Abfatz befeftigte die einzelne Kachel im Wandkörper des Ofens, und je nachdem man durch Unterlegen von Ziegeltrümmern diefen Anfatz hob oder fenkte, konnte man eine Fuß- oder Gefimsausladung aus einer Reihe folcher Kacheln darftellen. Verfchiedenfarbige Glafur der Kacheln, die Mehrzahl grün, andere aber gelb und

Fig. 447.

Ofen aus dem Rathaus zu Ochfenfurt.
(Im Germanifchen Mufeum zu Nürnberg aufgeftellt.)

rotbraun, findet fich fchon bei den Tannenberger und anderen älteren Kacheln. Mehrfarbig bunte Glafur der einzelnen Kacheln fcheint erft am Schluffe des XV. Jahrhunderts aufzutreten. Aus folchen ganz bunten Kacheln ift der kleine Ofen auf einem fandfteinernen Unterfatze aufgemauert, welcher in Fig. 447 dargeftellt ift; er befand fich im Rathaufe zu Ochfenfurt und fteht jetzt im Germanifchen Mufeum zu Nürnberg. Bemerkenswert ift an ihm, daß die Kacheln nicht mehr nischenförmig, sondern flach sind, wie dies zum Teile auch bei dem berühmten Prachtofen im goldenen Saal der Hohensalzburg der Fall ist. Wir geben auch diesen in Fig. 448***) wieder, weil er noch besser als der vorhergehende den großen Reichtum der Erfindung kennzeichnet, den man auf solche Nebenstücke künstlerischer Ausstattung verwandte.

Fig. 448.

Ofen im goldenen Saal der Feste Hohensalzburg ***).

***) Nach Schmidt, O., a. a. O.

IV.
Kleinere Architekturwerke.

13. Kapitel.
Brunnen.

340. Zifternen und Brunnenfchächte.

Noch bleibt uns eine Reihe kleiner Zierbauten zu befprechen, deren Zweck mit dem bürgerlichen Leben in Verbindung fteht. Zunächft find es die Brunnen. Uralt ift die Anlage von Zifternen, wo man ausfchließlich auf Regenwaffer an-

Fig. 440

Brunnen im Hofpital zu Beaume[340]

[340] Nach. VERDIER & CATTOIS. *Architecture civile et domeftique.* Paris 1855. Taf. 1.

gewiefen war, fowie das Graben von Schächten bis in folche Tiefe, daß fich darin nicht bloß das auf die Erde fallende Regenwaffer, fondern auch das unterirdifch fließende, aus Sand und Geftein fickernde Waffer fammelte. Die Zifternen find je nach der Menge des Waffers, welches gefammelt werden konnte und mußte, um bis zur nächften Regenzeit vorzuhalten, mehr oder weniger umfangreiche unterirdifche Bauten oder Höhlen, die man der Kühle wegen gern kellerartig unter dem Gebäude ausführte. Sie hatten oben eine Mündung, gleich den Schächten (fiehe Fig. 411, S. 338). Von dort wurde das Waffer gefchöpft. Dies gefchah während des Mittelalters mittels Eimern, welche hinabgelaffen wurden. Solche Brunnenfchächte mit Mündungen waren allenthalben in Städten und Dörfern auf freien Plätzen und Straßen, ebenfo wie in den Höfen der Wohnhäufer. Eine runde oder viereckige Brüftung umgab die Schachtöffnung. Bei den älteren Brunnen, wie fie fich z. B. in Venedig und fonft in Italien erhalten haben, find diefe Brüftungen oft reich mit Zieraten und figürlichen Bildhauerarbeiten gefchmückt und mit Vorliebe in der Form großer Säulenkapitelle ausgebildet. Da ließ man einfach den Eimer aus freier Hand an einer Kette oder einem Stricke über den Rand hinab und zog ihn gefüllt ebenfo wieder in die Höhe. Wir haben wohl anzunehmen, daß dies bei uns nicht anders war als in Italien. Es hatte aber diefes Verfahren feine Unbequemlichkeiten und Schwierigkeiten; man kam daher auf den Gedanken, zwei Pfeiler zu den Seiten des Brunnens zu errichten, diefe durch ein Überlagsholz miteinander zu verbinden, an die Unterfeite des letzteren eine Rolle anzuhängen, über die eine Kette mit zwei Eimern lief, und fodann einen Eimer als Gegengewicht für den anderen zu benutzen, da fie doch ein gewiffes Gewicht haben mußten, um unten in das Waffer einzutauchen. Während der eine gefüllt heraufgezogen wurde, ging der andere zum Füllen hinab, und fo war zugleich Zeit zu erfparen. Derartige Brunnen konnte fich jeder nur einigermaßen Wohlhabende im eigenen Haufe herftellen, und es finden fich folche auch, wenigftens im fpäteren Mittelalter, in jedem größeren Haufe, wenn nicht je zwei Nachbarn fich vereinigten, um in der Mauer, die ihre Grundftücke trennte, einen gemeinfamen Brunnen anzulegen (fiehe die Tafel bei

Fig. 450.

Marktbrunnen zu Braunfchweig [**].

[**] Nach: Baudenkmäler der Stadt Braunfchweig. Braunfchweig 1901.

S. 162). Es entwickelten sich hieraus auch reichere Formen, indem man den Holzbalken etwa durch einen Steinbalken ersetzte, wie sich dies z. B. an einem reizenden Brunnen aus Montréal (Yonne[226]) zeigt. Auch Löfungen auf drei Stützen mit reicherem Überbau kommen vor. Schließlich bemächtigten sich die Kunstschmiede der dankbaren Aufgabe und stellten die Rollenträger portalartig oder in Form eines runden Unterbaues aus Eisen zierlich und fesselnd her. Ein Beispiel

Fig. 451.

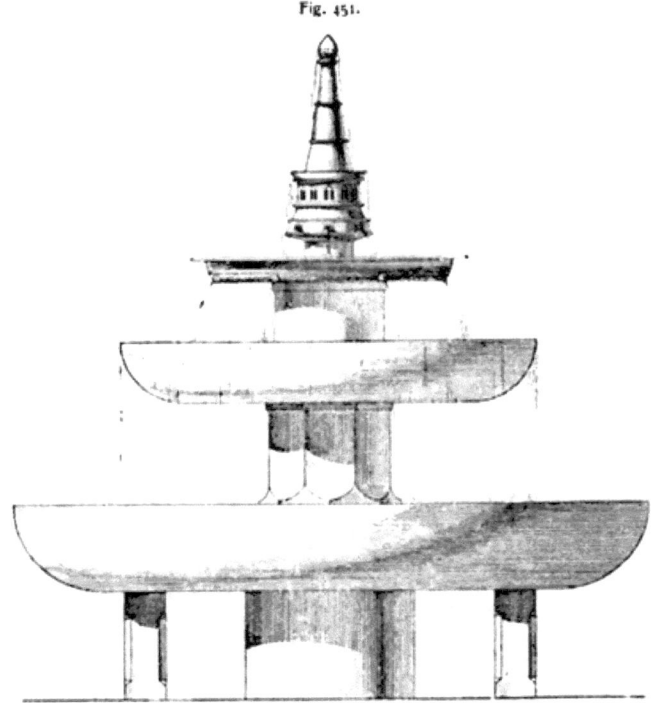

Brunnen im Kloster Maulbronn.

aus dem Hospital in Beaune bringen wir nach *Verdier* und *Cattois* in ihrem mehrfach angeführten Werke in Fig. 449[227]).

341. Laufbrunnen.

Es hatte sich aber auch von den Römern her die Überlieferung erhalten, Quellen zu fassen und das Wasser in Röhren zu leiten und an bestimmten Stellen alsdann ausfließen zu lassen, wo man laufende Brunnen errichtete. Solche fließende Brunnen finden sich dann auf öffentlichen Plätzen und in Höfen, in Gärten,

---

[226]) Vergl.: Viollet-le-Duc, a. a. O., Bd. VII, S. 569.

Fig. 452.

Schöner Brunnen zu Nürnberg.

wie in gefchloffenen Räumen, z. B. in den obenerwähnten Brunnenhäufern der Klöfter.

Sie gaben zur Errichtuug von Werken Veranlaffung, welche teilweife große künftlerifche Bedeutung haben. Sehr mannigfaltig find dabei die Formen, welche man für die immer gleiche Aufgabe fand. Bald waren es Nifchen in Futtermauern, aus denen man das Waffer in ein vorgelegtes Becken fprudeln ließ, wie wir dies in aufwändiger Ausführung in Schwäbifch-Hall finden. Dort bildet eine reich mit Figuren und Nifchen gefchmückte Wand den Marktbrunnen mit mehreren Ausgüffen nebeneinander; vor ihr befindet fich ein großes, viereckiges Wafferbecken, welches zum Tränken des Viehes beftimmt ift; eine ungewöhnlich zierlich ausgebildete Prangerfäule fchließt die ganze Anordnung an der rechten, freiftehenden Seite ab. — Manchmal auch errichtete man, wie an der berühmten Fonte Gaya in Siena fchwere gewölbte Hallen über dem Wafferbecken. — Eine fehr bezeichnende Form aus dem Jahre 1497 fieht man in Kuttenberg in Böhmen. Dort bildete den Kern des Brunnens ein freiftehendes, mächtiges Becken von etwa 10,00 m Durchmeffer mit etwa 4,00 m hohen, mit reichem Maßwerk und Strebepfeilern verzierten Seitenwänden, offenbar beftimmt, in trockener Zeit oder im Falle der Belagerung einen Waffervorrat aufzubewahren. An feinem hohen Sockel find dann ringsherum Ausläffe zum Abzapfen des Waffers angebracht. — Weitaus am häufigften beftand aber die Anlage aus einem Mittelfchaft, um den herum ein oder mehrere Wafferbecken lagen. Einer der älteften erhaltenen in Deutfchland ift der Marktbrunnen in Goslar mit zwei Bronzefchalen

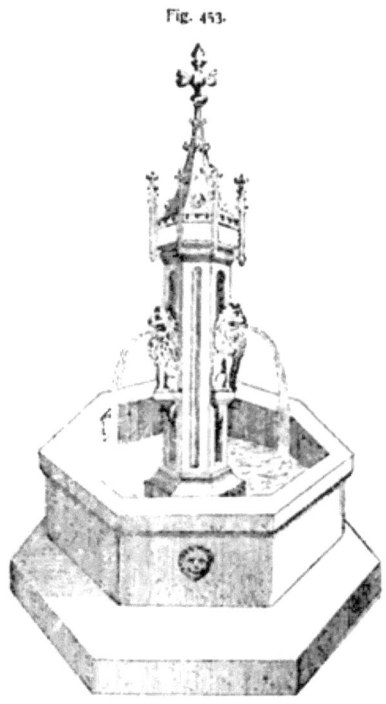

Fig. 453.

Handzeichnung eines Brunnens vom Schluffe des XV. Jahrhunderts.

übereinander, der Mittelteil reich in Bleiguß hergeftellt und turmartig auf derbem Sockel aufragend. Mit drei Schalen außer dem unteren Becken finden wir einen der fchönften auf dem Marktplatz in Braunfchweig ftehend (Fig. 450[18]), der aus der erften Hälfte des XIV. Jahrhunderts ftammt. Auch der Laufbrunnen im Kreuzgange von Maulbronn (Fig. 451), ebenfalls noch aus dem XIV. Jahrhundert, befitzt drei Becken übereinander (vergl. auch Fig. 49, S. 56). — In fpäterer Zeit befchränkte man fich ganz allgemein auf ein Becken, das für Feuerlöfchzwecke jederzeit genügend Waffervorrat bot; nur die Mittelfäule bildete man durch reiche Krönung mit Architektur und figürlichem Schmuck möglichft gediegen aus. Zu diefer Art gehören die Brunnen zu Bafel, Ulm, Eßlingen ufw., die im XV. Jahrhundert errichtet wurden. Vielleicht der berühmtefte, jedenfalls der großartigfte von allen ift der am Schluffe des XIV. Jahrhunderts auf dem Marktplatz in Nürnberg errichtete „Schöne Brunnen", eine architektonifch reichgegliederte Spitzfäule von 20,00 m Höhe, deren prächtige Wirkung durch lebhafte Bemalung und Vergoldung der Zierteile noch wefentlich gehoben wird (Fig. 452 [207]).

Auch auf Zeichnungen, Stichen und Gemälden, welche uns aus dem Mittelalter erhalten find, kommen bemerkenswerte Darftellungen von Brunnen vor. Fig. 453 gibt einen folchen architektonifch ausgebildeten, mit wafferfpeienden Löwen gefchmückten Brunnen, nach einer farbig getufchten Handzeichnung vom Schluffe des XV. Jahrhunderts im Germanifchen Mufeum zu Nürnberg. Er ift in Stein, der Mittelteil vielleicht in Bronze gedacht; doch gibt die Zeichnung nach mittelalterlicher Weife nicht die genaue Formbildung an. Indeffen wird der kundige Architekt ihn leicht in den richtigen Formen aufzeichnen. Das Blatt trägt die gleichzeitige handfchriftliche Bezeichnung „der alte fchöne Brunnen". Mit jenem zu Nürnberg, welcher die gleiche Bezeichnung führt, ift er aber wohl nicht mit Sicherheit in Verbindung zu bringen.

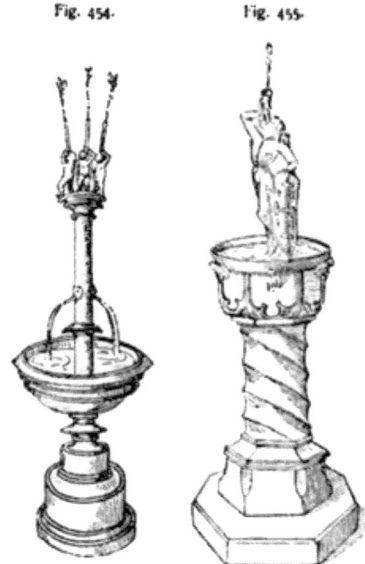

Fig. 454.   Fig. 455.

Zeichnungen von Brunnen im „Hausbuch" [208]).

Das fog. mittelalterliche „Hausbuch", eine Bilderhandfchrift im Befitze des *Fürften von Waldburg-Wolfegg* vom Schluffe des XV. Jahrhunderts, enthält ferner auf Bl. 19a u. 24 b in zwei Darftellungen von Gärten die beiden in Fig. 454 u. 455 [208]) abgebildeten Brunnen. Der letztere hat einen fteinernen Unterbau, einem Weihwafferbecken nicht unähnlich, aber größer; nach den auf dem Bilde erfcheinenden Figuren haben wir für ihn eine Höhe von etwa 2,00 m vorauszufetzen. Das Figürchen, welches das Waffer in die Höhe fpritzt, ift als Bronzeguß zu denken und eine Höhe von 1,00 m dafür anzunehmen. Etwas kleiner haben wir uns dagegen das erfte Brünnchen zu denken, vielleicht im ganzen 2,25 m hoch, aber aus Bronzeguß hergeftellt, die drei Kinderfigürchen nur etwa 25 cm hoch.

[207]) Nach Zeichnung von P. Ritter, Text von R. Bergau in: Zeitfchr. f. Bauw. 1871, S. 217, 343 u. Taf. 44, 45.
[208]) Vergl.: Mittelalterliches Hausbuch, Bilderhandfchrift des XV. Jahrhunderts. Mit einer Vorrede von Dr. A. Essenwein, Frankfurt a. M. 1887.

Ähnlich in den Maßen ist der kleine bronzene Brunnen in St. Wolfgang (Oberösterreich), welcher in Fig. 456³¹⁹) abgebildet ist. Er hat ohne die steinernen Stufen eine Gesamthöhe von 2,90 ᵐ; Löwenköpfe, wie solche überhaupt, nebst

Fig. 456.

Bronzebrunnen zu St. Wolfgang ³¹⁹).
⅛ v. Gr.

anderen phantastischen Tierköpfen, der altklassischen Überlieferung folgend, das ganze Mittelalter hindurch als Ausgüsse dienten, gießen auch hier das Wasser in die Schale.

³¹⁹) Nach den Veröffentlichungen der Wiener Bauhütte.

Zu S. 377.

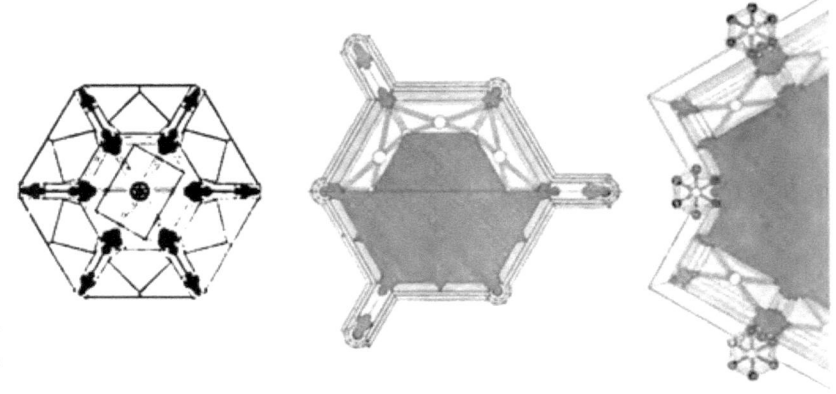

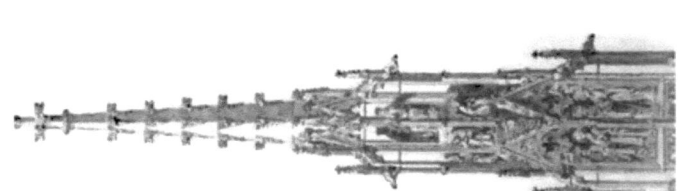

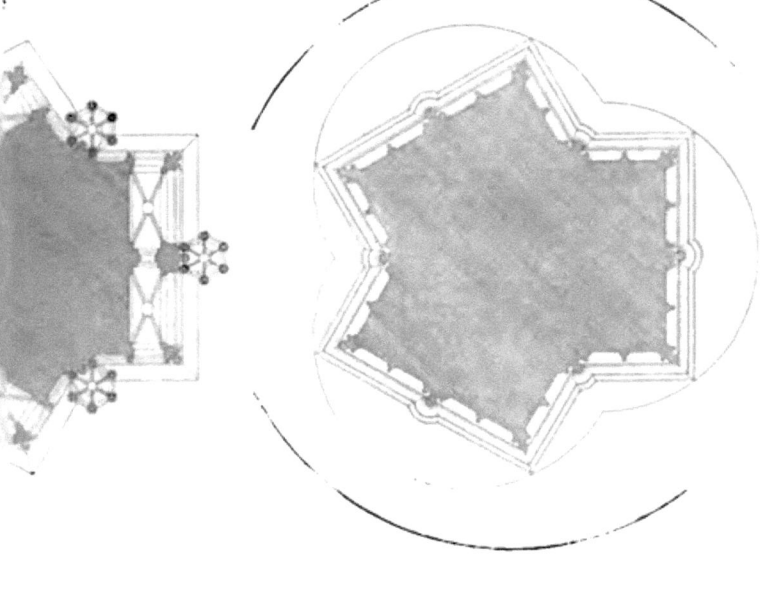

Denkſäule zu Wiener-Neuſtadt.

14. Kapitel.
Denksäulen und Kreuze.

Andere kleine Bauwerke bilden die Denksäulen, welche da und dort auf den Straßen und Plätzen der Städte, aber auch außerhalb ihrer an den Landstraßen errichtet, und von denen manche uns erhalten geblieben sind. Sie stimmen alle darin überein, daß sie entweder an ein bestimmtes Ereignis erinnern oder die Bedeutung des Punktes, auf welchem sie stehen, dem Vorübergehenden klar machen sollen. In ältester Zeit scheint es vorzugsweise ein Kreuz gewesen zu sein, welches man da und dort auf dem Kapitell einer mehr oder weniger hohen Säule aufrichtete. Ein solches Kreuz steht noch auf dem Marktplatze zu Trier. Kreuze waren es auch, welche auf der Straße von Paris nach St.-Denis an jenen Stellen errichtet wurden, an denen König *Philipp der Kühne* Halt machte, als er auf eigenen Schultern die Reste seines Vorgängers, des heiligen *Ludwig*, nach St.-Denis trug.

Später, mit der Ausbildung des gotischen Stils, traten reich durchgebildete turmartige Fialenbauten, den Strebepfeileraufsätzen an den Kirchen entsprechend, an Stelle der Säulen. Die Kreuzblume, welche das Ganze krönte, kann dabei als die Andeutung des früher die Hauptsache bildenden Kreuzes angesehen werden. Ganz im Sinne jener Strebepfeilerausbildungen trat reicher Figurenschmuck hinzu. Die schönste, in den besten Verhältnissen durchgebildete Denksäule solcher Art ist jene bei Godesberg, unweit Bonn, welche unter dem Namen Hochkreuz bekannt ist. Man darf wohl annehmen, daß sie die Grenze des städtischen Gebietes bezeichnete. Die gleiche Bedeutung hatte auch jene Denksäule, die unter dem Namen „Spinnerin am Kreuze" außerhalb Wiens steht (Fig. 457***); sie ist ein monumentaler Grenzstein. Die reichste Ausbildung wohl hat die bei Wiener-Neustadt stehende, auf dreiseitigem Grundrisse aufgebaute Denksäule, welche dem Schlusse des XIV. Jahrhunderts angehört, vielleicht schon in den Beginn des XV. hineinreicht. Der auf der nebenstehenden Tafel (im Maßstabe von 1:100) gegebenen Ansicht der fast 22,00 m hohen Säule geben wir in 4 Plänen 5 wagrechte Schnitte bei, aus welchen zu ersehen ist, wie sich die

Fig. 457.

Spinnerin am Kreuz bei Wien.

Architektur von unten nach oben entwickelt. — Die Zderadfäule in Brünn (Fig. 458³³⁰) ift wefentlich kleiner und einfacher, in ihrer oberen Auflöfung keineswegs fchön.

343. Kreuze.
Das Kreuz felbft behielt aber neben diefen architektonifchen Bildungen feine Bedeutung. Wie man durch feine Errichtung die Stelle heiligen wollte, wie man in dem Zeichen, welches von jedermann begrüßt wurde, die ficherfte Bürgfchaft dafür hatte, daß der Punkt nicht verrückt, daß die Erinnerung an die Bedeutung dauernd feftgehalten werde, wie man deshalb auch mit den architektonifchen Gebilden, Heiligenfiguren, Darftellungen aus dem Leben Chrifti verwendete, um zur Verrichtung eines Gebetes einzuladen, fo blieb zu allen Zeiten, auch noch im fpäteren Mittelalter, das Kreuz felbft die geeignetfte Form des Denkfteines. Wir geben in Fig. 459³³¹) ein folches aus Belpech, welches mit feinem Stufenunterbau eine Höhe von 5,35 ᵐ hat, auf der Vorderfeite eine Kruzifixgruppe und auf der Rückfeite die heilige Jungfrau zeigt.

Fig. 458.

Zderadfäule zu Brünn³³⁰).

344. Bildftöcke ufw.
Neben der Bezeichnung der Gemarkungsgrenzen, welcher die vorbehandelten Säulen als öffentliche Denkmäler dienten, gab es aber noch Denkfteine anderer Art. Groß ift die Zahl kleinerer Säulen, welche heute noch, nachdem fo viele fchon verfchwunden find, unter den Namen „Bildftock", „Marterkreuz" und dergl., in verfchiedenartiger künftlerifcher Geftaltung, mitunter aber auch als rohe, in die Erde gegrabene Kreuze an den Landftraßen ftehen. Sie bezeichnen meift die Orte, wo irgend ein Unglücksfall fich ereignet oder ein Verbrechen ftattgefunden hat, und find teilweife von dem Schuldigen als Zeichen der Sühne errichtet oder von dem Geretteten als Zeichen des Dankes gegen Gott aufgeftellt, oder von den Angehörigen oder den Freunden des Verunglückten, um das Gebet der Vorübergehenden für ihn zu erbitten. Es find, abgefehen von hölzernen, fehr vergänglichen Erinnerungszeichen, mehr oder weniger einfache Steinfäulen, die einen nach zwei oder auch vier Seiten ausladenden Auffatz tragen. Diefer ift entweder baldachinartig gebildet, fo daß er eine Figurengruppe aufnimmt, oder er enthält, mit Nifchen verfehen, einzelne Heilige, oder er ift endlich auf jeder Seite mit Reliefdarftellungen gefchmückt. Die fpätere Gotik war unerfchöpflich in Ausbildung immer neuer Motive; insbefondere das Land Franken ift überreich an diefen kleinen Denkmalen volkstümlicher Kunftpflege.

Eine befondere Gruppe diefer Denkfäulen bilden die Rolandbilder, welche nach einem noch nicht völlig klargeftellten Vorgange im XV. Jahrhundert aus der Darftellung von Spielfiguren, wie fie zum Lanzenftechen dienten, die Bedeutung als Zeichen der ftädtifchen Gerichtsbarkeit gewannen und in Deutfchland vielfach

---

³³⁰) Nach: Violler-le-Duc, a. a. O., Bd. IV, 1860, S. 430.

vor den Rathäufern ftanden. Bei ihnen trat die Ritterfigur der Architektur gegenüber mehr hervor, als dies bei den kleinen Heiligenbildern, an den Flurfäulen oder Martern der Fall ift. Das bekanntefte und wahrfcheinlich das ältefte von allen ift jenes zu Bremen aus der erften Hälfte des XV. Jahrhunderts, bei welchem allerdings die Architektur der Säule felbft fehr verftümmelt ift; die Kleinheit der Durchbildung, welche die Architektur des Baldachins zeigt, der unmittelbar oberhalb der riefigen Figur erhalten ift, gibt den Maßftab, in welchem wir uns die Spitze entwickelt denken können. Diefe muß auf eine weitere Höhe von allermindeftens 6,00 m berechnet werden, fo daß anzunehmen ift, die Gefamthöhe habe jener des fchönen Brunnens zu Nürnberg wenig nachgeftanden.

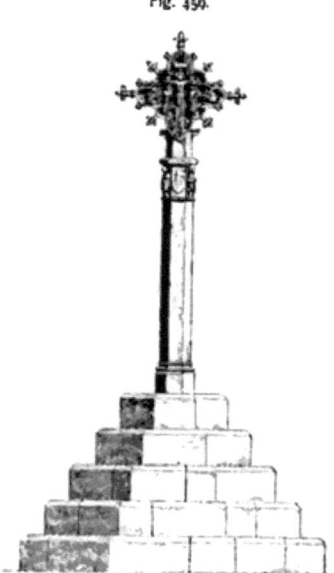

Fig. 459.

Kreuz zu Belpech
½ w. Gr.

Sind diefe Rolandsfäulen Rechtsdenkmäler, fo haben wir deren noch andere hier zu erwähnen. Die unbedingte Öffentlichkeit der Gerichtsverhandlungen brachte es mit fich, daß an manchen Orten, auch als längft der offene Palas zum gefchloffenen Saale geworden, Gerichte unter freiem Himmel gehegt wurden. Eine folche Stelle, wo unter freiem Himmel Recht gefprochen wurde, mag der fog. Königsftuhl zu Rhenfe am Rhein gewefen fein: ein auf Pfeilern gewölbter achtfeitiger Hallenbau mit oberer, durch eine gemauerte Brüftung umzogener Plattform, zu der eine ebenfalls gemauerte Treppe hinaufführt.

Ein anderes Rechtsdenkmal ift der Pranger, von welchem wir ein Beifpiel fchon erwähnten: die gotifche, mit Baldachinen gefchmückte fteinerne Säule an der Ecke des Marktbrunnens zu Schwäbifch-Hall, welche zur Ausftellung von Verbrechern diente und diefen die Ehre unverdienter Verherrlichung durch reiche Schmuckarchitektur erwies.

Eine ganze Anzahl folcher Pranger- oder Staupfäulen ift aus dem Mittelalter erhalten, z. B. in Breslau, Pofen ufw.; aber fie find durchweg von einfacherer Art.

Schlußbetrachtung.

Wir haben im vorftehenden verfucht, einen Überblick über das reiche Gebiet des mittelalterlichen Wohnbaues zu geben; aber wir wollen uns nicht verhehlen, daß die Art des Stoffes mehr noch wie auf anderen Gebieten es erfchwert, aus folcher Zufammenfaffung allein ein zutreffendes Bild zu gewinnen.

Auf unferem Gebiete wirken neben den großen allgemeinen Zügen, die wir zu betonen bemüht gewefen find, die Eigenart der Landfchaften und Völker, ja des einzelnen Bauherrn unvergleichlich mehr auf die Entwickelung ein, als im Kirchenbau oder im Wehrbau. Die Folge davon ift eine Fülle der Erfcheinungen und Richtungen, die, im einzelnen fich miteinander verflechtend und vermifchend, oft in hohem Grade verwirrend wirken und zu eingehender Schilderung das Vielfache des uns zur Verfügung ftehenden Raumes erfordern würden. So haben wir uns überall auf das Anführen weniger Proben und Anregungen befchränken müffen, wobei aus naheliegenden Gründen die deutfche Entwickelung vor allem berückfichtigt wurde. Es liegt in der Natur folcher Darftellung, daß dabei reichere Beifpiele, an welchen fich allerlei bezeichnende Züge gleichzeitig fchildern laffen, bei der Auswahl bevorzugt werden müffen. Zur Ergänzung fei hier wenigftens darauf hingewiefen, daß die Mehrzahl der mittelalterlichen Wohnbauten ihre Wirkung in einfachen Verhältniffen findet und daß insbefondere dem Wefen des mittelalterlichen Städtebaues nichts ferner lag, als durch Häufung von Schmuck und auffallendem Zierat die Aufmerkfamkeit von den großen Maffen und Linien abzulenken. Dadurch, daß fich auf dem ruhigen Hintergrunde fchlichter Werke hier und da eine reichere Löfung heraushob, wurde die ebenfo vornehme wie malerifche Eigenart des mittelalterlichen Profanbaues bedingt. Solche Wirkungen im Zufammenhang vorzuführen, lag außerhalb der uns hier geftellten Aufgabe. Um fie kennen zu lernen und ebenfo, um in den unendlichen Reichtum des mittelalterlichen Wohnwefens einigermaßen einzudringen, dazu ift es nötig, über das Bücherftudium hinaus felbft fich mit den alten Bauten zu befchäftigen, mit eigenem Auge ihre Eigenart und ihren Zufammenhang zu erfaffen. Wir fehen es grundfätzlich als ein durchaus unkünftlerifches Verfahren an, wenn verfucht wird, Kunftmittel irgend welcher — auch modernfter — Art auf Grund theoretifcher Studien oder Veröffentlichungen nachzubilden, ohne ihre Wirkungen und Verwendungsweife aus eigener Anfchauung zu kennen. Und wir glauben, fo manche Schwächen heutiger Kunftübung, insbefondere die in vielen Fällen nicht zu leugnenden Mißerfolge hiftorifcher Stilanwendung zum guten Teile auf diefe älteren Zeiten nicht bekannte Arbeitsweife zurückführen zu müffen. Um fo mehr liegt es uns ob, am Schluffe unferer Erörterungen auf das unbefangene perfönliche Studium der alten Werke, als die unerfchöpfliche Quelle frifcher künftlerifcher Anregung, hinzuweifen. Es ift ein überaus reiches und feffelndes Gebiet, das gerade in den Werken des mittelalterlichen Wohnbaues noch zum guten Teile als Neuland vor uns liegt; niemand wird ohne Genuß und ohne künftlerifche und wiffenfchaftliche Förderung fich mit ihm befchäftigen. Eine Einführung in die dabei für das Verftändnis des Zufammenhanges grundlegenden Hauptzüge, nicht die Vorführung bequemer Vorbilder zur Nachahmung, das ift es, was die vorftehende Arbeit zu geben beabfichtigt.

Und fo fei zum Schluffe die Hoffnung ausgefprochen, daß unfere Darlegungen fo Manchem den Anftoß geben möchten zu regerer Anteilnahme an fo vielen noch des weiteren Ausbaues bedürftigen Fragen künftlerifcher, technifcher und wiffenfchaftlicher Art, welche fich bei der Betrachtung mittelalterlichen Wohnbaues allenthalben aufdrängen.

Berichtigungen und Zufätze.

Zu S. 11, Abfatz 2 ift zu bemerken, daß die Bezeichnung des Kaminmantels mit dem Worte „Schornftein" fich in Norddeutfchland landfchaftlich bis in neuere Zeit erhalten hat.

S. 88, Zeile 2 v. u.: Statt „Unterhaltungsquelle" zu lefen „Unterhaltsquelle".

S. 96, unter Fig. 88 u. 89: Statt „bei Klaufen" zu lefen „bei Sterzing".

S. 170, Zeile 9 v. u.: Statt „Fig. 189" zu lefen „Fig. 187".

Zu S. 229 bis 231: Die im Text gebrauchten Ausdrücke „Zinnober", „Azurblau", „Ultramarin" follen nur die lebhafte Art der Tönung bezeichnen, nicht aber befagen, daß man diefe Farben, wie fie gerade waren, ungemifcht aufgetragen hätte. Diefe allerdings weitverbreitete Anficht entfpringt nur einer fehr oberflächlichen Kenntnis der alten Denkmäler; fie hat bei Wiederherftellungen und Neufchöpfungen fchon vieles verdorben. Gründliche Prüfung von unberührten alten Stücken lehrt, daß die alten Meifter auch in diefen Dingen ein fehr feines Gefühl gezeigt und den Glanz der Naturfarben zwar nicht gebrochen, diefe aber — vor allem das giftige Ultramarin — durch leichte Zufätze forgfältig zueinander geftimmt haben.

S. 244, unter Fig. 287: Statt „Neuftädter" zu lefen „Altftädter".

Zu S. 264, Schluß von Art. 247: Die Fenfter des Backfteinbaugebietes wurden, wenn man nicht für Verfammlungsfäle u. ä. fefte Verglafung verwendete, zur Aufnahme von Glasflügeln hergerichtet, indem man ein rechteckiges, verzimmertes Gerüft von Holzpfoften und Querriegeln fo in die Bogenöffnung einbaute, daß die Ausmauerung des meift flachbogigen Bogenfeldes auf deffen oberem Rähm aufruhte. Diefes hölzerne Pfoftenwerk von etwa 10 cm Breite und 13 cm Tiefe ift in der Regel fchlicht behandelt; doch finden fich gelegentlich auch reichprofilierte, mit Sockel- und Kapitellausbildung aufwändig gefchnitzte Beifpiele.

S. 324, S. 4 v. u.: Statt „zeitiger" zu lefen „zeitlicher".

Namen- und Sachverzeichnis.

(Die beigefügten Ziffern geben die Seitenzahlen an.)

A.

Aachen, Grab (Kurie des *Richard von Cornwall*): 80.
    Karolingische Pfalz: 15.
    Kreuzgang am Münster: 46.
    Kurie des Stiftspropstes: 121.
    Münster: 316.
    Schwebegiebel: 156, 307.
Abbeville, Tür: 359.
Ackerbürgerhäuser: 136, 175.
Advocatus (Vogt): 32.
Alcala de Henares, Universität: 201, 205.
Alsfeld, Rathaus, Bohlenwand: 316.
    desgl. Erker: 271.
Altenberg, Fensteranlage: 259.
    Kapitelsaal: 326.
    Schlafsaal: 59.
Amberg, Hauskapelle: 341.
    Rathaus, Erker: 271.
    desgl. Freitreppe: 288.
Amiens, Bürgerhaus: 157.
Andreaskreuze: 221.
Anger, Innentreppe: 343.
Anserweiler, Tür: 211, 359.
Antonius, heil.: 18.
Area (Hausstelle): 135.
Arnold Heßpheling (Arnold v. Westfalen?): 100.
Arnsburg, Fensteranlage: 259.
    Schlafsaal: 59.
Asnapio, Karolingischer Königshof: 14.
Aufschiebling: 290.
Augentor: 6.
Augsburg, Fuggerhaus: 128.
Augustiner: 21.
Aula, auf fürstl. Hofe oder Kloster: 63, 64.
Aula, bei Universitäten: 205.
Ausbürger: 114.
Avignon, Palast der Päpste: 102.

B.

Backsteinbau: 227.
    desgl. Bemalung: 229.
Balkendecken: 312.
Balkenköpfe: 221.
Bamberg, alte Hofhaltung: 116, 224.

Barcelona, Treppe: 288.
Basel, Brunnen: 375.
    Fensterverschluß: 258.
    Gratziegel: 201.
    Kleinbürgerhäuser: 148.
Basilius, heil.: 18.
Bauernhausformen, ihr Alter: 7, 181.
Bayeux, Teppich: 61.
Beaune, Brunnen: 372.
    Dachschmuck: 203.
    Hospital: 200, 202.
Bebenhausen, Holzdecke: 324.
    Kämpferbildung: 327.
    Laienrefektorium: 328.
    Pforte im Kreuzgang: 238.
    Schlafsaal: 59.
    Sommerrefektorium: 329.
    Wandmalerei: 350.
Befestigung der Klöster: 32.
Behaim, Hans: 196, 240, 268.
Beischläge: 238.
Belpech, Denkkreuz: 378.
Bemalung des Äußeren: 229.
    der Innenwände: 348.
    des Holzwerkes im Innenbau: 350.
Benedictus, heil.: 19.
Benediktinerorden: 19.
Benedikt Ries (Benesch von Laun): 330.
Bern, Fensterverschluß: 258.
    Haus in der Keßlergasse: 168.
    Lauben: 279.
Beverungen, Ackerbürgerhaus: 178.
Bildstöcke: 378.
Blockbau: 215.
Budfeld, Königshof: 61.
Bohlenwände: 316.
Bologna, Klosterhof San Gerusalemme: 21.
    Universität: 204.
Bonifazius, heil.: 21.
Bourges, Haus des *Jacques Coeur*: 125.
Bozen, Gescheibter Turm: 88.
    Kreuzgang im Franziskanerkloster: 51.
    Tür desgl.: 238.
    Lauben: 279.
Brandenburg a. H., Rathäuser: 189.
    Altstädt. Rathaus, Eingangstor: 212.

Braunschweig, Burg Dankwarderode: 67.
　　desgl. Freitreppe: 286.
　　Dielenhäuser: 160.
　　Dominikanerkloster, Schlaf-
　　　saal: 59.
　　Eck eines Fachwerkhauses: 222.
　　Haus Nagel: 149.
　　Haus in der neuen Knochen-
　　　hauerstraße: 150.
　　Haus in der Reichenstraße: 224.
　　Kapitelsaal im Egidienkloster:
　　　326.
　　Marktbrunnen: 374.
　　Rathaus: 189, 200.
　　Torweg: 225.
Bremen, Roland: 379.
Breslau, Gesims vom Rathause: 233.
　　Kleinbürgerhaus: 138.
　　Pranger: 379.
Bronnbach, Kapitelsaal: 325.
Brotbank: 202.
Brotlauben: 279.
Bruchsteinbau: 227.
Bruck a. Mur, Laubenhaus: 280.
Brüderstube: 29.
Brügge, Tuchhalle: 199.
Brünn, Zderadsäule: 378.
Brunnen: 370.
Brustholz (Brustriegel): 224.
Buckelquader (Bossenquader): 227, 236.
Budweis, Lauben am Markt: 279.
　　Wohnhaus: 175.
Büdingen, Steinernes Haus: 133.
　　Schloß: 83.
　　desgl. Erker: 277.
　　desgl. Giebel: 308.
Bur: 8.
Bursen: 205.

C.

Caen, Collège St.-Michel: 205.
　　Kleinbürgerhaus: 144.
Cambridge, College: 65 (Fußn. 46).
Canterbury, Plan der Abtei: 25, 333.
　　Aula nova: (Fußn.).
Caussade, Kleinbürgerhaus: 144.
Cellarium: 11, 27, 160.
Chastel-Blanc, Schloßkapelle: 316.
Chorin, Klosterküche: 331.
Chörlein: 271.
Chrodegang von Metz: 20.
Cisterzium (Cîteaux): 21.
Clairvaux: 21.
Clermont, Kartause: 39.
Cluniacenser: 20.
Cluny, Kleinbürgerhäuser: 139, 143.

Colleges: 85 (Fußn. 72), 205.
Coblenz, Kleinbürgerhäuser: 138.
Cöln, Haus Etzweiler: 155, 156, 234, 263.
　　Häuser am Filzengraben: 154, 234.
　　Haus Overstolz (Templerhaus): 122.
　　desgl. Fenster: 259.
　　Haus bei St. Peter: 153, 302.
　　Kleinbürgerhäuser: 138.
　　Kapelle des Kamperhofes: 273, 316.
　　desgl. des Rathauses: 336, 339.
　　desgl. im Hause Schiederich: 341.
　　Kaufhaus Gürzenich: 202, 263.
　　Kreuzgang von St. Aposteln: 42.
　　desgl. von St. Gereon: 42.
　　desgl. von S. Maria auf dem Kapitol: 43.
　　Küchenanbauten: 335.
　　Stiftsgebäude von St. Gereon: 232, 303.
　　desgl. Fensteranlage: 259.
　　desgl. Tür: 236.
Comburg, Klosteranlage: 34 (Fußn. 22).
Convent: 24.
Conversen: 27.
Coucy, Saalbau: 76.
　　Gewölbte Holzdecke: 324.
Craven Arms, Landhaus: 226.
Cues, Hospital: 208.
Curia: 65 (Fußn. 47).

D.

Dachdeckung: 291.
Dächer: 289.
Dachgebälk: 226.
Dachfenster: 266.
Dachknäufe: 293, 300.
Danzig, Franziskanerkloster: 37.
　　Kleinbürgerhäuser: 138.
　　Dachknäufe: 300.
　　Topfkachel: 365.
Danzker: 41.
Deckenstützen: 316.
Denksäulen: 377.
Desiderius von Montecassino: 24.
Dettelbach, Rathausfreitreppe: 287.
Dienstmannen (Ministerialen), Höfe der: 113.
Domherrenstifte: 39.
Dominikanerorden: 36.
Donjon: 83.
Dormitorium (Dorment): 59.
Dornze (Dürnitz): 59, 87.
Dortmund, Rathaus: 189.
　　desgl. Fenster: 253.
　　desgl. Treppe von Holz: 286.
Duderstadt, Ackerbürgerhäuser: 177.
　　Dielenhäuser: 160.
　　Rathaus: 189.
　　Schiebefenster: 265.
Dürnitz: 59, 87.

E.

Eberbach, Giebel: 307.
    Kapitelfaal: 326.
    Schlaffaal: 59.
Eckbildung beim Fachwerk: 222.
Edam, Bürgerhaus: 156.
Eger, Kaiferpfalz: 74, 336.
Eggenburg, Sgraffitomalerei: 229.
Eltville, Saneckerhof: 95.
Eltz, Burg: 97.
Enn, Tür: 357.
Eppan, Unterzug: 315.
Erbleihe: 137.
Erfurt, Dielenhaus: 159.
    Collegium majus, Alte Univerfität: 205.
    desgl. Eingangstür: 241.
Erker: 268, 278.
Eßlingen, Ackerbürgerhaus: 178.
    Brunnen: 375.
Exterior ordo: 5.

F.

Fachwerk: 215, 317.
    desgl. Bemalung: 231, 317.
Fachwerkgiebel: 225.
Fakultäten: 204.
Familia: 104.
Farfa, Klofter: 91 (Fußn. 79).
Fenfter: 10, 225, 246.
    desgl. Verglafung: 258.
Fenfterflügel: 262.
Feuerfaal: 152.
Firftfäule: 6.
Flachziegel: 296.
Fleet: 181.
Fleifchhaus, Fleifchfcharren: 202.
Flure: 331.
Fontanella, Klofter: 22.
Frankfurt a. M., Steinernes Haus: 234.
Frankfurt a. O., Rathausgiebel: 229.
Franziskanerorden: 36.
Fraternei: 29.
Freiberg i. S., Domkreuzgang: 42, 229.
    Domherrenkurie, Sgraffitomalerei: 229.
Freiburg i. B., Erker: 271.
    Treppe: 288.
Freitreppen: 286.
Freundsberg, Malerei: 350.
    Schiebefenfter: 265.
Friefach, Burgkapelle: 336.
    Kamin: 363.
Fritzlar, Gemaltes Zimmer: 351.
Fulda, Kloftergründung: 21.
Fußböden: 359.
Füffen, Decke im Schloß: 321.

G.

Gänge: 331.
Gebälk im Fachwerkbau: 217.
    Auskragung: 217.
Geifenheim, Schönbornerhof: 95, 290.
Gelnhaufen, Kaiferpfalz: 73.
    desgl. Fenfter: 253.
    desgl. Kamin: 363.
    desgl. Treppe: 286.
    desgl. Tür: 238.
    Kaufhaus: 197.
    Rathaus: 181, 238, 286.
    Steinhäufer: 143.
    Tür des Pfarrhaufes: 243.
Gent, Giebel am Gerichtshofe: 309.
Georgental: Speifefaal: 324.
Gefimfe: 232.
Geftülpte Schalung: 318.
Gewandhaus: 189.
Gewölbte Räume: 324.
Giblet, Schloßkapelle: 337.
Giebel: 225, 304, 307.
Gipseftrich: 359.
Glas (Fenfter-): 10, 258.
Glafuren: 228, 298.
Godesberg, Hochkreuz: 377.
Goldenkron, Zifterzienferklofter: 35.
Gollub, Hofumgang: 283.
Goslar, Bürgerhaus in der Bäckerftraße: 216.
    desgl. in der Frankenbergerftraße: 151.
    Heiligkreuzfpital: 210.
    Kaiferhaus: 69.
    desgl. Deckenftütze: 318.
    desgl. Luftheizung: 302.
    desgl. Treppe: 286.
    Marktbrunnen: 374.
    Rathaus, Holztreppe: 286.
    desgl. Innentreppe: 343.
    Schiebefenfter: 265.
    Steinwerk: 152.
    desgl. Kamin: 363.
Göttingen, Rathaus: 234, 362.
Götz von Berlichingen: 89, 126.
Gratziegel, verzierte: 299.
Gravetfch, Wandmalerei: 350.
Grede (Gradus): 286.
Greifswald, Giebelhäufer: 310.
Gringkopf: 156.
Groß-Gartach, Hütten der Steinzeit: 3, 215.
Groß-Siepen, Bauernhaus: 180.
Gurtgefimfe: 233.
Gutleuthöfe: 207.

H.

Haag, Ritterfaal: 77.
Halle, germanifche: 6.
    desgl. *Wilhelm des Eroberers*: 64.

Hamburg, Steinhaus von 1036: 226.
Hameln, Fachwerkhaus: 224.
Handwerkerhäuser (Kleinbürgerhäuser): 137.
Handwerkliche Schulung: 215.
Hannover, Leibnitzhaus: 181.
Hannover, Dachfenster vom Rathaus: 266.
Hattenheim, Burghaus: 94.
Hauptgesimse: 234.
Hausbuch: 375.
Hauskapellen: 271, 335.
Hausstellen: 135.
Heiligkreuz, Brunnenhaus: 56.
    Kapitelsaal: 326.
    Kreuzgang: 40.
Heilsberg, Lauben: 279.
   Refektorium: 328.
Heilsbronn, Giebel am Refektorium und am Abtshause: 308.
   Dachziegel: 298.
   Refektorium: 59, 328.
Heimsheim, Schleglerschloß, Erker: 271.
   Ritterfaal: 314, 316.
Heizvorrichtungen: 361.
Herford, Steinhäuser: 149.
Hersfeld, Gebälk: 216, 221.
Hildesheim, Domkreuzgang: 42.
   Fensterverschluß: 258.
   Kleinbürgerhäuser: 138.
   Knochenhaueramtshaus: 217, 293, 305.
Hinterstraße: 177.
Hohensalzburg, Holzdecke: 321.
   Täfelung im goldenen Saale: 353.
   Ofen: 369.
Hohkönigsburg, Wendeltreppe: 342.
Hohlziegel: 294.
Holzbau: 215.
Holzdecken: 312.
Holzstützen: 316.
Holztreppen: 345.
Holzwände: 346.
Hospitäler: 207.
Hrabanus Maurus: 62.

L, J.

Ingelheim, Karolingische Pfalz: 10.
Innsbruck, Erkertürmchen: 278.
   Goldnes Dachl: 271.
   Wappenturm: 231.
Joffelin, Dachfenster: 267.
Jufahl, Kapellenerker: 272.
Jus mercatorum: 170.
Jüterbogk, Rathaus: 182.

K.

Kachelöfen: 365.
Kaffims: 233.
Kalkar, Rathaus: 234.
Kalkputz: 227.
  Bemalung: 229.
Kamin: 11, 362.
Kammerfach: 181.
Kammin, Buddenhaus: 97.
Kanonikate: 39.
Kanonikerkollegien: 20.
Kapitel: 22.
Kapitelfäle: 56, 324.
Karlstein, Schloßkapellen: 339.
Karthäuserorden: 38.
Katzenzungen, bei Nals: 89.
Kaufhäuser: 197.
Kaufmannshäuser: 136, 144.
Kayfersberg, Dachkrönung: 300.
  Schornstein: 303.
Kerp: 81.
Kemenate: 11, 152, 162.
Kielbogen: 224, 240.
Kitzingen, Kleinbürgerhäuser: 138.
Klausur: 21.
Kleinbürgerhäuser: 137.
Klösterle, Wandtäfelung: 353.
Kluniazenser, siehe: Cluniacenser.
Koblenz, Kleinbürgerhäuser: 138.
  Kaufhaus, Deckenpfeiler: 318.
Koburg, Tälelung: 353.
Kollegium: 205.
Kolmar: Kleinbürgerhaus: 138, 140.
Köln: siehe Cöln.
Königsberg I. P., Kleinbürgerhäuser: 138.
Königsberg N. M., Rathausgiebel: 310.
Konstanz, Dachziegel: 294.
  Kaufhaus: 201, 315.
Konversen: 27.
Kopfbänder: 221, 317.
Kornhaus: 202.
Krak, Burgkapelle: 337.
Krakau, Erkerkragsteine: 268.
  Holzdecken im Schloß: 314.
  Kellerfenster: 267.
  Türen: 244.
  Universität: 206, 263.
  desgl. Erker: 271, 341.
  desgl. Hofumgang: 283.
  desgl. Kreuzstockfenster: 263.
  desgl. Treppen: 342.
Krankenhäuser: 207.
Kreuze: 377.
Kreuzgang: 22, 41.
Kreuzstockfenster: 260.
Küchen: 247, 332.

Kuttenberg, Marktbrunnen: 371.
Kvefte, Holzhaus: 8, 112.

L.

La Ferté: 21.
Lagerhäufer: 202.
Laienbrüder: 21.
Landeck, Tür: 237.
Landsberg, Kapellenerker: 273, 316.
Landskron, Treppen: 342.
Lauben: 278.
Laufbrunnen: 372.
Laura: 18.
Laval, Kleinbürgerhaus: 139, 141.
Ledbury, Rathaus: 184.
Leges Alemannorum ufw.: 5.
Lehnin, Holzdecke im Abtshaus: 314.
Leipzig, Rotes Kolleg: 205.
Lemgo, Giebelhaus: 310.
    Steinhäufer: 149.
Lippftadt, Schiebefenfter: 265.
Lobia fori: 182.
Locator: 176.
Lochftedt, Burgküche: 334.
London, Tower: 83.
    Weftminfterhalle: 87.
Lorch, Haus Hilchen: 133.
Lorfch, fog. Vorhalle: 16, 65 (Fußn. 46).
Lübeck, Großkaufmannshäufer: 181.
    Heiliggeiftfpital: 210, 309.
    Kleinbürgerhaus: 138, 140.
    Löwenapotheke: 147.
    Rathaus: 183, 228.
    Steinbau: 227.
Luftheizung: 361.
Lüneburg, Backfteingiebel: 309.
    Kaufmannshaus am Berg: 147.
    desgl. in der Lünerftraße: 145.
    Kleinbürgerhäufer: 138, 139, 140.
    Luftheizung im Rathaufe: 362.

M.

Maßverhältniffe: 213.
Magdeburg, Brunnenhaus: 51.
Magiftri comacini: 10.
Mähren, Burganlagen: 112.
Mainz, Kaufhaus: 199.
    Kleinbürgerhäufer: 138.
Malerei im Äußeren: 229.
    im Inneren: 347, 359.
Manoir: 165.
Marburg, Kleinbürgerhaus: 140, 303.
    Ritterfaal: 77, 232.
    Tür am Rathaus: 238.
    desgl. Fenfter: 265.
    Hochzeitshaus: 299.
    Luftheizung im Schloß: 362.

Marienburg, Eingang zum Hochfchloß: 241.
    Fenfter: 263.
    Flur im Hochmeifterhaus: 332.
    Großer Remter: 329.
    Hochmeifterhaus: 103.
    Kapitelfaal: 326.
    Luftheizung: 362.
    Meifters Sommerremter: 327.
    Treppen: 342.
Marktanfiedelungen: 113 (Fußn. 96), 135.
Marktherr: 191.
Marktzwang: 110.
Marmoutier, Klofterküche: 333.
Maulbronn, Klofteranlage: 27.
    Brunnen: 371.
    Brunnenhaus: 56.
    Chörlein am Abtshaufe: 274, 341.
    Deckenftütze in Abtshaufe: 318.
    Giebel am Herrenrefektorium: 308.
    Herrenrefektorium: 51, 328.
    Kapitelfaal: 57, 326.
    Kreuzgang: 49.
    Laienrefektorium: 328.
    Luftheizung: 362.
    Parlatorium: 329.
    Schornftein: 303.
Meißen, Albrechtsburg: 108, 290.
    desgl. Fenfter: 262.
    desgl. Gewölbe: 321, 330.
    desgl. Treppe: 289, 345.
    Tür der Probftei: 239.
Meran, Landesfürftliches Haus: 122.
    desgl. Hauskapelle: 335, 341.
    desgl. Täfelung: 353.
    desgl. Tür: 357.
Merowinger: 13.
Merfeburg, Saalbau *Heinrich L.*: 61.
Metalldächer: 293.
Metz, Adelshaus (Hotel St.-Livier): 119, 254.
    desgl. Zinnenkranz: 234.
    Laubenhaus: 280.
    Treppenfenfter: 266.
Michaelftein, Refektorium: 328.
Miltenberg, Kleinbürgerhäufer: 138.
Molsheim, Freitreppe am Rathaus 287.
Mönch: 204.
Monpazier, Kleinbürgerhäufer: 139.
Montargis, Freitreppe: 287.
    Saalbau: 76.
Montecaffino, Bauten des *Defiderius*: 24.
    Schlaffaal: 50.
Montpellier, Univerfität: 201.
Montréal, Brunnen: 372.
Mont St.-Michel, Klofteranlage: 34.
Morimond: 23.
Moyenvic, Fenfterfturz: 225.
Mühlhaufen i. Th., Holzdecke: 314.

München, Holzdecke im Rathause: 324.
    desgl. im Nationalmuseum: 321.
    Holzpfosten desgl.: 317.
Münden, Kaufmannshaus: 148, 222, 225.
    Dielenhäuser: 162.
Münster i. W., Fleischhalle: 202.
    Giebelhäuser am Prinzipalmarkt: 149, 304.
    Kleinbürgerhaus: 138 (Fußn. 119).
    Laubenhäuser: 279.
    Rathaus: 189, 280, 310.
    desgl. Täfelung im Ratsaal: 355.
    Romanischer Palas: 75.
    desgl. Fenster: 250, 257.
    desgl. Tür: 238.
Münzenberg, Holztreppe: 289.
    Fenster vom gotischen Palas: 255.
    Romanischer Palas: 71.
    desgl. Fenster: 250, 283.
    desgl. Tür: 237.

N.

Narbonne, Erzbischöfl. Palast: 101.
Nationen, an den Universitäten: 205.
Naumburg, Erker einer Domkurie: 271.
    Tür desgl.: 239.
Neuscharfeneck, Treppen: 312.
Neustadt a. d. Orla, Fenster am Rathaus: 266.
    Fleischscharren: 202.
    HausSchweitzer: 159, 313.
    Kleinbürgerhäuser: 138.
Niederlagsrecht: 204.
Nimwegen, Karolingische Pfalz: 15.
Nolling, Burg: 89.
Nonne: 204.
Norbert, heil.: 21.
Nördlingen, Lagerhäuser: 201.
Northeim, Dielenhäuser: 160.
Norwegische Hausformen: 9.
Noyon, Saal im Domstift: 328.
Nürnberg, Augustinerkloster: 76.
    Dachziegel: 297.
    Estrich: 360.
    Giebel in der Theresienstraße: 165.
    Haus in der Bergstraße: 161, 312, 371.
    Haus am Dürerplatz: 160.
    Hauskapelle bei St. Sebald: 271, 310.
    desgl. vom Lorenzer Pfarrhof: 271, 310.
    desgl. vom Augustinerkloster: 271.
    desgl. jetzt auf der Wartburg: 310.
    Hofungänge von Holz: 283.
    Holzdecke in der Burg: 318.
    desgl. in der Karthause: 324.
    Kaiserstallung: 210.
    Kapelle der Burg: 337.

Nürnberg, Kartäuserkloster: 39.
    Mauthaus: 210.
    Ofen im germ. Museum: 368.
    Rathaus: 184, 191.
    desgl. Erker: 268, 273, 339.
    desgl. Holzdecke: 324.
    desgl. Torweg: 240.
    desgl. Treppe: 313.
    Säulenhöfe: 175.
    Säulenhof im Krafftschen Hause: 285, 289.
    Schlüsselfeldersches Haus (Nassauer Haus: 132.
    desgl. Dacherker: 290.
    desgl. Hanskapelle: 340.
    desgl. Kapellenerker: 274.
    desgl. Zinnenkranz: 234.
    Schöner Brunnen: 375.
    Täfelung im Hause v. Scheurl: 353.
    Tuchhaus: 192, 197.

O.

Oberlahnstein, Schornstein: 303.
Ochsenfurt, Rathaus: 189.
    desgl. Ofen: 368.
    desgl. Treppe: 313.
Oestrich, Schornstein vom Rathause: 303.
Öfen: 363.
Orleans, Aula der Universität: 205.
Ortenberg, Fenster der Burg: 256.
Ortlieb, Ulrich: 132.
Osnabrück, Bürgerhaus: 123.
Ossegg, Vorlesepult im Kapitelsaal: 57.
Osterwiek, Bürgerhäuser: 218.
Oxburgh-Hall: 110.
Oxford, *Colleges*: 85 (Fußn. 73).

P.

Pachomius, heil.: 18.
Palasbauten: 65.
Paris, Collège de Cluny: 205.
    Hotel de Cluny: 123, 263, 266.
    Hotel de la Tremoille: 123.
    Refektorium von St.-Martin des Champs: 50.
    Saalbau des Königlichen Schlosses: 76.
    Treppe in Louvre: 345.
    Universität: 205.
Passau, Wohnhäuser: 170.
Pavia, Universität: 204.
Penshurst-Place: 85.
Perchtoldsdorf, Erker vom Rathause: 268.
    desgl. Kapelle: 341.
Pergamentfüllung: 355.
Pesel (Phisel, pisale): 6.
Piacenza, Stadthaus: 184.

Pierrefonds, Saalbau: 76.
  Tür: 243.
Pirna, Rathaus: 189.
Pöhlde, (Palithi) Saalbau der Pfalz: 61.
Pontigny: 21.
Posen, Pranger: 379.
Pößneck, Freitreppe am Rathaus: 287.
Prag, Kapelle im Rathaus: 273, 340.
  desgl. im Karolinum: 273, 340.
  Wladislawsaal: 330.
Prämonstratenserorden: 21.
Priscus, Bericht des: 8.
Putzüberzug: 227.
Puy-en-Vélay, Kreuzgang: 45.
  Schornstein: 303.

Q.

Quaderbau: 227.
  Bemalung: 231.
Quadrivium: 204.

R.

Rahm: 220, 223.
Ramersdorf, Kapitelsaal: 326.
Rathäuser: 182.
Ratzenschicht: 203.
Rauchschlote, Herstellung: 141.
Ravenna, sog. Theodorichspalast, Rest: 12.
  desgl. Mosaikbild: 12.
  Universität: 203.
Refektorium (Remter): 58, 194 (Fußn. 91).
Regensburg, Domkreuzgang: 42.
  Fries im Dollingerhause: 319.
  Hauskapellen: 341.
  Haus zum Goliath: 229.
  Roritzerhaus: 170.
  Wohnhaus: 169.
  Wohntürme: 118.
Reichenweier, Wohnhaus: 169.
Reiffenstein, Holzdecke: 318.
  Tür zur Kapelle: 350.
  Wandmalerei: 350.
Reims, Fachwerkhaus: 221.
Rheden, Backsteinbau: 228.
  Dachknauf: 301.
Rhense, Königsstuhl: 379.
Richard von Cornwallis, Curie des: 81.
Riga, Schloß der Schwertbrüder: 11, 51.
Rinteln, Bürgerhaus: 170.
Risting, Schloß: 82.
Ritterorden, Bauten der: 80.
Ritterstand: 87.
Robert von Molesmes: 21.
Rolandbilder: 378.
Rollwerk: 355.
Ronneburg, Gewölbter Saal: 327.

Rostock, Kleinbürgerhäuser: 138.
  Rathaus: 189.
Rothari, Edikt des Königs: 10.
Rothenburg o. d. T., Häuser in der Herrengasse: 131.
  Haus des Judenlehrers: 130.
  Haus Rabe: 132.
  Kleinbürgerhäuser: 130.
Rottweil, Ackerbürgerhaus: 178.
Rüdesheim, Niederburg: 90, 207, 336.
  desgl. Fenster: 258, 259.
  desgl. Treppen: 341.
Runkelstein, Wandgemälde: 348.

S.

Saal (*Sala*): 10, 158.
Saalfeld, Hoher Schwarm: 62.
  Rathaus: 189, 202.
St.-Antonin, Bürgerhaus: 157.
  Fenster des Rathauses: 255.
St. Gallen, Klosterplan: 23, 174, 332.
  desgl. Heizanlagen: 301, 302, 305.
St.-Lo, Schornstein: 303.
St. Paul, Fensterbildung: 43.
St. Wolfgang, Brunnen: 376.
Salzburg, Tor der: 216.
  siehe auch Hohensalzburg.
Salzwedel, Dachfenster am Rathaus: 200.
Satteldach: 293.
Sattelhölzer: 317.
Scheerbrunnen: 32.
Schiebefenster: 265.
Schieferdach: 292.
Schindeln: 291.
Schlettstadt, Gratziegel: 293.
Schmalkalden, Wandgemälde: 348 (Fußn. 308).
Schöffen (*Scabini*): 184.
Schönau, Kämpferbildung: 327.
  Refektorium: 328.
Schornstein: 11, 303.
Schuhhaus: 178.
Schulen: 202, 204.
Schwäbisch-Gmünd, Gratziegel: 303.
Schwäbisch-Hall, Adelshaus: 130.
  Fachwerkhaus: 221.
  Marktbrunnen: 374.
  Pranger: 379.
Schwaz, Schloß Freundsberg: 265, 350.
Schuebegiebel: 141, 225, 305.
Schwelle: 220, 223.
Sens, Bischöflicher Saalbau: 75.
Serravalle, Laubenhaus: 280.
  desgl. Hauptgesims von Holz: 234.
Sgraffito: 229.
Siena, Adelspaläste: 111.
  Fonte Gaya: 374.
Siptenfelde, Königshof: 62.

Sockel: 232.
Söller (Solarium): 10, 158.
Soest, Stadthaus (*Domus civium*): 182.
Soissons, Kreuzgang in St.-Jean des Vignes: 51.
Sommerhaus: 158, 181.
Sperrbalken: 257.
Spitäler, Krankenhäuser: 206.
Spritzbewurf: 227.
Stab, Stabbur: 8.
Stadthagen, Steinhäuser: 149.
    Bürgerhaus: 179, 309.
Städtische Wohnbauten: 112.
Staffelgiebel: 309.
Staupsäulen: 370.
Stein a. Rhein, Refektorium: 50.
Steinbau: 10, 226, 347.
Steinkreuzfenster: 262.
Steinwerk (Steinkammer): 152.
Stendal, Rathaus: 189.
Sterzing, Bürgerhäuser: 174.
    Jöchelsturm: 97.
    desgl. geschnitzte Holzdecke: 321.
    Schlößchen Thumberg: 96, 160.
Steyr, Fenster: 263.
    Freitreppe: 287.
    Innentreppen: 342.
    Laubenhöfe: 284.
    Wohnhäuser: 179.
Stiegen: 280.
Stockrinnen: 206.
Stralsund, Rathaus: 189.
    Steinhäuser: 227.
Straßburg, Adelshaus: 139.
    Bemalung der Häuser: 231.
    Gewerbslauben: 279.
    Kleinbürgerhäuser: 138.
    Kreuzgang von St. Peter: 44.
    Pfennigturm, Beschindelung: 202.
    Römerhof: 120.
Sulzbach, Rathaus: 189.

T.

Tacitus, Bericht des: 5.
Täfelungen: 352.
Tangermünde, Rathaus: 184, 310.
Tannenberg, Kacheln: 365.
Tanzhaus: 189.
Terracina, sog. Palast des *Theodorich*: 12.
Testudo: 174.
Thelemarken: 8.
Theodorich der Große: 11.
Thorn, Fleischscharren: 212.
    Steinhäuser: 227.
Thumberg bei Sterzing: 96, 160.
Tonfliesen: 361.
Tonnerre, Krankenhaus: 209.
Tortosa, Burgkapelle: 337.

Treppen: 10, 285, 341.
Treppenfenster: 265.
Trient, Bischöfliches Schloß: 102, 279.
Trier, Frankenturm: 116.
    Marktkreuz: 377.
Trifels, Chörlein: 273, 336.
    Treppen: 342.
Trivium: 204.
Troyes, Hof: 292.
    Dachknauf: 302.
Tuchlauben: 279.
Türen, im Fachwerkbau: 225.
    desgl. im Steinbau: 236.
    desgl. Tischlerarbeit: 355.
Türnitz: 50, 87.
Turin, Palazzo delle torre: 12.

U.

Überkragung des Fachwerkes: 217.
Überlingen, Erkerchen: 271.
    Haus des Sufo (Seufe): 167.
    Ratsaal: 347.
Ulm, Bemalung des Rathauses: 231.
    Brunnen: 375.
    Holzdecke im Kornhause: 317.
    Haus der Ehinger: 128, 341.
    Laubesches Haus: 129.
    Schadsches Haus.
Ungeld: 141.
Universitas: 205.
Universitäten: 204.
Universus populus: 188.
Unterzüge: 314.
Upkamer: 157.

V.

Valencia, Seidenhalle (Lonja della seda): 197.
Vaux, Tür: 244.
Vayda-Hunyad, Erker: 270.
    Kamin: 363.
    Saalbau: 81, 108.
    Schloßkapelle: 271.
    Steinkreuzfenster: 265.
    Wendeltreppen: 336.
Vendôme, Klosterküche: 333.
Venedig, Dogenpalast, Laube: 280.
    Fondaco dei Turchi: 280.
    Schornsteine: 303.
Verberie, Königshof in la: 13.
Verbindungsbogen: 235.
Vercelli, Krankenhaus: 210.
    Marktlauben: 280.
Verdun, Fenster: 265.
Verglasung der Fenster: 258.
Verona, Palast *Theodorich's*: 12.
    Küche im Erzbischöfl. Palast: 333.

Verforgungsanftalten: 210.
Verftrebungen im Fachwerk: 224.
Villeneuve-l'Archevêque, Dachknauf: 302.
Villingen, Gratziegel: 300.
    Kellerfenfter am Rathaus: 267.
Vic, Fachwerkbrüftung: 223.
    Fenfter der Münze: 262.
Vogt (*Adventus*): 32, 184.
Vorhangbogen: 225, 266.
Vorftoß: 217.

W.

Walmdach: 206.
Wand: 214, 346.
Wandöffnungen: 216.
Wärmeftube: 60.
Wartburg, Palas: 68, 70.
    Fenfter: 250, 253.
    Freitreppe: 286.
    Tür: 238.
Wafferfchlag: 233.
Weißenburg a. Sand, Rathausgiebel: 308.
Wendeltreppen: 288, 342, 345.
Werkfteinbau: 226.
    Bemalung: 228.
Wernigerode, Dachgebälk: 226.
Wetzlar, Flachziegel: 296.

Wien, Kachel: 366.
    Spinnerin am Kreuz: 377.
Wiener-Neuftadt, Denkfäule: 377.
Wildenburg, Palasfenfter: 259.
Windauge: 6.
Windfahnen: 300.
Winkel, Graues Haus: 62.
Winkelful: 5.
Wismar, Pfarrhaus zu St. Marien: 131.
    Backfteingiebel: 310.
Wittingau, Wohnhaus: 175.
Wohngruben: 4.
Wohntürme: 83, 116.

Y.

Youlgreave, Tür: 157.
Ypern, Tuchhalle: 197.

Z.

Ziegeldach: 203.
Zieranker: 235.
Zinna, Backfteingiebel: 310.
Zinnenkrönung: 132, 156, 211.
Zifterzienferorden: 21.
Zwerchhäufer: 290.
Zwettl, Brunnenhaus: 56.
    Kapitelfaal: 386.
    Kreuzgang: 17.

Verzeichnis der Textabbildungen.

Fig. 1. Wohnstätte der neueren Steinzeit aus Großgartach.
- 2. Norwegisches Haus.
- 3. Häusergruppe aus Thelemarken.
- 4. Haus aus Kvefte. Längsschnitt.
- 5. desgl. Grundriß.
- 6. desgl. Grundriß.
- 7. Palast der Burg *Theodorich des Großen* zu Ravenna.
- 8. Grundriß des Klosters zu Fontanella.
- 9. Vom Kreuzgang des Klosters *San Cierusalemme* zu Bologna.
- 10. Kloster zu Maulbronn. Grundriß.
- 11. desgl. Ursprüngliche Ansicht der westlichen Klostergebäude.
- 12. desgl. Grundriß der Klausur.
- 13. desgl. Kapitelsaal.
- 14. desgl. Herrenrefektorium.
- 15. desgl. Brüderstube.
- 16. desgl. Vogelschaubild.
- 17. Kloster Mont Saint-Michel in der Normandie.
- 18. Zisterzienserkloster in Goldenkron.
- 19. Lageplan des Klosters Seligental.
- 20. Augustinerkloster zu Nürnberg.
- 21. Franziskanerkloster und Trinitatiskirche zu Danzig.
- 22. Schnitt durch einen Flügel des Franziskanerklosters zu Danzig.
- 23. Karthause zu Clermont.
- 24. Vom Kloster St. Paul in Kärnthen.
- 25. desgl.
- 26. Kreuzgang in St. Maria auf dem Kapitol zu Cöln.
- 27. desgl.
- 28. Von St. Maria auf dem Kapitol zu Cöln.
- 29. desgl.
- 30. Vom Kreuzgang zu Puy-en-Vélay.
- 31. Kreuzgang am Münster zu Aachen.
- 32. Vom Kreuzgang des Stiftes zu Zwettl.
- 33. desgl.
- 34. Südlicher Flügel vom Kreuzgang zu Maulbronn. Querschnitt.
- 35. desgl. Teilansicht des Äußeren.
- 36. desgl. Innenansicht der Fensterwand.
- 37. desgl. Ansicht der Rückwand.
- 38. desgl. Schaubild.

Fig. 39. Westlicher Flügel des Kreuzganges vom Kloster zu Maulbronn.
- 40. desgl.
- 41. desgl.
- 42. Vom Kreuzgang des Klosters St.-Jean des Vignes zu Soissons.
- 43. Vom Kreuzgang des Franziskanerklosters zu Bozen.
- 44. desgl.
- 45. desgl.
- 46. Brunnenhaus im Kloster Unserer lieben Frauen zu Magdeburg.
- 47. Brunnenhaus zu Zwettl. Ansicht.
- 48. desgl. Schnitt.
- 49. Brunnenhaus im Kreuzgang zu Maulbronn.
- 50. Brunnenhaus zu Heiligenkreuz bei Wien.
- 51. desgl. Grundriß.
- 52. Königshof zu Siptenfelde im Harz.
- 53. Das graue Haus zu Winkel a. Rh.
- 54. Halle im Palast *Wilhelm des Eroberers*.
- 55. Östlicher Flügel der Burg Dankwarderode zu Braunschweig.
- 56. Palas der Wartburg. Ansicht.
- 57. desgl. I. Obergeschoß.
- 58. desgl. II. Obergeschoß.
- 59. Palas der Kaiserburg zu Gelnhausen.
- 60. Bischöflicher Saalbau zu Sens. Giebelansicht und Querschnitt.
- 61. Ritterfaal im Haag. Grundriß des Hauptgeschosses.
- 62. desgl. Grundriß des Untergeschosses.
- 63. desgl. Querschnitt.
- 64. desgl. nach der Wiederherstellung.
- 65. desgl. Längsschnitt.
- 66. Palasbau *Heinrich I.* zu Marburg.
- 67. Kurie *Richard von Cornwallis*, der sog. Gras zu Aachen.
- 68. Schloß Vayda-Hunyad. Ansicht (Wiederherstellungsversuch der Wiener Bauhütte).
- 69. desgl. Grundriß des oberen Saales.
- 70. Schloß zu Büdingen.
- 71. Tower zu London. Grundriß des III. Geschosses.

Fig.	72.	Schloß *Penshurst Place* (Kent). Inneres der Halle (Blick nach der Galerie der Spielleute).	Fig. 110.	Römerhof zu Straßburg. Skizze des Lageplanes.
-	73.	desgl. Grundriß des ältesten Teiles.	" 111.	Templerhaus zu Cöln. Ansicht.
-	74.	Burgruine Nolling bei Lorch.	" 112.	Kurie des Stiftsprobstes zu Aachen.
-	75.	Burg Katzenzungen.	" 113.	Gräfliches Haus zu Meran.
-	76.	Niederburg zu Rüdesheim. Grundriß des I. Obergeschosses.	" 114.	*Hôtel de la Trémoille* zu Paris. Ansicht.
-	77.	desgl. Grundriß des Erdgeschosses.	" 115.	desgl. Grundriß des Erdgeschosses.
-	78.	desgl. Schnitt durch den Eingang.	" 116.	*Hôtel de Cluny* zu Paris.
			" 117.	Haus des *Jacques Cœur* zu Bourges.
	79.	Burg Langwerth von Simmern zu Hattenheim. Ansicht.	" 118.	Alte Hofhaltung zu Bamberg. Hofansicht.
-	80.	desgl. Grundriß.	" 119.	desgl. Straßenansicht.
-	81.	Sanecker Hof zu Eltville. Seitenansicht.	" 120.	Haus der *Ehinger* zu Ulm. Grundriß des I. Obergeschosses.
-	82.	desgl. Vorderansicht.	" 121.	desgl. Grundriß des Erdgeschosses.
-	83.	desgl. Obergeschoß.		
-	84.	desgl. Erdgeschoß.	" 122.	*Laube*'sches Haus zu Ulm. Grundriß des Erdgeschosses und der Laube.
-	85.	desgl. Kellergeschoß.	" 123.	Vornehmes Haus zu Straßburg. Erdgeschoß.
-	86.	Schönborner Hof zu Geisenheim.		
-	87.	Schlößlein Thumberg bei Sterzing. Gesamtansicht.	" 124.	Adeliges Haus zu Schwäbisch-Hall. Erdgeschoß.
	88.	desgl. Ansicht des Erkers.	" 125.	*Rabe*'sches Haus zu Rothenburg o. d. T. Obergeschoß.
-	89.	desgl. Erdgeschoß.	" 126.	desgl. Erdgeschoß.
-	90.	Buddenhaus zu Kammin. Giebelansicht.	" 127.	*Schlüsselfelder*'sches Haus zu Nürnberg.
-	91.	desgl. Grundriß.	" 128.	Steinernes Haus zu Büdingen. Ansicht.
-	92.	desgl. Querschnitt.	" 129.	desgl. Grundriß des I. Obergeschosses.
-	93.	Burg Eltz. Lageplan.		
-	94.	desgl. Ansicht.	" 130.	Haus *Hilchen* zu Lorch. Grundriß des I. Obergeschosses.
-	95.	Palast des Erzbischofs zu Narbonne. Ansicht.	" 131.	Kleinbürgerhaus zu Lübeck. Obergeschoß.
-	96.	desgl. Lageplan.	" 132.	desgl. Erdgeschoß.
-	97.	Bischöfliches Schloß zu Trient.	" 133.	Kleinbürgerhaus zu Colmar. Obergeschoß.
-	98.	Hochmeisterwohnung der Marienburg. Grundriß des II. Obergeschosses.	" 134.	desgl. Erdgeschoß.
			" 135.	Kleinbürgerhaus zu Breslau. Erdgeschoß.
-	99.	desgl. Grundriß des Erdgeschosses.	" 136.	desgl. Obergeschoß.
-	100.	desgl. Schnitt.	" 137.	Haus zu Lüneburg.
-	101.	desgl. Ansicht.	" 138.	Kleinbürgerhaus zu Colmar.
-	102.	Albrechtsburg zu Meißen. Grundriß des I. Obergeschosses.	" 139.	Kleines Doppelhaus zu Marburg. Ansicht.
-	103.	Schloß Oxburgh-Hall in Norfolk. Grundriß des Erdgeschosses.	" 140.	desgl. Grundriß.
			" 141.	desgl. Zimmerwerk.
-	104.	Frankenturm zu Trier. Ansicht.	" 142.	Haus zu Laval.
-	105.	desgl. Grundriß des I. Obergeschosses.	" 143.	Wohnhäuser zu Cluny.
			" 144.	Haus zu Cluny. Ansicht.
-	106.	desgl. Fenstergliederung im I. Obergeschoß.	" 145.	desgl. I. Obergeschoß.
			" 146.	desgl. Erdgeschoß.
-	107.	Hochapfelscher Turm zu Regensburg. Ansicht.	" 147.	Haus zu Cauffade. Querschnitt.
-	108.	desgl. Grundriß des Erdgeschosses.	" 148.	Haus zu Caen. Ansicht.
			" 149.	desgl.
-	109.	Adelshaus zu Metz. Ansicht.	" 150.	Kaufmannshaus zu Lüneburg. Ansicht.

Fig 151. Kaufmannshaus zu Lüneburg. Grundriß des Erdgeschoffes.
- 152. Holzhaus zu Hannöverifch-Münden.
- 153. desgl. Zimmerwerk.
- 154. Haus *Nagel* zu Braunschweig. Querschnitt.
- 155. desgl. Erdgeschoß.
- 156. Haus in der neuen Knochenhauer-Straße zu Braunschweig. Obergeschoß.
- 157. desgl. Erdgeschoß.
- 158. Haus zu Goslar. Erdgeschoß.
- 159. Steinwerk zu Goslar. Schnitt.
- 160. desgl.
- 161. desgl. Erdgeschoßgrundriß.
- 162. desgl. Kellergrundriß.
- 163. desgl. Innenraum.
- 164. Haus *Kromfchröder* zu Osnabrück.
- 165. Giebelhaus zu Cöln.
- 166. Häufergruppe am Filzengraben zu Cöln.
- 167. *Etzweiler*fches Haus zu Cöln. Anficht.
- 168. Haus zu Edam. Querschnitt.
- 169. desgl. Schnitt durch das Erdgeschoß.
- 170. desgl. Erdgeschoß.
- 171. Haus zu Amiens.
- 172. Haus zu St.-Antonin. Anficht.
- 173. Haus zu Erfurt.
- 174. Haus *Schweitzer* zu Neuftadt a. d. Orla. Anficht.
- 175. desgl. II. Obergeschoß.
- 176. Kaufmannshaus am Dürerplatz zu Nürnberg Obergeschoß.
- 177. desgl. Erdgeschoß.
- 178. Von einem Haufe in der Therefienftraße zu Nürnberg. Giebel.
- 179. *Schad*fches Haus zu Ulm. Erdgeschoß.
- 180. Haus zu Reichenweier. Anficht.
- 181. desgl. Erdgeschoß.
- 182. desgl. Obergeschoß.
- 183. *Sufo*-Haus zu Überlingen. Anficht.
- 184. desgl. Erdgeschoß.
- 185. desgl. Obergeschoß.
- 186. Haus in der Keßlergaffe zu Bern. Anficht.
- 187. desgl. Erdgeschoß.
- 188. desgl. Obergeschoß.
- 189. Haus zu Regensburg. Grundriß des Erdgeschoffes.
- 190. *Roritzer*-Haus zu Regensburg.
- 191. Haus zu Steyr. I. Obergeschoß.
- 192. desgl. II. Obergeschoß.
- 193. Giebelhaus zu Steyr. Anficht.
- 194. desgl. Längenfchnitt.
- Fig. 195. Haus der Alpinen Montangefellfchaft zu Steyr. Anficht.
- 196. desgl. Schnitt durch das Hinterhaus.
- 197. Häufergruppe zu Sterzing.
- 198. Haus zu Wittingau. Anficht.
- 199. desgl. Erdgeschoß.
- 200. desgl. Obergeschoß.
- 201. Haus zu Budweis.
- 202. Anficht der Hinterftraße zu Duderftadt.
- 203. Haus zu Rottweil.
- 204. Haus zu Beverungen.
- 205. Wohnhäufer zu Stadthagen.
- 206. Wohnhaus zu Stadthagen. Erdgeschoß.
- 207. Rathaus zu Gelnhaufen. Anficht.
- 208. desgl. Erdgeschoß.
- 209. Stadthaus zu Piacenza.
- 210. Rathaus zu Ledbury.
- 211. Rathaus zu Tangermünde. Anficht.
- 212. desgl. Erdgeschoß.
- 213. desgl. Obergeschoß.
- 214. Rathaus zu Ochfenfurt. Anficht.
- 215. desgl. Erdgeschoß.
- 216. desgl. I. und II. Obergeschoß.
- 217. Rathaus zu Münfter i. W. Giebelfront.
- 218. desgl. Grundriß des Erdgeschoffes.
- 219. Rathaus zu Lübeck. Erdgeschoß.
- 220. Rathaus zu Duderftadt. Hauptgeschoß.
- 221. desgl. Anficht.
- 222. Rathaus zu Nürnberg. Kellergeschoß.
- 223. desgl. Obergeschoß.
- 224. desgl. Ratsftubenanbau.
- 225. desgl. Querfchnitt.
- 226. desgl. Oftanficht.
- 227. Kaufhaus zu Mainz. Anficht.
- 228. desgl. Grundriß des Obergeschoffes.
- 229. Kaufhaus Gürzenich zu Cöln. Grundriß des Obergeschoffes.
- 230. desgl. Anficht.
- 231. Fleifchhalle zu Münfter i. W.
- 232. Knochenhauer-Amtshaus zu Hildesheim. Querfchnitt.
- 233. desgl. Erdgeschoß.
- 234. desgl. Längsfchnitt.
- 235. desgl. Obergeschoß.
- 236. Sog. alte Univerfität zu Erfurt. Anficht.
- 237. desgl. Grundriß des Obergefchoffes.
- 238. Hofpital zu Cues. Erdgeschoß.
- 239. Krankenhaus zu Tonnerre. Lageplan.
- 240. Teilanficht des Krankenfaales zu Tonnerre.
- 241. Heiligkreuzfpital zu Goslar. Anficht nach der Straße.
- 242. desgl. Längenfchnitt.

Fig. 243. Heiligkreuzspital zu Goslar. Querschnitt.
" 244. desgl. Erdgeschoß.
" 245. Gebälk von einem Hause zu Hersfeld.
" 246. Gebälk vom Knochenhauer-Amtshaus zu Hildesheim.
" 247. Geschnitzte Balkenköpfe.
" 248. Eckbildung eines Fachwerkhauses zu Braunschweig.
" 249. Herstellung der Ecke bei vorkragendem Gebälk.
" 250. Haus zu Hameln.
" 251. Haus in der Reichenstraße zu Braunschweig.
" 252. Haus zu Schwäbisch-Hall.
" 253. Fenstersturz an einem Hause zu Moyenvic.
" 254. Torweg eines Hauses zu Braunschweig.
" 255. Vom Dachgebälke des Rathauses zu Wernigerode.
" 256. Brüstung an einem Hause zu Vic.
" 257. Haus zu Reims.
" 258. Landhaus zu Craven Arms (Shropshire).
" 259. Vom Deutschordensschloß zu Rheden.
" 260. Südgiebel des Rathauses zu Frankfurt a. O. (Nach der Wiederherstellung des Verfassers.)
" 261. Bemalung eines Hausgiebels zu Straßburg.
" 262. Schlafsaalbau des Stiftes von St. Gereon zu Cöln.
" 263. Gesims am Rathaus zu Breslau.
" 264. Ecktürmchen am „Steinernen Hause" zu Frankfurt a. M.
" 265. Von einem Hause zu Metz.
" 266 — 272. Zieranker.
" 273. Tür der Burg Landeck.
" 274. desgl.
" 275. Tür am Palas zu Münzenberg.
" 276. Tür am Palas zu Gelnhausen.
" 277. Törchen im Franziskanerklostergang zu Bozen.
" 278. Pforte im Kreuzgang zu Bebenhausen.
" 279. Tür am Rathaus zu Marburg.
" 280. Eingang der Probstei bei Meißen.
" 281. Tür an einer Domherrnkurie zu Naumburg.
" 282. Bogentor am Rathaus zu Nürnberg. Ansicht.
" 283. desgl. Gewändegliederung.
" 284. Eingang-tur der sog. Universität zu Erfurt.
" 285. Eingang zum Hochschloß der Marienburg.
" 286. Vom Eingangstor des Altstädter Rathauses zu Brandenburg. Ansicht.

Fig. 287. Vom Eingangstor des Altstädter Rathauses zu Brandenburg.
" 288. desgl. Gewändegliederung.
" 288. Tür zu Pierrefonds.
" 289. Tür zu Gelnhausen.
" 290. Tür aus dem XIV. Jahrhundert.
" 291. Vom Schloß zu Anserweiler.
" 292. Tür zu Vaux.
" 293. Von einem Hause zu Krakau.
" 294. Vom Schloß zu Krakau.
" 295. Vom Rathaus zu Krakau.
" 296. Vom Collegium Jagellonicum zu Krakau.
" 297. Fenster vom älteren Palas zu Münzenberg.
" 298. Vom Palas der Wartburg. Fenster im Obergeschoß.
" 299. desgl. Fenster im Untergeschoß.
" 300. Vom Palas zu Gelnhausen.
" 301. Vom älteren Palas zu Münzenberg.
" 302. desgl.
" 303. desgl.
" 304. Vom Rathaus zu St. Antonin.
" 305. desgl.
" 306. Vom jüngeren Palas zu Münzenberg.
" 307. desgl.
" 308. Fenster an der Burg Ortenberg (Elsaß).
" 309. Fenster der Niederburg zu Rüdesheim.
" 310. Vom Overstolz'schen Hause zu Cöln.
" 311. desgl.
" 312. desgl.
" 313. Ehemalige bischöfliche Münze in Vic. Fenstergruppe im Erdgeschoß.
" 314. Fenster zu Verdun.
" 315. Fenster vom Rittersaal des Schlosses zu Marburg.
" 316. Treppenfenster zu Metz.
" 317. Dachfenster vom Schloß zu Josselin.
" 318. Vom Rathaus zu Krakau.
" 319. Vom Rathaus zu Percholdsdorf.
" 320. Erkerkragsteine zu Krakau.
" 321. desgl.
" 322. desgl.
" 323. Vom Rathaus zu Nürnberg.
" 324. Goldnes Dachl zu Innsbruck.
" 325. Von einem Hause zu Freiburg i. B.
" 326. Erkerchen zu Überlingen.
" 327. Erker vom Schleglerschloß zu Heimsheim.
" 328. Chörlein am Karolinum zu Prag.
" 329. Vom Sebalder Pfarrhof zu Nürnberg.
" 330. Vom Lorenzer Pfarrhof zu Nürnberg.
" 331. Erker am Schlosse Vayda-Hunyad.
" 332. Türmchen zu Innsbruck.
" 333. Laubengang am Markt zu Vercelli.
" 334. Laubenhaus zu Metz.

Fig. 335. Laubenhaus zu Serravalle.
" 336. Obere Laube im Kornmefferhaus zu Bruck an der Mur.
" 337. Bogengang im Kollegium Jagellonicum zu Krakau.
" 338. Säulen des Bogenganges im Kollegium Jagellonicum zu Krakau.
" 339. desgl.
" 340. Hof eines Wohnhaufes zu Steyr.
" 341. Hof im *Krafft*'fchen Haus zu Nürnberg.
" 342. Freitreppe am Rathaus zu Dettelbach.
" 343. Aufgang zum Meffnerhaus zu Steyr.
" 344. Treppe in der Audencia zu Barcelona.
" 345. Hochzeitshaus zu Marburg.
" 346. Hof eines Hanfes zu Troyes.
" 347. Vom Hôtel-Dieu zu Beaune.
" 348. Mittelalterliche Dachdeckung mit Hohlziegeln.
" 349. desgl.
" 350. Flachziegel aus Konftanz.
" 351. desgl. aus Nürnberg.
" 352. desgl.
" 353. Firftbildung bei Hohlziegeln.
" 354. Flachziegeldeckung zu Heilsbronn.
" 355. Vom Münfter zu Bafel und von Sta. Fides zu Schlettftadt.
" 356. Verzierte Gratziegel.
" 357. desgl.
" 358. desgl.
" 359. Dachkrönung zu Kayfersberg.
" 360 bis 363. Tönerne Knaufe zu Danzig und Rheden.
" 364. Dachauffatz im bifchöflichen Mufeum zu Troyes.
" 365. Dachanfatz zu Villeneuve-l'Archevêque.
" 366. Schornfteinkopf im Klofter zu Maulbronn.
" 367. Schornftein an der Burg zu Oberlahnftein.
" 368 u. 369. Italienifche Schornfteinköpfe.
" 370 u. 371. Schornfteine zu Venedig.
" 372. Schornftein am Rathaus zu Öftrich.
" 373. Schornfteinkopf zu Kayfersberg.
" 374. Giebel am Klofter zu Eberbach.
" 375. Giebel am Rathaufe zu Weißenburg a. S.
" 376. Giebel am Gerichtshof zu Gent.
" 377. Von einem Wohnhaus zu Lüneburg.
" 378. Giebelhaus aus Lemgo.
" 379. Vom Klofter Zinna.
" 380. Giebel des Rathaufes zu Königsberg in der Neumark.
" 381—383. Decke im königlichen Schloß zu Krakau.
" 384—386. desgl.

Fig 387. Decke in einem Haufe zu Eppan.
" 388. Ritterfaal im Schleglerfchloß zu Heimsheim.
" 389. Deckenbildung im Kornhaufe zu Ulm.
" 390. Holzpfeiler in der alten Refidenz zu München.
" 391. Holzpfeiler im Nationalmufeum zu München.
" 392. Wandpoften im Kaiferhaus zu Goslar.
" 393. Steinerne Deckenftütze in der Abtwohnung zu Maulbronn.
" 394. Gemalte Balkendecke auf der Burg Reiffenftein (Tirol).
" 395. Decke in einem Gemach der Burg zu Nürnberg.
" 396. Decke im goldenen Saal der Hohenfalzburg.
" 397. Viertel einer Decke im gräfl. *Enzenberg*'fchen Anfitz -Jöchelsturm- zu Sterzing.
" 398. Refektorium in der Karthaufe zu Nürnberg.
" 399. Vom großen Saal des Schloffes Coucy.
" 400. Kapitellaal im Egidienklofter zu Braunfchweig.
" 401. Kapitellaal im Stift zu Zwettl.
" 402. Gewölbter Saal der Ronneburg (Oberheffen).
" 403. Des Hochmeifters Sommerremter auf der Marienburg.
" 404. Refektorium zu Schönau bei Heidelberg.
" 405. Saal im Domftift zu Noyon.
" 406. Großer Remter der Marienburg.
" 407. Sprechfaal im Klofter Maulbronn.
" 408. *Wladislaw*'fcher Saalbau (Palas) auf der Burg zu Prag.
" 409. Gewölbter Flur im Hochmeifterhaus der Marienburg.
" 410. Küche im Klofter zu Chorin.
" 411. Palas und Kapelle im Schloß Chaftel-Blanc.
" 412. Treppe in der Halle des Schloffes Anger.
" 413. Wendeltreppe im Rathaus zu Nürnberg.
" 414. Bohlenwand im Rathaus zu Alsfeld.
" 415. Aus dem Rathausfaale zu Überlingen.
" 416. Fachwerkwand im Klofter zu Bebenhaufen.
" 417. Wanddekoration in einem Zimmer des Schloffes Freundsberg bei Schwaz (Tirol).
" 418. Wandmalerei in einem Zimmer des Schloffes Reiffenftein (Tirol).
" 419. Verzierung eines Fenfters im Schloß Freundsberg bei Schwaz (Tirol).

Fig. 420. Wanddekoration im Refektorium zu Bebenhaufen.
" 421. Gemaltes Zimmer im Stift St. Peter zu Fritzlar.
" 422. Wand mit Tür und Ofen im fog. Kaiferzimmer des landesfürftlichen Haufes zu Meran.
" 423. Wandtäfelung einer Stube zu Klöfterle.
" 424. Aus dem Kaiferzimmer des *v. Scheurl-fchen* Haufes zu Nürnberg.
" 425. Vom Fürftenfaal zu Coburg.
" 426. Goldener Saal der Fefte Hohenfalzburg.
" 427. Tür aus dem landesfürftlichen Haufe zu Meran.
" 428. Tür aus dem Schloß Enn.
" 429. Haustür zu Voulgreave (Derbyfhire).
" 430. Tür im Schloß Anferweiler.
" 431. Tür zu Abbeville.
" 432. Kamin aus dem Burgturm zu Friefach.
Fig. 433. Kamin im Schloß Vayda-Hunyad.
" 434. Topfkachel im Mufeum zu Danzig.
" 435—338. Kacheln von der Burg Tannenberg.
" 439 bis 446. Kacheln.
" 447. Ofen aus dem Rathaus zu Ochfenfurt.
" 448. Ofen im goldenen Saal der Fefte Hohenfalzburg.
" 449. Brunnen im Hofpital zu Beaune.
" 450. Marktbrunnen zu Braunfchweig.
" 451. Brunnen im Klofter Maulbronn.
" 452. Schöner Brunnen zu Nürnberg.
" 453. Handzeichnung eines Brunnens vom Schluffe des XV. Jahrhunderts.
" 454 bis 455. Zeichnungen von Brunnen im „Hausbuch".
" 456. Bronzebrunnen zu St. Wolfgang.
" 457. Spinnerin am Kreuz bei Wien.
" 458. Zderadfäule zu Brünn.
" 459. Kreuz zu Belpech.

Wichtigstes Werk für Architekten

Bauingenieure, Maurer- und Zimmermeister, Bauunternehmer, Baubehörden.

Handbuch der Architektur

Herausgegeben von Dr. phil. u. Dr.-Ing. Eduard Schmitt, Geh. Baurat und Professor in Darmstadt.

ERSTER TEIL.
ALLGEMEINE HOCHBAUKUNDE.

1. *Band*, Heft 1: **Einleitung.** (Theoretische und historische Übersicht.) Von Geh.-Rat † Dr. A. v. ESSENWEIN, Nürnberg. — **Die Technik der wichtigeren Baustoffe.** Von Hofrat Prof. Dr. W. F. EXNER, Wien, Prof. † H. HAUENSCHILD, Berlin, Geh. Baurat Prof. H. KOCH, Berlin, Reg.-Rat Prof. Dr. G. LAUBOECK, Wien und Geh. Baurat Prof. Dr. E. SCHMITT, Darmstadt. Dritte Auflage. Preis: 12 Mark, in Halbfranz gebunden 15 Mark.

   Heft 2: **Die Statik der Hochbaukonstruktionen.** Von Geh. Baurat Prof. Dr. TH. LANDSBERG, Darmstadt. Dritte Auflage. Preis: 15 Mark, in Halbfranz gebunden 18 Mark.

2. *Band:* **Die Bauformenlehre.** Von Prof. J. BÜHLMANN, München. Zweite Auflage. Preis: 16 Mark, in Halbfranz gebunden 19 Mark.

3. *Band:* **Die Formenlehre des Ornaments.** Von Prof. H. PFEIFER, Braunschweig. Preis: 16 Mark, in Halbfranz gebunden 19 Mark.

4. *Band:* **Die Keramik in der Baukunst.** Von Prof. R. BORRMANN, Berlin. Zweite Auflage. Preis: 9 Mark, in Halbfranz gebunden 12 Mark.

5. *Band:* **Die Bauführung.** Von Geh. Baurat Prof. H. KOCH, Berlin. Preis: 12 M., in Halbfrz. geb. 15 M.

ZWEITER TEIL.
DIE BAUSTILE.
Historische und technische Entwickelung.

1. *Band:* **Die Baukunst der Griechen.** Von Geh.-Rat Prof. Dr. J. DURM, Karlsruhe. Zweite Auflage. (Vergriffen.) Dritte Auflage in Vorbereitung.

2. *Band:* **Die Baukunst der Etrusker und Römer.** Von Geh.-Rat Prof. Dr. J. DURM, Karlsruhe. Zweite Auflage. Preis: 32 Mark, in Halbfranz gebunden 35 Mark.

3. *Band,* Erste Hälfte: **Die altchristliche und byzantinische Baukunst.** Zweite Auflage. Von Prof. Dr. H. HOLTZINGER, Hannover. (Vergriffen.) Dritte Auflage in Vorbereitung.

   Zweite Hälfte: **Die Baukunst des Islam.** Von Direktor Dr. J. FRANZ-PASCHA, Kairo. Zweite Auflage. (Vergriffen.) Dritte Auflage in Vorbereitung.

4. *Band:* **Die romanische und die gotische Baukunst.**

   Heft 1: **Die Kriegsbaukunst.** Von Geh.-Rat † Dr. A. v. ESSENWEIN, Nürnberg. (Vergriffen.) Zweite Auflage in Vorbereitung.

   Heft 2: **Der Wohnbau des Mittelalters.** Von Prof. O. STIEHL, Berlin. Zweite Auflage. Preis: 21 Mark, in Halbfranz gebunden 24 Mark.

   Heft 3: **Der Kirchenbau.** Von Reg.- u. Baurat M. HASAK, Berlin. Preis: 16 Mark, in Halbfranz gebunden 19 Mark.

   Heft 4: **Einzelheiten des Kirchenbaues.** Von Reg.- u. Baurat M. HASAK, Berlin. Preis: 18 Mark, in Halbfranz gebunden 21 Mark.

5. *Band:* **Die Baukunst der Renaissance in Italien.** Von Geh.-Rat Prof. Dr. J. DURM, Karlsruhe. Preis: 27 Mark, Halbfranz gebunden 30 Mark.

6. *Band:* **Die Baukunst der Renaissance in Frankreich.** Von Architekt Dr. H. Baron v. GEYMÜLLER, Baden-Baden.

   Heft 1: **Historische Darstellung der Entwickelung des Baustils.** (Vergriffen.) Zweite Auflage in Vorbereitung.

   Heft 2: **Struktive und ästhetische Stilrichtungen. — Kirchliche Baukunst.** (Vergriffen.) Zweite Auflage in Vorbereitung.

   Heft 3: **Profan-Baukunst.** In Vorbereitung.

7. *Band:* **Die Baukunst der Renaissance in Deutschland, Holland, Belgien und Dänemark.** Von Geh. Reg.-Rat Direktor Dr. G. v. BEZOLD, Nürnberg. Zweite Auflage. Preis: 16 Mark, in Halbfranz gebunden 19 Mark.

Alfred Kröner Verlag in Leipzig.

HANDBUCH DER ARCHITEKTUR

DRITTER TEIL.
DIE HOCHBAUKONSTRUKTIONEN.

1. *Band*: **Konstruktionselemente** in Stein, Holz und Eisen. Von Geh. Regierungrat Prof. G. BARKHAUSEN, Hannover, Geh. Regierungsrat Prof. Dr. F. HEINZERLING, Aachen und Geh. Baurat Prof. † E. MARX, Darmstadt. — **Fundamente.** Von Geh. Baurat Prof. Dr. E. SCHMITT, Darmstadt. Dritte Auflage. Preis: 15 Mark, in Halbfranz gebunden 18 Mark.

2. *Band*: **Raumbegrenzende Konstruktionen.**
   Heft 1: **Wände und Wandöffnungen.** Von Geh. Baurat Prof. † E. MARX, Darmstadt. Zweite Auflage. Preis: 15 Mark, in Halbfranz gebunden 18 Mark.
   Heft 2: **Einfriedigungen, Brüstungen und Geländer; Balkone, Altane und Erker.** Von Prof. † F. EWERBECK, Aachen und Geh. Baurat Prof. Dr. E. SCHMITT, Darmstadt. — **Gesimse.** Von Prof. † A. GÖLLER, Stuttgart. Zweite Auflage. Preis: 20 M., in Halbfranz geb. 23 M.
   Heft 3. a: **Balkendecken.** Von Geh. Regierungsrat Prof. G. BARKHAUSEN, Hannover. Zweite Auflage. Preis: 15 Mark, in Halbfranz gebunden 18 Mark.
   Heft 3. b: **Gewölbte Decken; verglaste Decken und Deckenlichter.** Von Geh. Hofrat Prof. C. KÖRNER, Braunschweig, Bau- und Betriebs-Inspektor A. SCHACHT, Celle und Geh. Baurat Prof. Dr. E. SCHMITT, Darmstadt. Zweite Aufl. Preis: 24 Mark, in Halbfranz gebunden 27 Mark.
   Heft 4: **Dächer; Dachformen.** Von Geh. Baurat Prof. Dr. E. SCHMITT, Darmstadt. — **Dachstuhlkonstruktionen.** Von Geh. Baurat Prof. TH. LANDSBERG, Darmstadt. Zweite Auflage. Preis: 18 Mark, in Halbfranz gebunden 21 Mark.
   Heft 5: **Dachdeckungen; verglaste Dächer und Dachlichter; massive Steindächer, Nebenanlagen der Dächer.** Von Geh. Baurat Prof. H. KOCH, Berlin, Geh. Baurat Prof. † E. MARX, Darmstadt und Geh. Oberbaurat L. SCHWERING, St. Johann a. d. Saar. Zweite Auflage. Preis: 26 Mark, in Halbfranz gebunden 29 Mark.

3. *Band*, Heft 1: **Fenster, Türen und andere bewegliche Wandverschlüsse.** Von Geh. Baurat Prof. H. KOCH, Berlin. Zweite Auflage. Preis: 21 Mark, in Halbfranz gebunden 24 Mark.
   Heft 2: **Anlagen zur Vermittelung des Verkehrs in den Gebäuden** (Treppen und innere Rampen; Aufzüge; Sprachrohre, Haus- und Zimmer-Telegraphen). Von Direktor † J. KRÄMER, Frankenhausen Kaiserl. Rat PH. MAYER, Wien, Baugewerkschullehrer O. SCHMIDT, Posen und Geh. Baurat Prof. Dr. E. SCHMITT, Darmstadt. Zweite Auflage. Preis: 14 Mark, in Halbfranz gebunden 17 Mark.
   Heft 3: **Ausbildung der Fußboden-, Wand- und Deckenflächen.** Von Geh. Baurat Prof. H. KOCH, Berlin. Preis: 18 Mark, in Halbfranz gebunden 21 Mark.

4. *Band*: **Anlagen zur Versorgung der Gebäude mit Licht und Luft, Wärme und Wasser.** Versorgung der Gebäude mit Sonnenlicht und Sonnenwärme. Von Geh. Baurat Prof. Dr. E. SCHMITT, Darmstadt. — Künstliche Beleuchtung der Räume. Von Geh. Reg.-Rat Prof. Dr. H. FISCHER, Hannover, Prof. Dr. F. FISCHER, Göttingen, Geh. Reg.-Rat Prof. Dr. W. KOHLRAUSCH, Hannover und Geh. Baurat Prof. Dr. E. SCHMITT, Darmstadt. — Heizung und Lüftung der Räume. Von Geh. Reg.-Rat Prof. Dr. H. FISCHER, Hannover. — Wasserversorgung der Gebäude. Von Geh. Baurat Prof. Dr. E. SCHMITT, Darmstadt. Dritte Auflage. Preis: 24 Mark, in Halbfranz gebunden 27 Mark.

5. *Band*, Heft 1: **Einrichtungen für Koch- und Wärmzwecke, Warmwasserbereitung und Heizung vom Küchenherd aus.** Von Architekt F. R. VOGEL, Hannover. Dritte Auflage. Preis: 12 Mark, in Halbfranz gebunden 15 Mark.
   Heft 2: **Entwässerung und Reinigung der Gebäude.** Einrichtungen hierzu. Einrichtungen zum Reinigen der Geräte, der Haushaltungen und der Wäsche, sowie des menschlichen Körpers. Aborte und Pissoire. Fortschaffung der menschlichen Ausscheidungen und der trockenen Auswurfstoffe der Haushaltungen aus den Gebäuden. Von Architekt F. R. VOGEL, Hannover und Geh. Baurat Prof. Dr. E. SCHMITT, Darmstadt. Dritte Auflage. Preis: 32 Mark, in Halbfranz gebunden 35 Mark.

6. *Band*: **Sicherungen gegen Einbruch.** Von Geh. Baurat Prof. † E. MARX, Darmstadt und Geh. Baurat Prof. H. KOCH, Berlin. — **Anlagen zur Erzielung einer guten Akustik.** Von Stadtbaurat A. STURMHÖFEL, Berlin. — **Glockenstühle.** Von Geh. Rat Dr. C. KÖPCKE, Dresden. — **Sicherungen gegen Feuer, Blitzschlag, Bodensenkungen und Erderschütterungen; Stützmauern.** Von Baurat F. SPILLNER, Essen. — **Terrassen und Perrons, Freitreppen und äußere Rampen.** Von Prof. † F. EWERBECK, Aachen und — **Vordächer.** Von Geh. Baurat Prof. Dr. E. SCHMITT, Darmstadt. — **Eisbehälter und Kühlanlagen mit künstlicher Kälteerzeugung.** Von Oberingenieur E. BRÜCKNER, Moskau und Baurat F. SPILLNER, Essen. Dritte Auflage. Preis: 14 Mark, in Halbfranz gebunden 17 Mark.

Zu beziehen durch die meisten Buchhandlungen.

HANDBUCH DER ARCHITEKTUR

Vierter Teil.

ENTWERFEN, ANLAGE UND EINRICHTUNG DER GEBÄUDE.

1. *Halbband:* **Architektonische Komposition.** Allgemeine Grundzüge. Von Geh. Baurat Prof. † Dr. H. WAGNER, Darmstadt. — Proportionen in der Architektur. Von Prof. A. THIERSCH, München. — Anlage des Gebäudes. Von Geh. Baurat Prof. † Dr. H. WAGNER, Darmstadt. — Gestaltung der äußeren und inneren Architektur. Von Prof. J. BÜHLMANN, München. — Vorräume, Treppen-, Hof- und Saal-Anlagen. Von Geh. Baurat Prof. † Dr. H. WAGNER, Darmstadt und Stadtbaurat A. STURMHOEFEL, Berlin. Dritte Auflage.
Preis: 18 Mark, in Halbfranz gebunden 21 Mark.

2. *Halbband:* **Gebäude für die Zwecke des Wohnens, des Handels und Verkehrs.**

   Heft 1: **Wohnhäuser.** Von Geh. Hofrat Prof. † C. WEISSBACH, Dresden.
   Preis: 21 Mark, in Halbfranz gebunden 24 Mark.

   Heft 2: **Gebäude für Geschäfts- und Handelszwecke** (Geschäfts-, Kauf- und Warenhäuser, Gebäude für Banken und andere Geldinstitute, Passagen oder Galerien, Börsengebäude). Von Prof. † Dr. H. AUER, Bern, Architekt P. KICK, Berlin, Prof. K. ZAAR, Berlin und Dozent A. L. ZAAR, Berlin. Preis: 16 Mark, in Halbfranz gebunden 19 Mark.

   Heft 3: **Gebäude für den Post-, Telegraphen- und Fernsprechdienst.** Von Geh. Baurat R. NEUMANN, Erfurt. Zweite Auflage. Preis: 10 Mark, in Halbfranz gebunden 13 Mark.

   Heft 4: **Eisenbahnhochbauten.** Von Geh. Baurat A. RÜDELL, Berlin. In Vorbereitung.

3. *Halbband:* **Gebäude für die Zwecke der Landwirtschaft und der Lebensmittel-Versorgung.**

   Heft 1: **Landwirtschaftliche Gebäude und verwandte Anlagen.** Von Prof. A. SCHUBERT, Kassel und Geh. Baurat Prof. Dr. E. SCHMITT, Darmstadt. Zweite Auflage.
   Preis: 12 Mark, in Halbfranz gebunden 15 Mark.

   Heft 2: **Gebäude für Lebensmittel-Versorgung** (Schlachthöfe und Viehmärkte, Märkte für Lebensmittel; Märkte für Pferde und Hornvieh; Märkte für Getreide; Märkte für Pferde und Hornvieh). Von Stadtbaurat † G. OSTHOFF, Berlin und Geh. Baurat Prof. Dr. E. SCHMITT, Darmstadt. Zweite Auflage. Preis: In Halbfranz gebunden 19 Mark.

4. *Halbband:* **Gebäude für Erholungs-, Beherbergungs- und Vereinszwecke.**

   Heft 1: **Schankstätten und Speisewirtschaften, Kaffeehäuser und Restaurants.** Von Geh. Baurat Prof. † Dr. H. WAGNER, Darmstadt und Geh. Baurat Prof. H. KOCH, Berlin. — **Volksküchen und Speiseanstalten für Arbeiter; Volkskaffeehäuser.** Von Geh. Baurat Prof. Dr. E. SCHMITT, Darmstadt. — **Öffentliche Vergnügungsstätten.** Von Geh. Baurat Prof. † Dr. H. WAGNER, Darmstadt und Geh. Baurat Prof. H. KOCH, Berlin. — **Festhallen.** Von Geh.-Rat Prof. Dr. J. DURM, Karlsruhe. — **Gasthöfe höheren Ranges.** Von Geh. Baurat H. V. D. HUDE, Berlin. — **Gasthöfe niederen Ranges, Schlaf- und Herbergshäuser.** Von Geh. Baurat Prof. Dr. E. SCHMITT, Darmstadt. Dritte Auflage.
   Preis: 18 Mark, in Halbfranz gebunden 21 Mark.

   Heft 2: **Baulichkeiten für Kur- und Badeorte.** Von Architekt † J. MYLIUS, Frankfurt a. M. und Geh. Baurat Prof. † Dr. H. WAGNER, Darmstadt. — **Gebäude für Gesellschaften und Vereine.** Von Geh. Baurat Prof. Dr. E. SCHMITT und Geh. Baurat Prof. † Dr. H. WAGNER, Darmstadt. — **Baulichkeiten für den Sport. Sonstige Baulichkeiten für Vergnügen und Erholung.** Von Geh.-Rat Prof. Dr. J. DURM, Karlsruhe, Architekt † J. LIEBLEIN, Frankfurt a. M., Oberbaurat Prof. R. v. REINHARDT, Stuttgart und Geh. Baurat Prof. † Dr. H. WAGNER, Darmstadt. Dritte Auflage. Preis: 15 Mark, in Halbfranz gebunden 18 Mark.

5. *Halbband:* **Gebäude für Heil- und sonstige Wohlfahrts-Anstalten.**

   Heft 1: **Krankenhäuser.** Von Prof. F. O. KUHN, Berlin. Zweite Auflage.
   Preis: 32 Mark, in Halbfranz gebunden 35 Mark.

   Heft 2: **Verschiedene Heil- und Pflegeanstalten** (Irrenanstalten, Entbindungsanstalten, Heimstätten für Wöchnerinnen und für Schwangere, Sanatorien, Lungenheilstätten, Heimstätten für Genesende; **Versorgungs-, Pflege- und Zufluchtshäuser.** Von Geh. Baurat G. BEHNKE, Frankfurt a. M., Prof. K. HENRICI, Aachen, Architekt F. SANDER, Frankfurt a. M., Geh. Baurat W. VOIGTS, Wiesbaden, Baurat H. WAGNER, Darmstadt, Geh. Oberbaurat V. v WEITZEN, Darmstadt und Stadtbaurat Dr. K. WOLFF, Hannover. Zweite Auflage. Preis: 15 Mark, in Halbfranz gebunden 18 Mark.

   Heft 3: **Bade- und Schwimm-Anstalten.** Von Geh. Hofbaurat Prof. F. GENZMER, Berlin.
   Preis: In Halbfranz gebunden 18 Mark.

   Heft 4: **Wasch- und Desinfektions-Anstalten.** Von Geh. Hofbaurat Prof. F. GENZMER, Berlin.
   Preis: 9 Mark, in Halbfranz gebunden 12 Mark.

Alfred Kröner Verlag in Leipzig.

HANDBUCH DER ARCHITEKTUR

6. **Halbband:** Gebäude für Erziehung, Wissenschaft und Kunst.

Heft 1: **Niedere und höhere Schulen** (Schulbauwesen im allgemeinen; Volksschulen und andere niedere Schulen; niedere techn. Lehranstalten und gewerbl. Fachschulen; Gymnasien und Reallehranstalten, mittlere technische Lehranstalten, höhere Mädchenschulen, sonstige höhere Lehranstalten; Pensionate und Alumnate, Lehrer- und Lehrerinnenseminare, Turnanstalten). Von Geh. Baurat G. BEHNKE, Frankfurt a. M., Prof. K. HINTRÄGER, Gries, Oberbaurat Prof. † H. LANG, Karlsruhe, Architekt † O. LINDHEIMER, Frankfurt a. M., Geh. Bauräten Prof. Dr. E. SCHMITT und † Dr. H. WAGNER, Darmstadt. Zweite Auflage. Preis: 18 Mark, in Halbfranz gebunden 21 Mark.

Heft 2, a: **Hochschulen I** (Universitäten und Technische Hochschulen; Naturwissenschaftliche Institute). Von Geh. Oberbaurat H. FOGERT, Berlin, Baurat C. JUNK, Berlin, Geh. Hofrat Prof. C. KÖRNER, Braunschweig und Geh. Baurat Prof. Dr. E. SCHMITT, Darmstadt. Zweite Auflage. Preis: 24 Mark, in Halbfranz gebunden 27 Mark.

Heft 2, b: **Hochschulen II** (Universitäts-Kliniken, Technische Laboratorien; Sternwarten und andere Observatorien). Von Landbauinspektor P. MÜSSIGBRODT, Berlin, Oberbaudirektor † Dr. P. SPIEKER, Berlin und Geh. Regierungsrat † L. v. TIEDEMANN, Potsdam. Zweite Auflage. Preis: 18 Mark, in Halbfranz gebunden 21 Mark.

Heft 3: **Künstler-Ateliers, Kunstakademien und Kunstgewerbeschulen; Konzerthäuser und Saalbauten.** Von Reg.-Baumeister C. SCHAUPERT, Nürnberg, Geh. Baurat Prof. Dr. E. SCHMITT, Darmstadt und Prof. C. WALTHER, Nürnberg. Preis: 15 Mark, in Halbfranz gebunden 18 Mark.

Heft 4: **Gebäude für Sammlungen und Ausstellungen** (Archive; Bibliotheken; Museen; Pflanzenhäuser; Aquarien; Ausstellungsbauten). Von Baurat F. JAFFÉ, Berlin, Baurat A. KORTÜM, Halle, Architekt † O. LINDHEIMER, Frankfurt a. M., Baurat R. OPPERMANN, Mainz, Geh. Baurat Prof. Dr. E. SCHMITT und Baurat H. WAGNER, Darmstadt. Zweite Auflage. Preis: 32 Mark, in Halbfranz gebunden 35 Mark.

Heft 5: **Theater.** Von Baurat M. SEMPER, Hamburg. Preis: 27 Mark, in Halbfranz gebunden 30 Mark.

Heft 6: **Zirkus- und Hippodromgebäude.** Von Geh. Baurat Prof. Dr. E. SCHMITT, Darmstadt. Preis: 6 Mark, in Halbfranz gebunden 9 Mark.

7. **Halbband:** Gebäude für Verwaltung, Rechtspflege und Gesetzgebung; Militärbauten.

Heft 1: **Gebäude für Verwaltung und Rechtspflege** (Stadt- und Rathäuser; Gebäude für Ministerien, Botschaften und Gesandtschaften; Geschäftshäuser für Provinz- und Kreisbehörden; Geschäftshäuser für sonstige öffentliche und private Verwaltungen; Leichenschauhäuser; Gerichtshäuser; Straf- und Besserungsanstalten). Von Prof. F. BLUNTSCHLI, Zürich, Baurat A. KORTÜM, Halle, Prof. G. LASIUS, Zürich, Stadtbaurat † G. OSTHOFF, Berlin, Geh. Baurat Prof. Dr. E. SCHMITT, Darmstadt, Baurat F. SCHWECHTEN, Berlin, Geh. Baurat Prof. † Dr. H. WAGNER, Darmstadt und Baudirektor † TH. v. LANDAUER, Stuttgart. Zweite Auflage. Preis: 27 Mark, in Halbfranz gebunden 30 Mark.

Heft 2: **Parlaments- und Ständehäuser; Gebäude für militärische Zwecke.** Von Geh. Baurat Prof. Dr. P. WALLOT, Dresden, Geh. Baurat Prof. † Dr. H. WAGNER, Darmstadt und Oberstleutnant F. RICHTER, Dresden. Zweite Auflage. Preis: 12 Mark, in Halbfranz gebunden 15 Mark.

8. **Halbband:** Kirchen, Denkmäler und Bestattungsanlagen.

Heft 1: **Kirchen.** Von Geh. Hofrat Prof. Dr. C. GURLITT, Dresden. Preis: 32 Mark, in Halbfranz gebunden 35 Mark.

Heft 2, a: **Denkmäler I.** (Geschichte des Denkmales.) Von Architekt A. HOFMANN, Berlin. Preis: 15 Mark, in Halbfranz gebunden 18 Mark.

Heft 2, b: **Denkmäler II.** (Architektonische Denkmäler.) Von Architekt A. HOFMANN, Berlin. Preis: 24 Mark, in Halbfranz gebunden 27 Mark.

Heft 2, c: **Denkmäler III.** (Brunnen-Denkmäler. Figürliche Denkmäler. Einzelfragen der Denkmalkunst.) Von Architekt A. HOFMANN, Berlin. In Vorbereitung.

Heft 3: **Bestattungsanlagen.** Von Dr. techn. S. FAYANS, Wien. Preis: 18 Mark, in Halbfranz gebunden 21 Mark.

9. **Halbband:** Der Städtebau. Von Ober- und Geh. Baurat Dr. J. STÜBBEN, Berlin. Zweite Auflage. Preis: 32 Mark, in Halbfranz gebunden 35 Mark.

10. **Halbband:** Die Garten-Architektur. Von Baurat A. LAMBERT und Architekt E. STAHL, Stuttgart. Preis: 8 Mark, in Halbfranz gebunden 11 Mark.

Das »Handbuch der Architektur« ist zu beziehen durch alle Buchhandlungen, welche auf Verlangen auch einzelne Bände zur Ansicht vorlegen. Die meisten Buchhandlungen liefern das »Handbuch der Architektur« auf Verlangen sofort vollständig, soweit erschienen, oder eine beliebige Auswahl von Bänden, Halbbänden und Heften auch gegen monatliche Teilzahlungen. Die Verlagshandlung ist auf Wunsch bereit, solche Handlungen nachzuweisen.

Leipzig, im April 1908.

Alfred Kröner Verlag.

Handbuch der Architektur

Alphabetisches Sachregister.

	Teil	Band	Heft
Abkühlen der Luft	III	4	
Ableitung des Haus-, Dach- und Hofwassers	III	5	2
Aborte	III	5	2
Akademien der bildenden Künste	IV	6	3
Akademien der Wissenschaften	IV	6	2
Akustik. Anlagen zur Erzielung einer guten Akustik	III	6	
Altane	III	2	2
Altchristliche Baukunst	II	3	1
Altersversorgungsanstalten	IV	5	2
Alumnate	IV	6	1
Anlage der Gebäude	IV	1,8	
Antike Baukunst	II	1,2	
Aquarien	IV	6	4
Arbeiterwohnhäuser	IV	2	1
Arbeitshäuser	IV	5	2
	IV	7	1
Architekturformen. Gestaltung	I	2	
Archive	IV	6	4
Armen-Arbeitshäuser	IV	5	2
Armen-Versorgungshäuser	IV	5	2
Asphalt als Material des Ausbaues	I	1	1
Ateliers	IV	6	3
Aufzüge	III	3	2
Ausbau. Konstruktionen des inneren Ausbaues	III	3,6	
Materialien des Ausbaues	I	1	1
Aussichtstürme	IV	4	2
Aussteigeöffnungen der Dächer	III	2	5
Ausstellungsbauten	IV	6	4
Badeanstalten	IV	5	3
Badeeinrichtungen	III	5	2
Bahnhöfe	IV	2	4
Balkendecken	III	2	3,a
Balkone	III	2	2
Balustraden	IV	10	
Bankgebäude	IV	2	2
Bauernhäuser	IV	2	1
Bauernhöfe	IV	2	1
	IV	3	1
Bauformenlehre	I	2	
Bauführung	I	5	
Bauleitung	I	5	
Baumaschinen	I	5	
Bausteine	I	1	1
Baustile. Historische und technische Entwickelung	II	1/7	
Baustoffe. Technik der wichtigeren Baustoffe	I	1	1
Bazare	IV	2	2
Beherbergung. Gebäude für Beherbergungszwecke	IV	4	

	Teil	Band	Heft
Behörden, Gebäude für	IV	7	1
Beleuchtung, Künstliche, der Räume	III	4	
Beleuchtungsanlagen, Städtische	IV	9	
Bellevuen und Belvedere	IV	4	2
Besserungsanstalten	IV	7	1
Bestattungsanlagen	IV	8	3
Beton als Konstruktionsmaterial	I	1	1
Bibliotheken	IV	6	4
Blei als Baustoff	I	1	1
Blindenanstalten	IV	5	2
Blitzableiter	III	6	
Börsen	IV	2	2
Botschaften. Gebäude f. Botschaften	IV	7	1
Brüstungen	III	2	2
Buchdruck und Zeitungswesen	IV	7	1
Büchermagazine	IV	6	4
Bürgerschulen	IV	6	1
Bürgersteige, Befestigung der	III	6	
Byzantinische Baukunst	II	3	1
Chemische Institute	IV	6	2
Concerthäuser	IV	6	3
Dächer	III	2	4
Massive Steindächer	III	2	5
Metalldächer	III	2	5
Nebenanlagen der Dächer	III	2	5
Schieferdächer	III	2	5
Verglaste Dächer	III	2	5
Ziegeldächer	III	2	5
Dachdeckungen	III	2	5
Dachfenster	III	2	5
Dachformen	III	2	4
Dachkämme	III	2	5
Dachlichter	III	2	5
	III	2	1
Dachrinnen	III	2	2
Dachstühle. Statik der Dachstühle	I	1	2
Dachstuhlkonstruktionen	III	2	4
Decken	III	2	3
Deckenflächen, Ausbildung der	III	3	3
Deckenlichter	III	2	3,b
	III	3	1
Denkmäler	IV	8	2
Desinfektionsanstalten	IV	5	4
Desinfektionseinrichtungen	III	5	2
Einfriedigungen	III	2	2
	IV	10	
Einrichtung der Gebäude	IV	1,8	
Eisbehälter	III	6	
Eisen und Stahl als Konstruktionsmaterial	I	1	1
Eisenbahnhochbauten	IV	2	4
Eisenbahn-Verwaltungsgebäude	IV	7	1
Eislaufbahnen	IV	1	2

HANDBUCH DER ARCHITEKTUR

	Teil	Band	Heft
Elastizitäts- und Festigkeitslehre	I	1	2
Elektrische Beleuchtung	III	4	
Elektrotechnische Laboratorien	IV	6	2,b
Entbindungsanstalten	IV	5	2
Entwässerung der Dachflächen	III	2	5
Entwässerung der Gebäude	III	5	2
Entwerfen der Gebäude	IV	1,8	
Entwürfe, Anfertigung der	I	5	
Erdbestattung, Anlagen für	IV	8	3
Erhellung der Räume mittels Sonnenlicht	III	3	1
Erholung, Gebäude für Erholungszwecke	IV	4	
Erker	III	2	2
Erwärmen der Luft	III	4	
Etrusker, Baukunst der Etrusker	II	2	
Exedren	IV	10	
Exerzierhäuser	IV	7	2
Fabrik- und Gewerbewesen	IV	7	1
Fahnenstangen	III	2	5
Fahrradbahnen	IV	4	2
Fahrstühle	III	3	2
Fäkalstoffe-Entfernung	III	5	2
Fassadenbildung	IV	1	
Fenster	III	3	1
Fenster- und Türöffnungen	III	2	1
Fernsprechdienst, Gebäude für den	IV	2	3
Fernsprecheinrichtungen	III	3	2
Festhallen	IV	4	1
Festigkeitslehre	I	1	2
Feuerbestattung, Anlagen für	IV	8	3
Findelhäuser	IV	5	2
Fluranlagen	IV	1	
Flußbau-Laboratorien	IV	6	2,b
Formenlehre des Ornaments	I	3	
Freimaurer-Logen	IV	4	2
Freitreppen	III	6	
"	IV	10	
Friedhöfe	IV	8	3
Fundamente	III	1	
Fußböden	III	3	3
Galerien und Passagen	IV	2	2
Garten-Architektur	IV	10	
Gartenhäuser	IV	10	
Gasbeleuchtung	III	4	
Gasthöfe	IV	4	1
Gebäranstalten	IV	5	2
Gebäudebildung	IV	1	
Gebäudelehre	IV	1,8	
Gefängnisse	IV	7	2
Geflügelzüchtereien	IV	3	1
Gehöftanlagen, landwirtschaftliche	IV	3	1
Geländer	III	2	2
Gerichtshäuser	IV	7	2
Gerüste	I	5	
Gesandtschaftsgebäude	IV	7	1
Geschäftshäuser	IV	2	2
Geschichte der Baukunst	II		
Antike Baukunst	II	1,2	
Mittelalterliche Baukunst	II	3,4	

	Teil	Band	Heft
Baukunst der Renaissance	II	5,7	
Gesimse	III	2	2
Gestaltung der Architektur	IV	1	
Gestüte	IV	3	1
Getreidemagazine	IV	3	1
Gewächshäuser	IV	6	4
Gewerbeschulen	IV	6	1
Gewölbe, Statik der Gewölbe	I	1	2
Gewölbte Decken	III	2	3,b
Giebelspitzen der Dächer	III	2	5
Glas als Material des Ausbaues	I	1	1
Glockenstühle	III	6	
Gotische Baukunst	II	4	
Griechen, Baukunst der Griechen	II	1	
Gutshöfe	IV	3	1
Gymnasien	IV	6	1
Handel, Gebäude für Handelszwecke	IV	2	2
Handelsschulen	IV	6	1,b
Heilanstalten	IV	5	1/2
Heizung der Räume	III	4	
Herbergshäuser	IV	4	1
Herde	III	5	1
Herrensitze	IV	2	1
Hippodromgebäude	IV	6	6
Hochbaukonstruktionen	III	1,6	
Hochbaukunde, allgemeine	I	1,5	
Hochlicht	III	3	1,
Hochschulen	IV	6	2
Hof-Anlagen	IV	1	
Hofflächen, Befestigung der	III	6	
Holz als Konstruktionsmaterial	I	1	1
Hospitäler	IV	5	1
Hotels	IV	4	1
Hydrotechnische Laboratorien	IV	6	2,b
Ingenieur-Laboratorien	IV	6	2,b
Innerer Ausbau	III	3,6	
Innungshäuser	IV	4	2
Institute, wissenschaftliche	IV	6	2
Irrenanstalten	IV	5	2
Islam, Baukunst des Islam	II	3	2
Isolier-Hospitäler (Absond.-Häuser)	IV	5	1
Justizpaläste	IV	7	2
Kadettenhäuser	IV	7	2
Kaffeehäuser	IV	4	1
Kanalisation	III	5	2
Kasernen	IV	7	2
Kaufhäuser	IV	2	2
Kegelbahnen	IV	4	2
Keramik in der Baukunst	I	4	
Keramische Erzeugnisse	I	1	1
Kinderbewahranstalten	IV	5	2
Kinderhorte	IV	5	2
Kinderkrankenhäuser	IV	5	2
Kioske	IV	4	2
Kirchen	IV	8	1
Kirchenbau, romanischer u. gotischer	II	4	3
Kleinkinderschulen	IV	6	1
Kliniken, medizinische	IV	6	2,b
Klubhäuser	IV	4	2
Kocheinrichtungen	III	5	1

HANDBUCH DER ARCHITEKTUR

	Teil	Band	Heft
Kolumbarien	IV	8	3
Komposition, architektonische	IV	1	
Konstruktionselemente	III	1	
Konstruktionsmaterialien	I	1	1
Konversationshäuser	IV	4	2
Konzerthäuser	IV	6	3
Kostenanschläge	I	5	
Krankenhäuser	IV	5	1
Kreisbehörden	IV	7	1
Krematorien	IV	8	3
Kriegsbaukunst, romanische und got.	II	4	1
Kriegsschulen	IV	7	2
Krippen	IV	5	2
Küchenausgüsse	III	5	2
Kühlanlagen	III	6	
Kunstakademien	IV	6	3
Kunstgewerbeschulen	IV	6	3
Künstlerateliers	IV	6	3
Kunstschulen	IV	6	3
Kunstvereinsgebäude	IV	4	2
Kupfer als Baustoff	I	1	1
Kurhäuser	IV	4	2
Laboratorien	IV	6	2
Landhäuser	IV	2	1
Landwirtschaft. Gebäude für die Zwecke der Landwirtschaft	IV	3	1
Laufstege der Dächer	III	2	5
Lebensmittel-Versorgung. Gebäude für Lebensmittel-Versorgung	IV	3	2
Leichenhäuser	IV	5	1
	IV	8	3
Leichenschauhäuser	IV	7	1
Leichenverbrennungshäuser	IV	8	3
Logen (Freimaurer)	IV	4	2
Luftverunreinigung	III	4	
Lüftung der Räume	III	4	
Lungenheilstätten	IV	5	2
Luxuspferdeställe	IV	3	1
Mädchenschulen, höhere	IV	6	1
Märkte für Getreide, Lebensmittel, Pferde und Hornvieh	IV	3	2
Markthallen	IV	3	2
Marställe	IV	3	1
Maschinenlaboratorien	IV	6	2,b
Materialien des Ausbaues	I	1	1
Material-Prüfungsanstalten	IV	6	2,b
Mauern	III	2	
Mechanisch-technische Laboratorien	IV	6	2
Medizin. Lehranstalt. d. Universität.	IV	6	2
Meßpaläste	IV	2	2
Metalle als Materialien des Ausbaues	I	1	1
Metalldächer	III	2	5
Militärbauten	IV	7	2
Militärhospitäler	IV	5	1
Ministerialgebäude	IV	7	1
Mittelalterliche Baukunst	II	3,4	
Mörtel als Konstruktionsmaterial	I	1	1
Museen	IV	6	4
Musikzelte	IV	4	2
Naturwissenschaftliche Institute	IV	6	2,a

	Teil	Band	Heft
Oberlicht	III	3	1
Observatorien	IV	6	2,b
Ornament. Formenlehre des Ornaments	I	3	
Ortsbehörden	IV	7	1
Paläste	IV	2	1
Panoramen	IV	4	2
Parlamentshäuser	IV	7	2
Passagen	IV	2	2
Pavillons	IV	10	
Pensionate	IV	6	1
Pergolen	IV	10	
Perrons	III	6	
Pferdeställe	IV	3	1
Pflanzenhäuser	IV	6	4
Pflanzungen, Städtische	IV	9	
Pflegeanstalten	IV	5	2
Physikalische Institute	IV	6	2,a
Pissoirs	III	5	2
Plätze, Städtische	IV	9	
Postgebäude	IV	2	3
Proportionen in der Architektur	IV	1	
Provinzbehörden	IV	7	1
Quellenhäuser	IV	4	2
Rampen, äußere	III	6	
Rampen, innere	IV	3	2
Rathäuser	IV	7	1
Raum-Architektur	IV	1	
Raumbegrenzende Konstruktionen	III	2	
Raumbildung	IV	1	
Rechtspflege. Gebäude f. Rechtspflege	IV	7	1
Reinigung der Gebäude	III	5	2
Reitbahnen	IV	4	2
Reithäuser	IV	7	2
Renaissance. Baukunst der	II	5/7	
Renaissance in Italien	II	5	
Renaissance in Frankreich	II	6	
Renaissance in Deutschland, Holland, Belgien und Dänemark	II	7	
Rennbahnen	IV	4	2
Restaurants	IV	4	1
Rohrleitungen für Wasser u. Dampf	III	4	
Rollschlittschuhbahnen	IV	4	2
Romanische Baukunst	II	4	
Römer. Baukunst der Römer	II	2	
Ruheplätze	IV	10	
Saalanlagen	IV	1	
Saalbauten	IV	6	3
Sammlungen, Gebäude für	IV	6	4
Sanatorien	IV	5	2
Schankstätten	IV	4	1
Schaufenstereinrichtungen	IV	2	2
Scheunen	IV	3	1
Schieferdächer	III	2	5
Schießhäuser	IV	7	2
Schießstätten	IV	4	2
Schlachthöfe	IV	3	2
Schlafhäuser	IV	4	1
Schlösser	IV	2	1

HANDBUCH DER ARCHITEKTUR

	Teil	Band	Heft
Schneefänge der Dächer	III	2	5
Schulbaracken	IV	6	1
Schulbauwesen	IV	6	1
Schulen	IV	6	1
Schützenhäuser	IV	4	2
Schwachsinnige, Gebäude für	IV	5	2
Schwimmanstalten	IV	5	3
Seitenlicht	III	3	1
Seminare	IV	6	1
Sicherungen gegen Einbruch, Feuer, Blitzschlag, Bodensenkungen und Erderschütterungen	III	6	
Siechenhäuser	IV	5	2
Sonnenlicht u. Sonnenwärme. Versorgung der Gebäude mit Sonnenlicht und Sonnenwärme	III	4	
Sparkassengebäude	IV	2	2
Speiseanstalten für Arbeiter	IV	4	1
Speisewirtschaften	IV	4	
Sprachrohre	III	3	2
Spüleinrichtungen	III	5	2
Stadtbaupläne	IV	9	
Stadthäuser	IV	7	
Städtebau	IV	9	
Ställe	IV	3	1
Ständehäuser	IV	7	2
Statik der Hochbaukonstruktionen	I	1	2
Stein als Konstruktionsmaterial	I	1	1
Sternwarten	IV	6	2,b
Stibadien	IV	10	
Strafanstalten	IV	7	1
Straßen, Städtische	IV	9	
Stützen. Statik der Stützen	I	1	2
Stützmauern	III	6	
Synagogen	IV	8	1
Taubstummenanstalten	IV	5	2
Technische Fachschulen	IV	6	1
Technische Hochschulen	IV	6	2,a
Technische Laboratorien	IV	6	2,b
Telegraphen. Haus- und Zimmertelegraphen	III	3	2
Telegraphengebäude	IV	2	3
Telephongebäude	IV	2	3
Tempel. Griechischer Tempel	II	1	
" Römischer Tempel	II	2	
Terrassen	III	6	
"	IV	10	
Theater	IV	6	5
Tonerzeugnisse als Konstruktionsmaterialien	I	1	1
Torwege	IV	1	
Tür- und Fensteröffnungen	III	2	1
Türen und Tore	III	3	1
Tierhäuser	IV	3	1
Träger. Statik der Träger	I	1	2
Treppen	III	2	
Treppen-Anlagen	IV	1	

	Teil	Band	Heft
Trinkhallen	IV	4	2
Turmkreuze	III	2	5
Turnanstalten	IV	6	1
Universitäten	IV	6	2
Veranden	IV	4	2
Veranschlagung	I	5	
Verdingung der Bauarbeiten	I	5	
Vereine. Gebäude für Vereinszwecke	IV	4	
Vereinshäuser	IV	4	2
Vergnügungsstätten, öffentliche	IV	4	1
Verkehr. Anlagen zur Vermittlung des Verkehrs in den Gebäuden	III	3	2
Gebäude für Zwecke des Verkehrs	IV	2	2
Verkehr, Städtischer	IV	9	
Verkehrswesen	IV	7	1
Versicherungswesen	IV	7	1
Versorgungshäuser	IV	5	1
Verwaltung, Gebäude für	IV	7	1
Vestibül-Anlagen	IV	1	
Viehmärkte	IV	3	2
Villen	IV	2	1
Volksbelustigungsgärten	IV	4	1
Volkskaffeehäuser	IV	4	1
Volksküchen	IV	4	1
Volksschulen	IV	6	1
Vordächer	III	6	
Vorhallen	IV	1	
Vorräume	IV	1	
Wachgebäude	IV	7	2
Wagenremisen	IV	3	1
Waisenhäuser	IV	5	2
Wandelbahnen und Kolonnaden	IV	4	2
Wände und Wandöffnungen	III	3	3
Wandflächen, Ausbildung der	III	3	3
Wandverschlüsse, bewegliche	III	3	1
Warenhäuser	IV	2	2
Wärmeinrichtungen	III	5	1
Wärmstuben	IV	5	2
Waschanstalten	IV	5	4
Wascheinrichtungen	III	5	2
Waschtischeinrichtungen	III	5	2
Wasserkünste	IV	10	
Wasserversorgung der Gebäude	III	5	
Wasserversorgungsanlagen, Städtische	IV	9	
Windfahnen	III	2	5
Wirtschaften	IV	4	1
Wohlfahrtsanstalten	IV	5	
Wohnbau des Mittelalters	II	4	2
Wohnhäuser	IV	2	1
Wohnungen, Städtische	IV	9	
Zenitlicht	III	3	1
Ziegeldächer	III	2	5
Zink als Baustoff	I	1	1
Zirkusgebäude	IV	6	6
Zufluchtshäuser	IV	5	2
Zwangs-Arbeitshäuser	IV	7	1

ALFRED KRÖNER VERLAG IN LEIPZIG.